KB153631

제주 방언의 복합 구문

─접속문과 내포문─

2

이 저서는 2017년 정부(교육부)의 재원으로 한국연구재단의 지원을 받아 수행된
연구임(NRF-2017S1A6A4A01019885)

제주 방언의 복합 구문 2

: 접속문과 내포문

©김지홍, 2020

1판 1쇄 인쇄__2020년 12월 20일
1판 1쇄 발행__2020년 12월 30일

지은이__김지홍
펴낸이__양정섭

펴낸곳__경진출판

　　　　등록__제2010-000004호
　　　　이메일__mykyungjin@daum.net
　　　　사업장주소__서울특별시 금천구 시흥대로 57길(시흥동) 영광빌딩 203호
　　　　전화__070-7550-7776　**팩스__**02-806-7282

값 40,000원
ISBN 978-89-5996-792-6 94710
ISBN 978-89-5996-790-2 94710(세트, 전2권)

※ 이 책은 본사와 저자의 허락 없이는 내용의 일부 또는 전체의 무단 전재나 복제, 광전자 매체 수록 등을 금합니다.
※ 잘못된 책은 구입처에서 바꾸어 드립니다.

제주 방언의 복합 구문

—접속문과 내포문—

2

김지홍 지음

너비와 깊이가 아직도 크게 모자라지만
이 책을 필자의 석사논문을 지도해 주신
심악 이숭녕(1908~1994) 선생께 바칩니다.

차례

제주 방언의 복합 구문 1

제1부 들머리___1

제주 방언의 복합 구문 2

제6부 내포 구문의 두 부류
: 발화·마음가짐의 표상 및 행동 목표·실현 모습의 표상

제6부 내포 구문의 두 부류
: 발화·마음가짐의 표상 및 행동 목표·실현 모습의 표상

제**1**장 들머리

일찍부터 내포 구문에 대한 논의는, 아주 자명하게 남의 발화를 인용하는 경우가 언어 형식으로 분명하게 있었기 때문에, 어느 언어에서나 보편적으로 있다는 사실이 잘 알려져 있었다. 그렇지만 또한 그런 인용 형식을 그대로 이용하면서도, 남의 발화에 대한 인용이 아닌 경우들이 더욱 잦은 빈도로 찾아짐으로써[148) 인용 구문 그 자체가 좀 더 일반화된 구조에서 말미암았을 것으로 추정하기 시작하였다.

---

148) 우리말에 대한 것은 한송화(2014) "인용문과 인용동사의 기능과 사용 양상"(『*Foreign Language Education*』 제21권 1호)을 참고할 수 있는데, 남의 발화에 대한 인용 말고도, 신문 사설에서는 자기 생각에 대한 서술적 인용이 많다고 지적하였다. 자기 생각을 화자 자신이 인용한다는 것은 그 자체가 자기모순이다. '인용한다'는 개념이 자기 이외의 다른 사람의 말이나 주장을 전제로 하는 것이기 때문이다. 자기 생각은 그대로 끄집어내어 쓸 뿐이다. 결코 인용이 아닌 것이다. 이런 모순을 해소해 주려면 흔히 해 왔듯이, 인용 구문이 기본적이라고 간주한 채 둘 사이를 구분해 줄 수 있다. 아니면, 상위 차원의 공통된 내포 구문을 상정함으로써 이것들이 하위범주에 귀속된다고 논의할 수 있다. 필자는 후자의 접근이 더 나은 방식으로 평가한다.

그런데 이런 일이 비단 우리말에서만 일어나는 것이 아니다. 인용의 형식을 그대로 유지하지만, 인용과는 다른 기능을 수행하는 경우들이 이미 담화 영역에서는 잘 알려져 있었다. 193쪽 이하에서 다뤄졌는데, 특히 그곳의 페어클럽 교수가 제시한 〈표6〉 및 머카씨 교수의 주장을 보기 바란다.

필자는 이 방언의 내포 구문을 다루면서 특히 두 개의 하위 영역으로 나누어 놓고 다루고자 한다. 하나는 내포문이 발화나 마음가짐을 가리켜 주는 것이다. 다른 하나는 내포문이 행동 목표나 실현 모습을 담고 있는 것이다. 필자는 소위 '인용 구문'이 전자 범주에 속한 하위 요소에 지나지 않는다고 논의할 것이다. 필자는 내포 구문에 대하여 상위범주를 어떻게 내세워야 할지에 대하여 많은 고민을 했었지만, 필자 나름대로 결론을 쉽사리 얻지 못하였었다. 그러다가 우연히 이 것이 인류 지성사에서 다뤄온 명백한 흐름과 일치한다는 사실을 깨달은 것은 오래되지 않았다. 희랍 사람들은 우주의 기원과 우주의 기본 요소에 관심이 많았었고, 아리스토텔레스에서는 후자를 특히 범주론이란 학문 영역으로 독립시키고 각별한 관심을 지녔었다('범주'란 논밭을 나누기 위한 두둑을 가리키며 「모범되는 두둑」이 우연히 『상서』 또는 『서경』에서 우임금에 의해서 이승의 질서를 구획하는 낱말로 채택되었음. 사적으로 필자는 흔히 쓰는 일상 낱말 '보따리'를 더 선호하며, 『장자』 '제물'에서는 같은 뜻의 「봉(封)·진(畛)」을 썼음). 우리 생태 환경이 몇 가지 범주로 이뤄져 있는지를 명확히 파악하는 일이, 우리 자신을 포함하여 우주의 기원과 소멸 따위를 포함하여 모든 것을 해결하는 열쇠라고 관념했던 것이다. 이런 영향 아래 희랍 시대의 인간에 대한 이해도 또한 소박하게 삼원 체계로 접근한 바 있다. 기원도 모른 채 주변의 초등학교 건물에 '지·덕·체'로 큰 간판을 붙여 내거는 사례가 그러하다. 초등학교에서는 신체의 체력을 길러 주는 일과 친구들과 사이좋게 협동하는 일이 더욱 중요할 터이므로, 오히려 '체·덕·지'의 순서대로 초점이 모아져야 할 법하지만, 그런 자각은 찾아볼 길이 없다. 물론 세부적인 내용들을 오늘날 우리가 이해하는 방식과 차이가 나는 것은 불가피하다. 특히 '덕'의 경우가 희랍 철학자들의 추구한 내용과 한문권 유학자들이 추구했던 바가 좀 더 지향점이 다르겠지만, 다른 사람들과의 관계에서 비롯된다는 전제만은 부정할 수 없다.

이런 인간 능력이 몇 가지 차원에서 복합적으로 일어나야 함을 전제로 하여, 이런 영역별 접근의 전통은 계몽주의에 들어서면서 몇 차례 큰 변동을 맞는다. 먼저 프랑스 철학자 데카르트는 신체와 정신이란 두 영역을 먼저 나누었었다. 전자는 접촉에 의해서 변화가 생겨나지만, 후자는 접촉과 상관없이 변화가 생겨난다고 파악했기 때문이다. 그는 더 늦게 감성이나 정서도 중요한 특성임을 자각하고서, 다시 인간 감성의 문제를 다룬 바 있었다. 의도하지는 않았겠지만, 뒷날 그 속에 언급된 자유의지(free will)라는 개념이 인간을 대표하는 특성으로 채택되기도 하였다. 독일 철학자 칸트도 또한 인간을 바라보는 자신의 관점을 자신의 용어를 만들어 내어 붙여 놓았다. 우리 인간에게는 모두 '순수 이성·실천 이성'이 있다고 여겼고, 이런 이성들이 작동하기 위한 깔개로서 '판단력'이 중요하게 작용해야 하며, 판단력의 밑바닥에 정서나 미적 감수성 따위도 함께 작용함을 자각하였다. 판단력은 필자가 제시한 모형(100쪽)에서는 「판단·결정·평가」를 떠맡은 재귀의식에 해당한다.

어떤 지성사의 흐름에 서 있든지에 상관없이 개별체로서 인간과 인간이 서로 관계를 맺고 소통할 수 있는 방식은 오직 두 가지 길밖에 없다. 이를 대립적 특성에 따라서 다음처럼 부를 수도 있다.

「생각과 행동, 이론과 실천, 마음가짐 및 몸소 실천하여 보여주기」

생각과 말을 서로 나누어 놓고서, 다시 행동을 더 해 놓을 경우에는 삼분 영역을 만들어 낼 수 있다. 그렇지만 생각과 말을 한 영역으로 묶어 놓는다면, 말과 행동 또는 생각과 행동으로 표현할 수 있다. 만일 행동을 다시 하위 구분해 줄 수도 있다. 간접적인 방식으로 남과 관계를 맺는 방식 및 구체적인 물건을 주고받는 일처럼 신체상의 행동으로 남과 관계를 맺는 직접적인 방식으로 나눌 수 있다. 만일 생각과 행동이라는 이분 접근을 상정한다면, 이 두 갈래가 일어나기 위한 밑바닥의 동기를 물을 수 있다. 이미 70쪽 이하에서 지적하였듯이, 희랍 사람들은 전자의 경우에 맨 처음 시작점을 의도(intention)라고 보았고, 후자의 시작점을 의지(will, willingness)라고 보았다. 우리말에서도 「실천 의지가 강하다, 약하다」는 표현에서 보듯이, 행동으로 옮기는 일의 마음 작용을 '의지'라고 부르기도 한다(한자 어원에 대해서는 229쪽의 각주 57을 보기 바람). 희랍 시대의 구분 개념인 의도와 의지는 각각 칸트의 순수 이성과 실천 이성이 대응할 수 있다.

그렇지만 과연 이런 구분이 옳은지 여부에 대해서 그라이스(2001) 『이성의 두 측면(*Aspects of Reason*)』(Clarendon)에 의해서 중요한 반론이 제기되었다. 일차적으로 이 논의의 표적은 칸트의 순수 이성과 실천 이성이 별개의 이성일 수 없다는 판단 때문이었다. 동일한 하나의 이성 작용이 있을 것이며, 이 이성이 적용되는 영역에 따라 각각 순수 이성으로 불리기도 하고 실천 이성으로 불리기도 한다는 통찰이다.

다행스럽게 우리 문화에서는 이성이 마치 물과 기름처럼 두 개로 나뉘어야 하는 그런 갈등의 측면으로 파악한 적이 없다. 오직 하나의 뜻이 돈독한지(도타운 의지) 여부, 미약한지(박약한 의지) 여부로써, 다시 말하여 마음가짐에 대한 정도의 측면에서 동일한 하나의 작용으로 파악하였다. 마음은 비어 있지 않고, 늘 마음을 써야 한다(마음 쓰기). 이것이 작동한다면 마음가짐의 상태를 일으킨다(마음가짐). 마음가짐이 행동으로 옮겨가면 다시 마음 씀씀이로 바뀐다(마음 씀씀이). 만일 그런 마음 씀씀이가 지속될 경우에는, 마침내 우리말에서 고정되어 있는 '마음씨'라고 말한다. 마음씨가 심리학에서 한 개인의 성격으로 다뤄져 오다가, 최근에 가정에 따라 다시 유전자 염색체로 표현될 수 있다고도 본다. 유전자의 염색체는 불변의 영역도 있고, 생활 환경에 따라서 크든 작든 변동을 보이는 것도 있다. 이를 선천 유전학 및 '후성 유전학(epi-genetics)'이라고 부른다. 한 개인의 성격이 공동체 구성원들에 의해서 사회적으로 받아들여질 수 있는 모습으로 바뀌어 가는 과정을, 흔히 교육이나 사회화 과정이라고 부른다. 흔히 교육적 기능으로 살펴볼 경우에 일반적으로 설화에서는 우리 모두 상대를 배려해 주는 흥부의 착한 마음씨를 갖도록 한다. 이런 것이 설화가 전형적인 구조를 갖게 되는 동기이다.

이 방언의 내포 구문에 대한 구획도 인류 지성사의 뿌리와 연동되어 있다고 본다. 이 방언에서뿐만 아니라 우리말에서도 공통적으로 두 가지 내포 구문이 관찰된다. 하나는 발화와 마음가짐을 가리켜 주는 데 쓰는 내포 구문이다. 이를 편의상 첫 번째 부류라는 뜻으로 '내포 구문 1'로 불렀다. 다른 하나는 행동 목표나 실현 모습을 담고 있음을 알려 주는 내포 구문이다. 이를 두 번째 부류라는 뜻으로 '내포 구문 2'로 불렀다. 이것들이 모두 이미 각각 제3부의 제5장 「발화나 생각과 관련된 필수적 내포 구문」과 제6장 「행동 목표와 실현 모습과 관련된 필수적 내포 구문」으로 다뤄진 바 있다. 여기서 내포 구문 2에 대해서는 이곳 제6부 제7장에서 '-어야 되다, -어야 하다, -으려고 하다' 등을 논의의 대상으로 삼을 것이다. 나머지 부류는 제3부 제6장의 논의를 참고하기 바란다. 여기서는 집중적으로 내포 구문 1을 다루기로 하겠다.

이 두 가지 부류의 내포문은 또한 공통적으로 우리 자신의 믿음 체계를 토대로 하여 「판단·결정·평가」를 내리는 상위 차원의 '재귀의식' 속으로 모아진다(100쪽의 〈표5〉를 보기 바람). 필자는 이 두 가지 내포문을 투영하는 핵어가, 일차적으로 가능세계에서 표상되는 임의의 사건을 놓고서 그 전개 양상에 대하여 '판단'하는 부류의 동사라고 본다.[149] 이런 판단의 대상은 비단 그런 사건 전개 양상에만 그치는

---

149) 특히 소위 부사형 어미(본고에서는 '내포 구문의 어미') '-아'를 매개로 하여 두 개의 동사가 이어질 경우에, 뒤에 나오는 동사들을 짝을 이루는 경향이 있고(-아 가다 vs. -아 오다, -아 가지다 vs. -두다, -아 나다 vs. -아 들다 따위), 결코 부정소의 영역 속에 있어서는 안 된다. 설령 부정문을 만들더라도 앞의 동사만 부정될 뿐이고, 뒤의 동사는 결코 부정되지 않는다(김지홍, 1992, "국어 부사형어미 구문과 논항구조에 대한 연구", 서강대학교 박사논문). 필자는 뒤늦게 이런 특성이 상위 차원의 「판단 영역」에 속한 것이며, 가능세계에서 임의 사건의 전개 양상을 표시해 준다는 점을 깨달았다. 자기 자신의 판단은 결코 스스로 자신이 부정할 수 없는 것이다. 만일 그런 일이 일어난다면, 곧 자기 파괴요, 자기 파멸이라는 결과만 맞게 될 뿐이다. 오늘날 두뇌(심리) 작용을 신경생리학적 기반으로 환원하려고 하는 노력에 힘입어, 대뇌의 전전두 피질에 자

것이 아니다. 더 나아가 상대방의 발화에 대한 판단, 화자 자신뿐만 아니라 남의 마음가짐에 대한 판단, 상대방이 겉으로 내걸 만한 행동 목표나 실현 모습에 대한 판단 따위도 모두 이런 마음 작용의 하위 갈래들이므로, 판단의 범위는 화용 상황에 따라 더욱 확대될 수 있는 것이다. '내포 구문2'에서 실현 모습의 사례는 계사를 이용하여 '-이라고 하다, -라고 부르다, -라고 여기다' 등으로 쓰이는데, 인용 구문을 다루면서 같이 언급된 바 있다.

리 잡은 작업기억에서 '판단·결정·평가'의 세 가지 작용이 일어남을 알게 되었는데(100쪽의 〈표5〉에서 맨 밑바닥에 있는 부서임), 이런 작용의 대상물은 시상하부를 거쳐 스스로 자각할 수 있도록 표상된 여러 종류의 믿음들, 즉, 오래되었든지 아니면 바로 직접 지각을 거쳐 새로 깨닫게 되었든지 간에, 일련의 복합 사건 연결들을 파악하고 평가할 수 있는 개별적이고 해당 논제에 특정한 믿음 단위들이다.

무어(1953; 김지홍 뒤침, 2019) 『철학에서 중요한 몇 가지 문제』(경진출판)에서는 '믿음'이란 영역이 우리 마음의 작용 중에 가장 밑바닥에 있는 것으로 파악한다. 그렇지만 무어 교수는 경험 측면에서 진리를 확보하는 잣대로서 '대응 함수'를 처음 상정해 놓으면서, 이것이 결국 믿음 체계에 의존하고 있음을 깨달았다. 이때 믿음은 상위의 더 큰 믿음 체계에 의해서만 무모순 속성이나 도출 가능성 따위를 점검받을 수 있을 뿐, 믿음을 다른 영역으로 환원하여 객관적으로 다룰 수 없다는 사실을 처음 깨우쳤다. 이것이 소위 '무어의 역설'로 불리는 우리 믿음에 관한 분명한 한계인 것이다. 이미 94쪽의 〈표4〉에서는 인간 두뇌 작용이 적어도 다섯 층위에서 동시에 반복 작동되어야 함을 지적하였다. 그 중에서 상당히 추상화된 제3층위에서부터 제5층위까지는 외부 세계의 경험적 사실로써 실체를 다룰 수 없다. 오직 더 일관되고 통일된 세계 모형들의 비교로써만 몇 가지 후보들을 놓고서 우열을 가릴 수 있을 뿐이다. 이는 결코 참·거짓에 관한 사실이 아니다. 스스로 자각할 수 있는 정신 작용은 내성하면서, 오직 그런 도출과정이 더 쉽고 간단히 얻을 수 있는지 여부를 놓고서 우아함(elegancy)의 우·열로 구분할 수 있을 뿐이다.

제2장 내포 구문의 정의 및 이 방언에서 관찰되는 형식

　방법론적 일원론 또는 핵 계층성 이론의 전제를 받아들일 경우에, 내포 구문은 내포문을 요구하는 동사가 투영하는 구조 속에서 온전한 문장이나 절이 실현되어 있는 통사 형상을 가리킨다. 가장 전형적으로 다뤄져 온 내포 구문이, 남의 발화에 대한 인용 구문이다. 남의 말을 직접 인용하거나 간접 인용하여 내포문으로 대상화하여, 이를 다시 상위 동사로서 '말하다' 따위의 인용 동사가 투영하는 논항으로 실현시켜 주는 것이다. 후핵성의 매개인자를 가진 우리말에서는 내포문이 먼저 나오고, 이것이 내포문임을 표시해 주는 내포 구문의 어미가 있으며, 바로 이 뒤에 인용 동사가 위치하게 된다.

　이 방언에서 관찰되는 내포문은 온전한 문장으로서 나오거나 또는 절의 형태로 나온다. 이 논의에서는 발화 인용에서와 같이 내포문이 온전히 서법을 갖춘 문장으로 실현되는지, 그렇지 않고 내포문에서 종결 어미가 나오지 않고 단지 동사가 투영하는 절로 실현되는지에 따라 크게 둘로 나누기로 한다. 생성문법이 도입되던 초기에 남기심 (1973) 『국어 완형 보문법 연구』(계명대학교 한국학연구소; 남기심, 1996,

『국어 문법의 탐구: 국어 통사론의 문제 1』, 태학사에 재수록됨)에서는 전자를 '완형 보문'으로 불렀다. 가장 전형적인 것이 직접 남의 발화를 인용해 주는 경우이다. 그렇지만 내포 구문이 완전히 독립된 문장으로 나오지 않은 경우도 허다하다. 이하에서는 내포 구문 1 부류로 다뤄질 형식으로서 열여섯 가지 유형을 제시하기로 한다. (1)에서부터 (5)까지는 인용 구문으로 묶을 수도 있겠지만, (6)에서부터 (16)까지는 인용과 관련이 없는 경우이다. (6)에서부터 (8)까지는 추측이나 추정 또는 인식과 관련되고, (9)에서 (11)까지는 의도나 마음가짐과 관련될 수 있다. 그리고 (12)에서 (15)까지는 이른바 부사형 어미를 지니고 있는 내포 어미 관련 부류이다. (16)은 상위문 핵어 동사에 따라 희망이나 평가를 표상하는 부류이다. 이런 부류가 모두 상위문의 핵어 동사가 투영하는 논항의 자리에 내포문이 실현되며, 그 내포문의 속성을 표상할 수 있는 관련된 내포 어미들이 구현되어 있는 것이다. 필자는 이들 상위문 핵어의 범주를 상보적인 모습으로 서술할 수 있다고 본다. 앞에서 언급했던 생각 또는 말의 영역에 속하는 것으로서, 이를 발화 및 마음가짐으로 묶을 수 있다고 본다. 이는 각각 (1)에서부터 (5)까지 제시된 형식을 따르는 것 및 (6)에서부터 (16)까지의 형식을 따르는 것에 해당한다.

먼저, 전형적인 인용문의 형식도 내포문에 서술문이 오는지, 아니면 다른 서법의 문장(명령 또는 청유 서법도 가능하지만, 대부분 의문문이므로 의문 서법으로 대표함)이 오는지에 따라서 하위 분류가 가능하다. 이를 다음과 같이 표현할 수 있다. 단, 이하에서 기호 약속으로, 꺾쇠 괄호 '[ ]'는 내포문을 나타내고, 하이픈(짧은 점선)으로 이어진 요소는 내포 구문을 이끄는 내포문 어미를 가리키며, 점선 밑줄 '＿'은 상위문 동사를 가리키려는 약속이다. 활 모양의 중괄호는 계열 관계의 항목으로서 서로 교체될 수 있다는 약속으로 쓰고자 한다. 특히 내포문 어미가 기본적으로 계사의 활용 '이어'에 관형형 어미 '-은'(계사 어간에 동화되어 전설화된 '-인')이 융합된 모습 '이엔'을 초기 표상으로 한

다. 실제 쓰임으로 도출되는 과정에서 '-옌'으로 줄어들 수 있고, 더
나아가 '-인, -은'으로까지 줄어드는 변이를 보인다(193쪽 이하와 593
쪽 이하를 보기 바람).

    (1) [서술 서법을 지닌 내포문의 종결 어미]-이엔 {ᄒ다, 말이다}
    (2) [의문 서법을 지닌 내포문의 종결 어미]-이엔 {ᄒ다, 말이다}

인용 형식은 남의 어조까지 그대로 흉내내는 경우를 제외한다면, 인
용되는 경계가 명확하지 않는 경우가 많다. 따라서 인용의 직접성 여
부를 중심으로 다시 최소한 네 가지 하위 부류가 가능하며, 195쪽의
〈표6〉으로 네 가지 인용 형식을 제시한 바 있다.

    ① 직접 보고
    ② 간접 보고
    ③ 자유로운 간접 보고
    ④ 화행 보고

최근에 담화 연구, 특히 머카씨(1998; 김지홍 뒤침, 2010) 『입말, 그리고
담화 중심의 언어교육』(경진출판: 제8장)에서는 담화 전개 차원에서 인
용 형식이 다시 네 가지 기능을 지니고 있음이 논의되어 왔다.

    ㉠ 무대 마련 기능
    ㉡ 초점 부각 기능
    ㉢ 매듭짓기 기능
    ㉣ 신뢰성 확보 기능

이런 다양한 기능들에서 뒤쪽으로 제시되어 있는 ③ 자유로운 간접
보고, ④ 화행 보고, ㉢ 매듭짓기, ㉣ 신뢰성 확보 따위는 전체 담화의
전개에서 가장 중요시하는 '정당성 확보' 또는 '합당성 부여' 방식과도

긴밀하게 관련을 맺게 된다(64쪽의 〈표2〉를 보기 바람). 이런 점에서 비단 작은 단위의 인용 구문일지언정, 전체 덩잇글에서 떠맡는 단서들이 적잖음을 확인할 수 있다.

그런데 이 방언의 설화 자료들을 살펴보면, 서법을 다 갖춘 내포문이라고 하더라도, 좀 더 다양하게 몇 갈래로 나뉠 수 있다. 첫째, 영어에서 찾아지는

「*it is* ___ *that* …」

과 같은 강조 구문처럼, 반말투의 종결 어미 뒤에 붙어서 대우를 높이거나 아니면 강조의 뜻을 더해 놓는 경우가 있다.

(3) [서술 서법의 내포문 종결 어미] {마씀, 말이어, ᄒᆞ다}

이를 단지 화용 첨사라고 취급하여 부차적인 지위로 강등시켜 버릴 수도 있겠지만, 반면에 이 방언에서는 이 형상을 닮은 다음 형식도 자주 관찰되기 때문에, 이런 언어 사실을 중시하여 동일한 형상에서 문법화의 길을 거쳤다고 설명하는 편이 오히려 더욱 정합적일 것이다.

(4) [서술 서법의 내포문 종결 어미]-은 {말이어, 말이우다, 말입니다}

이 환경에서 찾아지는 문법 형태소 '-은'은 분명히 바로 뒤의 핵어 명사 '말'을 꾸며 주는 관형형 어미일 것이다. 그렇다면 (1)에서 유도될 수 있는 상위문 동사 'ᄒᆞ다'의 경우만을 제외한다면, 거꾸로 (3)의 형상이 (4)로부터 줄어들었을 가능성이 더 높은 것이다. 자세한 논의는 이런 구문 형상을 지닌 이 방언의 사례들을 제시하면서 다시 이뤄질 것이다.

내포문으로 청유 서법의 종결 어미가 나오거나, 의문 서법의 종결

어미가 나올 경우에, 다음처럼 상위문 동사 '흐다'가 생략되어 있거나
(ø) 또는 내포문을 표시하는 인용 구문의 어미 '-고'가 탈락(ø)되어
있는 경우도 있다. 이를 각각 (5)와 (6)으로 나타내기로 한다.

(5) [청유 서법이며, 청자를 대우하는 내포문 종결 어미 '-읍서']-고 { ø }
(6) [의문 서법의 내포문 종결 어미]-ø {흐다}

(6)은 남의 말을 의문 발화를 인용하는 경우에도 쓰이지만, 화자 자신
의 마음먹은 일을 에둘러서 표현할 경우에도 쓰인다는 점에서 중의적
인 용법으로 쓰인다. 의문 형식의 발화에 대한 선택이 얼굴을 마주하
고 있는 청자에게 간여할 소지를 열어 준다는 점에서 그러하다. (6)의
상위문 핵어 동사가 '말하다' 부류일 경우에는 발화 인용으로 해석되
겠지만, 다른 부류의 동사를 대신해서 쓰고 있는 경우(대동사)에는 달
리 해석이 이뤄진다. 이를 다음 (7)로 표현해 줄 수 있다. 비록 인용
구문과 똑같은 형식을 이용하고 있으나, 전혀 남의 말에 대한 인용과
는 상관없이 오직 화자의 추측을 나타내는 경우에도 관찰된다. 이때
내포문에서는 의문 종결 어미 '-을까, -으카'(후자는 유음 받침이 후속
자음에 유기음을 만들면서 탈락된 모습임)가 나오고, 내포문을 이끌어주
는 내포문 어미가 없이 그대로 상위문 동사에는 '보다'라는 추측 동사
가 쓰이는 경우가 전형적이다.

(7) [추측을 나타내는 의문 서법의 내포문 종결 어미 '-을까, -으카']-ø
{보다}

특이한 경우가, 서로 상반되는 선택지 형식으로 내포문이 이뤄진 다
음에, 상위문의 핵어 동사로서 인지와 관련된 '알다, 모르다'가 나오는
경우이다. 이때 내포문은 인식 내용(인지 내용)을 가리키게 된다. 때로
는 선택지가 오직 하나만이 의문 형식으로 제시되는 경우도 있다.

(8) [상반되는 두 가지 선택지 {-은지 -은지, -는지 -는지, -던지 -던지, -거나 -거나, -으나 -으나}] ø {알다, 모르다, 아랑곳하지 않다}

일차적으로 이상에서 여덟 가지 구문의 형상들을 살펴보았다. 이것들은 내포문이 상대방의 발화에 해당하거나, 청자 대우나 청자에게 주목을 요구하면서 강조를 나타내기도 한다. 또한 화자 자신의 추측을 드러내거나 내포문에 대한 두 가지 상반된 인식 내용을 가리키기도 하였다. 점차 발화에서 추측이나 생각과 인식까지 표현하는 기능을 품고 있는 것이다. 이 구문의 형상에서 내포문을 이끌어주는 어미 형태소가 탈락되거나 또는 상위문 핵어 동사가 생략되기도 한다. 이것들은 모두 화자가 이미 들은 발화와 관련한 판단 또는 화자 자신의 생각과 추측을 나타낸다. 이는 판단의 확실성이나 적확성 여부가 줄어들 수 있음을 시사해 준다.

내포 구문의 형상은 비단 이런 여덟 가지 형식에만 그치는 것이 아니다. 행동과 관련된 범주의 것도 있는데, 내포문에 의도나 의도의 추정을 표시해 주는 요소들이 더 추가된다. 일부에서는 인간 행동과 관련하여, 의도를 '동기'라는 용어로 표현하기도 한다.150) 굳이 의도를

---

150) 일전에 고(故) 김수업(1939~2018) 선생이 간여하였던 '우리말로 학문하기 모임'이 있다. 개인적으로 이 흐름은 지금 우리 문화의 고질적 병폐를 고치고자 하는 아주 중요한 깨우침을 담고 있는 것으로 본다. '동기'는 마음가짐을 이끌어나가는 뜻에 대응할 수 있다. '뜻'의 어원은 잘 모르겠지만, 이 뜻이 행동으로 이어지거나 말소리로 이어질 수 있는 것이다. 희랍 문명에서는 이 두 가지 영역을 구분하여, 말로 표현되는 경로를 '의사소통 의도'로 부르고, 행동으로 실천될 수 있는 경로를 '행동 의지'로 구분하여 불렀던 것이다. 물론 두 영역이 서로 공모하여 함께 외부에서 관찰할 수도 있다. 이것이 거의 언제나 우리가 직접 겪는 경우이겠지만, 분석과 논의의 명확성을 위하여, 상대적으로 이런 복잡한 경우를 잠시 괄호 속에 유보해 두는 것이다(복잡한 문법을 한꺼번에 다루지 못하므로 단계별로 장난감 문법을 구성하듯이 진행해 나감). 흔히 행동으로 구현되는 과정을 놓고서 언어학 또는 언어교육에서는 '언어 딸림 표현(paralinguistic expression)'이라고 불러, 부차적인 관심거리임을 드러내기도 한다.

이제 우리말을 놓고서 이런 마음이 움직이는 일련의 과정을 생각해 본다면, 우선 마음먹는 출발점이 있어야 할 듯하다. 우리말로써 머릿속에서 이들 마음이 움직이는 모습을 구분해 본다면, 자율적인 우리의 마음이 있을 적에 ㉠ 마음먹으면, ㉡ 마음가짐이 세워진다. 이 바탕 위에서 ㉢ 뜻을 낸다면, ㉣ 마음 쓰기가 일어난다. 마음 쓰기는 말로도 나올 수 있고, 신체로도(몸과 얼굴로도) 나올 수 있다. 만일 이것이 관습화되거나

사고 작용과 관련해서만 쓰고, 행동과 관련된 부류와 구별하여 쓰려고 하는 것이다. 이것이 여러 단계의 행동을 포함할 경우에 '행동 목표'라고도 표현한다. 필자는 '행동'을 신체와 관련된 움직임으로 국한시켜 사용하고 있다(흔히 '행동 거지'라는 말을 쓰는데, 행동의 시작과 끝점이란 표현은, 반드시 그 행동이 관찰된다는 전제를 깔고 있음). 그렇지만 아주 비슷한 낱말로서 '행위'는 더 포괄적으로 쓰이어, 생각하는 일도 '사고 행위'라고 말하고 있으므로, 상의어로서 추상적인 대상까지를 포괄하는 뜻으로 쓰려고 한다(단, 언어는 행동뿐만 아니라 마음 작용까지 가리켜야 하므로 일반적으로 '언어 행위'나 '의사소통 행위'라고 부르는 일이 관행임). 그런데 만일 일련의 행동들이 지속적으로 이어져 있을 경우에, 그 행동들이 지향한 목표와 그 목표를 달성하는 중간 과정을 구별해 줄 필요도 있다. 이를 위하여 각각 목표와 전략이란 말을 나눠 쓸 경우도 있다(또는 목적과 수단으로도 불림). 일부에서는 미군의 군사 교범의 용법을 그대로 받아들여, 큰 범위의 것을 전략(사령관의 몫)으로 부르고, 작은 범위의 것을 전술(소대장의 몫)이라고 세분하기도 한다(목표는 사령관이나 청와대의 몫).

그런 의도나 의도 추정은 겉으로 보기에 문장(발화)이 아니라 동사 어간으로 이뤄진 절처럼 보일 수 있겠지만, 만일 그 내부 구성을 면밀히 살펴볼 경우에, 이것들이 모두 앞에서와 같이 내포문으로 구성되어 있음을 확인할 수 있다. 여기서 내포문의 동사는 사건을 표현해 주는 핵어에 해당한다. 그 사건이 문장으로도 표현될 수 있고, 절로도 표현될 수 있으며, 명사구로도 나올 수 있다(219쪽의 각주 55 및 276쪽의 각주 64를 보기 바람).

습관으로 된다면, ⓓ 마음 씀씀이가 된다. 또한 이런 마음의 움직임이 한 사람의 특색(특징)으로 여겨진다면, 우리는 ⓔ 그 사람의 마음씨라고 말하게 된다. 최근 범어 불경이나 남쪽에 전해져 온 파리 어의 경전들을 번역하는 스님들 중에서 이런 전반적인 과정을 스스로 내려다보는 일을 가리켜 ⓐ '마음 챙김'이라고 부르는 것을 들은 적이 있다. 적어도 우리말의 쓰임을 고려한다면 마음이 움직이는 일련의 단계가 일곱 가지 이상의 측면으로 이어져 나감을 알 수 있다.

(9) [[동사가 투영하는 절]{-으랴, -을랴, -으저, -으자}]-고 {ㅎ다}

(10) [[동사가 투영하는 절]{-으레, -으러}] ø {가다, 오다, 다니다}

(11) [[동사가 투영하는 절]{-으젱, -으젠}] ø {ㅎ다, 가져오다, 들어가다}

(9)는 바깥쪽 꺾쇠괄호로 묶인 것이 다시 인용 구문의 어미 '-고'와 결합되어 있고, 다시 상위문의 핵어가 나와 있다. 이는 분명히 앞에서 다뤄 온 인용 구문의 형식과 합치되는 형상이다. 다만, 차이가 있다면 만일 인용 구문이 '이라고'에 의해 매개될 경우에, 계사 활용 모습(이라)의 계열 관계로서 내포 구문의 어미(-으랴, -으자)가 실현되어 있다고 말할 수 있다. (10)은 방향성 이동 동사가 상위문의 핵어로 나오고 있다. 여기서는 특이하게 바깥쪽 꺾쇠괄호에 결합되어야 하는 내포문의 어미 형태소가 의무적으로 탈락(ø)을 거쳐야 한다. 그 까닭을 다음처럼 짐작할 수 있다. 상위문의 핵어와 내포문의 동사가 서로 하나의 목표를 위하여 복합 동사처럼 결합될 가능성을 상정할 수 있기 때문이다. 오직 상위문의 핵어로서 나온 동사의 동작을 관찰함으로써, 그 동작의 이면에 어떤 마음가짐이 들어 있을 것으로 여길 수 있다. 이때 그 내용을 내포문으로 언급해 준다면, 내포문을 표시해 주는 어미 형태소가 소리값을 지니고서 실현될 수 없도록 억누르고 있을 법하다. 마치 가능세계에서 임의 사건의 전개 모습을 가리켜 주는 부사형 어미 '-아, -게, -지, -고'들이 오직 하나의 형태만을 구현시켜 놓는 일과 나란한 방식이다. 내포문의 동사가 바로 이들 어미와 결합된 뒤에 상위문 핵어 동사가 투영하는 제3 논항으로 속에 자리잡는다는 점에서 동일한 형상인 것이다.

그런데 (11)에서만은 다소 다양하게 상위문 동사들이 나오고 있다. 이를 (9)와 유사한 형식이 밑바닥에 깔려 있다고 가정한다면, 뒤에 나오는 다양한 동사들을 평면적으로 계열체로 간주하는 일에서 조금 조정해 놓을 수 있다. 다시 말하여, (9)와 같은 형상이 '-으젠 ㅎ연'으로 실현된다고 여기고서, 이것이 다시 상위문의 핵어로서 이동 동사와도 통합되는 모습을 갖추는 것으로 볼 수 있다. (9)의 형상은 236쪽의 예문 (51가)에서 보여 준 사례이며, (11)의 형상은 238쪽의 예문 (51다, 라)에서 확인할 수 있다. 또한 254쪽의 예문 (53가, 나)에서도 그러하며, 256쪽의 예문 (54)에서는 상위문의 핵어 동사 어간 'ㅎ'가 줄어들면서 융합된 모습을 볼 수 있다.

이상에서 언급된 열한 가지 구문 형식이 내포문에서 종결 어미를 갖춘 '완형 보문'을 구현해 주는 구문이다. 그렇지만 내포문이 모두 다 완형 보문을 지니는 것이 아니다. 오직 동사가 투영하는 내포문에서 동사가 따로 활용을 하지 않은 채 어간만 나오는 경우도 있다. 이른바 '부사형 어미' 구문으로 불리는 '-아, -게, -지, -고'를 매개로 한 형식이 대표적이다(이 책에서는 '내포 구문의 어미, 내포문 어미'로 불림). 또한 '-어야'를 매개로 한 필수 조건 제시(또는 요구 사항) 구문이 있는데, 중의적으로 해석될 수 있다. 즉, 가치 평가를 담은 사유 형식으로도 해석될 수 있고, 그 속뜻이 행동(행위)을 요구하는 것으로 해석될 수도 있는 것이다.

그렇다면 문제는 내포절의 동사 어간에 이어지는 어미 형태소를 어떻게 취급할지에 대한 것이다. 이것들이 내포절에 속하는 것으로 봐야 할지, 아니면 내포절과 상위문의 동사를 붙여 놓는 어미로 봐야 할지를 먼저 결정해야 한다. 여기서 만일 전자가 옳다면, 내포절에 이 어미들이 덧붙어서 내포문이 홀로 자족적으로 독립하여 쓸 수 있어야 할 것이다. 그렇지만 이런 기대는 현실에서 이뤄질 수 없다. 부사형 어미(내포문 어미) 구문을 이루는 어미 형태소들이 결코 자족적으로 종결을 표시해 줄 수 없기 때문이다.

우연하게도 (9)~(11)에 언급된 행동 의도절 구문과 비슷하게, 이 어미들은 내포절의 사건이 장차 이후의 어느 시점에 실현될 수 있지만, 현재로서는 시상 형태소가 깃들 수 없다는 특성이 있다. 이런 점에서 이 어미는 시상 형태소와 같은 계열체로서 배타적 관계에 있는지 검토해 봐야 한다. 그렇지만 시상과 계열체를 이루는 문법 범주는 달리

존재하지 않는다. 그렇다면 시상 형태소를 배제하기 위하여 시상 형태소가 실현되는 교점보다 더 높은 교점을 차지하고 있을 가능성을 추구해 봐야 할 것이다. 그 후보로서 필자는 이 어미 형태소들이 양태의 범주에 속해야 할 것으로 판단한다.

그렇지만 여기서 양태(또는 양상)의 개념을 다시 확장하면서 재정의해 주어야 한다. 만일 아리스토텔레스의 논의 이후로 고전적인 방식으로만 써 오던 양태의 개념을 좀 더 확장할 수 있다면,151) '의도'라는

---

151) 이미 466쪽의 각주 96에 적어 두었듯이, 국어학 쪽에서는 먼저 시상(tense-aspect)란 용어가 정의되기 때문에, 혼동을 피하여 modality를 '양상'보다는 '양태'라고 부르지만, 철학이나 논리학에서는 '양상'이란 낱말을 선호하는 듯하다. 모두 한자어 '모양 상(相)'과 '모양 태(態)'로 새기고 있지만, 각각 전자는 얼굴 모습에 후자는 전체 자태를 가리키는 데 쓰인다. 이런 측면에서 이들 한자어가 가리키고 있는 범위가 반드시 동일한 것은 아님을 알 수 있다.

그런데 양태 또는 양상에 대해서는 결코 간단히 다뤄 지나갈 사안이 아니다. 직접 본문에서 양태(양상)의 개념을 다룬다면 본말이 전도될 수 있기 때문에, 비록 다소 길더라도, 여기서 각주의 형식으로 필자가 증거 속성을 중심으로 하여 구성될 수 있는 확대된 양태의 개념(8가지로 나뉨)을 잠시 제시하기로 한다.

양태 속성은 인류 지성사에서 처음으로 6권으로 된 아리스토텔레스의 『사고 도구 (Organon)』 중에서 주어와 술어의 결합 방식을 따지는 「해석론(On Interpretation)」에서 심도 있게 다뤄졌다. 그렇지만 양화사 하나(for some)와 모두(for all), 그리고 부정사 (not, no)가 만들어 놓은 '단언(명제) 대립' 사각형에만 집착하였기 때문에, 이 모형에 근거한 양태의 논의도 허술한 점들을 드러낸다. 오늘날 내포 논리 자체가 가능세계와 현실세계를 모두 다 아우르는 범위와 비교한다면, 희랍 시절 양태의 논의는 소략하기 짝이 없다.

〈표12〉 『사고 도구』에서 다루어진 네 가지 양태(점선 밑줄)

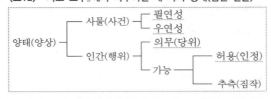

위 그림에서 보여 주듯이, 양태(양상)의 갈래는 먼저 사물에 적용되는지, 사람에 적용되는지에 따라 둘로 나뉜다. 전자는 다시 하위범주로서 필연성 양태 및 우연성 양태로 나뉜다. 동일한 속성을 적용하면 후자에서는 각각 의무 양태(당위) 및 가능 양태로 나뉜다. 가능 양태를 더 세분하여 허용 양태(인정)와 추측 양태(짐작)로 구분할 수 있다. 그렇지만 「해석론」에서는 오직 허용 양태만 다뤘다.

그런데 왜 양태를 이렇게 파악했던 것일까? 과문하지만, 아직까지 필자는 이에 대한 명시적인 논의를 찾을 수 없었다. 그렇지만 필자는 다음처럼 추측해 본다. 당시 소크라테스의 스승이었던 파르메니데스(Parmenides)의 진리관이

「존재하다 vs. 존재하지 않는다」

의 두 축에 의해서 나뉘는 '실세계 대응' 관점이었다. 즉, 존재하는 것을 존재한다고 주장하고, 그렇지 않은 것을 그렇지 않다고 주장하는 것이 참이며, 다른 경우는 거짓이다(강철웅, 2016, 『설득과 비판: 초기 희랍의 철학 담론 전통』, 후마니타스; 이상인, 2011, 『진리와 논박: 플라톤과 파르메니데스』, 길을 보기 바람). 이를 염두에 두면서, 「해석론」을 놓고서 행간을 읽는다면, 양태 설정의 기본 동기나 의도를 이내 붙들 수 있다. 아리스토텔레스는 자신이 처음 세운 단언(명제) 대립의 사각형이 궁극적인 진리를 표상해 준다고 굳게 믿고 있었다. 이 틀을 중심으로 하여 삼단논법(생략된 삼단논법 포함)의 형식도 최초로 만들어졌던 것이다. 더 나아가, 분석철학의 토대를 마련한 무어 교수의 「대응 함수」의 뿌리로 상정될 법한 실세계 대응 진리관이, 다시 양태(양상)에까지도 기본적으로 '있다'와 '없다' 사이의 선택지로 파악했을 것으로 본다. 그렇다면 이에 대한 원형개념은, 바로 존재(오늘날에는 '외연의미'로 부름)를 가리키는 계사 'to be'(있다, 또는 존재사 'to exist')로 재구성될 수 있는 것이다.

주어와 술어가 결합되어야 비로소 판단 형식이 갖춰진다는 『사고 도구』의 「범주론」 주장에 따라, 그는 '계사+주어'(또는 '존재사+주어')의 모습을 「있다(존재한다)+대상(실체)」와 같이 겹쳐 읽기를 했을 것으로 본다. 그렇지만 이런 겹쳐 읽기가 그 자체로 양태 개념에 대한 오류의 단초였다. 그런데 만일 이것이 복합문으로 될 경우에는, 「상위문+내포문」의 결합도 응당 '계사+주어'의 거울 모습일 수밖에 없다고 보았다(양자 모두 「술어+주어」의 구현체임). 그러나 주어와 술어의 실현 순서(술어가 먼저 나오는 형태)는 그에게서는 전혀 문제가 되지 않았던 것이다. 참고로, 여기서 '내포문, 상위문'의 개념은 현대 통사론에서 계층성을 반영하기 위하여 찾아낸 개념이다. 현대에 들어오기 이전에는 이런 계층적 구조 개념이 요구되지도 않았고, 필요성도 전혀 느끼지 못했었다. 현대 언어학의 아버지로 불리는 소쉬르조차도 자신의 대립 구현 방식이 앞뒤로 이어진 일직선의 '선조적 관계'라고 여겼던 것이다. 계층적 구조에 대한 자각은 처음 칸토어의 집합론에서부터 시작된다. 집합론이 물론 개념상의 필요를 위하여 원소와 집합을 구분해 놓았지만, 정작 필요한 내용은 집합들 사이의 하위 관계와 상위 관계들이다(501쪽의 각주 109와 702쪽 이하의 논의를 보기 바람).

만일 이를 대각선 관계(대우 관계 또는 짝이 되는 모서리 관계)를 이용하여 서로 모순 대립을 드러내려면, 복합문으로 구현된 상위문의 양태(양상) 표현도 동일하게 대립하도록 만들어 내어야만 했다. 동시에 복합문 속의 내포문도 부정(not 또는 no)을 이용하여 대립하도록 만들어 주어야 하는 것이다. 「해석론」을 상위문에서 양태(양상)를 가리키는 표현은 다음처럼 나온다.

「가능하다(possible), 허용되다(admissible), 필요하다(necessary), 참이다(true)」

내포문은 to be~(구) 또는 that it should be~(절)로 표시된다. 여기서 상위문 및 내포문 양쪽에 모두 다 not이 들어갈 수 있는데, 그 결과로서 다양한 갈래가 도출된다.

결과적으로 아리스토텔레스는 「가능·불가능·필연·허용」이라는 네 가지 양태를 예시하면서(불가능 양태는 특히 인간에게 적용될 경우 '금지' 양태로 해석됨), 이들을 부정소 not을 이용하여 대립 형식 네 가지를 만들어 내었다. 그렇지만 사실 부정소 not의 부정하는 대상이 상위문과 내포문을 제외하고서라도, 기본 문형에서 적어도 주어·술어·명사 수식어·동사 수식어·문장 부사 등으로 나뉠 수 있음에도 불구하고, 애써 두 항목의 부정만 있는 것처럼 호도하였던 것이다. 상위문의 부정 및 내포문의 부정도 함께 다루었는데, 각별히 두 군데를 모두 다 부정해야만 대각선(대우) 관계의 모순 대립을 이루는 것으로 파악했었다. 그 까닭은 여러 하위 선택지들을 무시한 채 오직 단언(명제) 대립 사각형이 진리의 모형이라고 굳게 믿었었고 따라서 그 틀에만 얽매어 있었기 때문에, 그 틀에 자리 잡을 수 없는 항목들은 제외되는 것이 자연스럽게 느껴졌던 것이다. 이제 이런 모습을 대립 관계의 사각형 그림으로 보이면 다음과 같다. 「해석론」의 양태 제시 모습은, 미리 전제된 이런 대립 관계 사각형을 파악하지 못할 경우에 착종과 오류 속에 빠질 수밖에 없다.

〈표13〉 양태 속성을 표현해 주는 대립 관계(단언 대립 사각형을 응용했음)

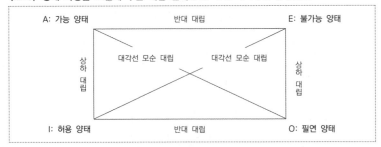

한편, 페어클럽(2003; 김지홍 뒤침, 2012) 『담화 분석 방법』(경진출판: §.10-3)에서도 사물에 적용되는 것을 인식 범주로, 사람에게 적용되는 것을 행위(행동) 범주로 부르면서, 이와 유사한 모형의 양태 모습을 상정한 바 있다. 특히 권력 관계를 다루기 위하여 페어클럽 교수는 문장을 종결하는 서술 모습(발화 유형)에 초점을 모았다.

〈표14〉 종결 어미 서법에서의 양태 대립 모습

그렇지만 아리스토텔레스의 고전적 양태(양상)에 대한 논의는 결정적 결함이 세 가지 있다. 첫째, 양태(양상) 종류가 오직 여기서 거론하고 있는 네 가지만 있는 것이 아니다. 새롭게 거론되는 양태는 현재 적어도 여덟 가지 이상이 상정된다. 양태의 하위 요소들이 분명히 네 가지 이상 존재한다면, 아리스토텔레스가 처음으로 만들어 보여 줌으로써 당시 사람들에게 큰 충격을 줬던 '단언(명제) 대립의 사각형' 속에다 그걸 모두 다 집어넣고 다룰 수 없는 노릇이다. 아리스토텔레스는 오직 네 가지 항목에만 골몰했기 때문에, 불가능 양태가 사람에게 적용된다면 '금지 양태'('말라, 못한다' 따위)로 불러야 함에도 불구하고, 이런 새로운 범주의 정의를 전혀 고려치 않고 있었다.

둘째, 필연 및 불가능 양태(양상)는 모두 어떤 사건이나 어떤 대상이 100% 아니면 0%의 진리값 판단을 전제로 한다. 그렇지만 이와는 달리, 가능 및 허용(인정) 양태는 그 속뜻이 개연성이나 또는 확률을 담고 있다. 이런 측면에서 "옳다, 그르다" 또는 "참이다, 거짓이다"라는 흑백 가치와 어울릴 수 없다. 특히 이 양태들이 인간의 행위(행동)와 관련할 경우에는, 관찰되고 논의 대상이 되는 어떤 인간의 '의도' 내지 '의지'에 의해서 일어날 수도 있고, 일어나지도 않을 수 있는 것이다. 참과 거짓의 판단에, 세상 사물의 있고 없음(또는 사건이 일어나거나 일어나지 않음)뿐만이 아니라, 관찰 대상이 되는 인간의 의지와 의도가 더 들어가야 하는 것이다. 그렇다면 사물이나 사건만 다루는 논리학에서도 또한 인간의 의지 및 의도를 함께 다루어야 한다. 아리스토텔레스는 그의 윤리학 계통의 책들에서만 인간의 속성을 다루고 있을 뿐, 논리학 계통의 책에서는 전혀 인간 속성들이 개재될 수 없다고 본 듯하다. 이것이 목적론적 세계관을 상정했기 때문에 빚어진 모순일 수도 있겠는데, 아리스토텔레스 자신이 다룰 수 있었던 양태(양상) 말고도 오늘날 중요하게 취급되는 다른 양태 개념들이 들어가 있지 않은 것이다. 필연성 양태 이외에도 개연적이고 확률적인 양태들이 주어져야 한다. 인간의 의지에 의해 참값 여부가 달라질 수 있는 가능성·허용 양태를 동일하게 하나의 축으로 함께 다루는 것은 오류이다.

셋째, 참과 거짓 두 값만 논의하는(중간값을 배제한다는 뜻의 '배중률'을 받아들이는) 아리스토텔레스의 논리학(고전 논리학)에서는, 확률성을 띤 사건이나 사태를 다룰 수 없다. 그럼에도 불구하고, 서로 함께 다뤄질 것으로 착각하고 있다. 이런 엄연한 사실을 깨닫고 있지 못하고 있거나, 무시하고 있는 것이다. 후자의 경우, 오늘날에는 흐릿한 (fuzzy, 경계가 불분명한) 논리학에서 다룬다. 이는 기본적으로 두 값 논리에다 다시 두 값이 일어날 확률을 곱하여 전체 진리값을 다루는 모형이다. 이는 『사고 도구』에는 깃들어 있지도 않은 발상이다.

만일 시상과의 연관을 염두에 둔다면, 내포문에 언급된 사건에 대한 증거를 확보할 수 있는지를 중심으로 하여 양태 개념을 확장할 수 있다. 이미 381쪽의 〈표7〉을 중심으로 언급하였듯이, 필자는 양태 개념이 더 상위 차원에 있는 것으로서, 모든 가능세계를 대상으로 하여 임의의 사건의 전개 모습을 가리켜 준다고 본다. 만일 증거 속성 (evidentiality)에 관한 구분만을 초점 모아서 이분지 자질값을 적용한다면, 다음과 같이 여덟 가지 양태를 제시할 수 있을 듯하다. 단, 이는 좀 더 가다듬어져야 하겠는데, 시상을 명세해 주기 위해서 직접 체험 양태를 임의 사건의 진행을 경험하고 목격하는 일로 정의해야 하고, 간접 체험 양태도 사건 발생과 관련된 증거를 중심으로 수정이 필요하다.

〈표15〉 증거 속성으로 살펴본 양태의 하위범주

필자의 개인적인 관심을 반영하여 작업 가설로서 마련해 본 이 모형은 앞으로 꾸준히 수정되고 발전되어 나가야 한다. 관찰 가능한 '실현 양태' 아래, 직접 체험 양태를 ① 사물들의 사건 양태와 ② 사람들의 행위 양태라는 하위 항목으로 대분한 것은, 471쪽의 각주 98에서 보았듯이, 자연계의 인과율에 따라 일어나는 변화(ergative)와 사람의 자유 의지에 의해 일부러 일어나는 사건(unergative)을 구분해 주기 위한 것이다. 그런데 이 항목의 하위 개념들이 시제와 상들에 대한 여러 논의들을 싸안을 수 있어야 하므로, 다시 세세한 하위 분류가 더 필요하다. 그리고 간접 체험 양태에서도 ④ 간접 증거로 추정하는 양태 또한 소위 부사형 어미(본고에서는 내포문 어미) 구문과 관련하여 좀 더 세밀하게 하위 구분이 이뤄져야 할 것이다. 물증 제시가 불가능한 양태 중에서 ⑥ 희망 사항 믿음 양태가 또한 그러한데, 여기서는 이런 문제 의식만을 덧붙여 두는 데에 개념도 양태라는 상위 개념 아래 다룰 수 있다. 물론 희랍의 전통대로 의도와 의지를 나누어 놓고서, 의도(intention)를 생각과 관련시키고, 의지(willingness, volition)를 외부에서 관찰 가능한 행동에 관련시켜 놓아야 하는지를 결정해야 한다. 마음 작용이 하나이므로 둘로 나누지 말아야 한다는 입장에 선다면, 우리에게 친숙한 유교 문화의 전통에서처럼, 정도성의 개념으로 파악한 '돈독한 뜻(篤志)'으로써 의도나 의지 또는 동기라는 개념을 통합적으로 파악함으로써, 생각이든지 행동이든지 상관없이 그 전 단계에서 반드시 거쳐야 하는 필수 과정으로 볼 수도 있다. 이런 접근에서는 돈독함이 더욱 많이 쌓이면 자연스럽게 실천으로 옮겨간다고 여길 수 있다. 그렇지 않다면, 그라이스(2001) 『이성의 두 측면(*Aspects of Reason*)』(Clarendon)에서 논의되듯이, 오직 하나의 이성만이 있고, 이것이 생각이란 영역과 행동이란 영역에 적용됨으로써 각각 순수 이성과 실천 이성으로 이름이 달리 불릴 뿐이라고 볼 수도 있다. 이는 아무리 우리의 두개골을 열고 두뇌 세포들을 관찰한다고 하더라도, 복잡한 인지 기능들의 관련성을 포착해 주지 못하기 때문에, 현재로서는 쉽게 판정나기 어렵다. 그럴 뿐만 아니라, 이 문제는 복잡한 여러 영역들이 맞물려 있다. 전-전두 피질에 있는 것으로 알려진 작업기억 중에서(특히 외측 전-전두 피질인데, 75쪽의 각주 27을 보기 바람) 판단·결정·평가를 떠맡는 재귀적 의식을 포함하여, 난이도가 더 높은 한 개인의 전반적인 믿음 체계와도 맞물려 있다. 그뿐 아니라 일반성과 개별성에 관한 물음까지도 함께 깃들어 있는

서 그친다.

언어학에서 인식 양태(간접 증거 포함) 및 증거 양태에 대한 추가 논의도 필요하다고 보는 논의는 Chafe(1986) 『*Evidentiality: The Linguistic Coding of Epistemology*』(Ablex Pub.)에서 처음 시작되었다. 인디언 언어들을 분석하면서 확립해 놓은 증거 양태는 후속 논의가 급속히 진전되어, 의사소통 상호작용 속에서 증거태가 어떻게 기여하는지를 다루고 있다(595쪽의 각주 130을 보기 바람). 언어 표현이 정신 표상의 산물임을 감안한다면, 필자는 양태에 관한 범위가 지속적으로 점차 더 포괄적인 모습으로 다뤄질 것으로 내다본다. 양태의 개념을 확대시키는 문제는 아직 우리 학계에서 주된 논읫거리로 간주되고 있지 않은 듯하다.

것이다. 이런 복잡계의 산물이기 때문에, 자칫 임의 부분만에 집착하여 자가당착이나 무한퇴행의 덫에 **빠질** 우려가 있다.

다만, 여기서는 의도를 상위 개념으로 쓰기로 한다. 다시 말하여, 의사소통 의도와 실천이나 행동을 하기 위한 의도를 싸안은 통합 개념으로 쓰는 것이다. 이에 대한 좀 더 자세한 논의는 김지홍(2015) 『언어 산출 과정에 대한 학제적 접근』(경진출판: 제2부)을 참고하기 바란다. 희랍에서의 생각과 행동을 따로 구분하는 전통보다는, 이들을 하나로 통합하고 정도성(마음먹음의 얕음과 도타움 사이)의 차이로 생각과 실천을 파악하던 우리 문화의 전통을 필자는 선호하고 있음을 적어 둔다. 모든 것을 이성으로 환원하여 여기서부터 다양한 하위 개념을 도출하려는 그롸이스(2001) 『이성의 두 측면(*Aspects of Reason*)』(Clarendon)의 접근법도, 우리의 의식적인 판단·결정·평가 과정을 설명해 주는 데에 정적인 일부 측면만 다룬다는 점에서 더 개선될 필요가 있다. 제1뇌와 제2뇌의 무의식적이고 자동적인 결정 과정이, 제3뇌의 의식적 판단에 계속 영향을 끼치고 있음도 잘 알려진 사실이며, 그뿐만 아니라 소화와 관련된 창자의 작용도 대뇌에까지 영향을 준다. 그렇다면 신경생리학적으로 밝혀진 이러한 인간 사고의 복잡한 측면에서 평가할 경우에, 그롸이스 교수는 칸트를 의식하여 하나의 단일한 이성을 상정하는 목표를 상정함으로써, 우리 정신 작동을 너무 단순화해 버렸음을 알 수 있다. 아마 무의식적 결정 과정이 우리의 의식적·자각적 판단과 결정 과정에 어떤 방식으로 영향을 주는지를 잘 이해하게 된다면, 우리의 정신 작동의 모습을 놓고서 좀 더 입체적 시각을 갖게 되지 않을까 생각해 본다.

필자는 이 방언의 자료에서 관찰되는 이른바 '부사형 어미 구문'(본고에서는 「내포 구문 어미」로 규정됨)으로 불리는 '-아, -게, -지, -고' 어미가 깃들어 있는 통사 형상을 다루기 위하여, 확대된 양태의 개념을 상정할 필요를 느낀다. 이들 내포문 어미들은 양태 범주에 귀속되며, 모두 다 [-시작점]의 사건을 표상해 주므로(현실세계에서 일어나는 사건이 아니라, 머릿속 개념으로 표상되는 가능세계의 사건들임), 이 범주보다 먼저 하위 층위에서 실현되어야 하는 시상 선어말 어미들은 어떤 것도 이들 양태 어미(-아, -게, -지, -고)와 서로 결합하거나 어울릴 수가 없는 것이다. 그 대신 이 내포문의 논항을 투영해 주는 상위문의 핵어 동사는, 단순 문장에서와 같이 독자적으로 시상 선어말 어미와 양태 선어말 어미를 구현할 수 있다. 이런 특성은 두 개의 동사가 하나의 복합 사건을 형성해 놓는 듯한 결과를 빚어낸다. 뒤에 있는 상위문의 동사에 결합된 시상 및 양태 선어말 형태소에 의해서 전체 복합 사건의 위상이 정해지는 것이므로, 결과적으로 내포문으로서 부사형 어미가 이끌고 있는 절의 사건에도 똑같은 시상 및 양태 해석이 확정된다.

다음의 구성은 이 방언의 설화 자료에서 관찰되는 부사형 어미 구문의 모습이다. 여기서 관찰되는 상위문 동사의 범주를 무엇으로 규정할 것인지도 매우 중요한 문제이다. 필자는 일단 가능세계에서의 임의 사건을 놓고서 전개 모습에 대한 '판단'이라고 본다. 따라서 이를 중심으로 하여 상위범주를 상정하고서, 다시 하위범주들을 포괄할 수 있도록 수식어를 붙여 놓는 선택을 하였다. 이것들은 특히 내포문이 나타내는 사건의 전개 모습을 놓고서, 여러 가지 가능한 측면들을 언어로 표현해 주고 있다고 본다. 이것들이 사건 전개 모습에 대한 판단을 가리키고 있으므로, 이 판단 과정은 재귀의식으로 일어나는 것이며, 곧장 이 정신 작용이 모두 다 생각 또는 사유와 관련되는 부류이다.

(12) [동사가 투영하는 절]-아 {가다 vs. 오다, 가지다 vs. 두다 따위 모두 7개의 계열이 있음}
(13) [동사가 투영하는 절]-게 {되다, 호다, 마련이다 따위 모두 6개 동사가 있음}
(14) [동사가 투영하는 절]-고 {싶다, 말다, 있다 따위 모두 6개 동사가

있음}

(15) [동사가 투영하는 절]-지 {아니ᄒ다, 못하다, 말다 따위의 동사가
있음}

그렇지만 이밖에도 내포절이 도달해야 할 목표점을 가리키는 경우가
있다. 그 목표점이 현실세계에서 일어나서 구현될 수도 있고, 그렇지
않고 가능성이 아주 낮은 채 그런 사건의 가치를 평가해 주는 경우도
있다. 만일 일직선 선분이 있을 때 반사실적 가정이 표상하는 사건이
한쪽 끝점이라면, 다른 쪽 끝점은 현실세계에서 일어나는 사건을 표
상해 줄 경우에, 가치를 평가해 놓는 사건은 두 지점 사이에 중간 지점
을 차지하게 되는 것이다.

(16) [동사가 투영하는 절]-아사만 {되다, ᄒ다, 좋다, 쓰다}

아마 여기서 관찰되는 '-아사만(-아야만)'은 부사형 어미 '-아'를 바탕
으로 하여 당위나 필연을 나타내는 보조사 '사(야)'가 덧붙어 나온 것
으로 설명해 줄 개연성이 있다. 634쪽 이하에서 다뤄진 예문 (80가,
나, 다)의 구분에서 보았듯이, '-아'라는 내포문 어미가 언제나 전체적
인 사건을 한 덩어리로 묶어 표상해 주기 때문이다. 만일 이를 행동
관련 구문으로 간주할 수 있다면, 앞에서 다룬 (9)~(11)의 구문 형상과
같은 범주로도 다룰 수 있을 것이다. 다시 말하여, 전체 발화의 목적이
해당 사건이 일어나기를 독촉하거나 독려한다는 측면에서 그러한 것
이다. 그렇지만 이를 가능성이 낮은 희망 사항으로 간주할 경우에는,
새롭게 어떤 사건에 대한 가치 평가 구문으로 간주할 수 있게 된다.
그렇다면 이를 생각 또는 사유와 관련된 (12)~(15)의 범주와 관련지어
다뤄야 할 듯하다.

이상의 모습이 필자가 이 방언의 설화 자료들을 추린 복합 구문의

어미 목록에서 부각하고자 하는 내포 구문의 통사 형상들이다. 편의상 본고에서는 이것들을 생각이나 말과 관련하여 다뤄질 수 있는 내포 구문(1부류) 및 행동 목표와 실현 모습과 관련하여 다뤄질 수 있는 내포 구문(2부류)으로 나눌 수 있을 것으로 본다. 전자(1부류)의 내포 구문 논의에서 직접 인용문과 같이 문장으로 분명히 실현되는 경우는 크게 문제가 되지 않는다. 오직 상위문의 시상 요소가 내포문까지 영향을 미치는지 여부가 언어들을 유형별로 나누는 매개인자가 될 뿐이다. 영어의 간접 인용 구문에서는 뒤바뀌어야 하는 요소들이 비단 시상만 아니라, 대명사와 일부 동사까지도 있음을 상기하기 바란다. 또한 강조 구문이나 화용 첨사로 기술될 만한 것들이 일관되게 인용 구문에서 도출되어 나옴을 논증하는 일도 필요할 것이다.

그렇지만 내포문이 오직 동사 어간으로만 나와 있을 경우에는 문제가 생겨난다. 이 경우에도 하나의 문장(또는 발화) 속에서 분명히 상위문의 동사를 포함하여 내포문에 있는 동사를 고려하면 두 개의 동사가 관찰되는 것이다. 그렇지만 시상 선어말 형태소, 양태 선어말 형태소, 종결 어미가 오직 한 번만 나온다. 이런 사실 때문에, 이러한 표면 형식에 기준을 둔다면 오직 하나의 문장(발화)이라고 선언할 수도 있다. 내포절의 동사 어간과 함께 나온 어미 형태소들은 흔히 부사절을 이루는 것으로 취급되어 왔다. 이른바 '부사형 어미'라는 용어가 이런 관점을 잘 보여 준다. 그렇지만 부사가 수의적이 아니라, 문장 성분에서 필수적이라는 사실을 포착해 주어야 한다. 그러므로 여느 부사의 개념과는 차원이 다름을 인정해야 할 것이다. 필수적 지위의 부사라는 말은, 문장 구성에서 핵심 역할을 맡고 있다는 뜻이다. 그렇다면 다른 요소에 딸려 있다는 '부사(ad-verb)'(동사에 딸려 있음)라는 개념이 자가당착의 개념이 되고 만다.

이를 피하기 위한 몇 가지 선택지가 있다. 손쉽게 좀 더 큰 덩어리를 어휘처럼 한 단위로 취급할 수 있다. 그렇지만 이는 그런 어휘 내부의 규칙성에 대해 아무런 언급도 할 수 없다는 한계가 있다. 보조 동사로 접근하는 방법도, 크게 본다면 선행하고 있는 동사를 중심으로 여기고, 뒤따르는 동사를 그 앞서 나온 동사에 딸린 부차적 지위로 취급하는 태도이다. 그렇지만 왜 보조 동사가 필요하며, 보조 동사를 하나의 자연 부류로 묶는 의미자질이 무엇인지를 설명해 주어야 한다. 그렇다면 문제를 해결한 것이 아니라, 다만 뒤로 미뤄 놓은 것일 뿐이다.

이런 문제들이 생겨나지 않도록 해결할 수 있는 방식 중 하나가 두 개의 동사 실현에 주목하여 상위문이 내포 구문을 안은 것으로 파악하는 길이다. 더 앞에 나온 선행 동사는 내포문의 핵어로서 온전한 모습의 논항구조를 투영하고, 여느 동사와 같이 각 논항에 필요한 의미역을 배당해 줄 수 있다. 그렇지만 뒤에 나온 동사(단, 여기서 이를 형용사와 동사를 포괄하는 상위 개념으로 쓰고 있음)는 여느 동사와는 다르다. 이 내포 구문을 허용하기 위하여 일정 정도로 문법화 과정을 겪은 동사이다. 여기까지는 큰 문제없이 논증될 수 있다.

그렇지만 다음 물음들이 떠오른다. 이 동사들을 과연 하나의 자연 부류로 묶을 수 있는 범주가 독자적으로 확보될 수 있을 것인가? 필자는 그렇다고 본다. 이를 위하여 '판단' 부류의 범주가 그 동사를 위해 마련될 수 있을 듯하다. 774쪽의 각주 151에서 다소 장황하게 양태에 대한 필자의 이해 방식을 적어 놓은 것도, 간접 체험 양태라는 개념을 중심으로 하여(일반 동사와 구분하기 위하여 '양태 동사'라는 용어를 쓸 수 있겠지만, 더욱 엄격히 '간접 체험'이라는 수식어가 덧붙어야 온당함) 이들 판단 양태 동사에 대한 범주화 작업을 좀 더 구체적으로 보이려고 하였기 때문이다. 여기에는 화자 쪽에서의 간접 체험도 있고, 청자 쪽에서의 간접 체험도 상정할 필요가 있다. 화자 쪽에서는 직접 증거가 아니라 남으로부터 전해 들은 말이나 또는 현장에 남아 있는 흔적들이 간접 체험을 구성하는 요소가 된다. 그렇지만 청자에게서는 간접 체험이 화자의 언어 표현을 전제로 하고 있으므로, 그 개념이 조금 달리 적용될 필요가 있다. 여기서 추체험이란 개념이 상정된다. 이는 필자가 현상학에서 빌려온 것이다.[152] 좀 더 구체적으로 말하여, 청자에게서 추체험할 수 있는 가능성은 청자 쪽에서 간접 체험이 작동하는 방식을 보여 준다.

---

152) 한국 현상학회 엮음(1983) 『현상학이란 무엇인가』(심설당)에 11편의 글이 실려 있다. 또한 한전숙(1984) 『현상학의 이해』(민음사)와 윤명로(1987) 『현상학과 현대철학』(문학과지성사)도 참고할 수 있었다. 그뿐 아니라 일상생활의 체험들을 다루는 미시 사회학의 논의도 인상이 깊은데, 강수택(1998) 『일상생활의 패러다임』(민음사)을 참고할 수 있었다. 독일 사회철학자 하버마스(1981; 장춘익 뒤침, 2006) 『의사소통 행위 이론 1, 2』(나남)와 김재현 외 11인(1996) 『하버마스의 사상: 주요 주제와 쟁점들』(나남)도 의사소통을 인간들이 맺는 사회관계와 인식론을 종합하면서 다루어 놓았다. 자주 들어왔던 「생활 세계, 삶의 형식, 일상생활」 등의 개념도 아마 현상학으로부터 비롯되는 듯하다. 인간들이 상대방과 의사소통을 하면서 상대방의 의도를 정확히 이해하려면, 감정 이입의 다른 형식인 '추체험'을 통하여 그 마음을 읽어내어야 한다. 이런 측면의 추체험은 상당히 포괄적이고 추상적인 개념으로 도입되어 있다. 그렇지만 필자는 이 방언에서 쓰이는 일부 문법 형태들의 자질이

　　「청자로 하여금 해당 사건을 확인 점검할 수 있게 해 주는지 여부」

로써, '추체험 가능성'이란 용어를 쓰고 있다. 양태 선어말 어미 '-느-' 계열은 청자로 하여금 추체험 가능성을 열어 놓는다. 그렇지만 이와 짝이 되는 '-더-' 계열은 그런 가능성이 닫혀 있음을 가리켜 준다.

제3장 온전한 문장(완형 보문)으로 나오는 발화 인용의 내포 구문[153]

공통어의 경우에 남의 말에 대한 어조까지 다 흉내내어 말하는 직접 인용 형식은, 흔히 쌍따옴표 " "를 써서 상위문으로서 '하다, 소리치다, 말하다' 등을 쓰게 된다. 가령,

---

[153] 이 방언의 인용 구문을 다룬 김지홍(2019) "제주 방언의 인용 구문과 매개변항"(『한글』 제80권 4호, 통권 제326호)에서는 인용 구문의 형상이 공통어와 일치하는 '-고 ᄒ다(-라고 하다, -다고 하다)'뿐만 아니라 또한 '-이엔 말ᄒ다'라는 두 가지 선택지가 있음을 밝혔다. 이런 언어 사실은 일부에서 잘못되게 "개신파의 영향"이라는 주장과는 달리, 공통어에서 모방했다고 볼 수 없는 형태소들의 실현을 근거로 하여, 두 가지 선택지가 그대로 이 방언 문법 형태소들의 중층성 현상을 보여 주는 것으로 파악하였다(제5부에서 집중적으로 논의되었는데, 614쪽에서 여섯 항목이 제시되어 있고, 721쪽에서 세 항목을 적어 놓았으며, 또한 708쪽의 각주 144를 함께 보기 바람). 이런 문법 형태소의 중층적 구현은 네 가지 차원으로 해석될 수 있는데, 화용 맥락이나 담화 전개 차원, 사회언어학적으로 일부러 말투를 바꾸는 차원, 수의적 교체이다. 특히 후자에서는 계사가 '이어'로 활용하면서 관형형 어미 '-은'(전설화되면 '-인')이 융합된 형식임을 논증하였는데, 수의적 교체 형식으로서 만일 계사 활용 모습 '이어'가 탈락할 경우에 '-인'으로 실현된다. 그리고 발화 인용과는 무관하지만 인용 구문과 동일한 통사 형식을 쓰고 있는 경우들도 '유사 인용 구문'으로 불러서 함께 다루었지만, 여기서는 상위 개념으로 내포 구문의 어미라고 부르고 있다. 일단, 그 논문에서 썼던 예문들은 일부 여기서도 그대로 이용될 것임을 밝혀 둔다.

(17) "아야야!" ø 소리쳤다.

와 같다. 여기서는 인용된 내용에서 상대방의 어조까지 흉내를 내기 때문에, 일상적인 어조와 구별되고, 따라서 굳이 인용 구문을 매개하는 어미가 등장하지 않아도 되겠지만(ø), 이것만이 유일한 형상이 아니다. 비록 남의 어조까지 그대로 흉내를 낸다는 직접 인용이라고 하더라도, 다음처럼 인용 어미와 같은 모습을 지닐 수도 있다.

(18) "아야야!" 하고154) 소리쳤다.
(19) "아야야!"라고 했다.

(18)의 경우, 의미역을 배당하지 못하는 가벼운 동사 '하다'를 매개로 하여 상위문 동사(소리치다)가 결합되어 있다. (19)에서는 계사 '이다'의 활용 형식으로서 어미 '-고'를 매개로 하여 가벼운 동사(하다)와 결합되어 있다. 이런 모습은 공통어에서뿐만 아니라 근본적으로 이 방언에서도 그러함을 쉽게 확인할 수 있다(215쪽의 각주 54를 보기 바

---

154) 여기서 관찰되는 '하다'의 범주에 대하여 의문을 제기할 수 있다. 일찍이 김지홍(1986) "몇 어형성 접미사에 대하여: 특히 '-이다, -대다, -거리다, -하다, ø'의 관련을 중심으로"(제주대학 국어교육과『백록 어문』창간호)에서 필자는 상징어들에 접미되는 '반짝하다, 반짝반짝하다, 꺼칠꺼칠하다' 등에서 찾아지는 '-하다'가 기본적으로 묘사 동사(depict verb) 범주에 속한다고 보았다. 직접 인용 구문에서 찾아지는 '하다'도 "남의 말을 그대로 모방한다"는 점에서 남의 어조까지 포함하여 그대로 묘사하는 일에 해당하는 셈이다.

일반적으로 인용 어미 구문 '-(이)라고 하다'에서 관찰되는 상위문 동사를 놓고서 지금까지 세 가지 처리 방식이 제안되어 왔다.

ㄱ '말하다'를 대신하는 것으로 본다(pro-verb 대동사로 부름).
ㄴ 생성문법에서는 문법 요소들이 실현될 수 있도록 하려고 '하다-부착(do-support)'으로 본다.
ㄷ Grimshaw(1990; 김희숙·이재관 뒤침, 1999)『논항 구조론』(한국문화사)에서 의미역 배당을 할 수 없고 형식만 투영한다고 보아 가벼운 동사(light verb)로 본다.

여기에 다시 본고에서의 주장처럼 ㄹ 인용 구문에서 찾아지는 '하다'를 묘사 동사로 지정할 수도 있다. 단, 이 경우에는 가벼운 동사의 취급 방식과 같이, 일반동사가 아니므로 의미역 배당이 이뤄지지 않는다고 단서를 추가해 주어야 한다. 그렇다면 ㄷ의 주장에서 묘사 기능이나 자질을 더 추가하는 선택도 가능할 것이다.

람). 다만, 계사의 활용 형식 '이어'(658쪽 이하에서 논의되었듯이, 이 방언에서는 일반 동사의 활용과 상보적 분포를 보이는데, 계사 활용에서 이것이 고유하게 쓰이는 서술 단정 서법의 어미임)에 다시 '-은'이 결합된다는 점이 특이하다. 관형형 어미 '-은'은 계사 어간에 동화되어 전설화됨으로써, '이어+-인'의 형식에서 음절 재조정이 일어나면 '-이엔'이 나오며, 이것이 1음절 '-엔'으로 줄어들 수 있다. 이 방언의 인용 형식은 두 가지 선택지가 있다. 하나는 공통어에서와 같이 '-고 (말)하다'이고, 다른 하나는 '-이엔 말 ᄒ다'이다. 문법화 과정을 거치면서 후자의 모습에서 핵어 명사 '말'이 탈락됨으로써 '-이엔 ø ᄒ다'로 쓰인다. 필자는 이를 이 방언에서 찾아지는 「문법 형태소의 중층성」 모습으로 파악하였다. 이런 중층성을 보여 주는 경우가 다수 찾아진다. 가령,

ㄱ 양태 선어말 어미 형태소 '-으크-(-겠-)'와 '-겟-(-겠-)',
ㄴ 조건 접속 어미 '-으민(-으면)'과 '-으문(-으면)',
ㄷ 이유 접속 어미 '-으난(-으니까)'과 '-으니(-으니까)'

에서도 찾아지므로(제5부에서 집중적으로 논의되었는데, 614쪽에서 여섯 항목이 제시되어 있고, 721쪽에서 세 항목을 적어 놓았으며, 또한 708쪽의 각주 144를 함께 보기 바람), 결코 이례적인 현상이 아니다.

'-이엔 ᄒ다(라고 말하다)'라는 형식에서 계사의 활용 형식 뒤에 붙은 요소를 필자는 관형형 어미 '-은'으로 간주한다. 이는 다음 예문을 고려하였기 때문이다.

(20가) -단 말이어: 성안(城內)에 「특~」(의태어, 갑작스런 동작 모습) 들어앉아 가지고 동·서·남문을 「딱~」(의태어, 단단한 모습) 줌근단(잠근단, 잠가 버린단) 말이어.
(1877년 천주교 신자들을 처벌하려고 이재수 등이 제주 성으로 쳐들어가자, 천주교 신자들은 제주성 안쪽에 「턱~」 들어앉아 가지고, 동문 서문 남문을 단단히 잠가 버렸단 말이야. 구비3 양원교, 남 73세: 423쪽)

(20나) -단 말이어: 경(그렇게) 허여 가 가지고(해서), 이제는 주인 아들(아
　　　　들)을 뿔로 「칵~」(의태어, 재빨리 달려들어 치받는 모습) 케우런(치받
　　　　고서) 죽엿단 말이어.
　　　　(그래서, 이제는 주인 아들을 뿔로 「칵~」 치받아 내던지고서 죽였단
　　　　말이야. 구비1 안용인, 남 74세: 137쪽)

여기서는 모두 '-단 말이어(-단 말이야)'를 관찰할 수 있다. 이를 글말
투식으로 고친다면, '-다는 말이다'와 대응할 것으로 본다. (20가, 나)
에서는 비록 남의 발화를 인용하는 것은 아니고, 해당 사건 '문을 잠그
다'와 '아들을 뿔로 치받아 죽였어'를 강조하는 방식이다. 다시 말하여

　(21) "내가 말해 주고 있는 것이 [＿＿＿]이라는 말이다."

와 같은 형상 속에서, (20가, 나)의 모든 내용이 꺾쇠괄호에 들어 있고,
그 마무리로서 '-단 말이어'로 끝이 난 모양새이다. 다소 미세하게 반
응하여, (21)의 강조 구문과 전형적인 인용 구문이 서로 다른 것이라
고 주장할 수도 있다. 이럴 경우에 211쪽 이하에서 논의되었듯이, '-
라곤 ᄒ다' 또는 '-다곤 ᄒ다'(이것이 '-라곤 말 ᄒ다, -다곤 말 ᄒ다'에
이끌려서 이 방언에서 특이하게 '-곤'으로 융합된 것임)에서 찾아지는 것을
설명해 줄 길이 없다. 만일 (20가, 나)를 강조의 기능도 지니고, 인용으
로도 쓰이는 중의적 형식으로 간주할 경우에, 인용 구문의 어미 '-이
엔'를 충실히 반영하여 다시 써 볼 수 있다. 이 경우 각각 '줌근댄 말이
어'와 '죽엿댄 말이어'처럼 말해졌을 것이다. (20가, 나)를 선택하든지
여기서처럼 '줌근댄 말이어, 죽엿댄 말이어'를 선택하든지 간에, 필자
의 직관으로는 모두 다 허용될 수 있다(이를 '실현 모습'으로 부름).
　(20가, 나)의 사례는 계사의 어간이 없는 채 내포문의 종결 어미 '-
다'와 결합되어 있는 '-은'에 주목할 필요가 있다. 이는 인용 구문의
어미에서 계사의 활용형 '이어'를 제외한 '-은'과 같은 범주에 속할

수밖에 없다(이 '-은'이 또한 '-라곤 ᄒ다, -다곤 ᄒ다'에서 찾을 수 있는 비음 받침과 동일한 것임). 전형적으로 관형절 어미 '-은'이 나온 언어 환경은 명사를 수식해 주는 것이다. 그렇기 때문에 바로 명사 앞에 나오는데, 이는 '말 ᄒ다'라는 상위문의 핵어에 결합되는 것이다. 그렇지만 이런 어구가 관용화되고('말 ᄒ다 → ᄒ다'를 탈락 현상으로도 볼 수 있고, 대용사로 교체한 것으로도 볼 수 있음) 잦은 빈도로 인용 형식이 쓰이면서 마치 하나의 복합 형식으로 이뤄진 문법 형태로 인식된 결과, 인용 구문에서 전형적으로 상정된 계사의 활용 모습이나 상위문의 핵어 명사가 탈락되기에 이른 것이다. 필자는 이 방언의 인용 구문을 표상하기 위하여 한국어에서 선택될 수 있는 범주는 오직 관형형 어미밖에 없다고 본다.

만일 공통어에서와 같이 인용 구문이 '말이어(말이야)'라는 전체 어구를 꾸민다고 한다면, 내포 구문의 어미로 쓰이도록 '-고'가 나왔을 것이다('-고 말이야'). 이 방언에서는 계사 '이다'가 반말투 종결 어미로 활용될 경우에는 '이라'로 나오지만, 고유한 서술 서법으로 종결될 경우에는 두 가지 선택지가 있었는데, '이어'와 '이다'가 그것이다. 이 중에서 '이어'를 선택하였는데, 그 이유를 이미 602쪽 이하에서 논의한 바 있다. 이것이 바로 뒤에 나오는 명사를 수식하므로 관형형 어미 '-은'를 선택한 것이다. 이런 기본 형상이 문법화 과정에서 다시 다음과 같이 변화가 두 가지 경로로 진행되었을 듯하다. 609쪽 이하에서는 모두 세 가지 경로를 상정하고 나서, 개연성이 높은 두 번째 경우와 세 번째 경우로 설명한 바 있다.

두 번째 경우: 계사 활용+관형형 어미 결합
「이어+-은 → -이언 → -이연 → -이엔 → -옌」
세 번째 경우: 계사 활용+관형형 어미 결합
「이어+-은 → -이어인 → ø-인 → -인」

먼저 두 번째 경우를 보면, 이 방언의 계사 활용 형식 '이어'와 관형형 어미 '-은'이 융합되면, 관형형 어미의 약모음이 의무적으로 탈락되면서 '이언'이 나온다. 여기에서 다시 각각 순방향의 동화(이연)와 단모음화(이엔)가 일어난 뒤에 다시 1음절로 축약(엔)으로 귀결된다. 필자는 '-엔'에서 '-인'으로 도출될 만한 음운 규칙은 불가능하다고 보았다. 따라서 또다른 문법화 과정을 상정하였는데, 그것이 세 번째 경우였다. 여기서는 중요하게 계사 어간에 동화되어 관형형 어미가 전설화를 겪게 된다고 보았고, 그 결과 계사의 흔적이 남아 있게 됨으로써 계사의 활용 형식 '이어'가 탈락될 수 있을 것으로 추정하였다. 만일 두 번째 경우와 세 번째 경우가 각각 '-이엔'과 '-인'이 만들어진 경로를 설명해 준다면, 이 문법 형식들도 중층성을 보여 주는 경우가 된다. 그런데, 계사의 활용 형식 '이어'의 탈락을 상정하는 일이, 조건 접속 어미의 두 가지 형식 '-으민(-으면)'과 '-으문(-으면)'을 도출하는 과정에서도 주어져야 함을 보았다(708쪽의 각주 144를 보기 바라며, 단서 조항으로서 조건 접속 어미가 복합 형식의 융합 모습 「-음+이어+-은」처럼 표상된다는 전제에서만 가능함). 어떤 경우에라도 이것들은 서로 변이체에 지나지 않으며, 두 번째 경우와 세 번째 경우가 의미 차이가 전혀 없이 형태 결합 조건에 따라 교체될 수 있을 것으로 본다. 필자는 모두 요소들이 다 들어가 있는 '-이엔'을 유사 인용 형식의 대표 형태소로 상정하였다. 공통어의 경우에는 계사 '이다'가 서술 단정 서법으로 나오는 '이라'로 나오고, 다시 상위문 동사의 어구 '하다, 말하다'를 수식하므로, 접속 구문 어미에서 내포 구문 어미로 전성된 '-고'가 결합되어 있는 형식의 인용 구문 어미 '-이라고'가 확정된 것이다.[155]

---

155) 물론 이 방언에서도 '-고 ᄒ다(-고 하다)'라는 인용 구문의 형식도 빈도에서 큰 차이를 보이지만 어느 정도 쓰이고 있음을 확인할 수 있다. 그렇지만 지금까지의 연구들에서는 두드러지게 공통어의 표상과 다른 형식 '-이엔 ᄒ다(-이라고 하다)'가 빈출하므로 이를 마치 이 방언의 인용 구문 어미의 기본 형상처럼 내세우게 된 것이다. 이 구문에 대해서는 이미 세 갈래의 논의가 있었다. 고영진(1984), 정승철(1997)에서는 인용 구문의 기본 표상을 본고에서의 논의처럼 간주한다. 그렇지만 다른 주장도 있다. 강정

회(1988)에서는 '-인'만을 단일한 인용 구문 어미로 간주하였다. 그렇지만 후자의 처리에서는 이 인용 구문의 어미 '-인'이 어디에서부터 나왔는지를 전혀 설명할 길도 없고, 이 방언의 일부 현상만을 기술할 뿐이라는 한계도 있다. 만일 '-인'을 기본적인 인용 어미로 상정한다면, 이 형식보다 더 복잡한 모습의 '-이엔'을 어떻게 도출해 낼 수 있을까? 이 방언에서는 화용 목적의 형태소를 제외하고서는, 음절이 더 많은 것으로부터 줄어드는 모습의 문법 형태들이 다수이다. 고영진(1984)에서는 '-엔'이 인용 구문 어미의 기본 표상으로 보았다. 그렇지만 본고에서는 이것이 계사 구문임을 강조하기 위해서, '-이엔'을 기본 형상으로 채택하는 편이 더 나을 것으로 판단하며, 더 근본적으로 '-이엔 (말) ᄒ다'를 기본 형상으로 본다. 공통어의 인용 어미도 '-라고'로 말할 수도 있다(아마 '-이라고'로 쓰는 편이 계사의 활용 형식임을 보여 주기에 더 나은 선택지라고 판단됨).

만일 한국어에서 인용 구문의 어미 '-라고'가 공통적이라면, 고영진 교수가 제안하였듯이 이 방언에서 관찰되는 축약된 모습 '-엔'도 기본 표상으로 상정될 수 있다. 그런데 공통어에서는 계사가 서술 단정의 고유한 서법으로만 쓰이는 종결 어미 '-다'(그 변이 형태 -라)를 선택하였고, 다시 상위문 동사를 수식하는 어미 '-고'를 선택하였던 것이다. 이 방언에서도 '-고 ᄒ다'라는 인용 구문도 적잖은 비율로 쓰이고 있음이 관찰된다. 이하에서는 필자가 모은 자료에서 서로 다른 다섯 명의 화자가 '-고 ᄒ다(-고 하다)'를 쓰고 있는 사례들을 제시해 둔다. 특이한 경우는 내포문이 명령형 종결 어미 '-으라'로 될 경우에 거의 '-고 ᄒ다'를 결합시켜서 '-으라고 ᄒ다'가 마치 굳어진 표현인 양 쓴다. 또한 회상 양태로서 '-더라'로 종결될 경우에도 '-더라도 ᄒ다'가 쓰이며, 계사의 활용 형식인 '-이라고 ᄒ다'도 관찰된다. 내포문이 서술 단정형 종결 어미 '-다'로 되어 있을 경우에도 '-다고 하다'처럼 쓴다는 점이다.

ⓐ -으라고 ᄒ니 -이라고: "말을 바른 대로 이얘기허여 보라!"고 ᄒ니, "그게 아니고, 천가(千哥)의 집의서 우리 메누리ø 도독질허여다가 내일은 빼여갈랴고 ᄒ는 날이라"고.
("말을 바른 대로 이야기해 보라!"고 하니, 바른 대로 말하기를 "그게 아니고, 천가의 집에서 우리 며느리를 보쌈해 가려고 계획했는데, 내일은 보쌈을 하여 며느리를 빼어 가려고 하는 날이라"고 했어. 구비1 안용인, 남 74세: 161쪽)

ⓑ -이라고 ᄒ여 가지고: 그 시대는 아바지 쉬염(수염) 훑은 것도 「큰 불효의 ᄌᆞ식이라」고 허여 가지고 죽여도 불고(버리고), 그렇게 허여 낫입니다.
(옛날 그 시대에는 아버지 수염을 훑은 일도 큰 불효를 저지른 자식이라고 여겨서, 그 자식을 죽여 버리고, 그렇게 했었습니다. 구비1 안용인, 남 74세: 147쪽)

ⓒ -이라ø 햇는디 -다고 ᄒ니 ø ᄒ는디: 처음엔 '행기물이라'ø 햇는디, 그러니, "그런 물(샘물)ø 읎다!"고 ᄒ니 [제주도의 수맥을 끊어 버리려던 호종단이 지장샘을 찾지 못한 채] 그냥 떠나분(떠나버린) 다음엔 그 물은 굿단(가져다가) 비우니 '행기물, 행기물'ø ᄒ는디.
(처음엔 지장샘 이름을 행기[行祭 器皿의 줄임말인데 놋그릇으로서 두껑을 덮을 수 있는 밥그릇]물이라고 불렸었는데, 그러니 제주도 수맥을 끊어 버리려던 중국의 호종단이 지장샘을 찾아 없애고자 하면서 마침 주위에서 밭을 갈던 노인한테 그 위치를 묻자, 노인은 "그런 샘물ø 없다!"고 대답해 주자, 결국 지장샘을 찾지 못한 채 그냥 제주도를 떠나 버린 다음에, 비로소 그 노인이 자신을 찾아와 살려달라는 지장샘 신령을 소중히 두껑 있는 놋그릇에 담아 두고서 소길마 속에 감춰 천으로 덮어 두었었는데, 다시 그 지장샘 신령을 가져다가 본디 샘물이 있던 곳에다 비워 놓았으므로, 처음에는 지장샘을 「행기물, 행기물」ø 불렀었는데... 구비2 양구협, 남 71세: 656쪽)

ⓓ -이라고 ᄒ던가? -다고. -더라고 하는디 -더라고: 그때 영천목ᄉᆞ(永川 출신의 牧使 이형상)라고 ᄒ던가? 어느 목사가 온 때에, 걸(그걸, 김녕 뱀굴에 처녀를 바치는 일을) 알아 가지고 [그 뱀을] 쏘아 붙었다고(버렸다고). 쏘앗는디, 쏘아 둰, 기냥(그냥) 삼문(三門, 동서남문), 제주시 삼문 안에 들어가니, 등짱(등뼈)이 선뜻(서늘)ᄒ더라고 하는디, 그때

(22) -단 말이어. -단 말이어: 아닌 게 아니라, 그 옥방(獄房)을 간(갔어).
옥방 문을 열앗어. "아바지, 이십니까?" ø 흔단 말이어. 하하, 이것 ø
이상ᄒ단 말이어. 뒤론(뒤로는) [몰래 며느리가] 엿보는디.
(아닌 게 아니라, 주인공이 그 옥방에를 갔어. 옥방 문을 열었어. "아
버지, 계십니까?" 한단 말이야. 하하, 「이것 이상하단」 말이야. 아들과
아버지가 만나는 장면을 몰래 주인공인 며느리가 엿보고 있었는데.
구비2 양구협, 남 71세: 624쪽)

그놈(뱀)의 피가 등에 가 묻엇더라고, 피가, 그놈의 피가.
(그때 영천 출신의 이형상 목사라고 하던가? 어느 목사가 도임한 때에, 김녕 뱀굴의 처녀
를 바치는 일을 알아 가지고, 그 뱀을 활로 쏘아 죽여 버렸다고, 쏘앗는데, 쏘아 두고서,
그냥 제주시 삼문 안으로 들어가니, 자신의 등판이 서늘하더라고 하는데, 그때 그 뱀의
피가 목사의 등에 가서 묻었다라고 해, 그 피가, 그 뱀의 피가. 구비1 임정숙, 남 86세:
192쪽)

ⓔ -다곤 해서 -다고 ᄒ여: 괴길(물고기를) 먹고 싶다곤 해서 괴길 사렐(사러를) 갓다고
ᄒ여.
(물고기를 먹고 싶다고 해서, 물고기를 사러 갔다고 해. 구비3 김재현, 남 85세: 39쪽)

ⓕ -다고 ᄒ더라고: 이제 귀신이 시기는(시키는) 대로 허여서, 잘 허여그네(해서), 「바른
말 ᄒ면은 이녁(당신) 췰(罪를) 다 사(赦 용서)흔다」고 ᄒ더라고.
(이제 귀신이 시키는 대로 잘 따라서, 귀신의 마음에 들게 하여 「바른 말을 하면 당신의
죄를 모두 다 용서한다」고 하더라고 그래. 구비2 양형회, 남 56세: 30쪽)

필자의 느낌에 의존한 인상적 빈도로만 본다면, '-이엔 말이다(-이라는 말이다)'가 단
연 앞선다. 그 다음으로 공통어와 동일한 형상의 '-고 ᄒ다'와 '-이엔 ᄒ다(-이라는
[말] ᄒ다)'가 비슷한 빈도로 관찰되는 듯싶다. '-이엔 ᄒ다'를 해석하는 데에도 최소한
세 가지 가능성이 있다. ㉮ 핵어 명사 '말'이 생략되었다고 볼 수도 있고, ㉯ 대용사 'ᄒ
다'가 「말하다」를 대신한다고도 볼 수 있으며, ㉰ 앞의 두 형식이 서로 뒤섞였다고도
볼 수도 있는 것이다.

김지홍(2019) "제주 방언의 인용 구문과 매개변항"(『한글』 제80권 4호, 통권 제326호)
의 결론에 따라, 이 방언의 특징은 인용 구문의 형상에서 기본적으로 두 가지 선택지가
있고, 어느 선택지이든지 모두 다 수용될 수 있다. 하나는 계사의 활용 '이어'를 선택하
였고(661쪽에 있는 「두 계층으로 나타낸 계사의 활용 모습」을 보기 바람), 바로 인접한
명사를 꾸며 주기 위하여 관형형 어미 '-은'을 선택한 것이다. 다른 하나는 공통어와
동일한 선택지인데, '말하다'라는 동사를 꾸며 주는 것으로서 '-고' 어미를 쓰는 일이
다. 그렇다면 이 방언을 놓고서 이런 선택지의 갈래를 확정해 주기 위하여, 인용 내포문
이 상위문의 명사를 꾸며 주느냐, 아니면 상위문의 동사를 꾸며 주느냐를 매개인자(매
개변항)로 갖고 있다고 말할 수 있다. 만일 인용 구문이 상위문의 명사 '말'을 꾸민다면
'-은'이 선택된다(-은 말). 그렇지 않고 상위문의 동사 '말하다'를 꾸민다면 '-고'가 선
택된다(-고 말하다). 전자는 '-은 말 ø 하다'의 초기 표상에서 문법화 경로를 거치면서
마치 단일 형식처럼 융합되자, 핵어 명사 '말'이 생략된 채 '-은 하다'의 모습을 띠게
된다. 그럴 뿐만 아니라, 두 가지 선택지를 가르는 관형형 어미 '-은'의 범주와 인용
구문 어미 '-고'의 범주 모두 다 양태성을 품고 있으며, 따라서 905쪽 이하에서는
이것들이 동일하게 양태 범주에 귀속됨을 논의할 것이다. 유사 인용 구문의 어미에서
관찰되는 관형형 어미 '-은'이 어떤 양태 자질을 지니고 있는지에 대해서는 617쪽의
각주 131을 참고하기 바란다.

(22)에는 두 개의 용례가 실현되어 있다. 첫 번째 것은 '직접 인용'의 형식을 이끌고 있으나, 두 번째 것은 느닷없이 어느 관리가 와서 옥에 갇힌 자신을 아버지라고 부르는 사건에, 의아하게 여기는 모습을 '추정'(상상)하면서 묘사해 주고 있다. 인용과 추정이라는 두 가지 서로 다른 기능이 관찰됨에도 불구하고, 이 화자는 동일하게 같은 형태 '-은 말이어(-은 말이야)'를 쓰고 있다. '-은 말이어(-은 말이야)'가 직접 인용에서부터 간접 인용과 추정에 이르기까지 여러 가지 환경에서 자유롭게 쓰이는데, 이를 '실현 모습'으로 묶을 수 있다.

이 방언의 설화 채록 자료에서는 남의 발화를 어조까지 모방하는 것이 절대 아님에도 불구하고, 앞의 (17)의 직접 인용 형식에서 보았듯이, 인용 구문의 어미가 전혀 없이(ø) 나오는 경우도 종종 관찰된다.

(23) ø ᄒ지마는: 저 서김녕(西 金寧), 이제는 「서 김녕」ø ᄒ지마는 옛날은 김녕이라고만 ᄒ지, 김녕 용두동(龍頭洞)이라고, 용머릿 동네.
(제주시 구좌읍 서김녕리, 저쪽 서 김녕, 이제는 '서 김녕'이라고 부르지마는, 옛날은 김녕이라고만 하였지. 제주시 구좌읍 김녕리 용두동이라고, 용머릿 동네. 구비1 임정숙, 남 84세: 143쪽)

(24) ø ᄒ지: 목구녕(목구멍)에 술은 「들어오라, 들어오라」ø ᄒ지, 걸인이 되니까 술은 안 주지, 하도 들언(너무 간섭하여서) 못 견디게(못 견디게) ᄒ니….
(목구멍에서는 술은 「들어오라, 들어오라!」고 재촉을 하지, 걸인이니까 걸인에게는 술을 안 주지, 걸인에게 너무 간섭을 하여 걸인을 못 견디게 해 놓으니… 구비1 안용인, 남 74세: 138쪽)

(25) -고 ᄒ니 ø ᄒ여: 죽은 다음에 「워낙 잘 안다」고 ᄒ니 어디 먼 디서 (데에서) 월계 진좌수ø 죽은 줄도 모르고 촛안(찾아서) 온디(왔는데), 「흥상(恒常) 백멜(白馬를) 탄(타고서) 댕겨낫다(다녔었다)」ø ᄒ여, 그 월계 진좌수가.
(진국태 좌수[유향 좌수 秦國泰, 1680~1745]가 죽은 이후에도, [진좌수가 모든 병을] 「워낙 잘 알아서, 병 치료를 잘해 준다」고 소문이 널리 퍼지니, 어디 먼 곳에서 진 좌수가 죽은 줄도 모른 채 찾아 왔는

데, 「진 좌수가 항상 백마를 타고 다녔었다」고 해, 그 월계 진좌수가. 구비2 양구협, 남 71세: 615쪽)

여기에 인용된 사례들에서는 남의 말을 어조까지 흉내를 내는 직접 인용의 경우는 없다. 그럼에도 불구하고, 인용에 관련된 어미가 전혀 없이(ø) 곧장 내포문이 상위문 동사와 이어져 있음을 볼 수 있다. (23)에서는 동네 이름을 고유 명사 '서 김녕'으로 부른다고 설명해 주는 대목이다. (24)에서는 목구멍을 의인화하고 나서, 그 목구멍에서 요구하는 바를 추정하여 말해 주고 있다. (25)에서는 전해 들은 말이다. 한 번은 인용 구문 어미 '-고 ᄒ다(-고 하다)'를 쓰고 있고, 다른 것은 어미가 없이(ø) 상위문 동사 'ᄒ다(하다)'만 쓰고 있다. 이런 측면에서 인용 구문의 어미가 수의적으로 출입하고 있음을 알 수 있다. 쉽게 복원될 수 있을 경우에 생략이 일어난다는 조건을 고려한다면, 내포문과 인용 관련 상위 동사에 근거하여 그런 생략 조건이 마련된다고 말할 수 있다(인용과 추정은 상위 개념 '실현 모습'으로 묶임).

인용 구문의 어미가 생략되어 나타나는 경우와 관련하여, 이른바 화용 첨사로 지정할 법한 사례들도 다수 다음과 같이 나타난다.

(26) ø 마씀: 무쇠(鑄鐵, 물+쇠) 설곽(石槨)에 놔 가지고서 띄와 불엇어. 띄우니, 그것이 어디 구좌면 서화리(舊左面 細花里)로 올라온 모양이라 ø 마씀.
(무쇠 석곽에 놓아서 바다에 띄워 버렸어. 띄우니, 그 석곽이 어디 구좌면 세화리로 올라온 모양이라 ø 말씀입니다. 구비1 안용인, 남 74세: 149쪽)

(27) ø 말이어: 기영(그렇게) ᄒ니, 흔 아이는 또 것도(그것도) 은혜를 끼쳐 놓니, 슬짝(살짝) 가서 물어 봣다(봤다) ø 말이어.
(그렇게 하니, 한 아이는 또 그것도 여러 가지 선물을 주면서 은혜를 끼쳐 놓으니, 살짝 그 주인공 아이에게 가서 물어 보았다 ø 말이야. 구비2 양구협, 남 71세: 619쪽)

(26)과 (27)에서 밑줄만 긋고 비어 있는 칸(ø) 속에 집어넣을 수 있는 후보는 두 가지이다. 첫째, 바로 뒤에 있는 명사(말씀, 말)를 꾸민다면 관형형 어미 '-은'이 선택될 수 있다. 둘째, 바로 뒤이어진 동사(말씀입니다, 말이야) 그 자체를 꾸민다면, 전형적으로 인용 구문의 어미 '-고'가 선택될 수 있다. 그런데 (26)의 밑줄 빈칸에는 두 후보가 모두 부적절하게 느껴진다. 이런 이유로 말미암아, '마씀'을 대우를 표시해 주는 화용 첨사로 기술해 왔던 것이다. (27)에서는 상위문의 핵어 동사가 계사를 지닌 명사류(말이어)이기 때문에, 관형형 어미 '-은'이 실현되는 일이 당연히 자연스럽게 느껴진다.

만일 (26)에 있는 화용 첨사 '마씀(말씀)'을156) 그 기원상 '말씀입니

---

156) 대우를 나타내는 화용 첨사 '마씀'은 2음절이 전설음으로 된 '마씸'으로도 발음된다. 일본어 형태 '마쓰'와 비교하는 경우도 있다. 국어사전을 보면 공통어의 '말씀'이 남의 말(선생님 말씀)을 높이기도 하고, 자신의 말(제 말씀)을 낮추기도 하는 것으로 설명된다. 그러나 이는 화용 맥락에 따라 결정된 것에 불과하다. 필자는 이 방언의 '마씀'이 '말씀이우다(말씀입니다)'를 기본 형상으로 하여 첨사로 쓰이면서 급격히 줄어들자 마침내 본디 모습을 잃어버렸을 것으로 본다.

'말씀'의 본디 뜻은 우리말 접미사들의 대립으로부터 찾아낼 수 있다. 심지어 「훈민정음」 언해본에 있는 '나랏 말씀'도 동일한 질서를 따르고 있는 것으로 판단한다. 이 방언의 화용 첨사 '마씀'도 기본 형상에서는 '말＋씀'에서 기본 의미자질이 마련되고, 다시 화자인 내가 상대방인 청자에게 말씀 드려야 하는 화용 맥락에 따라서, 대화상으로 깃드는 속뜻이 완전히 고정됨으로써, 마치 대우 표현인 것처럼 전성되었을 것으로 본다. 이런 일반 접미 파생 규칙을 상정하지 않고서는 마치 분석 불가능한 한 낱말처럼 취급하는 일밖에 선택지가 없다. 그렇지만 이는 교착어의 질서를 벗어나는 반례로 취급하는 셈이 된다. '말씀'이 교착어 질서에서 나온 것이라면, 교착어의 질서를 그대로 적용받아야 옳다.

가령, 공통어에서 쓰다(用)라는 일상 낱말은 명사화 접미사가 붙을 경우에, "쓰기, 씀, 씀씀이"만 관찰된다. 그렇지만 이와 관련된 관용구 '손을 쓰다, 마음을 쓰다, 말을 쓰다, 글을 쓰다'를 놓고서 살펴본다면 제대로 관찰되지 않았던 「씌(씨)」를 찾을 수 있으며, 이내 이것이 '쓰＋이(씌)'로 파생된 것임을 알 수 있다.

"손 쓰기, 손 씀, 손 씀씀이, 손 씌(어원 의식이 사라지자 '솜씨'로 바뀜)"

로 도출되는 것이다. 또한 '마음을 쓰고, 말을 쓰고, 글을 쓰는' 경우에도 도출 과정이 동일하다.

"마음 쓰기, 마음 씀, 마음 씀씀이, 마음씌(어원 의식이 사라지자 '마음씨'로 바뀜)"
"말 쓰기, 말 씀, 말 씀씀이, 말 씌(어원 의식이 사라지자 '말씨'로 바뀜)"
"글 쓰기, 글 씀, 글 씀씀이, 글 씌(어원 의식이 사라지자 '글씨'로 바뀜)"

영어의 낱말 형성 과정을 다룰 경우에는 접미사들을 놓고서 진행 과정을 나타내는 '-ing'(우리말 접미사 '-기'에 대응함)와 결과 상태를 나타내는 '-ed'(우리말 접미사 '-음'에 대응함)와 최종 결과로서 나온 산출물을 가리키는 '-er, -or'(우리말 접미사 '-개',

다'에서 도출되어 나왔다고 여긴다면, (27)의 모습과도 일치할 수 있다. 기원적으로 아무리 그러하더라도, (26)의 언어 환경에서는 아무런 인용 어미도 들어갈 수 없다. 이런 점에서 초기에 표상되었을 법한 문법 구조를 완전히 벗어나서, 이미 독자적인 낱말의 모습으로 바뀌었음을 알 수 있다. 그렇다면 이를 화용 첨사의 범주로 규정해 주는 일이 올바른 방향일 것이다. (26)에서 화용 첨사는 공통어의 '요'처럼 앞의 요소(낱말, 구, 절)에 붙여 써 주어야 하겠지만, 이 책에서는 이 방언의 문법 형태소를 확정해 주는 가장 초보적인 일조차 제대로 이뤄지지 않았다는 측면에서, 일부러 띄어 써 놓고 있음을 덧붙여 둔다.

화용 첨사가 한국어의 통사 구성 속에 자리 잡기 위해서는 788쪽에서 (21)로 보여 주었던 강조 구문 형식(상위 개념은 현실세계에서의 '실현 모습'임)을 선택할 수밖에 없다. 계사를 이용하는 강조 구문의 주어와 서술어 구조를 대우 형식으로 바꾸면, 다음처럼 (28가, 나)로 나타낼 수 있다.

(28가) "제가 말씀 드리고 있는 것이 [_____]이라는 말씀입니다."

'-이', '-음', '-람' 등에 대응함)이 있다. 필자는 '말을 쓰다'도 진행 과정, 결과 상태, 산출물에 따라서 각각 「말 쓰+기, 말 쓰+음, 말 씀씀+이, 말 쓰+이(어원 의식이 없어지자 '말씨'로 바뀜)」처럼 마찬가지의 도출 과정을 통해 나오는 것으로 본다. 이런 낱말 파생은 일반적이며, 도출의 체계성을 드러내고자, 다음의 도표를 제시해 둔다.

〈표16〉 낱말 만들기의 일반 절차

동사(기본어미 '-다')	진행과정(접사 '-기')	결과상태(접사 '-음')	산출물(접사 '-이,-개' 등 다수)
묻다(to bury)	묻기(burring)	묻음(burried)	무덤(burial)
꾸짖다(to scold)	꾸짖기(scolding)	꾸짖음(scolded)	꾸지람(scolder/scold 중의적)
살다(to live)	살기(living)	삶(lived)	사람(man), 삶/인생살이(life)
보다(to see)	보기(seeing)	봄(saw)	보기(exampla), 보람(reward)
알다(to know)	알기(knowing)	알음/앎(known)	앎/알음알이(knowledge)
웃다(to laugh)	웃기(laughing)	웃음(laughed)	웃이/웃음(laughter/laugh 중의적)
막다(to stop)	막기(stopping)	막음(stopped)	마개(stopper)
생각하다(to think)	생각하기(thinking)	생각함(thought)	생각(thought)
[떡]볶다(to roast)	[떡]볶기(roasting)	[떡]볶음(roasted)	[떡]볶이(roaster)
돕다(to help)	돕기(helping)	도움(helped)	도우미(helper)
지나다(to pass)	지나기(passing)	지남(past)	옛날/과거(past)
짓다 (중의적임)	짓기	지음	짓, 질, 지람 등 다양하게 분화

(28나) "(제가 말씀 드리고 있는 것이) [_____] 마씀!"

비록 이런 기본 형상에서 출발했겠지만, (28나)에서는 더 이상 주어와 서술어의 구조를 유지하고 있지 않으며, 강조 구문이라고 말할 수도 없다. 다시 말하여, 화용 첨사로서 독자적 범주를 확보한 것인데, '마씀'을 오직 꺾쇠괄호 속의 내포문과 상위문 동사의 활용 모습에서 덧붙어 있는 명사만 표면형으로 실현되어 있는 표상이다. (28나)는 이런 모습으로 드러내어 준다. 그렇다면 (27)의 구성을 어떻게 파악해야 할 것인가? 아마 다음의 세 가지 정도를 상정할 수 있을 것으로 본다.

(29가) "[한 아이는 주인공에게 물어 보았다] 말이야."
(29나) "[한 아이는 주인공에게 물어 보았다] 이 말이야."
(29다) "[한 아이는 주인공에게 물어 보았다]는 말이야."

(29다)는 (28가)의 모습을 응용한 것인데, 이 또한 이 방언에서 자주 관찰되는 형식으로서 799쪽의 (32)와 (33)에서 확인할 수 있다. (29나)는 "내가 강조하는 것이 바로 이 말이야"는 정도를 생각하면서 상정해 본 것이다. (29가)는 (29나)와 (29다) 중 어느 하나로부터 도출될 개연성이 높은데, 특히 계사를 지니고서 "말이어(말이야)"로 활용하고 있기 때문에 그러하다. 이런 측면에서는 강조 구문의 지위 및 화용 첨사로서의 지위 사이에 중간 지점에 있는 모습(다시 말하여, 전이 과정에 있는 모습)으로 여길 만하다.

만일 이처럼 (27)의 언어 사실 "말이어(말이야)"를 문법화가 진행되어 나가는 전이 과정을 보여 준다고 파악하는 일이 설득력이 있다면, (26)의 언어 사실 "마씀"은 그 전이 과정의 결과라고 여길 수 있을 듯하다. 여기서는 문법 형상의 유사성을 고려하면서, 화용 첨사 '마씀'이 느닷없이 나와서 쓰였다기보다는, 점차적으로 문법화 과정을 거쳐서 독자적인 화용 첨사로 발달되었을 가능성을 염두에 두고 있다. 이를

위하여 화용 첨사의 범주이지만, 일부러 띄어 써 놓고서, 화용 첨사가
도출될 수 있는 기본 환경에 주목하고 있다. 따라서 현재 이 방언의
언어 사실에서는 '마씀'이 화용 첨사의 범주에 속하므로, 맞춤법 원리
에 따라 붙여 써야 옳다. 그럼에도 불구하고, 이 방언의 연구에서 가장
취약한 부분이 문법 형태소의 분석과 확정이라는 측면에서, 이 형태소
의 발달 가능성을 상정해 놓는 데에 무게를 더 두고 있음을 적어 둔다.

아무런 어미 형태소도 없이 내포문이 상위문 동사에 이어지는 경우
는, 오직 서술 단정의 서법만 있는 것이 아니다. 다음 사례와 같이 의
문 서법으로도 나올 수 있고, 감탄과 명령의 서법으로도 나올 수 있다.
단정 서술 서법이 아닌 다른 서법에서는 특히 이런 경우가 허다하다.
이는 직접적으로 인용된다는 징표가 쉽게 구별될 수 있기 때문에 그
런 듯하다.

(30) ø ᄒᆞ니: ᄒᆞ니(그러니)「뭣으로 환생(還生)을 시기는고?」ø ᄒᆞ니, 배염
(뱀)으로 환생을 시겨(시켜) 불엇어(버렸어).
(그러니「무엇으로 환생을 시키는가?」ø 하니, 뱀으로 환생을 시켜 버
렸어. 구비1 안용인, 남 74세: 135쪽)

(31) -고 ᄒᆞ니 ø 허연: 신선(神仙) ᄒᆞ나(한) 놈이 야심(野心)을 가졋어.「선
녀가 모욕(沐浴)을 허여 간다」고 ᄒᆞ니,「ᄒᆞᆫ 번 귀경(求景)이나 허여 보
카?」ø 허연. 이놈이 실짝(슬쩍) 중복(中伏) 날 떨어졋어.
(신선 한 명이 야심을 가졌어. 제주시 오라동에 있는 방선문[訪仙門]
계곡에서「선녀들이 목욕을 하고 간다」고 듣자,「한 번 구경이나 해
볼까?」ø 생각했어. 이 신선이 슬쩍 중복날에 옥황이 있는 하늘로부터
방선문 계곡으로 내려왔어. 구비1 안용인, 남 74세: 189쪽)

(30)에서는 의문사를 가진 의문문 어미 '-고?(-가?)'가 내포문에 나와
있고, 아무 인용 구문의 어미도 없이 상위 동사 'ᄒᆞ다(하다)'에 이어져
있다. (31)에서는 내포문이 두 종류로 나와 있다. 각각 서술 단정의
서법을 지닌 것과 의문 서법을 지닌 것이다. 그런데 오직 후자에서만

내포문을 이끌어주는 어미 '-고'가 없이 그대로 상위문의 핵어 동사와 이어져 있다. 다시 말하여, 행동 주체의 의도를 상정하여 이를 의문문 어미 '-으카?(-을까?)'로 구현해 놓았고, 아무런 인용 구문의 어미도 없이 상위문의 동사 'ᄒ다(하다)'에 이어져 있다(의도를 표시하는 어미와 관련하여 258쪽의 각주 61도 참고 바람). 조금 뒤에서 논의될 것이지만, 이런 내포 구문을 이끌어주는 어미는 '-고'로만 쓰일 뿐이고, 결코 접속 구문에서 관찰되었던 '*-곡'으로 쓰일 수는 없다. 이 점이 또한 매우 중요하다. 만일 이것들(-고, -곡)이 동일하게 양태 범주에 속하는 형태소들이라면, 접속 구문에서 관찰되는 어미 형태소 '-곡'을 복합 형식(-고+받침 기역)으로 파악하게 만들어 주는 계기가 된다. 이는 우리말의 첩어 형식 "오르락 내리락 하다, 알록 달록 하다, (비가) 내릴락 말락 하다" 따위에서 찾아지는 형식(유사 명사 범주)을 연상시켜 줄 뿐만 아니라(286쪽의 각주 66을 보기 바람), 또한 이 방언에서는 '먹을락' (음식 내기, 먹+을라+받침 기역)이라는 명사 형성 접미사가 여전히 쓰이고 있기 때문이다(이 문제는 원고를 달리하여 따로 다루고자 함).

(32) ø ᄒ여도 -고 허연 -은 말이우다: "ᄒ 번 죽은 (아버지) 얼굴이라도 대면(對面)시겨(시켜) 뒁(두고서), 탕(타고서), 떠납서(떠나십시오)!" ø ᄒ여도, "훗날 만날 때 ø 잇일(있을) 거라!"고 허연, 배는 「똑~」(의 태어, 틀림없이) 떠나 불었댄(버렸다는) 말이우다.
(이복 형제들이 주인공에게 "한 번 죽은 아버지 얼굴이라도 볼 수 있게 대면시켜 두고 나서 배를 타고 떠나십시오!" ø 요구하였어도 아랑곳없이 주인공의 배는 즉석에서 「딱~」 떠나 버렸단 말입니다. 구비1 안용인, 남 74세: 129쪽)

(33) -고 ᄒ는 것이 아니고 -은 말입니다: 「삼천 년 살앗다」고 ᄒ는 것이 아니고, 「선도(仙桃) 복송개 ø 세 방울 도둑질 ø 허여 먹어서 삼천 년을 살앗댄(살았다는)」 말입니다.
(손오공이 저절로 삼천 년을 살았다고 하는 것이 아니고, 선도 복숭아를 세 개 도둑질한 뒤에 그것을 먹어서 그 결과로 삼천 년을 살았단 말입니다. 구비 1 안용인, 남 74세: 142쪽)

(34) -고. ø 호니: "벗이 멫(몇)이나 되느냐?"고. "멫(몇) 된다!" ø 호니,
아니, 벗덜(벗들) 것도 주어, 여ᄌᆞ가.
(여자로 변신한 여우가 "벗이 몇이나 되느냐?"고 물었어. "몇 된
다!" ø 대답하자, 아니, 벗들에게 줄 구슬까지도 모두 다 줘, 그 여자
가. 구비2 양구협, 남 71세: 622쪽)

(32)에서는 세 종류의 인용 구문이 실현되어 있다. 인용 구문의 어미
가 없는 것(ø), 인용 구문 어미 '-고'가 나와 있는 것, 인용 구문 어미
'-은'이 나와 있는 것들이다. 둘 이상의 문법 형태소가 나란히 관찰되
는 이런 모습은 매우 자연스러운 것이다. 필자는 이 방언에서 관찰되
는 이런 현상을 「문법 형태소의 중층성」 모습으로 부르고 있다. 아직
이 방언에서는 이런 둘 이상의 문법 형태소 실현에 대한 사실이 제대
로 보고된 적도 없으며, 따라서 그런 중층성의 동기가 몇 가지 차원에
서 다뤄질 수 있는지에 대해서도 아무런 논의도 찾아볼 수 없다. 필자
는 중층성의 동기가 단지

  ㉠ 사회언어학적인 차원에서뿐만 아니라,
  ㉡ 언어 사용 환경과 맥락에 맞춘 화용상의 다양성
  ㉢ 더 큰 단위로 진행되는 담화 전개(미시구조)상의 필요성

도 진지하게 검토되어야 할 것으로 판단하고 있다(이는 아리스토텔레스
의 「웅변술」과 「수사학」에서 발전되어 온 전통 문법에서는 수사학적인 동기
로만 다뤄져 온 것임). 물론,

  ㉣ 온전히 수의적 교체

로도 포착할 수 있는 경우도 있다. 특히 (32)에서 언급된 이들 내포문
어미가 모두 다 수의적으로 탈락됨으로써 다음과 같이 ø로만 실현될

수도 있는 것이다.

「-읍서ø ᄒ여도, -거라ø ᄒ연, -엇다ø 말이우다」

만일 수의적 교체라면 화자 자신의 자의적 선택에 달려 있을 따름이다. 그렇지만 왜 이 화자는 모든 어미를 다 탈락시켜 ø로 일관되게 말하지 않은 채, 여러 가지 변화를 꾀하면서

「ø ᄒ여도, -고 ᄒ연, -은 말이우다」

다양하게 인용 구문의 어미를 쓰고 있는 것일까? 필자가 받는 인상적 느낌을 서술한다면, 아마 이야기 흐름에서 단조로움을 피하고자(ⓛ 화용 목적), 이 화자는 일부러 인용 구문 어미들을 다르게 바꿔 쓰고 있는 듯하다. 그렇게 다양하게 변화를 주는 만큼, 아마 훌륭한 이야기꾼의 자질을 갖추고 있는 것으로 평가받을 듯하다.[157]

(33)에서는 동일하게 동사 「살았다」를 중심으로 하여 내포 어미와의 통합 관계를 이루는 선택지가 '-고 ᄒ다'와 '-은 말입니다'가 서로 교체되어 쓰임을 잘 드러내어 주고 있다. 만일 이것을 이 화자가 내포 구문의 어미 사용에서 일관성이 없다고 여긴다면, 그런 주장을 펴는

---

157) 담화가 조직되는 영역은 크게 두 가지인데, 미시 영역(미시구조)과 거시 영역(거시구조)으로 불린다. 56쪽의 각주 19에서는 이른 시기에서부터 미시 영역이 다섯 가지 언어 기제에 의해 짜인다는 사실이 잘 밝혀져 있었다. 그 중에 어휘 사슬 형성이 있는데, 우리말에서는 '아 해 다르고, 어 해 다르다'는 속담처럼 낱말을 바꿀 경우에 자칫 뜻이 전달되지 못할 우려가 있다. 대신 후핵성이 지켜지는 우리말에서는 문법에 관여하는 어미 형태소들을 교체하면서 미시 영역을 짜얽어 나갈 수 있다. 가령, 단조롭게 「-고, -고, -고」라는 기계적인 어미 병치보다는 오히려

「-고 -며 -아서」

와 같이 색다르게 변화를 줌으로써, 마치 로보트나 기계가 말하는 듯한 단순성을 벗어날 수 있는 것이다. 필자는 이런 측면에서 여기서 인용된 화자들도 또한 인용 구문의 어미 모습들을 무의식적으로든 아니면 의식적으로든 일부 바꾸어 주고 있는 것으로 파악한다. 결과론적으로 앞에서 제시한 동기 ⓛ과 ⓒ이 공모하고 있는 셈이다.

연구자는 화용 차원이나 담화 차원의 기본 질서를 백안시해 버렸음에 다름 아니다. 필자는 '-고 하다'라는 형식을 소위 개신파의 영향이라고 강변하는 일이, 단순히 하나의 문장이나 통사에만 좁혀 놓고서 집착할 뿐이지, 좀 더 크게 맥락에 맞춰 달라지는 화용 차원이나 전체 덩잇말이나 덩잇글의 전개되는 담화 차원의 내재적인 질서를 조금도 파악하지 못한 주장에 불과하다고 본다.

(34)에서는 의문문으로 나온 내포문에는 인용 구문의 어미 '-고'가 나온다. 상위문의 핵어 동사는 쉽게 복원될 수 있으므로 생략되어 마치 종결 어미처럼 쓰이고 있다. 이어서 진국태 좌수의 대답에서는 인용 구문의 어미가 없이(ø) 상위문의 동사(ᄒ니)만 나와 있다. 이런 담화 흐름의 특징 때문에, 인용 구문의 어미가 없는 것(ø)과 인용 구문의 어미가 '-은'으로 나온 것과 인용 구문의 어미가 '-고'로 나온 것들 사이에서 다양하게 들리도록 의도하는 「작은 문체상의 변이」를 제외한다면(어미들로 이뤄진 미시구조 사슬 형성이라고 부를 수 있음), 모두 동일하게 인용 구문의 몫을 떠맡고 있다고 말할 수 있다.

인용 구문의 어미가 없이 나오는 가장 전형적인 경우는, 내포문에서 두 가지 선택지 나열을 제시한 뒤에, 상위문 동사로 '알다, 모르다, 하다' 따위가 나오는 경우이다(중국 백화에서는 정반[正反] 의문문이라고 부름). 이런 정반 의문 형식에서 선택지가 오직 하나만 제시되는 경우에도, 선택 나열 구문이 반대 내용의 선택지로 반복되는 특성 때문에, 곧 다른 선택지를 쉽게 복원할 수 있다.

(35) -앗는지 -앗는지 ø 모르주마는: 「거(그거) 기영(그렇게) 허엿는지, 아니 허엿는지」 ø 모르주마는, 거 들은 전설입주게! 구비1 안용인, 남 74세: 191쪽
   (「그것을 그렇게 했는지, 안 했는지」 ø 잘 모르지마는, 그것은 우리가 들은 전설입죠+화용 첨사 '게'![158]])

---

158) 288쪽의 각주 67에서는 이 방언에서 적어도 서너 층위로 실현되어 나오는 화용 첨사

(36) -인디 -인디ø 모르주마는: 지옥문을 느려 가는디, 「지옥인디 천당인디」
ø 모르주마는, 우리ø 듣기는 말이우다양! 간 보니, 저싱이나 이싱이나
여기도 이제는 그 거시기 강 살게 되민, 그 효사수(감옥 호실마다의
명패)가 있는 거 아닙니까? 방마다 누가 가두와(갇혀) 있다ø 흔 걸.
(지옥문을 내려 가는데, 「지옥인지, 천당인지」 ø 모르지마는, 우리가
듣기로는 말입니다[+화용 첨사 '양'!]. 가서 보니까, 저승이나 이승이
나 여기도 이제는 그 거시기 가서 살게 되면, 그 감옥 호실 명패가
있는 것이 아닙니까? 방마다 누가 갇혀 있다고 한 것을 밝혀 주려고.
구비1 안용인, 남 74세: 180쪽)

(35)와 (36)에서는 같은 화자가 두 가지 선택지를 가진 내포문(낮표
「 」로 묶인 부분)이 상위문 동사 '모르다'가 투영하는 논항 속에 자리
잡고 있다. {알다, 모르다}라는 동사는

㉮ '~을 알다'라는 표현뿐만 아니라,
㉯ 또한 '~을 ~으로 알았다'(잘못 알았다)는 표현,
㉰ 그리고 '~다고 알다'(상황을 ~라고 잘못 알다)라는 표현

도 가능하다. 이런 다양한 구문을 근거로 한다면, 경험주 의미역이 배
당되는 외부 논항을 제외하고서, 내부 논항이 두 개 더 나올 수 있음을
알 수 있다. 그 논항이 각각 하나는 '-을'이라는 격조사를 받고, 다른
하나는 '-으로' 또는 '-이라고'로 나온다. 그렇지만 대응 짝인 '모르다'
의 경우에는 오직 대격 조사 '-을'만을 허용하거나 이 격조사 대신
'-에 대해서'라는 어구를 쓸 법하므로, 오직 대격 논항만이 실현됨을

들을 언급하였다. 자세한 논의는 김지홍(2014) 『제주 방언의 통사 기술과 설명: 기본구
문의 기능범주 분석』(경진출판: 제2부의 §.1-5)을 읽어 보기 바란다. 몇 가지 화용 첨사
를 기술해 놓은 글로서 문순덕(2003) "제주 방언 반말체 첨사의 담화 기능"(제주대학교
국어국문학과 『영주 어문』 제5집)과 문순덕(2005) "제주 방언 높임말 첨사의 담화 기
능: '마씀, 양, 예'를 중심으로"(한국현대언어학회, 『언어 연구』 제20권 3호)도 참고할
수 있다.

짐작할 수 있다. 이런 선택지 두 가지를 나열하는 방식은, 꼭 인용 구문의 형식을 준수하기보다는 좀 더 자유롭게 상위문 동사가 생략되거나, 아니면 오직 하나의 선택지만 실현시킬 수도 있다. 다시 말하여, (35)와 (36)에서 제시된 두 가지 선택지 중에서, 만일 뒤의 선택지가 생략되더라도 전체 의미상에 아무런 변화가 생겨나지 않는다.

(37) ø ᄒ는디 ‒으멍 ‒으멍 ø ᄒ는 말이주마는: 그 아으(아이) 곧 데리고 오자 말자, 아 그 호랭이가 「퍼짝~」(의태어, 순식간에 번쩍) 왔어. 「퍼짝~」 왔는디(왔는데), 도야지(돼지) 지르는 디(기르는 데를) ø 손 ø ᄀ르치니, 그 도야질 물어간. 다음엔 「아을(아이를) 질롸 낫다(길렀었다)」 ø ᄒ는디, 그거 원, 「말이 되멍 말멍」 ø ᄒ는 말이주마는(말이지마는). (그 아이를 곧 집으로 데려 오자마자, 아, 그 호랑이가 「번쩍~」 집으로 왔어. 「번쩍~」 왔는데, 돼지를 기르는 우리를 손으로 가르쳐 주니까, 그 돼지를 물어갔어. 다음에는 「아이를 길렀었다」 ø 하는데, 그것이 워낙, 「말이 되든지 말든지」 ø 하는 말이지마는. 구비2 양구협, 남 71세: 644쪽)

(38) ‒든지 말든지 ø 나갓주: 뜨란(따라서) 나가도 원성(怨聲)도 웃이(없이) 예상(如常, 泰然自若). 이젠 「어디 강(가서) ᄌ기(自己) 집을 폴든지(팔든지) 말든지」 ø ᄌ유롭게(자유롭게) 나갓주(나갔지). (며느리는 쫓겨난 시부와 남편을 따라 집을 나섰어도, 그들에게 원망하는 소리도 전혀 없이 평상시 마음 그대로였어. 이제는 「어디 가서 자기 집을 팔든 말든」 ø 상관하지 않고 자유롭게 나갔지. 구비2 양구협, 남 71세: 627쪽)

(37)에서는 인용 어미가 생략된(ø) 인용 구문이 먼저 나와 있다. 그러고 나서 두 가지 서로 다른 선택지(정반 선택지)를 담고 있는 내포문과 생략된 어미(ø)와 상위문 동사 'ᄒ다(하다)'가 나와 있다. '되멍 말멍(되며 말며)'은, '되든지 말든지', '되거나 말거나', '되는지 마는지' 등과 같이 선택과 관련된 어미를 다른 것으로 바꿔 놓더라도, 전체 의미는 동일하기 때문에 큰 문제는 없다. 아마도 공통어의 관용구 「울며 불

며, 오며 가며」(286쪽의 각주 66)나 고려가요에 있는 「이 말이 이 店
밧긔 나명 들명」과 같이 의고적인 모습(168쪽의 각주 47)을 그대로 반
영해 주는 듯하다.

그런데 (38)에서는 인용 구문과의 관련성이 더욱 멀어져 있다. 생략
된 상위문 동사를 '상관치 않다'나 '거리끼지 않다', "괘념(掛念)치 않
다"는 뜻을 담고 있다면 어떤 것이든지 모두 다 선택 가능하다. 바로
뒤에서 이를 '자유롭게'로 다시 재설명해 주고 있다. 비록 두 가지 선
택지가 들어 있는 형식이라고 하더라도, 전혀 인용 구문과 관련이 없
는 사례도 관찰된다.

> (39) -이나 -이나ø 허여 놔 가지고: 그 칠월 열나흘날 ᄌ녁(저녁)은 「그
> 백 가짓 종ᄌ(종자) 곡식이나 풀이나」ø 허여 놔 가지고, 밥이나 떡을
> 맹글아(만들어) 가지고 공중에 뿌려 췄댄(줬단) 말이우다(말입니다).
> (그 7월 14일 저녁에는 「그 1백 가지 종자 곡식이나 풀이나」ø 해 놓
> 고서, 밥이나 떡을 만들어서 허공 중에 뿌렸단 말입니다. 구비1 안용
> 인, 남 74세: 182쪽)

여기서 '-이나'의 반복에 의한 두 가지 선택지를 본다. 이는 제4부 제3
장과 제4장에서 다뤘던 '-곡 -곡 ᄒ다'의 구성체와 동일한 형상이다.
그렇다면 선택지를 둘 이상 나열한 의문 형식은, 반드시 유일하게 인
용 구문의 형식에서만 나와야 하는 것은 아님을 알 수 있다. 오히려
이것이 마음가짐을 표시해 주는 형식이며, 상위문의 핵어 동사 {알다,
모르다, 상관없다} 등이 마음가짐을 개별적으로 드러내어 준다고 말
할 수 있다. 남의 말을 인용하는 구문에서는 우연히 상위문의 핵어
동사가 '말하다'와 관련된 것이며, 이런 측면에서 마음가짐과 남의 발
화 인용을 계열적 관계로서 표상할 수도 있는 것이다(또한 만일 전체적
으로 행동과 관련된 내포문을 표상할 경우에는 행동 목표 또는 실현 모습과
관련된 일을 그 하위범주로서 상정할 수 있음). 그리고 너무나 분명히 두

가지 선택지(또는 조건에 따라 오직 하나의 선택지를 놓고서 수용 유무를 묻는 형식도 가능함)가 주어진다면, 그런 선택지가 지닌 어미의 특성(쉽게 변별하여 알 수 있음) 때문에 이 어미 뒤에 결합하는 인용 어미가 쉽게 생략(ø)되는 것으로 보인다.

이제 공통어에서 인용 구문 형식으로 쓰일 뿐만 아니라 이 방언에서도 동일하게 관찰되는 '-고 ᄒᆞ다(-고 하다)'의 사례를 살펴보기로 한다. 이 방언의 중요한 언어 사실로서 이미 604쪽의 예문 (73가)~(73사)를 설명하면서 접속 어미들도 중층적으로 구현되는 모습을 614쪽에서 ㉠~㉢으로 제시해 놓았고, ㉣으로 내포 어미로서 인용 구문의 어미도 그러함을 제시한 바 있다. 다시 관형형 어미('-은')를 융합시켜 놓은 이 방언의 인용 구문의 어미는, 다시 '-이엔 말 ᄒᆞ다'와 '-인 말 ᄒᆞ다'로 나뉜다. 후자는 마치 하나의 형식처럼 완전히 융합되면서 전자의 형식에서 계사의 활용 '이어'가 생략되어야 나올 수 있음도 적어 놓았다(또한 790쪽의 각주 155도 참고 바람).

현재 필자가 모은 자료의 범위에서는 불가능하지만, 만일 큰 자료 은행을 만들 수 있다면, 그리고 만일 '-고 말 ᄒᆞ다'와 '-이엔 말 ᄒᆞ다(-이란 말 하다)'와의 사용 비율을 얻을 수 있다면, 이것이 과연 중층성의 구현 모습인지 여부를 결정할 수 있다. 관형형 어미 '-은'을 융합한 형식은 다시 수의적 교체로서 '-이엔 ᄒᆞ다'와 '-인 ᄒᆞ다'가 사용되는 듯하다. 관형절 어미 '-은'과 내포문 어미 '-고'의 선택은, 상위문의 핵어 동사에서 비롯된다. 단일한 낱말로서 '말ᄒᆞ다'와 구적 낱말로서 '말 ᄒᆞ다(말을 하다)'가 상정된다. 오직 상위문의 핵어 명사 '말'만 꾸밀 경우에 관형형 어미 '-은'이 선택되고, 단일한 낱말 '말ᄒᆞ다' 그 자체를 꾸밀 경우에 내포문 어미 '-고'가 선택된다. 그렇지만 인용 형식이 고정됨으로써 마치 고정된 단일 형식으로 관념된다면, 비로소 상위문의 핵어 동사에서 '말'이 탈락된 'ᄒᆞ다'만으로도 인용 형식임을 충분히 표상할 수 있다(786쪽의 각주 154에 적어 놓았듯이, 'ᄒᆞ다'를 처음서부터 대동사로 볼 가능성도 있음). 최소한 문법 형태소의 중층적 모습도 네 가지 차원으로 설명할 수 있다.

㉠ 화용 맥락에 맞춰서 청자의 주의를 끌려는 동기나
㉡ 또는 담화 전개 흐름을 반영해 주는 차원일 수도 있고,
㉢ 사회언어학적 차원에서 일부러 말투를 바꿔 쓰는 일로 해석할 수도 있다.
㉣ 만일 이것들이 무관하다면, 수의적 교체이며 자의적 선택에 따른다.

필자는 인용 구문에서 관찰되는 '-고 ᄒ다'와 '-이엔 ᄒ다'가 사회언
어학적 차원(㉢)에서 설명되어야 하고, 후자의 경우 다시 '-이엔 ᄒ다'
로도 나오고 '-인 ᄒ다'로도 나오는데, 이때에는 전적으로 수의적 교
체(㉣)로 설명할 수 있다고 본다.

이제 내포 구문이 다른 서법의 형태로 종결될 경우에 어떤 인용 어
미가 실현되는지를 살펴보기로 한다.

(40) 청유문 인용, -고 ᄒ니: "남ᄌ(남자)로만, 어떻게 문장(文章, 글 재주
있는 사람)으로 환생(還生)을 시겨(시켜) 주십서!"고 ᄒ니…
("남자로만, 어떻게 뛰어난 글 재주를 갖춘 남자로만 환생을 시켜 주
십시오!"라고 청하니… 구비1 안용인, 남 74세: 137쪽)

(41) 서술문과 청유문 문답의 인용, -고 ᄒ니까 -고 ø: "아이, 눤(누워서)
자고 잇다!"고 ᄒ니까, "일어나십서!"고 ø.
(그 꼼생원이 자신은 "아니, 지금 자리에 눠서 자고 있다!"고 말하니
까, 그를 찾아온 길손이 "일어나십시오!"라고 요구했어. 구비1 안용
인, 남 74세: 166쪽)

(42) 명령문 인용, -고 햇어: 아, 이제 흔 번은 비가 오라(와) 가니까, "난간
에 들어앚이라(들어앉으라)!"고 햇어. 난간에 앚게(앉게) 되엇인디(되
었는데), 그 자리에 가까이 앚안(앉아서), 책을 익어(읽어) 가니까, 흔
두 츠레(차례) 보문(보면) 다 알아 불어(버려).
(아, 이제 한 번은 비가 내려 가니까, 이를 딱하게 여긴 서당 훈장이
주인공에게 서당 마당으로부터 집채로 들어와서 "난간에 들어앉으
라!"고 말했어. 난간[마루]에 앉게 되었는데, 그 훈장 자리에 가까이

앉아서, 훈장이 책을 읽어 가니까, 이를 지켜 보면서 한두 차례만 보면
해당 글 내용을 모두 다 알아 버려. 구비2 양구협, 남 71세: 619쪽)

(43) 생각을 추정, -고 ø:「아바지가 흥상(恒常) 뱅(病) 걱정을 ㅎ였다」고
 ø. 그냥 주는 거라.
(「아버지인 유향좌수 월계 진국태가 항상 병든 환자들에 대한 걱정을
했었다」고 말하면서, 처방약을 아무런 돈도 받지 않고 그냥 내어주는
거야. 구비2 양구협, 남 71세: 616쪽)

여기에 있는 네 가지 사례에서는 모두 공통어에서 쓰이는 인용 구문
의 어미 '-고 하다'를 관찰할 수 있다. 그렇지만 상위문 동사들에서
자잘하게 서로 차이가 난다. 쉽게 복원될 수 있음을 전제로 하여, 심지
어 상위문의 핵어 동사가 생략된 경우도 종종 관찰된다. 특히 (41)에
서 두 번째 나온 '-고 ø'와 (43)에 있는 '-고 ø'로서, 둘 경우 모두
고딕·밑줄이 그어져 있는데, 공통적으로 '-고'로만 종결되어 문장(발
화)이 끝나고 있다. 이런 용법이 가능한 이유는 서로 주고받는 인용문
내용 그 자체에 대한 전달이 중요한 것이며, 부차적인 요구사항으로
서 그 인용 구문의 격식을 온전히 갖추는 일은 덜 중요하다는 생각이
깃들어 있기 때문일 듯하다. 다시 말하여, 미리 의사소통에 대한 격식
들이 주어져 있다면, 이어지는 발화에서나 담화 전개에서는 그 효력
이 지속적으로 발휘된다고 서로 믿게 된다. 이런 협력 원리에 따라,
이내 복원될 만한 요소에 생략이 잦게 일어나면서, 이야기의 긴박감
(짧은 형식의 선택에 따른 함의)을 늘여 놓는다고 해석할 수 있는 것이다.

여기에서는 특히 인용 구문의 형상을 띠지만, 결코 발화 인용의 경
우가 아닌 사례들도 확인하였다. 특히 내포문에 계사 '이다'가 관계되
는 이 경우에 필자는 현실세계에서의 '실현 모습'이라는 개념으로 묶
을 수 있고, 그 하위 개념으로 강조 표현을 도출할 수 있다고 믿는다.
'실현 모습'은 발화 인용 및 강조 표현의 상위 개념이 되는 것이다(224
쪽 이하도 보기 바람).

제4장 온전한 문장으로 나오는 의도·추측의 내포 구문

이 장에서 살펴볼 내포 구문은 앞의 인용 구문과는 달리, 겉으로는 내포문이 동사의 어간만 나오는 듯이 보이지만, 사실상 내포문이 종결 서법을 지닌 것(남기심, 1973에서의 완형 보문)으로 판정받을 수 있는 구문이다. 인용 구문의 어미로 기술되어 온 '-고 ᄒ다(-고 하다)'라는 형식이 인용 내용과는 관련이 없는 것이다. 즉, 내포문의 자격을 지닌 인용 내용이, 귀로 들었던 남의 말과는 아예 관련이 없는 내용을 담고 있는 경우에도, 동일한 구문이 쓰이고 있다. 이는 결코 이례적이지 않으며 빈도가 아주 잦다. 이런 점에서 예외적인 처리가 올바른 길이 아니다. 오히려 모종의 상위 개념을 상정하여, 하위범주로서 인용절과 비인용절을 나눠 놓는 것이 온당할 수 있다. 물론 이런 부류가 부사절의 역할을 맡는 경우(이른바 비완형절)에서부터 온전히 내포절 모습(이른바 완형절)을 지니어 있는 경우까지 그 분포가 다양하게 존재한다. 그렇지만 통일성을 고려한다면 하나의 범주로 묶거나 또는 한쪽에서 다른 쪽으로 도출할 수 있는 관계로 보아야 할 것이다. 후자의 경우에 특히 온전한 문장(완형절)으로부터 어절(비완형절)에 이르는 방식으로 도출해 주는 길을 모색할 수 있다.

이렇게 남의 발화에 대한 인용과 무관한 내포 구문은 크게 마음가짐과 행동 관련 내용으로 나뉜다. 전자는 다시 의도(화자의 의도)나 추측(제3자의 마음가짐에 대한 추측)을 표시해 준다. 마치 양태 선어말 어미 '–겠–'이 주어진 구문의 조건에 따라 두 가지 해석을 띠는 경우를 연상시켜 준다. 그런데 여기서 의도는 일차적으로 화자가 자기 자신의 생각을 스스로 말로 표현해 주는 것이라는 점에서, 생각이나 사유의 영역과 관련된다. 그렇지만 제3자의 마음가짐을 추측하는 것은, 이미 일어난 일련의 사건을 놓고서 반성적 사고 과정으로 진행될 수도 있고, 앞으로 일어날 만한 사건을 미리 짐작해 보는 과정으로 진행될 수도 있다. 후자는 결과적으로 어떤 행동(행위)을 일으키려는 의지와 관련하여 추측이나 짐작을 해 보는 일이다. 이런 측면에서 본다면, 추측이나 짐작이 오직 마음가짐의 하위 영역에서뿐만 아니라, 또한 객관적으로 관찰할 수 있는 행동의 영역에서도 다루어 나갈 수 있음을 알 수 있다. 그 갈림길은 이미 다 일어난 일련의 사건을 대상으로 삼는 것인지, 아니면 앞으로 겪게 될 사건도 고려하는 것인지 여부이다.

다음의 사례들에서는 ㉠ 한 사람의 결심이나 의도, 또는 ㉡ 상대방에 대한 평가를 가리킬 뿐만 아니라, 또한 ㉢ 다른 사람이 생각할 법한 바를 추정하는 데에도, 동일하게 인용 구문의 형식이 그대로 쓰이고 있음을 확인할 수 있다. 합리적인 접근으로서, 이런 언어 사실은 인용 구문이 「상위 개념으로부터 도출되어야 함」을 시사해 준다. 만일 인용 구문이 유일하게 기본적인 표상이며, 초기 조건으로 주어져 있었더라면, 이를 확장하여 발화와 무관한 다른 영역에까지 쓰임을 넓혔다고 볼 수도 있다. 그렇지만 다른 영역들이 분포상 그리고 발생 빈도상 인용 구문의 쓰임과 대등하거나 훨씬 더 많을 경우라면, 확장이나 전이라고 말할 수 없는 것이다. 만일 논의의 주제를 오직 발화 인용만을 다룰 경우라면, 발화 인용이 아닌 경우를 배타적으로 표현하여, '비인용' 또는 '유사 인용'이라는 수식구를 덧붙여 쓸 수도 있다. 그렇지만 내포 구문을 전반적으로 다룰 경우에는, 한쪽을 중심으로 만들어 낸 이런 비인용 구문이나 유상 인용 구문이란 용어가, 자칫 오해를 불러일으키는 주범이 된다. 이런 점에서 올바른 용어 선택이 아니다.

(44) -고 허여 가지고[화자 자신의 결심을 가리킴]: 「아버지 은혜라도 갚아 두고 내가 죽어야 되겠다」고 허여 가지고, 집이(집에) 촛아 오란(찾아 와서) 보니…
(「아버지 은혜라도 갚아두고 내가 죽어야 되겠다」고 결심해서, 집에 찾아와서 보니… 구비1 안용인, 남 74세: 125쪽)

(45) ø 흐연[화자 자신의 마음속 생각을 가리킴]: 게ᄆ로(그러하기로서니) 「심어 댕기게 흔 디(감옥에 잡혀 다니는 집안과) 사둔(查頓)을 흐여젓 잉가(하게 되었는가)?」 ø 흐연원(해서+화용 첨사 '원', 288쪽의 각주 67 참고), ᄆ음(마음)이 이상케(이상하게) 돌아 불엇어원(버렸어+화 용 첨사 '원').
(그러하기로서니, 관가의 감옥살이가 잦아서 「잡혀 다니는 집안과 내 가 사돈을 맺게 되었는가?」 ø 생각이 들어서+원, 마음이 이상하게 바뀌어 버렸어+원! 구비2 양구협, 남 71세: 649쪽)

(46) -고 허여 가지고[상대방에 대한 화자의 평가를 가리킴]: 「불효엣 ᄌ식 이니 이건 못쓰겠다!」고 허여 가지고, 이젠 무쇠(鑄鐵, 물+쇠)로다가 곽(槨)을 맹글아(만들어) 가지고, 그 아이를 거기 집어 놔 가지고, ᄌ물 쇠(자물쇠)로 중가(잠가) 가지고, 이젠 바당(바다)에 띠와(띄워) 불엇 입주(버렸읍죠).
(「불효하는 자식이니, 이놈은 안 되겠다!」고 여겨서, 이제는 무쇠로다 곽을 만들어서, 그 아이를 그 곽 속에 집어 놓은 뒤에 자물쇠로 잠그고 나서, 이제는 큰 바다에 띄워 버렸읍죠. 구비1 안용인, 남 74세: 147~ 148쪽)

(44)와 (45)에서는 이야기 속의 주인공이 스스로 자신의 결심이나 자신 의 품은 생각을 표현하고 있는데, 인용 구문의 형식과 완전히 동일함을 알 수 있다. (44)에서는 내포문이 '-고 허여 가지고(-고 해서, -고 해 갖고)'와 통합되어 있고, (45)에서는 'ø 흐연(ø 해서)'과 통합되어 있다.

이런 형식은 또한 비록 입 밖으로 나오지 않았다고 하더라도, 남의 마음에 대한 내용도 감정이입을 통하여 추정하거나 추측하면서 서술해 줄 수 있음을 말해 준다. (46)에서는 임의의 대상(주인공)을 놓고서 화자 자신의 사적인 평가를 담고 있는데, 여기에서도 동일하게 인용 구문의 형식을 확인할 수 있다. 결코 발화 인용이 아니지만, 동일한 구문 형식을 쓰고 있다면, 일방적으로 인용 구문의 형식이 확장되거나 전이되었다고 서술해 주는 것은 올바른 방향이 아님을 알 수 있다.

(47) -고 ᄒᆞ면 -고 홀 판이라[상대방의 마음가짐에 대한 추정을 가리킴]: 아이(아니) 내여 놀(내놓을) 수가 잇어마씸? 허허허허! 거짓말도 멋들어지게 그렇게 ᄒᆞ면, 허허허허! 「네 말이 옳다!」고 ᄒᆞ면, 이제는 증서 ø 내여 놓고 「돈ø 갚아라!」고 홀 판이라ø 말이우다(말씀입니다). (아니 내어놓을 수가 있겠습니까요? 허허허허! 거짓말도 멋들어지게 그렇게 한다면, 거짓말 한 마디에 상대방을 이기거든요, 허허허허! 상대방 쪽에서 선대에 이미 빚을 많이 졌다고 말했으니, 그 부자가 「네 말이 옳다!」고 대답한다면, 이제는 상대방 쪽에서 가짜 차용증서를 내어놓으면서 그 부자한테 「돈을 갚아라!」라고 요구할 판이란 말씀입니다. 구비1 안용인, 남 74세: 155쪽)

(48) ø 흔 ᄆᆞ음[상대방 마음 속의 의도에 대한 추정을 가리킴]: 그 전인(前에는) 쌍놈의 ᄌᆞ석(자식)이라고 해서 눈알(눈 아래)로 보지도 아넌디(않았었는데), 그 다음부떠(부터)는 그것도 은혜라고 ᄒᆞ여서(여겨서), 아주 아까와(귀중해) 뵈어서(보이어서), 「저놈으(저놈의) 아일(아이를) 어떵(어떻게) 친굴(親舊를) ᄒᆞ여야 홀 건디」ø 흔 ᄆᆞ음을 다 ᄒᆞ연. (선물을 받기 전에는, 서당 학동들이 주인공을 쌍놈의 자식이라고 얕잡아 봐서, 눈 아래로 보지도 않았었는데, 선물을 받은 다음부터는 그것도 자잘한 은혜(은의)라고 여겨서, 아주 귀중해 보여서, 학동들이 모두 다 「저놈의 아이를 어떻게 친구를 삼아야 할 건데」ø 하는 마음을 먹었어. 구비2 양구협, 남 71세: 618쪽)

(47)과 (48)에서 관찰되는 내포문도 또한 상대방의 입 밖으로 나온 말

과는 전혀 상관없다. 다만, 감정이입을 통하여 상대방의 마음속을 추정하고 그 마음가짐을 짐작하여 내포문 속에 담고 있는 것이다. (47)에서는 '-고 하다'를 온전히 실현하고 있다. 그렇지만 (48)에서는 '-라고 ᄒ다'를 줄이거나 생략한 '흔(하는)'을 쓰고 있다. 793쪽에서 다뤘던 예문 (24)도, 목구멍에서의 요구를 추정하면서 '술이 들어오도록' 의 인화해 줌으로써, 사건 전개의 극적 효과와 재미를 더해 주는 경우이다. 발화와 무관하지만 인용 구문과 동일한 구문을 쓰고 있는 이런 용례가 더 이상 특이한 것은 아니다. 공통어의 자료에서도 그리고 중세 국어에서도 모두 공통적으로 관찰되는 일반적인 언어 현상이다. 196쪽의 (38)에서 언급했듯이, 특히 담화 연구에서는 인용 구문을 기본적인 표상으로 상정하고서, 인용을 빗대어 담화 속에서 찾아지는 기능들을 논의해 왔다. 그 중에 중요한 몫으로 다뤄진 개념들은 다음과 같다.

무대 마련의 기능, 초점 부각의 기능, 매듭짓기의 기능, 신뢰성 확보의 기능

이런 기능은 사실상 인용과는 무관하며, 더 상위 차원에서 작동하는 담화 전개 과정에서 도입되는 개념들이다. 그렇다면 오직 인용 구문을 기본적인 표상으로 보는 쪽에서, 담화 전개에 이용하는 측면을 몇 가지로 해석할 수 있다. 첫째, 전형적으로 남의 말을 인용하는 경우를 기본 표상으로 삼을 경우에, 이런 구성을 이용하여 담화를 전개하면서 여러 가지 몫의 기능을 확장하여 수행한다. 둘째, 어떤 특정한 내포 구문은 하위범주로 두 가지 기능을 지닌다. 인용을 위해서 쓰이기도 하며, 또한 화자 자신의 의지를 나타내거나 감정 이입을 통하여 상대방의 마음가짐을 짐작하고 추정하기도 한다. 셋째, 유사 인용 구문에서 계사 구문을 써서 현실세계에서의 「실현 모습」을 가리켜 준다(224쪽 이하).
  필자는 인용 구문을 기본적인 표상으로 상정하는 경우에는 발화 인용이 아닐 경우들을 놓고서 매번 궁색하게 예외적 조건들을 덧붙여야

하므로, 다른 선택을 하는 쪽이 더 온당할 것으로 판단한다. 제3의
상위 개념을 상정하고서 이로부터 하위범주의 구문으로서 발화 인용
및 그렇지 않은 경우들을 도출하는 것이 오히려 일반화의 절차에 들
어맞는다고 본다. 만일 인용 구문의 형식을 이용하여 상대방의 마음
에 대하여 화자가 추측한 내용까지도 전달해 준다고 서술한다면, 비
슷한 '-고 ᄒ다' 구성이 행위(행동) 주체의 의도를 표시해 줌으로써
장차 일어날 행동을 서술해 주는 부류에까지도 계속 확장된 경우로
취급해야 할 것이다. 예외성이 점차 증가해 나가는 것이다. 그렇지만
만일 다음 구문 (49)를 「행동 의지 구문」으로 부른다면, 이것이 인용
구문에 속하는 것으로 간주할 수는 없다. 왜냐하면 말과 행동(행위)은
인간이 서로 관계를 맺는 큰 두 가지 경로이기 때문이다. 이런 점에서
일반적으로 인용 구문의 확장으로 서술해 주는 길은 바람직하기 않다
고 본다. 대신, 새롭게 상위 개념으로부터 하위범주로 두 가지 갈래를
도출하는 방식이 더 나은 처리인 것이다. 이럴 경우에 제3의 상위 개
념을 결정하는 일이 중요해진다. 그 개념의 하위범주로서 발화가 인
용되거나 상대방 마음이 추측되거나 상대방 행동이 개시됨까지 도출
해 줄 수 있어야 하기 때문이다.

(49) -을랴고 ᄒ는디[행동의 의지를 가늠함]: 아들(아들)을 플랴고(결혼시
    키려고) ᄒ는디, 동생 놈이 술ø 먹으민 대광절(大狂疾, 광절 놀다, 미치
    광이 놀음하다) 판국이라.
    (아들을 장가 보내려고 하는데, 동생놈이 술 먹으면, 대광절을 부리는
    판국이야. 구비1 안용인, 남 74세: 197쪽)

(49)에서는 비록 첫 선행절에서 주어가 생략되어 있지만, '부모가 자
신의 아들을 장가 보내다'는159) 문장이 있고, 이 문장이 행위(행동) 주

---

159) 이 방언에서는 시집을 보내거나 장가를 보내는 일을 관용적으로 '플다(팔다)'라는 날
    말로 표현한다. '아들을 팔다, 딸을 팔다'는 표현을 매매혼 풍습으로 해석하는 경우도

체의 의지를 표현하는 '-을랴고(-으려고)'라는 어미가 결합된 뒤에, 다시 상위문 동사 'ᄒ다(하다)'가 이어진 형식이다. 만일 내포문으로 들어 있는 '-을랴'가 종결 어미로 쓰인다는 사실이 입증된다면(262쪽의 '혼잣말' 참고), 이는 내포 구문의 형식(소위 완형 보문을 지닌 인용절)을 이용하는 경우와 동일한 형상임을 결론지을 수 있다. 단, 여기서 '-을랴고'는 또한 동시에 수의적으로 '-을려고'로도 쓰일 수 있다. 이 점은 의지를 표상해 주므로 의미가 아주 비슷하지만(상대방의 의도를 묻는 형식임), 다른 요소들이 결합하여 융합된 의문 서법의 고유한 종결 어미 '-을래?, -을랴?'와 구분시켜 주는 중요한 척도이다.

내포 어미 '-고' 앞에 나온 어미들이, 이 방언에서 추측을 표현할 경우에 '-을려, -으려'와 결합하고 있다. 그런데 이 형태들이160) 완벽

있다. 그렇지만 일방적으로 딸만 파는 것이 아니며, 똑같이 아들도 파는 것이다. 그렇다고 하여 결코 지참금이 많은 것도 아니다. 상호 호혜의 관점에서 만일 신랑 쪽에서 집을 마련한다면 신부 쪽에서 가구를 마련하는 형태를 띤다.

이미 691쪽의 각주 140에서 지적하였듯이, '풀다(팔다)'와 짝을 이룬 '사다'라는 낱말은 결코 결혼 관계를 가리키는 데에 쓰이지 않는다. 첫 사교 관계에서 아는 사람의 이름을 대는 경우에도 또한 "삼춘을 풀다(삼촌 이름을 대면서 뒷심으로 이용하다)라고 말하며, 이때에도 "사다"와 교체되지 않는다. 그렇다면 이것이 낱말 의미의 확장인지, 아니면 전혀 다른 낱말로서 동음이의어로 봐야 하는지를 결정해 주어야 할 듯하다. 필자는 다의어 확장 노선이 더 이상 설명력이 없을 경우에, 마지막으로 동음이의 처리로 가도 늦지 않다고 본다. 그렇다면 다의어 확장 노선을 고려해 볼 수 있다. '팔다'가 매매 과정을 가리킬 수도 있겠지만, 만일 그 결과 상태로서 소속이나 소유가 달리짐을 고려한다면, 결과 상태가 지닌 속뜻 때문에 대립 짝이 교체될 수 없을 법하다. 만일 필자의 이런 접근 방식이 마뜩하지 않다면, 더 이상 관련성이 없기 때문에 동음이의의 관계라고 봐야 할 것이다.

160) 이는 기본 형상이 "-을# 이+이어"로 표상되며, 관형형 어미 '-을'이 형식 명사 '이'에 얹히고, 이것이 계사를 갖춰 활용하는 모습(이어)을 지닌 복합 구성체이다. 계사가 활용할 경우에 '이어'와 같이 쓰여야 하겠지만, 여기서는 '이아'처럼 나와야 한다. 필자는 의미 변화가 없이 화자가 편리한 대로 서로 넘나들면서 쓸 수 있는 수의적 교체라고 보지만, 일단 여기서 모음조화의 모습은 잠시 논의를 유보한다(즉, 예문 49에서 '풀랴고'는 '풀려고'로도 쉽게 변동할 것으로 판단됨). 관형형 어미 '-을' 뒤에 있는 부호 '#'는 어절 경계를 뜻한다.

이 구성체는 '-을# 이+이어'라는 기본 표상(-을이이어)에서, 문법 형식으로 쓰인다(그 개개 형식의 구성소에 대한 의미가 인식될 수 없음)는 점에서 먼저 같은 모음이 연속된 것이 어느 하나가 탈락됨으로써, '-을이어'가 되면서, 하나는 음절 경계가 자음 반복으로 구현될 수 있거나(-을리어), 그렇지 않은 채 '-을이어'로 나올 수 있다. 여기서 다시 순행 동화가 일어나면서 이중모음 '-을리여, -을이여'로 됨과, 동시에 반모음의 존재에 기대어 음절 축약이 일어남으로써 '-을려, -을여'가 나올 것으로 본다. 여기

히 독자적인 서술 서법의 종결 어미로 쓰이고 있음은 김지홍(2014)『제
주 방언의 통사 기술과 설명: 기본구문의 기능범주 분석』(경진출판:
204쪽 이하)에서 자세히 논의된 바 있다.

(50) -으려: 그영(그렇게) 돋당(달리다가) 푸더지려(넘어지겠다).

서 후자는 관형절 어미에 대한 의식도 사라지면서 또다시 재음절화 규칙이 적용되어
'-으려'처럼 나오는 것으로 본다. 전자의 경우는 관형형 어미의 기능이 여전히 남아
있는 쪽이지만, 후자의 경우는 그 기능이 사라져 버리는 쪽의 변화이다. 필자는 어절
경계가 받침 리을을 복사하면서 독자적 기능이 보존될 수 있다고 보지만, 다른 방식도
생각해 볼 수 있다. 정승철(1995)『제주도 방언의 통시 음운론』(태학사: 197쪽 이하)에
서는 어절 경계 #를 유음 받침과 히읗(겹받침 ㅀ)을 기본 표상으로 상정한 뒤에, 공명음
(자음) 사이에 히읗이 탈락하면서 'ㄹøㄹ>ㄹㄹ'로 바뀐 것으로 보았다. 만일 이런 구성에
서 형식 명사가 '이'임에 틀림없다면, 이는 초성 소리값이 없는 alif를 지니고 있으므로,
공명음(자음) 사이에서 히읗이 탈락한다고 볼 수 없다. 필자는 관형형 어미 '-을'과
형식 명사 '거(것)'이 통합되어 있는 형식인 '으컬[-을 것을]'에서 보듯이, 관형형 어미
'-을'이 뒤따르는 형식 명사의 자음을 거센소리로 바꾸는 경우도 동시에 설명해 주어
야 한다고 본다. 이런 언어 사실을 설명하기 위해서는 어절 경계가 뒤따르는 형식 명사
에 초성이 있는지 여부에 따라서, ㉮ 동일한 유음 받침을 복사하거나 ㉯ 뒤따르는 자음
을 거세게 만들어 주는 두 가지 선택지가 필요할 것으로 본다.
  그런데 이 구문 형상과 거의 비슷한 형식으로 고유한 의문 서법의 종결 어미로서
'-을래?, -올라?(-을 거야?)'도 관찰된다(김지홍, 2014,『제주 방언의 통사 기술과 설
명: 기본구문의 기능범주 분석』, 경진출판: §.3-7-1 참고). 이 종결 어미가 상대방의
의도를 묻는다는 측에서 의미상으로 같은 계열의 형태소를 품고 있다고 본다. 단, 이
종결 어미가 '-올라?, -을래?'라는 변이형을 보임이 사실이라면, 내포 어미 '-을려'와
는 다른 결합 환경이 주어졌을 법하다. 내포 어미 '-을려'는 바로 '-고'와 결합된다는
점에서 이중모음으로서 안정된 채 그대로 유지된다. 종결 어미에서는 그런 환경이 주
어지지 않고, 대신 고유한 의문 서법의 종결 어미 '-아?'가 구현되어야 하므로, 적어도

「관형형 어미 '-을'# 형식 명사 '이'+계사 어간 '이'+의문 서법의 종결 어미 '-아?'」

와 같은 초기 표상이 상정된다. 이로부터 '-을래?, -올라?'의 변이체를 도출하려면, '-
을이이아' 형상에서부터 문법 형식소라는 점(어원 의식이 없어짐)에서 먼저 동일한 소
리값을 지닌 모음이 탈락하여 '-을이아?'로 바뀌며, 여기서 관형형 어미가 복사되는
선택지(앞에서의 ㉮조건)가 적용됨으로써, '-올리아?'로 나온다. 이 형식이 하나는 '-
을래?'로 되고, 다른 하나는 '-올라?'로 도출되기 위해서는, 서로 다른 조건의 규칙이
적용되어야 한다. 하나는 모음 탈락 규칙이 적용되면서 형식 명사 '이'가 탈락한다면
복사된 유음이 직접 의문 서법의 종결 어미 '-아?'에 결합하여 '-올라?'로 나온다. 다른
하나는 매우 특이하게 형식 명사와 종결 어미가 위치를 바꾸어 '-올라이?'로 표상된
뒤에 이것에 재음절화 규칙이 적용됨으로써 '-올라이?'에서 '-을래?'로 되었을 것이다.
이런 위치 바꿈 모습을 필자는 진주 방언에서 찾을 수 있었는데, 특이하게도 "어디
가니아?, 어디 가냐?, 어디 가니?"를 진주 방언에서는 항상 "어디 가네?"로 말하며, 공
통어에서처럼 '-냐?, -니?'로 변동하지 않는다. 이를 설명해 주려면 '어디 가니아?'라는
기본 표상에서 위치 바꿈이 일어나 '어디 가아니?'를 거친 다음에, 이것이 재음절화되
면서 줄어든 것으로 볼 수 있다. 이런 방식을 이 방언에 적용해 본 것이다.

(그렇게 달리다가 넘어지겠다, 현재 관찰되는 사건을 놓고 '조심하라' 는 속뜻이 깃듦)

(51) -으려: 낭의(나무에) 올랏당(올라갔다가) 털어지려(떨어지겠다).
(나무에 올라갔다가는 떨어지겠다, 미래에 일어날 사건에 대한 우려 의 속뜻이 깃듦)

(50)과 (51)에서는 제3자가 관여된 사건을 놓고서, 화자가 다음에 이 어질 사건을 추측한 내용을 가리키고 있다. 특히 (51)에서는 가능세계 에 있는 사건 연결을 가리킨다는 점(아직 나무에 올라가지 않았음)에서, 또한 행동 주체의 의지나 의향을 가리키는 일도 포함할 수 있다. 이런 상황에서는 그런 행동 의지나 의향을 저지해 놓고자 (51)처럼 말하고 있는 것이다. 이는 마치 공통어 양태 선어말 어미 형태소 '-겠-'이, 주어가 달라짐에 따라 각각 의도와 추측 두 가지로 해석되는 경우와 동일하다.

그런데 이 문법 형태소의 구성이 형식 명사 '이'를 이용한다는 점이 특이하다. 가장 기본적으로 쓰이는 형식 명사 '거(것)'와 비교하여, '이' 에는 양태성의 자질(가령, 예정된 사태나 당연한 일을 지시하는 기능)이 더 깃들어 있지 않을까 추정해 본다. 물론 내포문으로 나온 절을 독립 시켜 독자적으로 발화할 경우에,

(52) '??그 사름이 아들을 폴려'
(??그 사람이 아들을 장가 보낼 이어)

처럼 아주 낯설어 보일 수 있다. 그렇지만 필자의 직관으로만 판정할 경우에, 이 구문이 그 자체로 홀로 추측의 의미로 쓰이거나, 아니면 반문의 어조를 띠고서 그렇지 않을 것임(아들을 장가 보내지 않을 것)을 나타낼 것으로 느껴진다. 만일 이것이 자족적인 독립 발화나 문장으 로 기능한다면('혼잣말'로도 볼 수 있음), 여기서 다시 인용 구문의 형식

을 빌려서 그런 사건에 대한 화자 자신의 추측을 서술해 줄 수 있을 것으로 해석할 수 있다. 다시 말하여,

(53) '[그 사름이 아들을 풀려]고 ᄒ는디'
    ([그 사람이 아들을 장가 보낼 이어]고 하는데

와 같은 구성을 갖추고서, 발화 맥락상 쉽게 짐작하고 복원할 수 있는 요소들이 생략되거나 탈락됨으로써, 마침내 (49)의 첫 선행절 '-는디' 속에 들어 있는 내포문으로 실현되었을 것이다. 객관적으로 관찰 가능한 행동을 일으키는 상대방의 의지(의향)를 추정하는 일은, 따로 '-아야 되다, -아야 하다'를 다루면서 비록 자연부류를 이루는 것은 아니지만 내포절이 미래의 사건이라는 측면에서 소절을 달리하여 900쪽에서 다시 언급하기로 한다. 이제 장을 달리 하여, 생각 또는 사유의 영역과 관련되는 내포 구문의 어미(이른바 부사형 어미)들을 다루기로 한다.

 발화 인용과 무관한 경우를 이미 앞장에서 다뤘기 때문에 여기에서 따로 다루지는 않았지만, 계사 '이다'를 이용한 구문으로서 '-이라고 ᄒ다' 또는 '-이엔 ᄒ다'의 경우도 빈번히 관찰된다. 필자는 이 경우를 현실세계에 있는 「실현 모습」이란 개념으로 붙들 수 있을 듯하다. 내포문이 완형절 모습을 갖추었고, 잠정적으로 「행위 의지」와 서로 짝을 맺을 만한 것으로 간주해 두었다.

제5장 동사의 어간과 결합하는 내포 구문의 어미

: '-아, -게, -지, -고'

이제 국어학 쪽의 통사론 분야에서 논란이 많은 주제들 중 하나인 소위 '부사형 어미 구문'을 다루기로 한다. 김지홍(1993) "국어 부사형 어미 구문과 논항구조에 대한 연구"(서강대학교 박사논문)에서는 이 구문만을 다룬 바 있으며, 그 결론으로서 다음 사항을 주장하였다.

① 방법상 일원론(methodological monism)을 지향하는 핵 계층 구조(X-bar theory)에서는 이 구문이 내포절일 수밖에 없다.

② 상위문 동사는 인식·평가 같은 기능을 지닌 양태 동사의 범주(일반 동사들에 대한 상위 동사가 됨)이다(단, 이 책에서는 이들 동사를 다시 상위 개념으로 환원하여 '판단'과 관련한 부류로 재지정하였고, 가능세계에서 표상되는 사건의 전개 양상과 관련된 판단을 담고 있다고 보았음).

③ 이 구문의 어미들도 또한 가능세계에서 일어날 수 있는 사건을 표상해 준다는 점에서 양태 범주에 귀속된다. 그렇게 상정된 사건도 이들 내포 어미들이 서로 짝을 이루어 한 사건이 전개되어 나가는 방식들을 분할하여 가리켜 주고 있다. '-아'는 가능세계에서 표상하는 사건을 온전한 전체로서 모두 다 가리키지만(종결 지점을 가리킴), '-지'는 그런 사건

의 시작 지점만을 가리킬 수 있다. '-게'는 가능세계에서 표상하는 사건의 종결 지점을 관련 사건의 목표로서 표시해 주며, '-고'는 그런 사건의 중간 지점을 어떤 것이든 다 가리킬 수 있다.

④ 특이한 속성 중의 하나로서, 이런 양태 동사들은 일반 동사와는 달리 결코 부정의 범위 속에 들어갈 수 없다(결코 상위문의 핵어 동사가 부정될 수 없는데, 763쪽의 각주 149를 보기 바람). 이를 부정하는 방법은 오직 전체 문장을 명사 구문으로 만든 뒤에 '~음이 없다/~라는 사실이 없다'를 이용하여 그 존재성을 부정할 수 있을 뿐이다.

한 마디로 말하여, 일반 동사들의 상위 동사(class of classes)인 '양태 동사'가 내포 구문의 어미 '-아, -게, -지, -고'가 이끌어가는 절은 내포문으로 싸안은 형상인 것이다.

본고에서는 '양태 구문을 이끄는 어미'를 좀 더 일반화된 용어로서 「내포 구문의 어미」라고 부르고 있는데, 접속 구문의 어미와 짝이 된다. 그리고 이 어미들의 범주를 논의하면서 모두 다 양태 범주에 귀속시킬 것이다. 좀 더 구체적으로 말하여, 가능세계에 속하는 [-시작점]의 의미자질을 지닌 임의의 사건이 있고, 그 사건에 대한 전개 방식을 가리켜 주는 것이다. 이런 측면에서 이들 어미 '-아, -게, -지, -고'에는 결코 시상 선어말 어미가 통합될 수 없는 것이다. 종전에 필자는 '명제'(명령문으로 된 표제)라는 일본 용어의 오류를 깨닫지 못한 채, 가능세계에 속하는 사건을 '명제 사건'으로 불렀었다. 그렇지만 proposition(단언, 단언문)이 처음 다뤄진 아리스토텔레스의 『사고 도구』에서는 참·거짓 판정을 내릴 수 있는 언어 형식이므로, 단정하는 최소한의 언어 형식을 가리키는 '단언'으로 번역한 바 있다. 무어 (1953; 김지홍 뒤침, 2019) 『철학에서 중요한 몇 가지 문제』(경진출판: 10쪽의 역주 2와 626쪽의 역주 237)를 읽어 보기 바란다.

바로 4장에서 다루었던 전형적인 '인용 구문'에서는 내포문의 범주가 CP(종결 어미의 구절)로서 완결되었다(남기심, 1973에서의 소위 '완형 보문'). 이것이 다시 내포문의 종결 어미에 내포 어미가 덧붙었는데,

그 방식은 상위문의 핵어 동사가 'ᄒ다' 또는 계사 '이다'로 주어진 뒤에, 다시 그 활용 방식이 두 가지 갈래로 나뉘었다. 하나는 관형형 어미 '-은'을 선택하여 바로 뒤에 있는 핵어 명사 '말'을 수식하는 것이었고, 다른 하나는 내포 어미 '-고'를 선택하여 바로 뒤에 이어진 핵어 동사 '말하다'를 수식하는 것이었다. 이런 구문의 형상이 이 방언에서 독특하게 마련된 선택지이므로, 당연히 매개인자로서 상정되어야 한다. 이 방언을 한국어의 다른 방언과 구획해 주는 선택지이기 때문이다.

이런 인용 구문의 형상과는 달리, 이 장에서 다루는 내포 어미(부사형 어미) 구문에서는 내포절 속에 종결 어미(C)가 들어 있지 않다(소위 '비-완형 보문'임). 일단, 이를 기술해 주기 위해 두 가지 방식이 상정될 수 있다. 첫째, 만일 전형적인 인용 구문이 내포 구문을 인허해 주는 기본 표상이라고 본다면, 내포 어미 '-아, -게, -지, -고'가 이끌어가는 내포절에서도 종결 어미가 '의무적인 공범주'로 표상될 수 있다. 그렇지만 본고에서는 내포 구문에서 발화를 인용하는 형식이 기본값으로서의 지위를 지니지 않는다고 본다. 따라서 내포절에 반드시 종결 어미가 들어 있어야 한다고 가정하지도 않는다. 대신 다른 선택을 한다. 둘째, 인용 구문과 인용과 무관한 경우들을 포괄하는 내포 구문에서 찾아지는 이들 내포 어미의 범주가 동일하게 하나의 범주라고 볼 수 있다. 이때 그 범주를 양태에 귀속시킴으로써(즉, 양태상으로 가능세계에서 상정되는 임의의 사건들을 표상해 줌으로써), 상위문에서 문장을 종결해 주고 있는 종결 어미와 서로 결합할 수 있는 터전을 마련해 줄 수 있다. 이런 접근에서는 전형적인 인용 구문에서 찾아지는 계사의 존재는 유표적이다. 종결 어미를 지닌 내포문을 대상으로 하여 이 유표적인 계사 활용 형식(-이라고, -라고, -이라는, -라는)이 융합됨으로써, 결과적으로 인용 구문의 복합 어미 형태도 양태 속에 들어가게 됨을 설명해 줄 수 있다. 이런 관점에서는, 자주 쓰이는 발화 인용 형식의 '-다라고, -라고' 따위는 아주 유표적인 복합 형식으로 취급될 뿐만 아니라, 오직 융합된 복합 어미 형식이 양태에 귀속됨을 표시해 주기 위한 방편으로 만들어졌다고 설명하게 된다.

먼저 780쪽 이하의 (12)~(15)로 제시해 두었던 내포 어미 구문들의 형상을 다시 아래에 가져 오기로 한다.

(54) [동사가 투영하는 절]-아 {가다 vs. 오다, 나다 vs. 들다, 가지다 vs. 두다, 놓다 vs. 버리다, 주다 vs. 먹다, 보다 vs. 지다, 있다 vs. ø(없다)}

(55) [동사가 투영하는 절]-게 {되다 vs. 하다, 생기다 vs. 만들다, 마련이다 vs. 시키다}

(56) [동사가 투영하는 절]-고 {싶다 vs. 말다}

(57) [동사가 투영하는 절]-지 {아니하다 vs. 못하다, 말다 vs. (하다)}

이런 형상에서 내포절을 투영해 주는 핵어로서 내포문의 동사 어간이 있고, 이 어간에 내포문 어미 '-아, -게, -지, 고'가 결합되어 있다. 먼저 이 어미들이 먼저 나온 내포절 동사에 딸린 것인지, 아니면 뒤에 나오는 양태 범주의 동사(가능세계에서의 사건 전개와 관련된 양태 동사)들에 의해서 마련되는 것인지가 해결되어야 할 것이다. 이는 제7장에서 다뤄지는데, 이 결정은 이들 내포 어미들의 범주를 확정하는 일과 맞물려 있다고 판단한다. 그런데 이들 내포 어미 '-아, -게, -지, -고'에는, 결코 시상 선어말 어미 '-앗- vs. -앉-(-았- vs. -고 있-)'이나 양태 선어말 어미 '-으크-(-겠-)'가 선행될 수 없다는 사실이 우선 고려될 필요가 있다. 필자는 이들 내포 어미가 그 자체로 양태 범주의 일원이기 때문에, 이미 이들 어미가 선택되는 순간에 현실세계에 있는 사건과 관련하여 쓰일 수 있는 대우 및 시상에 관련된 선어말 어미들뿐만 아니라, 또한 양태 선어말 어미들도 그 선택 범위에서 제외되는 것으로 해석한다.

만일 전통 문법에서와 같이 이 내포 구문을 '보조 동사 구문'이라고 상정한다면, 두 가지 문제가 생겨난다. 이런 형상에서는 주요한 동사는 내포절에 있는 동사가 된다. 그렇다면 당연히 이들 어미는 내포절의 주요 동사에 통합되면서 예외적인 활용 방식을 지녔다고 지정해 놓아야 한다. 그렇지만 이런 관점은 다음 두 가지의 반례를 설명할 수 없다. 만일 내포절의 동사가 주된 동사라면, 왜 대우·시상·양태와 관련된 선어말 어미를 전혀 허용해 주지 않는 것인지 설명할 길이 없다. 이것이 첫 번째 문제이다. 설령, 정상적인 활용 방식이 아님을 잠시 예외로 인정하여, 완전히 정상적인 양 취급하더라도, 이 내포 어미 뒤에 나오는 동사(양태 동사)들이 특정한 범위에서 특정한 방식(동사들이 서로 의미상의 짝으로 대립함)으로 포착될 수 있다는 사실도 포착해 줄 수 없다. 가령 일반 동사 '먹다'에 보조적 연결 어미가 붙은 '먹어, 먹게'는 일정한 동사(양태 관련 동사)와 통합하게 된다. 따라서 일반 동사 '걷다, 뛰다, 피다, 뜨다' 등과는 결합이 저지되는 것이다. 이런 사실 또한 정상적인 활용 방식이라면 이런 제약이 있다는 점도 문제가 된다.

이런 문제들을 벗어나기 위하여, 일부 연구에서는 이들 내포 어미에 특정하게 '부사'처럼 기능한다고 여기고서 일부러 '부사형'이라는 수식어를 붙여 놓았던 것이다. 그렇지만 이런 수식어는 앞에서의 처리 방식과 전혀 다른 구조를 가리키고 있다. 즉, 뒤에 나오는 동사가 주된 역할을 떠맡고 있으며, 뒤에 있는 동사가 일반 동사임을 전제로 한다. 그렇다면 뒤에 나온 주된 동사가 범주상으로 그리고 실현 가능한 선택지에서 제약을 지니고 있다는 사실(이 책에서는 '판단'과 관련된 부류의 동사라고 지정함)을 포착할 수 없다. 그러한 제약이 있다는 사실은, 뒤에 나오는 동사가 일반적인 동사가 아니라는 점을 뜻한다. 그럴 뿐만 아니라 또한 여기서 내포절을 이끌어가는 어미들이 왜 제약되어 있는지도 설명해 주지 못한다. 이런 점에서, 보조 동사 구문에서 맞닥뜨리는 문제들을 회피하게 위하여, 다른 방식으로 부사형 어미라고 불러 주더라도 또다른 복병들을 만나게 된다. 그렇다면 임의의 문제들을 벗어나기 위한 방식도 그 문제들을 회피하도록 해 주지만, 또다른 문제들과 부닥침을 알 수 있다.

학교 문법에서는 이들 내포 어미를 소위 '보조적 연결 어미'라고 부른다. 기본적으로 접속 어미의 범주에 속하지만, 앞선 동사가 뒤따르는 동사에 덧붙는 보조적 역할을 맡고 있다는 뜻에서 붙여진 듯하다. 이때 겉으로 주요한 역할이 아님을 가리키는 '보조적'이란 수식어의 속내는 결국 '부사의 역할'을 떠맡고 있음을 가리키는 말에 지나지 않는다. 이 점을 명확히 바꿔 써서 '보조적 연결 어미'를 다시 써 본다면, '부사 역할을 하는 연결 어미'라는 뜻이 된다. 여전히 내포 구문이 부사절의 지위밖에 지니지 못한다. 필수적인 내포절이라는 언어 사실과 수의적 존재인 부사는 서로 일정한 거리가 있는 용어이다.

결국 하나의 문장에서 관찰되는 두 개의 동사가 모두 필수적인 요소가 됨을 주장하기 위해서는, 같은 차원에서 선조적으로 해당 동사들을 다뤄서는 불가능할 뿐임을 깨달을 수 있다. 내포절 그 자체를 투영해 주는 동사들은 제약이 전혀 없다. 그렇지만 뒤에 나오는 동사들은 특정한 제약이 있고, 또한 이들 내포문을 투영해 주는 어미 '-아, -게, -지, -고'도 분명히 시상 및 양태 선어말 어미들을 배제해 버리는(결코 통합되지 못하는) 특성이 있다. 아직 이런 제약을 반영하여 주는 범주를 학계에서 아직 합의해 놓지 못한 상태이다.

본고에서는 내포 어미 '-아, -게, -지, -고'의 특성도 포착하고 또한 바로 뒤에 있는 동사가 제약이 있다는 사실을 드러내 주기 위하여, 내포 구문의 형식으로 파악하는 선택을 하였다. 따라서 뒤에 있는 동사는 상위문의 핵어 동사라고 본다. 상위문에 나오는 동사들은 모두 내포절에 있는 가능세계의 사건들의 전개 및 그 결과 상태에 대한 판단을 가리켜 주는 것이다. 이런 점에서 「가능세계에서의 사건 전개에 대한 판단 관련 동사」라는 범주를 부여할 수 있다. 이는 양태 범주에 속하는 동사임을 뜻하며, 여느 동사와 달리 상위 차원의 특정한 동사들이다. 가능세계의 사건 전개 모습을 다루는 동사는, 언제나 동사에 대한 상위 동사가 되어야 한다. 또한 이것이 다시

「가능세계의 사건들에 대한 전개 및 결과 상태를 판단하고 평가한다」

는 자연부류로 묶일 수 있음을 주장하는 것이다. 이 책에서는 이를 가리키기 위하여 '판단 양태 동사'라는 용어를 쓰고 있다. 이 동사는 하위범주로서 다음의 네 가지 갈래를 상정할 수 있다. 모두 52쪽의 (8)에 제시된 '일반화된 논항구조'에서 제3의 논항으로서 온전한 형식의 문장이나 온전하지 않은 형식의 절을 구현되는 것이다.

① 상대방의 발화에 대한 판단(다시, 하위 차원에서 직접 인용과 간접 인용으로 나뉨),

② 화자 자신의 마음먹음에 대한 재귀적 판단(마음먹음이 지속된다면, 「마음가짐」으로 됨),

③ 현실세계에서 추체험 가능한 간접 증거를 통해 상대방의 마음가짐도 짐작하고 판단하며,

④ 곧 일어날 만한 행동(곧 확인 가능한 사건)을 일으킬 만한 상대방 의지를 추측하고 판단한다.

가능세계에서 상정되는 사건이란 개념은, 그 자체로 현실세계에서 언제든 추체험 가능한 사건과 대조된다. 후자는 최근 증거태라는 개념으로 활발히 논의되고 있다. 필자는 이것이 추체험 가능성을 중심으로 좀 더 확대될 필요가 있을 것으로 본다(774쪽에 있는 각주 151의 〈표 15〉를 보기 바람). ①과 ②는 이미 제3장과 제4장에서 발화 및 마음가짐 부류로 다룬 것이고, ③과 ④는 이곳 제5장과 제7장('-으려고 한다' 구문은 제4장에서 일부 다뤘음)에서 다루게 된다. 후자는 이 책에서 행동 목표 및 실현 모습 부류로 부르고 있다.

그런데 이들 내포 어미가 상위문으로 편입되어 하나의 사건을 표상할 경우에, 상위문의 핵어 동사가 다시 대우와 시상과 양태에 관련된 선어말 어미들을 구현할 수 있다. 가령,

"사장님이 현장에 가 보시었다."
[사장님ᵢ이 [e [tᵢ 현장에 가]-아 보]시었다]

에서 대우 형태소와 시상 형태소가 상위문의 핵어 동사에 구현되어
있다. 이런 표면의 실현 모습은 바로 아래에다 층위를 나타내는 꺾쇠
괄호 및 이동된 흔적(trace)에 지표(i)를 덧붙여 표시해 놓았듯이, 일반
화된 논항구조를 반영해 주는 기본 형상으로부터 유도될 수 있다. 이
런 내포 구문의 표상에서 뒤에 나오는 동사와 결합된 선어말 어미들
과 종결 어미는, 더 높은 층위에서 자신들이 지배하고 있는 관련 범주
의 해석을 보장해 준다. 만일 그럴 경우에 시상·양태가 접속 구문에서
와 같이 동일한 방식으로 해석될 수 있는 것이다(465쪽의 접속 어미들에
대한 시상 해석 조건 17을 보기 바라며, 여기서는 따로 대우 형태소에 대하여
언급하지 않았으나, 해당 형태소의 행태도 또한 여전히 다른 선어말 어미들
과 동일함). 따라서 상위문에 있는 시상 선어말 어미 '-았-'의 의미자
질 [+종결점]이 내포절의 의미자질로 스며듦으로써(또는 일치 요구 조
건을 승계 조건으로 표현할 수도 있음) "사장님이 현장에 가시었다"의 해
석이 보장될 뿐만 아니라(언제나 다음과 같이 함의 관계가 성립함: 「가
보시었다」 → 「가시었다」), 동시에 또한 그 사건에 대한 전개 과정 또는
결과 상태를 놓고서 화자가 모종의 특성을 판단하고 평가하는 속뜻이
덧얹혀져 있는 것이다. 그 속뜻은 이 문장이 어떤 맥락에서 쓰이는지
에 따라 광범위하게 달라질 것이다. 흔히 학교 문법에서 '시도'의 속뜻
도 나타낼 수 있겠지만, 상례성을 벗어나서 이례적으로 일부러 행동
함과 관련될 수 있는 더 많은 속뜻이 깃들어 있을 것이다. 앞뒤 맥락과
전체 상황에 따라서, 우려스런 노동자의 작업 현실을 직접 확인하려
는 동기라든지, 자신의 내려 준 지침대로 작업 현장에서 잘 따라서
일을 진행하는지 여부를 점검하려는 속뜻도 품을 수 있는 것이다.

이런 현상이 우리말에서만 있는 것이 아니다. 여러 나라의 언어에
서 보편적으로 둘 이상의 동사들이 서로 이어져 있는 사례들이 보고

되었고, 일부에서는 이런 표면적인 몇 동사의 연속적 연결을 놓고서 20년 전 즈음에 유행처럼 '연속된 동사(serial verb, 연결 동사)'라는 용어를 쓴 적도 있었다. 그러나 이런 접근에서도 만일 각 부류의 동사들에 속한 범주를 제대로 밝혀 주지 못하였다. 각 범주들 사이의 계층적 위계를 드러내어 주지 못한다면, 근본적으로 전통 문법에서 다루어 오던 '주동사·보조동사'의 선조적인 이분 처리법의 수준을 더 이상 벗어날 수 없다. 아무리 용어만 달리 썼다고 해서, 이런 부류의 구문의 핵심을 새롭게 드러낼 수는 없는 것이다. 그런 만큼, 제1 동사 뒤에 나오는 제2의 동사에 대한 범주의 지정 및 내포 어미들이 귀속될 범주에 대한 통찰은, 풀기 어려운 이런 문제에 대한 핵심 열쇠(master key)가 되는 것이다.

이하에서는 네 개의 하위 절들로 나누어서, 이 방언에서 찾아지는 내포 어미 '-아, -게, -지, 고'를 중심으로 하여 그 사례들을 제시하기로 한다. 이것들을 놓고 귀납화 절차를 거치면서 본고에서 주장하는 최종적인 상위 개념까지 다루어 나가기로 한다. 현재 필자에게 주어진 촉급한 시간의 제약도 있고, 이미 논의된 분량도 아주 많기 때문에, 이하의 논의를 양적으로 적절히 조절할 필요를 느낀다. 가급적 논의를 간략하게 해 나갈 것임을 밝혀 둔다.

§.5-1 내포 어미 '-아'를 매개로 한 구문
: 가능세계에서의 사건 전개에 관한 위상

내포 어미 '-아'를 투영해 주는 상위문 핵어 동사들은, 결코 부정문 형식을 허용하지 않을 뿐만 아니라, 또한 서로 짝으로 쓰이는 특징을 보여 준다. 앞에서 제시한 (54)에서는 낱말 의미상으로 서로 대립 짝을 적어 놓았지만, 양태 동사가 실제로 쓰이는 경우에 곧바로 낱말 의미 짝이 양태성에서도 대립을 보여 주는 것이 아님을 알 수 있다.

일부에서는 그런 양태 동사 대립 짝이 재조정될 필요가 있는 것이다(가령, '-아 가지다 vs. -아 두다'나 '-아 잇다 vs. -아 낫다' 따위). 이제 (54)에 제시된 순서에 따라 차례대로 살펴나가기로 한다.

§.5-1-1 '-아 가다 vs. -아 오다'의 대립

우리말에서 움직임(이동) 동사와 관련하여 기준점이 언제나 단일하게 화자가 있는 지점이 상정된다. 일부 언어에서는 청자가 있는 곳도 그 기준점으로 상정되는 경우와는 다르다(영어에서 "내가 너한테 간다"는 "I am coming to you"로 발화됨). 매우 단순한 기준점이며, 내포 구문을 이룬 '-아 가다'에 '-아 오다'에서는 화자가 있는 지점이 기준점으로 상정된다. 그 화자를 향해 가까이 접근한다면 '오다'가 선택되고, 더 멀어질 경우라면 '가다'가 선택되는 것이다. 구체적인 사례들을 보면서 설명해 나가기로 한다.

(58) -아 가니: 날 붉아(밝아) 오라(와) 가니, 도중에 오란(와서) 그 아이를 놔 뒀어, 숨견(숨기고서).
(날이 밝아와 가자, 산모는 도중에 집으로 와서, 자신의 아기를 집 구석에 놔 뒀어, 몰래 숨기고서. 구비1 안용인, 남 74세: 122쪽)

(59) -아 가니까: 싸움에 이겨 줫이니(주었으니), 허허, 아 거(그거) 흔(한) 반년쯤 멕여(먹이어) 가니까, 쇠(소)도 다 엇어져(없어져) 가고 큰일 날 거라(것이란) ø 말이우다(말입니다).
(싸움[중국과의 전쟁]에서 이기게 해 줬으니까, 허허, 아 그거 한 반년쯤 대접해 가니까, 그렇게 많이 기르던 소도 다 없어져 가고, 주인공을 대접하는 일에 큰일이 날 것이란 말입니다. 구비1 안용인, 남 74세: 149쪽)

(60) -아 와네: 또 그로 후에 어멍(어멈)을 열녀(烈女 旌門) ø 해 와네(와서), 열녀라고 있습니다.
(또 그 시점으로부터 뒤에, 어머니 일을 관가에 알려 열녀 정문을 받아 와서, 동네 어구에 열녀라고 하는 비각이 지금도 있습니다. 구비1

임정숙, 남 86세: 145쪽)

(61) -아 옵서!: "어린 아이 옷이나 가그넹에(가서) 맹글든지(만들든지) 주
문허여 옵서(오십시오)!"고 했어.
(며느리가 시아버지에게 "지물포[포목점의 잘못일 듯함]에 가서 어린
아이 옷이나 만들든지 아니면 주문하여 오십시오!"라고 요구했어. 구
비1 안용인, 남 74세: 122쪽)

내포 어미(부사형 어미) '-아' 뒤에 있는 동사(일반 동사들에 대한 상위
동사로서, 가능세계에서 표상하는 사건의 전개 모습과 결과 상태를 판단하는
양태 동사임)는 '가다 : 오다'가 서로 짝으로 쓰임을 알 수 있다. 이것들
은 그런 가능세계의 사건이 진행되어 나가는 모습(사건 전개 양태)을
표시해 준다. 한국어에서 이동 동사 '가다 : 오다'의 쓰임은 그 기준이
간단하다. 화자가 있는 곳이나 화자가 말하는 시점이 상정되고 나서,
이 기준점으로 사건이 접근하게 되면 '오다'를 선택하고, 기준점에서
멀어지면 '가다'를 선택한다. 이는 화자가 각 발화의 무대 속에 들어가
있다고 가정함으로써, 그 화자가 있는 기준점으로부터 해당 사건이
근접하거나 멀어져 나감을 표상해 주고 있는 것이다. 이는 519쪽의
각주 117에서 언급하였던 클락 교수의 빼어난 통찰력을 적용하여 합
리적인 설명이 가능하다. 다시 말하여, 담화의 표상에 언제나 「의미·
상상·식별」의 세 가지 차원이 담화 전개에 관여하는데, 여기서는 현
실세계를 중심으로 하여 묵시적인 대응 함수로서 「상상의 원리」를 적
용함으로써 이 이야기를 듣는 청자들이 모두 다 해당 무대 속으로 들
어가 있다고 여긴 결과로서 비로소 얻어지는 것이다.

(58)에서는 현재 화자가 감정이입을 하고 있는 주인공(아기를 낳은
산모)이 어두운 첫 새벽에 있었기 때문에(또는 달리 현재 화자가 소위
3인칭 전지적 관점을 반영한다고도 말할 수 있음), 그 어두운 시점이 기준
시점이 되어, 점점 더 시간이 멀어지면서 훤히 밝게 되므로, '-아 가
다'라는 형식을 이용하여 '밝아와 간다'는 표현을 썼다. 특히 훤히 동

이 트는 시간이 주인공에게 가까이 다가오고 있으므로, 복합동사로서 '밝아오다'라는 낱말을 썼다(밝아와 간다).161) (59)에서는 모두 '-아 가다'라는 표현을 쓰고 있는데, 대접하는 쪽에서 보면 이미 중국과의 전쟁을 이긴 시점이 기준점이 된다. 그 기준 시점으로부터 전쟁을 이기도록 도와 준 주인공을 대접하는 일이 반 년이나 지속되어 갔던 것이다. 이를 '먹이어 가다(대접해 가다)'로 표현하여 대접하는 일이, 이야기 속의 주인공이 있던 기준 시점인 당시 전쟁 승리 시점으로부터 시작하여 계속 진행되어 나갔음을 의미한다. 그리고 은인을 대접하는 식사로서 가장 선호되는 소고기를 바치는 일이 지속됨에 따라, 그 많던 소들이 있던 당시 기준 시점으로부터 점차 소들의 숫자가 적어지는 쪽으로 진행되어 나갔음을 '없어져 가다'로 표현해 주고 있다.

(60)과 (61)에서는 '-아 오다'라는 표현을 쓰고 있다. 제주시 구좌읍 김녕리에서 어느 과부가 정절이 있었기 때문에, 관가에 알리고 나서 관가로부터 열녀 정문을 받아 왔다. 그리고 마을 입구에 비각을 세웠다는 대목이다. 열녀 정문을 '해 오다(받아 오다)'는 표현은 정문을 세워 기리는 일이, 이야기 속의 화자가 거주하는 김녕리를 기준점으로 하여, 열녀 정문과 관계된 이들이 가까이 다가오고 있기 때문이다. (64)에서는 며느리가 시어르신에게 아기 옷을 마련하도록 요구한다. '주문해 오다'라고 말하는 것은, 두 가지 해석이 가능하다. 하나는 옷을 주문하고 나서 집으로 오다라는 접속 구문으로 볼 수도 있겠지만, 다른 하나는 주문한 사건이 결과적으로 발화 주체인 며느리에게 가까

---

161) 여기서는 '밝다, 오다, 가다'를 별개의 동사로 보지 않고, 대신 '밝아오다'를 한 낱말처럼 보고, 여기에 '-아 가다'가 이어진 것으로 파악하고 있다. 각각을 개별 동사로 볼 경우에는 차례대로 동사가 나온 순서에 따라서 '밝아 오다'가 먼저 설명되어야 하고, 그러고 나서 '[밝아 오]아 가다'를 설명해야 한다. 이는 다소 번잡스러운 측면이 없지 않다. 이와는 달리 제3의 선택지로서 '오다'와 '가다'를 먼저 묶고서 '와 가다'로 분석한다면, 구체적인 동작 주체가 주어로 오는 듯이 느껴지므로, 단서를 덧붙여 놓아야 할 것이다. 그렇다면 일이 세 가지 선택지 중에서 제일 복잡하게 중첩되어 버린다. 여기서는 가장 단순하게 '-아 가다'만을 양태 동사 구문으로 취급하고, '밝아오다'를 한 낱말처럼 여긴다. 이런 길이 설명을 간단하고 쉽게 만들어 주기 때문이다.

이 접근하고 있다는 쪽으로 해석하는 것도 가능하다. 선접(선택 접속)을 나타내는 접속 어미 '든지'로 이어진 '만들다'도, 또한 '만들어 오다'로 접속될 수 있다. 아기 옷을 만든 사건이(결과적으로 그 아기 옷이) 결과적으로 발화 주체인 며느리가 기준점이 되어 그 며느리에게 가까이 다가오고 있음을 표시해 주고 있다.

§.5-1-2 '-아 갖다 vs. -아 두다'의 대립

국어사전에서 '가지다'의 대립 짝을 찾을 경우에, 임의 대상에 대한 소유의 뜻을 중심으로 하여 '버리다'를 선택할 수 있다. 그렇지만 내포 구문을 이룰 경우에는 양태 동사로 쓰인 '가지다'가 소유의 의미를 지니지 않는다. 그렇다면 대상에 대한 소유와 대립되는 낱말 '버리다'가 올바른 '-아 가지다'의 대립 양태를 표상해 주는 것이 아닐 것이라고 추론할 수 있다. 필자는 '-아 두다'를 양태 대립 짝으로 상정할 수 있다고 본다.

(62) -아 앚엉그넹에: 요「괴내기」라고 혼 디 있지 아니홉네까. 저「가수콧」으로「삥~」(의태어, 둥근 모습) 호게 돕니다. 불 싸(켜) 앚엉그넹에(갖고서, 불을 켜서) 돌아.
   (이 근처에 바위굴에 있는 신당으로서「괴내기」라고 하는 곳이 있지 않습니까? 제주시 구좌읍 김녕리 해안가의 저쪽 덤불숲「가수콧」으로부터 크게 동그라미 방향으로「삥~」호게 돕니다. 도깨불 불처럼 불을 켜 갖고서 마을 밖으로 돌아. 구비1 안용인, 남 74세: 175쪽)

(63) -아 가지고: 아이를 춫아가 가지고(찾아서) 그 마누라이게(에게, 로부터) 빈 젯(젖)이라도 물리라고.
   (아기를 찾아내어서 그 마누라에게 빈 젖이라도 아기에게 물리라고 말했어. 구비1 안용인, 남 74세: 123쪽)

(64) -아 뒨: 이레(이쪽으로) 혼(한) 머리(마리) 경(그렇게, 말뚝의 줄로 그렇게) 해여 뒨(묶어 두고서), 또다른 쇠(소)도 간(가서) 저레(저쪽으로)

묶으는(묶는) 게라(것이야)

(이쪽으로 한 마리 소를 말뚝의 줄로 묶어 두고서, 또다른 소에게로 가서도 저쪽으로 묶으는 것이야. 구비3 김재현, 남 85세: 155쪽)

(65) -아 둬그네: 넙작(넙적)흔 돌이 광중(壙中, 무덤 구덩이 속)에 나타나니까, 이 돌을 일뤄(일으켜) 둬그네(두고서, 없애 두고서) 팔 겐가(것 인가), 돌 우이(위에) 그대로 영장(營葬, 하관)을 홀 겐가, 의논이 갈렷 다고.

(넙적한 바윗돌이 무덤 구덩이 속에 나타나니까, 이 바윗돌을 일으켜 없애 둔 다음에 무덤 구덩이를 더 깊이 팔 것인가, 아니면 그 바윗돌 위에 그대로 관을 내려놓을 것인가를 놓고서, 서로 형제들끼리 의논 이 모아지지 않고 나뉘었다고 해. 구비3 김재현, 남 85세: 230쪽)

여기에 제시된 사례들에서는 공통어에서 쓰이는 낱말 '가지다'가 나 와 있다. 일상적인 의미로는 아마 '버리다'와 짝을 이루겠지만(가지다 vs. 버리다), 내포 어미와 함께 쓰일 경우에는 다른 양태상의 속뜻을 지니게 되는 '두다'와 짝을 이룰 수 있다(-아 가지다 vs. -아 두다). '-아 가지다'는 사건을 진행해 나가는 수단을 표현해 줄 수 있고, '-아 두 다'는 사건이 전개되는 배경을 표상할 수 있다. '가지다'는 (62)에서 보듯이 이 방언에서 '앗다'로 쓰이기도 한다(481쪽의 각주 101을 보기 바람). 동일한 화자가 (63)에서는 수의적으로 교체되는 '가지다'를 쓰 고 있다. 단, 공통어와 다른 낱말을 쓸 경우에 어감상으로 의고적인 표현이라고 느껴질 수 있다.

'가지다'의 경우에는 동시에 줄어든 형태로서 '갖다'도 관찰된다. 따 라서 'ㄱ' 초성이 탈락하여 '앗다(to keep, 持)'가 되는데, 이 동사 어간의 모습이 똑같은 낱말이 있다. 공통어의 낱말 '앉다'가 이 방언에서 '앚 다(to sit, 坐)'로162) 나온다. 비록 두 동사의 어간이 동일한 소리 '앚-'을

---

162) 송상조(2007) 『제주말 큰사전』(한국문화사: 482쪽)을 보면, '앚다'의 수의적 변이 형태 로서 '앉으다, 앉이다, 앚이다'도 같이 올려놓고 있다. 필자는 이런 변이 형태가 어미를 잘못 처리하고 있다고 본다. 이 방언에서는 특이하게 종결 어미로서 '-으다'의 형태를 갖고 있다. 본고에서는 다수의 어미들 앞에 이른바 약모음으로 언급되는 '으'를 더 넣어

두었다. 이때 이 약모음이 두 가지 길로 변이를 보인다. 하나는 이것이 중설 모음으로 발음되지 않고 전설 모음 '이'로 발음될 수 있고(어간 모음의 동화 때문인데, 이것이 다시 기본 형식으로 된 부류 및 개인적 변이를 반영하는 부류로 다시 나뉘어야 함), 다른 하나는 이것이 순음 환경에 영향을 입어 순음으로 발음될 수도 있다(조건 접속 어미 '-으문'의 경우임). 전자의 경우에 '앉+이다' 또는 '앗+이다'로 나오는 것이다. 이 종결 어미는 어간이 겹받침을 지니는 경우에는 '-으다'가 아니라 오직 '-다'로만 나올 수 있는데('얇다, 넙다' → 공통어 얇다, 넓다), 홑음절로 된 겹받침 어간들에 대한 좀 더 정밀한 논의가 필요하다. 더 많은 자료들을 확보한 뒤에야 합리적으로 어떤 결론에 이를 수 있을 것이다. 여기서는 단지 이런 문제점만을 적어 두고 넘어가기로 한다.

김완진(1972) "형태론적 현안의 음운론적 극복을 위하여"(『국어학』제3호)에서는 체언의 경우와 용언의 경우를 구분한 뒤, 용언이 활용을 할 경우에 '으' 탈락이 일어남을 처음으로 지적하였다. 이로써 소위 매개 모음이라든지 조음소 따위의 막연하고 자의적으로 설정된 개념이, 비로소 어미의 첫음절로 파악되었다. 이어서 이병근(1981) "유음 탈락의 음운론과 형태론"(『한글』제173~174호)에서는 약모음 '으' 탈락이 자동적으로 적용되는 음운 규칙으로서 유음 탈락 이전에 일어나며, 그러고 나서 유음은 자음군 조정에 의해서 나온다는 주장을 하였다. 필자는 이것이 이 방언의 현상에서도 동일하게 적용된다고 믿는다. 이 방언도 엄연히 한국어의 하위 방언이기 때문에, 공통어에서 기본값으로 적용되는 일반 규칙들이 다수 그대로 적용될 수밖에 없는 것이다. 이런 연구들이 다른 방언들에 대해서도 광범위하게 이뤄질 경우에 보다 더 안전하게 한국어의 역사를 역추적하는 데에도 힘을 보태어 줄 것이다.

제주발전연구원(2014) 『제주어 표기법 해설』에 있는 필자 집필 부분들(제11항, 제13항, 제16항, 제17항 2, 제17항 3, 제20항)에서 이런 현상을 다뤘다. 특히 제11항 '어간과 어미'를 해설하면서, 처음으로 '으'를 지닌 어미들을 확정해 놓았고, 그곳의 82~92쪽에서 자세히 해설해 두었다. 과거 이 방언 연구자들이 이런 현상을 제대로 깨닫지 못하였다. 일본어와 같이 개방 음절을 지녔을 가능성이 오래 전에

김홍식(1977a), "어간말 모음 탈락에 대하여: 특히 제주도 방언과 관련해서", 제주대학교 『논문집』제8집
김홍식(1977b), "용언의 말음 모음에 대하여", 제주대학교 『논문집』제9집

두 편의 논문에서 진지하게 논의된 바 있다. 앞으로 한국어와 일본어를 같이 공동 조어로부터 나왔다고 가정할 경우에, 이런 개방 음절 가능성도 동사의 최적 모형에 대한 구성 방식으로서 제1 후보로 검토할 만하다는 측면에서, 아주 중요한 논문으로 판단된다. 이미 691쪽의 각주 140에 적어 놓았듯이, 매우 이른 시기임에도 불구하고 '비바리'에 대한 심층적인 어원 분석도 아주 인상 깊은 논문들이다. 그렇지만 오직 공시적인 언어 상태로서 이 방언에서 동사 어간의 개방 음절을 받아들일 경우에 다수의 반례들(특히 파생어 자료가 결정적임)을 다수 생겨남에 주목하면서, 동사 어간이 '개방 음절'을 지녔을 가능성보다는 오히려 동사 어간에 결합하는 대부분의 어미가 약모음을 지녔을 가능성이 더 설득력이 있을 것으로 보았다.

가령, 공통어의 '훑다, 맡다'를 개방 음절을 가정할 경우에 이 방언에서 2음절로 된 어간 '흐트다, 마트다'('맡+으다'와 '훑+으다'의 잘못된 표기임)로 여겼었다. 만일 이 어간을 잘못된 '흐트다, 마트다'로 상정한다면, 이 방언에서는 파생어로서 '훑뿌리다'를 '*흐트뿌리다'로, '맡기다'를 '*마트기다'로 말해야 할 것이다. 그러나 이런 파생어들은 결코 찾아지지 않는다. 오직 '맬기다'('맡기다'의 역행동화), '훑뿌리다'로 말할 뿐이다. 형용사 '높다'나 '짚다'('깊다'의 구개음화)도 똑같다. 개방 음절 가정을 받아들일 경우에 이 어간이 '노프다, 지프다'로 되어 있어야 한다. 만일 이 어간을 대상으로 하여 속성의 그러함을 나타내는 접미사 '-직하다, -숙하다'를 붙인다면, '*노프직하다, *지

갖고 있지만, 이것들이 활용을 할 경우에는 서로 구분이 이뤄진다(481쪽의 각주 101을 보기 바람). '가지다'가 줄어든 '앗다(to keep, 持)'는 어미가 음성 모음을 지녀서 '앗언(갖고서)'으로 실현된다. 줄어들기 이전에 중간에 전설음을 지니고 있었던 '지'가 영향을 주는 것으로 보인다(시상 선어말 어미 '-앗-'도 '-아 잇-'으로부터 도출되어 나왔기 때문에 융합되기 이전 모습이 영향을 주면서 음성 모음과만 결합하는데, 줄어들기 이전의 어간이 지닌 전설음이 영향을 주므로 서로 동일한 경우임). 그렇지만 '앉다

프숙하다'로 말했어야 한다. 그렇지만 결코 이런 형태는 이 방언에서 찾아지지 않는다. 오직 공통어에서와 같이 '높직하다'와 '짚숙하다'('깊숙하다'의 구개음화)만 있을 뿐이다. 이것들은 그 어간이 각각 '높+으다, 짚+으다'임을 드러내어 준다. 이를 개방 음절로 본 것은 잘못된 분석임을 말해 준다.

겹받침을 지닌 어간들도 동일하게 1음절 어간으로 적혀야 마땅하다. '얇다, 넓다'는 낱말은 이 방언에서 '얍다, 넙다'로 쓰일 뿐, 결코 2음절 어간으로 된 '*야브다'나 '*너브다'로 쓰이는 법이 없다. 또한 파생어로서 '얍삭하다, 넙적하다'만 있을 뿐이다. 개방 음절 가정에서는 '*야브삭하다'나 '*너브적하다'라고 말해야 하겠으나, 이는 이 방언에서 찾아지지 않는 모습이다.

접속 어미들도 또한 '으'를 지닌 것들이 많다. 가령, '-으난(-으니까)' 따위를 붙여 활용시킬 경우에, 어간을 2음절로 이뤄진 개방 음절로 봐서는 설명할 수 없는 반증 사례들이 많다. 가령, 겹받침 어간들이 '때식을 굶다, 표면을 긁다'에서는 [굼따, 극따]로 발음되고(이 겹받침 어간에서는 종결 어미가 '-다'만 결합됨), 부정문의 '-지 않다'가 결합해도 [굼찌, 극찌]로 발음된다. 그렇지만 '-으난(-으니까)'과 결합되면, [굴므난, 글그난]으로 재음절화가 일어나서 겹받침이 모두 다 발음된다. 그렇다면 어미가 두 계열이 있음을 알 수 있다. 일부 어미는 약모음이 없는 부류이며, 다른 것들은 모두 약모음을 지닌 부류이다. 이 책에서 다루는 접속 어미 형태소들도 다수 약모음 '으'를 지닌 것들이다. 단, 몇 가지 예외도 있다. '읽다'를 가리키는 '익다'는 오직 [이그난]으로 발음되며 과일이 '익다'는 낱말과 서로 변별되지 않는다. 이런 예외적 낱말은 공통어에서도 마치 명사 '흙'이 언제나 [흑]으로만 발음되는 것과 비슷하다.

이런 엄연한 언어 사실들을 무시한 채, 일부에서는 유독 「이 방언이 별종인 양 '과대 포장'하려는 욕구」가 너무 지나친 나머지, 그런 이 방언의 사실을 왜곡된 주장들을 서슴없이 해 왔던 것이다. 이 방언을 '제주어'라는 해괴한 용어로 분칠하는 연구들이 그런 왜곡에 앞장서고 있다. 그런 연구에서는 한국어 연구의 발전을 마련해 놓은 획기적이고 중요한 논문들을 거들떠보려고도 하지 않는다. 언어 현상을 면밀히 성찰함도 없이, 미리 공통어와 다르다는 편견에만 병적으로 집착하기 때문이다. 이런 왜곡은 이 방언의 연구가 거의 제대로 이뤄지지 않았다는 간접 증거이다. 더욱이 문법 형태소들과 관련하여 초보적인 형태소 분석과 확정도 이뤄지지 않았다. 우리말이 교착어 또는 부착어임에 틀림없다면, 엄격하게 형태소들의 분석과 확정 작업이 매우 중요함을 알 수 있다. 이 책에서도 이 방언에서 찾아지는 복합 형식의 문법 형태소들을 본격적으로 분석하고 확정하면서, 이 방언도 철두철미하게 교착어 질서를 그대로 따르고 있음을 명백히 확인할 수 있었다. 앞으로 더욱 이 방언을 연구하는 분들이 분발하여 필자의 눈에 비쳐지지 않은 중요한 다른 현상들도 드러내어 주시기를 간절히 바랄 뿐이다.

(to sit, 坐)'에서 나온 받침 탈락이 일어난 '앛다(to sit, 坐)'는 어미가 양성 모음을 지녀서 '앛안(앉아서)'으로 나오는 것이다. 이는 비음 받침이 탈락되었더라도 모음조화에 아무런 영향력을 끼치지 못하며, 오직 본디 양성 모음의 어간만이 같은 양성 모음의 어미를 요구한다는 사실을 알 수 있다.

'-아 가지다'라는 구문에 의해서는 선행절의 사건이 그대로 유지된 채 후행절의 사건이 일어난다. 이런 측면에서 중의적인 해석이 나올 수 있다. 즉, 선행절과 후행절의 관계는 방법이나 수단의 해석이 나올 수도 있고(선후행절 사건이 공모하여 전체 사건을 표상해 주는 경우임), 또한 순차적인 일련의 사건 발생(단계별 사건 전개)을 언급하는 경우에 후행절의 사건에 대한 밑받침 사건(배경 제시)이 될 수도 있다. 반면에 '-아 두다'라는 구문에 의해서는 오직 선행절이 사건이 잠정적으로 그친 뒤에 다른 사건으로 전환되는 경우를 가리켜 줄 수 있다. '-아 가지다'에 의해 이끌리는 선행절은 바로 후행절의 사건과 긴밀히 연관되어 있지만, '-아 두다'에 이끌리는 선행절은 후행절의 사건과 일정한 정도로 거리가 떨어져서 일단락되며, 다시 다른 사건으로 전환되는 속뜻을 지닌다. 이는 항상 무대 설정 기능을 하므로, 오직 배경 사건으로만 해석되는 것이다.

§.5-1-3 '-아 나다'에서 시상 형태소 '-앗-'이 통합된 '-아 낫다 vs. -아 잇다'의 대립

다음에서 살펴볼 구문은 '-아 나다'이다. 낱말상으로 대립 짝을 찾는다면 방향을 나타내므로 '나다 vs. 들다'로 상정할 수 있다. 이를 이용하여 대립된 내포 어미 구문을 만든다면 각각 '-아 나다 vs. -아 들다'를 얻을 수 있겠다. 그렇지만 실제 결과는 '-아 나다'의 경우에 완벽히 문법화됨으로써('-아나-+-앗-' → '-아낫-'), 공통어에서 시상과 양태가 결합된 '-았었던-'이나 '-았었-'과 대응한다. 따라서 특이

하게 대립 구문으로서 짝이 되는 것을 상정할 수 없는 경우도 관찰
된다.

(66) -아 난 사름: 베인태(邊仁泰, 서귀진의 심부름꾼) 그 사름(사람)이 거
   짓말ø 잘 허여 난 사름이고.
   (변인태, 그 사람이 거짓말을 잘 했었던 사람이고. 구비1 안용인, 남
   74세: 131쪽)

(67) -아 난 걸: 이젠 그 앞이서(앞에서) 「삭삭~」(쏙싹~) 회(膾)ø 천 먹언
   (먹었어). 「아, 이런 신선의 놀음ø ᄒ여 난 걸 몰라서, 잘몬ᄒ여졋다
   (잘못해졌다고)!」고.
   (이제는 그 앞에서 「쏙싹~」 회(膾)를 쳐서 먹었어. 「아, 이런 신선 놀
   음을 했었던 것을 깨닫지 못하고서, 잘못해졌다!」고 감탄했어. 구비2
   양구협, 남 71세: 629쪽)

(66)과 (67)에서는 '-아 나다'라는 형태가 양태 요소로서 굳어져서, 마
치 분석이 불가능할 만큼 하나의 형태로 쓰이고 있다. 이것들이 '-았$_1$
었$_2$던$_3$'의 복합 형태소로 번역되어 있다. 첫 번째 시상 선어말 어미는
사건이 종결되었음을 나타낸다. 두 번째(-었$_2$-)와 세 번째 요소(-던$_3$)
는 양태와 관련된다. 각각 해당 사건이 다 끝나 버려서 청자가 더 이상
추체험할 수 없음(해당 사건의 결과를 체험할 수 없으며, 이를 '추체험 가능
성의 방벽'이라고 부르기로 함)을 가리킨다. 그 결과, 확인을 할 수 없는
사건이 현장에서 일어난 것이 아니라, 더 먼저 있었던 당시의 현장이
었음을 가리켜 주고 있다(발화 시점을 중심으로 하여 현장 장면의 더 앞쪽
으로 이동함으로써, 그 대화 현장에서 화용 당사자들이 해당 사건을 결코 추
체험할 수 없음). '-아 나다'가 시상 선어말 어미 '-앗-'과 융합되어 굳
어진 형태('-아나-'+'-앗-'→'-아낫-')는 항상 동일하게 공통어로 대
역되는 것이 아니다. 동사의 종류에 따라 다소 변동이 생겨남을 다음
사례에서 알 수 있다. 단, 이 책에서는 문법 형태소의 분석과 확정을
위하여, 일부러 각 형태들을 독립시켜 띄어 써 놓았음을 부기해 둔다

(응당 '-아낫-'으로 써 놓아야 맞춤법 정신에 걸맞지만, 우정 '-아 낫-'처럼
써 두는 것임).

(68) -아 낫어: 옛날 효ᄌ(孝子)라고 비(碑) ø 잇인(있는) 사름(사람)이 잇
어 낫어.
(옛날에 효자로 기려져서, 비석이 세워져 있던 사람이 있었어. 구비1
임정숙, 남 84세: 143쪽)

(69) -아 낫어: 어디 먼 디서(데에서) 월계 진좌수(유향 좌수 진국태[秦國
泰], 1680~1745) ø 죽은 줄도 모르고 촛안(찾아서) 온디(왔는데), 「흥
상(恒常) 백멜(白馬를) 탄 댕겨 낫다(다녔었다)」 ø ᄒ여, 그 월계 진좌
수가.
(어디 먼 곳에서 월계 진좌수가 이미 죽은 줄도 모른 채 그를 찾아왔
는데, 진좌수가 살아 있을 적에는 「항상 백마를 타고서 다녔었다」고
해, 그 월계 진좌수가. 구비2 양구협, 남 71세: 615쪽)

(68)에서는 해당 상태가 유지되는 존재 동사 '잇다(있다)'의 의미자질
때문에, 이 동사와 결합하는 '-아 나다'의 구문과 시상 선어말 어미
'-앗-(-았-)'이 융합되어 있는 형식('-아낫-')이 관찰된다(잇-+-아 나
+-앗- → '잇어낫-'). 이는 앞에서 양태 요소(-었$_2$-)로 언급한 것으로서,
그 지속 사건이 이미 다 종료되어서(바로 이것이 '-아 나다'에 의해 유도
되는 해석임) 더 이상 추체험할 수 없음을 가리키고 있다. 추체험 '가능
성에 대한 방벽'이며, 이것이 그 자체로 양태 의미가 된다. (69)에서는
앞의 경우와 동일하게 '-아 나+-앗-'이 융합되어 있는데(-아낫-),
'공통어 번역으로는 '-었었-'으로 옮겨져 있다. 공통어에서는 각각 시
상 선어말 어미(사건 완료의 '-었$_1$-')와 양태 요소(추체험 가능성에 대한
방벽을 가리키는 '-었$_2$-')로 결합되어 있다.163)

---

163) '-아 나다'라는 구문이 그의 완벽히 문법화되어 있는 단계이다. 양태상의 짝을 '나다
vs. 들다'라는 낱말 대립을 상정하여 '-아 들다'를 상정해 볼 수 있을 듯하지만, 필자가
모아 놓은 설화 채록 자료에서는 '넘어들다, 모다들다(모여들다)'와 같이 하나의 단일
어휘로 취급할 수 있는 것들만이 있다. 만일 이것들을 제외한다면, 오직 3회의 사례가

이런 문법화의 측면에서 비슷하게 후보가 될 만한 것이 있다. 이 방언에서도 드물게 보이지만 분명히 공통어와 같이 '-아 잇다(-아 있다)' 구문이 관찰된다.

(73) -아 잇이라고 -아 잇이라고: "조곰(조금) 지들려(기다려) 잇이라!"고. "셋부꾸(切服, 일본어 차용으로서 할복 자살)ㅎ지 말앙 지들려(기다려) 잇이라!"고. 구비1 안용인, 남 74세: 161쪽

("조금 기다리고 있어라!"고 요청하였어. "할복 자살하지 말고서 기다리고 있어라!"고 했어)

(74) -아 잇댄 말입니다: ㅎ니(그러니), 비를 피ㅎ고 ㅂ름(바람)을 피ㅎ젠(피하자고), 이젠 비석을 의지허여 가 가지고 「톡~」(의태어, 순식간에 사뿐히) 앚이니(앉으니까), 「조만능지묘」라 ㅎ 글이 새겨 잇댄 말입니다. 구비1 안용인, 남 74세: 129쪽

올라 있다. 모두 동일한 화자로부터 나온 것인데, 예문 번호는 본문의 번호를 계속 이어서 써 두며, 본문에서 이어질 예문은 (73)으로 써 놓았다.

(70) -아 들영: 저물아(날이 저물어) 가면은 [말] 백 수고 멧(몇) 수고, 그 밧디(밭에) 다 몰아 들영 「딱~」(의태어, 정확히) 도(출입구)∅ 막고 밤이(밤에) 직(수직)ㅎ는 거주.
(날이 저물어 가면은, 말을 백 마리이든 몇 마리이든 간에, 그 밭에 다 몰아 들여 놓고서 말 주인이 정확히 밭 출입구를 막은 채 말들이 그곳에서 밭을 밟아 주도록 하면서 밤새 지키는 것이지. 바량[바령 또는 '八陽'] 풍습을 서술해 주고 있음. 구비3 김재현, 남 85세: 354쪽)

(71) -아 들멍: 오다네(오다가) 길 옘(옆, 어염, 172쪽의 각주 48 참고) 집더레(집쪽으로) 기어 들멍 "이레(이쪽으로) 옵서(오십시오), 이레 옵서!"
(오다가 길 옆에 있는 집 쪽으로 기어들면서 "이쪽으로 오십시오, 이쪽으로 오십시오!" 구비3 김재현, 남 85세: 160쪽)

(72) -아 들이라!: [제주 목사가 명령하기를] "다른 물(말) ㄱ져 들이라(갖고서 들여 와라), ㄱ져 들이라!"∅ ㅎ멍 물(말) 멧(몇) 개를 굴매들이멍(갈마들이면서) 들여 갓다(갔다)∅ 말이어(말이야).
(제주 목사가 명령하기를 "다른 말을 갖고 들여 와라, 갖고 들여 와라!"고 하면서 말을 몇 마리 갈마들이면서 들여 갓단 말이야. 구비3 김재현, 남 85세: 103쪽)

본문에서는 비록 사건의 전개 양태를 고려하면서 '-아 나다 vs. -아 있다'를 대립 짝으로 논의하였지만, 엄격히 서술할 경우에, 전자는 양태를 가리키는 문법 요소로(-아낫-), 후자는 하나의 복합 사건을 가리키는 단일한 낱말(몰아들이다, 기어들다)로 바뀌어 있다. 그런데 필자의 머릿속에서는 '그 일을 잘 해 내다'라는 구절(어간에 사동 접사 '이'가 붙어 어간이 다시 '내-'로 됨)이나 '소란이 잦아 들다'라는 관용 표현이 떠오른다. 낱말로써만 대립 요소를 찾는다면 '내다 vs. 들이다'를 상정해야 옳다. 그렇지만 이것들이 사건 양태상 짝으로서 대립할 소지가 있을 듯하다. 과연 '-아 내다 vs. -아 들다'가 대립 짝인지 여부를 놓고서는, 앞으로 더 많은 자료를 확보한 뒤에 판단을 해야 할 것으로 남겨 둔다.

(그러니 비를 피하고 바람을 피하고자, 이제는 무덤의 비석을 의지해서「톡~」앉으니,「조만능의 무덤」이라고 하는 글자가 새겨져 있단 말입니다)

분명히 (73)과 (74)에서는 '-아 잇다(-아 있다)' 구문이 실현되어 있다. 이 방언에서 '있다'라는 존재 동사는 "이시다, 시다, 잇다, 싯다, 있다"(있다)처럼 적어도 다섯 가지 변이 형태를 드러낸다(658쪽에서 제시된 〈표9〉를 보기 바람). 그런데 유독 이 양태 동사의 구문에서만은 '잇다'가 쓰이고 있음은 주목할 만하다(내포 구문에서 접속 구문으로 발달하는 경로를 상정한다면, '이시다, 시다, 잇다, 싯다'에서 '잇다'가 본디 낱말의 후보일 가능성을 추구해 볼 만함). 그럴 뿐만 아니라, 만일 (73)에서 뒤에 있는 존재 동사가 '이시다, 시다, 싯다'로 대치될 경우에는, 바로 앞에 있는 절이 선행절처럼 간주되어 '지들리멍(기다리면서)'이나 '지들령(기다려서)'으로 같이 교체될 듯이 느껴진다. 이는 분명히 종속 접속 구문의 표상이다. 그렇다면 이는 오직 두 번째 동사에 제약이 있는 경우에라야 가능세계의 사건 전개 모습을 표상해 주는「내포 어미 구문」을 이룰 수 있음을 말해 주는 듯하다. (74)에서「새겨 있다」는 표현을 쓰고 있다. 그렇지만 공통어의 대역에서는 '새겨져 있다'로 옮겨 놓았다. '새겨지다'에서 '-아 있다'의 구문을 결합하여 쓰는 것이 자연스럽게 느껴진다. '-아 지다'는 결과 상태를 가리키게 되고, 이 복합 형식이 한 낱말처럼 된 '새겨지다'가 다시 내포 어미 '-아 잇다(-아 있다)'를 통합시키고 있는 방식이 이 문장을 해석하는 데에 더 합리적일 수 있는 것이다.

　공통어에서 '-아지다'는 전형적으로 피동 구문으로 다뤄진다. 그렇지만 이 방언에서는 '-아 지다' 구문이 너무나 잦은 빈도로 쓰임을 관찰할 수 있다(일부러 띄어서 '-아 지다'로 써 놓았음). 그 자세한 기능을 살펴본다면, 피동의 뜻은 그 일부에 불과하다.[164] 가령,

"흐리던 하늘이 다시 맑아 지다."

와 같은 경우이다. 이것이 피동 구문일까? 그렇다면 능동 구문은 무엇으로 상정되는 것일까? 능동적으로 의지를 갖고서 그 누가 하늘을 맑힐 수 있을까? 오직 잘못된 개념을 적용한 결과일 뿐이다(844쪽 이하에서 예문 77부터 예문 80을 보기 바람). 이는 오히려 ㉠ 대상의 자체적 변화나 자동적 과정으로 다뤄져야 옳으며, 또한 ㉡ 사건의 일어나고 그 사건이 끝나면서 도달하게 되는 결과 상태에 더 초점을 모은 표현으로 파악된다. 필자의 직관으로는 공통어에서 '새기다'와 '새겨지다'는 피동이냐 여부보다는, 오히려 진행 과정 중심의 의미를 담고 있느냐(새기다), 아니면 결과 상태에다 중심 의미를 두느냐(새겨지다)로 구분되어야 옳을 듯하다. 그렇다면 이 방언의 낱말 '새기다'는 두 가지 용법(진행 과정 및 결과 상태)에 모두 다 쓰이는 것으로 볼 수 있을 것이다(사건을 표상하는 두드러진 두 측면에 대한 미분화 단계임).

---

164) 김지홍(2014) 『제주 방언의 통사 기술과 설명: 기본구문의 기능범주 분석』(경진출판: 110쪽)에서는 '-아 지다'가 자동적 과정(인간의 자유의지에 지배되는 사건이 아니라, 자연계의 인과율에 지배됨)을 가리키는 것으로 파악하였다. 여기에서 일부 조건이 추가되어 피동 해석으로 진행될 수 있고, 다른 조건이 추가되어 결과 상태를 가리킬 수 있으며, 또다른 조건이 추가되어 해당 사건에 대한 화자의 책임(자유의지에 따라 일으킨 사건에 대하여 져야 할 책무)을 벗으려는 동기도 담을 수 있다. '-아 지다'의 실현 범위는 공통어에서 쓰이는 것보다 훨씬 넓고 또한 다양하다. 필자는 일부 사람들이 '되다'에도 '-아지다'를 통합하여 '되어지다'는 표현을 자주 쓰던 것을 기억한다(공통어에서는 이런 형식을 이중피동이라고 부르며 잘못된 것이므로 고쳐야 할 것으로 판결함). 그렇지만 '-아지다'가 자동적 과정을 가리킨다고 가정한다면, '되다 vs. 되어지다'는 동일한 내포의미를 지니는 것이 아니다. 후자는 한 사람의 의도와 무관하게 해당 결과 상태에 도달하다는 뜻을 지닐 수 있기 때문이다.

만일 '-아 지다'를 전형적인 피동 구문으로만 본다면(이보향, 2019, "제주 방언의 피동 연구", 『한국 언어문학』 제108호), 이 방언의 자료들에서 전형적 사례보다 오히려 너무나 많은 예외들을 마주치게 될 뿐이다. 피동이란 개념은 능동과 관련하여 쓰이는 대립 개념일 뿐이다. 그렇다면 피동이란 개념에서 어떻게 자동적 진행 과정의 해석과 그 사건에 대한 결과 상태의 해석을 얻을 수 있으며, 어떻게 책임 회피 전략을 도출할 수 있을 것인가? 이런 측면에서 필자는 '-아 지다'를 피동 구문으로 파악하지 않고, 더 상위의 개념으로 자유의지를 지닌 인간의 행동이라고 하더라도 자연계의 인과율에 따라 일어나는 '자동적 사건 진행'을 상정하여, 여기에서부터 여러 가지 하위범주를 도출하는 방식이 옳을 것으로 본다.

그런데 '-아 잇다(-아 있다)'와 대립되는 짝은 어떤 후보가 있을까? 낱말상으로 짝이 되는 것은 '있다 vs. 없다'이다. 그렇지만 가능세계의 사건을 표상해 주는 내포 구문에서는 '-아 잇다(-아 있다)'는 해당 사건이 일어나서 그 상태가 지속된다는 뜻을 지닌다. 그렇다면 반대의 속뜻을 그 상태가 존재하지 말아야 하는 것이다. 이런 측면에서 필자는 '-아 잇다 vs. ∅'의 모습으로서 2항 대립이 아니라, 오직 유무 대립으로 구현된다고 볼 수 있을 듯하다. 그렇지만 이는 결과적으로 현실적으로 무의미한 결과로 귀속된다. 따라서 다른 짝을 상정해 볼 만하다. 필자는 '-아 나다'가 시상 선어말 어미 '-앗-'과 융합되어 있는 형식 '-아낫-'이 그 후보로 검토될 수 있을 것으로 본다. 다시 말하여, 임의의 사건의 전체 진행 과정이 다 완성된 다음에, 그 결과 상태가 현재 말하고 있는 시점(발화 시점 기준)에서 추체험하거나 간접 확인 가능한지 여부에 따라서, 이 두 개의 양태 동사가 대립한다고 파악한다. '-아 나-+-앗-'('-아낫-'이며, 대응 후보로서 '-았었-' 또는 '-았었던-'이 있음)은 청자·화자가 함께 있는 말하고 있는 현장(발화 시점 기준)에서 담화를 통하여 임의의 현장(담화 속 현장)이 도입되고, 그 현장을 기준으로 하여 더 이상 흔적을 찾거나 간접 확인 가능성이 전혀 없음을 가리키는 것으로 파악한다. 이에 반하여 '-아 잇다(-아 있다)'는 그 담화 속 현장에서 간접적이나마 확인을 할 수 있고 흔적을 찾을 수 있는 가능성이 여전히 남아 있다는 점에서, 서로 양태상의 대립을 보이는 것으로 파악한다. 이런 점에서 777쪽의 〈표15〉에서 '간접 증거 양태' 아래 「④ 간접 증거로 추정하는 양태」에 속하며, [±추정 가능성]으로써 대립한다고 말할 수 있다.

§.5-1-4 '-아 보다 vs. -아 지다'의 대립

다음으로 '-아 보다'와 양태상 대립 짝을 이루는 '-아 지다'가 있다. 필자는 양태상으로 이 대립 짝이 하나는 사람이 인위적으로 어떤 일을 직접 시도하는 경우 또는 의도를 지니고서 어떤 사건을 일으킨다는 측면을 드러낸다고 본다. 그리고 이와는 달리, 다른 하나는 어떤 사건 경로가 마치 인과율에 의해서 자동적으로 진행되듯이, 사람의 의도와 무관하게 진행되는 측면을 서로 대립적으로 가리키는 것으로 파악한다. 다시 말하여, 인위적으로 일으키는 사건의 시작(시도해 보는 일) 및 인과율에 따른 자동적 진행 사건(저절로 진행되는 사건)이라는 대립적 양태를 표시하는 것으로 상정한다. '-아 지다' 구문은 공통어에서 전형적으로 피동 구문으로 다뤄진다. 그렇지만 이 방언에서는 피동뿐만 아니라, 더 광범위하게 너른 범위에서 쓰이고 있음을 쉽게 확인할 수 있는데, 예문 (77) 이하를 대상으로 하여 논의할 것이다.

572쪽 이하에서 종속 접속 구문의 특수한 관용구 형식인 '-안 보다 vs. -앙 보다'를 다룬 바 있다. 그곳에서 '보다'는 특히 '살펴보다'는 뜻으로 확장되어 있었다. 그렇다면 여기서 다루려는 내포 어미 구문의 '-아 보다'와는 통사 구조 및 의미자질 측면에서 서로 구별될 수 있다. 여기서 '보다'는 살펴본다는 뜻이 아니라, 가능세계에서 표상하는 사건이 작동하도록 시도한다는 양태적 의미를 품고 있다.

(75) -아 보지: "… 금년 어장(漁場)이나 잘 되게 허여 주십서!" ᄒ니, "아 그쫌이야 내 허여 보지."
(도깨비 귀신과 무당이 서로 말을 주고받는데, 무당이 빌기를 "… 금년에 어민들을 위해서 어장이나 잘 되게 해 주십시오!" 요청하자, 귀신이 대답하기를 "아 그쫌이야, 내가 해 보지!"라고 말했어. 구비1 안용인, 남 74세: 169쪽)

(76) -아 보자고: 아, "이거 ᄒ 번 ᄒ여 보자!"고.
(아, "이거 한 번 해 보자!"고 말했어. 구비2 양구협, 남 71세: 663쪽)

(75)와 (76)에서는 모두 '하다'에 내포 어미 구문 '-아 보다'가 결합하여, 의지를 지니고 어떤 사건을 일으키는 일을 시도한다는 뜻을 담고 있다. 사건 전개의 모습에서 이와 짝이 되는 구문이 '-아 지다'로 상정

한 까닭이 있다. '-아 지다' 구문은 사람의 의지나 희망과 무관하게, 자연계의 인과율에 따라 저절로 일어나는 사건처럼 묘사해 주는 특징이 있다. '-아 지다'는 이 방언에서는 과도할 만큼 잦은 빈도로 쓰이고 있음을 확인할 수 있다. 공통어에서는 통사 차원에서 전형적인 피동 구문이라고 언급된다. 그렇지만 이 방언에서는 피동 구문에서뿐만 아니라, 더 다양하고 넓은 환경에서 잦은 빈도로 관찰된다. 그렇기 때문에 피동의 자질을 기본 형상으로 상정할 수 없다. 더군다나 피동 구문이라면 변형이 일어나기 이전의 능동 구문을 상정할 수 있어야 한다. 그렇지만 그럴 가능성이 막혀 있는 경우도 허다하게 관찰된다. 앞에서 언급한 "하늘이 맑아지다"의 경우에 대응하는 능동 구문이 상정될 수 있어야 하겠는데,

   "*누구인가 하늘을 맑게 하다" 또는 "*누군가 하늘을 맑히다"

라는 표현 자체는, 합리적으로 일어나는 사건(의지를 갖고서 하늘을 맑게 하는 주체가 상정될 수 없음)이 아니며, 결국 수용될 수 없는 것이다.
   따라서 다른 설명의 방식을 찾아야 한다. 필자는 내포 어미 구문 '-아 보다'가 사건의 기부(onset)에 초점이 맞춰져 사건을 일으킨다는 함의가 깃들어 있다면, '-아 지다'는 사건의 결부(offset)에 초점이 모아져 있는 것으로 파악한다. 이 방언에서는 내포 어미 구문 '-아 보다'가

   ⓐ 사건의 진행 과정에 표현 가치를 모으고 있고,
   ⓑ 사건을 일으키는 주체의 마음가짐(시도)에 초점을 모은다.

이런 점과는 반대로 그 짝이 되는 내포 어미 구문 '-아 지다'에서는

   ㉠ 자연계 인과율에 따라 '저절로 일어난' 자동적 사건의 진행 과정으로 사건을 묘사하고

ⓒ아울러 그 사건의 일어난 결과 상태에다 표현 가치를 부여한다.

특히 이 구문을 다루면서 필자는 늘 '저절로'라는 수식어를 덧붙여 따져 보는 습관이 있다. 내포 어미 구문 '-아 지다'에서 자동적 진행 과정 및 그런 사건의 결과 상태에다 모은 초점을 기본적이라고 본다. 이런 기본 의미 표상으로부터 몇 가지 조건이 추가되면서 '피동'이라는 개념, '책임 회피'라는 속뜻, 운명적 사건이거나 이유를 알 수 없는 결과 상태라는 속뜻도 도출되어 나올 수 있는 것이다.165) 반면에, 이에 대립 짝인 '-아 보다'의 경우에는 '일부러'라는 부사가 마치「간이 리트머스 시험지」마냥 쓰일 수 있다. 다시 말하여, 마음을 먹는 일과 마음가짐을 지속하고 있으므로, 행동하려는 의지나 동기가 관련 사건을 일으키는 것이다. 또한 이 방언의 설화 채록 자료에서 가져온 '-아 지다' 사례들을 놓고서 구체적인 모습을 보기로 한다.

(77) -아 집네까?: 거(그거) 망(亡)ᄒ게 되민(되면) 망ᄒ게 되는 거ø 아니우꽈게(아닙니까+화용 첨사 '게')! 언제든지 부재(富者)는 부재로만 살아 집네까?
(집안이 망할 운명에 들어서면 망하게 되는 거 아닙니까+게! 언제든지 부자는 부자로만 살아 집니까?, 살 수 있겠습니까? 구비1 안용인, 남 74세: 203쪽)

(78) -아 지고: "가까이 들면은 카게(타게) 궈(구워) 지고, 망불(봉홧불)에 괴기(고기)ø 굴라고(구우려고) 흡니다(합니다)."

---

165) 우리글 맞춤법에서 붙여 쓰도록 규정한 것이 '-아하다'와 '-아지다'이다. 이것들이 일부에서는 접미사처럼 잘못 취급되기도 하지만, 그 규칙성을 포착하지 못하였기 때문이다(555쪽의 각주 123을 보기 바람). '-아 하다'는 감정 동사와 관련하여 쓰이고, 화자가 감정 이입을 통해서 제3자의 감정을 묘사해 주는 데에 쓰인다. 가령 '안타깝다'는 경험주로서 화자의 감정 상태를 가리킬 수 있다. 그렇지만 제3자인 철수의 감정 상태를 가리키려면 반드시 '-아 하다'를 이용하여 "철수가 안타까워 한다!"로 표현해야 한다. 그런데 이 방언의 설화 자료에서는 '-아 하다' 구문이 찾아지지 않는다. 아직 필자가 모아 놓은 자료가 부족해서 그런 것일 수도 있다. 그렇지만 '-아야 하다, -아사 ᄒ다'는 드물잖게 관찰된다. 이 구문은 781쪽의 (16)에서 제시한 대로 상위문 동사가 "-아야{하다, 되다, 좋다, 쓰다}"로서 계열체를 이룬다. 이는 다시 제6장에 다뤄질 것이다.

("알 수 없는 배가 가까이 들어오게 되면, 세 단씩 봉화를 피워 올리는데, 그 봉홧불에다 고기를 구울 경우 너무 시커멓게 그을리도록 구워지고, 아직 수상한 배들이 멀리 있을 적에 피우는 약한 봉홧불에다 고기를 구으려고 합니다." 구비1 안용인, 남 74세: 133쪽)

(79) -아 질 거라게?: 아무 상에(어떤 연유를 대든지 간에 상관없이) 들어가 질 거라게?
(어떤 연유를 대든지 간에 상관없이, 그곳으로 들어가 질 것인가+게?, 절대 못 들어간다는 뜻임. 구비2 양구협, 남 71세: 621쪽)

(80) -아 젓더라: "그 의복은 어디서 낫나?" "배나무에 걸어 젓더라!"고 ᄒ엿어.
(과거를 보러 간 친구들이 "그 의복은 어디서 났나?"라고 묻자, 주인공이 둘러대기를 "배나무에 걸리어 있더라!"고 대답했어. 구비2 양구협, 남 71세: 622쪽)

이들 네 가지 사례에서는 어떤 것도 능동 구문을 상정하는 것이 쉽지 않다. 능동 구문과 수동 구문 사이의 변형(구조 변형 규칙)을 다음처럼 표시할 수 있다.

(81) 능동 구문: X가 Y를 …하다
    ⇨ 피동 구문: Y가 …해 지다

만일 앞의 예문에서 그런 능동태 구문을 상정할 수 있었더라면, 현실적으로 다음 표현이 가능해졌어야 한다.

(82) '누군가가 Y를 부자로 {살게 하다, 살리다}'
(83) '누군가가 Y를 타도록 {굽게 하다, 굽히다}'
(84) '누군가가 Y를 그곳에 {들어가게 하다, 들이다}'
(85) '누군가가 Y를 배나무에 {걸게 하다, 걸리다}'

여기서 상정한 능동 구문들은 우리말에서 모두 완벽히 수용 가능한 구문의 사례이다. 활 모양의 괄호 '{ }'는 두 가지 선택지 중에서 어느 하나를 뽑는다는 기호 약속이다. 그렇지만 이 맥락에서는 (82)~(85)로부터 능동 구문의 주어로 나와야 할 '누군가가'를 찾아낼 수도 없고, 또한 누구인지를 특정할 수도 없다. 왜냐하면 이것들이 (78)과 (79)와 (80)은 결과 상태에 초점 모은 표현이고, (78)은 자동적 진행 과정을 표상해 주는 것이기 때문이다. 필자가 소박하게 집어넣는 부사 '저절로'를 이 사례들에 집어넣더라도 거부되지 않고, 오히려 문장의 뜻이 아주 선명하게 부각됨에 주목한다.

(86) 저절로 부자로 살아 지다
(87) 저절로 봉수대 불에 고기가 구워 지다
(88) 저절로 문 안으로 들어가 지다
(89) 저절로 배나무에 옷이 걸어 지다

(86)은 운명처럼 부자로 살게 된다는 뜻이고(인위적 노력과는 무관함), (87)은 인위적인 불의 조절이 없이도, 봉수대에서 지핀 불에다 고기가 구워진다는 뜻이다. (88)은 자신의 의도나 의지가 전혀 없었지만, 마치 순간 이동처럼 문 안쪽으로 들어가 있었다는 뜻이다. 그렇다면 남 탓으로 돌리는 것이며, 결코 자신이 책임질 일이 아님을 함의해 준다. (89)는 마치 마술과 같이 옷이 배나무에 걸려 있다는 뜻이며, 결과 상태를 가리켜 준다.

그렇다면 이상의 예문들에서 잘 드러내어 주듯이 '-아 보다' 구문이 '-아 지다' 구문과 양태상의 짝으로 대립하고 있음을 알 수 있다. 서로 호응되는 부사에서도 '일부러 vs. 저절로'로 대립할 수 있다. 이는 '-아 보다' 구문이 자유의지를 지닌 인간이 일으키는 사건을 가리키되, 특히 특정한 목적을 지니고서 그런 사건이 진행됨을 함의해 준다. 반면에 '-아 지다'는 자연계에서 작동하는 인과율에 따라 사건들이 진행되어 나감을 가리켜 준다. 만일 이 표현이 만일 자유의지를 지닌 사람과 함께 쓰일 경우에는 다른 함의를 지니게 된다. 자동적 과정의 진행되어 모두 다 끝이 난 결과 상태를 가리키거나, 또는 어떤 사건이 자신의 책임질 수 있는 것이 아님을 함의해 놓고자 하는 의도를 품고 있는 것이다.

§.5-1-5 '-아 먹다 vs. -아 주다'의 대립

다음에 다룰 내포 어미 구문 '-아 먹다'이다. 일반 동사로서 '먹다'와 대립하는 낱말 짝은 아마 음식물을 '뱉다' 또는 '내뱉다'일 것이다. 그런데 '먹다'는 구적 낱말로도 쓰이고, 또한 통사 구성에도 참여한다. 이것이 낱말로 쓰이는 경우는 '얻어먹다, 잡아먹다, 끓여먹다, 뜯어먹다'와 같이 선행한 동사가 방법이나 수단을 나타낸다. 즉, 하나의 단일한 사건을 가리키는 것이다. 그렇지만 내포 어미와 통합된 구성에 쓰일 경우에는, 음식물을 먹는 일과는 관련이 없으며, 양태상으로 사건 전개 모습에서 대립되는 짝을 새로 찾아내어야 한다. 필자는 '-아 주다'를 양태상의 대립 짝으로 상정한다.

먼저 '먹다'를 살펴보기로 하겠다. 만일 이 구성도 종속 접속 어미 '-앙 vs. -안(-아서)'으로 교체되어 쓰인다면, 하나의 단일한 사건이 아니라 두 개의 별개의 사건으로 해석하게 된다.

'얼엉(얼어 두고서) 먹다, 잡앙(붙잡고서) 먹다, 끓영(끓인 상태로) 먹다, 뜯엉(뜯으면서) 먹다'

이들이 모두 다 수용 가능한 완벽한 표현이다. 이 접속 구문은 동일한 주어와 동일한 목적어를 기반으로 하여 절의 형식에서 구의 형식으로 전환되는 사례로 설명할 수도 있을 듯하다. 이른바 동일한 형식이 문접속으로도 쓰일 뿐만 아니라 또한 구 접속으로도 쓰인다고 보는 것이다(김완진, 1970, "문접속의 '와'와 구접속의 '와'", 서울대학교 어학연구소, 『어학 연구』 제6권 2호). 이때 접속 구문으로 쓰인 '먹다'는 본디 낱말 의미가 그대로 유지되고 있음을 확인할 수 있다.

그렇다면, 내포 어미로 표현된 '-아 먹다'와 종속 접속 어미로 표현된 '-앙 먹다'는 서로 구조도 다를 뿐만 아니라, 다른 내포의미를 담고 있다. 내포 어미 '-아'를 이용한 낱말(언어먹다 따위)들은 습관이나 반복 사건(또는 그런 사건과 관련된 한 개인의 습관이나 성격)을 가리킬 수 있다. '얻어먹다'는 거지(乞人)의 속성이고, '잡아먹다'는 귀신의 속성(마치 우리가 돼지를 잡아먹듯이)일 수 있다. '끓여먹다'는 조리법을 나타내고, '뜯어먹다'는 사기꾼의 속성도 가리킬 수 있다. 모두 의미가 특정 맥락과 더불어 하나의 사건으로서 특수하게 고정되어 있는 것이다.

반면에, 종속 접속 어미로 이뤄진 구성은 오직 두 가지 사건이 우연히 일어난 1회의 사건임을 가리킬 뿐이다. 이런 별개의 두 사건이 반복됨으로써 특정한 성질이나 속성을 가리킬 수는 없다. 따라서 이것들이 비록 사소한 차이만 지니고 매우 비슷해 보일지라도, 실질적으로는 내포 어미 '-아'가 표상하는 구문과 종속 접속 어미 '-안 vs. -앙'이 표상하는 구문이, 서로 간에 구조에서뿐만 아니라, 내포의미의 차이가 분명하게 주어져 있음을 알 수 있다.

필자가 모아둔 자료 모음에서는 이런 구적 낱말 또는 한 낱말로 취급되는 것을 제외하고서도 '-아 먹다'로 17회의 사례가 있다. 그 중 일부는 다음과 같다.

(90) -아 먹겟네: "제기랄, 이 놈의 짐충(짐 나르는 종, 짐＋종) 노룻(노릇)도 못ᄒᆞ여 먹겟네!"
("제기랄, 이 놈의 짐종 노릇도 더 이상 못해 먹겠네!" 구비2 양구협, 남 71세: 633쪽)

(91) -아 먹어 가지고: 그디 종으로 막 부려 먹어 가지고(착취해서) 여유 있게(이익이 남게) 맹그는(만드는) 놈이 쏠(쌀) 흔(한) 되ø 여유(남에

게 베풀 여유)가 잇일(있을) 거라(것이야)?

(못된 부자집에서 거기에 종으로 막 부려 먹어서, 주인 자신에게만 이익이 있게 만드는 못된 주인 놈이, 쌀 한 되라도 남에게 베풀어 줄 여유가 있을 것인가? 구비1 안용인, 남 74세: 165~166쪽)

(92) –아 먹은 놈: 잔칫날은 이제는 걸(그것을, 동생을) 외방(外方)을 내보 내 불고(버리고), 다른 사름을 우시(圍繞, 결혼식의 상객 행렬)를 보내 게 되엇댄 말이우다. 둥굴어 먹은 놈이 되니, 술 먹어 불량(不良)해도 눈친(눈치는) 알아 가지고, 들려(달려) 오라 가지고, 우시(상객) 갈랴 (가려) 흐는(하는) 놈 ø 물(말)을 빼앗아 가지고, 탄(타고서) 들렸어 (달렸어), 사돈칩의(사돈집에).

(잔칫날은 이제는 술 먹고 행패 부리는 동생을 딴 곳으로 내보내어 버리고, 대신 다른 사람을 위요 상객으로 보내게 되었단 말입니다. 동생은 막 되어 먹은[함부로 뒹굴어 먹은] 놈이 되어서, 술을 먹고 사 람이 불량해도, 자신을 배제시킨 일은 눈치로 곧 알아차려서, 다시 집으로 달려와 갖고서, 위요 가려고 하는 사람의 말을 뺏어서 자신이 그 말을 타고 달렸어, 사돈 집으로. 구비1 안용인, 남 74세: 197쪽)

(93) –아 먹으문 –아 먹지: 아무디 도독(도둑)이 … 아무 대감네 집이(집 에) 도독질홀(도둑질할) 게 잇엇는디, "그런 것을 해여 먹으문(해 먹으 면) 해여 먹지(해 먹지), 짐충질(짐종 노릇, 짐＋종＋질)해서 내가 못 살겠다!"고.

(아무 곳에 사는 도둑이 … 아무 대감네 집에 도둑질을 할 물건이 있 었는데, "그런 보물을 도둑질해 먹으면 해 먹지, 짐종 노릇이나 해서 는 내가 살지 못하겠다!"고 투덜댔어: 구비2 양구협, 남 71세: 633~ 634쪽)

(94) –아 먹을 건디: (거짓말 시합에서) "너 거짓말 말아라!" 허여야, 똘(딸) 을 가져오고 재산을 갈라 먹을 건디.

(거짓말 시합에서 이기려면, 상대방이 "너 거짓말하지 말아라!"라고 말해야만 비로소 패배를 인정하여, 상대방 부자집에서 내건 약속에 대한 이행으로서 그 집의 딸을 데려 오고, 그 재산을 갈라 먹을 것인 데, 재산을 잘라서 가질 것인데. 구비1 안용인, 남 74세: 153쪽)

'못해 먹다, 부려 먹다, 둥글어 먹다, 해 먹다, 갈라 먹다'와 같은 사례들은 모두 선행한 동사가 일으키는 사건이 아무런 방해도 없이 이내 쉽게 끝나게 됨을 가리켜 준다. 그럴 경우에, 그 일을 일으킨 주체에게 직접 영향을 준다는 뜻도 함께 지닌다. 그 영향은 긍정적일 수도 있고 (이익이 됨), 부정적일 수도 있다(손해가 됨).

> (95) '손가락을 잘라 먹다'(잘리게 되다, 잘려지다, 손해가 됨),
> (96) '지갑을 잃러 먹다'(잃어 버리다, 손해가 됨),
> (97) '전화 번호를 까 먹다'(잊어 버리다, 손해가 됨)

에서처럼 아무런 방해물도 없이 진행된 그 사건의 결과이지만, 관련된 주체에게 큰 손해를 끼치는 경우도 있다. 이 내포 어미 구문에 쓰인 '먹다'는 '음식을 먹다'는 뜻이라기보다, 오히려 이 방언에서 고유하게 쓰이는

> (98) "칼이 잘 먹다"(칼날이 날카로워서 어떤 것이라도 잘 잘린다)

에서 보듯이 이 낱말의 뜻과 관련될 법하다. 이는 공통어에서 '칼이 잘 들다'는 뜻으로 쓰인다. 만일 '-아 먹다' 구문이 인위적 대상을 대상으로 하여 쓰일 경우에는 그 작동이 순조롭고 쉽다는 뜻을 지니지만, 어떤 사건이나 일을 가리킬 경우에 이내 진행되어 관련 사건이 아무 어려움도 없이 끝이 났다는 속뜻이 들어 있다. 흔히 이 방언에서는 '알아차리다'는 뜻으로 '알아 먹다'(알아차리는 데에 장애가 없음)는 낱말도 쓴다. 다시 말하여, 방해 사건이나 장애가 없이 해당 사건이 이내 다 종결됨을 가리킨다. 그렇지만 그 결과가 해당 사건과 관계된 주체에게 손해가 될지, 이익이 될지에 대해서는 별다른 함의가 깃들어 있지 않다. 아마도 '칼이 잘 들다'라는 공통어 대역 모습에서와 같이, 방해물이나 방해 사건이 없이 사건이 종결에 이르게 됨만 일차적으로 가리켜 놓는 듯하다.

필자는 부사형 어미 구문 '-아 먹다'를 방해물이 없이 해당 사건이 이내 진행되어 끝나다는 양태 의미의 대립 짝으로서, 사건 전개의 양 태상 '-아 주다'를 상정하고자 한다. 이는 '-아 주다'와 관련된 사건이 끝이 날 경우에, 이 사건을 일으킨 주체가 일부러 관련된 다른 사람에 게 어떤 영향력을 끼치게 됨을 뜻한다. 다시 말하여 의도적으로 일으 킨 해당 사건의 첫 시작점에서부터 종결점에 이를 때까지, 이 사건의 결과 상태가 관련 상대방에게서 모종의 영향력을 미치려는 동기가 작 용하고 있는 것이다. 대체로 관련 상대방에게 긍정적 효력이 있겠지 만, "때려 주다"와 같이 부정적 효력이 남는 경우도 있다. 필자의 설화 채록 자료로부터 이 구문이 15회 나타나며, 숫자상 앞의 '-아 먹다' 구문과 거의 같은 빈도일 듯하다.

(99) -아 줄 테니: "글 혼 수를 내가 지어 줄 테니, 내 글을 등(謄)허영 가민 (가면), 당신이 뜰림(틀림) 없이 자원급제(壯元及第)홀 거이라(것이다)." (백년 가약을 맺기로 한 아내가 말하기를, "내가 당신을 위해 글 한 수를 지어 줄 터이니, 그 글을 베끼고 가면, 당신이 틀림 없이 이번 과거 시험 에서 장원으로 급제를 할 것이다!"라고 했어. 구비 1 안용인, 남 74세: 156쪽)

(100) -아 주게 된 거: 이제는 거짓말 못 ㅎ민 장남(臧男, 303쪽의 각주 72 참고)살이를 삼년 공쯔배기(공짜배기)로 허여 주게 된 거란(것이란) 말이우다(말입니다), 약속이.
(이제는 거짓말 겨루기 시합에서 만일 거짓말을 못하고 진다면, 그 부자 집에서 종살이를 삼년간 공짜로 해 주게 된 것이란 말입니다, 그 두 사 람 사이의 약속이. 구비1 안용인, 남 74세: 153쪽)

(101) -아 줫어: "부재칩(富者집)이 어딥니까?"고 ㅎ니 「진주 꼼냉이(꼼생 원) 집」을 ㄱ리쳐(가리켜) 줫어(줬어).
("부자집이 어디입니까?"라고 묻자, 「진주 꼼생원 집」을 가리켜 줬어. 구비1 안용인, 남 74세: 164쪽)

(102) -아 주지 아녈 것: "아바지를 춫아 주지 아녈(않을) 것 ᄀ으면(같으면) 어머니 ø 쏘아 죽이고 내가 쏘아 죽겠습니다."

(아들은 자신의 아버지가 누구인지를 숨겨온 어머니에게 위협하기를 "아버지를 찾아 주지 아니할 것 같으면, 어머니를 쏘아 죽이고, 내가 또한 스스로 쏘아 죽겠습니다!"라고 했어. 구비1 안용인, 남 74세: 124쪽)

여기서 제시된 네 가지 사례들에서는 모두 다 한 가지 사건이 종결될 경우에 그 사건이 담화 속 상대방에게 영향을 미침을 속뜻으로 지닌 다. 그 영향은 상대방에게 혜택을 주는 일이 다수이지만, 반대의 경우 도 있다. (99)에서 과거 시험에 장원으로 될 만한, 뛰어난 시 한 수를 짓는 일이, 곧 남편이 될 주인공에게 혜택을 주는 일이 된다. (100)에 서도 길손이 그럴 듯한 거짓말을 못한다면, 거짓말 내기 시합에서 지 게 되므로, 그 부잣집에서 3년 동안 머슴살이를 해야 한다. 이 경우에 는 반대로 관련된 상대방에게 손해를 입히는 일이 된다(거꾸로 승자에 게는 이득이 됨). (101)에서는 설화 속에서 다랍고 모진 짓만 일삼는 부자들을 통쾌히 죄를 주는 민초들의 바람을 담고 있다. 못된 부자들 을 응징하는 주인공의 물음에 그 동네 사람이 대답을 하는 대목만을 인용하였다. 묻는 정보에 대답을 받는 일은, 질문자에게 궁금한 일을 해결하는 데에 도움이 된다. (102)에서도 아버지가 누구인지 항상 궁 금하던 아들이, 드디어 어머니를 위협하면서 자신에게 아버지가 누구 인지를 알려 달라고 하는 대목이다. 대답하여 알려 주는 일이 자신의 정체성을 궁금히 여기던 주인공에게 혜택이 된다.

여기에서도 양태 구문 '-아 먹다'는 관련 사건이 아무런 어려움이 나 걸림돌이 없이 쉽게 일어남을 가리켜 준다. 이는 동일한 형식이 한 낱말처럼 쓰이는 복합동사로도 쓰일 수 있으므로, 해당 구문을 결 정하는 데에 주의를 기울일 필요가 있다. 그 사건의 결과 상태는 관련 주체에게 영향을 끼치는데 긍정적이거나 부정적인 영향이다. 이와 대 립 짝 '-아 주다'는 해당 사건의 시작점에서부터 종결점에 이르기까지 일부러 모종의 영향을 미치려는 목적으로 일어남을 가리켜 준다. 여 기에서도 그 영향이 긍정적일 수도 있고, 부정적일 수도 있다.

§.5-1-6 '-아 놓다 vs. -아 불다'의 대립

마지막으로 다룰 형식은 내포 구문의 어미 '-아'를 매개로 하여 짝을 이루는 '-아 놓다 vs. -아 불다(-아 버리다)' 구문이다. 먼저 '-아 놓다'의 경우를 보기로 하겠다. 이는 임의의 사건이 종결되면서 곧장 다른 사건에 대한 배경으로 됨을 의미한다. 다시 말하여 '-아 놓다'가 실현된 선행 사건 및 '-아 놓다' 뒤에 이어진 후속 사건 사이의 관계가 배경과 초점으로 주어지게 되는 것이다. 이런 기능 때문에 '-아 놓다'가 활용할 경우에 '-으니'나 '-아서'가 자주 관찰되는 것이다. 이와 대립하는 양태 구문 '-아 불다(-아 버리다)'는 해당 사건이 뒤따르는 사건과 아무런 관련성도 없이 마치 방임형 어미처럼 서로 무관함을 가리켜 준다. 먼저 '-아 놓다'를 살펴보기로 한다.

(103) -아 놓곡 -아 놓라! -아 놀 수 잇어?: "내 이젠 거짓말ø 허엿이니(했으니) 뚤(딸)ø 내 놓곡 재산ø 내 놓라(놓으라)!" 아이(아니) 내어놀 수가 잇어마씸? 허허허허 … 거짓말도 멋들어지게 그렇게 ㅎ면, 허허허허! 「네 말이 옳다!」고 ㅎ면, 이제는 증서ø 내어 놓고 「돈ø 갚아라!」고 흘(할) 판이라ø 말이우다(말입니다).
("내 이제는 거짓말을 하여서 당신을 속였으니, 포상금으로 내건 딸도 내어 놓고, 당신 재산도 내어 놓으라!" 안 내어 놓을 수가 있겠어+요? 허허허허 … 거짓말도 멋들어지게 그렇게 하면, 허허허허! 상대방한테 「네 말이 옳다!」고 말하여 스스로 패배를 인정한다면, 이제는 거짓말 내기를 겨루는 상대방 쪽에서 가짜 차용 증거를 내어 놓고서 「돈 갚아라!」라고 우길 판이란 말입니다. 구비1 안용인, 남 74세: 154~155쪽)

(104) -아 놔 가지고: 유서(遺書) 모양으로 「딱~」(의태어, 반듯하게) 맹글아(만들어) 놔 가지고 가져 잇언(있었어).
(유서 형식으로 딱 알맞게 만들어 놔서 그 문서를 갖고 있었어. 구비1 안용인, 남 74세: 154쪽)

(105) -아 놔 가지고: 이젠 그 신부(新婦)를 심어다가(잡아다가) 권장대(棍杖臺)를 묶어 놔 가지고 멧 댈(몇 대를) 때리니까, 과연 항복을 흔댄(한

단) 말이우다(말입니다).

(이제는 그 신부를 잡아다가, 곤장대 틀에 묶어 놔서 몇 대를 때리니까, 과연 사실대로 말하면서 항복을 한단 말입니다. 구비1 안용인, 남 74세: 159쪽)

(106) -아 놓니까: ᄌ식덜(자식들)도 아방(아버지 묘소)을 잘 써 놓니까, 고관대작을 해여 가 가지고, 중국에 ᄉ신(使臣)으로 출입ᄒ게 되엇댄(되었단) 말입니다.

(자식들도 아버지 묘소를 잘 써 놓으니까, 고관대작의 벼슬에 임명되어서, 중국에 사신으로 출입하게 되었단 말입니다. 구비1 안용인, 남 74세: 129쪽)

(103)에서는 두 번 명령문 서법으로 종결된 "내어 놓으라!"는 축자적인 뜻(내는 일과 놓는 일이 이어져 있음)으로 해석되거나, 복합사건을 가리키는 합성어 '내어놓다'로 해석된다. 이것들을 제외한다면, '내어 놓는' 일이 배경이 되어서, 후행절에서 초점 사건이 일어나고 있음을 알 수 있다. (104)에서부터 (106)까지 모두 선행 사건이 배경으로 되고, 후행절이 표상하는 초점 사건이 곧장 이어져 있는 것이다. (104)에서는 문서를 '만들다'라는 배경 사건 위에, 그 문서를 갖고 있다는 후속 사건이 주어져 있다. (105)에서는 곤장 틀에 '묶다'는 배경 사건 위에, 곤장을 때린다는 후속 사건이 일어난다. (106)에서는 무덤을 명당 자리에다 잘 '쓰다'는 배경 사건 위에서, 후행절에서 일어나는 사건은 자식들이 고관 대작의 벼슬에 임명되는 일이다. 선행절과 후행절 사이에는 긴밀하게 관련됨으로써, 마치 자연계의 인과율이 적용된다는 느낌을 받는 것이다.

그렇지만 양태상 짝이 되는 '-아 불다(-아 버리다)'166) 구문은 선행

---

166) '-아 불다' 구문은 또한 '-아 비다'로 나오는 사례도 있다. '버리다'라는 낱말이 양태 구문을 형성하여 굳어져 있다는 전제 아래 '불다'로 줄어들거나 '비다'로 줄어든 경우이다. 단독으로 쓰일 경우, 가령 "물건을 버리다"에서는 결코 이런 응축이 일어나지 않는다. '-아 비다'르 사례를 아래에 적어 둔다.

(107) -아 비어: "서이새끼(모두 세 명인 어미·자식) ø 탄(타고서) 오단(오다가) 풍파를 만

절 사건이 단절됨으로써 후행절의 사건에 영향을 지니지 못한다는 속뜻을 지닌다. 마치 방임형 접속 어미의 관계를 지니는 듯하다. 이는 '-아 가지다 vs. -아 두다'가 대립 짝으로 보여 준 경우에도 그러하였다. 각각 선행절 사건과 후행절 사건이 긴밀히 관련되는 것 및 선행절 사건과 후행절 사건에 관련성이 해체되거나 없어져 버리는 것이다.

(108) -아 부난: "아니, 그 사름덜(사람들) 오켜(올 것이야) 오켜(올 것이야) 해(말해) 뒌(두고서), 아니 오라 부난(와 버리니까) 뭐 홀(할) 수 시어(있어)?"
(아니, 그 사람들이 품삯을 벌려고 밭일을 하러 올 거야라고 약속해 두고서도, 밭에 오지 않아 버렸으니까, 뭐 할 수가 있어? 구비3 김재현, 남 85세: 29쪽)

(109) -아 불어도: 늘개(날개)를 부모네가 알아 가지고 에린(어릴) 때에 끊어 불어도(버려도), 보통 사름(사람)과는 달라서 쁘르고(빠르고), 춤(참) 늘지(날지) 않음뿐(않을 뿐) 흔(그렇게 한) 거주게(것이지+화용 첨사 '게').
(겨드랑이에 날개를 달고 있음을 부모들이 알아 가지고 미리 어릴 때 끊어 버렸어도, 보통 사람과는 달라서 빠르고, 참 날지만 못할 뿐, 그렇게 한 것이지 그래. 구비3 김재현, 남 85세: 194쪽)

(110) -아 부니: 「못 쓰켓다」고 허여 가지고, 함(函)에 담아 가지고 이젠 보내어 부니, 이제는 떠 댕기다가(다니다가) 이젠 서화(제주시 구좌읍 세화리)로 들엇댄(들어왔단) 말이우다(말입니다), 서화리로.
(「못 됐다」고 여겨서 함 속에 담은 채 바다에 띄워 보내어 버리니, 이제는 바다를 떠다니다가 제주시 세화리로 표착하여 들었단 말입니다. 구비1 안용인, 남 74세: 151쪽)

난(만나서) 기냥(그냥) 벨(배를), 원 간 곳 ∅ 웃이(없이) 간간무중(캄캄 안개 속). 겨난(그러니까) 씨아방(시아버지)도 죽어 비어(버려), 메누리도 죽어, 아돌(아들) ∅ 죽으난(죽으니까) 아무것도 웃지(없지) 아니흐우꽈(않습니까)?"
("어미와 자식 세 명이서 배를 타고서 제주로 돌아오다가 풍파를 만나서 그냥 배가 어디 간 곳도 없이 캄캄 연락이 없어. 그러니까 시아버지도 죽어 버려, 며느리도 죽어, 아들도 죽으니까 그 집에는 아무 사람도 없지 않습니까?" 구비1 김순여, 여 57세: 205쪽).

(111) -아 부니 -아져 불엇어: "ᄒ고(그리고) 남은 놈 신선이랑(을랑) 다 축소시켜 불라(버리라)!"고 허여 부니(해 버리니), 그만 신선 ø 씨가 ᄒ 나토(하나도) 없어져 불엇어(버렸어).
(옥황이 차사들에게 명령하기를 "그리고 죄를 저지른 나머지 신선들일랑 모두 사형죄를 축소시켜서 옥황으로부터 내쫓아 버려라!"고 해 버리니까, 옥황에서는 그만 신선의 씨가 하나도 남지 않고 다 없어져 버렸어. 구비1 안용인, 남 74세: 190쪽)

이들 사례에서 모두 선행절의 사건에 내포 어미 '-아 불다(-아 버리다)' 구문이 나와 있다. 그런데 선행절 사건은 (109)와 (110)에서 후행절에서 일어나는 사건에 거의 영향을 끼치지 못하거나, (108)과 (111)에서와 같이 두 사건 사이에 필연적인 영향력을 찾아내지 못하여 서로 우연한 사건임을 가리켜 준다. 다시 말하여, 선행절의 사건과 상관없거나 무관하게 후행절의 사건이 발생하는 것임을 뜻한다. 이런 양보 관계가 전체 담화에서 선행절에 관련된 의도적 노력이 도로에 그쳤음을 평가하고 있다는 뜻도 깃들게 된다.

양태상으로 대립하는 짝으로서 '-아 놓다'는 선행절과 후행절이 긴밀하게 배경 사건과 초점 사건으로 이어져 있는 만큼, 해당 사건들 사이에 긴밀성이 깃들어 있다. 이와는 달리 '-아 불다(-아 버리다)'는 그런 긴밀성이나 관련성이 차단되어 있음을 가리킨다. 이와 같이 양태상의 대립 구문들이 서로 짝을 이루면서 일정한 속뜻을 담고 있음을 확인할 수 있었다. 그렇지만 이런 대립 짝들도 더욱 풍부한 자료들을 확보하여 새롭게 분류하고 일반화할 경우에는, 필자가 현재 상정한 양태상의 속뜻이 전혀 새롭게 제안될 수 있을 것으로 본다. 이런 측면에서 필자의 주장이 이런 쪽의 연구를 시작하게 만들고 심화시켜 나가는 계기가 되기를 희망해 본다.

§.5-2 내포 어미 '-게'를 매개로 한 구문
: '-게 되다, -게 ᄒ다'

공통어에서 전형적으로 내포 어미(부사형 어미) '-게'를 요구하는 구문은 이른바 긴 형식의 사역 형태인 '-게 하다' 구문이다. 이 방언의 설화 채록 자료에서는 이 어미를 매개로 하여 관찰되는 분포가 좀 더 다양하게 나온다. '-게' 또한 '-게꾸름(-게끔)'이라는[167] 변이 형태로도 나온다. 그 변이 모습의 숫자가 아주 많다는 점에서 불안정한 형태소의 위상을 보여 주는 듯하다. 일단 여기서는 '-게'를 대표 형태소로 취급할 것이다. '-게 하다' 구문은 김지홍(1993) "국어 부사형 어미 구문과 논항구조에 대한 연구"(서강대학교 박사논문)에서 내포 어미 '-게'가 한 사건이 진행되어 나갈 목표점을 표시해 준다고 논의되었다. 곧, 선행절이 목표가 되고, 이와 관련한 사건이나 행동이 뒤따르는 것이다. 이 방언에서 '-게' 형태소와 관련되어 찾아지는 분포는 다음과 같다.

(112가) '-게 {되다, 생기다, 마련이다}'

(112나) '-게 {ᄒ다, 만들다, 시키다}'

---

167) 필자가 살고 있는 진주에서는 '-게'를 '-구르, -구로'라고 발음한다. 이는 '-게'가 또한 복합 형식으로 해체해 볼 가능성을 열어 준다(가령, '거+으로' 따위). 한편, 『표준국어대사전』에서는 '-게끔'을 '-게'에 대한 강조 형식으로 보았고, "앞의 내용이 뒤에서 가리키는 사태의 목적이나 결과, 방식, 정도 따위가 됨"으로 풀이해 놓았다. 863쪽의 예문 115와 116에서 보여 주듯이, 이 방언에서는 '-게꾸름'의 형식이 아주 다양하게 변한다. 송상조(2007) 『제주말 큰사전』(한국문화사: 740쪽)에서는 여덟 가지를 적어 놓았다.

　「-게꼬롬, -게꾸름, -게쿠룸, -게꾸림, -게꾸리, -게시리, 게꿈, -게끔」

이는 이 형식이 고정되지 않은 채 아주 불안정하게 쓰이고 있는 상태를 반영해 주는 듯하다. 만일 이 방언의 형식을 도출해 내려면, '-게'에다 다시 진주 방언에서 관찰되는 '-구로'가 융합되어 있는 모습을 상정해 볼 만하다. 그렇지만 이런 복합 형식은 현재의 논의에서 크게 중요한 논제가 아니다. 잠정적으로 여기서는 일단 '-게' 자체가 분석되지 않는 단일한 형태소라고만 간주해 둔다.

(112가)와 (112나)에 있는 동사는 서로 대립되는 의미를 띤다. (112가)는 자연계의 인과율에 따라 인위적인 노력을 들이지 않더라고, 내포 어미 '-게'가 표상해 주는 목표 사건에 도달되었거나 이뤄져 있음을 함의한다. 다시 말하여, 자연 발생적 사건을 표상해 준다. 반면에 (112나)에서는 인위적인 노력이 들어가며, 더구나 중간에 어떤 방해나 장애물들이 있음이 깃들어 있다. 이런 과정에서 그런 어려움들을 극복해 냄으로써 '-게' 표상해 주는 목표 사건까지 이르렀음을 속뜻으로 담고 있는 듯하다. 앞의 경우와 대립적으로 본다면, 이는 장애물 극복하여 도달한 사건을 표상한다고 말할 수 있다. 그렇다면 이런 대립 모습이 양태상 사건 전개 모습과 관련된 함의라고 말할 수 있다. 단, (112나)의 경우는 현재 공통어에서 자주 쓰이는 사역 구문의 의미를 적절하게 도출해 낼 수 있다. 사역의 해석에서는 강제력이 함께 수반되므로, 해당 사건을 겪는 주체가 비록 그 일의 진행을 싫어하더라도 억지로 그 사건이 일어나도록 하는 것이다. 필자는 유일하게 사역 구문만이 고유하게 언어 형식으로 주어져 있다고 여기지 않는다. 양태상 사건 전개 모습을 표현하는 구문을 이용하여, 그 하위범주의 하나로서 사역 구문의 해석이 유도되는 것으로 본다. 다만, '-게 하다' 형식이 빈번히 동일한 목적으로 이용됨으로써, 마치 우리말에서 고유하게 사역 구문의 형식을 마련해 놓은 듯이 관념하고 있는 것일 뿐이다. 오직 이런 접근에서만 (122가)와 (122나)가 보여 주는 통사적 일반성과 양태상의 공통된 해석을 설명할 수 있기 때문이라고 믿는 것이다.

이 점과 관련하여 다음 예문 (113가)는 모종의 시사점을 던져 준다. 물론 이 경우에는 부사를 만들어 주는 환경에서 관찰되는 '-게'로도 있다는 점에서, 부사가 실현된 구조로 파악해야 할 수도 있다. 매우 비슷한 분포를 보이는 경우로서, '-도록'과 같이 특정한 상태(결과 상태, 끝내 도달한 목표 상태)를 지시하는 형태소도 있다. '-도록'은 뒤에 나오는 동사에 아무런 제약도 부과하지 않는다는 점에서, 이 절에서 논의하는 내포 어미 '-게' 구문과 서로 구별된다. 이런 통사 구조의 차이에도 불구하고, 어미 '-게'와 그 형식에서 기원적으로 동일한 토대를 지니고 있었을 것으로 느껴진다.

> (113가) -게 먹읍센: 술랑 취하지 말게 먹읍센(먹으십시오라고) 흐고.
> (「술랑은 취하지 {말도록, 않게} 드십시오!」라고 당부했어. 구비2 양구
> 협, 남 71세: 626쪽)

이 예문에서는 '말게 흐영(말도록 해서, 않게 해서)'이 줄어들어 '말게'로 표현된 뒤에, 다시 '먹읍서'라는 권유문이 이어져 있을 개연성도 검토되어야 한다. 만일 서로 전혀 다른 기원을 지녔었더라면, '말게 흐영 → 말게 ø'처럼 축소되는 일이 허용되지 않았을 것이기 때문이다. 일단 이 구문이 다음처럼 두 가지 다른 형식으로 교체될 수 있을 듯하다. "술을 취하지 말게 먹으라"(술에 취하지 않도록 조심해서 마시라)는 발화가

> (113나) "술을 취하지 말게 해서 먹으라"
> (113다) "술을 취하지 말도록 먹으라"

로 교체될 만하다. 다시 쓰기의 형태로서 대체될 수 있는 (113나)는 '-게 하다'를 더 추가해 놓은 형식이다. 그런데 이렇게 교체될 수 있다면, 이것이 과연 사역 구문일까? 만일 그렇다면, 술을 마시는 주체가 스스로에게 사역 행위를 하는 셈이다. 이는 일반적으로 사역 주체와 강제력을 받는 대상이 서로 달라야 한다는 조건에 비춰, 아주 이례적(예외적)인 경우이다. 만일 이런 주체의 동일성이 가장 자연스럽게 보장되는 방식이 있다면, 그 후보는 (113다)이다. 이는 부사절로서 '-도록'이 부가(구조를 새로 만들면서 부가됨)되어 있는 구조이다. 필자는 (113가) 예문을 부사어 지위 및 내포문 지위 사이의 경계 지점에 있는 사례로 파악한다. 이런 언어 사실은 '-게 하다'가 기본적으로 양태 구

문의 표상에서 하위범주로서 조건이 더 추가됨으로써, 사역 해석이 도출되어 나오는 것으로 봐야 할 중요한 증거라고 본다.

필자는 (112가)에 있는 {되다, 마련이다, 생기다}들이 모두 자연계 인과율에 따라 저절로 목표를 향해 사건이 진행되는 것으로 파악한다. 그렇지만 (112나)에 있는 {ㅎ다, 시키다, 만들다}는 자유 의지를 지닌 주체가 선행절에 표시된 사건을 목표로 하여, 일부러 그 목표 지점까지 관련 상황을 조절하고 도중의 어려움을 극복하면서 이끌어 나가는 사건으로 파악한다. 다시 말하여, '저절로' 일어나는 사건과 '일부러' 일으키는 사건으로 동사들이 양분된다고 보는 것이다.[168] 목표 사건에 도달하는 일이 서로 상보적(배타적) 분포를 이루는 것으로 파악할 수도 있다. 긴 형식의 전형적인 사역 구문은 오직 (112나)의 경우들로부터 도출되어 나온다. 사역의 직접성(강압적 사역)이나 간접성(자율성 허용)에 따라서 다시 그 하위 구분이 이뤄질 것이다. 어떤 경우이든 간에, 일부의 경우(두 가지 하위 조건이 있음)에 특정 상태를 표시하는 '-도록'이란 어미 형태소와 교체되어 쓰일 수 있다. 첫째, 사역 주체와 강제력을 입는 대상이 동일한 사람이므로, 결과적으로 그 주체의 자율적 행동으로 해석될 경우 및 강제력을 입는 대상이 스스로 결정할 수 있는 자율적 틈새가 보장될 경우에 '-도록'과 교체될 수 있다. 그런 경우에는 덧붙는 조건(사역 구문은 사역 주체와 강제력을 입는 대상이 서로 달라야 함)이 서로 달라져 있으므로, 우선 속뜻에서 서로 차이가 생긴다. 또한 사역 주체와 강제력을 입는 대상이 서로

---

168) 이에 대한 상위 차원의 개념은 471쪽의 각주 98에서 언급한 'ergative(자연계 인과율에 의한 저절로 사건) vs. un-ergative(인간의 자유의지로 설정한 목표에 따라 일어나는 일부러 사건)'로 설정될 수 있다. 전자는 다시 더 세분될 수 있다. 특히 한 대상의 내재적 속성을 가리킬 경우에는 따로 middle voice(중간태) 표현으로 부른다. "그 빵이 부드럽다, 그 칼이 잘 썰린다"라는 표현은 해당 종류의 빵에 내재된 속성, 그 칼의 날카로운 속성을 가리킨다는 점에서 중간태 표현이다. 이것이 모두 다 현재 시제로 나오는 특징이 있는데, 506쪽의 각주 112에 소개된 문헌(특히 위도슨 교수의 책)을 참고하기 바란다. 이와는 달리 자연계 인과율에 의해 일어나는 저절로 사건은 시제에 대한 제약이 따로 없다.

다를 경우에도 다음처럼 자율성의 정도 측면에서 모종의 차이가 관찰될 수 있다. 가령, 다음처럼

(114가) 그는 철수가 떠나게 했다 vs. 그는 철수가 떠나도록 했다
(114나) 그는 [철수가 떠나게] 했다 vs. 그는 [철수가 떠나도록]ᵢ [tᵢ eⱼ 했다]

여기에서는 표면상 오직 '떠나게 vs. 떠나도록'만이 서로 대립을 보이고 있다. 그렇지만 그 구조는 각각 내포문 위상 및 부가어 위상으로 통사 구조가 서로 다르며, 이를 (114나)로 표시해 두었다. '떠나도록'이 들어 있는 구문은 두 가지 공범주 요소가 들어가 있다. 하나는 이동을 한 뒤에 남은 흔적(trace)이며 이동되어 앞으로 나간 사역 주체 '그'와 동지표 'i'를 받는다. 다른 하나는 공범주 대명사(작은 공범주 대명사 pro)로서 그대로 머물고 있으면서, 해석을 받기 위하여 부가어와 동지표 'j'를 받는 논항이다. 만일 필자의 직감에 따라 자율성이 허용되는 정도를 따진다면, 아마 '떠나도록'의 표현에서 그 정도성이 훨씬 더 높을 것으로 보인다. 필자의 이런 관찰이 옳다면, 각각 구조적 차이 및 어미 형태소의 의미자질에 따른 차이로 설명될 수 있을 듯하다.

52쪽의 (8)에 있는 나뭇가지 그림에서 제3의 논항 CP에 내포문 '철수가 떠나게'가 구현된 모습을 보여 준다. 첫 번째 논항 DP에는 사역 주체인 '그'가 들어가 있어야 하고, 두 번째 논항 DP에는 초기 표상에서 공범주 논항이 들어가 있다가, 만일 이 문장이

(114다) "그는 [[철수ᵢ를] [tᵢ 떠나게 했다]]"

와 같은 모습으로 나올 경우에, 사역의 힘이 직접 미치는 강제력의 대상인 '철수'가 이동할 목적지가 될 것이다("철수를"). 상대적으로 두 가지 선택지만이 대비될 경우에, "철수가 떠나게"는 "철수를 [t 떠나게]"보다 강제성의 측면에서 훨씬 덜하며, 전자에서는 떠나는 결과를

보장할 만한 선택지가 철수 자신의 자유의지에 깃들어 있는 것이다. 이런 구문 유형의 의미 해석 차이에 대한 좀 더 자세한 논의는 김지홍(1991, 2010 재수록) "동사구 보문화에서 공범주로 실현되는 동지표 논항: 특히 {NP를}과의 관련을 중심으로 하여"(『국어 통사·의미론의 몇 측면: 논항구조 접근』, 경진출판)를 읽어 보기 바란다.

단, 여기서 "철수가 → 철수를"로 실현될 경우에, 그 수용 가능성(문법성 판정)과 관련해서 사람들 사이에 직관 또는 직감에서 차이가 관찰될 만하다. 가령, "철수를 떠나도록 했다."가 수용 가능한지가 달라질 수 있는 것이다. 만일 문법적이라면 그 밑바닥에 "철수를 떠나게 했다."의 표상과 겹쳐 있기 때문일 듯하다. 이 구문에 거부감을 느끼는 사람도 만일 "철수를 떠나도록 만들었다."로 핵어 동사를 바꿔서 표현할 경우에는, 핵어 동사의 뚜렷한 사건 변화 의미에 기대어서 이내 수용 가능하다고 느낄 것이다. 그렇다면 필자로서는 이런 수용성 정도의 차이가 언어 변화의 측면을 반영해 주는 것으로 파악하고자 한다. 일반적인 양태 동사 구문의 일정한 가능 범위로부터 특별히 외갈래의 유일한 사역 동사 구문으로 발달이 전제되고 나서, 이것이 일단 안정된 바탕 위에서 다시 그런 사역 구문의 범위를 '-도록'으로까지 확장하는 것으로 바라보는 쪽이다. 그렇다면 이는 (114다)의 구조를 표상해 주고 있는 셈이다. '철수를 떠나도록'에서 대격을 받은 것이 예외적인 격 표시 사례는 아닌 것이다('떠나다'에서 격 표시가 되는 것이 아니라, '하다'에 의해서 격 표시가 되는 것임).

'떠나게'를 담고 있는 표현은 제3 논항에 실현된 내포문이다. 따라서 상위문 핵어 동사가 지배 구조를 통해서 내포문 주체의 행위에 직접 영향을 끼칠 수 있다. 그렇지만 부가어의 지위로 구현된 '떠나도록'은 VP(음영 글자로 달리 나타냄)를 반복하면서 새로 생겨난 자리(임의의 XP가 모두 다 가능한데, 여기서는 '떠나다'의 투영에 따라 VP로 구현됨)

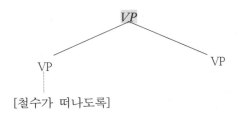

[철수가 떠나도록]

에다 구현되므로, 더 이상 핵어 동사 V에 의한 지배 관계가 성립되지 않는다. 그리고 의미자질에서도 서로의 차이를 상정할 수 있다. '-게'가 지닌 의미자질 [+목표점]이 내포문의 주체로 하여금 목표 지점을 향해 행동을 해 나가야 함(강제력이 미치는 범위가 진행 과정에 초점이 모아져 있음)을 나타낼 수 있다. 반면에 '-도록'이 [+도달한 목표 상태]를 표시(결과 상태)하므로, 진행 과정에 대한 정보는 전혀 들어 있지 않다. 이때 대립하는 '-게 하다' 구문이 우연히 진행 과정에 초점이 모아져 있으나, '-도록 하다'에서는 이런 측면이 결여되어 있다는 점에서, 비록 간접적으로 결여를 통해서 얻게 되는 것이더라도, 부가절을 일으키는 행위 주체의 자율성이 좀 더 보장되는 것으로 해석될 수 있을 듯하다.

이제 부사로만 서술되는 손쉬운 사례부터 살펴나가기로 한다. '-게'라는 형태소는 다음 예문에서 보여 주듯이, 이 방언에서 '-게쿠룸, -게꾸름(-게끔)' 등으로 다양하게 변이될 수 있다(857쪽의 각주 167).

(115) -게쿠름: 각록(角鹿, 뿔사슴)이 들어가 근지러와(간지러워) 가니, 오줌ø 싸니, 내가 되었다고. 설문대 할망(할멈)이 크긴 커 난 모양이라양(모양이야+화용 첨사 '양')! 각록(角鹿) ♀남은(열 남은) 개가 그디(성기 속에) 들어가게쿠룸. 허허허허! 구비1 안용인, 남 74세: 202쪽
(거인 신격이었던 설문대 할머니 성기 속으로 백록담에 사는 뿔사슴이 들어가서, 간지러워 가니, 오줌을 싸니, 그 오줌량이 냇물이 되어 흘렀다고 전해. 설문대 할머니가 허우대가 컸었던 모양이야+예! 각록 여남은 마리가 성기 속으로 들어가게끔[들어갈 만큼]. 허허허허! 구비1 안용

인, 남 74세: 202쪽)

(116) -게꾸름 했어: 나갈 수가 없으니, 그것은 당(신당) 오백 절(사찰) 오
백을 부수와 노니까(부숴 놨으니까), 당 구신(鬼神) 절 구신덜(귀신들)
이 복수를 흘랴고(하려고) 허여가 가지고, 못 나게꾸름 했어.
(1703년 이형상 목사가 임기를 끝내고 나서도 제주도 밖으로 나갈 수가
없으니, 그것은 당 5백개와 절 5백 개를 부수어 버렸으니까, 당 귀신들
과 절 귀신들이 복수를 하려고 해서, 제주도 밖으로 못 나가게끔 했어
[못 나가도록 했어]. 구비1 안용인, 남 74세: 207쪽)

동일한 화자의 말투에서도 '-게쿠름, -게꾸름'처럼 변이 모습이 보인
다. 모두 공통어의 '-게끔'에 대응하며, '-게'와 아무런 의미 차이도
없이 순수히 개인별 말투상의 수의적 변이에 지나지 않는다. (115)에
서는 '-도록'이나 '-을 만큼'과 교체되어 쓰일 수 있다. 이는 특정한
상태에까지 도달함을 가리켜 주며, 사역 구문과는 동떨어진 부사절로
쓰인 경우이다. 그럼에도 불구하고 내포 어미 '-게'와 부사를 만들어
주는 접미사 '-게'도 서로 의미자질 [+목표점]을 공유하고 있다.

(116)에서는 비록 사역 구문의 '-게 ᄒ다'와 동일한 모습을 구현해
주고 있지만, 이 또한 '-도록 ᄒ다(-도록 하다)'로 교체되어 쓰일 수
있다. 이런 점에서 부사로서 기능하는 것으로 파악할 수 있다. 그렇지
만 동일하게 부사절로서 분류되더라도, 내포의미에서 서로 차이가 날
듯하다. '-게 하다'는 목표 사건을 달성하기 위하여, 다른 사람들에
의해서 여러 가지 다른 조치(여기서는 방해 사건)들이 시행될 수 있다.
반면에, '-도록 하다'는 외려 자발성에 토대를 두고서 목표 사건이 스
스로 완성되는 듯이 느껴진다.

다음 사례들은 주로 사역 구문으로 다뤄져온 (112나)의 형상을 지
닌 것이 아니라, (112가)의 형상을 지닌 구문을 보여 준다.

(117) -게 된 사름: "나는 사름(사람)의 행위를 못 ᄒ게 된 사름이라" 허연
중국에 가 가지고 절간엘(절간에를) 들어갓어.

("나는 사람의 행실을 제대로 못 하게 된 사람이다!"라고 해서, 자신의
악업을 소멸하려고 우리나라를 떠나서 중국으로 가서 절간에 들어갔
어. 구비1 안용인, 남 74세: 125쪽)

(118) -게 마련이라: 도독놈덜(도둑놈들)은 ᄒ연(하여서, 도둑질을 하고
서) 나가니, 이 아은(아이는) 즈기가(도둑이 스스로 이 아이를) 죽이지
아녀도(않아도), 이디서(갇혀 있는 이곳 보물창고 안에서) 죽게 마련이
라, 가두와 버리니까.
(도둑놈들은 도둑질을 하고 나서 나가니, 이 아이는 도둑들이 직접 죽
이지 않더라도, 이곳 창고 안에 갇혀서 이대로 죽게 마련이야, 가둬 버
렸으니까. 구비2 양구협, 남 71세: 634쪽)

(119) -게 생겼다 말이어: 어츠피(於此彼) 각실(각시를) 잃어 불게(버리게)
생겼다ø 말이어(말이야).
(어차피 자기 아내를 잃어 버리게 생겼단 말이야. 구비2 양구협, 남 71
세: 627쪽)

여기서 관찰되는 '못 ᄒ게 되다(못 하게 되다)', '죽게 마련이라(죽게 마
련이야)', '잃어 불게 생겼다(잃어버리게 생겼다)'는 모두 저절로 어떤
상태까지 이른 상황을 말해 주고 있다. (112나)의 형상을 지닌 사역
구문에서와 같이, 어떤 강제성이나 압력이 들어 있는 것이 아니므로,
그런 강제성에 대한 반대의 방향으로 특정하게 반발하면서 힘을 쓸
수 있는 것도 아니다. 장애가 전제되지도 않고 극복할 수 없는 난관
처럼 표상된 것도 아니다. 오직 자연계 인과율에 따라 마치 운명처럼
그런 상황에 도달하게 되었음을 말해 줄 뿐이다. 그런 상황에 처하거
나 그런 처지가 됨이나 또는 그런 상황 속에 들어감이라고 말할 수
있다.

그런데 (117)에서는 '-게 되다'가 '-도록 되다'와 교체되어 쓰일 수
있지만, (118)과 (119)는 그런 교체가 허용되지 않음이 주목된다.
(117)은 자발성에 근거하여 목표 사건이 일어날 수 있다. 그렇지만
(118)과 (119)에서는 스스로 자발적으로 죽는 일을 실행하거나 잃어

버리는 일을 실시하는 일이 상식과 어긋난다. 아마 이런 사건의 속성이 다른 특성으로 말미암아 그런 교체가 일어나지 않는 것으로 보인다. 이런 교체상의 차이에 근거한다면 '-게 되다'가 쓰이는 범위가 다른 계열체 후보들 중에서 가장 넓은 것임을 알 수 있다. 그렇지만 이런 차이를 포착하기 위해서 어떤 일을 해야 하는 것일까? 필자로서는 양태 동사의 특성들에 주목할 필요가 있을 듯하다. '되다'는 임의 사건의 최종적인 결과 상태만을 가리켜 준다. 반면에 '마련이다'는 전반적인 진행 과정과 결과 상태를 모두 다 포함하며, '생기다'는 시작점을 가리켜 주므로 진행 과정을 표상할 수 있다. 이런 착상에서는 한 지점의 상태만을 가리키는 경우 및 적어도 두 지점 이상의 상태를 동시에 가리켜 주어야 하는 경우를 대립시킬 수 있다. 여기서 '-도록'이란 형태소가 지녔을 의미자질이, 목표로 삼은 사건의 결과 상태에 도달하였다는 점을 상기할 필요가 있다. 이는 양태 동사 '되다'가 표시하는 한 지점의 결과 상태와 서로 모순 없이 맞물릴 수 있음을 알 수 있다. 필자는 이런 점이 이 계열체의 후보들 사이에서 관찰되는 차이의 원인일 것으로 파악한다.

이제 마지막으로 (112나)에 있는 구문을 이용하여, 사역이란 개념 아래 묶을 수 있는 사례들도 살펴보기로 한다. 사역의 적용 범위는 정도성에서 강제성·직접성으로부터 시작하여, 사역의 간접성·자발성 허용의 정도까지 차이가 있겠지만, 사역은 오직 자유 의지를 지닌 인간을 대상으로 하여 특정한 행위(행동)가 목표하는 대로 일어나도록 강제하거나 억제하는 일을 뜻한다. 앞에서 살펴보았던 사례들에서는 상황(무대)이 초점으로 부각되는 데 반하여, 여기서는 모두 사람의 행동과 마음가짐('무대'와 대립되는 개념의 짝 '배우')이 초점으로 크게 부각된다.

(120) -게 ᄒ여 주시오: "우리 창고가 아홉 거린디(채인데), 아홉 거리에 홍상(恒常) 쥐가 들어서 야단치는디, 우리 쥐를 좀 끊게 ᄒ여 주시오!"

("우리집 창고가 모두 아홉 채인데, 아홉 채마다 항상 쥐들이 들어서
야단이니, 쥐가 더 이상 얼씬거리지 않도록 좀 끊어 주시오!" 구비2 양
구협, 남 71세: 627쪽)

(121) -게 시키라: 가이 그디서 일ᄒ게 시키라!169)
(그 아이를 그곳에서 일하게 시켜 주어라!)

(122) -게 맹그는: 그디(그곳의) 종으로 막 부려먹어 가지고 여유(이익이
남게)있게 맹그는(만드는) 놈이, 쏠(쌀) ᄒ 되 여유가 잇일 거라? 구비1
안용인, 남 74세: 165~166쪽
(못된 부자집에서, 그곳의 종으로 막 부려먹어서 자신에게만 이익 있게
만드는 놈이, 어찌 어진 마음으로 자신의 종들에게 쌀 한 됫박이라도
줄 마음의 여유가 있을 것인가?)

여기서 제시된 사례들은 모두 사람이 사람에게 시키는 일을 가리키고
있다. 이것이 이 방언에서 관찰되는 일정 범위의 양태 동사 구문 중에
서 사역 구문의 해석을 위한 첫 번째 조건이 된다. 생명이 없는 사물임
에도 불구하고, 드물게 의인화된 대상이 나타날 수도 있다. 그렇더라
도 사역을 받는(당하는) 사람의 자유 의지를 억압하거나 자유 의지에

---

169) 이 문장은 필자가 임의대로 만들어 넣었다. 일부에서는 '하게 만들다'를 하나의 낱말
'시키다'로 합성해 놓은 경우도 있다. 이른바 어휘 해체 접근이다. 필자는 '삼다, 섬기다'
와 같은 낱말도 어원상 '하다'와 관련될 만하다고 본다. 만일 이것들이 동일한 기반을
지니고 있다면, 사역 접미사 '이'가 '하다'에 붙어 있는 형식 '하+-이-'가 합성되어
'시-'로 되었을 가능성을 추구해 볼 수 있다. 그렇지만 '시키다'는 2음절 어간이라는
점에서 커다란 장벽을 넘을 수 없다.
　구조주의 언어학에서 찾아낸 중요한 공헌이 변이 형태소의 존재인데, 두 가지 하위범
주로 나누었다. 음운론적으로 제약된 것과 형태론적으로 제약된 것이다. 그렇지만
왜 이런 변이 형태소들이 존재해야 하는지는 아무도 설명해 주지 못하였다. 339쪽의
각주 77에 적어 두었듯이, 하버드 대학 심리학과 핑커 교수가 '지각상의 두드러짐'을
구현하기 위하여 어느 언어에서이든지 빈번히 쓰이는 낱말들이 다양한 변이 형태들을
지니고 있음이 처음으로 지적하였다. '하다'와 '시키다' 사이에서 현격히 다른 모습도
아마 이런 통찰력을 따르는 편이 안전할 것으로 본다. 다시 말하여, 특히 지각상의 두드
러짐을 보장받기 위하여 '하-'와 소리가 다른 형식 '시키-'로 발달하였을 가능성이 높
은 것이다. 이런 통찰력을 받아들이더라도 여전히 남는 의문점이 있다. 우리말에서는
특히 짧은 형식의 사역문과 긴 형식의 사역문 사이에 깃든 속뜻의 차이가 분명히 있기
때문이다. 일부에서는 이것들이 외연의미는 같더라도 내포의미는 다르다고 기술해 놓
지만, 두 구문이 존재해야 하는 필연성에 대한 탐색에는 아무런 도움도 주지 못한다.

반하는 일을 강제로 시키거나 억압한다는 기본 질서는 벗어나지 않을 것이다. 이런 형상을 분명히 드러내기 위하여 '만들다, 시키다'는 동사가 쓰이고 있으며, 이를 대신하여 포괄적으로 '하다'가 빈번히 쓰이고 있는 것으로 필자는 해석한다(대동사를 규정할 때에, 인용 구문의 '하다'와 사역 구문의 '하다'가 모두 다 대동사인지 여부도 중요한 물음이 되겠는데, 개인적으로 필자는 의미 해석의 측면에서 인용 구문에서는 묘사 동사의 계열로 보지만, 사역 구문에서는 주동사에서 의미가 확장된 모습으로 대동사처럼 쓰이고 있는 것으로 보는 것이 장점이 있을 것으로 여김).

필자는 내포 어미 '-게'를 중심으로 하여 이 내포문을 허용해 주는 동사가 크게 두 부류로 나뉠 수 있을 것으로 본다.

(112가) '-게 {되다, 생기다, 마련이다}'
(112나) '-게 {시키다, 만들다, 하다}'

전자의 경우에, 자연세계의 대상물에 대한 변화를 서술해 주는 몫뿐만 아니라, 또한 사람들에게서 찾아지는 행동의 변화(사건의 변화)에도 적용되는데, 하위 갈래로 두 경우로 나뉜다. 첫째, 자연계의 인과율에 따른 사건 변화인 양 서술해 준다는 측면에서, 마치 자동적 과정이 깃들어 있는 듯이 서술될 수 있다. 둘째, 해당 사건의 결과 상태에 초점이 모아진다는 측면에서 마치 운명론적인 필연성이 스며들어 있다. 이미 64쪽의 〈표2〉와 60쪽의 각주 23에서 지적해 놓았듯이, 담화의 거시 구조를 받아들일 수 있도록 만들어 주는 개념을 뭐라고 부르든지 간에(정당성, 합당성, 타당성, 합치된 정신 모형 등) 이 구문을 받아들이는 청자들로 하여금 당연히 그런 결과 상태에 이름을 전제하도록 하는 효과를 거둘 것이다.

반면에 (112나)는 일차적으로 자유의지를 지닌 사람을 대상으로 한다는 점에서 (112가)와 구분된다. 만일 의인법을 논외로 할 경우에, 이 구문에서도 하위 구분이 주어져 있다. 사역의 대상이 사역 사건의 목표에 도달하는 과정에서 일정 정도의 자발적 선택지가 주어져 있는 지에 따라서 서로 다른 통사 행태를 보여 준다. 내포문의 주어가 상위 문 핵어 동사에 의해서 대격 표지(가령, "철수를")를 받는지 여부에 따라서, 사역의 힘이 직접 억제하는 강제력의 정도가 달라지는 것이다. 오직 내포문의 주격 표지를 받는 부류(가령, "철수가")는 항상 그 자신의 선택지가 일정한 정도로 보장된다는 점에서 간접적인 측면이 부각된다. 그런 사역의 힘이 강제적으로 미치는 일은 아마 핵어 동사들의 의미에 의해서도 구분될 법하다. 필자의 직관만을 고려한다면, '-게 하다'보다는 '-게 시키다'가 더욱 직접성과 강제성이 부각되며, 다시 '-게 만들다'는 저항하는 힘을 억누른다는 함의까지 깃들어 있을 듯하다. 이는 이런 구문들을 다루기 위한 초보 선상의 작업 가정에 지나지 않는다. 좀 더 자세히 다양한 사례들을 분류하고 범주로 묶는 과정에서 또다른 측면들이 부각될 개연성은 여전히 높을 것이다.

§.5-3 내포 어미 '-고'를 매개로 한 구문
: '-고 싶다 vs. -고 말다'

부사형 어미 '-고'를 매개로 이뤄진 구문은 '-고 말다 vs. -고 싶다'가 대표적이다. 이 방언의 자료를 보면 또한 '-고 {ᄒᆞ다, 잇다}'도 관찰된다. '-고 ᄒᆞ다(-고 하다)' 구문과 '-고 잇다(-고 있다)'가 이 책에서 양태 동사의 특징으로 주장된 대립 짝인지도 질문을 던져 봐야 한다. 다시 활용이 아주 제한된 모습을 보이는 '-고 보자!(떠나고 보자)'라든가 '-고 대고(욕하고 대고 상관없이)'도, 드물지만 이 방언의 설화 자료에서 관찰된다. 이것들도 양태상 사건 전개의 모습에서 짝으로 대립할지에 대해서도 의문이 제기될 수 있다. 다만 후자 '욕하고 대고'의 경우 이미 제4부의 제3장과 제4장에서 '-고 ᄒᆞ다'라는 접속 구문을 대상으로 하여, 내포 구문 속에 편입하는 구조(-곡 -곡 ᄒᆞ다, -고 -고

ᄒ다)로 다룬 바 있는데, 이런 구문을 이용한 표현인 듯하다.

공통어에서 진행상을 가리키기 위하여 자주 쓰이는 '–고 있다' 구문은, 이 방언에서 거의 시상 선어말 어미 '–앖–'으로 쓰인다(거꾸로 말하여 [±시작점, –종결점]의 의미자질을 지닌 '–앖–'에 대한 공통어의 대역은 전형적으로 '–고 있–'임). 여기서는 제한된 활용 모습을 보이는 '–고 보다, –고 대다'는 논의에서 제외해 둔다. 이 방언의 연구에서 이런 구문들에 대한 논의가 처음이기 때문에, 빈도가 일단 어느 정도 있다고 판단되는 부류를 논의의 대상으로 삼고자 하기 때문이다. 그렇다면 먼저 '–고 하다, –고 잇다'의 사건 전개 모습에서 양태상으로 대립되는 측면이 있는지 여부를 검토할 필요가 있다(단독 어휘의 대립 짝이 아니라, 양태 동사 범주상의 사건 전개에 대한 의미 대립임). 이런 점을 고려하면서, 다시 내포 어미 '–고'를 매개로 한 구문이 전형적으로 '–고{말다, 싶다}'가 양태상 사건 전개의 모습에서 짝을 이루는 것으로 다뤄져야 함을 논의할 것이다.

§.5-3-1 먼저 '–고 ᄒ다, –고 잇다'의 실제 사례를 확인하고 나서 이를 검토해 나가기로 한다.

(123) –고 허여서: 올라오라(올라와) 가지고, 이제는 산 우으로(위로) 이제는 올라가고, 활 메고 이젠 허여서 올라가는디, 어머니는 혼이 나가 가지고 한라산 우으로 다 올르고, ᄌ식 ᄉ형제ø 데려서, 아바지는 혼비백산 허여 불고.
(올라와서, 이제는 산 위쪽으로 이제는 올라가고, 이제는 어깨에 활을 메고 해서 산 위로 올라가는데, 어머니는 혼이 나가서 정신 없이 한라산 위쪽으로 자식 네 형제를 모두 다 데리고서 올랐고, 아버지는 혼비백산해 버렸어. 구비1 안용인, 남 74세: 150쪽)

(124) –고 잇다: "아이, 뉜(누어서) 자고 잇다."고 ᄒ니까, "일어나십서(일어나십시오)!"고.
("아니, 누어서 자고 있다."고 대답하자, "일어나십시오!"라고 말했어.

구비1 안용인, 남 74세: 166쪽)

여기에 제시된 설화 자료는 명백히 1970년대 말에 당시 70대의 화자에게서 각각 '-고 하다'와 '-고 잇다(-고 있다)'가 쓰이고 있음을 보여준다. 다만 (123)에서 '이젠(이제는)'이라는 부사가 중간에 들어가 있는 점이 특이하다. 만일 이런 부사의 출현 가능성이 구조적으로 뒷받침된다고 본다면, 필자로서는 이것이 한 낱말처럼 융합되는 어휘 구성이 아니라, 오히려 규칙적으로 생산되는 통사 구조임을 명백히 보여주는 것으로 판단된다. 필자의 주장이 옳다면 이는 '-곡 -곡 ᄒ다' 또는 '-고 -고 ᄒ다'의 구문을 반영해 주는 구성일 수도 있다(제4부의 제3장과 제4장). 그렇다면 '-고 ᄒ다'라는 구성은, 더 기본적인 표상에서 접속 구성이 전제된 다음에, 다시 내포 구성으로 편입되는 방식을 보여 준다고 여길 만하다. 그렇다면 다음처럼 흔히 듣는 관용적 어구들이

"먹고 자고 하다", "오고 가고 하다", "울고 불고 하다"

과연 접속 구성에서 나오는 것이지를 검토하도록 요구하는 것이다. 다시 말하여, (123)의 사례가 접속 어미 '-고 -고' 반복 구문이 다시 'ᄒ다(하다)'를 매개로 하여 내포문을 구성함을 드러내는 것인지(제4부의 제3장과 제4장), 아니면 구적 낱말(phrasal word)의 단계에서 융합되고 고정된 한 낱말처럼 진행되는 중간 과정의 것을 보여 주는지를 결정해 주어야 한다.

필자는 관용적으로 쓰이는 「동사 어간-고 동사 어간-고 하다」 형식과 접속절을 요구하는 「접속절-고 접속절-고 하다」의 구문이, 비록 외견상 같은 형태소를 찾아볼 수 있으나, 이미 임의의 요소가 들어갈 수 있도록 허용할 수 있는지 여부에서 서로 구분해 놓아야 할 것으로 본다. (123)에서는 매우 두드러진 특징으로서 '-고 하다'라는 구문

사이를 '**이제는**'이라는 군말이 끼어 있다. 아마 필자는 (123)이 "활 매고 이제는 그렇게 해서"라고 다시 써 줄 만하다고 느낀다. 이는 접속절을 전제로 할 때에라야 가능해진다. '이제는'이 비록 어절 사이에 쉼 또는 디딤판 역할을 하는 군말이지만, 그 범주가 부사(부사+보조사)라는 점이 눈길을 끈다. 그리고 이런 부사가 두 어절 사이에 개입할 수 있다는 사실을, 필자로서는 구적 낱말로 줄어드는 과정으로 봐서는 안 된다고 본다. 오히려 부사를 매개로 하여 엄연히 접속 구문이 계속 반복되어 나열될 수 있음을 드러내는 것이다. 그럼에도 불구하고, 굳어진 관용구로서 한 낱말을 구성하는 형식이 처음에서부터 저절로 그렇게 마련된 것이 아니라, 기본적으로는 접속절 구성의 형식으로부터 빌려 쓰면서 점차적으로 확립됐을 것으로 본다.

이제 (124)를 살펴보기로 한다. 이 방언에서 기본적으로 쓰이는 시상 선어말 형태소 '-앖-'으로 교체될 수 있다. 만일 격식성 여부에 따른 말투상의 변이를 제외한다면 아무런 의미 차이도 느껴지지 않는다.

"넌 잢다!"(누어서 자고 있다) vs. "넌 자고 잇다!"(누어서 자고 있다)

사이에는 격식 갖춘 말투 이외에 더 이상의 차이는 없을 듯하다. 이에 대한 대답("일어나십서")에서도 드물게 대우 표현 형태소 '-으시-'를 쓰고 있다는 사실에서, 담화 속 인물들 사이에 주고받는 말투의 격식성을 짐작할 수 있게 해 준다. 다시 말해서, 격식을 갖추고서 '-고 잇-'을 쓴다는 전제 위에서만, 얼굴을 마주 보는 청자에게 대우 형태소 '-으시-'를 표시해 주고 있는 것으로 일관되게 해석이 이뤄질 수 있는 것이다. 이는 이 책에서 주장해 온 「문법 형태소의 중층성」 실현 모습의 한 갈래이다. 이를 설명하는 방식은 몇 후보 중 사회언어학적으로 말투를 일부러 바꾸는 일로 파악하는 것이다. 만일 이 방언에서

"눤 잢다!"(눠서 자고 있다) 또는 "눤 잢저!"(눠서 자고 있지)

에 대한 반응으로서 그만 일어나도록 권하는 말을 할 경우에, 필자에 게는 비록 청자 대우 형태소 '-으시-'가 없이 "일어납서!"라고만 말해 도 상대방 쪽에서 하등의 불쾌감이나 감정상 거부감을 일으키지 않을 것으로 본다. 왜냐하면 전형적으로 '-읍서'라는 종결 어미가 대우 형 식을 띤 명령 서법의 종결 어미이므로, 설령 '-으시-'가 나오지 않더 라도 여전히 청자 대우의 기능이 실행되고 있기 때문이다.

그렇지만 (124)에서는 "일어나십서!(일어나다+으시+읍서)"라고 표 현되어 있다. 이를 어떻게 설명할 것인가? 선어말 어미로 이뤄진 대우 형태소 '-으시-'를 갖춤으로써, 대우 모습에서 다시 정중히 요구하고 있는 것으로 설명할 수 있다. 기본적으로 종결 어미 '-읍서'가 청자에 대한 대우를 충분히 떠맡고 있다. 그렇지만 다시 관련 동사에 '-으시 -'를 덧붙이어 구현하고 있는 것이다. 이 두 형태소가 모두 동일한 범위의 똑같은 기능만 중복되게 지니고 있는 것은 아니다. 상황이 좀 더 복잡해질 경우에는 이런 차이점이 쉽게 간취될 수 있다. 가령, 사극 을 볼 경우에 우리말에서

"아뢰오! vs. 아뢰옵나이다!"

의 대립에서 잘 보여 주듯이, '-오'라는 대우 종결 어미가 다시 '-옵나 이다'가 융합된 모습으로도 쓰이고 있음에 주목할 필요가 있다. 동일 하게 신하와 임금과의 대면 상황에서는 어느 형식을 쓰든지 구분이 되지 않는다. 그렇지만 임금이 대비전에 거둥할 경우를 상정한다면, 내시가 쓰는 발화에서 차이가 관찰될 수 있다.

"임금 마마 납(나+옵)시오! vs. 임금 마마 납시옵나이다!"

에서도 활용 형식이 고정된 '납시다'(『표준국어대사전』에서 '납시다'를 '나+ᄋᆸ+시[으시]'로 풀어놓았음)라는 낱말에서 찾아지는 '-으시-'를 관찰할 수 있고, 다시 '-읍나이다'(오늘날 '-읍니다')가 추가되어 있는 형식이다. 이 또한 앞에서처럼 동일한 형태소의 결합을 보여 준다. 여기서 '납시오'는 화자(내시)가 다른 사람들이 듣는 일을 모두 하나로 묶어서 임금과 청중 사이에 일어나는 사건으로만 표현하고 있다(모든 청중을 대상으로 하되, 전혀 대우하지 않고, 평대 또는 하대하고 있음). 따라서 대우 관계의 계산이 오직 거둥(거동)을 하시는 임금이 있고, 이와 대립하여 화자(내시)를 포함한 나머지 사람들이 모두 다 하나로 묶이어 있다. 그리고 이들 사이에서 서로 화용상 대우의 위계로 대립하고 있다. 이것이 바로 '-으시-'를 쓴 까닭이 된다(주체 대우 형태소). 그렇지만 '납시옵나이다'의 경우는, 듣는 사람이 모두 다 동일한 부류로 묶이는 것이 아니다(청자 대우 형태소). 화자 입장에서는 듣게 될 청자(클락 교수는 본디 '의도된 청자'라고 부름)도 또한 임금처럼 높이어야 할 대상이다. 그러므로 '-읍나이다'가 덧붙어 있고, 이를 통해서 의도된 청자인 '대비'를 높이고 있는 것이다. 다시 말하여 화자(내시)는 임금과의 대립에서 '-으시-'라는 대우 형식을 선택하였고, 대비와의 대립에서 '-읍나이다'라는 형식을 선택한 것이다.

이런 측면에서 필자는 '일어납서 vs. 일어나십서'가 모두 동일한 기능을 지닌 것은 아니라고 판단한다. 우연히 화자와 청자만이 이 대화 상황에서 등장하기 때문에, 그리고 자동사의 선택의 결과 다른 제3의 청자가 상정되지 못하기 때문에, 단지 동일한 표현 가치를 지니는 듯이 보일 뿐이다. 만일 사건을 일으키는 주체와 그 주체의 행위 또는 관련 사건이 다시 더 높여야 할 대면 청자가 있을 경우에는, 서로 다른 기능을 맡게 되는 것이다. 가령, 손자가 할머니에게 자기 자신의 아버지의 행동을 말할 경우를 상정해 보자. 필자에게는 이럴 경우에

"아버지도 집에 들어오셨수다!"(들어오+으시+았+수+다)

라고 말할 법하다. 손자인 화자는 '들어오다'는 행동을 직접 실행하고 있는 아버지를 높여야 할 뿐만 아니라, 또한 듣는 사람으로서 자신의 할머니를 대상으로 하여서도 대우 표현을 써야 하는 상황이다. 이런 측면에서 필자는 (123)의 "일어나십서"라는 표현이 대우 등급이 중언 부언된 것으로 파악하는 일은 잘못이라고 본다.

한편, 대우 표현이 우리말에서는 구체적인 언어 형태소가 미리 주어 져 있기 때문에, 매우 당연시하고 그런 범위에서만 실행되는 것으로 이해하기 십상이다. 그렇지만 이와 관련된 영역이 '정중성'(영어의 낱말 polite은 어원상 언어 형식이 매끄럽게 아주 잘 닦인 상태[polished]를 가리키 며, 결과적으로 made smooth 부드럽게 들리도록 함)이란 개념으로 다뤄져 왔다. 이는 단지 언어 차원의 임의 형태소에만 국한된 개념이 아니다. 좀 더 직접적으로 이미 마련되어 있는 그런 언어 형태소가 없더라도, 언어 사용 방식 그 자체가 상대방을 대우하거나 공손히 표현하거나 정중하게 표현할 수 있음이 잘 알려져 있다. 이런 특징은 미시 사회학 (또는 상호작용 사회학)을 개척한 고프먼(1967; 진수미 뒤침, 2008)『상호 작용 의례: 대면 행동에 관한 에세이』(아카넷)에서 이른바 '체면 관련 작업(face-work)'을 응용하면서 본격적으로 논의된 바 있다. 체면 관련 작업은 서로 다른 두 방향으로 작동한다. 상대방의 체면을 보호해 주는 일(face-saving act)과 상대방의 체면(face-threatening act)을 위협하는 일 인 것이다. 이를 언어 용법상으로 파악하고서 처음으로 정중함의 척도 를 수치화하여 표상해 놓은 업적이 브롸운·레뷘슨(1987 제2판)『정중 성: 언어 용법에서 몇 가지 보편 요소들(*Politeness: Some Universals in Language Usage*)』(케임브리지대학 출판부)이다. 다소 필자 나름대로 이를 재구성한다면, 그 논의의 핵심을 다음처럼 제시할 수 있다.

〈표17〉 정중성과 관련된 여러 층위들의 위계

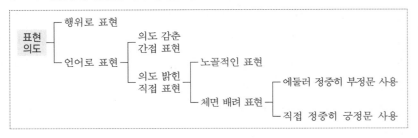

이 도표는 임의의 정중한 표현 또는 공손한 표현을 놓고서, 어떤 동기로 임의의 형식이 선택되었는지를 결과론적으로 해석해 주는 데에 기여한다. 이런 점에서 정중한 표현을 이해하는 측면으로 바라본 정중성의 해석 틀인 셈이다. 그런데 의도를 감춘 간접 표현 전략(off-record politeness strategy)은 때로 협소한 방식으로도 적용될 수 있고, 때로 더 넓은 방식으로도 적용될 수 있다. 직접 명시적으로 표현된(on-record) 정중성 관련 어구는, 일상언어 철학자 그롸이스 교수의 언어 형식이 깃들어 있는 관습적인 속뜻을 연상시킨다. 이와 대립 짝인 암묵적으로 깔려 있는(off-record) 정중성 표현 방식은, 언어 사용 상황에 따라 깃드는 속뜻을 연상시켜 준다.

그런데 그뢰인저(Grainger, 2011) "「First order」 and 「second order」 politeness: Institutional and intercultural contexts"(언어의 정중함에 대한 연구 집단 엮음, 『정중함에 대한 담화 접근(*Discursive Approaches in Politeness*)』, De Gruyter Mouton: 제6장)에서는 일반 사람들이 이내 느끼는 정중성의 느낌 및 어떤 사회언어학적 가정 위에서 해석하는 정중성 사이에 서로 구획되어야 한다는 주장하였다. 물론 무엇이 첫 차원의 내용이고 무엇이 둘째 차원의 내용인지는 연구자가 목표로 삼는 범위에 따라 조금씩 변동이 될 수 있겠지만, 최근의 정중성 논의에서는 이런 주장이 수용되고 있다(Watts, 2003, 『정중함(*Politeness*)』, 케임대학 출판부에서는 명시적으로 Eelen, 2001에서 비롯되었음을 언급함). 언어 층위에서 특정한 고정 형태를 찾을 수 없을 경우에, 좀 더 범위를 확대하여 상황별 표현 방식을 포착하고 표현 동기를 다룬다면, 아마 일반 사람의 느낌(folk interpretation) 및 학문적 시각의 논의(sociolinguistic interpretation) 사이에 서로 달라질 수 있는 중요한 측면을 드러내려는 듯하다(와츠, 2003: 4쪽). 정중한 표현에 대한 정의가 이미 만들어진 언어 형식을 이용하는 경우뿐만 아니라, 그 표현 동기를 대상으로 삼아서 상대방을 배려하면서 「상대방의 자율성과 자존심이 손상을 입을 만한 것들」을 일부러 회피하는 일까지도, 전적으로 같은 화자가 지닌 마음가짐의 동일한 마음씀씀이에 말미암는 것이다. 이런 자각이 단순히 정중함의 영역을 낱개 문자의 특정한 언어 형식에만 묶어둘 수 없고, 더 나아가서 담화 전개의 흐름 속에서 정중함으로 얽어 놓을 수 있는 방식들도 다루게 된 것이다. 이는 올바른 발전 방향이라고 필자는 이해하고 있다.

김지홍(2015)『언어 산출 과정에 대한 학제적 연구』(경진출판)에 따르면, 우리가 한 표현을 선택하는 과정이 결코 단순하고 기계적으로 이뤄지는 것이 아니다. 먼저

㉮ 해당 상황에 맞춰 적절한 의사소통 모형을 상정하는 일이 선행되는데, 이를 맡은 부서는 100쪽의 〈표5〉에 있는 재귀적 자아의식(작업기억)이며, 여기에서 판단·결정(그리고 맨 뒷단계에서 평가) 과정에 의해서 진행된다.

㉯ 상대방 청자와의 공통 배경과 정보 간격을 스스로 가늠해 놓아야 하며, 흔히 이를 표현 가치(내용)를 결정해 놓은 '의사소통 의도'라고 부른다.

㉰ 정보 간격을 언어 표현으로 전달해 줄 경우에 「어떤 서술 관점을 취해야 할지」를 순식간에 판단해야 한다.

이런 일이 모두 다 임의의 서술 관점을 언어로 표현하기 이전에 선결되어야 한다. 일단 '의사소통 의도'가 세워져 있다면, 일후에 순간적이지만 연속적으로 일어나야 하는 과정은 다음과 같다.

㉔ 언어 표현도 또한 직접 표현을 쓸지, 아니면 간접 표현을 쓸지를 결정해야 하고, 후자의 선택에서는 우회 표현을 쓸지, 아니면 비유 표현을 쓸지를 결정해야 한다. 비유 표현도 야콥슨 교수의 통찰에 따라서 환유법을 쓸지 아니면 은유법을 쓸지를 결정하게 된다.

어떤 언어 표현을 선택하든지 간에, 이 단계가 끝나면 의사소통 의도를 붙들고 해당 부서에서 조음을 위하여 신경계로 지시명령을 내리게 된다. 이 과정은 우리가 의식할 수 없는 무의식적 처리 과정이다. 이 처리가 수행되는 과정은 입말(입과 귀를 이어줌)로도 이뤄질 수 있고, 글말(눈과 손을 이어줌)로도 이뤄질 수 있다. 만일 날숨을 이용하여 입말로 상대방에게 언어 표현을 전달한다면, 그 언어 표현의 발화로만 모두 다 끝나는 것이 아니다.

㉤ 반드시 상대방이 나의 언어 표현을 듣고서 어떻게 반응하는지 여부를 평가하면서, 그 일이 성공적이었다고 느낄 경우에라야 동시에 다음 발화를 말해 주는 일이 뒤따른다.
㉥ 만일 자신의 언어 표현의 의도를 상대방이 제대로 파악하지 못했다고 평가를 내렸을 경우에는, 위의 순환 과정에서 일부 또는 전부 새롭게 작동해야 한다. 일부를 다시 작동시키는 경우는 본디 의사소통 의도는 그대로 존치되겠지만, 전부를 새롭게 작동시켜야 하는 경우라면 틀림없이 화자는 임의의 의사소통 상황을 제대로 상정하고 관련된 하위 정보들을 적합하게 설정해 주지 못한 것이므로, 그 책임은 전적으로 화자 자신에게 돌아간다.

이러한 중층으로 이뤄진 너다섯 단계의 부서들이 동시에 가동되면서 지체함이 없이 지속적으로 여러 층위들이 작동하면서 이어져 나가는 일련의 과정이, 두뇌 속에서 일어나고 있는 우리 인간들의 의사소통에 대한 진면목이다. 만일 이런 일련의 복잡한 다중 층위의 과정 작동이 동시에 순환 반복되면서 일어나며, 그것도 지속적으로 이 과정들이

나사못처럼 반복 순환되면서 진행되는 것이라는 점을 생각해 본다면, 일반인들이 느낄 만한 산출 과정과 전문 지식 영역에서 밝혀내 온 산출 과정 사이에는 천양지차가 있을 수밖에 없음을 깨달을 수 있다.

이런 측면에서 공손함 또는 정중함에 대한 표현법이라고 할지라도 간단한 특정 형태의 선택에만 그치는 것이 아니다. 그렇다면 일반 사람들이 언어 표현에 대한 느낌 및 학술적 시각에서 임의의 언어 표현을 평가하는 일이 항상 어느 정도 크든 작든 불일치하는 부분들이 있을 것임을 이내 짐작할 수 있다.

그렇지만 이런 복잡한 다중 층위의 동시 작동 및 반복 순화 흐름에도 아랑곳하지 않고, 언어로 된 의사소통은 구성원들 사이에서 누구나 어려움 없이 사용하면서 중단 없이 주고받는 일련의 사건들이다. 그렇다면 이를 작동시켜 주는 밑바닥 원리는 매우 쉽고도 간단할 수밖에 없다. 이런 측면을 클락(1996; 김지홍 뒤침, 2009) 『언어사용 밑바닥에 깔린 원리』(경진출판: 제10장)에서는 크게 두 가지 원리가 함께 작동한다고 보았다.

(ㄱ) "가는 말이 고와야 오는 말이 곱다!"는 속담이 드러내듯이 상호 호혜성의 바탕을 둔 공평성(equity)의 원리가 첫 번째 원리이다.

이는 대략 5만 년 이전에 성대가 하강함으로써 크로마뇽인이 분절음을 확보하면서 울부짖음(cry, 외침)에서 언어(language)를 획득한 시기 이전에도 적용되었던 원리이어야 하므로, 인간 상호작용을 규제하는 행동 및 언어에 모두 다 적용되는 범용 원리이다. 그리고 이 공평성 원리가 작동하는 상호작용 행위들은

(ㄴ) 상대방의 체면을 보호하거나 위협하는 두 방향의 원리가 동시에 작동하는 것이다.

다만 '체면 관련 산출 작업'이 어떻게 구체적으로 작동되는지를 계산하기 위한 손쉬운 원리를 더 추가함으로써, 우리가 무의식적으로 쓰고 있어서 잘 깨닫지 못하지만, 정중한(공손한) 표현을 하게 되는 두 가지 하위 변수를 새롭게 논의하였다. 이를 각각

  (ㄴ)' 「상대방의 자율성」 및 「상대방의 자존심」을 높여 주려는(또는 깎아 내리려는) 화자의 의도

로 재구성하였던 것이다. 여기서 자율성을 보장해 준다는 뜻은, 어떤 행위나 사건 전개의 결정권이 설령 화자인 내게 있다고 하더라도, 우정 상대방인 청자에게 넘겨주는 일을 뜻한다. 그럼으로써 일부러 마치 상대방에게 허락을 받는 형식을 취할 수 있는 것이다. 이 점이 바로 상대방을 무시하거나 업신여기지 않고 반대로 높여 주는 행위인 것이다. 이런 측면이 아직 정중성의 노선에서 심도 있게 각성되고 있는 것 같지는 않다. 가령, 내일 집을 떠나야 할 손주인 화자가, 자신의 할아버지한테 다음처럼 말을 할 수 있다.

  "내일은 집을 떠나야 할 것 같아요."

필자도 이런 '-을 것 같아요'라는 언어 표현을 자주 썼지만, 이것이 잘못된 언어 사용이 아니다. 흔히 이런 표현을 잘못된 것으로 치부하면서, 언어 교육(국어교육, 학교문법)에서는 「불분명한 말을 피하라」고 가르친다. 언어 교육에서는 의사소통의 큰 범주를 정보 전달용 범주와 친분을 도탑게 하는 범주로 나뉜다. 이런 범주에서 정보 전달용 목적에서는 그런 주장이 옳겠지만, 후자의 범주에서는 우리의 언어 사용 사실과 동떨어진 주장에 불과하다.
  상대방과 친분을 도탑게 하는 의사소통에서는, 특히 필수적으로 서로 얼마나 불분명하게 표현해야 되는지를, 실제 영국 입말 사용 사례

들을 놓고서 면밀하게 분석한 머카씨, 1998; 김지홍 뒤침, 2010, 『입말, 그리고 담화 중심의 언어교육』, 경진출판의 제2장과 제3장을 보기 바란다(이는 그롸이스의 대화 규범을 위배하는 명백한 영역으로 잘 알려져 있는데, 친분 쌓는 의사소통에서 잘 아는 사람들끼리 낱낱이 세부적으로 명백하게 말을 해 줄 경우에는, 상대방을 어린애처럼 깔본다는 잘못된 속뜻이 깃듦). 이는 단정적으로 말하는 일을 피하려는 모습이므로, 전통적인 설명 방식에서는 완곡한 표현으로도 다룰 수 있다. 다시 말하여 청자인 할아버지가 손자인 나에게 「떠나지 말고 좀 더 머물도록 결정할 권한이 있는 듯」이 말해 주고 있는 것이다. 특정한 형태소만을 놓고서 대우 표현으로 다루려는 협소한 접근 방식에서는, 이런 일을 전혀 다룰 수 없다.

그리고 자존심을 높여 주는 표현을 선택하는 과정은 매우 주관적일 수밖에 없다. 이는 감정이입을 통하여(또는 역지사지하여) 내가 스스로 느낄 법한 자존심 표현을 먼저 선택한 뒤에, 이를 상대방에게 투사함으로써 그의 자존심을 살려 줄 만하다고 판단된다면, 이런 표현을 일부러 상대방을 위해서 선택하는 일이다. 이는 자잘하게는 상대방을 부르는 호칭에서부터 시작하여(한 개인이 여러 사회적 관계를 맺기 때문에 그를 부르는 명칭도 아주 다양할 수 있음), 듣는 사람에게 나쁜 사실이나 부정적으로 초래될 결과를 암시할 법한 표현을 일부러 피하는 일에 이르기까지, 언어 사용 상황마다 매우 다양하게 다룰 수 있는 것이다. 좀 더 자세한 논의는 페어클럽(2001; 김지홍 뒤침, 2011) 『언어와 권력』(경진출판)의 §.3-1-2 '숨겨진 권력'과 그곳의 역주 20을 읽어 보기 바란다.

§.5-3-2 이제 다뤄야 할 구문은 '-고 {말다 vs. 싶다}'이다. 이 핵어 동사들이 양태상으로 대립하고 있을 뿐만 아니라, 또한 특정하게 굳어진 모습으로까지 확장되기도 한다. 전자는 '-고 말고("아무렴, 가고 말고!")'와 같이 종결 어미로 전성되어 나오기도 하고, 후자는 '-고프

다'처럼 융합되어 마치 하나의 단일한 어미처럼 쓰일 수도 있는 것이다. '-고 말고'는 반복된 '-고 -고' 구문의 형상을 그대로 채택하여 굳어진 어휘 수준으로 고정되고 있다. 이때에 상위문 핵어 동사는 맥락상 쉽게 복원될 수 있다는 전제 위에서 생략되어 있는 것이다. 그렇다면 생략되었을 법한 그런 동사들이 다음과 같은 범위의 후보를 상정할 수 있다.

'-고 말고 {따질 것 없다, 생각할 필요 없다, 문제없다, 상관없다}'

이렇게 어휘의 모습으로 굳어진 채 쓰이는 '-고 말고' 형식은, 그러하고 말고를 따질 필요조차 없이 「아주 당연히 그러하다」는 속뜻을 지니게 된다. 이런 사례가 다음 예문들에서 관찰할 수 있다.

> (125가) -고 말고: "기영(그렇게) 아니 허엿이면(하였으면) 암행어스안틔 (암행어사한테) 그 놈의 재산이 기냥(그냥) 녹아 불(쇄잔해 없어져 버릴) 건디…." 녹고 말고! 그까짓 건(것은) 뭐, 문제 ø 웃주게(없지+화용 첨사 '게').
> ("그렇게 안 했으면, 암행어사한테 그 놈의 재산이 부정 축재로 그냥 다 녹아 없어져 버렸을 것인데…" 아무렴, 녹고 말고! 그까짓 재산 정도야 뭐, 모두 다 압수되는 것은 문제가 없지+게[그렇지]. 구비1 방청자의 소감에 대한 본디 화자(안용인, 남 74세)의 반응임: 167쪽)
> (125나) -고 말고: 모관(牧管, 제주목 치소의 관할 범위)이 훨씬 널릅주(넓지요. [안용인씨가 수긍하면서] 널르고 말고(넓고말고). 저 안밧꼬지니까(안밭까지니까) 멀주(멀지), 멀어.
> (조선조 때 제주목 관할 지역이 훨씬 넓었읍죠. 넓고 말고! 저쪽 안밭 지역까지이니까 아주 멀지, 멀어. 구비1 친구인 현원봉[남, 나이 미상]씨의 반응에 다시 본디 화자인 안용인[남 74세]씨가 수긍하는 반응 표현임: 184쪽)

이 사례에서 '녹고 말고'는 '당연히 녹는다', '녹는지 안 녹는지를 굳이 따지지 않아도 이내 알 수 있다'는 뜻을 담고 있다. 그렇다면 '-고 말다' 구문이 담고 있는 기대나 희망에 대한 꺾임과 무산의 뜻과는 정반대의 뜻으로 해석되는 경우이다. 이때 그 반대의 속뜻은 생략되어 있는 상위문 동사를 상정하지 않고서는 해결될 수 없는 것이다. 이를 도출하기 위해서는 반드시 전체적인 이야기 모형(담화 전개 모형)이 상정되어야 하고, 그런 배경에서 일련의 사건 흐름에 대한 평가를 고정시켜 놓을 수 있는 것이다. 이는 텍스트로 이뤄진 언어 연구의 차원을 벗어난 일이 된다. 이를 흔히 「텍스트의 거시구조」로 부르거나 「전체 담화의 합당성(정당성, 일관성) 부여 방식」으로 부른다. 여기에서 배경 경험이나 겹쳐 읽기의 목적에 따라서 화자마다 조금씩 차이가 나는 담화 모형을 상정할 수 있을 것이다.

'-고 싶다'가 '-고프다'로 쓰이는 경우가 관찰된다. 이 또한 상위문 동사가 흔적('프')만 남기고서 마치 하나의 어미처럼 그 형식이 융합되어 있는 경우이다. 이는 공통어에서도 동일하게 관찰되는 현상이다.

(126) -고 싶어서 -고퍼서: "너 ø 왜 이디(여기에) 오란(와서) 노느냐?" "나 ø 글 ø 익는(읽는) 거 듣고 싶어서 완(와서) 논다." 그러니, 선생보고 "글 익는(읽는) 거 듣고퍼서(듣고파서) 놉니다."
(서당 학동들이 주인공에게 묻기를 "너는 왜 여기 서당 마당에 와서 놀고 있느냐?"고 하자, 주인공이 대답하기를 "나는 글을 읽는 것을 듣고 싶어서 여기에 와서 놀고 있다." 그러니 학동들이 서당 훈장한테 보고하기를 "그 아이는 우리가 글을 읽는 것을 듣고파서, 서당 마당에 와서 놀고 있습니다."라고 했어. 구비2 양구협, 남 71세: 619쪽)

'-고 싶다'는 내포문으로 나온 절에 대하여 기대 또는 희망을 표현해 준다. 주인공이 희망하는 사건은 '-고'가 실현된 내포문으로서 언급되어 있다. 즉, 같은 또래의 학동들이 서당에서 글을 읽는 것을 들으면서 스스로 배우고자 하는 일이다. '-고 싶다'의 구문이 수의적으로 줄어들어 '-고프다'로 변동하는 일이 자연스럽게 일어날 수 있음을 위 예문에서 잘 보여 주고 있다. 하나는 '-고 싶다'가 줄어들지 않은 채 쓰였지만, 이어서 나온 발화에서는 줄어든 모습의 '-고프다'가 쓰이고 있기 때문이다. 이에 대립하여 짝을 이루는 양태 동사의 '-고 말다' 구문에서는, 이와는 달리 내포절에 사건과 관련하여 그 기대나 희망이 꺾인다든지 또는 금지되거나 또는 반대의 실현 모습으로 진행되었음을 나타내고 있다. 이런 점에서 임의 사건의 진행 결과가 지닐 수 있는 양태상의 대립 모습을 보여 주는 것이다. 이런 대립 측면을 아래 예문들에서 다시 확인해 볼 수 있다.

(127) -고 싶어서: 아닌 게 아니라, 저승문 ø 당도ᄒ니 내(川)는 「창창창창~」(의성어, 물이 크게 흘러내리는 소리) 울르면서(큰소리를 내면서) 흐르는디, 물을 먹고 싶어서 꼭 죽겠어.
(아닌 게 아니라, 저승문에 당도하니, 그 앞으로 내가 「창창창창~」 우레 소리를 내면서 흐르는데, 목이 말라서 그 물을 먹고 싶어서 꼭 죽을 것 같아. 구비1 안용인, 남 74세: 135쪽)

(128) -고 말았다: 기다리라고 요구했음에도 아랑곳하지 않고, 그들이 기어이 떠나고 말았다.(필자가 만듦)

'-고 싶다' 구문은 선행절의 사건이 관련 당사자에게 희망이나 바람을 가리킨다. 이에 반하여 '-고 말다' 구문은 선행절에 표시된 사건이 관련 당사자에게는 희망 또는 바람과는 반대의 방향으로 일어나므로, 그 기대나 희망을 꺾어 놓는다는 속뜻이 깃들고 있다. 이런 희망이나 기대나 바람 등의 개념은, 결코 현실세계에 있는 사건의 「시작·진행·완료 여부」를 묻는 시상의 범주에는 속할 수 없다. 대신 이것들은 가능세계에서 임의의 사건을 놓고서 그 전개 모습을 개관한다는 점에서 더 높은 층위에 있는 양태(또는 양상) 요소들에 해당한다. 그렇다면 이 방언의 이런 자료들을 다루기 위해서, 서구 언어를 중심으로 하여 각각 사물과 인간을 대상으로 하여 필연성과 우연성, 그리고 의무와 허용 등만을 협소하게 가리키게 되는 양태의 개념을 좀 더 확충해야 할 것이다.

필자는 아직 관찰 불가능하고 실현되지 않은 사건이라 하더라도, 가능세계를 도입함으로써 미실현 양태(irrealis)라는 상위범주 아래, 물증을 제시할 수 없는 하위 양태 및 현재 상황에서 반례를 제시할 수 있는 하위 양태로 구분할 수 있을 것으로 본다. 이런 범주를 상정하고서 다시 우리가 자주 접하는 사례들을 중심으로 하여 귀납화해 나감으로써, 이런 양태의 갈래들을 더욱 정교하게 가다듬을 필요가 있을 것으로 본다. 필자는 381쪽의 〈표7〉과 774쪽의 각주 151에서 물증 제시가 불가능한 양태 아래에 다시 두 가지 하위 양태를 설정한 바 있다. 각각 순수히 상상에 의해 사건을 전개해 나가는 상상의 사건 양태 및 희망이나 바람 또는 기대를 반영해 주는 희망 사항 양태이다. 여기서 '-고 {싶다, 말다}'는 희망 사항과 관련된 양태를 구현해 주는 실제 사례가 된다.

§.5-4 내포 어미 '-지'를 매개로 한 구문
: 이른바 긴 형식의 부정문

공통어에서는 이른바 긴 형식의 부정 구문 '-지 아니하다'를 대상으로 하여 짧은 형식의 부정과 대조하면서 이미 수많은 논의가 쌓여 있다. 이 방언의 설화 채록 자료에서도 긴 형식과 짧은 형식이 다 쓰임은 두말할 것도 없다. 그리고 부정 요소로 대표되는 '아니'와 '못'도 공통어의 용례와 같이 그대로 쓰인다. 따라서 필자의 판단으로는 이 방언의 부정문과 관련하여서, 공통어의 논의와 특별히 다른 내용이 없을 것으로 본다. 여기서는 오직 이 방언의 자료에서만 찾아지는 특이한 형식을 한두 가지 사례만 언급해 두기로 한다.

(129가) -들 못홀망정: "아, 그러냐? 그러주마는 내가 입자고, 너 치매를

ᄒ여 주들 못홀망정, 너 치매를 입을 수가 잇느냐? 안 된다!"고.

(시아버지가 며느리에게 "아, 그러냐? 그렇지만 내가 외출복을 해서 입자고 하여, 너의 치마를 해 주지를 못할망정, 너가 시집을 때에 해 온 치마를 잘라서 내 옷을 만들어 입을 수 있겠느냐? 안 된다!"고 타일렀어. 구비2 양구협, 남 71세: 641쪽)

(129나) -들 아니ᄒ면 못 ᄒ엿주: [상점에 들어가면] "뭘 사겟느냐?" ᄒ여서, 사들(사지를) 아니ᄒ면 [물건] 구경도 못 ᄒ엿주.

(상점에 들어가면, 주인이 구경하는 손님을 보면서 "뭘 사겠냐?" 재촉하면서 묻는 일이 허다하였기 때문에, 옛날 시절에는 구경하는 물건을 사지를 아니하면 구경조차 못하게 했었지. 구비3 양원교, 남 72세: 415쪽)

(129다) -들 안 ᄒ다, -지 안 ᄒ다: [면화 이삭이] 캐들(패지를) 안 ᄒ(하기) 때문에 [면화를] 갈지 안 ᄒ고 ᄒ니까니, [다른 지방으로 가서] 의복 ᄀ음(감)을 서로 바꽛이면(바꾸었으면, 물물교환을 했으면) 하는 디거든(곳이거든, 공통어 '어디'에서의 '디').

(토질이 비옥하지 않았으므로 면화 이삭이 패지를 안 하기 때문에, 아예 면화 재배를 하지 않았으니까, 이곳 토산물을 들고 다른 지방으로 가서 서로 물물교환 형식으로 의복 감을 바꿨으면 하는 곳이거든. 구비3 김재현, 남 85세: 237쪽)

(129라) -들 안 ᄒ는 거라. 안 가느냐?: 그래서 막 ᄉ정ᄒ멍(사정하면서) 가들(가지를, 되돌아가지를) 안 ᄒ는 거라. "왜, 가라니(가라고 하니, 집으로 되돌아 가라고 해도) 안 가느냐?"

(그래서 막 사정하면서 가지를 않는 거야. "왜 가라고 해도 집으로 안 가느냐?" 구비3 김재현, 남 85세: 252쪽)

(129가)와 (129나)에서는 각각 '-들 못하다, -들 아니하다'의 구성을 관찰할 수 있다. (129다)의 화자는 '-들 안 하다, -지 안 하다'를 수의적으로 교체하여 쓰고 있다. 뒤의 경우도 "갈들 안 ᄒ고"라고 바꿔써 놓더라도 조금도 그 수용 가능성이 달라지는 것은 아니다. 따라서 이것들이 모두 다 공통어의 장형 부정 구문을 반영해 주는 것임을 알 수 있다. (129라)에서는 긴 부정 구문 형식과 짧은 부정 형식이 모두

다 관찰된다. 여기에서도 짧은 부정 형식 '안 가느냐?'를 긴 형식으로 "가들 안 ᄒᆞ느냐?"와 같이 교체하여 쓸 수도 있겠지만, 아마 함의의 측면에서 긴 형식과 짧은 형식은 조금 다른 면모를 지닐 듯하다. 긴 형식이 부정하는 사태에 대한 함의(머물러 있음)가 더 추가될 만한 것이다.

그런데 여기서 '주들(주지를)'과 '사들(사지를)'은, 분명히 강조해 주기 위한 대격 형태소가 보조사처럼 기능하면서 '를'이 덧붙어 있는 것이다. 만일 이를 제거한다면, 남는 형태는 '드'가 된다. 이 경우에 중세 국어에서는 '-디'라는 형태소가 쓰였었다는(-디비, -디위)는 점을 고려할 경우, 이 방언에서 찾아지는 이 형태는 중모음의 '듸'라는 모습으로 재구성할 소지가 있다. 이 방언에서는 아무런 언어 맥락이 없이도 '으'가 '이'로 바뀌는 전설화 현상이 자주 관찰되지만, 만일 부정 구문의 어미가 '듸'로 상정된다면, 왜 발음하기 편한 '디'를 버리고('*딜'), '드'로만 남았을지('들')에 대한 의문이 생긴다. 이 방언의 어미들에서 '으' 요소를 지닌 형태들은 자동적인 음운 변화로서 제일 먼저 '으' 탈락 규칙의 적용을 받는다. '주들(주지를)'에서 재구성을 통하여 상정되는 부정 구문 어미 '듸'는 이런 자동적 규칙 적용 결과와 다른 경우이다. 아마 구개음화를 방지하는 방벽으로서 '으'가 작용하고 있는 것일 수도 있다. 필자로서는 이런 형태에 대한 가능성의 범위를 어떻게 상정해야 할지 잘 알 수 없다. 이런 점에 대해서도 더 깊은 논의가 필요할 것으로 본다.

제6장 당위나 필수 조건을 표현하는 '-아사 {되다, ᄒ다}' 구문, 그리고 행위의 의도나 추측을 표현하는 '-을랴고 ᄒ다' 구문

827쪽 이하에서 내포 구문 어미 '-아'를 다루었다. 소위 강세 보조사 '사(야)'가 이 어미에 융합되어 '-아사(-아야)' 형식으로 되면서, 양태를 표현하는 상위 핵어 동사로서 '되다, 하다'가 구현된 구문이 쓰인다. 이는 일정 시점에서 내포절로 표현된 사건이 당위 또는 필수적인 조건을 표시해 주는 것이다. 그 이후에 현실세계에서 일어났는지 여부는 상위 핵어 동사에 선어말 어미들로 표현될 수 있다.

다시 '-아사 {되다, ᄒ다}(-아야 {되다, 하다})' 부류와 같이 비교될 만한 양태 동사로서 '-을랴고 ᄒ다(-으려고 하다)'도 관찰된다. 여기에서 내포절에 있는 어미 '-을랴고'를 어떤 형식들이 융합되어 있는지 파악하는 방식에 따라, 아마 두 가지 정도의 설명이 주어질 수 있을 듯하다. 첫째, 의문 종결 어미 '-을라(-을래)'를 중심으로 재구성하는 방식이 있다. '혼잣말'을 고려치 않을 경우에, 이 방언에서 이 종결 어미는 얼굴을 마주하고 있는 상대방에게만 쓰이는 특징이 있다. 그런데 '-을랴고 ᄒ다'는 화자 자신의 의도를 말해 주거나 또는 제3자의 의도를 추측하는 경우에 쓰이므로, 용법 측면에서 서로 정반대의 분포를 보인다. 이런 점이 이를 내포 어미의 융합 중심으로 상정하는 데에 결정적인 장애가 된다. 둘째, 다른 가능성으로 관형형 어미 '-을'과 관련짓는 방식이 있다. 여기에서도 결정적인 문제는 이 관형형 어미가 수식해 주는 핵어 명사를 찾아내는 데에 장애가 있다는 점에 있다. 이미 815쪽의 각주 160에서 언급되었듯이, 만일 형식 명사 '이'을 상정하여, '-을 이'를 중심으로 '-을랴고'를 도출할 수 있는 길을 모색한다면, 아마도 이 구성이 계사의 활용을 요구한다고 가정해 볼 수 있다. 그렇다면 '-을 이+이어+고' 정도의 초기 표상을 중심으로 하여, 몇 가지 음운 규칙(유음 받침의 복사 및 음절 재조정)을 적용할 경우에, '-을리어고' 정도를 중간 매개자로 검토해 볼 만하다. 그렇지만 이런 접근 방식에서는 명백한 내포 구성 "-을 것이라고"라는 형식이 이미 잘 쓰이고 있는데, 왜 굳이 '-을 이어고'라는 형식을 나란히 쓰고 있는 것일지에 대한 의문에 합리적인 답변을 마련해 놓기가 쉽지 않은 점이 있다(형식 명사 '것 vs. 이'의 내포 자질상의 대립을 찾아내기가 어려움).

§.6-1 먼저 '-아야 {되다, ᄒ다}'의 사례들을 중심으로 변이될 수 있는 범위들까지 다루기로 한다. 여기에서도 내포절을 인허(투영)해 주는 상위문 핵어 동사가 양태상의 특성을 띠어야 하기 때문에, 이미 어떤 제약이 주어져 있다. 그렇기 때문에 아무 동사나 그 핵어 위치에 실현되는 것이 아니다. 필자의 판단으로는 반드시 내포절 사건을 놓고서 평가하는 일과 관련되어 있고, 내포 어미 '-아사'는 내포절에 있는 사건이 일어나서 결과 상태에까지 도달해야 그 기준점이 충족됨을 지시해 주는 역할을 한다. 결과적으로 상위문의 핵어 동사는 그런 평가와 관련될 수 있는 범위 속에 들어가는 것으로 본다. 때로 '-아사만이(-아야만이)'처럼 그 범위가 한정사 '만' 및 부사 접미사 '이'를 이용하여 더욱 명시적으로 표현되기도 한다. 후술되어 있듯이 '-아사주만(-아야지만)'과 같이 특정한 속뜻을 지닌 종결 어미 '-지'와 한정 보조사 '만'이 융합될 수도 있다.

(130) [내포문 동사가 투영하는 절]-{아사, 아야} {되다, 흐다}

(130)의 구성에서 밑줄 그어져 있는 상위문 핵어 동사가 '되다'와 '하다' 이외에도 '맞다'(좋다, '옳다'도 가능함)와 '쓰다'도 관찰된다. 또한 쉽게 복원될 수 있음을 전제하여, 상위문의 핵어 동사가 생략된 경우 뿐만 아니라, 또한 필자의 자료 모음에서는 일반 동사들(얼근하다, 모시어 오다, 알다, 안 먹다)도 나온다. 이런 일반 동사는 내포절의 기준이 충족되어 있음을 전제로 하여, 그 충족된 조건 위에서 일어날 수 있는 관련 사건을 표현해 주고 있다. '-아야'라는 어미는 조건을 나타내는 구문에서도 찾아지고, 이 방언에서만 쓰이는 종결 어미 '-주'와 함께 융합되어 '-아사주(-아야지)'로 나오거나 또는 한정 보조사 '만'이 더 덧붙은 '-아사주만(-아야지만)'으로 쓰이기도 한다. 이런 형태들이 모두 평가 기준을 명시적으로 드러내 주는 데에 공모하고 있다. 그런 목적으로 융합된 복합 형식인 것이다.

그런데 특이한 구성은 다음과 같이 '-아야 흐게 되다(-아야 하게 되다)'로 쓰인 사례이다.

(131) -아야만 흐게 되엇는디: 기영(그렇게) 흐영(해서) 그 날은 「딱~」(의태어, 정확히) 당(當, 당도)해 가니, 아미영해도(아무래도) 불가피해서 가야만 흐게 되엇는디, 홀 수 읎어(할 수 없어).
(그렇게 해서 그 날이 딱 정확히 다가와 가자, 아무래도 불가피하게 제자의 회혼식 초대에 응해서, 할 수 없이 가야만 하게 되었는데. 구비2 양구협, 남 71세: 631쪽)

이 구문에서 '가야만 하다'라는 내포절은 사람과 관련된 상황이므로 의무나 당연의 의미를 담고 있다. 그런데 이 구문이 편입되어 있는 '-게 되다'는 그런 의무를 응당 실천해야 함을 나타낸다(사람의 경우에는 당위나 의무를 나타내겠지만, 사물이나 대상의 경우에는 필연성을 가리키게 됨). 비록 여기에서는 '하다'와 '되다'가 통합체 구성 형식 속에 다 같이 나왔지만, 양태 동사로 기능하는 이 낱말들에도 서로 구별되는 측면이 있다. '되다'는 상황이 변화하여 특정한 의무 또는 당위 조건에 이르게 됨을 나타낸다(사태의 변화나 진행 과정의 결과로서 당위성을 가리킴). '하다'는 선행절에 표시된 사건을 실행 또는 실천해야 하는 의무감을 가리켜 주는 듯하다. 이 방언의 설화 자료들을 다루면서 빈도의 측면에서 받는 인상은, '-아야 되다'가 압도적이고, '-아야 하다'는 버금간다.

(132) -아야 되겠다: 「아버지ø 은혜라도 갚아 두고 내가 죽어야 되겠다」고 허여 가지고, 집이(집에) 춫아(찾아) 오란(와서) 보니….
(「아버지 은혜라도 갚아 두고서 내가 죽어야 되겠다」고 결심을 한 뒤에, 집에 찾아와서 보니… 구비1 안용인, 남 74세: 125쪽)

(133) -아야 될 거 아니라?: 기영ᄒᆞ니(그러니) 아덜(아들)이 쌍놈이문(상놈이면) 메누리(며느리)도 ᄄᆞ랑(따라서) 나가야 될 거ø 아니라? ᄄᆞ란(따라서) 나갔다ø 말이어.
(그러니 아들이 쌍놈이면 며느리도 같이 따라서 그 양반의 집을 나가야 될 것 아니야? 며느리도 아들을 따라서 집을 나갔단 말이야. 구비2 양구협, 남 71세: 627쪽)

(134) -아야 홀 건디: 장수 나민(나면) 몰(말)ø 난다고 허여 가지고. 용마(龍馬)로 나오란(나와서) 해엿이민(했다면) 그것이 상천(上天)을 허였다든지 그런 말이 잇어야(있어야) 홀 건디(건데), 이건 몰ø 나고 장수 낫다ø 이것뿐이라.
(장수가 나면 장수가 탈 말도 함께 태어난다고 해서, 용마로 나왔다면, 용마가 하늘로 날아올랐다든지 하는 그런 전설이 있어야 하는데, 아무런 사건 전개도 없이 이 이야기에서는 그냥 용마가 태어나고 장수가 태어났다는 이런 말뿐이야. 구비1 임정숙, 남 86세: 194쪽)

(135) -아야 홀 건디: 샛ᄄᆞᆯ(둘째딸)도 쓰물 싓(스물 셋)이나 낫다(났다)ø 말이어. 쓰물 싓이 나니, 이거 누겔(누구에게든 결혼을 시켜서) 줘야 홀 건디.

(둘째 딸도 스물 셋이나 되었단 말이야. 스물 셋이 되니, 이 딸을 누구를 줘서, 시집을 보내야 할 것인데. 구비2 양구협, 남 71세: 647쪽)

여기에는 각각 '-아야 되다'와 '-아야 ᄒ다'가 들어가 있다. 그런데 사건의 전개 과정에서 이것들을 서로 교체하여도 설화의 사건을 이어 나가는 데에는 크게 지장이 생기지 않는다. 그렇다고 내포의미가 동일하다고 말할 수는 없다. 다음 사례들에서 이런 차이가 좀 더 분명히 드러나기 때문이다.

(136) -아야 된다: "불을 멀리 놔 가지고 고기를 궈야 된다!"
("불을 멀리 놔서 타지 않도록 고기를 궈야 된다!" 구비1 안용인, 남 74세: 133쪽)

(136)에서는 일반적인 진술을 표현하고 있다. 고기를 구을 때 태우지 않으려면 반드시 불로부터 일정한 거리를 두는 것이 옳다. 여기서는 이를 당위 또는 필연 진술로서 '-아야 되다' 구문을 쓰고 있는 것이다. '-아야 하다'는 일반화된 진술을 가리키는 부사가 쓰이지 않는다면, 1회적인 행동이나 사건을 가리키는 듯이 느껴진다.[170] 그렇지만 이런 구별이 필자 개인의 억측이나 편견인지, 아니면 일반화되고 올바른 진술인지에 대해서는, 앞으로 좀 더 많은 자료들을 검토한 뒤에 결론

---

170) 크뢋저(Kratzer, 1988) "Stage-level and Individual-level"(Carlson and Pelletier 엮음, 1995, 『The Generic Book』, 시카고대학 출판부에 재수록됨)에서는 무대 층위(장면 층위)의 일시적 상태의 술어와 개별 층위의 영속적 속성의 술어를 구별해 주었었는데, 필자의 지적은 이를 염두에 둔 것이다. '-아 하다'는 무대 층위(장면 층위)의 일시적 장면을 묘사해 주고 있는 것일 수 있겠으나, 이에 반해 '-아 되다'는 좀 더 일반적이고 보편적 진술에 관련된 개별 층위의 것일 수도 있다. 이 방언에서 동사에 붙는 '-앖'은 분명히 무대 층위의 사건 모습을 가리켜 준다. 그렇지만 형용사에서 아무런 시상 형태소 없이 ø로 나오는 것은 개별 층위의 보편 속성을 지시해 준다. 고영진(2007) "제주도 방언의 형용사에 나타나는 두 가지 '현재 시제'에 대하여"(『한글』 통권 제275호)에서는 '항상성 vs. 일시성'이란 대립 개념을 상정하였다. 필자로서는 이것이 각각 개별 층위 술어와 무대 층위의 술어에 대응하는 것으로 보인다(477쪽의 각주 99 및 595쪽의 각주 130을 보기 바람).

을 짓는 편이 온당할 것으로 보인다.

이런 의무감이나 당위성을 표현해 주는 '-아야 되다' 구문은, 당위
성을 표현하는 데에 어울리는 제2동사가 '맞다, 옳다, 좋다'로도 교체
되어 쓰일 수 있고, 옳은 방향의 실천임을 알려주는 '쓰다'도 나오게
된다. 후행하는 동사가 양태상 평가의 역할과 관련된다면 서로 바꿔
쓰일 듯하다.

(137) -아야 맞일 거라: 경(그렇게) 허여야 맞일(맞을) 거라(것이야).
　　　(그렇게 해야 맞을 거야. 구비1 안용인 씨(남, 74세) 옆에서 듣던 친구분
　　　인 현원봉[나이 미상] 씨의 수긍 반응: 184쪽)
(138) -아야 씨겟다고: 흔저(어서) 가 불어야(떠나가 버려야) 씨겟다고(쓰
　　　겠다고, 되겠다고).
　　　(어서 떠나가 버려야 쓰겠다고 생각했어. 구비2 양구협, 남 71세: 646쪽)
(139) -아야 씨겟다고: 회홀년(回婚年) 잔칠(잔치를) 흐게 되니, 즈기네(자
　　　기네)만 질겨(즐겨) 놀기는 곤란흐고. 흐니(그러니), 선생 생각을 흐니,
　　　「선생을 모셔야 씨겟다(옳겠다)」고 흔 생각이 들엇던 모냥(모양)이지.
　　　(황희 정승의 제자가 회혼연 잔치를 하게 되자, 자기네만 즐겨 노는 일
　　　은 곤란하고. 그러나 스승인 황정승을 생각하니, 선생을 모셔야 옳겠다
　　　고 하는 생각이 들었던 모양이지. 구비2 양구협, 남 71세: 639쪽)

(137)에 보이는 '맞다'는 '틀리다'와 대립 짝이 되는 낱말로서, 흔히
한 계열의 요소로서 '올바르다, 좋다, 옳다'와도 같이 통하게 된다. 이
동사에 '-을 것이다'가 결합된 뒤에 전설 모음으로 바뀐 것이 '맞일
거라(맞을 것이야)'로 나와 있다. (138)에서도 '쓰다'라는 동사가 개인
말투에서 전설 모음으로 바뀌어 '씨다'로 구현되어 있다. 이는 올바른
실천 행동을 가리켜 준다. 내포절에서 드러내듯이, 이내 떠나 버리는
일이 올바른 실천 행동인 것이다. (139)에서도 내포절에 언급된 사건
인 「황희 선생을 회혼 잔치에 모시는 일」이 올바른 실천 행위(행동
실행)임을 가리켜 주고 있다. 이 낱말들도 모두 다 사물을 대상으로

하여서는 필연성의 양태를, 사람을 대상으로 해서는 의무나 당위의 양태를 보여 주고 있는 것이다(적용 범위에 따라 한 형태소의 의미가 다르게 도출되는 중의적 구현 방식).

이 필연 또는 당위 구문에서도 상위문의 핵어 동사(내포문 동사에 대한 상위 모문 동사)가 생략되는 경우도 관찰된다. 물론 이미 생략된 동사를 언제나 '하다, 되다'로 쉽게 복원할 수 있기 때문이다.

(140) -아야 ø: 거짓말을 허여도 그렇게 멋들어지게(멋지게) 거짓말을 허<u>여야</u> ø. 하하하하!
(거짓말을 하더라도, 그렇게 멋들어지게 거짓말을 해야 ø. 하하하하! 구비1 안용인, 남 74세: 155쪽)

(141) -아야 ø: 허여도(그래도) 것도(그것도) 그런 게 아닙네다. 팔즈(八字)에 <u>테와야</u>(타고 나야) ø.
(그래도 그것도 그런 것이 아닙니다. 사람마다 각각 자신의 팔자에 타고나야 ø. 구비1 안용인, 남 74세: 171쪽)

(142) -아야 ø: 회홀년(回婚年) 잔치옝(잔치라고) ㅎ는 건, 즈기(자기)가 장개 가서(결혼하여) 육십 년만의, 옛날은 ㅇ남은(열살 넘은) 살에 장개 갓이나네(갔었으니까), 육십 년만의, 그 즈식 ø 곅여(깎여, 여의어) 보지 아니흔 사름이라야 ø (⇨ 회혼 잔치를 하는 법이야)
(회혼 잔치라는 것은, 자기가 장가 가서 육십 년 만에 하는 법인데, 옛날에는 여남은 살에 장가 갔으니, 육십 년 동안 자기 자식을 먼저 여의지 않은 사람이어야 ø. 구비2 양구협, 남 71세: 644쪽)

여기서 생략된 곳에 '하다' 또는 '되다'를 집어넣을 수 있다. 필자의 직관으로는 1회적인 사건일수록 '하다'를 보충해 줄 수 있고, 반복되어 일반적이고 보편적인 사건일수록 '되다'를 보충해 주는 것이 바람직하게 느껴진다. (142)에서는 자식을 먼저 저승으로 떠나보내지 않은 사람이라야, 오직 그런 사람만이 '회혼 잔치를 <u>하는 법이야</u>'를 보충해 줄 수 있다. 이는 당위 진술로서 '되다'로도 간단히 줄일 수 있는 것이다.

그런데 이 구문에서 '-어야' 뒤에 나오는 동사가 제약이 없이 어떤 동사라도 나올 수 있는 경우가 있다. 그럼에도 필자에게는 평가와 관련된 동사(좋다, 맞다, 옳다)들이 상의어로 깃들 수 있는 듯하다. 이는 '-어야'가 내포 구문 속에 들어 있는 것이 아니라, 일반적인 통사 형상 속에서 조건을 나타내는 종속 접속 구문으로 나온 경우이다. 그렇다면 여전히 내포 구문의 형상에서는 비록 평가 동사가 공범주 형식이라고 하더라도 그 속에 깃들어 있는 것이다.

(143) -아야 을근ᄒᆞ는디: 기연디(그런데) (어린 인삼을 먹고 일정한) 시간이 넘어 가야 을근ᄒᆞ는디(얼근히 취하는데), 앙이!('아니!'의 개인 말투), 거(그거)∅ 후끈후끈ᄒᆞ여 가.

(그런데 어린 인삼을 먹고 일정한 시간이 지나야[지나야 되며] 그 기운으로 얼근히 취하는 법인데, 아니!, 그 온몸이 곧 후끈후끈해 가. 구비2 양구협, 남 71세: 650쪽)

(144) -아야만 모사 올 텐디: 이젠 그 걸음∅ 잘 걷는 사름∅ 아무디 있다고 ᄒᆞ는 말을 들어 놓고, 잘 걷는 사름∅ 선택ᄒᆞ영 보내야만 모사 올(모셔올) 텐디, 일은 바쁘고 안 됏다고. 기영 해서(그렇게 해서) 이젠 걸음∅ 잘 걷는 사름∅ 택ᄒᆞ여서 보내엿는디, "황정승을 강(가서) 청ᄒᆞ여 오라!"∅ ᄒᆞ엿어.

(이제는 걸음을 빨리 잘 걷는 사람이 아무 곳에 살고 있다는 말을 듣고서, 그렇게 빨리 잘 걷는 사람을 뽑아서 황정승 댁에 보내야만 황정승을 모시고 올 텐데, 회혼 잔치를 준비하는 일이 바빠서 스스로 가기에는 안 되겠다고 생각했어. 그래서 이제는 걸음을 빨리 잘 걷는 사람을 선택하여서 황정승 댁에 보내면서, "황정승을 가서 청하여 오라!"고 했어. 구비2 양구협, 남 71세: 639쪽)

(145) -아야 안 먹어: [중국에서 조선으로 보낸 학을] 먹이지 아니ᄒᆞ문(않으면), 석 둘(달) 아니 먹으문(먹는다면) 죽으니까, 기어이 그 신ᄒᆞ덜(신하들)이 많이 이거∅ 연구ᄒᆞ여당 멕여(먹여) 봐야 안 먹어.

(중국에서 한국으로 보낸 학을 먹이지 않으면, 석 달 동안을 안 먹는다면 학이 죽으니까, 기어코 조선의 신하들이 학 모이를 놓고서 다방면으로 연구해다가, 그 학을 먹여 봐야 그 학이 모이를 먹지 않아. 구비2

양구협, 남 71세: 667쪽)

위의 사례들이 모두 강한 필수적 조건을 표시해 주므로, '반드시 ~하면'으로 교체시켜 놓아도 앞뒤 문맥이 서로 잘 통한다. 순접의 사건과 방임의 사건을 서로 구분할 경우에, 후자에서는 '~하더라도, ~할지언정'이란 형식으로 대치할 수 있다.

 (143) '시간이 지나면, 취하는 법이다',
 (144) '보내면 모시고 올 것이다',
 (145) '먹여 보면(먹여 보더라도), 먹이를 안 먹다'

다만 (145)에서는 '아무리 먹이어 보더라도'와 같은 방임형 형태나 양보 구문을 써 주는 편이 더 올바른 사건 연결이다. 역접 형식의 '먹여 보았으나, 먹여 보았지만'처럼 풀어 주더라도 맥락상 서로 잘 어울린다. 그렇더라도 이것들은 모두 다 조건이라는 최상위 개념 아래 모두 다 묶일 수 있는 하위 개념들이다.

 (144)에서는 '-어야'에 이른바 한정 보조사 '만'이 더 결합되어 있다. 필연적 조건을 더욱 강화시켜 주어 유일한 조건으로 만들어 준다. 이 방언에서는 '-야'가 '-사'로도 나오며, 글말투에서도 볼 수 있다는 점에서 다소 의고적인 느낌을 준다. 이런 필연 조건이 만일 사람을 대상으로 하여 말해질 경우에는 당위나 의무 조건을 나타낸다.

 (146) -아야 똘을 가져오고: "너 거짓말 말아라!" ø 허여야 똘을 가져오고
  재산을 갈라 먹을 건디.
  (거짓말 겨루기에서 상대방인 부자가 "너 거짓말 말아라!"라고 대답해
  야, 패배한 셈이므로, 상으로 내걸었던 부자의 딸도 가져 오고, 또 그
  재산도 나눠 가질 것인데, 구비1 안용인, 남 74세: 153쪽)
 (147) -에야 어디라도 나간다고: 과부의 조식이 잇다가 푸남(풀+나무)을

ᄒ연 먹으멍 살다가, 살아보니 평생 이름 ø 나게도 살 수가 웃고(없고),
만날(每日) 이 모냥(모양)으로 살 바에야 어디라도 나간다고.
(과부의 자식으로 있으면서 풀나무를 마련하여 시장에다 팔아서 하루
벌이로 근근이 먹고 살다가, 혼자 생각하기를 이렇게 살아 보니 평생
이름을 휘날리게도 살 수 없고, 매일 이 모양으로 살 바에야, 차라리
밖으로 나가서 어디에든 가 본다고 나섰어. 구비2 양구협, 남 71세: 662쪽)

(146)에서는 거짓말 겨루기에서 부자와 주인공이 약속하기를 주인공
이 거짓말을 하여 속인다면 그 집 딸과 재산을 받고, 그렇지 못한다면
3년간 그 집에서 종살이를 하기로 서로 약속을 했었다. 이런 약속을
토대로 하여, 비로소 거짓말로써 그 부자를 속여야만 이긴 대가(代價)
로서 딸과 재산을 모두 다 갖게 되는 것이다. 그러므로 '허여야(대답하
여야)'는 그 조건을 표현하고 있는 것이며, 그 뒤에 나온 후행절에서는
당위 명제로서 일어날 일을 서술해 주고 있는 것이다(종속 접속 구문임).

   (145)에서는 '이대로 산다면 아무런 보람도 없다'는 조건문이 깔려
있고(최소 조건으로 이뤄진 삶을 가리킴), '이를 벗어나려면 집을 떠나서
어디로든 가야 한다'(최대 조건으로 이뤄질 삶을 가리킴)는 속뜻이 깔려
있다(최소 조건을 벗어나서 최대 조건을 이루려면 집을 떠나야 함). 그러므
로 '살 바에야'는 후행절과 역접 관계로 이어져 있다고 말할 수 있다.
이는 '살 바에+이라야, 살 바에+라야'가 줄어든 것으로 판단된다.
   '-어사(-어야)'라는 복합 형식은 다시 종결 어미 '-주(-지)'와도 통합
될 수 있다. 이는 당연 또는 당위의 의미를 강조하게 된다. '-아사주(-
아야지)'에도 다시 한정 보조사 '만'과 부사 접미사 '이'가 덧붙을 수
있다. '-아사주만이(-아야지만이)'가 최대의 형식이다. 한쪽에서는 문
법 층위의 형태소가 다른 한쪽에서는 화용 층위의 형태소가 한데 묶
이어 있는 셈이다. 이는 내포 구문의 형식은 기본 표상으로 내포 구문
인 '-아사 ᄒ지(-아야 하지)' 또는 '-아사 되지(-아야 되지)'가 줄어든
것으로 보인다. 왜냐하면 문법 층위에서 종결 어미 '-주(-지)'를 기준

으로 하여 살펴본다면, 이 어미를 선행하는 요소는 선어말 어미일 수밖에 없기 때문이다. 만일 '-아사(-아야)'가 선어말 어미로 쓰였다면, 우리말 질서에서는 틀림없이 대우·시상·양태의 범주에 속해야 한다. 그렇지만 복합 형태로서 '-아+사(-아야)'로 이뤄진 이 형식은 어느 범주에도 속할 수 없다. 그렇다면 다른 길을 모색해야 할 것이다. '-아사(-아야)'는 이 절에서 다루어 왔듯이, 복합 구문이 우연히 융합되면서 마치 하나의 문법 형식처럼 발달되었을 가능성을 추구해 봐야 한다. 그렇다면 기본 표상에서 두 가지 선택지를 검토해 봐야 할 것이다. 하나는 내포 구문을 이끌거나, 다른 하나는 접속 구문을 이끄는 형식일 것이다.

(148) -아야지뭐?: 또 한라산으로 [말미암아] 장수(將帥)ø 나민(태어나면), 그 물(말)ø 탕(타고) 가는 디(데)가 셔야지뭐(있어야지+반문하는 화용 첨사 '뭐')? 경 허엿젠(그렇게 했었지라는) 말뿐이지.
(또 높이 솟은 한라산 혈맥으로 말미암아 장수가 태어난다면, 같은 운명으로 지니고 태어난 천리마를 타고서 멀리 갈 데가 있어야 하겠는데, 좁은 제주도에 그런 넓은 평야가 있어야지+뭐? 그렇게 했었다는 말뿐이지. 구비1 임정숙, 남 86세: 194쪽)

(149) -아야지: 쏠(쌀)ø 혼(한) 되라도 쥉(줘서) 보내엿이민(보냈으면) 홀(좋았을) 텐디, 쏠(쌀)도 아이(아니) 주고. 쏠(쌀)은 미릿(미리) 준비홀 여유가 잇어야지.
(수전노 부자집이라고 하더라도, 동냥 온 동네사람을 쌀 한 되라도 줘서 보내었으면 좋을 텐데, 쌀도 안 주고. 쌀은 미리 가난한 사람들에게 베풀어 주려고 준비할 넉넉한 마음의 여유가 있어야지. 구비1 안용인, 남 74세: 165쪽)

(150) -아야지: "너ø 게민(그러면) 육ᄌ배기(六字배기 노래)나 혼 대목ø 허여라! 흐민(그러면) 술ø 혼 잔 줄 거이라(것이야)." 흐니, 육ᄌ배기는 부를 줄 알아야지. "육ᄌ배기는 못 불른다."고.
("너 그러면 육자배기 노래나 한 대목 불러 보아라, 그러면 술을 한 잔 내려줄 것이야!"라고 하자, 주인공이 육자배기를 부를 줄 알아야지, 그

렇지 못하므로 대답하기를 "육자배기를 못 부른다!"고 했어. 구비1 안
용인, 남 74세: 164쪽)

이들 사례에서는 모두 '-어야 하지'로 교체해서 쓸 수 있는데, 1회적
사건을 가리킨다. 만일 반복되는 관습화된 일이었더라면 '-어야 되지'
로 교체할 수 있었을 것이다. 어떤 형식을 쓰든지 간에 필연적 조건이
나 당위의 조건을 가리켜 준다. 이로써 비록 융합되어 마치 하나의
문법 형식처럼 쓰이는 경우라고 하더라도, 기본적으로 내포 구문의
형상으로부터 도출될 수 있으며, 그런 형상의 양태적 모습으로부터
또한 적절하게 해석이 유도되는 것임도 실제 사례를 통해서 확인할
수 있었다.

　'-어야'라는 복합 형식의 어미가 관찰되는 언어 환경을 이제 세 가
지 범주로 정리할 수 있다.

　　첫째, 이 복합 형식이 내포 구문에서도 찾아지고(앞의 예문 131과 132 따위),
　　둘째, 종속 접속 구문에서도 찾아지며(앞의 예문 143과 144 따위),
　　셋째, 종결 어미가 나오는 환경에서도 찾아지는 것이다.

종결 어미 자리에서 찾아지는 경우는 다시 두 가지 경우가 있었다.

　　하나는 내포 구문의 상위문 동사가 쉽게 복원되는 조건에서 생략되거나
　　(앞의 예문 140과 141 따위).

이와는 달리 앞의 구문이 축소되는 과정에서 상위문의 종결 어미로서
'-지'만이 남아 있다가 '-어야'에 응축한 경우로서,

　　다른 하나는 마치 종결 어미로 전성된 듯이 느껴지는 환경이다(앞의 예문
　　149와 150 따위).

이것들이 모두 다 필연성 또는 당위성 조건을 언급한다는 점에서 공통 분모를 지니고 있었다. 이런 조건이 만족되지 않고서 반대의 방향으로 사건들이 전개될 경우에는, 두 가지 속뜻이 동시에 겹쳐져 있었는데, 결과적으로 역접의 뜻이나 방임의 뜻을 지닌 종속 접속 구문으로 부를 수 있었다. 일차적으로 이 구문은 당위 또는 필연 조건을 언급하고 있지만, 그런 기준까지 도달해야 함을 평가하고 있다. 만일 이런 구문이 간접 화법으로 쓰인다면, 그 속뜻으로 언어로 표현된 행동이나 행위를 해야 함을 요구할 수도 있다.

§.6-2 이제 다시 '-을랴고 ㅎ다' 구문을 다루기로 하겠다. 먼저 이것이 앞의 평가 양태를 표상하는 구문들과 자연부류를 이룸을 의미하는 것은 아님을 명기해 둔다. 비록 발화 시점이나 서술 시점 현재 내포문의 사건이 아직 일어나지 않았다는 점에서, 어떤 공통 기반을 품을 수는 있겠지만, 전혀 평가 기능을 띠지 않는다는 점에서는 자연 부류로 묶는 일은 잘못된 일반화인 것이다.

만일 그러하다면, '-을랴고 ㅎ다(-으려고 하다)'에서 상위문의 핵어 동사의 양태적 특성은 무엇일까? 필자는 묘사 동사의 범주를 중심으로 찾아낼 수 있을 것으로 본다. 다시 말하여 내포절에서 표상하는 사건을 놓고서, 한 개인의 의지(이는 내포절과 상위문의 주어가 동일해야 하는데, 그 결과 이것이 화자의 의지로 해석됨)나 간접 증거를 통하여 마음씀을 추정하는 일(이는 앞의 동일성이 찾아지지 않는 조건에서 진행되는 해석이므로, 제3자의 마음씀을 추정하는 것임)이 된다. 그렇다고 하여 이 구문만을 독자적으로 내세워 다루는 일이 예외적일 수 있으므로, 부득이 여기서 작은 절을 달리하여 논의하는 것임을 밝혀 둔다.

이미 811쪽 이하에서 발화 인용과는 같은 부류가 아니며, 따로 행동이나 행위와 관련된 의도와 추측을 가리키는 내포 구문으로서 일부 다룬 바 있다. 다만 그곳에서는 내포절이 종결 어미까지 다 구현된 완형절(종결 어미가 필요한 형식)인지 여부에 논의 초점이 있었다. 다시 말하여, '-을랴고 ᄒ다'를 마치 인용 구문의 형식 '-다고 하다'처럼 볼 수 있는지 여부였다. 선조적인 형태 배열만 고려할 경우에는 그렇다라고 대답할 수 있다. 그렇지만 '-을랴'가 독자적으로 종결 어미처럼 쓰일 경우에 그 기능이 내포 구문의 모습과 정합적이지 않다. 종결 어미로 쓰일 경우, 이는 ㉠ 반어적인 속뜻을 지닌 감탄 서법으로도 쓰이고, ㉡ 직접 얼굴을 마주 보고 있는 청자를 향해 청자의 의도(마음씀)를 묻는 의문 서법으로도 쓰인다. 또한 255쪽 이하에서는 ㉢ '혼잣말'로 쓰일 가능성도 타진되었다. 그렇지만 내포 구문 '-을랴고 ᄒ다'는 ⓐ 화자 자신의 의도를 표현해 주거나 ⓑ 제3자의 마음씀(의도)에 대한 화자의 추측을 표상해 준다. 이런 측면에서 서로 긴밀히 맞물리지 않음이 가장 큰 걸림돌이 된다.

그럼에도 불구하고, '-을랴고 ᄒ다'가 여러 형태들이 융합되어 있는 복합 형식이라는 측면에서, 항상 환원되어 기본 표상의 형식을 상정하는 길이 올바른 방향이라는 점에서, 어떤 과감한 조치를 요구한다. 비록 이 두 힘이 마치 길항작용처럼 계속 씨름하고 있더라도, 늘 단순한 형태를 융합하면서 복합 형식으로 쓰인다고 가정하는 것이다. 그렇다면 동일하게 '-을랴고 ᄒ다'에서 내포 어미 '-고'가 탈락되는 형식도 찾을 것으로 기대된다. 그 후보로서 이내 관찰할 수 있는 형식이 곧 '-으려ø ᄒ다' 또는 '-을라ø ᄒ다'이다. 여기에서 제2음절에 중모음과 단모음의 차이가 관찰된다. 이것이 과연 동일한 형상으로부터 나오는 것일지 의문이 제기될 수 있다. 이 방언의 자료에서는 이를 긍정적으로 입증할 수 있는 자료를 보여 준다.

(151가) -을랴고 ᄒ니 -불엇어. -을라고 ᄒ기 때문에: 귀경(구경)이나 ᄒ 번 허여 보자고 머리를 씩~ 들런(들고서) 볼랴고 ᄒ니, 선녀(仙女) ᄒ나 가 발견허여 불엇어(버렸어). … "우리ø 모욕(목욕)ᄒ는 걸 인간 사름이 머리ø 들러 가지고 불라고 ᄒ기 때문에 겁이 난 올라왓읍니다!" (선녀들이 목욕하는 것을 구경이나 한 번 해 보자고 해서 바위 뒤에서

머리를 쏙~ 내밀고서 보려고 하자, 어느 선녀가 그런 일을 발견해 버렸어 … 하늘에 올라가서 옥황상제에게 말하기를 "우리가 목욕하는 것을 바위 뒤에서 몰래 인간들이 머리를 쳐들고서 보려고 하기 때문에 겁이 나서 목욕을 그만두고 하늘로 올라왔습니다!"라고 했어. 구비1 안용인, 남 74세: 189~190쪽)

(151나) -을랴고 올라가니: [겨드랑이에 날개가 달려 있음을 알게 되자] 부모ø 되는 이는 점점 겁이 나서, 아방(아범)이 [아들을] 잡을랴고 산방산에 올라가니, [아들은] 남신(나막신) 신은 냥(樣, 신은 채 그대로) 아래로 뛰어.
(아기 장수가 겨드랑이에 날개를 달고 내어났다는 것을 뒤늦게 알게 되자, 날개를 없애 버리려고 하면서, 부모가 되는 이는 점점 겁이 나서, 아범이 아들을 잡으려고 하여 산방산에 올라가자, 아들은 나막신을 신은 채 산 아래로 달려 내려가. 구비3 김택효, 남 85세: 375쪽)

(151다) -을랴곤 ᄒ니까: 원초(원체, 원래) 경(그렇게) 잘 될랴곤(되려고) ᄒ니까 운이 경(그렇게) 통햇는지 모르주마는
(원체 그렇게 잘 되려고 하니까, 운이 그렇게 대통했는지 모르지만. 구비3 김재현, 남 85세: 261쪽)

(151라) -으랴고 ᄒ면은: [한라산에] 그때ᄁ지(까지)도 비가 오랴고 ᄒ면은 백사슴이 나오라 가지고, … 백록담의(에) 오라 가지고(와서, 와 갖고서) 「끽끽끽끽~」(의성어, 사슴 울음 흉내) 울어낫다고(울었었다고).
(한라산에 그때까지만 해도 비가 오려는 조짐이 있으면 백록들이 나와서 백록담에 와서 「끽끽끽끽~」 울었었다고 그래. 구비1 안용인, 남 74세: 190쪽)

(151)에서는 '-을랴고 ᄒ다'를 중심으로 하여 변이되는 모습을 보여 준다. (151가)에서는 동일한 화자의 발화 속에서 '-을랴고 ᄒ다, -을라고 ᄒ다'의 변이를 찾을 수 있다. 이는 앞뒤 언어 환경이 동일하므로 결국 수의적인 변이임을 결론짓게 해 준다. (151나)에서는 '-을랴고 ᄒ다'가 전제된 뒤에, 이것이 선행절의 모습이 되어 다시 '올라가다'가 투영하는 후행절로 접속되어 있는 모습을 관찰할 수 있다. (151다)와 (151라)에서는 '-을랴곤 ᄒ다'와 '-으랴고 ᄒ다'를 보여 준다. 전자에서

는 비음 받침이 추가되어 있고, 후자에서는 유음 받침이 탈락되어 있다. '-을랴곤'의 구성을 놓고서 주제를 나타내는 보조사 '는'의 결합으로 파악할 경우에, 이것과 다른 함의를 상정해야 할 것이다. 그렇다면 '-을랴고는 하다'가 지닐 만한 함의로서 「실패하였음」을 내세울 수 있다. 이는 이 담화 맥락과 전혀 어울리지 않는 부적합한 함의이다. 따라서 주제 보조사일 수 없다. 대신 인용 구문의 형식에서 다룬 관형형 어미 '-은'이 인용 어미 '-고'에 거듭 융합되어 있는 것으로 봐야 옳다(211쪽과 215쪽의 각주 53과 각주 54, 그리고 604쪽의 예문 73들도 함께 보기 바라며, 이런 분석이 올바름은 다시 (152나)의 복합 형식으로부터 입증될 수 있음). 이와는 달리 (151라)에서는 815쪽의 각주 160에서 다뤘듯이, 「-을# 이+이어+고」와 같은 초기 표상에서 유음 받침의 복사가 일어나지 않은 모습에서 도출될 만한 형식이다.

그런데 이 구문이 다음과 같이 종결 어미처럼 쓰이는 경우가 관찰된다. 이 또한 두 가지 변이 모습을 보여 준다.

(152가) -을랴고: 중국의(중국에) 건너오랑(건어와서), 이젠 큰 배ø 빌곡(빌고) 허여 가지고(해서) 이묘(移墓)를 허여 올랴고.
(중국으로 건너간 뒤에 거기에서 큰 배를 빌어서 부친을 이묘해 오려고 했어. 구비1 안용인, 남 74세: 130쪽)

(152나) -으랜?: [사람으로 변신한 지장샘 신령인] 늙은 어룬(어른)이 오란(와서) 곧는(말하는) 말을 [내가 어찌] 아니 들으랜?(들으랴고?)
(중국의 지관이 제주 섬의 샘물들을 다 막고자 찾아왔는데, 이를 피하고자 지장샘 신령이 늙은 노인으로 변해서 주변에서 농사를 짓던 농부에게 가서 숨겨달라고 요청하자, 늙은 어른이 와서 간청하는 말을 어찌 내가 아니 들으랴? 구비2 양구협, 남 71세: 653쪽)

(152가)에서는 '-을랴고 ᄒ다'에서 상위문 핵어 동사 '하다'의 활용형이 생략되어 있음을 쉽게 짐작할 수 있다. 그런데 (152나)에서는 마치 인용 동사가 활용되는 모습을 보여 준다. '-으랴'에 융합된 요소가 '-

고'가 아니라 계사가 활용하면서 관형형 어미를 융합시켜 놓은 '이엔' 형식을 쓰고 있는 것이다. 여기에서도 상위문 핵어 동사 '말이라?(말이냐?)' 따위가 생략된 것임을 짐작하는 일이 어렵지 않다. 이런 예문들을 중심으로 복합 형식들을 구성할 수 있는 관련 형태소들을 분석하고 확정지으면서, '-을랴고 ㅎ다' 구성이 또한 인용 구문의 형식과 동일한 발상을 반영해 주는 것으로 매듭짓는 일이, 몇 가지 어려움에도 불구하고 올바른 것임을 시사해 준다. 앞으로 필자보다 더 뛰어난 분이 조만간 이 방언의 자료들을 새롭게 해석하면서, 필자의 우회적인 입증 방법이 결정적으로 반증되거나 반대로 필연성을 띤 것으로 지지될 수 있기를 기대해 본다. 이곳에서 논의한 핵심은, 오직 후행절의 동사가 제약되는 경우(양태 동사)에 내포 구문으로 봤다. 그렇지 않을 경우에는 내포 구문을 투영하는 상위문 동사가 생략되어 있는 구조를 유지하면서 종속 접속 구문을 실현하는 것으로 파악한 것이다.

제7장 기능이 확정되어야 할 내포 어미와 접속 어미의 범주

: 양태 범주

§.7-1 마지막 장에서는 국어학계에서 백안시되어 왔음에도 불구하고, 가장 중요한 문제를 다루기로 한다. 이는 내포 어미의 범주에 대한 결정, 그리고 접속 어미의 범주에 대한 결정 문제이다. 정직하게 표현하여, 이 문제는 매우 심각한 결과를 동반하므로, 결코 간단히 다뤄질 성격의 것은 아니다. 필자의 배경 지식이 너무 얕아서 잘못을 저지를 우려가 크다. 그렇지만 우리 학계의 전반적인 연구 흐름에서도 이들 어미의 귀속 범주에 대한 물음을 제기하는 일도 아마 이 책에서가 처음이 되지 않을까 생각한다. 이런 측면에서 이 책에서의 논의로 종결될 법한, 그리고 간단하게 결정될 일도양단의 해결책은 응당 배격되어야 할 것이다. 이런 점을 필자도 충분히 인식하고 있다. 설령, 이런 주장이 비록 몇 가지 언어 사실들을 염두에 두면서 쉽게 이뤄질 수 있더라도, 주장과는 별도로 그 입증 과정이 여러 가지 관련된 층위에서 다수의 증명 단계들을 거치면서 정밀히 이뤄져야 할 것임을 인정한다. 「첫술에 배가 부르랴?」는 속담이 현재 필자의 고민을 그대로 잘 대변해 주고 있다. 이 책의 논의와는 별도로, 이는 곧 필자에게 새

롭게 진행해야 중요한 과제로서 주어져 있는 것이다.

그럼에도 불구하고, 필자가 이 방언의 복합 구문에서 늘 등장하는 형태소들을 놓고서 그 형식들의 모습을 분석하고 확정하는 과정을 계속 반복 진행하면서, 내포 어미 및 접속 어미의 문법상의 범주가 항상 관여하고 있음을 자각하게 되었다. 분류학상으로만 낱말의 활용 형식을 가리키는 '어미'는 결코 문법 범주가 아니다. 활용의 갈래에서 찾아진 형태 변동을 가르기 위한 방편적 용어일 뿐이기 때문이다. 그럼에도 불구하고, 흔히 내포문 어미나 접속문 어미(내포 구문에서 '보문자'라고 부르기도 하였음)와 같이 부름으로써, 이 형태들의 문법상의 범주를 찾아내어야 할 필요성을 가려 버리는 부정적 역할을 했다는 사실을 반성할 필요가 있다. 그렇지만 그렇게 가려진 장막만을 걷는다면, 누구이든지 간에 기능상으로 내포 어미 및 접속 어미가 같은 문법 범주인지 여부, 그리고 전체적으로 어떤 범주에 귀속될 것인지에 대한 의문이 들게 마련이다.

이미 이 방언의 실제 자료들을 놓고서 376쪽 이하에서 언급되었지만, 접속 구문의 기본 형상이 상위문의 핵어가 투영하는 논항(내포 구문의 논항)으로 자리잡는 것이었음을 입증하였다. 357쪽 이하와 370쪽 이하에서 자세히 논의되었듯이, 임의의 접속 구문에서 찾아지는 어미들은 결국 '-곡 -곡 ᄒ다' 형식이 잘 보여 주듯이, 상위 핵어 동사와 접촉해 있는 형태는 동시에 내포 어미와 같은 범주에 속할 수밖에 없음을 시사해 준다. 왜냐하면 상위문의 핵어 동사가 'ᄒ다(하다)'인데, 접속 구문들이 이것이 투영하는 논항으로서 자리잡는 것이기 때문이다. 다시 말하여, 'ᄒ다(하다)' 동사가 내포 구문을 요구하는데, 그 논항으로 접속 구문들이 그 자리를 점유하고 있는 모양새이다. 지금까지도 비록 접속절과 내포절 사이의 구분이 제대로 주어져 있지 않았기 때문에, 각 절을 이끌어가는(또는 기능범주 핵어로서 전형적 논항구조를 투영하는) 어미가 서로 다른 것이라는 인상을 받기 일쑤라고 하더라도, 접속 구문이 결국 내포절의 형태로 표상되어야 하는 것이다. 필자는 이 점을 또한 우리 정신 작용의 방식을 그대로 보여 주는 것으로 파악하였다. 94쪽의 〈표4〉에서 제4단계 또는 제5단계의 정신 작용의 특징은, 바로 담화 전개상 전체 큰주제 아래 모든 하위 요소들을 통일성을 확보하면서 포괄하는 일을 함의하기 때문이다.

이런 언어 사실은 접속 어미와 내포 어미의 귀속 범주를 결정하는 데에 아주 중요하다. 이런 측면에서 이런 언어 사실을 해석해 본다면, 접속 어미이든지 내포 어미이든지 서로 간에 긴밀히 공모하고 있으며, 그런 만큼 우선 접속 어미와 내포 어미가 서로 구별될 수 없을 것임을 시사받을 수 있다. 물론 이 책에서처럼 양태 범주로 귀속됨이 옳다고 하더라도, 그 양태 범주를 다시 얼마만큼 그리고 어느 정도의 층위를 이용하여 하위범주로 재구분해야 하는지의 문제도 후속되어야 할 부차적인 논제이다. 필자는 양태라는 상위 개념을 상정하여 이것으로부터 하위범주로서 양태와 시상을 도출하는 방식을 선택하였다.

이 방언의 일부 접속 어미에서는 시상 및 양태 해석에 따라 형태상의 대립을 보여 주었고, 이런 대립 형식이 다수의 접속 어미들에서 융합된 모습을 확인할 수 있었다. 그렇지만 내포 어미에는 시상 형태소가 통합될 수 없었다. 필자는 이를 가능세계에서 임의 사건의 전개에 대한 개관을 표상해 주기 때문에, 그런 결합이 제지될 수밖에 없다고 보았다. 그런데 일부 접속 어미에서는 그 실현 범주를 확장하여 마치 종결 어미처럼 쓰이는 경우도 확인할 수 있었다. 그렇다면 접속 어미의 실현 범위는 고유한 접속 범주뿐만 아니라, 더 나아가 문장이나 발화를 종결해 주는 환경에서도 관찰되는 것이다.

물론 단순성에만 파묻혀서는 안 됨을 자각하면서, 일단 언어 사용이 화자들이 쉽게 자각하는 범주를 반영해 준다는 전제를 받아들일 필요가 있다. 주나라 문왕이 64괘를 정해 놓은 『주역』을 놓고서 그 까닭을 알 수 있도록 얽어 놓은 풀잇말 「계사」에서 공자가 '이(易)'와 '간(簡)'으로 표명하였던 원칙이, 여기서 문법 범주를 확정하는 일에도 그대로 적용된다. 만일 선어말 어미와 종결 어미를 아울러서 우리말에서 기능하고 있는 문법 범주로서 엄격히 반영된 모습이 「대우·시상·양태·종결 범주」라는 질서를 따르고 있음이 사실이라면, 우선 접속 어미가 시상에서 종결까지의 몫을 맡고 있다고 서술해 볼 만하다. 이 방언에서는 공통어에서와 같이 고유한 시상 표시가 접속 어미에 들어 있지 않고, 순수히 절의 접속 기능만을 떠맡는 경우도 있었다. 이것들도 또한 '-곡 -곡 ᄒ다'와 같은 표상을 준수함으로써(접속 구문이 다시 내포 구문에 편입됨으로써), 상위문의 핵어에 구현된 시상 형태소와 양태 형태소가 지배 관계를 통하여, 전체적인 시상과 양태의 해석이 도출될 수 있음도 확인하였다. 그렇다면 시상을 표상하지 않는 접속 어미를 기준으로 할 경우에, 이 어미의 귀속 범주는 양태 또는 종결이 1차 후보가 됨을 알 수 있다. 만일 전자라면 다시 내포 어미와도 동등한 구성원이 된다. 그렇지 않고 후자라면 단순문과 복합문의 구분이 더 이상 유지될 수 없게 된다. 이는 자가당착 내지 자기모순이다. 그렇다면 접속 어미가 일차적으로 양태 범주에 귀속될 가능성을 검토해 보는 일이 부각된다.

여기에서는 (1) 이 방언의 실례들로 다뤄온 접속 어미들의 행태를 주목하면서, 하나는 시상 및 양태의 해석을 구체적 형태로 품은 것이 있고, 다른 하나는 오직 접속 기능만을 가리키는 형태가 있다는 사실을 놓고서, 동일하게 설명해 줄 수 있는지 여부에 대한 검토 및 논의가 필요하다. 직관적으로 접속 어미로 통합하여 불러왔듯이, §.7-2에서 이 방언의 접속 어미들이 시상이나 양태 형식을 포함하는지 여부와 관계없이, 동일한 하나의 설명 원리에 의해서 말끔히 서술될 수 있음을 논의한다.

그리고 나서 내포 구문의 어미를 §.7-3에서 다룬다. (2) 내포 어미도 또한 내포절에 온전한 종결 어미를 구현하는 부류(인용 어미 부류)와 그런 종결 어미뿐만 아니라 시상 선어말 어미를 거부하는 부류(부사형 어미 부류)가 있다는 사실을 염두에 두면서, 어떤 부류가 전형적인 내포 구문의 어미인지를 결정할 것이다. 여기서는 후자가 전형적인 내포 구문의 어미로 간주하게 된다. 그렇다면 이른바 완형절로 불렸던 내포 구문(발화 인용절)이 문제가 된다. 가령

"그는 [철수가 왔었다]고 말했다"

에서 보듯이, 인용하는 주체와 행위를 표상하는 형식(그, 말하다)을 제외해 버린다면, 내포 구문(철수가 왔었다)이 완전히 자족적인 단순문으로 구현되어 있음을 알 수 있다. 여기서 관찰되는 내포 구문이 이런 토대에서는 예외이면서 반례처럼 되어 버리는 것이다.

이를 조정하기 위하여 필자는 (3) 접속 구문이 내포절로 편입되는 방식을 응용함으로써, 내포 어미 '-고'의 존재가 완결된 단순문을 다시 내포될 수 있도록 만들어 주는 열쇠로 파악할 것이다. 이때에 이 어미가 요구하는 선행 요소의 자격이 제약될 수 있는지가 문제로 부각된다. 그렇지만 생성문법의 범주 표현으로 임의의 XP(최대 투영 구절)만을 요구한다고 서술함으로써, VP(동사 구절)에서부터 IP(시상 구절)뿐만 아니라, 또한 CP(종결 어미 구절)도 해당 논항을 점유할 수 있다고 설명할 수 있다. 따라서 형식만으로 따질 경우에, 최종 투영의 구절이면 어느 것이든지 '-고'에 의해 지배될 수 있을 것이다. 이런 형식도 지배 관계를 통해서 구성성분을 적의하게 통제함으로써 시상과 양태의 해석상 일관된 해석을 적용할 경우에는, 앞의 형식의 범위도 상당한 정도로 더 제약을 가할 수 있는 것이다. 그렇지만 어떻게 해서 이런 일이 일어날 수 있을까? 필자는 그 동기도 내포 어미이든지 접속 어미이든지 간에 상관없이, 모두 다 동일한 양태 범주의 구성원들이기 때문일 것으로 본다. 두 번째와 세 번째 물음은 절을 달리하여 논의하게 될 것이다.

그리고 만일 접속 어미와 내포 어미가 동일한 양태 범주의 구성원임이 받아들여진다면, 마지막 논제로서 (4) 이 방언에서 관찰되는 접속 어미 '-곡'과 내포 어미 '-고'가 과연 동일한 것인지 여부에 대한

문제를 다뤄야 한다. 필자는 오직 사변적인 소묘만을 한 가지 작업 가정으로 서술할 것이다. 여기서는 기본적으로 내포 어미 '-고'를 이용하여 모종의 형태(가령 '오락가락하다'라는 상징어 형식에서의 받침이나 '먹을락, 들릴락, 곱을락' 등에서 '-을라'에 접미된 명사 접미사로서 내파음 '-윽' 따위)가 덧붙여짐으로써 '-곡'이 나왔을 것이라고 본다.

이와 아울러 동일한 양태 범주의 구성원이라면, 왜 굳이 그 형식을 달리하였을까에 대한 의문도 같이 해소되어야 할 것이다. 만일 모두 다 동일한 형태를 쓴다면, 접속 구문의 형식과 내포 구문의 형식을 명시적으로 구분해 놓을 필요성을 충족시켜 주지 못한다(현재 공통어에서 그러하므로, 변별용 어깨숫자를 덧붙여야 함). 이 방언에서는 두 구문 사이의 구조적 차이를 명시적으로 드러내려는 방편으로, 명사를 만들어 주는 요소를 덧붙여 놓음으로써, 내포 어미와 음성 실현에서 구분되는 '-곡'을 채택하였던 것이 아닐까 짐작해 본다. 가령 공통어에서는

「가을이 가고 겨울이 왔다(접속 구문), 갔다고 한다(인용 구문), 가고 있다 (보조적 연결어미 구문)」

에서 보듯이, 모두 다 동일한 음성 형식을 지니는 '-고'가 관찰된다. 어미들에 관한 연구에서는 동음이의적인 처리를 하면서 불가피하게 '-고¹, -고², -고³'이라는 어깨 숫자를 덧붙여 변별해야 하는 불편을 겪는 것이다. 만일 통사 구성체의 이질성("뭐라고?"의 사례 따위)을 부각한다면, 이내 덧붙여야 할 어깨숫자가 점점 더 늘어날 수밖에 없을 것인데, 어떻게 할 것인가? 아마 대책이 없을 듯하다.

§.7-2 먼저 접속 어미들에 관한 문제부터 다뤄 나가기로 한다. 제5부에서 시상에서 짝을 이루는 접속 어미 '-안 vs. -앙'을 다루면서, 이미 이 형태들도 또한 양태의 의미까지 나타낼 수 있다는 사실을 지적하였다. 이 책에서는 이를 드러내기 위하여, 종결 어미 앞에 나오는

시상 선어말 어미와는 달리, 관련된 시상 의미자질 중에서 일부만 지닌다고 상정하였다. 이는 지배 구조를 통해서 더 뒤에 나오는 후행절에 있는 동종의 범주가 선행절에 동종의 범주까지 성분 구조를 통제함으로써, 후행절에 있는 양태 선어말 어미에서 비롯되는 '일치 요구'를 수용하게 되고, 결과적으로 일관된 양태 해석까지 받을 수 있었음을 보여 주었다. 이 방언에서는 하나의 자연부류로 모아질 수 있는 복합 형식의 접속 어미 형태소들도 다루었다. 이 책에서는 특히 '-안 vs. -앙'의 시상과 양태 대립을 융합해 놓은 복합 형식임을 주장하였다. 극히 비율이 낮다고 하더라도 이 방언을 모어로 삼고 60년 넘게 써온 필자에게도 직관이 닿을 수 없는 접속 어미 형식들도 엄연히 존재하고 있었다. 아마도 이는 더 긴 시간의 흐름에서 살펴볼 수 있다면, 이 방언의 일부에서 역사적 변화를 겪는 부분으로 지정해 놓을 법하다.

제6부의 내포 구문의 논의에서는 좀 더 극적인 전환이 추구되었다. 이른바 「가능세계에서 상정된 사건 전개 모습」에 대한 판단과 관련된 것이다. 일부 특정한 상위문 핵어 동사(양태 동사로 부를 수 있음)에 의해서 요구되는 내포 어미(이른바 부사형 어미)들은, 기본적으로 양태 범주에 속하며, 동시에 가능세계에서 상정되는 사건의 전개에 관한 여러 측면들 및 그 사건의 결과 상태가 초래할 몇 가지 속뜻도 함께 지닌다고 주장하였다. 가능세계에서의 이런 사건들을 가리키는 일과 관련하여, 조건을 표상해 주는 접속 구문의 일부 어미에서 이런 기능을 지닐 수 있었다. 두드러지게 '-으면'이 종결 어미와 결합될 경우에, 현실세계에서의 사건과 정반대가 되는 반사실적 사건을 가리키면서, 그 사건을 가정으로 포함할 수 있었음에도 주목하였던 것이다. 또한 발화를 직접 인용하는 구문에서는 인용되는 내포절이 이미 현실세계에서 발화 사건으로 일어난 것인데, 어떻게 가능세계의 사건 전개와 관련되는 것인지에 대해서도 추가 설명이 필요하다. 필자는 이미 임의의 논항이 문장 또는 명사구 형식으로 실현될 수 있음을 언급한 바 있다(219쪽의 각주 55 및 276쪽의 각주 64). 그렇다면 내포절에서 온전한

문장(소위 완형 보문)이 임의의 대상처럼 온전히 참값을 부여받을 수 있다. 이런 특질이 발화의 인용 구문에서도 찾아진다. 195쪽의 〈표6〉과 196쪽 (38가, 나, 다, 라)의 기능으로 언급해 놓았듯이, 담화의 전개 흐름 속에서 임의의 발화가 직접성에서부터 간접적인 모습을 거쳐서 추정이나 해당 발화의 요약과 핵심 개념 따위로도 바뀌어 표상될 수 있다. 이런 점에서 소위 인용 구문의 형식은 좀 더 그 구현 방식에서 융통성 있는 허용 형식을 상정해야 할 것으로 본다. 이 책에서는 상위 개념으로서 내포 구문이 기본 형상이며, 그 하위 갈래로서 인용 형식이 자리 잡는 것으로 파악하고 있다. 그러므로 앞에서와 같은 다양한 면모를 상위범주로부터 여러 가지 하위 갈래로 나타나는 현상이라고 봄으로써 쉽게 설명해 줄 수 있다.

그렇다면 언어 표현 형식이 모두 다 가능세계에 대한 사건만을 표상해 줄 수는 없는 노릇이다. 가능세계가 시간과 공간의 특정한 지표를 부여받아서 현실세계로 고정될 경우에는, 명백히 관찰되고 경험할 수 있는 여러 얼굴의 다양하고 수많은 사건들이 있는 것이다. 아직 필자는 이런 주장을 놓고서 여러 가지 비판을 거치지 않았다. 앞으로 여러 가지 비판을 수용하면서 점차 가다듬어 나가야 할 것임을 인정하면서, 필자의 생각을 간단히 서술해 나가리고 한다. 이 책에서는 아직 면밀한 작업을 거치면서, 어떤 부류의 접속 어미들이 현실세계에 있는 [＋시작점] 사건들을 지향하고 있고, 어떤 부류의 접속 어미들이 가능세계에서 상정되는 [−시작점] 사건들을 표현하기 위해 마련된 것인지를 분류해 놓지 못하였다. 그렇지만 직관적으로 보아, 조건 어미 '−으면'은 그 자체로 표현 범위가 가장 큰 접속 어미이다. 이와 대립하여, '−거든'은 현실세계에서 경험하거나 추체험할 수 있는 사건들을 표현하기 위해 마련된 접속 어미일 듯하다. 다른 접속 어미들도 이런 방식으로 분류를 거듭 시행해 볼 수 있을 것이지만, 필자로서는 다시 차분히 내성할 기회를 가져야 할 사안에 해당한다. 이와 반대로, 내포 구문에서 관찰되는 어미들은 기본적으로 가능세계에서 표상하는 사건들을 지향하고 있는 것들이라고 말할 수 있다.

이를 위하여 필자가 아는 지식을 모두 다 쥐어짜면서, 양태 범주에 대한 재구성 방식을 시도하였다. 이를 381쪽의 〈표7〉과 774쪽의 각주 151에 있는 〈표15〉로 제시하였다. 3단계로 이뤄져 있고 모두 8개 항목으로 구성하였다. 아직 잠정적인 제안에 불과하며, 이런 일이 시도될 필요가 있음에 공감을 일으킨다면, 장차 많은 비판을 거치면서 과감하게 폐기되거나 일부 수정되면서, 점점 더 가다듬어질 필요가 있다.

접속 어미와 내포 어미들이 모두 다 양태 범주에 귀속된다는 주장은 다시 다른 함의를 지닌다. 임의의 발화는 종결되어야 한다. 언어 형식으로는 종결 어미에 의해서 이뤄진다. 이는 흔히 서법으로 불린다. 서법 교점이 지배하는 바로 하위의 교점이 양태 교점이다. 그런데 복합 구문에서는 더 뒤에서 실현되는 상위절(선조적으로 표현할 경우에는 가장 뒤에 있는 최종 후행절)의 양태 선어말 어미가, 더 하위에 있는(선조적으로는 좀 더 선행한) 다른 절들의 양태를 지배하고 일치를 요구하게 된다. 달리 말하여, 접속 어미이든지 내포 어미이든지 간에 상관없이, 이 어미의 범주가 양태에 귀속된다면, 곧장 일치가 자연스럽게 일어날 뿐만 아니라, 또한 종결 어미로 실현되는 서법 범주와도 결합될 수 있는 터전이 마련되어 있다. 이런 점에서 하나의 발화나 문장에 하나의 서법이 있고, 그 서법에 의해서 하나의 복합 사건이 기술되는 것이다. 여기까지가 참스키 교수의 스승 질리그 해뤼스(Z. Harris, 1909~1992) 교수가 통찰력을 발휘하여 그어 놓은 「미시언어학(microlinguistics)」의 경계이다.

§.7-3 그렇지만 「거시언어학(macrolinguistics)」으로 불리는 담화 분야에서 담화 또는 텍스트의 전개는, 복합 사건들이 차례차례 미시구조와 거시구조를 거치면서 일관되게 합당성이 획득되거나 정당성을 부여받아야 한다고 주장한다(거시언어학과 담화 분야의 관계는 위도슨,

2005; 김지홍 뒤침, 2018, 『텍스트, 상황 맥락, 숨겨진 의도』, 경진출판을 참고 바람). 이것이 전체 덩잇글이나 덩잇말의 의도에 핍진한 것일 수도 있고, 논술류의 글말에서 닳도록 들어온 '대주제'와 가까운 거리에 있는 것일 수도 있다. 언어 심리학에서는 이것이 어떻게 우리 머릿속의 장기기억으로 저장되는지, 그리고 필요할 때 어떻게 인출되어 이용되는지에 대한 물음을 던진다. 이 물음에 대한 필자의 대답은 100쪽의 〈표 5〉에서 상위 차원에 있는 재귀의식으로 제안되어 있다. 흔히 전-전두엽(내측 전-전두엽)에 있는 작업기억 영역에서 이런 일이 일어나고 있다고 알려져 있다. 이런 재귀의식이 작동하는 분야를 필자는 최고 단계의 '헌법 재판소'로 비유한다.

갑자기 접속 어미와 내포 어미의 양태 범주에 대한 귀속을 주장하면서, 전혀 다른 영역이 함께 들어오는 데에 의아함을 느낄 수도 있다. 그렇지만 상위 차원의 재귀의식이 떠맡는 '판단·결정·평가'의 순환 고리는, 비단 판단 관련 동사들을 설명할 뿐만 아니라, 자기자신의 내적 의식의 흐름까지도 스스로 점검하는 다중의 작용을 한다. 다시 말하여, 양태 범주는 언어 형식 중에서 현실세계와 가능세계에 대한 표상 능력만 관장하는 것이 아니라, 동시에 「우리 사고 방식에 대한 자기 점검」이 이뤄져야 하는데, 이것이 또다른 양태의 기능인 것이다. 마치 칸토어(Cantor)가 모든 수를 아우르는 '초한수'의 개념을 만들고서, 다시 초한수의 등급을 새롭게 매겨나가는 일을 연상시켜 준다. 소위 초한수의 초한수 제곱인

$\aleph^{\aleph}$ (aleph aleph-squared)

까지도 다루게 된다. 그야말로 이는 밑도 끝도 없는 무한하게 열려 있는 세계의 모형인 것이다.

언어학에서 양태의 범주란, 소박하게 반사실적 가정까지 포함하는 광범위한 가능세계를 바탕으로 하여, 우리가 살아 있는 동안에 경험

해 왔거나 경험하게 될 만한 한정된 현실세계들을 구별해 주는 잣대이다. 그렇지만 동시에 양태를 작동시켜 주는 우리 정신은, 그 자체로 스스로 자기 점검을 받아야 하는 것이다. 그러므로 동시에 정신 작용 방식에 대한 양태가 다중으로 겹쳐지면서 자칫 얼크러질 우려를 동반하면서 작동하는 것이다.

필자는 내포 구문과 관련되어 있는 내포 어미 형태소에 대한 논의가 진작되지 못한 데에는, 이런 사정이 도사려 있는 것으로 이해한다. 필자는 인류 지성사에서 인간의 행위를 크게 두 가지로 나누었던 데에 주목하였다. 행동과 생각인데, 생각은 말을 포함하고 있다. 이런 착상을 염두에 두면서 내포 구문을 투영해 주는 핵어 동사들의 범주를 크게 두 가지로 나누었다. 외견상 이를 내포 구문 1과 내포 구문 2로 불렀다. 그렇지만 이런 겉포장지는 서로 구별될 필요가 있다는 측면 이외에는 사실상 무의미한 것이다. 전자는 말과 생각에 관련된 것이며, 후자는 행동과 실천에 관련된 것이다.[171] 물론 이것들이 모두 다 의사소통 목적이나 동기를 가리켜 주겠지만, 전자는 희랍 전통에서 '의도'와 관련하여 다루었고, 후자는 '의지'와 관련되어 다뤄져 왔다. 칸트의 용어로 각각 순수 이성과 실천 이성이라고 대응시킬 수

---

171) 필자는 '행동'이 행동거지라는 합성어에서 잘 알 수 있듯이 외적으로 관찰 가능한 측면을 가리키는 것으로 보았고, 이를 포함하여 마음속의 작용까지를 가리키는 상의어로 '행위'라는 말을 써 왔다. 이는 일차적으로 '사고 행위, 언어 행위'라는 이음말을 염두에 두었기 때문이다. 그런데 우연히 행위라는 낱말이 아주 부정적인 함의를 지니고 쓰이는 경우도 볼 수 있다. 「범죄 행위, 음주 가무 행위, 가해 행위, 폭력 행위」 따위에서 그러하다. 이는 현대의 법률 규정에서 어떤 행동의 동기까지 포함하여 일련의 사건들을 더 넓은 방식으로 정의해야 할 필요성을 반영해 주기 때문에 생겨난 것이다. 그렇다면 오늘날 법으로 사회 관습을 규제하면서 우연히 생겨난 용법상의 확장 모습일 수 있다.

행동과 실천의 구분은 일단 반복되고 관습화되어 있는지 여부로써 나눌 수 있는 것으로 보았다. 그렇다면 행위는 상의어로서 마음가짐을 포함하여 외적으로 관찰 가능한 행동을 모두 다 포괄한다. 전자는 다시 의도와 의지로 구분될 수 있다. 후자는 다시 일련의 행동과 관례적인 실천 방식으로 나눌 수 있을 것으로 본다. 여기서 우연히 필자가 선택한 낱말이 수용되지 않을지라도, 각각의 대립 항목들이 구분되어야 하는 속성은 여전히 그대로 남아 있을 것이므로, 학계에서 진지하게 어느 용어를 써야 하는지에 대한 문제 의식을 공유하면서 그 후보를 좁혀 나가야 할 것이다.

있다. 그렇지만 이것들이 내포 구문으로 구현될 경우에는, 모두 다 우리의 마음가짐이나 마음먹음 또는 마음씀과 관련되어 있다. 이는 인간에게서 공통적으로 공유되고 있는 것으로 믿어지는 감정이입이라는 능력을 작동시킨다는 전제가 깔려 있다. 필자는 이런 측면을 화자가 자기 자신의 의도 및 상대방의 마음에 대하여 추정하는 내용을 가리킨다고 표현하였다.

§.7-4 이제 마지막 논제로서 이 방언의 접속 어미 형태소 '-곡'과 내포 어미 형태소 '-고'의 관계를 놓고서 필자가 머금고 있는 사변적 내용(초기 단계의 작업 가정)만 소묘 형식으로 간단히 서술해 놓기로 한다. 만일 접속 어미와 내포 어미가 동일하게 양태 범주에 속하는 구성원이라면, 이 방언에서 관찰되는 '-곡'과 '-고'는 형제·자매 관계에 있는 항들이다(후자는 김지홍, 2019, "제주 방언의 인용 구문과 매개변항", 『한글』 제80권 4호의 마무리 부분에서 이 방언에서 '-고'가 고유하게 쓰이는 환경이 처음으로 적시됨). 이것들은 동일하게 시상 선어말 어미를 요구하지 않는다는 점에서 더욱 핍진하다.

그렇지만 이런 접근에서는 다음 의문이 해소되어야 한다. 만일 접속 구문이 궁극적으로 내포 구문의 형상 속에 편입되어야 한다면, 이것들이 굳이 구별될 필요가 없이 완벽히 동일한 하나의 형태만 쓰는 선택도 가능하다. 그럼에도, 이 방언에서는 왜 이렇게 형태상의 차별을 보여 주는 것일까? 여러 가지 설명 방식이 가능할 수 있겠지만, 필자는 접속 어미 형태 '-곡'을 융합된 복합 형식으로 파악하는 길이 이런 의문을 풀어나가는 데에 첫 해결점을 제공해 준다고 믿는다. 접속 어미 '-곡'과 내포 어미 '-고'는 공통된 기반을 나눠 갖는다. 그렇지만, 접속 구문과 내포 구문 사이에서 구조적으로 표상해 줄 수 있는 계층상의 차이를 유지하기 위해서는, 앞뒤 일직선으로 산출되는 언어 형식의 특성상 다른 요소를 덧붙임으로써, 그 유무로 이런 구조적 차이를 대신할 수 있다. 이런 작업 가정 위에서는 덧붙는 요소에 대한 후보를 찾는 일이 다음 단계에서 진행되어야 한다.

이 방언에서도 한국어의 일반 현상으로 상징어 부류에서 낱말 만들기 틀로서 기역 받침 소리(내파음 기역, '윽')가 관찰된다. "알록달록하다, 오락가락하다, 오똑오똑하다"와 같은 표현도 있다. 사람의 행동거지를 대상으로 하여 이 방언에서만 고유하게 쓰이는 "주왁주왁하다"는 느닷없이 손이나 머리를 들이대는 모습을 가리킨다. "주작주작하다"는 말 따위를 불쑥불쑥하는 형상을 가리킨다. 이것들이 모두 기역받침 소리가 반복되면서 접미사 '-하다'에 내포된(통합된) 모습이다. 여기에서 찾아지는 반복된 기역 받침 소리(내파음 기역, '윽')는 접속어미 '-곡'에서 쓰인 것과 자연부류로 묶일 수 있을 듯하다. 그렇지만 여전히 그 정체가 의문으로 남는다. 여기에 대한 답변을 할 수 있는 형태가 바로 명사 구성체에서 찾아지는 기역 받침이다. 이 방언에서는 내기를 하는 놀이를 가리킬 적에, 생산적으로 '-을라'라는 어미에다 명사 접미사 '-ㄱ'(내파음 기역, 윽)을 융합하여 쓰는 일이 잦다.

(153) 이 방언의 명사 형성 방식 사례: 곱을락(숨기), 곱질락(숨기기), 먹을락(음식내기), 던질락(던지기 시합), 둥글릴락(둥글리기 놀이), …

숨바꼭질을 필자가 어렸을 적에 '곱을락'으로 불렀다(물론 '곱다'를 명사로 만든 뒤에 다른 접미사를 붙인, '곱음+재기'도 같은 놀이임). 이것을 사역 형태로 바꾸면 '곱지다(숨기다)'('-기'가 구개음화되었음)가 되는데, 숨겨 놓기 놀이는 「곱질락」으로 불린다(여기에서는 결코 '*곱짐+재기'라고 말할 수 없다는 점에서, 앞의 '곱음재기'가 더 좁은 분포에서만 쓰임을 알 수 있음). 음식 내기는 운동 경기는 '먹을락'이다. 필자의 청소년 시절에 '먹을락 축구'는 기본 경기 형식이었다. 뭔가 던지는 놀이를 한다면 응당 '던질락'이라고 말할 수 있다. 굴렁쇠를 놓고서 누가 잘 굴리는지 시합을 한다면 당연히 '둥글릴락(둥글리-+-을라+-윽)'으로 부를 것이다. 이런 사실은 생산적인 명사 파생 접미사로서 '-윽' 또는 받침 기역(내파음 기역)을 확보해 주도록 만든다.

물론 '-윽' 또는 '내파음 기역'이[172] 명사 접미사로만 쓰이는 것이 아니다. 내파음 기역과 접미사 '-하다'가 결합된 형식은 다시 "곱들락ㅎ다"(눈에 작은 대상이 곱게 보이다, '곱들+을락+ㅎ다'), "뭉클락ㅎ다"(유연하고 미끄러운 물체를 손으로 잡을 때 쉬이 손아귀에서 빠져 나가다, '뭉클+을락+ㅎ다')도 쓰인다. 이것들은 다 형용사들이다. 또한 부사를 만들어 주는 접미사 '-이'가 내파음 기역의 어간에 붙을 경우에는 "옷을 곱들락이 입엇어!"(옷을 곱게[곱들락하게] 입었어)처럼 쓰이므로, 그 어간의 형식이 '나날이, 다달이, 곳곳이, 면면이'와 같은 결합에서 시사해 주듯이, 명사 부류 어간에 부사 접미사가 통합된 것으로 간주할 법하다(일부 시간과 장소 표현의 명사는 그 자체로 또한 부사처럼 쓰이기도 하는데, '여기, 이곳, 이때' 따위임).

그뿐만이 아니다. 겉으로 보기에는 분명히 통사 형식을 지니지만, 반복 행동을 표현할 때 관용구마냥 자주 쓰이는 사례도 있다(이하의 예문들은 모두 필자가 만든 것임).

    (154가) -악 -악 ㅎ다: "가이∅ 이레 보악 저레 보악 ㅎ였저!"
      (개가 불안한지 이쪽으로 눈길을 주다가 다시 저쪽으로 눈길을 주다가 반복 행동을 하는구나)
    (154나) -악 -악 ㅎ다: "저 사름∅ 이레 돌악 저레 돌악 ㅎ네!"
      (저 이가 정신이 나갔는지 이쪽으로 달리다가 다시 저쪽으로 달리다가

---

172) 일반 사람들이 쉽게 「받침 기역」으로 부르며 '-ㄱ'처럼 나타낼 수 있다. 그렇지만 학문 상으로는 이를 「내파음 기역」으로 부른다. 현대 언어학의 아버지로 불리는 소쉬르의 책에서 음절에 관한 논의를 하면서 이런 점을 다룬 바 있다. 임의의 닿소리(자음, 비주기파, 소음)는 두 가지 길로 구현된다. 외파음으로 나오거나 내파음으로 나오는 것이다. 따라서 내파음 기역을 '-윽'으로도 쓸 수 있다. 이 방언에서는 약모음 '으' 탈락이 모음 뒤에서는 자동적으로 적용되는 음운 변화 현상이므로 결과적으로 받침소리가 된다. 이런 측면에서 좀 더 학문의 질서를 반영해 주는 표기가 '-윽'이 일관되게 쓰여야 하겠지만, 자동적 음운 변화 규칙을 염두에 두지 못하는 일반 독자들에게는 이런 표기 방식이 아주 낯설고 현학적으로 보일 듯하다. 그렇다면 불가피하게 '-ㄱ'로 표기하는 일도 허용될 법하다.

반복 행동을 하는구나)

(154다) -악 -악 ᄒ다: "그 염쇠ø 그레 둘려들엉 저레 둘려들엉 했저!"
(그 염소가 그쪽으로 달려들다가 다시 저쪽으로 달려들다가 반복 행동
을 하는구나)

여기에서는 반복된 행동을 표현하는 관용구의 형식이라고 말하는 쪽
이 좀 더 온당할 것이지만, 이 책에서 힘을 쏟는 일이 형태소의 분석과
확정에 있으므로, 통사적 구성이라고 적었을 뿐이다. 이 사례들은 내
포 어미 '-아'가 두 번씩 쓰이면서 동시에 내파음 기억을 이용하여
다시 'ᄒ다'가 투영하는 구조 속에 편입되어 있는 모양새이다. 사건의
중단과 전이를 표현해 주는 접속 어미 '-다가'를 이런 구성에서도 교
체하여 쓸 수 있겠지만, 이는 오직 두 번의 사건을 접속할 뿐이다. 그
렇지만 '-다가'와 내파음 기억을 융합시킨 '-닥(-다가+-윽)'을 쓸 경
우에라야 비로소 연속적인 반복 행동을 가리킬 수 있음도 특이하게
느껴진다.

(155가) -다가 -다가 ᄒ다: "가이ø 앚앗다가 샷다가 ᄒ였저"
(걔가 앉았다가 섰다가 하는구나)
(155나) -닥 -닥 ᄒ다: "가이ø 앚앗닥 샷닥 ᄒ였저"
(걔가 앉았다가 다시 섰다가 반복 행동을 하는구나)

(154)과 (155)의 구성은 내파음 기억(받침 기억)이 비단 접속 어미 '-곡'
에서만 관찰되는 것이 아님을 잘 보여 준다. 만일 필자의 관찰이 올바
른 방향에 있다면, 접속 어미 '-곡'을 내포 어미 '-고'에 내파음 기억이
융합된 것으로 간주할 토대가 마련된다.

이제 왜 내파음 기억을 덧붙여 놓아야 하는지도 간단히 답변을 마
련할 수 있다. 내파음 기억(-윽)의 존재는 접속 구문이 고유하게 무한
히 병렬될 수 있는 구성을 가질 수 있어야 하기 때문이다. 43쪽의 (1)

에서 보여 주었듯이, 필자는 접속 어미가 핵어로서 전형적 논항구조를 투영해 주며, 이는 우분지 모습의 &P(최대 투영의 접속 어미 구절)로 표상된다고 논의하였다. 이제 내포 어미 '-고'가 명사 부류의 접미사(-옥)를 융합시켜 놓았다면, 이는 접속 구조가 마치

"사과, 배, 감, 대추, …"

와 같이 같은 범주에 속한 자매(형제) 항목들을 지속적으로 나열하는 방식과 동일하게 묶일 수 있음을 알 수 있다. 접속절들의 나열과 명사들의 나열 사이에 동형성(homomorphism)이 확보되어 있는 것이다. 아무런 장막도 치지 않은 채 좀 더 정직하게 표현한다면, 직관적으로 「자매(형제) 항목들이 나열되는 방식」이 더 원초적이고 기본 형상을 담고 있을 것이다. 이런 믿음이 필자로 하여금 접속 어미 '-곡'을 명사 부류로 파악하도록 유도하고 있을지도 모른다. 필자는 누구에게나 언어 사용이 어려움 없이 진행되려면 「쉬운 원칙, 그리고 단순한 원칙」이 추구되어야 함을 밑바닥 가정으로 삼고 있다. 이런 질서를 구현하려면 가장 초보적인 명사구 나열과 무한 접속 구문이 서로 가까운 거리의 방식을 쓰고 있을 법하다. 만일 다른 방식을 택한다면, 더 이상 쉽고 간단한 사용 원칙을 벗어나 버릴 것이기 때문이다. 이런 믿음이 자칫 신발을 신은 채 발등을 긁는 일에 불과할 수 있겠지만, 필자의 믿음이 올바른 방향에 있기를 간절히 희망할 따름이다.

이상이 필자의 머릿속을 맴돌고 있는 답변 방식에 대한 소략한 밑그림이다. 그렇지만 달리 설명할 수 있는 몇 가지 길들도 함께 상정해 놓고서, 그것들을 하나하나 배제할 수 있는 증거들도 함께 다뤄 놓아야, 비로소 신중한 논의가 될 것임을 인정한다. 시간에도 쫓기고 이책의 분량도 크게 초과되었다는 생각에서, 이런 과정을 건너뛴 채 필자가 염두에 두는 것만을 우선 적어 놓았다. 조만간 이를 위한 후속작업이 진행되어야 함을 잘 깨닫고 있다.

제8장 제6부에 대한 요약

　접속 구문에 비하여 내포 구문에 대한 연구와 논의는, 그 범위(하위범주를 포함함)와 엄격한 정의가 상대적으로 다양하지 않은 듯하다. 아마도 그 이유는 인용 구문 형식이 너무 자명하게 내포 구문을 대표하고 있으므로, 그것만이 거의 유일한 내포 구문인 듯이 관념해 왔기 때문일지도 모른다. 그렇지만 우리말뿐만 아니라 여러 언어들에 대한 논의를 살펴본다면, 인용 구문의 형식을 그대로 이용하면서도, 남의 발화에 대한 인용과 전혀 관련 없는 내용들까지 엄연히 내포문으로 들어가 있는 경우들이 관찰된다. 따라서 단순히 인용 구문만이 내포 구문으로 보았던 편견을 지니고 있었다면, 아주 당황스러울 것이다.

　본고에서는 이 방언의 설화 자료들에서 찾아지는 사례들을 귀납하면서 크게 내포 구문을 두 가지로 나누었다. 발화와 마음가짐에 관련된 내포 구문을 한 부류로 정하고, 다시 행동의 목표와 실현 모습을 담고 있는 내포 구문을 다른 부류로 정하였다. 이는 인류 지성사에서 인간 관계에서 서로서로 관계를 맺는 방식과 관련해서, 크게 사고와 행동 또는 순수 이성과 실천 이성으로 대분해 온 점을 고려한 것이다.

희랍의 전통에서는 사고의 밑바닥 동기를 의도라고 부르고, 행동의 밑바닥 동기를 의지라고 불러 구분한 일도 있었다. 우리 문화에서는 생각과 행동이 동일하게 마음가짐의 돈독함 및 얄팍함과 같이 정도성을 반영하는 것으로 봐 왔다. 우연히 일상언어 철학자 그라이스 교수는 우리 문화의 전통과 같이, 두 개의 개념이 동일한 마음 작용일 뿐이며, 그 적용 영역이 생각과 행동으로 달랐기에 붙여졌다고 보았다.

개인적으로 필자는 의도와 의지가 공통적인 기반 위에서 한 가지 특성의 구현 여부에서 나뉜다고 본다. 다시 말하여, 100쪽의 〈표5〉에 있는 밑바닥의 '재귀 의식'에서 떠맡은 「판단·결정·평가」의 세 가지 기능 중 '평가'에서 이중적 기준을 채택하는지 단일한 기준을 채택하는지 여부로써 설명해 줄 수 있는 것이다. 행동 또는 실천은 언제나 단일한 기준의 평가에 의해서 일어나는 일이다. 한문 문화권(특히 유교)에서는 특히 '수양'(욕심을 줄이도록 마음을 닦는 일)이란 개념으로 아울러 강조해 온 중요한 덕목이다. 필자의 독서 범위에서는 본격적으로 생각을 작동시키는 이성과 행동이나 실천으로 구현되는 의지를, 하나의 얼개에서 연역하는 주장을 아직 볼 수 없었다. 그렇지만 우리가 히드라의 머리를 지니지 않았으므로(지킬 박사와 하이드처럼 위선을 하고 있지 않으므로) 통일된 한 가지 원리를 상정해야 한다면, 틀림없이 상위 차원의 재귀의식에 대한 속성으로부터 유도할 수 있어야 할 것이다.

제2장에서는 내포 구문의 정의와 이 방언에서 찾아지는 사례들을 귀납하여, 일차적으로 낮은 차원에서 16가지 범주를 제시하였다. 다시 이들을 좀 더 일반화시켜서 높은 차원으로 묶는다면, 네 가지를 제시할 수 있었다. 발화 표상 범주, 마음가짐 표상 범주, 행위 목표 표상 범주, 실현 모습 표상 범주이다. 이 또한 앞의 두 범주가 공통된 형식을 공유한다는 점에서 내포 구문 1로 묶었고, 다른 것은 내포 구문 2로 묶었다(단, 내포 구문 2는 이미 226쪽 이하에서 다뤄졌으므로 그곳의 논의도 함께 참고하기 바람). 이들 내포 구문은 모두 우리의 작업기억에

서 작동하는 「판단·결정·평가와 관련된 재귀의식 차원」에서 하나로 통합된다. 따라서 내포 구문을 투영하는 핵어 동사들의 범주를 이 책에서는 특히

「가능세계에서 임의의 사건 전개 모습과 결과 상태에 대한 판단 부류의 양태 동사」

라고 파악하였다. 이 범주는 다시 발화에 관련하여 상대방의 발화 속내를 판단하는 것, 화자 자신뿐만 아니라 감정 이입을 통하여 상대방의 마음가짐(특정 개인의 성격까지 함의하는데, 만일 1회적이라면 마음먹음, 일정 기간 반복적이라면 마음씨를 채택할 수 있음)에 대하여 판단하는 것, 현재 관찰되거나 곧 관찰될 만한 행동을 놓고서 그 동기나 의지를 추정하여 판단하는 것들로 좀 더 세부적으로 나뉠 수 있다. 이는 우리의 마음 작용을 몇 개의 영역과 몇 개의 층위로 작동하는지를 내성함으로써 상정될 수 있다. 따라서 평가 잣대로서 상위범주로부터 하위범주에 이르는 도출 관계의 적절성과 편이성을 내세움으로써, 이들 범주 설정의 우열이 결정되고 서로 합의될 수 있을 것으로 판단된다.

그뿐만 아니라 내포 구문들을 검토한다면, 반드시 현실세계에서 일어나고 관찰되는 복합 사건들의 연결체를 넘어서서, 가능세계에 있는 사건들에 대해서도 언어로써 표현하여 다루어 나가게 된다. 이런 일은 언어의 체계에서 양태(또는 양상)란 영역이 도맡아 실행하고 있다. 그렇다면 갑갑한 고전 양태 개념이 무엇이 잘못인지를 비판적으로 검토한 뒤에, 오늘날 언어학에서 주장되어 오고, 또한 가능세계 의미론에서 주장되어 오는 중요한 개념들을 고려하면서, 양태에 관한 범위 및 정의를 재구성할 필요를 느낀다. 필자는 사적으로 앞으로도 새로운 언어학이 반드시 양태(또는 양상)에 대한 개념을 새롭게 정의하면서 탄생할 것으로 본다. 이는 미리 381쪽의 〈표7〉에 제시되었지만, 다시 774쪽의 각주 151을 이용하여 인류 지성사 속에서 양태가 어떻

게 논의가 시작되었는지에서부터 개관하면서, 오늘날 언어학에서 다루는 양태의 범위까지 포괄하여 논의하였다. 필자는 네 개의 층위로 이뤄져 있는 모형을 상정하였다. 실현 양태와 미실현 양태, 또는 관찰 가능 양태와 관찰 불가능 양태에서 출발한다면, 직접 체험 양태와 간접 체험 양태가 구분되어야 하고, 물증 제기 불가능 양태와 반례 제시 가능 양태가 네 가지 중간범주로 구분되었다. 이에 따라 최하위 층위에 8가지 개별 양태들이 다뤄질 수 있는 모형을 제안하였다.

이런 이론상의 배경을 깔고서 제3장에서는 이 방언의 발화 인용에 관련된 형식이 관형형 어미 '-은'을 이용하여 상위문의 핵어 명사 '말'을 꾸며 주는 방식과, 인용 어미(본고에서는 내포 어미임) '-고'를 이용하여 상위문의 핵어 동사 '말하다'를 꾸며 주는 방식이 동시에 쓰이고 있음을, 이 방언의 설화 자료들로 제시해 놓았다. 이는 정확히 「문법 형태소의 중층성」 구현 모습을 보여 주는 사례이다. 또한 이 구문이 변동되는 모습들도 다루었다. 이른바 앞뒤-문맥(co-text)으로 일컬어지는 언어 환경이 쉽게 복원될 수 있다는 측면에서 생략들이 여러 부서에 걸쳐 일어남을 확인하였다. 이런 현상들을 놓고서 오직 복합 구문 차원에서만 머물러 있을 경우에, 그 해석과 일관성 확보가 어렵게 됨도 지적하였다. 온전히 담화 또는 텍스트 전개의 미시 차원과 거시 차원이 동시에 고려되어야, 이런 변이 현상을 포착하고 설명할 수 있음을 알 수 있었다.

또한 제4장에서는 인용 구문과 동일한 형식을 그대로 이용하고 있지만, 화자 자신의 의도와 감정 이입을 통하여 상대방이나 제3자의 마음가짐을 추정하는 부류도 따로 독립하여 다루었다. 이는 상위범주로서 가능세계의 사건 전개 모습 및 그 결과 상태에 대한 판단과 관련된 부류로서 규정된 개념으로부터 하위에 있는 여러 범주의 것들을 도출해 내는 일이다. 필자는 이런 전제를 옳은 것으로 여긴다. 따라서 결코 인용 구문이 가장 먼저 주어져 있고, 이를 전용하거나 변화해 놓은 구문이라고 말할 수 없음을 지적하였다. 그렇지 않을 경우에 자가당착이 생겨난다. 왜냐하면 발화 인용과 관련되지 않은 내포 구문들이 광범위할 뿐만 아니라, 그 종류도 아주 많이 있기 때문이다. 전체 비율을 고려할 경우에 인용 구문은 단지 새롭게 설정해야 할 상위 개념으로부터 도출되어야 하는 하위범주의 한 영역에 지나지 않는다고 간주해야 할 것이다. 화자의 의도와 상대방의 마음가짐을 추정하는 내포 구문에서도, 인용 구문에서와 같이 여러 요소들에서 생략이 일어남을 관찰할 수 있었다.

제5장에서는 이른바 부사형 어미(내포 어미) '-아, -게, -지 -고'가 관찰되는 내포 구문을 다루었다. 이 구문의 특징은 가능세계에서 표상되는 사건들을 다루게 된다. 이들 어미의 범주는 당연히 가능세계를 표상하기 위하여, 양태의 범주에 귀속될 수밖에 없다. 본고에서는 내포 구문의 어미들을 허용해 주는 핵어가 바로 뒤에 있는 상위문의 동사라고 본다. 상위문에 나오는 동사들은 모두 내포절에 있는 가능세계의 사건들을 놓고서 그 전개 및 그 결과 상태(속뜻도 포함함)에 대한 판단을 가리켜 주는 것이다. 이런 점에서 「가능세계 사건들에 대한 판단 양태 동사」라는 범주를 부여할 수 있다. 여느 동사와 달리, 이는 상위 차원의 동사이다. 가능세계의 사건을 다루는 동사는 언제나 동사에 대한 상위 동사가 되어야 하며, 이것이 다시

「가능세계의 사건들에 대한 전개 및 그 결과 상태와 속뜻을 판단하고 평가한다」

는 자연부류로 묶일 수 있다. 본고에서는 이 점을 가리키기 위하여 '판단 양태 동사'라는 용어를 쓰고 있다.

이 동사는 하위범주로서 발화에 대한 판단, 화자 자신의 마음먹음(또는 마음씀)에 대한 재귀적 판단, 현실세계에서 추체험할 수 있는 간접 증거를 이용하여 상대방에 대한 감정이입을 실행함으로써 상대방의 마음가짐도 판단하고 짐작하며, 곧 일어날 만한 행동(곧 확인할 수

있는 사건)을 일으킬 만한 상대방의 의지도 판단하고 추측할 수 있는 것이다. 가능세계에서 상정되는 사건이란 개념은, 그 자체로 현실세계에서 언제든 추체험 가능한 사건과 대조된다. 후자는 최근 '증거태'라는 개념으로 활발히 논의되고 있다. 이들 내포 어미들이 가능세계에서 표상하는 사건의 위상을 분할하여 나타낸다(김지홍, 1992, "국어 부사형 어미 구문과 논항구조에 대한 연구", 서강대학교 박사논문). '-아'는 전체 모습을 가리키고, '-지'는 사건이 시작되는 기점부를 가리키며, '-게'는 사건의 종결되는 종점부를 가리키고, '-고'는 사건의 기점부와 종점부 사이에 있는 임의의 지점을 가리켜 준다.

§.5-1에서는 내포 구문의 어미 '-아'와 결합하는 상위문 핵어가 서로 짝을 이루며 대립하고 있음을 지적하였다. 사건의 진행 방향을 나타내는 '-아 가다 vs. -아 오다'(화자를 기준점으로 하여 쓰게 됨), 그리고 '-아 들다 vs. -아 나다'(안과 밖을 나누는 기준이 상정됨)가 있다. 선행절과 후행절이 접속되는 복합 사건 연결의 상황에서 실현되었을 경우에 선행절과 후행절의 긴밀한 공모 관계를 가리키는지, 선행절과 후행절이 성근 관계로 멀어지고 무관하게 되는지를 가리켜 주는 짝으로서 '-아 가지다 vs. -아 두다'와 '-아 놓다 vs. -아 불다(-아 버리다)'가 있었다. 또 인위적 단계가 사건의 시작점에서부터 개입하는지, 자연계 인과율처럼 자동적으로 일어나며 결과 상태까지 포함하는지를 구분해 주는 '-아 보다 vs. -아 지다'도 있었다. 한 사건이 아무런 방해나 장애가 없이 진행되며, 그 사건이 다른 사람에게 어떤 영향력을 미치는지를 구별해 주는 짝으로서 '-아 먹다 vs. -아 주다'도 있었다. 마지막으로 2항 대립을 하는 것이 아니라, 유무 대립을 구현하는 '-아 있다 vs. ø'가 있었다. 이 구문들이 모두 상위문의 핵어 동사가 구현하는 선어말 어미 형태소들에 영향권에 들어 있고, 465쪽의 (17)로 표현된 접속 어미의 시상 및 양태 해석 조건의 적용(일치 요구 조건)을 받으면서 전체적으로 해당 사건들에 대한 위상이 재정립된다.

§.5-2에서는 내포 어미 '-게'가 자신이 표상하는 사건이 목표 지점

이 되도록 표상해 주지만, 그 사건이 목표까지 가는 데에 어려움이나 장애가 전제되므로, 인위적인 노력이 들어가야 한다는 함의를 띤 핵어 {하다, 만들다, 시키다} 부류와도 결합하고(따라서 강제성이나 직접성의 결과를 낳을 수 있음), 반대의 상황으로서 그런 목표까지 어려움 없이 당연히 도달한다는 함의를 띤 핵어 {되다, 생기다, 마련이다}와도 결합한다(따라서 자발성이나 간접성의 결과를 낳음). 내포 어미 '-게'는 특정 지점의 사건의 상태에 도달하였음만을 표시해 주는 '-도록'과도 비교될 수 있다. 후자는 부사구나 부사절로서 기능하기 때문에 내포문으로서의 지위와는 다르다. 따라서 언제나 교체가 자유롭지도 않고 그 함의 내용도 다름을 확인할 수 있었다.

§.5-3에서는 내포 어미 '-고'를 매개로 하여 이뤄진 '-고 싶다'와 '-고 말다'가 짝은 희망이나 기대를 표시하거나 그런 기대가 부정적인 쪽으로 일어남을 표시해 주었다. 그렇지만 이것들이 관용구처럼 쓰이면서 특수하게 뜻이 고정되는 경우도 있었다. §.5-4에서는 긴 형태의 부정문으로서 이 방언에서만 특징적으로 나타나는 형식 '-들'이 있음을 지적하였는데, 이것이 부정문의 어미 '-지'가 도출되어 나왔을 만한 형식과 어떻게 관련을 맺는지는 앞으로 계속 모색해 봐야 할 과제이다.

제6장에서는 당위나 필연적 조건을 나타내는 '-아사(-아야) {되다, 하다}'를 다루었다. '되다'라는 낱말이 특성상 결과 상태를 가리킬 수 있다. 이와 짝이 되는 '하다'는 상대적으로 실천을 요구하며 상태 변화를 함의할 수 있다. 비록 이 구문은 일차적으로 평가의 형식을 띠고 있지만, 간접 화용으로 청자에게 당위 조건을 제시해 주는 것 자체가 상대방에게 어떤 행동을 요구하는 것으로 해석될 소지도 배제할 수 없었다. 이런 측면에서 이 구문이 중의적을 해석될 듯하다.

제7장에서는 내포 어미 범주와 접속 어미 범주에 대한 문제를 다루었다. 학계에서 제대로 부각되지 않았지만, 매우 심각하고 중요한 문제이다. 현재 이 문제가 정립되어 있지 않다는 측면에서 이에 대하여

답변할 수 있는 가능 범위도 잘 알 수 없는 상태이다. 본고에서는 우연히 이 방언의 사례들에서 접속 구문이 항상 'ㅎ다'가 투영하는 내포문으로 실현되고 있음을 관찰할 수 있었다. 이를 근거로 하여 제4부의 제3장과 제4장에서 필자는 등위 접속 구문의 기본 형상이 내포 구문으로 출발함을 결론지을 수 있었다. '-곡 -곡 ㅎ다'의 형상이다. 만일 이 주장이 성립한다면, 이제 따로 접속 구문의 어미를 내세울 필요가 없어진다. 왜냐하면 접속 어미가 항상 상위문 핵어의 논항으로 들어가 있어야 하기 때문이다. 이는 접속 어미가 내포 구문의 어미와 동질의 것임을 시사해 주었다.

좀 더 큰 전환은 내포 구문을 투영하는 내포 어미들과 그 상위문 핵어들을 일반화하는 과정에서 일어났다. 상위문 핵어 동사의 범주는 가능세계의 사건 전개 및 결과 상태에 대한 '판단 부류'의 동사이다. 전형적인 내포 어미들이 가능세계에서 상정되는 사건들의 진행 과정이나 결과 상태를 놓고서 판단하고 결정하며 평가하는 것으로 구성되어 있기 때문이다. 그렇다면 내포 어미들은 응당 가능세계에서 상정되는 사건들을 가리키기 위해서 양태 범주에 귀속되어야 함을 알 수 있다. 그렇지만 갑갑한 고전적 양태에서는 이를 처리할 수 없다. 따라서 혁신적인 양태 개념에 대한 제안이 필요하였다. 이를 필자는 3단계로 이뤄진 8항목의 양태 개념으로 제안하였다. 새롭게 제안된 양태 개념은 반사실적 가정이나 반증 원리까지도 맞물려 들어갈 수 있도록 활짝 열려 있는 내용이다. 비단 발화 시점 현재 화자가 마주하고 있는 청자로 하여금 추체험이 가능한지 여부를 알려 주는 증거태만이 새로운 양태 개념이 아니다. 필자는 이를 포함하여 좀 더 큰 뜻잡이가 이 방언의 자료들을 설명하기 위하여 필요하다고 보았다.

아직 사변적인 모색에 지나지 않겠지만, 필자는 이 방언에서 자주 쓰이는 접속 어미 '-곡'이 내포 어미 '-고'와 동일한 형식을 공유하면서, 동시에 무한 접속을 가능하도록 만들어 주기 위하여, 마치 한 계열의 명사들이 지속적으로 나열되는 일처럼, 명사를 만들어 주는 접미사 부류를 융합시켜 놓은 것으로 파악한다. 이는 좀 더 신중하게 있을 수 있는 논의 갈래들을 면밀히 상정하고 나서, 각각의 논의에 대한 결정적인 반례나 반증 논리를 찾아내면서 배제하는 일이 동시에 추구되어야 할 것이다. 이런 작업은 현재 보류된 채 필자의 머릿속 생각과 전략만 적어 놓았다. 그런 만큼 필자의 모색은 잠정적일 수밖에 없다.

제7부 제주 방언의 복합 구문에 대한 결론

제1장 각 부마다의 논의 요약

§.1-1 들머리

제1부에서는 본고에서 이용하고 있는 설화 채록 자료들을 중심으로 개관을 하였다. 1979년에서부터 녹음되기 시작하였고 1980년대의 초반에 3권으로 출간된 『한국 구비문학 대계』에서 설화 부분들에서 관찰되는 접속 구문의 어미와 내포 구문의 어미들에 관한 자료는, 연구자의 자의적인 주관과 편견을 불식하는 데에 아주 중요한 토대이다. 이 책에서는 이런 어미 자료들을 모아 놓고서 분류를 진행하면서, 귀납적으로 일반화하는 일이 이뤄졌다. 이 자료의 최대 장점은, 당시 녹음 내용이 모두 디지털 형식으로 전환되어 있기 때문에, 관련 누리집에서 내려받고 여러 차례 들을 수 있다는 점이다. 그렇지만 디지털로 전환된 자료들을 내려받고서 아무리 여러 차례 들어봐도 배경 소음들로 인하여 명확히 받아 적을 수 없는 대목들도 있는 것이 사실이다. 이는 동시에 이런 입말 자료의 신빙성에 대한 한계도 드러낸다. 그렇지만 출간된 책자 상태의 자료를 「그대로 수용하여」 관련 자료들

을 모아 놓았다. 그 이유는 적어도 당시 자료를 채록하던 분들이 모두 다 이 방언에 대한 모어 화자이기 때문이다. 원래 발화를 명확히 대조할 수 없는 조건에서라도, 이 방언을 모어로 하고 있는 채록 주체들이 지녔을 모어 직관을 대신 이용할 수 있다는 점이, 아마 그런 제약을 보상해 줄 만한 보루로서 여겨짐직하다. 이런 측면에서 이 방언에 대한 정밀한 최초의 기록물이면서도 신뢰성이 함께 부여될 만한 최상의 자료인 셈이다.

이런 작업의 진행 과정에서 필자가 3년 저술 지원 과제에 대한 두 차례의 보고서를 쓰는 동안에 그 내용이 여러 차례 수정되고 달라졌고, 최종 심사에서 출판 가능 판정을 받은 뒤에도 꾸준히 수정 작업이 진행되었다. 그렇지만 기본적으로 가설-연역 체계의 수립 과정(508쪽의 각주 114)을 그대로 준수하였고, 공리계에서는 방법론적 일원론의 정신을 구현하는 핵 계층 이론(제2부 제1장)을 받아들였다. 자료들에 대한 해석 과정은 담화 분야에서 다뤄온 미시구조 및 거시구조를 일관되게 표상해 주는 '정당성 확보 방식'을 견지하였다.

그런데 설화 채록 자료들은 여러 조사자들에 의해 기록되었던 만큼 소리 나는 대로 씌어져 있는 표면 음성형들이 많았으며, 세세한 표기 방식에서도 다수 차이들이 그대로 드러나 있었다. 이 책에서는 접속 어미와 내포 어미에 대한 형태소들의 분석과 확정 작업을 첫 출발점으로 삼고 있다. 이 방언에서 가장 취약한 영역들 중 명백한 한 가지가 문법 형태소들에 대한 확정이기 때문이다. 입말 채록 자료를 이용하면서 명확히 출처와 쪽수를 밝혀 놓았다. 이 책에서는 고집스럽게 우리글 맞춤법에서 강조한 일차 원칙인 '어법대로'만 재구성하여 놓음으로써, 문법 형태소 확정에 진력하였다. 해당 자료들의 출처 및 쪽수를 찾아본다면, 두 가지 서로 다른 표기를 비교하면서 이 방언의 문법 영역에 있는 형태소들에 대한 이해를 넓힐 수 있을 것이다. 만일 개인별로 변동할 만한 사례들은 개인 말투로서 그대로 존중하여 놓았다. 복합 구문을 다루는 과정에서 필자가 처음으로 깨달은 언어 사실은,

이 방언에서 「문법 형태소들의 중층적 구현 현상」이다(593쪽 이하와 708쪽 이하를 보기 바라며, 785쪽 이하도 보기 바람). 만일 문법 형태소들의 중층적 구현 현상이 이 방언의 엄연한 언어 사실이라면, 이 방언의 유표성과 이례성을 극대화해 온 종전 연구들은, 자신들의 결과를 풍선처럼 커 보이도록 만들기 위하여, 이 방언의 언어 사실을 의도적으로 왜곡했다는 비난을 벗어나기 어려울 것이다. 이 책에서는 이 방언의 유표적 특성에만 빠져 몰입하는 일보다는, 거꾸로 한국어의 공통적 질서를 염두에 두면서 일반성과 특수성을 필자의 식견과 능력 범위 안에서 구별해 주려고 애를 썼을 따름이다.

이하에서 각 부마다 논의된 결과를 요약해 나가기로 한다. 다만 각 부마다 언제나 최종 장에서 그곳의 요약을 실어 놓았다. 이 책을 읽으시는 독자분들께서는 조금 길더라도 각 부마다 논의를 요약해 놓은 대목을 읽어 보실 수 있다. 여기에서는 책의 분량이 이미 많을 뿐만 아니라, 중언부언 중복하였다는 혐의를 피하기 위하여, 그런 요약보다도 척도를 더욱 높이어 아주 간단하고 소략하게 서술해 놓기로 한다.

§.1-2 제2부 담화 전개에서 접속 및 내포 현상과 이에 대한 설명

여기서는 이 방언의 접속 구문과 내포 구문을 다루기 위하여 필자가 다룰 수 있는 범위에서 이론적인 토대를 서술하였다. 통사론·담화 및 화용론·언어 심리학·인간 정신 작용 방식 및 사고의 특징들이다. 비록 작은 영역으로부터 더 크고 깊은 영역으로 서술을 진행하였으나, 궁극적으로는 가설 연역 체계의 서술 방식을 수용하여 거꾸로 진행하는 편이 온당할 것으로 본다. 통사론에서는 현대 지성사를 열어 놓은 「방법론적 일원론의 공리계」를 충실히 따르고 있는 생성문법의 틀을 언급하였다. 참스키 교수는 현재 자신의 문법 모형이 오직 다른 인지 영역들과의 경계면(접합면) 정보를 지니고 있는 것으로 본다. 이는 인간 정신 작동으로부터 언어 사용 및 언어를 도출할 수 있는 잠재적 가능성을 열어 준다는 점에서, 필자는 개인적으로 궁극적인 발전이라고 평가한다.

제2부 제1장에서는 접속 구문과 내포 구문을 투영하는 핵어(head)가 각각 기능범주의 접속사(&, 또는 CONJ)와 어휘범주의 양태 동사이라고 보았다. 이것들이 각각 전형적인 논항구조와 이것이 한 차례 반복된 일반화된 논항구조를 표상한다고 가정하였다. 전형적인 논항구조에서는 무한히 접속절이 이어져 나갈 수 있도록 보장해 주기 위해서 참스키 부가 형식으로 불리는 최대투영에 대한 부가절의 모습을 상정하였다. 일반화된 논항구조에서 내포절은 제3의 논항을 점유하였다.

그런데 접속 구문의 경우 가장 빈번하게 관찰되는 모습으로서, '-곡 -곡 ᄒᆞ다(-고 -고 하다)'라는 특이한 구문에 주목하면서, 접속 구문도 또한 전체적인 담화 전개의 모형에서 볼 경우에, 내포 구문 속에 편입되어 들어가야 함을 명시적으로 드러내는 것으로 해석하였다. 이는 접속 어미의 기능상의 범주와 내포 어미의 기능상의 범주를 결정하는 데에도 깊이 관련되어 있는 중요한 언어 자료이다.

제2부 제2장에서는 언어가 형식과 내용의 결합체라고 말할 때에, 내용에 대한 논의는 거시언어학의 구성 영역인 담화와 화용론 쪽에서 이뤄져 왔기 때문에, 복합 구문과 관련하여 이 분야를 오직 필자의 독서 범위 속에만 국한지어 논의하였다. 접속 구문과 내포 구문이 더 확장된 언어 덩어리를 짜 얽어가는 중요한 언어 형식이다. 그렇다면 응당 미시구조를 거쳐서 거시구조로 이어지는 모습을 다뤄야 한다. 현재 거시구조를 다루는 영역에서는 비록 언어로 표현된 표면구조에서는 명시적으로 찾을 수 없더라도, 그런 표상이 적합하게 해석되기 위해서 요구되는 우리 정신 작동의 특성까지 포함하여 다루게 된다. 이렇게 범위가 넓어지고 깊이 또한 표면적인 언어 표현을 벗어난 대상들을 다룰 적에, 이런 다층위 영역들을 일관적으로 다룰 수 있는 「기본 단위의 설정」이 매우 중요해진다. 이 일은 이미 아리스토텔레스의 『사

고 도구』에서 내적 구조를 지님으로써 분석 가능한 '절(clause-like unit)'을 중심으로 하여 이뤄졌고, 오늘날까지도 여전히 여러 영역에서 기본 단위로 받아들여지고 있다. 다만 잘못된 일본말 명제(명령문으로 된 표제)를 던져 버리고, 대신 서술문으로서 단정을 하는 기능을 띠므로 '단언 또는 단언문'으로 부를 필요가 있다.

담화가 짜이고 얽히는 방식도 크게 둘로 나뉜다. 언어 기제들을 이용하는 영역과 그런 기제가 따로 마련되어 있지 않은 영역이다. 담화 연구의 초창기에서부터 '앞뒤 문맥'이 낱말과 문장의 의미를 결정해 줄 뿐만 아니라, 또한 사용 맥락이나 상황 맥락이 또한 앞뒤 문맥보다 더 중요하게 작동하면서, 전체 의미를 고정시켜 줌을 밝혀낸 바 있다. 보다 더 중요한 것은 거시구조로서, 학문 영역에 따라 아주 다양하게 불리고 있다. 흔히 합당성 부여 방식 또는 추론 또는 정당성 확보 전략이라고도 한다. 담화의 뼈대에 해당하는 거시구조를 수립하는 일은 크게 담화 외부에서 도입하는 외부 모형 및 담화 내부에서 자체적으로 일관된 연결을 수립해 나가는 내부 모형으로 나뉜다.

담화는 정태적인 모습으로 이용될 수도 있겠지만, 실시간으로 입말을 통해 전개되어 나가기도 하는데 흔히 화용 흐름이라고 부른다. 이런 흐름은 매우 간단하게 「시작 → 중간 → 끝」의 매듭을 반복 순환시키면서 진행되어 나간다. 여기서 끝의 역할은, 글말에서 채택한 마침표 '.'라는 기호처럼 눈으로 보여 줄 수 없다는 점에서, 입말에서는 한 덩어리의 이야기에 대한 가치 평가의 형식(속담이나 관용구 또는 상대방의 이야기에 대한 수긍 반응 따위)으로 이뤄진다.

일상언어 철학으로 불리는 흐름을 주도한 오스틴 교수는 표면에 입말로 말해진 내용이 언제나 세 가지 층위(언표 층위·속뜻 담긴 층위·실천 완료 층위)에 의해서 작동한다는 뛰어난 통찰을 한 바 있다. 임의의 입말 표현은 언제나 전제와 함의가 깃들어 있는 것이다. 그렇지만 이것들이 서로 다른 것처럼 착각될 수 있으므로, 그롸이스 교수는 각각 「언어 형태에 관습적으로 깃든 속뜻」과 「언어 사용 맥락에서 대화상으로 깃든 속뜻」으로 합쳐 불렀다. 여기서 속뜻은 저절로 마련되는 것이 아니다. 언어 사용자의 의도에 의해 깃들기도 하고 취소되기도 하는 것이다. 그렇다면 여기서 부각되는 의도는 대화를 전개시켜 나가는 뼈대에 해당한다. 이는 담화 전개 구조에서 정당성 확보의 뼈대를 만들어 주는 합당성 확보의 개념과 서로 정합적으로 하나로 모아진다. 입말이나 글말이나 전달 경로(피카소는 그림이란 매체로, 조용필은 가락에 실은 그의 목소리를 써서)에 상관없이, 마음먹은 일이나 마음 쓰는 일에 의해서(둘 모두 '마음가짐'의 하위 요소로 분류됨) 언어 표현이든 딸림 언어 표현이든 언어가 없이 이뤄지는 무언극이든 간에, 마주하고 있는 사람을 향해 일어나고 전달되고 반응을 얻게 되는 것이다. 이것이 현재 지성계에서 생각과 발화의 밑바닥 동기로서 '의사소통 의도'와 행동과 실천의 밑바닥 동기로서 '의지'를 다루고 있는 일단인 것이다.

　제2부 제3장에서는 언어 심리학에서의 담화 처리 방식을 다뤘다. 이 영역에서는 특히 인간의 기억 특성들을 분류하고 이를 조직하여 이용하는 방식을 논의한다. 언어 사용과 관련해서는 우리 인간의 다중 기억 중에서 특히 작업기억과 장기기억을 이용하여 일어난다는 점에 누구나 동의하고 있다. 언어 이해에 관련된 세부 진행 과정은 〈표3〉에 제시되어 있으나, 자세한 논의는 김지홍(2015)『언어 산출 과정에 대한 학제적 접근』(경진출판)을 보기 바란다.

　제2부 제4장에서는 현재 언어 처리와 관련하여 인간의 사고 작동 방식을 〈표5〉와 〈표6〉으로 요약해 놓았다. 정신 작용은 귀납적인 개별 사건들의 표상들을 놓고서 상위 층위로 묶어 가고, 그러는 과정에서 모자란 정보를 더해 놓게 된다. 이 단계는 반드시 어떤 일관된 모형을 둘 이상의 후보로 상정하면서 서로 비교하는 일을 수반한다. 추가되는 정보와의 정합성 여부에 따라서 계속 가다듬어지거나, 아니면 폐기되게 마련이다. 만일 더 넓은 범위에까지 적용할 수 있다면 흔히 체계적 지식이나 학문으로 불린다. 가능세계에 있는 일련의 사건까지 포함할 경우에 흔히 지혜를 갖춘 세계 모형으로 불린다.

§.1-3 제3부 복합 구문에서 관찰되는 전형적인 어미 형태소들과 그 기능의 변동

이 방언에서 관찰되는 접속 구문과 내포 구문의 사례들을 적절하게 해석하고 설명해 주기 위해서는, 언어 사용 상황 또는 맥락을 능동적으로 고려하지 않는다면 항상 한계에 부닥치고 만다. 현재 우리의 정신 작용이나 마음가짐에 대한 논의는 믿음의 체계(세계 모형도 그런 체계의 한 가지 후보임)에 의존해 있다. 이렇게 고정된 믿음은 운명적으로 자기모순의 속성을 담고 있다. 이는 무어 교수에 의해 처음 지적되었기 때문에, 무어의 역설로도 불린다. 이 방언의 복합 구문 자료들을 분석하고 범주화하는 데에는, 내포 구문과 접속 구문을 대분하는 것으로도 충분하다. 한편 기능문법에서 상정해 온 등위·종속·내포라는 삼분 방식도 채택될 수 있겠지만, 담화 전개의 구현상 접속보다 내포가 더 기본적이라는 사실은 포착해 주지 못한다.

제3부 제2장에서는 등위 접속 구문의 전형적인 어미 형태소 '-곡(-고)'을 놓고서, 이것이 여러 범주에 걸쳐서 두루 쓰이고 있음을 확인하였다. 전형적으로 등위 접속 구문에서 관찰되는 사건 나열(병렬)뿐만 아니라, 앞뒤 맥락에 따라서 선후가 뒤바뀔 수 없는 사건들을 나타내며, 선택지를 제시하는 형식뿐만 아니라, 마치 수의적 부가절을 지닌 종속 접속 구문으로도 쓰인다. 더욱이 전형적으로 종결 어미가 실현될 위치에서 관찰되는 사례들도 확인하였다. 이 책에서는 다의어적인 접근 방식을 따르고 있으므로, 보수적으로 이런 확장 관계가 합리적으로 상정되지 못할 경우들이 늘어난다면, 그때에 가서 동음이의적 선택을 하더라도 늦은 것이 아니라고 본다. 이런 확장은 다른 접속 구문의 어미와 내포 구문의 어미 형태소들에서도 관찰된다. 그렇다면 이를 일반화하여 언어 사용에 대한 상위 차원의 설명이 필요할 것이다. 그렇지만 접속 구문의 어미 형태소 '-곡'이 확장될 수 없는 환경이 있었다. 이 방언에서도 공통어와 동일하게 내포 구문에서는 엄연히

'-고'라는 고유한 어미 형태소가 이미 쓰이고 있음을 실제 언어 자료들로 확인하였다. 이 책에서는 내포 어미 '-고'를 기반으로 하여 내파음 기역(윽)이 더 융합된 모습으로서 봐야 함을 제6부 제7장에서 언급하였다.

필수적으로 선행절을 요구하는 종속 구문은 이항 접속의 경우와 좀 더 개방적인 다항 접속으로 나뉜다. 이와는 달리 수의적인 부가절의 형식으로 덧얹히는 수의적 종속 접속 구문도 있다. 전통문법에서 방임형이나 양보 구문으로 기술되어 온 것들이다. 이 방언에서 이항만이 관찰되는 종속 접속 구문으로 조건 형식이 있다. 물론 '-으면'이 전형적인 어미이지만, 또한 '-거든'으로도 쓰인다. 후자는 더 줄어들거나 '-건'으로 또는 더 늘어나서 '-거든에'와 '-거들랑'의 모습으로도 쓰인다. 전형적인 조건 어미 '-으민'('-으문, -으면'으로 변동됨)과는 현실세계에서 즉각 찾아지는 직접적인 조건인지 여부에서, '-거든'과 의미자질에서 대립될 수 있다. 그런데 '-거든'이 종결 어미가 나올 환경에 그대로 머물고 있는 경우도 있다. 청자가 모르는 내용을 가르쳐 주거나 앞으로 계속 말할 이야기에 대한 전제를 베풀어 주는 기능을 지닐 경우에는, 결코 '-으민(-으면, -으문)'과 교체될 수 없다. '-으민'은 오직 「-으면 좋겠다, -으면 싶다」라는 내포 구문에서 핵어 동사가 생략될 경우에만 종결 어미처럼 인식될 수 있다. 이런 점에서도 같은 계열의 어미들이더라도 실제적으로 쓰이는 속뜻이 서로 다른 것이다.

흔히 쓰는 '이유'라는 개념에 대해서는 속뜻을 제대로 파악해야 한다. 이는 화자와 청자 사이에 서로 믿음에 대한 일정한 간격이 전제되어 있다. 이 방언에서 쓰이는 이유 어미 '-으난'은 '-으니'와 '-아네'라는 형식이 융합된 복합 형식일 가능성이 있다. 이렇게 융합된 복합 형식으로서 여러 가지 접속 어미들이 있다. 동시 진행을 가리키는 '-으멍(으며+앙)'도 그러하고, '-으멍설란(-으면서+을란)'도 그러하다. 중단이나 전환을 가리키는 '-다가'에 다시 각각 '-앙 vs. -안'과 융합되어 다시 '-다그넹에 vs. -다네'(줄어들면 '-당 vs. -단')로 구현된다. 그런데 전형적인 이유 어미 '-으난(-으니까)'은 이항만을 접속하며 필수적 선행절을 지닌다. 그렇지만 여기에서도 언어 사용 상황에 따라 변동이 일어났다. 이항의 종속 접속 구문에서도 이 어미의 의미자질(또는 기능)이 시간상 사건 전개의 흐름을 나타내기도 하고, 후행절에 대한 배경 또는 무대의 역할을 제시하기도 한다. 이럴 경우에는 다항 접속 형태로 바뀌는 것이다.

제3부 제4장에서는 담화 전개의 측면에서 「수의적 부가절 구문이 독자적이고 고유한 형태소가 없음」에 주목하였다. 만일 고유 어미를 지녔더라면 너무나 유표적이고 값비싼 문법 형태이었을 것이다. 이어서 제5장에서는 인용 관련 어미 형태소들의 변이 모습들을 살펴보았는데, '-곤 말이어'('-고 하는 말이야'에서 융합되었을 것으로 봄)의 존재는, 이 방언에서 이미 아주 오랜 동안 이런 형식(특히 '-고'가 먼저 있어야만 관형형 어미 '-은'이 융합될 수 있음)이 이 방언의 화자들에게 머릿속 실재로서 쓰여 왔음을 가정하지 않고서는 결코 해결될 수 없다. "개신파의 영향"이라는 일부 주장이 접속 구문의 영역 일부에서 보여 주는 어미 형태소들만 언급할 뿐이라는 측면에서, 이 방언의 언어 사실을 얼마나 왜곡시켜 놓았는지를 여실히 알 수 있다.

제3부 제6장에서는 이 방언에서 내포 구문으로 표현되는 부류로서, 행동 목표를 표시하거나 실현 모습을 나타내는 절 및 상대방이 일으킬 만한 사건의 동기를 추정하는 절들을 다루었다. 선행한 내포 절에서 관찰되는 두 계열의 어미 형태소가 있었다. 하나는 '-으러, -으레'와 이것이 확장된 형식으로서 '-으려고, -을라고(-을랴고)'라는 내포절 어미 형태소들이다. 다른 하나는 '-으저, -으자' 및 이 형태와 유관한 '-으자고, -으젠'이 있었다. 이 절을 투영해 주는 상위문의 핵어 동사는 '하다'와 '오다, 가다, 나오다, 다니다' 따위가 있었다. 전자는 생각 내용을 그려 주는 「묘사 동사」로 파악하였다. 후자는 구체적 사건이나 행동을 표현해 주는 일반 동사로 지정하였다. 우연하게도

이 방언의 내포 구문의 어미 형태소가 각각 생각 표상 및 행동 표상으로 포착할 수 있었지만, 좀 더 숙고를 해야 할 과제로 남겨 둔다. '-으러, -으레'는 구체적인 행동 표시 동사(오다, 가다, 나가다, 다니다)에 내포되어 이음말처럼 쓰일 수 있다. 그렇지만 '-으저'는 오직 묘사 동사 'ㅎ다'에만 내포되는 특성이 있었다. 이는 '-으저 ㅎ다'를 '-으저 생각ㅎ다'로 교체할 수 있음을 의미했다. 곧, 행동(행위) 표상 방식과 생각 표상 방식을 나눠 놓을 수 있는 것이다. 전자에서는 내포절이 행동의 목표나 의도를 가리켜 준다. 후자에서는 생각의 내용을 드러내어 준다. 단, 이런 서술은 '혼잣말'을 예외적으로 치부할 경우에 해당한다.

그렇지만 이런 제약이 '-으려고, -을라고(-을랴고)'와 '-으젠, -으자고, -으자, -으자곤'에서는 적용되지 않으며, 앞에서 제시한 어떤 동사의 범주에도 제약없이 자유롭게 내포된다. 이런 현상을 필자는 종속 접속 어미 구문이 초기 표상에 자리잡고 있을 것으로 보았다. 그 종속 접속 구문은 인용 형식의 이용하는 것이며(인용 구문의 형식이 다시 선행절 속에 포함됨), 인용 구문 형식에서 상위문 핵어가 화용상의 조건에서 생략(단절)되는 일이 흔하였다. 여기에서도 그런 화용상의 생략이 관찰된다. 다시 말하여, 이들 어미 형태소 중에서 '-으젠, -으자고, -으자곤' 따위가 종결 어미가 실현되어야 할 위치에서 관찰되는 것이다. 이를 일관되게 인용 형식의 내포 구문에서 상위문 핵어가 생략(단절)됨으로써 결과적으로 종결 어미처럼 변이되는 것으로 보았다. 이는 규칙에 의해서 유도되는 것이므로, 굳이 범주까지 다 전환되었다고 서술할 필요는 없을 듯하다.

§.1-4 제4부 개방적 등위 접속 구문과 관련 모습들

여기서는 구조적으로 개방되어 있어서 동등한 지위의 항목이 계속 나열될 수 있는 구문을 놓고서 등위 접속 구문으로 불렀다. 여기에는 세 가지 하위 부류를 설정할 수 있다. 사건 나열의 기능을 갖는 부류와 동시 사건 진행의 부류와 역방향이나 선택지 모습의 사건 항목들이다. 제2장에서는 등위 접속 구문으로 나오는 예문들이 지니는 어미 형태소가 몇 가지 있다. 같은 어미 형태소를 그대로 반복하여 중첩된 모습을 제시함으로써, 마치 선택 항목의 나열로 이해할 수 있는 바탕이 마련됨을 알 수 있었다. 여기서 더 나아가 두 가지 선택 항목이 서로 반대되는 내용을 표시해 준다면, 그 선택 항목에 상관없이 모든 경우를 다 가리키거나 또는 그런 선택이 아무런 영향도 끼치지 못한다는 '방임형'의 뜻도 품을 수 있음을 확인하였다. 전형적으로 동시 진행 사건을 나타내어 접속 어미 '-으면서'도 앞뒤 맥락에 따라서 계기적인 사건들을 표시해 주거나, 배경 사건을 제시한 뒤에 초점 사건을 이어주는 용도로도 확장되었다. 만일 보조사 '도'가 결합되어 '-으면서도'처럼 쓰일 경우에는 역접 사건도 이어 줄 수 있었다. 이렇게 확장되는 측면은 초기값 의미자질에 다시 언어 사용의 규범을 적용하면서 도출해야 한다는 사실을 시사한다. 이 어미 형태소는 구조적으로 다시 핵어 동사 'ᄒᆞ다(하다)'가 투영하는 내포 구문으로도 실현되었는데, '-으멍 말멍(-으면서 말면서)'과 같이 두 가지 대립 사건의 제시로써 수의적인 부가절의 모습도 띨 수 있었다.

동시 진행 사건을 표시해 주는 어미 형태소로서 복합적인 형식도 자주 관찰되었다. 특히 '-아 두다'가 이 방언에서는 '-아 둠서, -아 두서, -아 두고, -아 두어그네'처럼 활용되었다. 여기에서 찾아지는 형태로서 '서'는 '-으멍'이 확장되어 청자에게 주목하도록 요구하는 형태인 '-으멍서라(-으면서+올랑)'에 들어 있는 형태와 동일한 형태로 본다. 이 방언의 특이하고 고유한 융합 형태소를 구성하는 요소로서,

이미 '-서'가 쓰이고 있다는 점은 이 방언의 위상을 새삼 반성케 해 준다. 이 방언의 자료에서 관찰되듯이 문법 형태소들의 중층적 구현 현상을 받아들인다면, 선택지의 너른 범위가 축소되고 고정되면서 현재의 공통어 형식으로 유도될 개연성을 검토해 볼 만한 것이다.

등위 접속 구문이 표상하는 의미자질로서 나열과 동시 진행만을 상정할 경우에, 이런 사건들의 방향이 서로 반대로 일어나거나 작동하는 모습을 쉽게 포착해 줄 수 없다는 점을 지적하였다. 전통적으로 이는 역접의 관계로 불려 왔으며, 흔히 방향이 거꾸로인 두 가지 사건이 제시되어 있다. 여기서는 등위 접속 구문의 의미자질을 삼분 체계로 상정하였다. 그런데 이 방언에서 「역방향의 사건에 관여하는 접속 어미 형태소들이 특이하게 공통어에서 쓰는 것과 거의 다르지 않다」는 언어 사실에 주목하였다. 이는 대체로 사건들에 대한 긍정 서술 형태가 우리의 일상 경험을 언어로 표현하는 데에 큰 몫을 차지하고, 부정 서술 또는 역방향의 대립 서술 방식은 상대적으로 제한적이기 때문에, 이런 점을 반영하는 것으로 해석하였다. 역방향의 사건들이 '말다'를 대표로 하여 하나의 낱말로 응집되기도 하고("가거나 말거나" 따위), 지시 대명사와 계사를 이용하여 두 항목("게나저나")처럼 표상된다. 이럴 경우에 반대되는 두 가지 선택지가 하나의 관용구처럼 쓰이기도 하며, 심지어 수식을 맡는 부사어의 지위로 뒤바뀌어 나타나기도 한다.

이 방언의 역방향 사건들에 대한 접속 어미 형태소들은 두 가지 차원에서 하위 분류될 수 있다. 첫째, 시상 형태소와 결합이 자유로운 부류와 그렇지 않은 부류로 나뉜다. '-앗자(-았자)', '-앖주 vs. -앗주(-고 있지 vs. -았지)', '-앗저(-았지)', '-앖지 vs. -앗지(-고 있지 vs. -았지)'가 시상 형태소와 결합된 사례들이다. 또한 '-은디(-은데)'와 '-는디(-는데)'도 그러하다. 다만 특이하게 '-앗-'과 결합할 경우에는 공통어와 달리 전설화가 일어나면서(-인디) '-앗인디(-았는데)'가 보수적 형식으로 관찰되었다. 이는 국어사 '-앗'의 기원이 '-아 잇-'으로부터 나왔다는 주장을 뒷받침해 주는 듯하다. 시상 형태소와 결합되지 않은 부류로서 '-되', '-으나', '-거나'가 있다. 이것들도 또한 시상 형태소의 결합이 불가능한 것은 아니겠지만, 채록된 자료들을 살펴보면 전형적으로 시상 형태소가 없는 경우로만 관찰되었다. 왜 그러는 것일까? 필자는 이 접속 어미 형태소들이 이 방언에서 자주 쓰이는 등위 접속 구문의 전형적인 형상을 그대로 따르기 때문으로 해석하였다. 다시 말하여, '-거나 -거나 ᄒ다' 또는 '-으나 -으나 ᄒ다'의 기본 형상에서, 시상 따위 문법 형태소는 상위문의 핵어인 'ᄒ다'에 의해 표시될 수 있는 것이다. 이런 점에서 시상 형태소가 결합이 저지되는 것이 아니라, 간접적인 방식으로서 상위문 핵어의 지배에 의해서 시상이 표시되고 있는 것임을 알 수 있다.

둘째, 고유하게 어간 뒤에 접속 어미 형태소가 결합되는 부류가 전형적인 것이겠지만, 또한 다른 융합 구성을 취하는 경우도 있다. 가령, 단독으로 종결될 수 있는 어미 형태소인 '-어', '-다'에 보조사 '도'나 '마는'이 덧붙은 '-어도, -다마는'이 있다. '마는'은 또한 '-지, -저, -주'에도 융합된다. 또한 접속 어미 형태소('-앗더니') 뒤에도 융합되어 '-앗더니마는'으로도 쓰인다. '마는'은 또한 '마는+에'와 같은 융합도 관찰된다. 이는 후행절에 덧얹히는 부사어로서의 지위를 표상해 주는 것으로 볼 수 있다.

제4부 제3장에서는 이 방언의 언어 자료에서 가장 잦은 빈도로 관찰되는 특이한 등위 접속 구문의 형상을 '-곡(-고)' 어미 형태소를 중심으로 하여 살펴보았다. '-곡 -곡 ᄒ다' 또는 '-곡 ᄒ다'의 구성이다. 등위 접속 구문에서는 의미자질상 하위범주로 「나열·동시 진행·역방향의 사건」들로 나누었는데, 이들 하위범주에서 모두 같은 구문의 형상이 관찰되었다. 그뿐만 아니라 내포문이 의문 종결 어미로 끝날 경우에는 따로 접속 어미 형태소가 없이 나열될 수 있었다., 이런 의문문들의 접속도 상위문의 핵어 'ᄒ다(하다)'가 투영하는 논항으로 자리 잡고 있었다. 모두 동일한 구문 형상인 것이다. 이런 구성은 설령 두 절

들 사이의 접속이라고 말할 수 없는 경우에로까지 확대되어, 단일한 절에서 쓰인 '-곡 ᄒ다'의 구성까지도 찾아낼 수 있었다.

제4부 제4장에서는 접속 구문을 내포 구문의 논항으로 만들어 주는 핵어 'ᄒ다(하다)'의 범주에 대한 물음, 그리고 접속 어미의 범주가 무엇인지에 대한 물음을 다루었다. 공통어에서 문법 요소들을 구현시켜 주는 '하다'와 관련하여 대동사(pro-verb, 본동사를 대신하는 동사), 형식동사, 문법동사, 의미역을 배당해 주지 않는 가벼운 동사 등의 제안이 있어 왔다. 결과적으로 본다면, 이것들이 어느 정도 공통 분모를 지니고 있겠지만, 그 명칭에 따라서 각각 강조해 주는 측면이 다를 듯하다. 제4장 1절에서는 대용 성격의 대동사는 다른 분포와 관련하여 가능성이 배제되었다. 필자는 상징어 어근에서 관찰되는 '하다'가 「묘사 동사의 성격」을 지닌다는 측면이 부각될 필요가 있다고 보았다. 「장면 묘사·대상 묘사·발화 묘사·접속 사건(사건 범위) 묘사·판단 묘사」 따위로 확장될 수 있을 것이다. 또한 이 동사가 내포 구문을 투영해 준다는 점에서 '가벼운 동사'로도 말할 수 있는데, 이미 52쪽의 (8)에서 일반화된 논항구조의 그림으로 보인 바 있다. 즉, 외각(껍질) 구조를 보장해 주는 소리값 없는 동사 v인 것이다. 이런 특징은 내포 구문을 투영해 주는 'ᄒ다(하다)' 동사가 복원 가능성을 전제로 하여 탈락되는 특성과도 맞물릴 수 있을 것으로 본다.

제4장 2절에서는 본디 '선행절-곡, 후행절-곡 ᄒ다'의 구문에서 후행절의 '-곡 ᄒ-'의 탈락이나 생략이 일어나서 '선행절-곡 후행절-'로 바뀐 형상의 중요성을 언급하였다. 만일 선행절과 후행절에 시상과 양태 형태소가 없이 무표적인 사건을 표상해 놓은 경우에, 어떤 경우에는 후행절에서 관찰되는 시상 및 양태 형태소의 지배력(영향력)이 선행절에까지 뻗어 있는데, 이를 설명해 주는 구조적 형상이 확보될 수 있는 것이다. 제4장 3절에서는 접속 어미가 시상 선어말 어미 기능도 하지만, 또한 종결 어미의 기능도 떠맡을 수 있다는 측면에서, 우선 [+I, +C]라는 기능 자질을 부여할 수 있겠지만, 이 책에서는 선

어말 어미의 종류들과 다양성을 고려할 경우에, 양태라는 개념을 중심으로 하여 재정의할 필요를 느꼈다. 이는 〈표7〉에서와 같이 제시되었고, 다시 774쪽의 각주 151에서도 역사적 발달 모습과 함께 언급되었다.

여기서 양태는 그 자체로서 상위 개념이다. 가능세계에서 상정되는 모든 사건의 전개에 대한 개관과 그 결과 상태에 따른 속뜻까지 포함한다. 편의상 포괄범주·상위범주·하위범주·차하위범주로 층위를 나눠 놓았다. 상위범주는 현실세계에서 관찰 가능한지 여부로써 서로 구분되었다. 전자는 하위범주로서 「사건의 전개 모습」을 가리켜 주는 시상 형태소가 자리잡고, 또한 사건 발생에 관련된 증거를 표시해 주는 증거 양태가 짝으로 대립하고 있다. 현실세계에서 관찰 불가능한 사건을 가리키는 양태는 다시 물증 제시가 불가능한 사건 및 반례들이 제시될 수 있는 사건이 서로 짝으로서 대립하였다. 차하위범주 및 이를 더 세세하게 나눌 만한 차차하위범주들도 상정될 수 있다. 이 방언의 실제 자료들을 구분해 주기 위해서 도입하려는 것이다.

제4장 4절에서는 크게 내포 구문들을 마음가짐 및 의지로 대분할 경우에, 이 구문이 표상하는 양태는 〈표7〉의 상위범주에서 현실세계에서 관찰될 수 없는 사건으로부터, 현실세계에서 관찰될 수 있는 사건을 잇는 역할을 떠맡고 있다고 보았다. 물론 상위 층위와 하위 층위 사이의 중간 매개 층위를 상정해 볼 가능성도 있겠지만, 필자는 내포 구문의 어미 형태소들의 범주 지정에 관심이 있으며, 일단 이런 점에서 중간 층위에 대한 모색은 유보되었다. 그렇다면 이런 내포 구문을 이끌어주는 어미 형태소는 어떤 범주에 속하는 것일까? 〈표7〉에서의 가능성은 오직 '양태' 범주에 속함을 말해 준다. 그렇다면 복합 구문에서 짝으로 대립할 수 있는 접속 어미의 범주는 무엇일까? 필자는 두 종류의 접속 어미 부류를 나누어 놓았다. 접속 어미가 양태 속성을 지닐 경우가 있고, 따로 양태 해석에 대한 지침이 따로 없이 후행절의 양태 해석에 의존하는 경우가 있었다. 종속 접속 구문을 투영하는 어

미 형태소 '-으난(-으니까)'과 '-으면'은 그 자체에 양태적 자질이 녹아 있다고 보았다. 그렇지만 '-앙(-아서)'의 경우에는 후행절에 구현된 시상 및 양태 자질이 그대로 선행절에 이르기까지 영향을 미쳐서 일관되거나 복합 사건으로서 통일된 해석을 보장해 주었다. 이런 측면에서 시상 대립을 보여 주는 접속 구문의 어미 형태소는, 그 시상 의미 자질이 기본 구문에 나타나는 시상 선어말 어미와는 달리, 그 의미자질 중 일부만 지니고 있다고 봐야 한다고 결론을 내렸다. 그렇다고 하더라도 두 부류를 묶어 주는 상위 개념은 결국 양태 범주일 수밖에 없다. 따라서 내포 구문의 어미 형태소도 그러하고, 접속 구문의 어미 형태소도 결국 양태 범주의 일원임을 매듭지을 수 있었다. 이런 결론은 다시 정합적으로 임의의 언어가 최종적인 포장지로서 사건 전개를 개관해 주는 양태 범주와 문장(발화)을 종결하는 서법으로 구성된다는 보편적 언어 사실과도 맞물려 들어간다.

§.1-5 제5부 필수적 종속 접속 구문: 다항 접속 및 이항 접속

제5부는 이 책에서 가장 분량을 많이 차지하고 있는 논의 영역이다. 관련 어미의 숫자가 단연 많다 보니, 다시 종속 접속 구문을 다항 접속이 보장되는 경우와 오직 전형적으로 이항만이 접속되는 경우로 나누었다. 만일 이런 사실만을 놓고 내성해 본다면, 우리가 사건들이 이어지는 관계를 포착하여 언어로 포장한 뒤 다른 사람에게 내보낼 경우에, 종속 접속 구문의 모습을 가장 빈번하고 그리고 가장 다양하게 쓰고 있음을 시사한다. 개개의 사건들의 세밀한 관계를 무의식적으로 인식하고 구별하여 표현하려는 동기가 깔려 있는 것이다. 이곳의 논의는 모두 6개의 장으로 이뤄져 있다. 각 장에 대한 요약이 제5부의 제7장에 들어 있으므로, 여기서는 더욱 간략하게 경개만 적어 놓기로 한다.

먼저 다항 종속 접속이 이뤄지는 경우도 세 가지 차하위범주로 구분하였다. 첫째, 순차적인 사건 전개나 추이를 나타내는 경우, 둘째, 사건 전개 방향에서 어긋나거나 중단되거나 다 끝나서 다른 사건으로 바뀌거나 경우, 셋째, 특정한 사건이 일어나기 위하여 배경이 되거나 아니면 무대로서 선행절의 사건이 제시되는 경우이다. 각각의 경우에 대표적인 어미를 순차 접속의 '-안 vs. -앙(-아서)', 전환 접속의 '-단 vs. -당(-다가+-안 vs. -다가+-앙)', 배경 제시의 '-은디(-은데)'로 내세웠다.

순차 접속 어미 '-안 vs. -앙(-아서)'은 시상·양태의 대립을 보이는데, 가장 빈번히 쓰이는 만큼 그 변이형도 다양하다. 다른 접속 어미들의 융합 형식에도 녹아 있음은 이 형태가 매우 특기할 만하다. '-안'은 '-아네'라는 유일한 변이형만 지니지만, 반면에 '-앙'은 '-아그네, -앙그네, -앙으네, -아그네그네, -아그넹에, -앙으넹에, -앙그넹에'와 같이 많은 숫자의 변이 모습을 보여 준다. 물론 이 방언에서도 고유하게 '-아서'가 쓰이며(또한 '-아설랑'도 쓰임), 이런 언어 사실은 분명히 문법 형태소들의 중층적 구현 현상을 드러내에 준다. 일단 '-안 vs. -앙'에만 초점을 모을 경우에, 기원상 이 대립 짝은 '-아네 vs. -아그네'로 표상하였다. 그렇지만 빈도의 측면에서는 이것들이 줄어든 '-안 vs. -앙'이 단연 도드라지므로, 이것들로 대표 형태소를 삼았다. 이 접속 어미는 시상 선어말 어미 '-앗- vs. -앖-'의 지닌 자질과는 달리, 양태의 해석까지도 품고 있다는 측면에서, 그 자질을 각각 [+종결점] vs. [−시작점]으로 상정해 놓았다.

복문의 전체 구조에서 시상과 양태의 일관된 해석은 465쪽의 (17)로 제시된 네 가지 조건을 이용하여 도출할 수 있다. 결국 그 기능상으로 판단할 경우에 접속 어미와 내포 어미는 381쪽 〈표7〉로 제시된 양태 개념을 토대로 한다면(774쪽의 각주 151에서 다시 〈표15〉로 제시됨), 양태 범주의 구성원으로 파악된다. 비록 사변적 수준에 머물겠지만, 이 점이 905쪽 이하에서 다시 논의되었다.

그런데 '-앙(-아서)'이 지닌 수적으로 과다하게 치우친 변이 형태소 모습을 설명하는 방식으로서 세 가지를 상정하여 다루었다. 이 방언에서는 이런 시상 대립을 보여 주는 종속 접속 어미뿐만 아니라, 공통어와 동일한 종속 접속 어미 '-아서'도 적잖이 관찰되며, 개인 말투로 여길 만큼 특정한 화자에게서는 비격식적으로 '-아 가지고, -아 갖고, -아 앚언(-아 가지고)'도 쓰이고 있다. 1980년대에 60대 이상의 화자들이 이미 공통어에서 관찰되지 않는 변이 모습('-아 앚언')과 뜻이 전이된 형태로서 '-앗더니(-았더니)'라는 형태소들을 엄연히 자주 쓰고 있다는 언어 사실을 받아들이는 일이, 이전에 이 방언을 자의적으로 왜곡하는 일에 더 앞서서, 연구자들 사이에 중요하게 엄연한 언어 사실로서 서로 합의되어야 한다.

이런 현상은 비단 접속 어미에서뿐만 일어나는 것이 아니라, 내포 어미에서도 그러하며, 종결 어미에서도 이내 찾아지므로, 모든 문법 형태소들에 걸쳐 전반적으로 일어나는 현상이다. 접속 어미의 경우는 593쪽 이하 및 708쪽 이하의 논의를 보기 바라며, 내포 어미의 경우는 785쪽 이하의 논의를 참고하기 바란다. 종결 어미의 경우는 342쪽의 각주 78을 보기 바란다. 필자로서도 채록된 설화 자료를 이용하여 해석에 주력하고 있기 때문에, 이 책을 쓰는 과정에서 언필칭 "개신파의 영향"으로 설명할 수 없는 융합된 복합 형식들의 존재를 통해서 처음으로 깨우쳤다. 필자는 이를

「문법 형태소들의 중층성」

모습이라고 불렀다. 이를 설명할 수 있는 틀로서 최소한 네 가지 방식을 상정하였지만, 핵심은 세 영역에 있으며, 오직 이 원리들이 작동하지 않을 경우에라야 수의적 교체로 여기게 된다는 점에서, 결과적으로 세 가지일 뿐이다. 그렇다면 중층성 현상을 설명하는 핵심 원리는 첫째, 담화 전개의 흐름에서 미시구조 형성 전략에 따르거나, 둘째, 단조로움을 벗어나는 화용상의 기법으로서 사슬 형성의 기능으로 포

착하거나, 아니면 셋째, 사회언어학에서 일부러 말투를 바꾸려는 동기를 품고 있는 것이다. 만일 문법 형태소들의 중층성을 받아들인다면, 이 방언의 용법 및 생생한 자료의 속내들은 아주 새로운 모습으로 드러나게 될 것임을 명확히 단정할 수 있다. 그런 만큼 필자는 조심스러우면서도 다른 한편으로 한 언어의 실체(그 속내)를 정확히 붙들어 내는 일이 핵심 사안일 수밖에 없음을 깊이 느끼고 있다.

이 책에서는 문법 형태소일지라도 다의어적 측면에서 기능이 앞뒤 맥락에 따라 달라질 수 있다는 시각을 품고 있다. 종속 접속 어미 '-안 vs. -앙'이 지닌 접속 기능을 놓고서도, 비록 498쪽 이하에서 전형적으로 순차적 사건 전개의 기능을 상정하였으나, 앞뒤 맥락에 따라 다음처럼 변동한다는 사실을 이 방언의 풍부한 자료로써 드러낼 수 있었다. 532쪽 이하에서는 이유 또는 목적을 표현하는 기능, 523쪽 이하에서는 수단 또는 방법을 나타내는 기능, 559쪽 이하에서는 후행절 사건이 일어나기 위한 배경 또는 무대를 제시하는 기능을 지니는 것이다. 한편 결과적인 해석에 의존한 판단이지만, 이런 기능 변화가 두부모 자르듯 명쾌할 수는 없다. 왜냐하면 이들 네 가지 기능이 서로 중의적으로 해석될 수 있는 사례들도 풍부하게 관찰되었기 때문이다. 이는 사건들을 미세하게 얽어서 탑을 쌓듯이 일련의 한 가지 사건으로 인식하고 표상하는 방편을 그대로 드러내 주는 일이라는 점에서, 먼 미래에는 이런 하위 기능들이 기억의 신경생리적 기반인 뉴런들에 대한 연접부(시냅스)의 확장 가능 범위를 제한해 놓을 수 있을 것이다.

이런 사실은 또다른 차원에서 새로운 문제를 제기한다. 우리가 왜 그런 기능을 지니고 있다고 느끼며 판정을 하게 되는지에 대한 상위 물음이다. 필자는 절 단위의 사고 요소(clause-like unit, 생각 단위)가 미시구조를 중심으로 모인 뒤에, 미시구조들이 거시구조를 이루면, 이 거시구조의 동기가 머릿속 마음 작용과 관련하여 궁극적으로 일련의 사건 전개 모형으로 수렴된다고 가정한다. 이를 염두에 둔다면, 접속 어미가 자동적으로 그 기능을 결정하는 것이 아니다. 오직 이들 어미를 사용하여 점차 더 큰 영역 위에서 일련의 사건들이 맺는 관계들을 재해석함으로써 얻어지는 것일 뿐이다. 이런 측면에서 문법 형태소가 전형적인 기능을 대표 삼아 내세울 수 있을지라도, 언제나 「이가 없으면 잇몸을 씹는」 민간의 지혜를 언어 해석에서도 그대로 적용해 줄 수 있어야 함을 자각하고 있다. 앞뒤 문맥(cotext)과 상황 맥락(context)을 고려한 다의어적 접근만이 이런 지혜를 보장할 수 있다고 믿는다.

593쪽 이하에서는 종속 접속 구문을 투영하는 기능범주의 핵어로서 시상의 의미자질이 깃들어 있는 '–안' 어미와 자주 혼동될 수 있는 또다른 인용 구문 부류의 단절 형식 '–안^2'를 논의하였다. 이것들을 구분하는 가장 단순한 구별 방식은 오직 종속 접속 어미만이 항상 '–아네'로 바뀌어 쓸 수 있음을 응용하는 것이다. 그렇지만 인용 구문의 단절 형식 '–안^2'는 결코 이런 일이 가능하지 않았다. 안타깝게도 객관적인 모의 방식은 추구할 수 없고, 다만 이 방언의 모어 직관을 지녀야만 쉽게 실행될 수 있는 일이었다. 분명하게 이런 구분이 주어져야함을, 필자는 또한 종속 접속 어미의 짝인 '–앙'이 문장이 종결하는 위치에서 관찰되지 않는다는 사실을 증거로 제시하였다. 비록 일부 채록에서 '–젠(–지라고, –다고)'을 '–젱(–지라고, –다고)'처럼 표기해 놓았더라도, 동일한 화자가 부연 설명하는 과정에서 다시 '–젠(–지라고, –다고)'으로 바꿔 말하고 있다는 객관적인 언어 사실도 함께 제시하였다. 일부에서 잘못 주장하고 있듯이, 인용 구문의 단절 형식에서도 시상 의미자질 '–안 vs. –앙'이 대립된다면, 결코 이렇게 수의적으로 '–젱(–지라고, –다고)'이 '–젠(–지라고, –다고)'으로 바뀔 수 없는 것이다. 매우 중요한 사실이지만 이를 간과해 버리기 쉬운 이유는 문법 연구에서 기본적 형상들을 무시해 버리기 때문인 것이다.

제5부 제4장에서는 사건 전개 흐름에서 후행절 사건이 전환을 보여주는 경우를 다루었다. 이런 기능을 맡는 전형적인 접속 어미는 '–다가' 부류이다. 여기서 동사의 어간에다 '–다가, –아다가, –앗다가'라는 세 가지 통합 부류가 구분되어야 함을 알 수 있었다. 이것들은 각각

그 기능이나 접속 의미가 달랐다. '-다가'는 선행절 사건이 다 끝나지 않고 중간에 후행절의 다른 사건으로 전환됨을 나타내었다. 그렇지만 시상 선어말 어미 [+종결점]을 표시해 주므로 '-앗다가'는 선행절 사건이 다 끝났음을 가리키며, 다시 이 사건에 이어서 다른 사건이 일어남을 표상해 주었다. 그렇지만 '-아다가'는 선행절의 사건과 후행절의 사건이 하나의 단일한 복합 사건처럼 인식되는 특징이 있으므로, 선행절 사건이 전체적으로 후행절 사건 속으로 내포되어야 했다. 이 방언에서만 고유하게 쓰이는 '-다서(-다가)'도 관찰되고, 특이하게 '을랑'이 덧붙어 있는 '-다설란(-다가는)'까지도 쓰인다. 또한 시상 의미 자질을 지닌 '-안 vs. -앙'이 융합되어 있는 복합 형식 '-단 vs. -당'도 관찰된다. '-단'의 경우에는 오직 '-다네'만 변이 형식으로 관찰되지만, '-당'의 경우에는 줄어들지 않은 형식으로 '-당으네, -다그네, -당으넹에'도 수의적으로 바뀌어 쓰일 수 있음은, 이것이 '-앙(-아서)'을 융합시켜 놓은 복합 형식이기 때문에, 그 변이 범위가 동일한 것이다. 결과적으로 사건의 진행 도중에 그만 두거나 사건이 다 끝난 뒤에 다른 사건으로 전환되는 어미가 순차 접속의 경우보다도 더 많은 셈이다. 이는 이 방언의 접속 어미들의 실태를 다루기 이전에, 필자가 막연히 품었던 기대를 산산조각 바스러버린 언어 사실이다.

그런데 전형적으로 사건 전환을 나타내는 '-단 vs. -당'도 여느 접속 어미들과 마찬가지로 전체 맥락에 의해 사건들이 재구성됨에 따라, 조건의 의미를 나타낼 수도 있었고, 이와 정반대로 그런 조건이 후행절에 아무런 제약이나 구속도 부가하지 못하여 전혀 상관없다는 속뜻을 지녀서 방임의 의미까지도 나타낼 수 있었다. 이럴 경우에 보조사 '은'과 '도'가 덧붙은 복합 형태로서 각각 '-당은'과 '-당도, -당이라도'처럼 실현됨을 관찰할 수 있었다. 이런 기능의 확장은 예문 (87가)와 (87나)에서 확인할 수 있듯이, 전형적으로 역접을 나타내는 접속 어미 '-으되'나 '-마는'에서도 관찰된다. 그렇다면 이런 언어 사실에서 중요한 시사점을 얻을 수 있다. 문법 형태소가 마련되는 길이 적어도 세 가지를 상정해야 함을 명시적으로 가리켜 주기 때문이다.

① 고유한 형식들,
② 앞의 형식을 이용하여 융합해 놓은 복합 형식들,
③ 화용적 형태를 덧붙인 확장 형식들

첫 번째 형식과 두 번째 형식은 동일한 차원에서 기능이나 자질들이 확정되겠지만, 세 번째 형식은 또다른 차원에서 새로운 기능을 도입하는 셈인데, 새로운 차원의 범위를 결과적으로 귀납하여 확정해 놓음으로써 그 범주의 정체를 찾는 일이 후속 작업으로 이뤄져야 할 것이다.

　제5부 제5장에서는 선행절을 배경으로 만들어 주는 접속 어미 형태소를 다루었다. 654쪽에서는 전형적으로 선행절을 배경 사건으로 만들어서 주는 종속 접속 어미 '-은디(-은데)' 부류를 다뤘다. 전형적으로 배경을 제시하거나 무대를 마련하는 기능 때문에, 명사에 계사가 활용하는 '명사＋인디(명사＋인데)'의 형식이 상당수를 차지하였다. 이 방언에서는 계사 '이다'가 활용할 경우에 최소한 세 가지 길이 있음을 찾아내었는데, 〈표10〉으로 요약하였다. 이런 모습이 지시대명사에서도 동일하게 적용됨도 확인하였다. 또한 존재 동사는 이 방언에서 네 쌍의 어간을 지녀서 '이시다, 시다, 싯다, 잇다(있다)'로 나오는데, 아무렇게나 교체되는 것은 아니다. 공통어의 논의에서 지적되어 온 측면을 그대로 반영해 줌을 〈표9〉로 제시해 놓았다. 첫째 항목은 '이신디(있는데)'로 활용하고, 마지막 항목은 '잇는디(있는데)'로 활용하였다.

　그런데 종속 접속 어미 '-은디'는 양태 선어말 어미 '-느-'와도 결합하여 '-는디'로도 쓰였고, 시상 선어말 어미 '-앗-'과 결합하여 '-앗인디'로도 쓰였다. 다시 시상 및 양태 선어말 어미들을 모두 구현하여 '-앗는디(-았는데)'로도 쓰인다. '-앗-'은 [＋종결점]의 시상 의미자질에 의해서 관련 사건이 이미 다 끝났음을 가리킨다. '-느-'는 청자로 하여금 눈앞에서 생생히 관련 사건을 추체험할 수 있음을 보장해 주는 역할을 한다. 본고에서는 이들의 시상 및 양태 형태소들의 의미자질과 기능을 드러내기 위하여 현실세계를 가리키는 제1층렬 위에서, 다시 설화에서 무대를 도입하는 제2층렬, 그리고 설화 속 세계에서 관련 사건들이 일어나는 또다른 사건 무대를 가리키는 제3층렬들이 필요함을 논의하였다. 클락 교수의 주장에 따르면, 이런 복합 층렬의 작용은 세 가지 차원의 원리가 동시에 가동되는 복합 인지 작동의 결과이다. 언어 형태에 담긴 의미 차원, 이야기가 이끌어가는 사건들을 따라가는 상상 차원, 아무리 해당 이야기에 몰입하더라도 필요하다면 언제든지 이야기 속 세계로부터 떨어져 나와 이내 화자와 청자가 있는 제1층렬의 현실세계로 되돌아올 수 있다는 식별 차원이, 언제든지 함께 공모되고 있어야 하는 것이다.

공통어에서는 언제든지 '-앗는디(-았는데)'의 복합 형식으로 실현되는 접속 구문의 형태소가 이 방언에서는 수의적으로 '-은디(-은데)'로 줄어드는 언어 사실을 두 명의 화자에게서 관찰할 수 있었다. 이는 층렬의 누적이 복잡해지면 복잡해질수록(제3층렬의 무대 위에 다시 제4층렬의 또다른 회상 무대가 도입될 수 있음) 언어 사용 참여자들이 더욱 긴장을 해야 하고, 이와 더불어 그 층렬들 사이를 오가면서 항상 일관성을 찾아내야 할 인지적 부담이 늘어나게 된다. 그럴수록 층렬 선택에 온통 주의를 기울이다 보면, 정작 즐겨야 할 이야기의 흥미로움은 거꾸로 반감될 수 있다. 이를 해소하기 위하여, 일부러 화자들이 간편한 두 층렬의 무대만을 쓰면서 자신의 이야기를 전개할 수 있다. 결국, 이런 변이는 층렬을 최소화함으로써 이야기의 흥미로움에 더욱 주목하도록 하려는 화용 전략 때문이라고 설명할 수 있는 것이다.

684쪽 이하에서는 전형적으로 계기적 사건 발생을 나타내어 주는 접속 어미 '-자 말자(-자마자)'와 전형적으로 이유를 제시해 주는 접속 어미 '-으니까' 부류를 중심으로 하여, 그런 전형적 기능 이외에도 다시 순차적 사건 전개의 기능이나 배경 제시나 무대 마련의 기능으로도 확장되어 나가게 됨을 지적하였다. 만일 어떤 인용 구문의 형식을 내세워 선행절을 제시할 경우에는, 관련 인물들 사이에서 어떤 약속이나 묵계가 전제되어 있다는 점에서, 비록 사물들 사이에 적용되는 인과율처럼 필연적인 것은 아니더라도, 느슨하게 어떤 묵계에 의해 후행절 사건이 일어남을 가리켜 주므로, 이는 설명 제시의 형식이라고 말할 수도 있다. 또한 문장 접속을 명시적으로 보여 주기 위하여 선행절의 핵어 동사를 그대로 복사하여 '-으니'로 활용한 경우도 관찰할 수 있었다. 그런 언어 환경에서는 이런 구체적인 동사들을 대용하는 'ᄒ다'와 교체될 수 있었다. 이 방언에서 접속 부사는 공통어에서와 같이 지시 대명사를 이용하지만 계사를 지니고서 활용하는 형식도 있었다. 'ᄒ다'가 활용하는 형식으로도 자주 쓰이는데, (97가)의 사례는 명시적으로 'ᄒ다'가 대용사의 지위를 품는 것임을 실증해 준다. 만일 대용 표현을 쓰지 않을 경우에는, 선행절의 핵어 동사를 그대로 반복하여 활용하는 것임을 확인할 수 있다.

전형적인 접속 의미에 대한 이런 기능의 확장은, 이야기를 듣는 사람이 주체적으로 스스로 현재 듣고 있는 이야기를, 장기 기억 속에 담아 놓은 관련 내용을 작업기억에 끄집어내어서 「있을 수 있는 이야기 얼개를 복수 후보 이상 대기시켜 놓고서 적합하게 확증하거나, 조정하거나, 수정하거나, 아니면 새로운 대안 후보를 즉석에서 마련해 놓은 일」을 진행시켜야 한다. 그렇다면 해당 이야기를 들으면서도 동시에 청자(청중)는 스스로 이미 자신이 기억하고 있는 얼개와 서로 맞물려 들도록 확증·조정·수정하거나, 비부합(불합치)이 있을 경우에 새로운 내용으로 신속히 교체해야 한다. 그 결과로서 이야기의 흐름에 잘 합치되는 전체 맥락이 확보될 경우에, 그 맥락에 따라 다시 하위 사건들을 표상해 주는 절들을 놓고 재구성해 줄 수 있다. 이에 따라 각 절의 접속 의미 또는 기능이 전형적인 본디 기능으로부터 변동될 수 있는 것이다. 이런 일이 실제 부지불식간에 우리 머릿속에서 언어를 처리하는 과정에서 일어나고 있다.

그런데 '-으니까'와 관련된 자료에서도 「문법 형태소의 중층성」 모습을 그대로 잘 보여 준다. 그 변이 모습이 '-으니, -으니까, -으난, -으나네' 따위로 변동하는 것이다. 그럴 뿐만 아니라, 한 문장이나 발화 속에서 같은 부류의 접속 어미가 무려 다섯 차례까지도 반복되면서 절들을 접속하는 경우가 적잖이 관찰될 수 있었다. 아직 이런 현상이 정작 문제로서 부각된 적은 없다. 그렇지만 만일 이 현상이 이 방언의 설화 자료를 중심으로 하여 여러 화자들에 걸쳐서 그리고 여러 차례 관찰된다는 언어 사실이 주목받는다면, 그 까닭을 찾아내는 일이 뒤이어져야 할 것이다.

이 책에서는 산출 과정에서 알게 모르게 화자가 받을 만한 중압감을 상정하였고, 이를 해소하는 방편으로 같은 부류의 접속 어미를 계속 반복적으로 구현하면서 이야기의 흐름을 이끌어가는 것으로 파악하였다. 왜 그럴까? 화자도 또한 스스로 미리 이야기의 뼈대를 생각하면서 세세한 언어 표현 형식을 선택해야 한다. 그러는 과정에서 거시적 차원으로 하나의 결과 상태에 이른 사건과 그 사건을 일으키게 되는 사건을 「이유와 결과 상태의 접속」으로 먼저 상정해 놓고 있어야 한다. 그리고 이유들이 점층적으로 추가되면서 순차적으로 사건을 전개하듯이 제시할 수 있는 것이다. 화자의 측면에서는 너른 초점을 계속 좁혀 나가고 있는 셈이며, 이런 까닭에 동일한 이유 접속 어미를 반복하여 쓰고 있는 것이다. 또한 전형적으로 이유를 나타내는 종속 접속 어미 '-으니까'는 청자가 지닌 정보가 잘못되었거나 전혀 비어 있음을 전제로 해서, 화자가 그 정보를 고쳐 주거나 또는 채워 주는 역할을 한다. 그런 만큼 청자로서는 이익이 크므로, 청자에게서 주의력의 초점을 모으기에 안성맞춤이 접속 어미가 되는 셈이다.

현재로서 필자는 이런 두 가지 측면이 공모하여 종속 접속 어미 '-으니까'가 다섯 번씩 반복되는 발화도 흔히 접하게 되는 것으로 설명하였다. 담화 또는 텍스트 그 자체에 대한 연구가 지금 막 시작되는 단계이기 때문에, 이런 현상이 있는지조차 국어학계에서나 이 방언의 연구자들 사이에서나 제대로 알려져 있지 않다. 그렇지만 이는 결코 우연히 자의적으로 아무렇게나 쓴 결과가 아니다. 잦은 빈도로 관찰되는 언어 사실이며(제3부의 §.3-3과 §.3-4), 따라서 신중하게 그리고 중요하게 다뤄야 할 언어 현상이다. 일후 다른 관점을 지닌 연구자들이 이런 현상을 어떻게 설명할 것인지가 자못 궁금해진다.

제5부 제6장에서는 전형적으로 이항 접속 구문의 형식을 지닌 접속 어미들을 살펴보았다. 조건 관계·이유 관계·이유 추정의 관계들이다. 708쪽 이하에서는 '-으면'이 모든 시상 선어말 어미와 양태 선어말 어미를 허용할 뿐만 아니라, 종결 어미 '-다'가 허용된다는 측면에서 있을 수 있는 모든 가능세계에서 조건을 나타낸다고 결론을 지을 수 있었다. 현대 학문에서 진리를 확보하는 포괄적 기준으로 이용되는 반사실적 가정까지도 이 접속 어미는 표상할 수 있었다. 이는 '-거든'이라는 형태소가 오직 인용 구문의 형식 '-다고 하-'를 빌어서 실현되는 점과 대조를 이룬다. 따라서 '-거든'은 현실세계에서 조건을 표상해 주는 것으로 파악하였으며, 현장 발화 상황에서 청자가 추체험할 수 있는 일과 긴밀히 관련됨을 시사해 주었다. 인용 구문의 형식에서 상위문의 'ᄒ다(하다)'는 발화를 직접 체험하여 들음을 가리켜 주었다. 723쪽 이하에서 '-으난'은 여러 변이 형태들이 수의적으로 동일한 화자에게서도 변동됨을 명백히 관찰할 수 있었다. 여러 차례 반복 실현되는 경우에는 초점으로 모아지는 이유가 점층적으로 좁혀지고 모아지는 형식이라고 볼 수 있다. 하나의 발화에서 대여섯 차례씩 반복되는 경우에는 선행절들이 모두 다 이유를 나타낸다고 말할 수 없고, 사건의 전개 흐름이나 배경 제시나 또는 설명의 형식으로 그 접속 의미가 변동될 수 있음을 보았다. 같이 이유를 표시해 주는 '-으매' 계열의 접속 어미들은 확실하게 예정된 사건을 가리켜 주는 '-으커-(-을 것, -을 거)'와만 결합한다는 점에서, 그리고 추정을 나타내는 '-으크-(-겠-)'와는 결합하지 못한다는 점에서, 매우 강한 인과 관계를 표현해 주고 있다.

§.1-6 제6부 내포 구문의 두 부류
: 발화·마음가짐의 표상 및 행동 목표·실현 모습의 표상

접속 구문에 비하여 내포 구문에 대한 연구와 논의는, 그 범위(하위 범주를 포함함)와 엄격한 정의가 상대적으로 다양하지 않은 듯하다. 본문에서는 필자 나름대로 그 이유를 추정해 보았다. 이 방언의 설화 자료들에서 찾아지는 사례들을 귀납하면서 크게 내포 구문을 다음 두 가지 부류로 나누었다.

① 발화와 마음가짐에 관련된 내포 구문
② 행동의 목표와 실현 모습을 담고 있는 내포 구문

인류 지성사에서 인간들이 서로 관계를 맺는 방식이 두 갈래로 파악했었는데, 말로 표현되는 사고의 밑바닥 동기를 의도(intention)라고 부르고, 행동의 밑바닥 동기를 의지(willingness)라고 불러 구분했던 일도 염두에 둔 것이다. 비록 우리 문화에서는 생각 및 행동이 동일하게 마음가짐의 돈독함과 얄팍함과 같이 정도성을 반영하는 것으로 봐 왔지만(그롸이스 교수도 칸트의 구분을 벗어나서 우리 문화에 수렴되는 접근을 하고 있음), 마음 작용이나 동기를 하나로 보더라도 그 적용 영역이 생각과 행동으로 다르다는 점을 유의한 구분이다.

개인적으로 필자는 의도와 의지가 공통적인 기반 위에서 한 가지 특성의 구현 여부에서 나뉜다고 본다. 다시 말하여, 100쪽의 〈표5〉에 있는 밑바닥의 '재귀 의식'에서 떠맡은 「판단·결정·평가」의 세 가지 기능 중 '평가'에서 이중적 기준을 채택하는지 단일한 기준을 채택하는지 여부로써 설명해 줄 수 있는 것이다. 행동 또는 실천은 언제나 단일한 기준의 평가에 의해서 일어나는 일이다. 한문 문화권(특히 유교)에서는 특히 '수양'(욕심을 줄이도록 마음을 닦는 일)이란 개념으로 아울러 강조해 온 중요한 덕목이다. 필자의 독서 범위에서는 본격적으로 생각

을 작동시키는 이성 및 행동이나 실천으로 구현되는 의지를 하나의
얼개에서 연역하는 주장을 볼 수 없었다. 그렇지만 우리가 히드라의
머리를 지니지 않았으므로(지킬 박사와 하이드처럼 위선을 하고 있지 않으
므로) 통일된 한 가지 원리를 상정해야 한다면, 틀림없이 「상위 차원의
재귀의식」에 대한 속성으로부터 유도할 수 있어야 할 것이다.

제6부 제2장에서는 내포 구문의 정의와 이 방언에서 찾아지는 사례
들을 귀납하여 일차적으로 낮은 차원에서 16가지 범주로 제시하였다.
다시 이들을 좀 더 일반화시켜서 높은 차원으로 묶는다면 네 가지를
제시할 수 있었다.

　㉠ 발화 표상 범주,
　㉡ 마음가짐 표상 범주,
　㉢ 행위 목표 표상 범주,
　㉣ 실현 모습 표상 범주

이 또한 앞의 두 개의 범주가 공통된 형식을 공유한다는 점에서 내포
구문 1로 묶었고, 나머지 두 범주는 내포 구문 2로 묶었다(단, 내포 구문
2는 이미 226쪽 이하에서 다뤄졌으므로 그곳의 논의도 함께 참고하기 바람).
이들 내포 구문은 모두 우리의 작업기억에서 작동하는 「판단·결정·평
가와 관련된 재귀의식 차원」에서 하나로 통합된다. 따라서 내포 구문
을 투영하는 핵어 동사들의 범주를 이 책에서는 특히

　「가능세계에서 임의의 사건 전개 모습과 결과 상태에 대한 판단 부류의
　양태 동사」

라고 파악하였다. 이 범주는 발화에 관련하여 상대방의 발화 속내를
판단하는 것, 화자 자신뿐만 아니라 감정 이입을 통하여 상대방의 마
음가짐(특정 개인의 성격까지 함의하는데, 만일 1회적이라면 마음먹음, 일정

기간 반복적이라면 마음씨를 채택할 수 있음)에 대하여 판단하는 것, 현재 관찰되거나 곧 관찰될 만한 행동을 놓고서 그 동기나 의지를 추정하여 판단하는 것들로 좀 더 세부적으로 나뉠 수 있다. 이는 우리의 마음 작용을 몇 개의 영역과 몇 개의 층위로 작동하는지를 내성함으로써 상정될 수 있다. 따라서 평가 잣대로서 상위범주로부터 하위범주에 이르는 도출 관계의 적절성과 편이성을 내세움으로써 이들 범주 설정의 우열이 결정되고 서로 합의될 수 있을 것으로 판단된다.

그뿐만 아니라 내포 구문들을 검토한다면, 반드시 현실세계에서 일어나고 관찰되는 복합 사건들의 연결체를 넘어서서, 가능세계에 있는 사건들에 대해서도 언어로써 표현하여 다루어 나가게 된다. 이런 일은 언어의 체계에서 양태(또는 양상)란 영역이 도맡아 실행하고 있다. 그렇다면 양태에 관한 범위와 정의를 새롭게 구성해 주어야 한다. 필자는 개인적으로 앞으로 나올 새로운 언어학이 반드시 양태(또는 양상)에 대한 개념을 새롭게 정의하면서 탄생할 것으로 본다. 이는 381쪽의 〈표7〉에서도 제시되었지만, 774쪽의 각주 151를 이용하여 제시되었다. 필자는 네 개의 층위 모형을 상정하였다. 실현 양태와 미실현 양태, 또는 관찰 가능 양태와 관찰 불가능 양태에서 출발한다면, 직접 체험 양태와 간접 체험 양태가 구분되어야 하고, 물증 제기 불가능 양태와 반례 제시 가능 양태가 네 가지 중간 범주로 구분되었다. 이에 따라 결과적으로 최하위 층위에 8가지 개별 양태들이 다뤄질 수 있다.

제6부 제3장에서는 이 방언의 발화 인용에 관련된 형식이 관형형 어미 '-은'을 이용하여 상위문의 핵어 명사 '말'을 꾸며 주는 방식과, 인용 어미(본고에서는 내포 어미임) '-고'를 이용하여 상위문의 핵어 동사 '말하다'를 꾸며 주는 방식이 동시에 쓰이고 있음을 이 방언의 설화 자료들로써 제시해 놓았다. 이는 정확히 「문법 형태소들의 중층성」 구현 모습을 보여 주는 사례이다. 또한 이 구문이 변동되는 모습들도 다루었다. 이른바 앞뒤-문맥(co-text)으로 일컬어지는 언어 환경이 쉽게 복원될 수 있다는 측면에서 생략들이 여러 부서에 걸쳐 일어남을

확인하였다. 이런 현상들을 놓고서 오직 복합 구문 차원에서만 머물러 있을 경우에, 그 해석과 일관성 확보가 어렵게 됨도 지적하였다. 온전히 담화 또는 텍스트 전개의 미시 차원과 거시 차원이 동시에 고려되어야 이런 변이 현상을 포착하고 설명할 수 있음을 알 수 있었다.

또한 제6부 제4장에서는 인용 구문과 동일한 형식을 그대로 이용하고 있지만, 화자 자신의 의도와 감정 이입을 통하여 상대방이나 제3자의 마음가짐을 추정하는 부류도 따로 독립하여 다루었다. 이는 상위 범주로서 가능세계의 사건 전개 모습과 그 결과 상태에 대한 판단과 관련된 부류로서 규정된 개념으로부터 하위에 있는 여러 범주의 것들을 도출해 내는 일이다. 필자는 이런 전제를 옳은 것으로 여긴다. 따라서 결코 인용 구문이 가장 먼저 주어져 있고, 이를 전용하거나 변화해 놓은 구문이라고 말할 수 없음을 지적하였다. 그렇지 않을 경우에 자가당착이 생겨난다. 왜냐하면 발화 인용과 관련되지 않은 내포 구문들이 광범위할 뿐만 아니라 그 종류도 아주 많이 있기 때문이다. 전체 비율을 고려할 경우에, 인용 구문은 단지 새롭게 설정해야 할 상위 개념으로부터 도출되어야 하는 하위범주의 한 영역에 지나지 않는다고 간주해야 할 것이다. 화자의 의도와 상대방의 마음가짐을 추정하는 내포 구문에서도 인용 구문에서와 같이 여러 요소들에서 생략이 일어남을 관찰할 수 있었다.

제6부 제5장에서는 이른바 부사형 어미(내포 어미) '-아, -게, -지 -고'가 관찰되는 내포 구문을 다루었다. 이 구문의 특징은 가능세계에서 표상되는 사건들을 다루게 된다. 이들 어미의 범주는 당연히 가능세계를 표상하기 위하여 양태의 범주에 귀속될 수밖에 없다. 본고에서는 내포 구문의 어미들을 허용해 주는 핵어가 바로 뒤에 있는 상위 문의 동사라고 본다. 상위문에 나오는 동사들은 모두 내포절에 있는 가능세계의 사건들을 놓고서 그 전개 및 그 결과 상태와 속뜻에 대한 판단을 가리켜 주는 것이다. 이런 점에서 「가능세계 사건들에 대한 판단 양태 동사」라는 범주를 부여할 수 있다. 여느 동사와 달리 이는

상위 차원의 동사이다. 가능세계의 사건을 다루는 동사는 언제나 동사에 대한 상위 동사가 되어야 하며, 이것이 다시

「가능세계의 사건들에 대한 전개 및 그 결과 상태와 속뜻을 판단하고 평가한다」

는 자연부류로 묶일 수 있다. 본고에서는 이 점을 가리키기 위하여 '판단 양태 동사'라는 용어를 쓰고 있다. 이 동사는 하위범주로서 발화에 대한 판단, 화자 자신의 마음먹음(또는 마음씀)에 대한 재귀적 판단, 현실세계에서 추체험할 수 있는 간접 증거를 이용하여 상대방에 대한 감정이입을 실행함으로써 상대방의 마음가짐도 판단하고 짐작하며, 곧 일어날 만한 행동(곧 확인할 수 있는 사건)을 일으킬 만한 상대방의 의지도 판단하고 추측할 수 있는 것이다. 가능세계에서 상정되는 사건이란 개념은 그 자체로 현실세계에서 언제든 추체험 가능한 사건과 대조된다. 후자는 최근 '증거태'라는 개념으로 활발히 논의되고 있다. 이들 내포 어미들이 가능세계에서 표상하는 사건의 위상을 분할하여 나타낸다(김지홍, 1992, "국어 부사형 어미 구문과 논항구조에 대한 연구", 서강대학교 박사논문). '-아'는 전체 모습을 가리키고, '-지'는 사건이 시작되는 기점부를 가리키며, '-게'는 사건의 종결되는 종점부를 가리키고, '-고'는 사건의 기점부와 종점부 사이에 있는 임의의 지점을 가리켜 준다.

제6부 §.5-1에서는 내포 구문의 어미 '-아'와 결합하는 상위문 핵어가 서로 짝을 이루며 대립하고 있음을 지적하였다. 사건의 진행 방향을 나타내는 '-아 가다 vs. -아 오다'(화자를 기준점으로 하여 쓰게 됨), 그리고 '-아 들다 vs. -아 나다'(안과 밖을 나누는 기준이 상정됨)가 있다. 선행절과 후행절이 접속되는 복합 사건 연결의 상황에서 실현되었을 경우에, 선행절과 후행절의 긴밀한 공모 관계를 가리키는지, 선행절과 후행절이 성근 관계로 멀어지고 무관하게 되는지를 가리켜 주는

짝으로서 '-아 가지다 vs. -아 두다'와 '-아 놓다 vs. -아 불다(-아 버리다)'가 있었다. 또 인위적 단계가 사건의 시작점에서부터 개입하는지, 자연계 인과율처럼 자동적으로 일어나며 결과 상태까지 포함하는지를 구분해 주는 '-아 보다 vs. -아 지다'도 있었다. 한 사건이 아무런 방해나 장애가 없이 진행되며, 그 사건이 다른 사람에게 어떤 영향력을 미치는지를 구별해 주는 짝으로서 '-아 먹다 vs. -아 주다'도 있었다. 마지막으로 2항 대립을 하는 것이 아니라, 유무 대립을 구현하는 '-아 있다 vs. ø'가 있었다. 이 구문들이 모두 상위문의 핵어 동사가 구현하는 선어말 어미 형태소들에 영향권에 들어 있고, 465쪽의 (17)로 표현된 접속 어미의 시상 및 양태 해석 조건의 적용(일치 요구 조건)을 받으면서 전체적으로 해당 사건들에 대한 위상이 재정립된다. 제6부 §.5-2에서는 내포 어미 '-게'가 자신이 표상하는 사건이 목표 지점이 되도록 표상해 주지만, 그 사건이 목표까지 가는 데에 어려움이나 장애가 전제되므로, 인위적인 노력이 들어가야 한다는 함의를 띤 핵어 {하다, 만들다, 시키다} 부류와도 결합한다(따라서 강제성이나 직접성의 결과를 낳을 수 있음). 반대의 상황으로서 그런 목표까지 어려움 없이 당연히 도달한다는 함의를 띤 핵어 {되다, 생기다, 마련이다}와도 결합한다(따라서 자발성이나 간접성의 결과를 낳음). 내포 어미 '-게'는 특정 지점의 사건의 상태에 도달하였음만을 표시해 주는 '-도록'과도 비교될 수 있다. 후자는 부사구나 부사절로서 기능하기 때문에 내포문으로서의 지위와는 다르다. 따라서 언제나 교체가 자유롭지도 않고 그 함의 내용도 다름을 확인할 수 있었다. 제6부 §.5-3에서는 내포 어미 '-고'를 매개로 하여 이뤄진 '-고 싶다'와 '-고 말다'가 짝은 희망이나 기대를 표시하거나 그런 기대가 부정적인 쪽으로 일어남을 표시해 주었다. 그렇지만 이것들이 관용구처럼 쓰이면서 특수하게 뜻이 고정되는 경우도 있었다. 제6부 §.5-4에서는 긴 형태의 부정문으로서 이 방언에서만 특징적으로 나타나는 형식 '-들'이 있음을 지적하였다. 이것이 부정문의 어미 '-지'가 도출되어 나왔을 만한 형식과 어떻게 관련을 맺는지는 앞으로 계속 모색해 봐야 할 과제이다. 제6부 제6장에서는 당위나 필연적 조건을 나타내는 '-아사(-아야) {되다, 하다}'를 다루었다. '되다'라는 낱말이 특성상 결과 상태를 가리킬 수 있고, 이와 짝이 되는 '하다'는 상대적으로 실천을 요구하며 상태 변화를 함의할 수 있다. 비록 이 구문은 일차적으로 평가의 형식을 띠고 있지만, 간접 화용으로 청자에게 당위 조건을 제시해 주는 것 자체가 상대방에게 어떤 행동을 요구하는 것으로 해석될 소지도 배제할 수 없었다. 이런 측면에서 이 구문이 중의적으로 해석될 듯하다.

제6부 제7장에서는 내포 어미 범주와 접속 어미 범주에 대한 문제를 다루었다. 제대로 부각되지 않았지만 매우 심각하고 중요한 문제이다. 현재 이 문제가 정립되어 있지 않다는 측면에서, 이에 대하여 답변할 수 있는 가능 범위도 잘 알 수 없는 상태이다. 본고에서는 우연히 이 방언의 사례들에서 접속 구문이 항상 'ᄒ다'가 투영하는 내포문으로 실현되고 있음을 관찰할 수 있었다. 이를 근거로 하여 제4부의 제3장과 제4장에서 필자는 등위 접속 구문의 기본 형상이 내포 구문으로 출발함을 결론지을 수 있었다. '-곡 -곡 ᄒ다'의 형상이다.

만일 이 주장이 성립한다면, 이제 따로 접속 구문의 어미를 내세울 필요가 없어진다. 왜냐하면 접속 어미가 항상 상위문 핵어의 논항으로 들어가 있어야 하기 때문이다. 이는 접속 어미가 내포 구문의 어미와 동질의 것임을 시사해 주었다. 좀 더 큰 전환은 내포 구문을 투영하는 내포 어미들과 그 상위문 핵어들을 일반화하는 과정에서 일어났다. 상위문 핵어 동사의 범주는 가능세계의 사건 전개와 결과 상태에 대한 '판단 부류'의 동사이다. 전형적인 내포 어미들이 가능세계에서 상정되는 사건들의 진행 과정이나 결과 상태를 놓고서 판단하고 결정하며 평가하는 것으로 구성되어 있기 때문이다. 그렇다면 내포 어미들은 응당 가능세계에서 상정되는 사건들을 가리키기 위해서 양태 범주에 귀속되어야 함을 알 수 있다. 그렇지만 갑갑한 고전적 양태 개념으로는 이를 처리할 수 없다. 따라서 혁신적인 양태 개념에 대한 제안이 필요하였다. 이를 필자는 3단계로 이뤄진 8항목의 양태 개념으로 제안하였다. 새롭게 제안된 양태 개념은 반사실적 가정이나 반증 원리까지도 맞물려 들어갈 수 있도록 활짝 열려 있는 내용이다. 비단 발화 시점 현재 화자가 마주하고 있는 청자로 하여금 추체험이 가능한지 여부를 알려 주는 증거태만이 새로운 양태 개념이 아니다. 필자는 이를 포함하여 좀 더 큰 뜻잡이가 이 방언의 자료들을 설명하기 위하여 필요하다고 보았다.

아직 사변적인 모색에 지나지 않겠지만, 필자는 이 방언에서 자주 쓰이는 접속 어미 '-곡'이 내포 어미 '-고'와 동일한 형식을 공유하면서, 동시에 무한 접속을 가능하도록 만들어 주기 위하여, 마치 한 계열의 명사들이 지속적으로 나열되는 일처럼 명사를 만들어 주는 접미사 부류를 융합시켜 놓은 것으로 파악한다. 이는 좀 더 신중하게 있을 수 있는 논의 갈래들을 면밀히 상정하고 나서, 각각의 논의에 대한 결정적인 반례나 반증 논리를 찾아내면서 배제하는 일이 동시에 추구되어야 할 것이다. 그런 만큼 필자의 모색은 잠정적일 수밖에 없다.

제2장 최종 마무리

　이제 이 책을 매듭지어야 할 지점에 와 있다. 주관적으로는, 필자에게 주어진 저술 과제 3년의 연구 기간이 결코 길지 않았다. 너무나 빨리 지나가 버린 매우 짤막한 시간이었다. 3년 동안 두 차례 보고서를 써 내면서, 계속 쫓기듯이 글을 마무리하면서 탑재하였던 기억만이 지금도 선연하다. 일찍이 필자는 한국연구재단의 동서양 명저 번역으로서 언어 심리학 쪽에서 정상과학 책자를 언어 산출(르펠트, 1989; 김지홍 뒤침, 2008) 및 언어 이해(킨취, 1998; 김지홍·문선모 뒤침, 2010)를 두 차례에 걸쳐 출간한 바 있다. 이에 바탕을 두고서 필자는 또한 심리학·언어 철학·사회학·언어학·언어 교육 등의 여러 인문 분야에서 첨단에서 다뤄지는 언어 산출 과정을 놓고서 3년 저술 과제로 다룬 바 있었다. 그 당시에도 내내 쫓기면서 '글빚을 갚듯이' 두 차례의 중간 및 최종 보고서를 탑재했었다. 그 당시 비언어학 전공자 분(들)도 심사를 해 주었었다. 비록 심사 결과에 맞춰 내기 위해서 더 한층 분발하면서 여러 가지 고된 경험을 했었지만, 결과적으로 필자에게 크든 적든 인류 지성사를 다룰 수 있는 여력과 여유가 생겨나도록 해 주었다. 이는 김지홍(2015) 『언어 산출 과정에 대한 학제적 접근』(경진출판)으로 출간되었다. 이번 3년 동안 이 방언의 저술 과제도 또한 그런 경험의 연속이었다. 자명하게 이것이 아무 걸림도 없는 필자의 모어 방언이다. 그렇지만 개인적으로 이를 대상화하여 객관적으로 다루려는 노력을 하면서, 이전에 볼 수 없었던 모어 방언의 여러 측면들을 새롭게 깨달을 수 있었다. 만일 다른 국어 자료들을 같이 비교하면서 좀 더 추상화해 놓는다면, 우리 국어 자료들의 관련성들을 포착해 주는 계기들이 될 수 있을 것으로 본다.

다시 한 번 필자가 왜 이 방언에 관심을 가졌고, 무엇을 밝히고자 하였으며, 이전의 필자 자신과 무엇이 달라졌는지를 스스로 되돌아본다. 필자는 1982년 석사논문으로 지금 원고에서 다루는 주제를 처음 다루었다. 이 때문에 당시 필자를 지도해 주신 심악 선생께 헌사를 적어 놓은 것이다. 다시 거의 40년 만에 같은 주제를 놓고서 글을 쓰고 있다. 당시 얄팍한 석사논문이 아주 부끄럽지만, 거꾸로 현재의 책자와 비교할 적에 필자의 정신적 성장과 변화된 결과를 여과없이 그대로 보여주는 것이다. 석사논문을 쓴 뒤 10년이 지나서 1992년 박사논문으로 우리말의 부사형 어미 구문(이 책의 용어로는 '내포 어미' 구문임)을 다룬 바 있다. 거기에서는 특히 '-아, -게, -지, -고'라는 어미와 관련된 구문을 다루었는데, 3항의 논항을 투영하는 핵어를 상정하고, 그 핵어가 투영하는 제3의 논항 자리에 내포문이 자리 잡고 있음을 논증하고자 하였다. 여기서 제3의 논항을 적절히 제약하면서 도출하는 일도 반복 함수에 대한 착안으로부터 나온 것이었지만(따라서 언어 연구가 인류 지성사의 흐름 위에 뿌리를 내려야 함을 느꼈었지만), 당시에는 다른 논문들을 소화하는 데에도 그 분량이 방대하였었기 때문에, 현재 이 책에서와 같이 필자 자신의 고유한 목소리만을 담아 낼 수는 없었다.

이 책에서는 결과적으로 필자가 개인적으로 거의 40년 동안 골몰해 온 생각들을 담고 있다. 김지홍(1992) "{-겠-}에 대응하는 {-으크-}에 대하여: 특히 분석 오류의 시정과 분포 확립을 중심으로 하여"(『현용준 박사 화갑기념 제주도 언어 민속 논총』, 제주문화) 이후에 개인적인 사정 때문에, 이 방언에 대한 글들을 검성드뭇 외부 요구에 의해서만 억지로 한두 편만 써 왔었다. 우연히 2013년부터 이 방언의 표기 방식을 결정하는 일에 간여하게 되면서, 표기의 문제를 다루기 위해서는 먼저 문법 형태소들에 대한 정확한 분석과 확정 작업이 선결되어야 함을 느꼈었다. 그 결과로서 김지홍(2014)『제주 방언의 통사 기술과 설명: 기본구문의 기능범주 분석』(경진출판)이 나왔으며, 이어 몇 편의 논문들을 쓴 바 있다.

그런데 놀랍게도 국내 학자들이 외국인들에 부화뇌동하면서 이 방언이 한국어가 아니라고 주장하는 일이 있었다. 입만 벌어질 따름이다. 우연히 이 방언의 복합 구문을 다루려고 하는 3년 저술 과제의 지원을 받고서, 다시 면밀히 모어 방언의 자료들을 모으는 일에서부터 시작할 수 있었다. 참스키 문법 관행대로 필자의 직관에 따라 용례들을 제시하면서 이 방언의 기본 구문을 다룬 앞의 김지홍(2014)에 대한 반성으로서, 그리고 한 단계 넘어가는 발전으로서, 이 책에서는 일단 철저히 남들이 말한 언어 자료를 대상으로 삼기로 결정을 내렸다. 자료들을 모으고 분류하는 과정에 지루하고 지지부진하여 시간 낭비로 느껴질 만큼 갈등도 있었다. 일단 자료들이 일정 양을 확보되면서 그 자료들을 일반화하는 길도 동시에 열렸다. 좀 더 나아가 그런 자료들을 확대하고 일반화하면서 대상을 해석하는 방법에 골몰해야 했던 것이다. 이제 필자로서는 이것이 하늘이 내려 주신 기회라고 생각한다. '-곡 -곡 ᄒᆞ다' 구문도 이미 필자(1982)의 석사논문에서 다뤄졌었다. 그렇지만 당시 필자는 그 의미를 이 책에서의 주장처럼 접속 구문을 내포 구문으로 환원하는 자연스런 방식임을 깊이 통찰하는 데에는 이르지 못했었다. 자료만이 중요한 것이 아니다. 그 자료를 얽어 매어줄 이론 또한 자료 못지않게 더욱 중요하며, 동시에 창의성이 발휘되어야 할 몫이다(94쪽의 〈표4〉를 기준으로 하여 제3단계로부터 제5단계에 걸친 정신 작용임).

이 글에서도 여전히 미진한 구석들이 너무 많고 엉뚱하게 주장을 하였을 부분도 상당수 있다. 따라서 반발이나 반감을 불러일으킬 우려도 있다. 그렇지만 33년 동안 부끄러움을 무릅쓰고 더럽혀 온 국립 대학교 교수 자리를 조만간 떠나야 하는 필자로서는, 욕심만이 앞서서 이 방언에 관해서 언급할 수 있는 최대한의 몫을 다 쏟아 넣고 싶었다. 욕심에 눈이 멀어서, 아주 낮은 차원에서 이 방언의 현상만을 기술하는 일을 과감히 벗어 버리고서, 한국어의 기본 질서들을 새롭게 마련할 만한 생각들을 쏟아내고자 하였다. 3년 저술 과제에 지원하였던 시점과 이제 3년차 보고서가 출판 적합의 판정을 받은 뒤, 출간을 위한 최종 수정 작업에 매진하는 이 시점까지, 필자의 생각이 지속적으로 변화해 왔다.

4년이 된 지금 시점에서 바라본다면 너무나 많은 것들이 달라졌다. 막연히 생각하던 작업 가정들이 구체적인 자료들을 통해서 가부간에 실체로서 수립되면서, 접속이란 언어 기제와 내포란 언어 기제에 대한 생각도 내포 기제를 중심으로 재정립되었다. 우리 생각이 일관되게 진행된다면, 언어 기제들도 방법론적 일원론을 성립시킬 수 있도록 조정되는 것이 우리 사고 작용과 더욱 정합적이다(560쪽의 '간·이' 원칙).

언어가 언어 사용에 의해서 지배되듯이, 언어 사용은 우리가 스스로 내성할 수 있는 정신 작용에 의해서 모두 관리된다. 만일 이런 생각이 올바르다면, 당연히 정신 작용의 실체들에 대한 논의들로부터 이 방언의 구현 사례들이 상당 부분 새롭게 설명되고 이해될 수 있을 것이다. 우연히 필자는 동료 교수들의 덕택에 2019년에 연구년을 받을 수 있었다. 소중한 1년의 기간 동안에 분석 철학의 흐름뿐만 아니라 (무어, 1953; 김지홍 뒤침, 2019, 『철학에서 중요한 몇 가지 문제』, 경진출판) 현대 사상의 논의들에도 집중할 수 있는 기회를 가졌다. 강의 준비에 대한 부담을 벗어나서 자유롭게 필자가 읽고 싶었던 것들을 공부하면서, 필자가 십수 년 언어 교육의 기본 영역으로서 전념해 오던 담화 분야의 논의들도 나름대로 새롭게 재구성할 수 있었다. 그 결과 이 방언의 복합 구문들을 귀납적 시각으로 바라보기보다, 오히려 연역적 시각으로 해석하려는 노력을 하였던 것이다. 비록 올해의 목표로 삼았던 참스키(2000)『언어 및 정신 연구에서 탐구할 만한 몇 가지 새로운 지평』의 번역 작업이 이 책의 출간 작업과 겹쳐서 잠시 뒤로 물러나 있다. 그렇지만 더욱 인류 지성사를 깊이 이해하는 공부가 절실함을 새삼스럽게 느끼고 있다.

세세하게 귀납적인 단계들을 낮은 차원으로부터 차츰씩 일반화를 진행해 나가는 분들에게는, 틀림없이 이 방언의 자료를 해석하는 필자의 시각이 오활하고 아무런 이치도 없을 듯이 느껴질 수 있다. 이 책에 있는 논의는 단지 제주 방언의 복합 구문에 국한된 것뿐 아니라, 인간 언어 사용에 대한 논의를 밑바닥에 깔고 있으며, 그 언어를 사용할 수 있게 만들어 주는 인간 정신에 대한 언급과 이해도 함께 들어가 있다. 개인적으로 믿건대, 필자를 포함하여 2020년을 살고 있는 국어학 연구자(방언 연구자)를 위시하여 인문학 전공자들에게서 가장 취약한 부분이「인류 지성사의 흐름을 파악하는 일」이다. 현대 사상을 포함하는 이런 흐름을 재구성하는 일은, 또한 폭발하듯이 매우 큰 폭으로 연구가 확장되고 누적되면서 지속적으로 새로운 발견들을 이룩해 왔고, 이룩해 놓고 있으며, 이룩해 나갈 인간 정신 작용(사고 작용)에 대한 이해가 필수적이라고 본다.

모어 방언의 복합 구문을 서술한 이 책은 결국 필자의 이런 믿음에 대한 작은 발걸음의 첫 발자국으로서, 담화 전개 과정에 기반하여 이 방언의 복합 구문들을 살펴볼 적에 어떤 모습이 드러나는지를 드러내려는 노력인 것이다. 과거에 이 방언의 불행한 일부 연구에서처럼, 더 이상 안일하게 '도피처'가 되어서는 안 되는 것이다. 이 방언의 연구는 이 방언 모어 화자에게 필요한 것이 아니라, 국어학 연구자와 일반 언어 현상을 연구하는 이들에게 도움을 주기 위하여 필요한 것이다. 그렇다면 설령 방언 현상이 특수해 보일지라도, 그 현상이 인간 정신의 발현으로 귀속될 것임을 전제한다면, 그런 특수 현상을 놓고서 그 이면의 질서를 파악하고 드러내려는 혜안이 절실히 필요해지는 것이다.

마지막으로 3년 저술 과제의 결과물로서 나오는 이 책자를 탄생시켜 주신 분들에게 감사를 드린다. 그 선정에서부터 시작하여, 두 차례의 보고서의 심사를 맡아 주신 익명의 심사위원 분들의 날카로운 비판과 지적들을 잊을 수 없다. 이는 필자의 잘못된 생각들을 바로 잡고 더딘 걸음을 채찍질 하는 데에 크게 도움이 되었다. 그 분들이 아니었더라면 필자의 게으른 성정 탓으로, 아마도 이 책은 필자가 살아 있는 동안 평생 열매를 결코 맺지도 못했을 것이다. 그렇지만 이 책에서 찾아지는 잘못과 왜곡된 주장들은 오로지 저자의 부족한 능력과 우둔함 탓일 뿐이다.

다행인지 불행인지 모르겠지만, 이 책자를 다루면서 필자는 큰 산과 같이 아무런 방해물이 하나도 없이, 망망한 큰 벌판의 한복판에 혼자 있다는 느낌을 강하게 받았다. 어느 방향으로 내달아하는지 모르는 상황이므로, 스스로 방향을 잡기 위하여 창의적 생각들을 쥐어짜내어야 했고, 발자국으로 이런 생각들을 남기기에 여념이 없었다. 뒤죽박죽 찍힌 필자의 족적들이 뒷연구자들에게 「반면 교사」의 몫이 되기를 간절히 바랄 따름이다. 이 책은 정직하게 아주 좁은 필자의 독서 배경을 반영해 주는 것에 불과하기 때문이다.

이미 춘추 시대에 살던 분이, 밤을 지새며 생각해 봐야 남의 책을 한 줄 읽음만 못하다는 지적을 한 바 있다(위나라 영공편에 "吾嘗終日不食, 終夜不寢, 以思, 無益, 不如學也"인데, 『논어』의 편집자가 그 책의 순서에서 '배움'을 제1장으로 내세웠던 까닭임). 이 방언을 다루면서 새롭게 드러나는 문제들을 마주하고 그 해결책을 모색하는 동안에, 수시로 필자를 한계로 몰아넣으면서 후회하게 만든 경험을 몇 천 년 전 사람이 아주 간단히 표현해 준다. 60대 중반까지 살면서, 그리고 33년을 대학교수로 지내면서 어떻게 이렇게 읽은 게 없을까? 후회막급일 뿐이다. 혹 다시 책을 쓸 기회가 주어진다면 이 방언의 통사 및 담화에 대하여 개관하고 싶다. 결코 아는 척하려고 하는 것이 아니다. 오직 철저히 내성해 보지 못한 모어 방언을 새롭게 느끼면서 배우고 싶어서일 뿐이다.

이제 가장 낮은 자세로 나 자신을 돌아봐야 할 시간이다. 이 연구를 진행하는 동안에, 그리고 최종 원고를 써 나가는 동안에, 음으로 양으로 주위의 여러분들로부터 도움을 받고 신세도 많이 졌다. 비록 감사드릴 겨를도 없이 원고 집필과 마무리에만 몰두했지만, 그 결과는 고작 감동도 주지 못할 번다한 두찬에 불과하다. 주위의 모든 분들께 감사드린다.

부록

접속 어미(그리고 접속 어미로부터 전성된 종결 어미)

-가 가지고(서): 경허여가 가지고 이제는 주인 아들을 뿔로 칵 케우런 죽였단 말이어. 구비1 안용인, 남 74세: 137쪽

-가 가지고(서): 그 집안에서만 대원(大員)덜ㅎ고 ㅈ손덜이 긔냥 오꼿(온전히) 살아가 가지고(서), 수천 명 벌려져 가지고. 구비1 안용인, 남 74세: 130쪽

-가 가지고(서): 다른 사름이면은 화딱지 나도(나더라도) 긔냥 보비닥질(못살게 부벼대는 일) 허여가 가지고 … 긔냥 돌아와 버리주. 구비1 안용인, 남 74세: 131쪽

-가 가지고(서): 밤의, 날이 어둑은디, 부인네는 막 겁이 나가 가지고, "베인태(邊仁泰)야, 이레 와라!" 구비1 안용인, 남 74세: 132쪽

-가 가지고(서): 아이를 춫아가 가지고, 그 마누라의게 젯이라도 물리라고. 구비1 안용인, 남 74세: 123쪽

-가 가지고(서): 오라 가지고, 배 빌어가 가지고, 암만 그 ᄉ이 더듬었자 행방불명 없어져 불었어. 구비1 안용인, 남 74세: 130쪽

-가 가지고(서): 위협을 줘가 가지고 멀리 곱아 두서 "윽!, 윽!, 그꾹!" ᄒ는 소리를

---

173) 이 목록과 용례는 『한국 구비문학 대계』 제9권 1호, 2호, 3호(각각 1980년, 1983년, 1983년 출간)의 설화 자료에서 모아 놓은 것이다. 먼저 접속 구문의 어미 형태소를 목록으로 만들고 나서 내포 구문의 어미를 모아 놓았다. 이런 방언 자료들에 대한 가공 작업이 공공기관에 의해 장기 과제로 수행되어 거대한 자료 모음이 한시바삐 구축될 필요가 있다. 단, 이 자료의 표기는 아직 일관되게 완벽히 정리되지는 않았다. '-거든0'에서 '0'은 종결 어미 환경에 나왔음을 가리키는 표시이며, ø는 형태소가 탈락(생략)되었음을 나타낸다.

혼댄 말이우다. 구비1 안용인, 남 74세: 132쪽

-가 가지고(서): ᄒ니, 비를 피ᄒ고 ᄇ름을 피ᄒ젠, 이젠 비석을 의지허여 가 가지고(서) '톡' 앚이니, 「조만능지묘」라 혼 글이 새겨 있댄 말입니다. 구비1 안용인, 남 74세: 129쪽

-가 가지고(서): 혼 번은 칼을 ᄂ슬게 골아가 가지고, 어머님만 잇는 때 가 가지고 "아바지를 촛아 주지 아녈 것 같으면 내가 죽겠습니다!". 구비1 안용인, 남 74세: 124쪽

-가 가지고(서)['-다가'와의 비교]: ᄌ식덜도 아방(아버지 묘소)을 잘 써 놓니까, 고관대작을 헤여가 가지고 중국에 ᄉ신으로 출입ᄒ게 되었댄 말입니다. 구비1 안용인, 남 74세: 129쪽

-가 가지고(순접 전개): 왜배 들어서 망불(봉수대 봉홧불)을 안 싸면은 옷 앞섭 끊어가 가지고 벌 받곡, 이렇게 홀 땝주게. 구비1 안용인, 남 74세: 133쪽

-가 가지고(이유): "여보소, 거짓말 홀 여가 없습니다. 왜배가 들어가 가지고." 구비1 안용인, 남 74세: 133쪽

-가 가지고: "나는 사름의 행위를 못 ᄒ게 된 사름이라" 허연 중국에 가 가지고 절간엘 들어갓어. 구비1 안용인, 남 74세: 125쪽

-가 가지고: "왜배 들어가 가지고 지금 난리가 되싸졌습니다[되+싸다, 뒤+싸다 +아지다]." 구비1 안용인, 남 74세: 133쪽

-가 가지고: 겨니 석가모니가 나오라가 가지고 "이 놈, 난잡(亂雜)ᄒ겠다!" ᄒ여가 가지고 목암지(목) 심언 화산(?華山, ?火山)에다 탁 박은 것이, 모가지만 내밀안 오백 년을 살앗이니, 거 구신(鬼神) 아니우꽈?, 귀신!. 구비1 안용인, 남 74세: 142쪽

-가 가지고서(아 갖다): "우리가 혈지를 몰라가 가지고서 우리가 잘못되엿고나!" 구비1 안용인, 남 74세: 127쪽

-간[컨, 방임형]: 다 이젠 시간 되니, (수감된 감옥을) 나오니, 또 하여컨(하여간) "인간에 혼 번 사름으로만, 인간으로만 환생을 시겨 주십서!" ᄒ니, 뜬 부렝이 (부룩소)로 환생을 시겨 불엇어. 구비1 안용인, 남 74세: 136쪽

-거나 ~-거나 [나열 선택]: 저승에 가는디 차살(差使를) 잘 사귀어네, 무슨 복을 받거나 돌아왔거나, 무슨 그런 이얘긴 엇어마씸? 구비1 안용인 옹에게 질문하는 현용준 교수, 남 45세: 141쪽

-거나 -거나 ᄒ곡: 장 보레 가는 사름도 그레 올라오당 쉬엉 떡을 먹거나 밥을 먹거나 ᄒ곡, 똑 절로(저기로부터) 오는 사름도 그디서 쉬엉 밥을 먹거나 떡을

먹거나 흐곡. 구비1 안용인, 남 74세: 213쪽

-거든: "늬네덜(너희네들) 날(나를) 빌엉(빌어서) 산터(묏자리) 보크거든(보겠거든) 돗(돼지)이나 흔 마리썩(씩) 잡아오라!" 구비3 김재현, 남 85세: 350쪽

-거든: "당신도 [앞에 놓인 퉁소를] 불소!(부시오!)" 아, 그러니까니 강씨는 "난 퉁수(퉁소)ø 못 붑니다!" "아, 불어 보오, 불어 보오! 퉁수 못 불거든 술ø 내시오!" 구비3 김재현, 남 85세: 249쪽

-거든[조건 비교] -느냐?: "저런 구신(鬼神) 영혼도 삼배(三盃) 흐거든(하거든, 바치거늘) 산(살아 있는) 사름(사람) 석 잔 더 먹느냐?" 구비3 김재현, 남 85세: 150쪽

-거든0 -거든0: 이거원(화용 첨사 '원') 두렁청흔(두리고 어정정한) 그자(그저) 돌앗장(정신이 돌거나 두린 사람)이라. 행동이 그러햇거든0. 그러해도 일본서는 「이 사름 없이 굴어야(행동을 해야, 전쟁을 해야) 한다」 해서 왔거든0. 구비3 김재현, 남 85세: 326쪽

-거든0 -거든0: 주민들이 압박 안 받고 원통 안 흔 이가 원(워낙) 없엇거든. 게니원(그러니+화용 첨사 '원') 첨(참) 구름궂이(같이) 모여들엇거든. 구비3 양원교, 남 72세: 421쪽

-거든0: (도깨비) 불 난 거 보니, 「… 이상스럽다」고 허여 가지고, 이젠 타는 물을 타 가지고, 돌련. 이젠 ᄀᆞ으니ᄆᆞ를(제주시 사라봉 근처 오거리의 나지막한 마루이며 '竝園旨'으로도 씀) 넘언 동주원(제주시 화북리 근처 東濟院) 조꼼 넘어오니 (도깨비가 사람 몸으로 바꾼) 큰각시가 베질베질(베슬베슬, 부정 평가를 담은 걸음걸이의 의태어) 왔거든. 구비1 안용인, 남 74세: 176쪽

-거든0: [묵히지 않은 밭에서는 곡식이] 뭐 크도(크지도) 안 흐곡(않고) 캐도(이삭이 패지도) 안 해여. 흔디(그런데) 이 밧(밭)은 그렇게 걸롱(걸러서, 묵혀서, 놀려서) 해 놈(놓음, 놓기)을 흐민(하면), 걸름(거름) 안 놓곡 그대로 대략(대략, 대체로) 주인이 씨만 삐여도(뿌리어도) 보리가 「휘직!」(의태어, 휘청거릴 만큼) 자빠지고(이삭 때문에 휘어지고) 여물고 잘 나거든0(이삭이 잘 나거든). 구비3 김재현, 남 85세: 354쪽

-거든0: [임진왜란 때 이여송이] 그렇게 해 가지고 궁궐에 들어왓거든0. 들어오란(들어와서) [조선 선조] 임금을 상대해여서 거(그거) 인스를 나누고 곧 가기로 해여, 곧 [명나라로] 돌아가기로. 임금 얼굴을 보니 불스(不似) 임금이라, 임금질 흘 ᄌᆞ격(자격)이 못 된 사름(사람)이라, 얼굴이. 구비3 김재현, 남 85세: 344~345쪽

-거든0: "그러면 그날랑(그날+을랑) 새벡(새벽) 일쩍, 아주 일쩍 첫 배를 출려(차려서, 타고서) 가십시오! 늦으면 가지 못흡니다." 아, 경(그렇게) ᄒ거든0. 구비3 김재현, 남 85세: 106쪽

-거든0: "당신ø(저승차사가 붙들어 갈 사람을 가리킴) 이제 춤(참), 심어오랜(잡아오라고) 했거든0(하고 있거든, 하거든), 잽혀오라!(잡아오라)"고0. 구비3 김재현, 남 223쪽: 223쪽

-거든0: "저의 처가 해산을 허였는디, 죽이라도 흔 사발 쒀 멕이쿠다." 또 혹켱(酷刑, 가혹한 형벌)만 허연 보내거든. 구비1 안용인, 남 74세: 166쪽

-거든0: 각시 들아단(데려다가) 의논ᄒ였거든. 구비2 양구협, 남 71세: 627쪽

-거든0: 거 아버지가 고맙거든, 생각에. 구비1 안용인, 남 74세: 124쪽

-거든0: 고길 가져다가 이렇게 들런 사거든(서어). 구비1 안용인, 남 74세: 133쪽

-거든0: 그 날은 어떻게사 도술(도사를, 道士 차림을) ᄒ연 갔는지, 그 여주가 모룻괴(소리를 낼 수 없는 고양이, 벙어리를 이 방언에서 '말 모로기, 말 몰레기'라고 함), 소리 안 나는 괴, 「우웅!」 ᄒ문 눈도 「번쩍번쩍!」 ᄒ는 괴(고양이)가 있거든. 그 괴를 내 주면서, 그, 「날라그네(나+을랑, 날로는) 아무도 몰르게(모르게) 놔 버리라!」고, 「이젠 쥐가 나타날 리 엇일(없을) 거라!」고. 구비2 양구협, 남 71세: 628쪽

-거든0: 그 ᄆᆞ을에서는 구가(具哥)ᄒ고 천가(千哥)가 전권(專權)을 가져 가지고 행ᄉ(行事)ᄒ던 사름덜이거든. 구비1 안용인, 남 74세: 160쪽

-거든0: 그 사름(사람) 말이 그 춤(참) 실지 진정인지, 내 말이 진정인지 이거 알 수가 없거든0. 구비3 김재현, 남 85세: 123쪽

-거든0: 그레(그쪽으로) 돋거든0(내달리거든). … 이렇게 위험한 기정(절벽)에 떨어지니 살 게 뭐이냐? 흔탄(恨歎)햇거든0. 구비3 김재현, 남 85세: 35쪽

-거든0: 누었는디, ᄌᆞ냑은 먹을 때 되니, ᄌᆞ기네만 ᄌᆞ녁을 먹고, 이왕 방을 빌렷이니, 긔영 ᄒ여도 소님(손님)보고도 「ᄌᆞ녁 ᄀ티 자시라」고 허여야 될 거 아닙니까? ᄌᆞ기네만 먹언 치와 불거든. 구비1 안용인, 남 74세: 164쪽

-거든0: 따 ᄀ리치는디, 물 굴르는(고이는) 디 간 ᄀ리치거든. 구비1 안용인, 남 74세: 126쪽

-거든0: 새집을 짓게 되니, 지ᄉ(地師, 지관)를 청해서 집터를 재혈(裁血, 명당 혈자리를 마름하여 결정함)해여서 정ᄒ고, 지ᄉ안티(지관에게) 물엇거든0. "…장래는 어떠어떠흔 일이 잇겟소?" 구비3 김재현, 남 85세: 55쪽

-거든0: 신랑이 천연ᄒ게 말ᄒ거든. 구비1 안용인, 남 74세: 122쪽

-거든0: 아, 겅(그렇게) ᄒ니(하니까) 점점 의심시럽거든0. 구비3 김재현, 남 85세: 274쪽

-거든0: 아, 요건(요것은) 시각을 어기민(어기면) 그때 법이 바로첨(바로+화용첨사 '참') 볼기(볼기짝)가 몃(몇) 대거든. 구비3 양원교, 남 72세: 407~408쪽

-거든0: 아이덜끼린 '아비 엇는 호로이 ᄌ식' 자꾸 이렇게 ᄒ거든. 구비1 안용인, 남 74세: 124쪽

-거든0: 암행어ᄉ(暗行御史) 눈에만 걸렸다면, 집이고 뭣이고 그까짓 거 뿌수왕(부서뜨리고서) 홍치기(홍두깨질의 방언형 홍짓대-치기) 허여 부는 거, 거 문제가 아니거든. 암행어ᄉ라고 ᄒ 것이. 구비1 안용인, 남 74세: 166쪽

-거든0: 얼건히 ᄒ 잔 먹언 깨어나 가지 똥이 ᄆ릅거든(마렵거든). 똥이 ᄆ류으니 이제는 가 가지고… 구비1 안용인, 남 74세: 198쪽

-거든0: 이러니 그런 행동을 했거든. 구비3 김재현, 남 85세: 78쪽

-거든0: 이젠 골충(돌보지 않는 폐총) 구신(鬼神)덜이 나오라 가지고, "아무 날 아무 시랑 대기(待機)헤영 있다가 배(돛단 배) 띄우십서!"고. 겨니 딱 대기헤여 있단, 그날은 그날 저녁은 당(當到)ᄒ니 ᄇ름이 간(間)ᄒ게 남풍이 불거든. 구비1 안용인, 남 74세: 208쪽

-거든0: 이젠 첩(妾) 각시영만 살고 큰 각시(本妻)는 돌아보지 아니ᄒ거든. 구비1 안용인, 남 74세: 176쪽

-거든0: 정시(貞師, 집터나 묏자리를 점쳐 정해 주는 지관)가 시켜(시켜) 두고 떠낫거든0. 구비3 김재현, 남 85세: 56쪽

-거든0: 종년(婢)이 글지후제(厥之後+적에) 오랏거든. 오랏어 주인안티(주인에게) 말했거든. 구비3 김재현, 남 85세: 29쪽

-거든0: 쪼곰만ᄒ 섬에 묘가 훌륭ᄒ게 씨고, 비석 세운 묘가 있거든. 구비1 안용인, 남 74세: 129쪽

-거든0: 청장인(가등청정이는) 무신(무슨) 꾀를 해여도 유 버버리(벙어리)안티만 (한테만) 가젠 주해연(위주로 하여, 주목적으로 하여) 온 사름(사람)이거든0. 구비3 김재현, 남 85세: 329쪽

-거든0: 큰 손님이 오면은 대우를 해야 홀 게 아니냐 해서, 지드렷거든(기다렸거든). 구비3 김재현, 남 85세: 329쪽

-거든0: 풍선(風船)을 타 가다서 풍파를 만났는데, 쪼고마ᄒ 쪼곰만ᄒ 섬이 있거든. 구비1 안용인, 남 74세: 129쪽

-거든0: ᄒ디 메누리가 (시집) 갔는디, 아주 팔ᄌ가 험악ᄒ 이라, (혼인을) 부잿집

의 가긴 갔지마는. 그 메누리 간 후에는 방애를 짛는 디도 다섯콜(다섯 명이
둘러서서 찧는 방아)도 새만(절구공이를 내리치는 틈새 간격만) 맞아 가거든.
구비1 안용인, 남 74세: 203쪽

−거든에 −으라, −으민 −읍주: "[듬돌을] 들르라(들라)! 못 들르거든에(들거든, 들
겠으면) 세(혀)로 할르라(핥으라)!" 영(이렇게) 해 가니, "허, 거 어떵(어떻게)
할릅네까? 게나제나(그러나 저러나) 흐썰(좀) 들어나 봐그네(봐서) 못 들르민
게나제나 흡주!" 구비3 김재현, 남 85세: 247∼248쪽

−거든에 −으라: "느도(너도) 술 그립거든에(먹고 싶거든) 흔 잔 먹으라!" 구비3
김재현, 남 85세: 37쪽

−거든에 −으라!: "느(너) 떡 먹어지거든에 떡도 먹어 보라!" 주인이 하인 막산이에
게 권유함. 구비3 김재현, 남 85세: 31쪽

−거든에: "너네덜(너희들) 날(나를) 빌어그네(빌어서) 산터(묏자리) ∅ 보크거든에
(보겠거든) 돗(돼지)이나 흔 마리썩(씩) 잡아오라!" 구비3 김재현, 남 85세:
349∼350쪽

−거든에: "늬(너) ∅ 이번일랑(이번엘랑) 가거든에(가거든, 가면), [지난 번] 아무
때도 우리꽝(우리와) 댕기멍 무안(無顔)ㅎ게 해라(하더라)마는, 이번이랑(이번
에랑) 가거드네 경(그렇게) ㅎ지 말아그네(말아서) 공손시리(공손스럽게, 공손
스레) ㅎ라!" "예, 어떵(어떻게) 공손시리 흡네까(합니까)?" 구비3 김재현, 남
85세: 321쪽

−거들란[거든+올랑]: 그러니까 그것도 대개 풍문(풍문, 소문) 들은 말이니까, 나
∅ 들은 대로 말ㅎ거들랑 가까운 디 가서 진상을 알아 봐야죠. 구비3 김재현,
남 85세: 310쪽

−거들랑 −당 −으라: "물을 떠다가 질맷(길마) 가지에, 질매영 ㅎ문 쇠등어리(소등)
에 지우는 질매, 질맷가지 아래 놧다가, 어떤 놈이 지나가거들랑, 또시(또 다시)
갖당 비우라!" 구비2 양구협, 남 71세: 653쪽

−거들랑 −아야지: 게난(그러니까) 스환ㄱ라(사환에게, 사환에게 말하여) 미리 약
속ㅎ기를, 「그놈 오랑(와서) 만일 [우리가 죄를 준다고 그놈을] 때리게 되거들
랑, 단단히 해여야지(해야 되지), 그 심(힘) 센 놈 ∅ 잘못ㅎ당 「프들락!」(의태어,
갑자기 구속된 상태에서 벗어나는 모습, '파드락') 해영 ㅎ는 날(구속에서 풀려
우리한테 복수하려고 달려드는 날)은, 춤(참) 당장의(당장에) 너 죽고 나 죽고
흘 게다(것이다).」 구비3 김재현, 남 85세: 167쪽

−거들랑 −으니까니 −우꽈?: "아니, 대국 장군덜(장군들) 그만이(그만큼) 해영(해

서, 공을 들여서) 청(요청)해영 오거들랑, [임금의 관상을 보고 실망하여 도로]
가 부니까니(버리니까니) 오죽이나 억울ᄒ우꽈(억울합니까)?" 구비3 김재현,
남 85세: 345쪽

-거들랑 -주시오: 주인 말은, 「버릇만 잘 ᄀ르쳐(가르쳐) 달라」 ᄒ 것보단도 「해여
봥(해 봐서) 안 되거들랑 처분해여 없애 불여(버려) 주시오!」 ᄒ 말이주게(말이
지+화용 첨사 '게'). 구비3 김재현, 남 85세: 336쪽

-거들랑(거든+을랑)[미래 조건]: "그러니까 그 구슬을말이어, 네 입에 물고 그(여
우) 입에 물고 홀 때에, 너 입에 오거들랑 숨키지(삼키지) 말고 내게 가져 오면
은, 너 하간 거(많은 것) 잘 해 주마!" 구비3 김재현, 남 85세: 78쪽

-거들랑(거든+을랑)[조건]: "후에랑(후엘랑) 요쪽더레(요쪽으로) 오라지거들랑
꼭 내 집을 ᄒ 번 방문ᄒ시오!" 이러했다고. 구비3 김재현, 남 85세: 245쪽

-거들랑: 옛말 ᄒ나 ᄀ거들랑(말하거든) 그걸랑(그것+을랑) 녹음허영 놔둬 봐.
구비2 양형회, 남 56세: 34쪽

-거들랑[거든+을랑]: "당신, 이쯤더러(이만 때에) 다시 와지거들랑 꼭 우리를 ᄒ
번 춫아 주시오!" 그래서 공손히 했다고. [청중 일동 웃음] 구비3 김재현, 남
85세: 230쪽

-거들랑[조건] -으라: "「술 달라」고 ᄒ거들랑(하거든), … 나 먹을 술라근(술은,
술이라그네) 보통 술로 가져 오고, 아덜(아들) 먹을 술라그네(술은) 환환주(독
한 46도의 환왕주皖王酒)로 가져 오라!" 구비3 김재현, 남 85세: 36~37쪽

-거들랑[조건]: "어느 기회에 이거(풀 먹이러 매어 놓은 소) 끌고 나올 때나 들어
갈 때나 우리가 엿봥(엿봐서) [소를 옮기는 소리가] 들리거들랑[들리거든, 들리
면] … 우리가 수십 명 모다들면 그거 문제가 없다. 눅드러(눕혀) 낳으네 죽지
않을(않을) 만이(만큼) 태작(打作)ᄒ자!" 구비3 김재현, 남 85세: 154쪽

-거들랑[조건]: 첫 번 가거들랑(가거든+을랑, 가면) 「우리나라 영(이러하고, '이
영') 정(저러하고, '저영') ᄒ니 장병덜(군사들) 보내 줍서!」 ø 못 ᄒ는 거주게
(것이지+화용 첨사 '게'). 구비3 김재현, 남 85세: 343쪽

-건 (조건): "아무 절간에 중놈이다가 나ᄒ고 연분(緣分)을 맺이건 디가 멧 해
되었는디, 결혼식만 올리건, 신랑 허여(해쳐) 넹겨(남겨) 두고 곹지 살자고 약
속을 허엿입니다." 구비1 안용인, 남 74세: 159쪽

-건 [조건]: 대풍(大風)을 불어서 배 가는 걸 엎질른다(뒤엎어버린다), 이러니깐
볼아 가건 배를 떠나시라고. 구비1 임정숙, 남 86세: 192쪽

-건 -다가 -안 -게 되엇거든0: 잔치ᄒ고 날이 저물건(저물거든) [신랑집으로]

돌아오다가 중간에 집을 빌언(빌리고서, 빌어서) 줌(잠)을 자게 되엇거든0. 구
비3 김택효, 남 85세: 387쪽

-건 디 -앗는가 ᄒ든 -곤 ᄒ는디 새입주게: 이 폭낭(팽나무) 없건 디(없어진 지)
흔 이십 년이나 되엇는가 ᄒ든, 거기가 굴른참(경계가 나란히 나뉘는 역참)이
라곤 ᄒ는디(하는데), 강정(서귀포시 중문면 강정리) 지경광(地境과) 법환리
(서귀포시 법환리) 지경 새입주게(사이입죠+화용 첨사 '게'), 넓으곡(땅이 넓
고). 구비3 김재현, 남 85세: 134쪽

-건 -으라!: 뒷날 아침은, "야!, 느(너), 난 버치켜(부양하기 힘들겠어), 우리 집의선
(집에선) 버치켜! 달리 가그네 언어 먹을 디(데) 있건 언어 먹으라!" 구비3 김재
현, 남 85세: 31쪽

-건 -으라: 아, 주인을 「죽건 죽으랜(죽으면 죽으라고)」 두드리곡, 술통도 믄(모두
다) 부수와 불곡(부숴 버리고), 또 남은 건 지네(자기네) 다 먹어 아정(먹어
갖고서) 기여나 불곡(나가 버리고). 바로 관청 위군(호위군사)덜보담도(들보다
도) 더 위험흔 일을 해여 나가거든. 구비3 김재현, 남 85세: 365쪽

-건 -으시오: 그 김 초시(무과 초시 입격자) 오라방이 독판(단독으로 모아진 판국)
몰아 가지고(모든 것을 다 차지해서), 손 「탁!」 거수ᄒ고 [씨름으로] "붙을 사름
(사람) 잇건 나오시오!" 구비3 김재현, 남 85세: 174쪽

-건 -으젠: 누이가 그 식ᄉ(식사)를 잘 출렷입주, 오라방ø(오라비) 오건 멕이젠
(먹이자고, 대접하자고). 구비3 김재현, 남 85세: 176쪽

-건 -읍서: "집이 쇠콥(굳힌 소기름) 잇수꽈?""잇수다!""게건(그러면, 그러거든)
것도(그것도) 이레(이쪽으로) 가쟈(가져) 옵서(오십시오)." 구비3 김재현, 남
85세: 239쪽

-건 -잰 대들어: 이놈덜(이놈들)이 알아 가지고는, 막 대결을 해 가지고, 「죽건
죽잰(죽으면 죽자고)」 대들어. 구비3 김재현, 남 85세: 369쪽

-건(거든) [조건]: 선생님네 죽건 오탁수(五濁水, 불교 용어) 먹지 맙서! 구비1 안용
인, 남 74세: 140쪽

-건(거든)[조건]: "나(내가) 굴건(말하거든, 말하면) 들읍서!""하~, 굴건 듣곡 말
곡!(듣고 말고 할 것 없이 당연히 잘 들으마) 잘 굴아(말해) 줘!" 구비3 김재현,
남 85세: 65쪽

-건[조건] -으라고 -으라: "그놈 잔뜩(꼼짝 못하게) 묶어 가지고, 「죽건 죽으라」고
태작(打作) ᄒ라!" 구비3 김재현, 남 85세: 144쪽

-건[조건]: "닐랑(너는, 너+을랑) 가지 말라, 우리만 카켄(가겠다고)" ᄒ건, "그자

(그저) 아메나(아무러 하게든지, '아명이나'의 변이형) ᄒ시오!" ᄒ민 ᄒ주마는 (좋지마는), 기어이 [위의 형들과] ᄒ디(함께) 똘랑만(따라만) 댕겨(다녀). 구비3 김재현, 남 85세: 319쪽

-건댄 [설명, 해설]: 문득 의심ᄒ건댄, 천상에서 신선이 내려오지 아녔는가? 구비1 안용인, 남 74세: 139쪽

-건데: -소0: 요 중간 우리가 알건대는 이 백횟(百會) 자리(혈자리)라고, 가운디 머리는 깎아 불였소. 깎아서 이 ᄀ디(가장자리, 가+ㅅ+디+의) 놈(머리카락)만 올려다서(올려다가) 간단식으로 햇는디. 구비3 김재현, 남 85세: 243쪽

-게(도록): ᄒ 번은 칼을 ᄂ슬게(날 서다+게) 굴아가 가지고, 구비1 안용인, 남 74세: 124쪽

-게(도록, 최고 상태까지 도달): "가까이 들면은 카게 궈지고, 망불에 괴기 굴라고 ᄒᆸ니다." 구비1 안용인, 남 74세: 133쪽

-게(도록, 최고 상태까지 도달): ᄒ 번은 "고기를 궈 오라!"고 ᄒ니까, ᄒ 번 막 카게 궈 갓어. 구비1 안용인, 남 74세: 132쪽

-게쿠름(-게끔): 각록(角鹿, 뿔사슴)이 들어가 근지러와(간지러워) 가니, 오좀 싸니, 내가 되었다고. 설문대 할망이 크긴 커 난 모양이라양! 각록(角鹿) ᄋ남은 개가 그디(성기 속에) 들어가게쿠름. 허허허허. 구비1 안용인, 남 74세: 202쪽

-고 (~고) 그렇게 허여 낫입니다: 그 시대는 아바지 쉬염 훑은 것도 큰 불효의 ᄌ식이라고 허여 가지고 죽여도 불고, 그렇게 허여 낫입니다. 구비1 안용인, 남 74세: 147쪽

-고 (나서): "담배나 ᄒ 대 피우고 가시오!" 구비1 안용인, 남 74세: 156쪽

-고 (전개 나열): 어떤 놈이 굴장삼(長衫) 입고, ᄒ 놈이 절칵절칵 들어오거든. 구비1 안용인, 남 74세: 159쪽

-고 [나열]: "나는 쇠 ᄒ 머리 먹고, 술 ᄒ 동이씩 ᄒ 번에 먹노라!" 구비1 안용인, 남 74세: 149쪽

-고 [병렬]: 무슨 호출장(呼出狀)이 ᄂ리고(내리고), 「왈칵질칵!」 ᄉ령(使令)놈덜이 멧 백 명이 들려들어. 구비2 양형회, 남 56세: 41쪽

-고 [병렬]: ᄒ니, 비를 피ᄒ고 ᄇ름을 피ᄒ젠, 이젠 비석을 의지허여 가 가지고 「톡!」 앚이니(까), 「조만능지묘」라 ᄒ 글이 새겨 있댄 말입니다. 구비1 안용인, 남 74세: 129쪽

-고 [순접]: "아이, 덮어 놓고 깎아 주십서!" 허여. 구비1 안용인, 남 74세: 125쪽

-고 ~ -고0: 「어떻게 허여서 빼어 가는고?」 ᄒ니, 김선생 메누리가 하도 미인(美

人)이고 아까우니, 천가(千哥)의 집읫놈(家兒)이 이제는 그 글을 ᄀ리쳐 (가르친 뒤에) 밤의 나올 거 아닙니까! 밤글(夜間學習) ᄀ리쳐 두고. 구비1 안용인, 남 74세: 161쪽

-고 ~ 불엇어: 아들 칠형제를 데리고 한라산에 할망은 올라 불엇어. 구비1 안용인, 남 74세: 147쪽

-고 가다: 「아무 날로 다시 이, 이 장소로 만나자!」 이런 약속을 ᄒ고 갓소(ᄒ영 갓어, 갓주).

-고 가라고0: "지금 가지고 가라!"고. 안은 아기를 중놈신데레 혹! 데낀댄(던진다는) 말이우다. 구비1 안용인, 남 74세: 213쪽

-고 -거든: 쪼곰만흔 섬에 묘가 홀륭ᄒ게 씨고(쓰고) 비석 세운 묘가 있거든. 구비1 안용인, 남 74세: 129쪽

-고 경 해연: 행기엔 흔 건(행기라고 하는 것은) 놋사발이주게(놋사발이지+화용 첨사 '게'). 해여서(그래서) 물(샘물)을 꼬부랑 낭(나무) 그 쇠질메(소길마) 우이(위에) 우장(雨裝, 우비)을 덖으고 경 해연 놔 뒷더니, 그 사름(사람, 샘물의 맥을 끊으려는 지관 호종단)이 왓어. 구비3 김재현, 남 85세: 189쪽

-고 -고 [나열]: 암행어ᄉ(暗行御史) 눈에만 걸렸다면, 집이고 뭣이고 그까짓 거 뿌수왕(부서뜨리고서) 홍치기(홍두깨질의 방언형 홍짓대+치기) 허여 부는 거, 거 문제가 아니거든. 암행어ᄉ라고 흔 것이. 구비1 안용인, 남 74세: 166쪽

-고 -고 [상관없이, 방임형]: 생각해 보니, 「이제 시기가 넘어서, 조 블릴(이랑 속에 잘 묻히도록 밟을) 시기가 넘어 불엇주마는, 넘고 후리고(파종 시기가 넘거나 말거나 간에)174) 요놈으(요놈의) 거 좁씨나 시민(있으면) 그자(그저) 흔 번 뿌려 봣(보아서, 보면) 좋카(좋을까)?」 구비3 김재현, 남 85세: 357쪽

-고 -고 경햇다 햇어0: 불초삼년(不超三年, 삼 년 못 넘고서)에 아무것도 엇어(없어). ᄌ식도 다 없어지고, 재산도 없어지고, 경 햇다 햇어, 역ᄉ(역사) 책에. 구비3 김재현, 남 85세: 82쪽

-고 -고 -고 [나열하고 모두 선택]: 게서 그물이고 배고 뭐이고 믄짝 사ᄉ(斜鼠島) 뱃겻듸(제주시 수평선 너머의 사서도 바깥 쪽에) 앗아단(가져다가) 들어네껴

---

174) 이 맥락에서 '후리다'는 '속는 셈 치고서'(좁씨를 다시 뿌린다)의 뜻으로 쓰였다. 국립국어원의 『표준국어대사전』에서는 '후리다'의 여섯 번째 풀이로서, "그럴듯한 말로 속여 넘기다."로 나와 있다(예: 그는 어수룩한 사람을 후리고 다닌다). 송상조(2007: 726쪽) 『제주말 큰사전』(한국문화사)에서 '후리다'는 '호리다, 홀리다'의 변이형태임을 표시하였고, 합성어로서 '후림-대'와 '후림대-ᄒ다'가 들어 있다.

부니(들어 던져 버리니), 허허, 깨여난 보니 한라산이 아득ᄒ게 비추와 노난, "우리가 우린가?, 우리가 우리 아닌가?"(비몽사몽의 상황을 표현함) 허허허허. 구비1 안용인, 남 74세: 171쪽

-고 -고 -고 [나열하고 모두 선택]: 이제는 (멸치잡이 배, 닷배) 개코(수심 얕은 해안)를 딱 붙져 놓니, 이제는 뗏박(뒤웅박 부표)에다가 배고 뭐이고 테우(떼배)고 들아매영, ᄒ 줌 자는 거 아닌가? 구비1 안용인, 남 74세: 170쪽

-고 -고 -고 -고 -젠 햇는디: 사위를 ᄒ되 똘광(딸과) ᄀ튼 재주가 잇고 글도 좋고 얼굴도 좋고 부재(부자)고 이런 사람이라야 사위를 ᄒ젠(하고자, 하려고) 햇는디0. 구비3 김택효, 남 85세: 387쪽

-고 -고 -고 -고 ᄒ여 가지고 -고0: 이젠 뒷날은 행ᄉ(行事)홀 걸로 봐 가지고, 나줄(邏卒)덜의게 옷을 착착 푸른옷 입지고, 흰옷 입지고, 붉은 옷 입지고, 이젠 검은옷 입지고 허여 가지고 "이젠 수비(守備)허영 있다가 나가 부르는 대로 늘려 들라!"고. 구비 1 안용인, 남 74세: 162쪽

-고 -고 -고 -고0: 게서 장군이 되어(뒈여) 가지고, 강남(江南) 천ᄌ국(天子國) 들어가 가지고 정벌(征伐)을 막아 가지고 싸움 말리고. 구비1 안용인, 남 74세: 151쪽

-고 -고 -고 영 ᄒ다: [조선 삼천리 지도를] 그려 올리니까, 이렇게 그 삼천리 강산 지돌(지도를) 보다서, "아무 산은, 아무 산은 너무 높으고, 아무 물은 너미(너무) 곧게 가고, 아무 물은 어딜로(어디로) 꼬부라지고(구부러지고) 영 ᄒ다!" "게민(그러면) 어떠 홉니까?(어떻게 합니까)" "그 산을, 높은 산을 조꼼(조금) 깎아 불라(버리라)! 또 꼬부라진(구부러진) 물란(물일랑) 바로 터 불라(버리라)!" 구비3 김재현, 남 85세: 183쪽

-고 -고 -고 해서 -는디: 그런 여(礖, 바닷물 속의 바위)에 가서 아시날(아우+날, 전날)ø [해산물을] 많이 캐고, 쇠(소)로 쉬으고(싣고), 사름(사람)으로 지고 해서 두 어른이 왓는디, 뒷날은 [해산물이] 많으니까니 다시 캐레(따러, 캐러) 가자고 갓거든. 구비3 김재현, 남 263쪽

-고 -고 -고 ᄒ난 -은 모양이지: 산 우희 올라간. 봉우리에 올라간 우젠(後+적에는, 뒤에는) 망원경 내어 놓안. 저건 어느 방향이고, 저건 어디고, 저건 아바지 ᄉ무(事務) 보던 어느 곳이고 ᄒ난(하니까), 막 뛰어 간 모양이지. 구비2 양구협, 남 71세: 651쪽

-고 -고 -고0: 그때ᄭ지도 비가 오랴고 ᄒ면은 백사슴이 나오라 가지고 … 백록담의 오라 가지고 끽끽끽끽 울어 낫다고. 구비1 안용인, 남 74세: 190쪽

-고 -고 -고0: 얌전한 처녀가 저 아랫녘에 잇다고 햇어. 워낙 부재칩(부자집)이고, 딸이 원간(워낙) 또 글을 많이 공부해서 글이 좋고 또 얼굴 좋고0. 구비3 김택효, 남 85세: 386쪽

-고 -고 그런다ø요(그런다 해요): 서로 접전홀 때에 행동을 어떠느냐(어떻게 하느냐) 호면, 북을 치면 전진호고, 쟁을 치면 후퇴호고 그런다요(그런다고 해요). 구비3 김재현, 남 85세: 202쪽

-고 -고 -는디[배경 무대 제시]: 하 : (아주 많이) 걷고 걷고 나가는디, 밤이 짚어서 어두와 불엇던 모양이어. 구비2 양구협, 남 71세: 657쪽

-고 -고 뭘 호니 -앗거든0: 피차 처녀호고(처녀하고, 처녀와) 글도 상대해여 보니 비슷호고, 얼굴도 좋고 뭘 호니, 그저 홀 만호니(허혼할 만하니까) 그디서(그곳에서, 그 색시 집에서) 허락을 호여 주엇거든0. 구비3 김택효, 남 85세: 387쪽

-고 -고 -아그네 -안: 그자(그저) 올레(집 골목길) 안에 들어가난, 통쇠(자물쇠) 「왈강왈강!」(의성어, 쇠끼리 부닥쳐 나는 소리) 텐(떼어낸, 자물쇠를 연) 후제는(後+적에는) 마포호고 돈 열 냥호고 해그네(해서, 갖고서) 완(왔어). 구비3 김재현, 남 85세: 93쪽

-고 -고 아니주마는: 여즈도 재주도 좋고, 원간(워낙) 배운 것도 많고, 그것덜(주위의 껄렁패들) 못 감당호진 아니주마는, 사름 골리려고(가려내려고) 일부러 (술장사를 하였어). 구비2 양구협, 남 71세: 660쪽

-고 -고 -안 호연 -는디 -어0: 이젠 도포(道袍) 벗어 두고, 아마 쾌지(快子, 몸 앞뒤로 내린 민소매옷)여, [무당 의례에 입는] 무신(무슨) 입는 옷 입고, 명뒤칼(明刀칼, 신명스런 칼) 손에 쥐고 해연 굿을 호여 가는디, 아무것도 안 걸려(막혀). 「토런토런!」(의태어, 또렷또렷). 아 거, 무서(巫書)로만 익언(읽었어). 무서 글로만 익어(읽어) 놓니원(놓으니+화용 첨사 '원') 뭣이엔사(무엇이라고야) 골앗인디 [잘 몰라]. 구비3 김재현, 남 85세: 148쪽

-고 -고 -안0: 가니, 아닌 것 아니라 후히 대접도 호고, 아무 날로 혼례(婚禮)홀 것으로 호고, 또 가마로 쉬어다(실어다) 줜. 구비2 양구협, 남 71세: 648쪽

-고 -고 -앖거든: 이젠 두 번찬(番次는) 들어간 보니까, 극락세곌 가 가지고, 이젠 꽃 화환을 씨고 좋은 옷을 입고 춤을 췄거든. 구비1 안용인, 남 74세: 182쪽

-고 -고 -앗이매 -앙 가: "경호고 정호고(그렇고 저렇고 간에) 저, 우리 집 즈끝디(곁에, 곁+끝+데[곳, 디]+에) 오랏이매(왔으므로), 집의(집에, 우리 집에) 강(가서) 술이나 흔 잔 먹엉(먹어서, 먹고서) 가!" "경 호주(그렇게 하지)!" 구비3 김재현, 남 85세: 166쪽

-고 -고 -앗입주: 뱃곁관(外棺) 있고, 안에 가베운 나무로 허여 가지고 또 관을
짱 내외관을 허엿입주(허엿주, 허엿웁주). 구비1 안용인, 남 74세: 128쪽

-고 -고 영 ᄒ다: 대한이라 해여서 독립 모냥(모양)으로 ᄒ지마는, 미국에 조공을
ᄒ고 미국에서 우리를 보위해 주고, 영 해영 살았입주(살고 있읍죠). 구비3
김재현, 남 85세: 181쪽

-고 -고 -은[낱말 병렬 접속] 놈: 버금은(다음은, 잡아 오지 못한 실패한 다음은)
ᄉ령(使令) 중에 쎄고 뿌르고 악ᄒ(힘이 세고 빠르며 성격이 악한) 놈으로 둘을
보냈어(보냈어, 한효종을 잡아오도록 보냈어). 구비3 김재현, 남 85세: 162쪽

-고 -고 잇입주0: 북쪽으로 담을 「쭉!」ᄒ게 법환리(서귀포시 법환동)끄장(까지)
미쳐(닿아) 가게 다(쌓아, '답다, 다우다') 가지고 바당(바다) ᄀ더레(가, 가장자
리 쪽으로) 「딱!」에우고(빙 두르고) 잇입주. 구비3 김재현, 남 85세: 152쪽

-고 -고 하다: 일어난 보니, 득(닭), 통득 허여 놓고, 술안주에 막 츨리고 허연.
"이거 자십서!"고. 구비1 안용인, 남 74세: 166쪽

-고 -고 해서 -고 -고 뭐 영 해연 살아 난 사름이 이서: 홈치(함께, 한 번에,
중세어 '훈+쁴'에 소급됨) 옛날 그 뭐 술 곹은(같은) 거, 순다리(쉰 밥을 누룩으
로 발효하여 끓인 음료, '쉰다리'로도 쓰이며, 동사 쉬다와 달이다가 복합되어
있음) 곹은 거 믄(모두 다) 쉬어다(실어다) 놓고, 북 장기(장구) 가져다 놓고
해서, 정심(점심) 먹을 시간에는 노래를 부르고 북을 치고 뭐, 영(이렇게) 해연
(해서) 살아 난(살았었던) 사름(사람)이 잇어(있어). 구비3 김재현, 남 85세:
273쪽

-고 -고 해연0: 그 중간에 [도망간 말들을] 춫아다그네(찾아다가) 먹는(방목시키
는) 장소에 놔 두민(두면) 또 그 감목관(監牧官) 선세(先世)네 뒷동산에 가고
가고 해연. 멧(몇) 번 믈아당(몰아다가) 놔 봣자 그 디만(곳만) 간다고. 구비3
김재현, 남 85세: 260쪽

-고 -고 해요: 훈 부락에 소를 멧(몇) 마리 공출시켜 놓고 멘(면, 면사무소)에서
홀 걸로 ᄒ고 검사를 해요. 구비3 김재현, 남 85세: 307쪽

-고 -고 ᄒ는디: 이 사름(사람)은 믈(말)이 그렇게 만ᄒ니까(많으니까) 우선 이녁
(자신의) 밧부떠(밭부터) 블리고(밟아 주고) 남으(남의) 밧(밭)도 블려 주고(밟
아 주고) ᄒ는디, 믈이 하나도 없이 도망 가 불엿다고. 구비3 김재현, 남 85세:
258~259쪽

-고 -고 ᄒ니: "너 이놈! 신(짚신)을 발에 맞게 삼아(만들어, 지어) 와야지! 요건(요
것은) 컨(크기가 너무 커서) 못 신고, 요건 적언(크기가 너무 작아서) 못 신고

흐니, 어떻게 됏기에 신(짚신) 신을(갈아 신을) 수가 없느냐?" 구비3 김재현, 남 85세: 135쪽

-고 -고 흐니 그러는가 보다: ㄱ만이(가만히) 눈치 보니, 누게 생각흐고 저 모냥이 아닌가 흐니, 춤 어렵게 사는 것도 궁으고(같고), 사름 도례(도리)도 흐고 흐니, 그러는가(음식을 싸 가려고 옆에다 놓는가) 보다. 구비2 양구협, 남 71세: 641쪽

-고 -고 흐니 -읍니다: 밧(밭)이야말로 족히 좋읍주게(좋습죠+화용 첨사 '게') … 곡식도 좋고 펜펜(평평)흐고 흐니(하니까) 담(밭담)이 없읍니다, 안내(속, 안+內)는. 담이 없어서 시둑(밭 경계를 짓기 위해 흙덩이로 만든 두둑, 뚝, '시둘'로도 말함)으로 흡니다. 시둑, 시둑으로만 경계해 가지고 「요건 너 밧(네 밭), 요건 나 밧(내 밭)」 경(그렇게) 흐는디(하는데)… 구비3 김재현, 남 85세: 153쪽

-고 -고 흐니: 진(긴) 논인디, 그 큰 비가 오라 가지고, 막 그만 물에 끗어네, 메우는 딘(메꿀 만한 곳에는) 메와 불고(메꾸어 버리고), 끗이는 딘(끌어 쓸어갈 만한 곳은) 끗어 불고(끌어 쓸어가 버리고) 흐니, 역군(일꾼, 役軍)을 흔 오십 명 빌어야 이 일을 흘 테니까니, "역군(일꾼)을 강(가서) 빌라!" 막산이보고 주인이 흐니, "예!" 구비3 김재현, 남 85세: 28쪽

-고 -고 흐니까 걱정이 된다: "그런 것 아니라, 제즈(弟子)가 「회홀년(回婚年) 잔치 흐노라」고 펜지가 왓는디, 가자 흐니 입을 것도 쒤(쓸) 것도 읎고, 양반의 미추(송상조 사전에는 '혼적'으로 풀이했으나 아마 味臭를 가리키는 듯함)라고 댕길(나다닐) 도례(도리)도 읎고 흐니까 걱정이 된다!"고. 구비2 양구협, 남 71세: 640쪽

-고 -고 흐니까 -고 -앗든 말앗든 흐는 건 -은디: 뭐 그 날사(날이야) 당(當)흔 일이 아니고, 그 전에도 그런 식이 잇고 흐니까, 물론 식스(식사)나 흔 끼니 해 놓고, 원 밥을 지어 왓든 말앗든 흐는 건(것은) 문제가 아닌디, 대월(대우를) 흐는 판인디, 아마 꼭 이때(보릿고개를 겪을 때)쯤에 든 모양입니다. 구비3 김재현, 남 85세: 125쪽

-고 -고 흐다: "그러니까 그 구슬을말어어, 네 입에 물고 그(여우) 입에 물고 흘 때에, 너 입에 오거들랑 숨키지(삼키지) 말고 내게 가져 오면은, 너 하간 거(많은 것) 잘 해 주마!" 구비3 김재현, 남 85세: 78쪽

-고 -고 흐다: 바둑을 두는디 꼭 질 성싶어. 똠이 팔팔(뻘뻘) 나는디, 내종(乃終) 끄트머리에 바둑은 흔 점 잘못 두민 삼백육십점이 죽고 살고 흐는 거 아닙니까게! (모기로 변한 선녀 아내가) 팟닥팟닥 이디 앗앗다 저디 앗앗다 흐니 그레

(거기에다 바둑알을) 똑! 똑! 두니 (옥황의 사자가) 졌댄 말이어. 구비1 안용인, 남 74세: 187쪽

-고 -고 ᄒ다: 사는디, 밥을 허여다 줘도 아이 먹고, 술도 소소이 아이 먹고 ᄒ니, "어떠허여 가지고 아이 자십니까?" 구비1 안용인, 남 74세: 149쪽

-고 -고 ᄒ다: 이제는 성(城)이 없지마는, 제주시를 뺑ᄒ게 둘러서(원처럼 둘러서) 성을 높이 다와(쌓아) 가지고, 동서남북에 문을 큰 대문을 돌아요(달아요), 돌아서(달아서) 유ᄉ시(유사시)에 뒦으고 율고 ᄒ는디, "남문 앞의(앞에) 김 아무가(아무개) 산다?(사느냐?)" ø ᄒ니까, "사름 안 삽니다, 안 삽니다!" 구비3 김재현 남 85세: 107쪽

-고 -고 ᄒ여: 그 혼례(婚禮) 지나는 그 ᄉ이엔 자주 쏠도 곳다(가져다) 주고, 돈도 곳다 주고 풍부ᄒ여. 구비2 양구협, 남 71세: 648쪽

-고 -고 ᄒ여서 -을 테니까니: "우리 교원(종교 구성원)이면 우리 교회가 알아서 ᄒ지. 잘할 일도 내가 알고, 못ᄒ 일도 내가 알고 ᄒ여서 잘 행해 나갈 테니까니, 당추(당최, 아예) 건들지(건드리지) 말아 주소!" 구비3 김재현, 남 85세: 363쪽

-고 -고 ᄒ연 -안0: 냇고랑이(시내 구렁이나 도랑, '고랑내'라고도 함)에 들어간 모욕(沐浴)시키고, 옷 갈아입히고 ᄒ연 돌아완(데려왔어). 구비2 양구협, 남 71세: 651쪽

-고 -고 -ᄒ연 -안0: 돗(돼지) ᄒ 무리ø(한 마리) 잡아 놓고 술 ᄒ 바리(소짐을 헤아리는 단위) 싣고 ᄒ연(해서) 간0(갔어). 구비3 김재현, 남 85세: 149쪽

-고 -고 ᄒ엿는디 -안 -앗어: 간 보니 아닌 것 아니라 똘만 잇어. 똘만 잇는디, 큰똘처룩(큰딸처럼) 얼굴이 축나지도(살이 빠지고 야위지도) 않고, 의복도 보통으로 입엇고 ᄒ엿는디, 방안으로 들어간. 술상을 ᄎ려 왓어. 구비2 양구협, 남 71세: 650쪽

-고 -고 ᄒ엿는디: ᄒ명 이야길 주고받고 ᄒ엿는디, 다 ᄆ차(끝마쳐) 놓고는 입어 보면서 다 ᄆ차 놓고는 아바지 방에 간. 구비2 양구협, 남 71세: 641쪽

-고 -고 ᄒ주마는: 이젠(이제는) 보리 끄리에(그루터기에, 같은 설화자의 이야기 속에 '크르, 그르'의 변이형이 있음) 여름 농ᄉ ᄒ고, 여름 농ᄉ 끄리(그루터기)에 보리 갈고 ᄒ주마는, 옛날은 경(그렇게) 해영(해서) 되도(되지도) 아니 ᄒ고, 경(그렇게) ᄒ젠(하자고, 하려고) 아니 ᄒ메(ᄒ+음+이어, 하는 법이야). 구비3 김재현, 남 85세: 353쪽

-고 -고 ᄒ 모양인디, -은디 딱하다: 벵뒤란(넓은 들판일랑, 平坐일랑) 고사ᄒ고, 뭐 다른 솔미(미상, ??좁고 갸름한 땅일 듯하며, 오솔길의 '솔'과 관련될 듯)도

엇고 뭣 ᄒ고 흔 모양인디, 하, 이제는 그 식ᄉ(식사)를 준비해야 할 터인디 딱하다. 구비3 김재현, 남 85세: 125쪽

-고 -고 ᄒ다: "영장꾼(營葬軍, 喪輿軍)덜토 올라오지 못ᄒ 거이고, 혹(或) 흔 좀 엇고 ᄒ디", "이디를 아바지 (묘소) 모실 수가 잇겠습니까?" 구비1 안용인, 남 74세: 127쪽

-고 -고: 그 집 종이 막산이라고 힘이 어떻게 세엇던지, 막산이가 쉰 놈 점심 ∅ 혼자 먹고, 쉰 놈 ᄒ는 일을 혼자 ᄒ고. 겨니(그러니) 배가 워낙 커 놓니까 주인 집에서 부재(부자)로되 양식을 당ᄒ질 못ᄒ엿어. 구비3 김택효, 남 85세: 380쪽

-고 -고0: 겨니 그것이 즉 말ᄒ면, 어머니는 백주부인(白洲夫人, 흰모래밭 부인)이고 아들은 소로(蘇祿, 필리핀 군도 중 Sulu Isles) 소천국(小天國)이라고. 구비1 안용인, 남 74세: 151쪽

-고 -고0: 누언 잇이니, 신장(神將)덜이 흔 으나문(여남은)이 오라 가지고 흔 잔썩 「썩썩!」 먹고. 이제는 "오늘 일은 다 되엇이니, 완전히 일은 성공(成功)될 거이다." 구비1 안용인, 남 74세: 160쪽

-고 -고0: 모관(牧官, 제주목 치소의 관할)이 훨씬 널읍주. (안용인씨가 수긍하면서) 널르고 말고(넓고말고). 저 안밧ᄭ지니까 멀주, 멀어. 구비1 현원봉의 반응에 다시 안용인, 남 74세가 수긍하는 반응 표현: 184쪽

-고 -고0: 물 싸면은 여(礖)이 나고, 물 들면은 곰춧고. 구비1 임정숙, 남 86세: 144쪽

-고 -고0: 선생도 그렇고 또 아이덜도 그렇고. 구비2 양구협, 남 71세: 618쪽

-고 -고0: 제(祭)를 지내면 ᄆ을도 펜안(便安)ᄒ고, 그 시절에는. 겨니 그것이 즉 말ᄒ면 어머니는 백주부인(白洲夫人, 흰모래밭 부인)이고, 아들은 소로(蘇祿, 필리핀 군도 중 Sulu Isles) 소천국(小天國)이라고. 구비1 안용인, 남 74세: 151쪽

-고 -곡 -곡 영 ᄒ는디: 거짓말도 ᄒ는 것 닮고, 그자(그저) 후림대(큰소리 치며 남을 홀리거나 꾐, '후리다'는 '홀리다, 호리다'로도 쓰임) ᄒ곡 그자 혀뜩흔(정신이 어질거리거나 정신 없이 나온 말과 행동) 소리나 ᄒ곡 영(이렇게) ᄒ는디, 우으로(위로) 형제가 아시(아우) ᄒ는 것을 보고 "그렇지(그렇게 하지) 말라!"고 멧(몇) 번 글아(말해) 봐도 듣도(듣지도) 안 ᄒ고. 구비3 김재현, 남 85세: 319쪽

-고 -곡 ᄒ민 ᄌ미가 잇거든: ᄉ또(사또) 순력이 온댄 ᄒ민, 진졸도 많이 따르고 기생도 많이 따르곡 ᄒ민(하면) ᄌ미(滋味)가 잇거든. 구비3 양원교, 남 72세:

-고 -곡 ᄒ연: 술을 막 취ᄒ게 ᄒ연(하여서), 네 발에 말톡(말뚝)을 박안(박아서) 발 묶으고 손 묶으곡 ᄒ연 내버려 두난(두니까), 굶어 죽엇젠(죽었다고) ᄒ여. 구비3 양원교, 남 72세: 419쪽

-고 기영[그+이영] 아니 햇잉가게(앗+?은가+게): 윗날은 고기(물고기) 잡아서 먹는 것도 쌍놈이라 ᄒ고, 뭐 신발 맹그는 것도 쌍놈이라 기영 아니 햇잉가게? 구비2 양구협, 남 71세: 617쪽

-고 나가느냐?: "왜 그 옷을 ᄀ지고(가지고) 나가느냐?" "아바지 입히젠 ᄀ져 오랏수다!" 구비2 양구협, 남 71세: 651쪽

-고 -다네 -으멍 -고 누엇입데다고0: "간 보난 사름은 하나토(하나도) 엇고(없고), 지만(자기만) 간, 논뚝 베연 누어 자다네, 점심 먹으랜 ᄒ난, 먹다그네 남으민 가쟈 오켄 ᄒ멍, 일도 아니 ᄒ고 그자 누엇입데다"고. 구비3 김재현, 남 85세: 29쪽

-고 -단 말이어: 그 놈(=메밀떡)을 지도(자기도) 먹고 남펜(男便)을 준단 말이어. ᄂ시(끝끝내) 안 말 ᄒ 수가 잇어? 구비2 양구협, 남 71세: 626쪽

-고 대고: "아, 아멩ᄒ고 대고(아무렇게나 하고 대고 상관없이) 나ø(내가) 오는 대로만 오라!" 구비3 김재현, 남 85세: 275쪽

-고 -라ø ᄒ니, -다ø 해서 -랜 ᄒ난 -는디: 「아주 대대 영웅 나켄(나오겠다고)」 처음 글아 두고, 아이보고 「잘 공부 시기라(시키라)」ø ᄒ니, 「아마도 이 사름(사람)은 씰(쓸) 사름 될 꺼다(것이다)」ø 해서, 공부를 시기랜(시키라고) ᄒ난, 시기기(시키기)로 ᄒ는디… 구비3 김재현, 남 85세: 56~57쪽

-고 말이어 -으니까니 -단 말이어: 제주시에 가니까, 그놈덜(그놈들)이 알아 가지고 말이어, 쌉단(싸우다가) 버치고(힘에 부치고) ᄒ니까니(하니까), 성안(제주성 성문 안에 간(들어 가서) 다 지키고 잇단 말이어. 구비3 김재현, 남 85세: 370쪽

-고 말이어: 아방(아버지)이 쌍놈인디, 아덜은 쌍놈이 아닐 거라? 어떨 거라? 허여볼 도리가 읎고 말이어. 구비2 양구협, 남 71세: 627쪽

-고 -서고 햇어: 어디 새 솜이나 가져 오고, 어린 아이 옷이나 가그넹에 맹글든지 주문허여 옵서고 햇어: 구비1 안용인, 남 74세: 122쪽

-고 -아 불어: (도깨비 불이) 돌아댕기당 그디 강 꺼져 부는디, 사람에게 … 유혹시키는 바도 엇고, 불 쌍(켜서) 돌아댕기당 그디 가민 꺼져 불어. 구비1 안용인, 남 74세: 177쪽

-고 -아그네 -아 가지고 -게 ᄒ고 -고 햇어0: 나랏몰(국마)을 알래(아래로) 하잣이엔(下城이라고) ᄒᆫ 성(城, 잣)을 두르고, 가운디로 중잣(中城), 우(위)로 상잣(上城) [두르고] 해그네, 상잣 중잣 하잣 성(城, 잣)을 둘러 가지고, 양 트멍(틈+엉, 틈새)에 양잣(兩城) 될 꺼 아니오? [조사자 응답: "예!"] 구비3 김재현, 남 85세: 57쪽

-고 -아그네 -은디 -앗거든0: 가매(가마) 해서 몰(말) 둘 메우고(메고, 메우고), 몰 두 개 메와그네(메서, 메워서), 듸깬디(듸깨175)+인데), ᄉ또(使道)도 그렇게 모셨거든0. [옆에 있던 73세의 김승두 씨가 이 상황을 풀이해 주기를] "가마에 들러십주, ᄉ또는." 구비3 김재현, 남 85세: 102쪽

-고 -아서 -아 가지고 -으라: "이 남(나무)을 굽(밑굽)으로 끊어 불지 말고 똑(꼭 맞게) 지둥(기둥) 홀(만들) 지러기(길이)를 냉겨서(남겨서) 끊어 가지고 이것을 뒷기둥(退樑, 뒷보) ᄒ라!" 구비3 김재현, 남 85세: 255쪽

-고 -아서 -으니까 -앙 -고 가라: "그래? 「나를 먹으라」고 죽(鬻)을 두 기물(그릇, 기명) 쑤어 왓다, ᄑ죽인가뭐(팥죽인가+뭐). 자네! ᄒᆫ 기물은 내가 먹고, ᄒᆫ 기물은 건드려 보지 안 혀서 저 벡장(벽장) 우에 잇이니까 내려 놩 먹고 가라! 제사라곤(제사라고는) 해여도 [배가] 고파서 [귀신이] 그냥 가는구나!" 아 경(그렇게) ᄒ니(하니까, 권유하니까) 그 죽을 먹고 그냥 가 뵈어(보이어). 구비3 김재현, 남 85세: 143쪽

-고 -안 -는디: 이젠 살 만이(살 만큼) 살아지고, 울담도 널리 ᄎ지ᄒ연 살아가는디, 이건 아마도 넘어간(그곳을 지나간) 사름(중국 지관 고종달)이 살라는 집이니까, 이 집의(집에) 그냥 살자고. 구비2 양구협, 남 71세: 655쪽

-고 -안 -앉어: 오십 멩(50명) 정심(점심)을 ᄒ고 갔으니, 종년이 밧갈쇠(밭+갈다+소)에 오십 멩 먹을 거 싞어(싣고) 간(가서) 보니, 막산인(막+사나이의 '순'+이#는) 일일앙말앙 아무것도 안 ᄒ고, 논뚝에 베개 베연 누워 잚어(뉘 자고 있어). 구비3 김재현, 남 85세: 28~29쪽

-고 -안0: [오찰방 아버지가] 술 ᄒᆫ 통 내 놔네(놓고서) 그자 큰 함박(함지박) 틔우고(술 통 속에 뜨게 하고) [정훈도에게] ᄆ딱(술을 모두 다) 멕연0(먹이었어). 구비3 김재현, 남 85세: 42쪽

-고 -앉어: 기영 ᄒ연 이제 서울 장안을 구경ᄒ는디, 그 아인 가매(가마)에 탄

---

175) 녹취 기록을 한 고광민 선생이 '듸깨'를 '가마'의 방언이라고 주석을 달았다. 이 방언의 사전들에서 찾을 수 없는 낱말이다.

순력(巡歷)을 도는디, 할으방(할아버지)이 막 맹탱이(망태기) 지고 댕겼어. 구
비2 양구협, 남71세: 624쪽

-고 -앗다고: (제주시 구좌 김녕리 앞바다에 있는) 두럭산서 물이 나고 한라산서
장수(將帥) 낫다고 그 말 들었는디, 그 말 우린 귀에 들어가도 아니허여. 구비1
임정숙, 남 86세: 194쪽

-고 -앗어: 무스(무사)가 달려들어서 머리빡을 「탁!」(의성어, 내리쳐서 부딪히는
소리) 치니까 [뱀의 머리가 잘려] 죽엇다øᄀᆞ0. 그렇게 배염(뱀) 죽여 두고 돌아
갓어. 구비3 김재현, 남 85세: 105쪽

-고 -앗젠: 아방도 (고려장으로 소나무 곁에 내 버리거나 파 묻은 할아버지를)
일런(파 일으켜서) 오라 불고, 지게도 앗안 와 비엿젠. 구비1 허군이, 여 75세:
195쪽

-고 -앙 -어: 논을 간 보니까, 반은 벌고(경작하고) 반은 안 벌엉 내 불여(버려).
구비3 김재현, 남 85세: 68쪽

-고 -어: "서방 백제 장군(西方白帝將軍) 나오라!"ᄒᆞ니 서쪽으로 흰옷 입은 놈이
늘려들고, "남방 적제 장군(南方赤帝將軍) 나오라!"ᄒᆞ니 붉은옷 입은 놈이 늘려
들어. 구비1 안용인, 남 74세: 162쪽

-고 -엇댄 말이우다: 아들을 폴랴고 ᄒᆞ는디, 동생놈이 술 먹으민 대광질(大狂疾,
광질 놀다, 미치광이 놀음하다) 판국이라. 판국이니, 이제는 잔칫날은 이제는
걸(동생을) 외방(外方)을 내보내 불고, 다른 사름을 우시(圍繞, 결혼식 상객)를
보내게 되엇댄 말이우다. 구비1 안용인, 남 74세: 197쪽

-고 -으니 -자고 -고 히니 -더라 ᄒᆞ여: (집 나갔던 개가 집으로) 왔어. 줘도 뭐
먹도 않고. 하도 응석ᄒᆞ여 가니, 이젠 ᄒᆞᆫ 번 가 보자고. (개와 함께 같이) "가
볼 테니 뭐 먹으라!"고 ᄒᆞ니, 그때야 뭐 먹더라 ᄒᆞ여. 구비2 양구협, 남 71세:
672쪽

-고 -으문(으면) -으니 -고 -고 해서 -다가 -으니까 -으난 -으니 -어: 이젠
그 말을 듣고 그 아으가 집의 와서 갈 때문 또 (여자로 변한 여우가) 나타나니,
이제 그 구슬을, ᄌᆞ기(自己) 입엣 걸 ᄌᆞ기도 물어 보고, 월계(月溪) 진좌수(秦座
首, 秦國泰 1680~1745, 제주시 한림읍 동명리에 살았고 유향 좌수 역임)보고도
「물어 보라!」고 해서 물어 보고 ᄒᆞ다가, 아이 그 말, 선생 말 문득 틀 나니까(틀
은 떠오르는 생각, 불현듯 생각이 나니까) 이제는 숨켜 부난 뻬얌(뺨)을 딱!
뜨리더니 옳어! 구비2 양구협, 남 71세: 615쪽

-고 -은디?: "게난(그러니까) 간 보난게, 점심 가젼 간 보난, 사름은 가지 아니ᄒᆞ연

(않아서) 늬(너) 혼자만 잇어랜 헨게(있었다고 하던데, 한 거이), 정심(점심)은 어떵ᄒ고(어떻게 하고), 일은 어떵ᄒ연디(어떻게 하였니)?" [논 주인이 종 막산이에게 물었음]. 구비3 김재현, 남 85세: 30쪽

-고 -을 차례이다: "작년에는 우리 벗이 오란 가고, 금년에는 내가 강 놀당 올 츠롄디(차례인데), 아 그, 가질 못ᄒ게 되엇다.""왜 그렇십니까?" 구비2 양구협, 남 71세: 630쪽

-고 이러니까니[이유]: "저의 ᄌ식(자식)이 둘이 잇는디, 형제가 잇는디, 아 형제 놈이 ᄃ퉈서(다투어서) 유혈이 낭ᄌᄒ고 이러니까니, 제설(제사를) 먹엉 가는 수 잇읍니까?" 구비3 김재현, 남 85세: 142~143쪽

-고 이렇게 해서: 정승살이 홀 적의는 모든 거 풍부해서 남안틔 구채시럽지도(구차스럽지도), 남 많이 갈라 주고 이렇게 해서 지나다가, 나이 지나 놓니까 이제는 정승직을 파직해 나갔다 말이지. 구비2 양구협, 남 71세: 638쪽

-고 해 가니까[이유] -는 게라0: 굿을 치고 해 가니까, [절벽 동굴에서 큰 뱀이] 가운데레(가운데 쪽으로) 나온 후제는(後+적에는) 「확!」(의태어, 급히) ᄀ렛 방석만은(맷돌 일 할 때 까는 둥글고 큰 깔개 멍석만큼) 「펑!」(의태어, 쉽게)ᄒ게 사련(서리어서, 자신의 몸을 포개어 감고서) 눅는(눕는) 게라. 구비3 김재현, 남 85세: 105쪽

-고 해서 -앗다 말이어: 지(자기) ᄌ유로 와서 풀 뜯어먹음도 ᄆ음대로 못 홀 것 곹으다고 해서, 잘 간수(看守)를 ᄒ여 줫다 말이어. 구비2 양구협, 남 71세: 655쪽

-고 해서[이유] -고0: 그러니(날이 어두어져 버렸으니) 강제로 뭐 홀 수는 없고 해서(내쫓을 수는 없고 해서) 그날 저녁은 흔디(함께, 같이), 야, 거(그거) 정신 못 출리고0(차리고) 구비3 김승두, 남 73세: 97~98쪽

-고 허연: 어디 간 헌헌ᄒ(헐디헌) 도복(道袍) 주럭(누더기, 넝마) 거멍, 시거멍케(새까맣게) 그슨(그을은) 거 입고 허연 가니, 「(아내와 장모가 남편인 자신을) 모르더라」 허여마씀. 구비2 양형회, 남 56세: 32쪽

-고 후에 -아도 좋다: 선참후계(先斬後啓, 죄인을 먼저 목 베고 나서 나중에 조정에 아룀)ᄒ라! 죽일 사름(사람) 잇이면은 ᄆ저(먼저) 죽여 놓고 후에 보고해도 좋다! 구비3 김재현, 남 85세: 137쪽

-고 ᄒ나네 -고 누엇어: "나만 오라네(와서) 일 ᄒ젠(하고자) ᄒ단(하다가) 긔자(그저) 나만이고 ᄒ나네, 일도 아니 ᄒ고 누엇어(누었어)!" 구비3 김재현, 남 85세: 29쪽

-고 ᄒ나네: "나만 오라네(와서) 일 ᄒ젠(하고자) ᄒ단(하다가) 긔자(그저) 나만이
고 ᄒ나네, 일도 아니 ᄒ고 누엇어(누었어)!" 구비3 김재현, 남 85세: 29쪽

-고 ᄒ나네: "나만 오라네(와서) 일 ᄒ젠(하고자) ᄒ단(하다가) 긔자(그저) 나만이
고 ᄒ나네, 일도 아니 ᄒ고 누엇어(누었어)!" 구비3 김재현, 남 85세: 29쪽

-고 ᄒ난: 술 잘 얻어먹어 지고 ᄒ난(하니까) "경 ᄒ주(그렇게 하지, 그렇게 하마)."
그날은 일수(日守, 담당 직원) 보내난 약속ᄒ 일이나네 "허, 거(그것) 여러 번
오고, 이번으랑(일랑) 가야 될로고!(될로구나)" 가난(가니까) 죄가 어쩌니,
게난(그러니까) ᄆ(모두 다) 약속해연 놔 둔 겝주(것입죠). 구비3 김재현, 남
85세: 167쪽

-고 ᄒ난: 츰(참) 벨호(別號)조차 배 큰 강훈장이엔 ᄒ다ø엇이 파삭 배고픔은
ᄒ고 ᄒ난 … ᄉ환(사환)보고 "아, 거 배 고프고, 이 굿 ᄒ는 디 가그네(가서)
점심이나 ᄒ 번 얻어먹어 봐야겟다." 구비3 김재현, 남 85세: 147쪽

-고 ᄒ니(까) [순차적 사건 전개]: "거짓말 ᄒ라!"고 ᄒ니, "내 거짓말 ᄒ지 않엿읍
니까?" 구비1 안용인, 남 74세: 134쪽

-고 ᄒ니까 -올라ø고: "나ø 권제(勸紙, 시주)도 잘 줄 테고 ᄒ니까 [조금 전 내뱉
았던 말을 다시] 해 달라!"고. 구비3 김재현, 남 85세: 81쪽

-고 ᄒ니까: 츰(참) 서방(신랑) 죽어 분디(죽어버렸는데) 이제 [시집] 가 가지고
ᄒ니까, 열녀(열려 정려)가 ᄂ려오라. 구비3 김승두, 남 73세: 118쪽

-고 ᄒ니까니: "아 요놈덜이(들이) 밧을 ᄃ투와 가지고(다퉈 가지고), 형제가 ᄃ투
와 가지고 싸와서(싸워서) 유혈이 낭자ᄒ고 ᄒ니까니 그렇게(기일에 제삿상도
변변히 대접받지 못하게) 됏입니다." 구비3 김재현, 남 85세: 143쪽

-고 ᄒ니까니: 제주시에 가니까, 그놈덜(그놈들)이 알아 가지고 말이어, 쌉단(싸우
다가) 버치고(힘에 부치고) ᄒ니까니(하니까), 성안(제주성 성문 안)에 간(들어
가서) 다 지키고 잇단 말이어. 구비3 김재현, 남 85세: 370쪽

-고 ᄒ다: ᄒ 번은 그 서당엘 놀레 가서 글 익는(읽는) 걸 보젠 들어가니, 선생도
안테레 들어오랭 ᄒ젱 ᄒ엿자, 제ᄌ덜 ᄆ소왓어(무서웠어). 제ᄌ덜이 또 「쌍놈
의 ᄌ석」 ᄒ여 놓고 ᄒ문, 대답홀 ᄌ를(겨를)이 읎고, 그래서 이젠 내불었는디.
구비2 양구협, 남71세: 168쪽

-고 ᄒ다: "나는 우리 셍교(聖敎, 천주교) 멩령(명령) 받고 ᄒ는 게니까니(것이니까
니) 당신네 날 보고(나를 보고) 말 못 ᄒ다."고 [말하다] 구비3 김재현, 남 85세:
364쪽

-고 ᄒ다: 거 거시기는 잇어, 동박색이(東方朔이)가 선도(仙桃) 복송개 먹었다고

ᄒᆞ 건. 서전(書傳)에 잇어, 서전에. 구비1 안용인, 남 74세: 142쪽

-고 ᄒᆞ다: 그래 가지고 씰(실)을 맨들랴고(만들려고) ᄒᆞ면은 삼(麻)을 ᄉᆞᆷ아요(삶아
요). ᄉᆞᆷ아서 그 웃꺼플덜(윗껍질들)을 훑어 불면은(버리면은) 씰(실, 실오라기)
이 나타나는 거주(것이지). 그래서 베(삼베, 옷감)를 ᄍᆞ고(짜고) ᄒᆞ는 건데, 아
그ᄭᅵ장(그까지) 맨들아(만들어) 났다고. 구비3 김재현, 남 85세: 297쪽

-고 ᄒᆞ다: 뒷해는 삼(麻)을 갈앗주(갈았지). 가니까 그렇게 결롸(인분 거름으로
밭이 비옥하게 만들어) 놓고 ᄒᆞ니까, 삼이 무장(무진장, 아주) 좋아. 구비3 김재
현, 남 85세: 297쪽

-고 ᄒᆞ다: 만수무강(萬壽無疆)허여줍셍 ᄒᆞ는 뜻으로 시를 지어 받지는디, "너 시나
ᄒᆞ 쉬 지영 올라오라 가지고 「술 ᄒᆞ 잔 달라」고 ᄒᆞ라!"고 ᄒᆞ니까, 구비1 안용인,
남 74세: 138쪽

-고 ᄒᆞ다: 지애집(기와집)이 대ᄋᆞ숫 거리(대여섯 채)이고 ᄒᆞ 큰 부잰디(富者인데),
그딜 들어가 가지고 "넘어가는 나그네, 주인 ᄒᆞ로처녁(하루저녁) 빌립서!" 이
렇게 ᄒᆞ니, "저 ᄉᆞ당칸(祠堂間)의 들라!"고.

-고 ᄒᆞ다: 큰 안개가 천지 캄캄ᄒᆞ더니, 일주일채(쩨)는 「퉁~!」(의성어, 둔탁히 부
딪히는 소리) ᄒᆞ는 소리에 천지가 그만 막 들럭히고(들썩이고), 막 뛸 ᄒᆞ더니,
그 소리 끝에는 안개도 걷어 불고 ᄒᆞ니까, 나완(나와서) 보니까 그 산이, [이전
에는] 없는 산인디, 그디(거기) 오란(와서) 앉앗다(앉아 있다, 멎었다). 구비3
김재현, 남 85세: 53쪽

-고 ᄒᆞ다: 큰 안개가 천지 캄캄ᄒᆞ더니, 일주일채(쩨)는 「퉁~!」(의성어, 둔탁히 부
딪히는 소리) ᄒᆞ는 소리에 천지가 그만 막 들럭히고(들썩이고), 막 뛸 ᄒᆞ더니,
그 소리 끝에는 안개도 걷어 불고 ᄒᆞ니까, 나완(나와서) 보니까 그 산이, [이전
에는] 없는 산인디, 그디(거기) 오란(와서) 앉앗다(앉아 있다, 멎었다). 구비3
김재현, 남 85세: 53쪽

-고 ᄒᆞ여네 -안 -단 -으쿠댄 ᄒᆞ난: 경ᄒᆞ고(그러고) ᄒᆞ여네(하여서), 이제 앚안(앉
아서) 놀단(놀다가) 「가쿠댄」(가겠습니다고) ᄒᆞ난(하니까) "경(그렇게) ᄒᆞ주
(합죠)." 구비3 김재현, 남 85세: 160쪽

-고 ᄒᆞ여서 -아 뵈어서 -야 훌 건디 ᄒᆞ ᄆᆞ음을 다ᄒᆞ연0: 그 전원(前에는) 쌍놈의
ᄌᆞ석이라고 해서 눈알(눈 아래)로 보지도 아년디(않았는데), 그 다음붇어는
그것도 은혜라고 ᄒᆞ여서, 아주 아까와 뵈어서(보이어서), 「저놈으 아일(아이
를) 어떵 친굴(親舊를) ᄒᆞ여야 훌 건디」 ᄒᆞ ᄆᆞ음을 다 ᄒᆞ연. 구비2 양구협, 남
71세: 618쪽

-고 ᄒ연 -는디 -으니 -앖거든0: 펜지 써 주고 ᄒ연 보내었는디, 앙이!('아니!'의
　개인 말투), 촟고 간 보니, 대죽낭(수숫대 나무) 문(門)에 여복ᄒ게(보잘 것
　없이, 변이형태로 '으복ᄒ게') 살앖거든. 구비2 양구협, 남 71세: 639쪽
-고 ᄒ연 -습니다: "이제 그 놈을 잡아서 통굼(통채로 구움)ᄒ고 허연 왔습니다.
　나의 재산은 오늘뿐입니다." 구비1 안용인, 남 74세: 166쪽
-고 ᄒ디: "…기영 저영 그 부모도 엇고, 무스 거 ᄒ 거, 불쌍허여 베여서, 거
　누구 놈의 아이산디(아이인지, 아이＋계사 생략＋사[야]＋은지) 알도 못ᄒ고
　ᄒ디, 이제 길루다가(기르다가) 상당히 영리허여서 그런 죽을 따윌(땅에를)
　가도 살는가 모르겠다고, 이제 이 아이나 평양 감사를 시켜서 보내어 보십서!"
　구비2 양형회, 남 56세: 37쪽
-고(고서):「아버지 은혜라도 갚아두고(서) 내가 죽어야 되겠다」고 허여 가지고,
　집의(집에) 촟아 오란 보니, 구비1 안용인, 남 74세: 125쪽
-고(서): 휘망ᄒ니, ᄂ룻배에 영장(營葬, 棺)은 실르고 '똑' 타 앚안 있댄 말입니다.
　구비1 안용인, 남 74세: 128쪽.
-고(ᄒ여서)[이유] -앗인가 ᄒ연: 오랫만이(오랫만에) 왔다고 (하여서) 득(닭)이나
　ᄒ 머리 ᄒ여 본 ᄀ저왔잉가(가져왔는가) ᄒ연. (어두운 방안에서 밥상을 받고
　서) 숟그락(숟가락)으로 들이(가득) 받으민 무거완 들 수가 읏어. 이렇게 잦히
　문(젖히면)「들그락!」'이거 뭣인고?', 저렇게 잦히문「들그락!」'이거 뭣인고?',
　도저히 입더레(입쪽으로) 들어갈 수가 읏어. 국물만 먹어 보문 맛은 좋아. 구비
　2 양구협, 남 71세: 646쪽
-고[나열 전개] -고: 예, 동방색인(東方朔이는) 삼천 년 살고, 스만이는(四萬이는)
　ᄉ천 년 살고. 구비1 안용인, 남 74세: 141쪽
-고[나열] -고0 -고 -으레 댕이멍 -으니까 -곡 -곡 ᄒ멍 -으레 댕겨: ᄒ 사름은
　앚은뱅이(앉은뱅이)고, 또 ᄒ 사름은 봉스(맹인)고, 앚은뱅이는 봉술 엡히고(봉
　사 등에 업히어서) 얻어먹으레 댕이멍, 그 봉스 발은 잇어도 ᄇ레질(바라다보
　질) 못ᄒ니까, 운전순 우희 잇곡 발론(발로는) 걷곡 ᄒ멍 얻어먹으레 댕겨.
　구비2 양구협 71세: 665쪽
-고[이유, 배경] -아 지다: 경 ᄒ난(그러니까, 오찰방 아버지가 씨름 시합을 요구하
　니까) 정훈딘(鄭訓導는) 술 ᄒ고(술 마시고 잔뜩 취하고서) "ᄒ여겨마씀?(취한
　채로 씨름을 할 수 있겠습니까?)" 구비3 김재현, 남 85세: 43쪽
-고0 [도치]: "저 아이보고 물어 봐라, 무신 일로 여기 자꾸 오느냐고?" 구비2
　양구협, 남 71세: 619쪽

-고0 ~ -아 불어: "예(예끼), 이놈, 치워라!"고 흐민, 밥은 다 먹어 불고. 흐민 그 놈 다 들러 먹어 불어. 구비1 안용인, 남 74세: 133쪽

-고0 -고 -고0: 요디 올라가면은 돗지폭남(豚祭 또는 돗제를 지내는 팽나무)이라 고 있지 아니허여게! 폭남이 컸주. 돗제 지내는 폭남이라고. 돌로다 이렇게 제단(祭壇) 맨들고, 뭐 상(祭床)에 올릴 거 다 맨들고. 구비1 안용인, 남 74세: 152쪽

-고0 -고 -고 말하다 -라고0: 들어가 가지고 "넘어가는 나그네 들었습니다."고. "아, 나그네고 뭐고 말흐지 말라!"고. 구비1 안용인, 남 74세: 161쪽

-고0 -고 허엿어0 -고0: 큰일 날 거니 "이거 안 되겠다!"고, "못썼다!"(성격이 고약하다)고 허엿어. 이제는 "본국으로 돌려보내야 되겠다!"고. 구비1 안용인, 남 74세: 149쪽

-고0 -고0 -고0: "내가 그 즈식입니다!"고. "아, 그러냐?"고. 모즈간의 대성통곡을 허여 놓고. 구비1 안용인, 남 74세: 126쪽

-고0 -고0 -면서 -앙 -이민 은디 -고0: 이렇게 흐니, 「미릿 준비 아니허엿다」고, 혹경(酷刑, 가혹한 형벌로 경치다)만 질러두고. 혹경 질르면서 쌀 흔 되라도 절 보내엿이민 홀 텐디, 쌀도 아이 주고. 쌀은 미릿 준비홀 여유가 잇어야지. 구비1 안용인, 남 74세: 165쪽

-고0 -고0: "뒤으로 글라!"고. "도끼 가지고 가서 이 남(나무) 찍어 넹기라!(넘기 라!)"고. 구비1 안용인, 남 74세: 210쪽

-고0 -고0: "물론 우리 형님 제작(制作, 操作)일 거라!"고. "높은 산에 강 휘망(揮望) 흐자!"고. 구비1 안용인, 남 74세: 128쪽

-고0 -고0: "아일 입집서!"고. "어린 아길 입집서!"고. 구비1 안용인, 남 74세: 122쪽

-고0 -고0: "어떻게 허엿일망정 환생(還生)을 시켜 주십서!" "그러냐?"고. "게민 또 흔 번 느려가 보라!"고. 구비1 안용인, 남 74세: 181쪽

-고0 -고0: "일어나십서!"고. 일어난 보니, 득, 통득 허여 놓고, 술안주에 막 출리고 허연. "이거 자십서!"고. 구비1 안용인, 남 74세: 166쪽

-고0 -고0: 「그 메누릴 도둑질흐기 위허여 가지고 지금 (계획) 짜 가지고 오늘 흔 잔씩 먹는 판이라」고. 「아, 그러냐?」고. 구비1 안용인, 남 74세: 161쪽

-고0 -고0: 그래서 이젠 그 놈덜이 술 먹고 가 부니, 그 할머니게 들으니, "그 사름덜 이얘기흐지 말라!"고. "그 사름덜 건드렸다가는 혼이 난다!"고. 구비1 안용인, 남 74세: 160쪽

-고0 -고0: 기건(奇虔, ?~1460) 목ᄉ(濟州牧使, 세종 25년 1443년 도임)는 골총(돌보지 않는 폐총)을 다 수리허였단 말입니다. "다 수리ᄒ라!"고 ᄒ고, 당 오백(堂五百) 절(사찰) 오백은 다 뿌수와(부숴) 버리고. 구비1 안용인, 남 74세: 207쪽

-고0 -고0: 이거 우리 아덜(아들) 무덤이라고. 아, 이젠 그놈(=메밀떡)을 케우려(고수레를 하여) 두고. 구비1 양구협, 남 71세: 623쪽

-고0 -다가 -으난 -고0: ᄆᆞ(모두 다) 큰 도고리(통나무나 큰돌의 가운데를 그릇처럼 움푹 파낸 도구)에 식여그네(식혀서) 통(桶)더레(쪽으로) 담아가는 판인디(판인데), ᄒᆞᆫ 도고릴 퍼 놓아서 식여(식혀) 놓고0. 통더레(쪽으로) 담을까 ᄒ다가, 저녁은 또 전의만이(前에만큼) 주난 먹고0. 구비3 김재현, 남 85세: 31쪽

-고0 -엇주게 -앗는디 -잇이문 -아 불자고0: ᄌᆞ기 아방이 이제는 「아덜이 물론 죽엇일 거다」고. 시일(時日)이 너무 오래어 불엇주게. 「우리 아덜이 산 때엔 ᄆᆞ멀떡(모밀떡)을 좋아ᄒ엿는디, 이거나 ᄒᆞᆫ 번 그 근방 가서 이제사 묻은 무덤이 잇이문 캐우려(고수레를 하여) 불자!」고. 응, 죽은 줄 알앗어. 구비2 양구협, 남 71세: 623쪽

-고0 -으니 -단 -으니 -거든: 이젠 골총(돌보지 않아 버려진 폐총) 구신(鬼神)덜이 나오라 가지고, "아무 날 아무 시랑 대기(待機)헤영 있다가 배(돛단 배) 띄우십서!"고, 겨니 딱 대기헤여 있단, 그날은 그날 저녁은 당(當到)ᄒ니 ᄇᆞ름이 간(間)ᄒ게 남풍이 불거든. 구비1 안용인, 남 74세: 208쪽

-고0(-고 ᄒ여서): 큰일 났다고. 애를 먹는 판이라. 구비1 안용인, 남 74세: 122쪽

-고0: (비단 1백필을) 주문(注文)ᄒ단 ᄒᆞᆫ 필이 부족허여서 (설문대 할망 속옷을 만들지) 못허여 주니, 걸(그것을, 건너다닐 다리를) 아이 허여 줘 불엇다고. 구비1 안용인, 남 74세: 201쪽

-고0: (제주에서 배로 이어도에) 갈 땐 곱게 가고. 구비1 김순여, 여 57세: 205쪽

-고0: '못쓰겠다'고. '몽니를 부려야 된다'고. 구비 1 안용인, 남 74세: 136~37쪽

-고0: "그러면 그대로 올라오라!"고. 구비1 안용인, 남 74세: 127쪽

-고0: "난 표류를 당해서 오는디, 당신네 나라에 일년 후에는 큰 난리가 들어서 적이 침범을 홀 거이라."고. 구비1 안용인, 남 74세: 148쪽

-고0: "또 ᄒᆞᆫ 번 저승엘 들어강 환생을 제대로 허영 나와야 되겠다!"고. 구비1 안용인, 남 74세: 137쪽

-고0: "또 ᄒᆞᆫ 자리만 ᄀᆞ리쳐 주십서!"고. 구비1 안용인, 남 74세: 127쪽

-고0: "벗이 멧(몇)이나 되느냐?"고. "멧 된다!" ᄒ니, 아니 벗덜 것도 주어, 여ᄌᆞ가. 구비2 양구협, 남 71세: 622쪽

-고0: "술 흔 잔 주라!"고. 구비1 안용인, 남 74세: 138쪽

-고0: "ᄉ체(死體)는다가 아무 못에 던져 버렸습니다."고. 구비1 안용인, 남 74세: 160쪽

-고0: "아, 그러냐?"고0 "거 춤(참) 좋은 일 했다!" 구비3 김재현, 남 85세: 104쪽

-고0: "오탁수(五濁水, 불교 용어)를 아이 먹으민 죽어도 저승[이승의 잘못으로 보임] ᄆ음이 된다. 내가 죽어도 오탁수를 아이 먹어서, 흔 번 환생을 허여사 되겠다!"고. 구비1 안용인, 남 74세: 135쪽

-고0: "이번에는 벨 디라도 형님 ᄀ르는 대로 다 묻히겠습니다."고. 구비1 안용인, 남 74세: 127쪽

-고0: "이제는 (뜬눈으로 빈소를 지키면서 여러 밤낮을 지새웠기 때문에) 죄를 다 풀렷이니(까), 좀덜 모착(무척, 변이형태로 '몬착, 민착') 자라!"고. 구비1 안용인, 남 74세: 128쪽

-고0: "하여큰(何如間) 집산(執山)ᄒ고, 사름을 멧 백 명 동원허여 가지고서 산을 깎읍시다!"고. ᄒ지마는 지금이민 폭팔물이나 잇이니 ᄒ지마는, 그때 그런 미신 쒜망치 ᄀ은 걸로야 산 우(위, 꼭대기)를 깎을 수가 엇댄 말이우다. 구비1 안용인, 남 74세: 211쪽

-고0: "흔 잔 더 주라!"고. 구비1 안용인, 남 74세: 139쪽

-고0: 「내가 서방 얻어 가 불민 이 씨할으바지 씨할마닌 물(먹을)거리 줄 이가 없다. 에이, 내 이 씨할으바지 씨할마닐 봉양ᄒ자!」고 (마음먹었다). 구비1 임정숙, 남 86세: 145쪽

-고0: 거 이태백(李太白)이나 다름 없이, 거 문장(文章)덜이고. 구비1 안용인, 남 74세: 137쪽

-고0: 거짓말 잘 허여도, 외삼춘보다 낫는다고. 구비1 안용인, 남 74세: 134쪽

-고0: 그 마누라의게 젯이라도 물리라고. 구비1 안용인, 남 74세: 123쪽

-고0: 그 사름덜은 망(봉수대) 직(直)ᄒ는 사름이 만ᄒ댄 말입니다. '큰일 났다'고. 다 헐어젼(흩어져서) 도망허여 불었댄 말이우다. 구비1 안용인, 남 74세: 134쪽

-고0: 그 사자(使者, 저승차사) 놈이 있다가, "이 물을 꼭 먹엉 글라!"고. 구비1 안용인, 남 74세: 135쪽

-고0: 그 책에 보니까니, 오성 부원군(이항복, 1556~1618)이 ᄌ기(자기)네 도종손(都宗孫), 웃대(윗 세대) 종손이라. 종손이니까 "하, 몰라 봤다"고. 구비3 김재현, 남 85세: 348쪽

-고0: 그래서 「쑥!」(의태어, 깊숙히 안쪽으로 들어가게) 눌리니까(누르니까, '눌르

다, 눌리다, 누르뜨다, 누뜰다, 눙뜰다' 등의 변이형태가 있음)「웅!」(의성어, 힘을 주는 소리, ㄲ웅!) ᄒ면서 일어사니까(일어서니까) 사름 아울라(몰래 등짐을 누르던 사람도 아울러서) 져 앗앙(등짐을 져 갖고서)「으쌍으쌍!」(의태어, 동작이 크고 가벼운 모습, '성큼성큼') 간다ø 말이어. 사름[뒷짐에 몰래 매달린 사람도 기자(그저) 짐(등에 진 뒷짐)에 돌아지고0(달려 있고, 매달리고, '돌+아+지다'). 구비3 김재현, 남 85세: 211쪽

−고0: 기영 ᄒ니, 그때에 "예!" 아바지안틔. 그처록(그처럼) 이야기ᄒ여 놓고. 구비2 양구협, 남 71세: 620쪽

−고0: 기영허여(그렇게 해) 두고. 구비1 안용인, 남 74세: 197쪽

−고0: 기영ᄒ난 일절 아바지는 몰르고. 구비1 안용인, 남 74세: 122쪽

−고0: 내 귀에는 들리는디, 왜 아이 들리느냐고. 구비1 안용인, 남 74세: 123쪽

−고0: 누었는디, ᄌ냑은 먹을 때 되니, ᄌ기네만 ᄌ녁을 먹고. 이왕 방을 빌렷이니, 긔영 ᄒ여도 소님(손님)보고도「ᄌ녁 ᄀᆮ이 자시라」고 허여야 될 거 아닙니까? ᄌ기네만 먹언 치와 불거든. 구비1 안용인, 남 74세: 164쪽

−고0: 다른 놈덜은 지레(키) 큰 놈덜도 뭐 도망가 버리고. (설화 속 주인공이 서당 훈장과) ᄒ디(함께) 갓어. 구비2 양구협, 남 71세: 631쪽

−고0: 똔 성바지(姓의 종류, 타고난 성씨)는 그 김선생 ᄒ나만 살고. 나머진 구가(具哥)ᄒ고 천가(千哥)만 사는 동네가. 구비1 안용인, 남 74세: 160쪽

−고0: 몰랐다고. 구비1 안용인, 남 74세: 122쪽

−고0: 베인태(邊仁泰) 그 사름이 거짓말 잘 허여 난 사름이고. 구비1 안용인, 남 74세: 131쪽

−고0: 아이덜(애들) 솔밧디(솔숲에) 가서 솔잎 묶으지 안 ᄒ우(하오)? 그 식으로(그런 방식으로) … 닷줄(닻줄)로다「딱!」(의태어, 잘, 단단히) 그 절박(結縛)을 했다고0. 해 가지고(그렇게 결박해 가지고) 정(등에 지고서) 가자고0. 구비3 김재현, 남 85세: 210쪽

−고0: 알으키지 맙센, 종하님에게도 일절 발표ᄒ지 맙서고 (고ᄒ다) 구비1 안용인, 남 74세: 122쪽

−고0: 암행어ᄉ를 허엿어, 문박수(朴文秀) 박어ᄉ(朴御使)라고, 어ᄉ. 구비1 안용인, 남 74세: 157쪽

−고0: 어린 아이 소리 난다고. 구비1 안용인, 남 74세: 123쪽

−고0: 옷을 벗언 되싸(뒤집어) 가지고 (자신의 엉덩이를 놓고) 개를 핥린다고, 허허허허. 구비1 안용인, 남 74세: 198쪽

-고0: 이 사름이 생전에 듣기를, 저승에 들어가민 오탁수(五濁水, 불교 용어)라는 내(川)가 있다고양! 구비1 안용인, 남 74세: 135쪽

-고0: 이젠 신불 내눕서고. 구비1 안용인, 남 74세: 123쪽

-고0: 일주일 동안을 울어 놧어, 울고. 구비1 안용인, 남 74세: 128쪽

-고0: 침을 ᄒ나 딱 꽂으와[꽂아, 꽂+읍+다] 두고. 구비1 안용인, 남 74세: 126쪽

-고0: 촛아 보라고. 구비1 안용인, 남 74세: 123쪽

-고0: 풀리게 되는디 "너는 게민 풀리니…" "인간에 한생만 헌 번 더 허여 주십서!"고. 구비1 안용인, 남 74세: 135쪽

-고0: ᄒ를 ᄌ냑만 좀 아이 자도 … 사름이 곤(困, 疲困)ᄒ는디, "일주일 동안 곡성(哭聲) 끊지 말고 울라!"고. 구비1 안용인, 남 74세: 128쪽

-고0: ᄒ 놈은 건너다 연구를 허여 보니 「이 놈을 ᄒ 번 얼멕여야(골탕먹어야) 되겠다」고. 거짓말을 연구허였댄 말이우다. 구비1 안용인, 남 74세: 153쪽

-고0[어+고0]: 겨난 「이여도 싸나!」ᄒ는 섬이엔 허여고. 구비1 김순여, 여 57세: 204쪽

-고0양?: 예예, 그 어디서 들으니까, 그런 그 제(祭)에 쓸 돗(돼지)이엥 허영 질루민, 그 돗이(돼지가) 아주 잘 큰다고양? 구비1 안용인, 남 74세: 151쪽

-곡 [병렬]: 권력 있곡 재산 있는 사름만, 이젠 누울리멍 누울리멍(눕혀두고서) 돌아댕겼입주. 구비1 안용인, 남 74세: 163쪽

-곡 -으라: 내 이젠 거짓말 허엿이니 뚤 내 놓곡 재산 내 노라! 구비1 안용인, 남 74세: 154쪽

-곡 -고 (ᄒ니까) -이라: 가젱 ᄒ문, 시일(時日)은 바쁘곡(촉박하고), 입을 건 읎고 (ᄒ니까) 걱정이라. 구비2 양구협, 남 71세: 639쪽

-곡 -고 해서 -면은 -지마는 -거든0: 산더레(산쪽으로) 못 돌아나게 ᄒ곡, 해변더레(해변쪽으로) 못 돌아나게 ᄒ고 해서, 가운디(가운데) 성(城, 잣) ᄒ나 두면은, 하잣(下城)도 중잣(中城)도 상잣(上城)도 우엔(위에는) 믈(말)이 없지마는, 중잣 양잣(兩城)에 믈 질루거든0(기르거든). 구비3 김재현, 남 85세: 57쪽

-곡 -고 허여그네 -젠 ᄒ다: ᄒ니, 이제는 바로 그날은 제법 올리(鴨, 奠雁) 친심(? 薦新의 오류)ᄒ곡, 금실홍실 다 ᄂ눕고(나누고), 이젠 막 잔치를 허여그네 도독질 허여 가젠 ᄒ는 판입주. 구비1 안용인, 남 74세: 162쪽

-곡 -고 ᄒ느니 -아 불키어0: "나ø 그디ø(그곳, 대정현 관청) 가그네 매 맞곡 욕 듣곡 ᄒ느니(하는 것보다, 하다+는+이), 이디서 죽어 불키어. [청중 일동 웃음] 나만 죽을 게 아니고 느네만(너희만) 죽을 게 아니라, 우리 서이ø(셋이)

홈치(함께, 모두 다) 죽어 불어사 씨원(시원, 마음에 후련)ᄒ지 않느냐? 느네(너
희)도 [나를] 아니 심엉(잡아) 가면은 욕 듣곡." 심엉 사둠서(두 사령의 뒷목을
잡은 채로 그대로 서 있으면서, 서다+아+두다+음서), 「억!」(의성어, 뜻하지
않은 일을 당할 때 지르는 비명) ᄒ면… 구비3 김재현, 남 85세: 164쪽

-곡 -곡 -곡 -곡 -곡 ᄒ여: 다른 디(데, 곳의) 쇠(소)도 아니 잡아먹곡, 그디 주인네
쇠(소)만, 그때는 쇠덜(소들)이 많앗는데, 믄(모두 다) 잡아먹곡, 무슨 칼도 [쓰
지] 아니ᄒ곡 손으로 쇠(소)를 잡안 둥기엉(당기어서) 그자(그저) 소금도 아니
ᄒ곡 숢도(삶지도) 아니ᄒ곡, 그냥 씹어 먹더라ø ᄒ여. 구비3 김택효, 남 85세:
380쪽

-곡 -곡 -곡 해지민: 글 두어 시간 공부, 쓰당(쓰다가) 또 그만 써그네(써서) 「읽으
라, 읽으라!」 해그네(해서), 읽곡 배우곡 ᄀ르치곡 해지민(해+여+지+으면),
「점심 먹으레(먹으러) 가라!」 구비3 김재현, 남 85세: 66쪽

-곡 -곡 기영 ᄒ다: 저을(겨울) 때 되민 그디 강 ᄒ 해 놀곡, 이 땐 이디 왕 놀곡
기영 ᄒ는 친구가 잇엇는디, 아니, 놀면은 춤 서로 다정ᄒ 끼리 의리(義理)가
상(傷)ᄒ게 되언. ᄒ 해는 이디 완 놀고, ᄒ 해는 저디 가게 되엇는디, 그 해가
마춤(마침) 도독(도둑)이 심ᄒ 해라. 구비2 양구협, 남 71세: 630쪽

-곡 -곡 -는디 -면은 -는 거주게: 실퍼도(싫어도, 싫+브+다) 건(그것은) 벌엉(밭
에 농사를 지어 벌어먹으면서) 남아도 좋곡 부족해도 좋곡, 그것 책임해서
벌어먹는디, 흉년이 지면은 그만 틀려 먹는 것이 되는 거주게0(것이지+화용
첨사 '게'). 구비3 김재현, 남 85세: 58쪽

-곡 -곡 -마는 -은다 말이우다: 신(짚신)을 드니까니(들여오니까) [사또 수행자들
이] 신(짚신)을 신어 보고는 맞은 게 없어. 큰 디(큰 데는, 짚신 크기가 큰 것은)
너미(너무) 컹(커서) 못 신곡, 또 적으민(작으면) 너미 적엉(작아서) 못 신곡,
가다오당(가다오다, 어쩌다) 맞인 건 잇지마는, 그건(그것은, 발에 꼭 맞는 짚신
은) 무신 거(무슨 것, 화용 첨사로서 디딤말, 군말) 멧 배(몇 켤레) 안 해영(짚신
을 삼지 않아서, 삼지 않았으므로) 사름(사람)마다 신지 못ᄒ다ø 말이우다(떨
어진 짚신들을 갈아신지 못한다ø 말입니다). 구비3 김재현, 남 85세: 135쪽

-곡 -곡 -아 아졍 -곡: 아 술(밀주) 해 논(담아 놓은, 담아 둔) 집이(집에) 강(가서)
조사해 봐그네(봐서) 술 행 먹없이민(밀주를 빚어서 먹고 있으면), 아, 주인을
「죽건 죽으랜(죽으면 죽으라고)」 두드리곡, 술통도 믄(모두 다) 부수와 불곡(부
숴 버리고), 또 남은 건 지네(자기네) 다 먹어 아졍(먹어 갖고서) 기여나 불곡(나
가 버리고). 바로 관청 위군(호위군사)덜보담도(들보다도) 더 위험ᄒ 일을 해여

나가거든. 구비3 김재현, 남 85세: 365쪽

-곡 -곡 영 ᄒᆞ는디0: 경ᄒᆞ당(그렇게 하다가) 저냑 먹으레(먹으러) 보내곡 또 밤글(야간 학습)도 강 읽곡 영(이렇게) ᄒᆞ는디. 구비3 김재현, 남 85세: 66쪽

-곡 -곡 -으니까 -을지라도 -고 -고 -이라야 보냇습니다: 그 대해(大海) 바당 가운디(바다 가운데) 뭐, 거(그거) 뜬(다른) 섬중(섬中) 되곡, 거리가 멀곡, 이러니까, 그 무슨 정부에 관계된 일이 잇을지라도 연락도 춤(참) 요새 모냥(모양)으로 좋지 못고, 이런 따문(때문)에 육지 분네라도 문무겸전(文武兼全)ᄒᆞ고 아주 ᄌᆞ격(자격) 잇는 분이라야 보냈습니다. 구비3 김재현, 남 85세: 124쪽

-곡 -곡 잇어? -은 말이난0: 귿곡 대곡(말하고 말고가) 잇어?(반문은 말할 가치가 없다는 뜻임) 파다ᄒᆞ(播多하게 퍼진) 말이난0(말이니까). 구비3 김재현, 남 85세: 45쪽

-곡 -곡 직ᄒᆞ는 거주0: [나라 목장의 말들을] 잘 도망도 가지 못ᄒᆞ게 ᄒᆞ곡, 물도 작 멕여(먹이어) 주곡 ᄉᆞ질(四地를, 사방 땅을) 「딱!」(의태어, 정확히, 엄격히) 직(直, 守直)ᄒᆞ는 거주0. 구비3 김재현, 남 85세: 57쪽

-곡 -곡 허여 가민: 그 외손(外孫)이 외할으방(외조부) ᄆᆞᆯ을 들러다가 먹(墨)을 멧(몇) 개 들여네(들여서) ᄀᆞᆯ멍(갈면서) 멕네네(색깔 먹이어서, 물 들게 하여서), 먹칠허여네(먹칠 하여서) 놔 두니게(두니+화용 첨사 '게'), 이슬 맞곡 비 맞곡 허여 가민, 먹 벗어 가민 휠 건 ᄉᆞ실(事實)이란 말이어. 구비2 양형회, 남 56세: 36쪽

-곡 -곡 ᄒᆞ다: "…ᄀᆞᆯ이(같이) 누윗수다 댓수다(누웠습니다, 어쨌습니다) 햇당(하였다가는) 늬(너) 죽곡 나 죽곡 ᄒᆞ다." 구비3 김재현, 남 85세: 92쪽

-곡 -곡 ᄒᆞ다: 요샛(요사이) 사람 ᄀᆞᆮ으민(같으면), 「요것 춤(참) 좋은 거 만낫저!」해그네, ᄃᆞᆯ앙(데려서, 데리고서) 누울 생각ᄒᆞ곡(하고), 하간거(아무런 거) ᄒᆞ곡(하고) ᄒᆞ는 거주마는… 구비3 김재현, 남 85세: 49쪽

-곡 -곡 ᄒᆞ멍 -안0: 그 해(말이) 새끼 나곡, 뒷해 새끼 나곡 ᄒᆞ멍(하면서) 곱새낄(연이어 곱으로 새끼를) 나 눈. 곱새끼 싀(세) 해에 곱새끼 섯(셋)을 나니, 아 이젠 ᄆᆞᆯ이 간 곳이 읇이 읇어 불언. 아이고, 거 이상ᄒᆞ다. 구비2 양구협, 남 71세: 655쪽

-곡 -곡 ᄒᆞ멍: 앚은뱅이는 봉ᄉᆞᆯ 엡히고(봉사 등에 업히어서) 얻어먹으레 댕이멍, 그 봉ᄉᆞᆫ 발은 잇어도 ᄇᆞ레질(바라다보질) 못ᄒᆞ니까, 운전순 우희 잇곡 발론(발로는) 걷곡 ᄒᆞ멍 얻어먹으레 댕겨. 구비2 양구협 71세: 665쪽

-곡 -곡 ᄒᆞ여그네 -앙 -곡0: 이 어른이 ᄒᆞᆫ 번 산터(묏자리) 보레(보러) 돌아댕긴

(돌아다닌) 젭주(것입죠). 물(말) 타곡 그자(그저) ᄉ환(사환) 데리곡 ᄒ여그네
(해서), 물 이껑(이끌고) 댕기곡. 구비3 김재현, 남 85세: 146~147쪽

-곡 -곡 ᄒ영. -곡 -곡 있나? -곡 -곡 ᄒ는 건디: [진상하는] "쇠(소) 바찌레(바치
러) 간 때에 모대(관원의 정식 복장인 사모 관대)나 ᄒ곡(하고) 촛불이나 켜곡
(켜코) ᄒ영 받아냐?" … "상감안티(임금한테) 진상곡물 받는 사름(사람)이 향
화도 아니 ᄒ곡, 모대(관원의 정식 복장인 사모 관대)도 아니 ᄒ곡, 아니 저런
놈이 잇나?" … 상감안티 진상ᄒᆯ 물건ø 받을 때는 향화ᄒ곡 모대도 ᄒ곡 ᄒ는
건디(것인데), 원 법이구(법이고) 정ᄒᆫ 예인디(예법인데) 생각ᄒ여 보난(보니
까) ᄌ기가 잘못해젓어. 구비3 양원교, 남 72세: 413쪽

-곡 -곡 흔댄: 긔영 허여 뒁, 휘딱휘딱(홀쩍홀쩍) 넘어가 부는 거라. 거 출도(出頭)
도 ᄒ 번 아니ᄒ곡, 암행어ᄉ 출도ᄒ민 ᄃ(닭)도 늘지 못ᄒ곡, 개도 죾으지(짖
지) 못ᄒ댄 ᄒ는 거 아닙니까! 구비1 안용인, 남 74세: 163쪽

-곡 -곡: "나(내가) ᄀᆮ건(말하거든, 말하면) 들읍서!" "하~, ᄀᆮ건 듣곡 말곡!(듣고
말고 할 것 없이 당연히 잘 들으마) 잘 글아(말해) 줘!" 구비3 김재현, 남 85세:
65쪽

-곡 -곡0 -곡0: [그런 돈 있곡, 권력 있]는 사름만 탁탁 누울러(눕혀) 뒁 긔냥
떠나불곡0. 원 출도(出頭)도 아니ᄒ곡0. 어디서 암행어ᄉ(暗行御史) 출도ᄒ민,
이웃 부락에 관청이 잇어도 다 알아분댄 말이두다. 구비1 안용인, 남 74세:
163쪽

-곡 -곡0: (가마) 둘이 들르는 것을 ᄋ슷썩(여섯 명씩) 나갓입주, 교대홀 걸로.
가마 쏙옵에 자부동(방석의 일본말) 놓곡 요강 단지 놓곡. 신부가 오좀 ᄆ류으
면, 그 안에서 눌 걸로 햇어. 구비1 안용인, 남 74세: 209쪽

-곡 -곡0: (영리한 개가) 꿩도 물어다 주곡, … 사름이 씰 만한 것은 ᄇ린(내버린)
거 줏어다 주곡. 「거(그거) 이상ᄒ다」고. 구비2 양구협, 남 71세: 670쪽

-곡 -곡0: [조밭 밟아 주는 마소들을 앞에서 이끄는 선상이] 사(서) 가지고 영(이렇
게) 가당(가다가) 영(이렇게) 돌아오곡, 저영(저렇게) 가당(가다가) 저렇게 돌
아오곡. 구비3 김재현, 남 85세: 304쪽

-곡 그렇게 ᄒ니까니, -고 -고 ᄒ우다: 술도 잘 먹곡 그렇게 ᄒ니까니 말도 잘
ᄒ고, 체각(체격)도 경ᄒ고(그렇게 크고) ᄒ우다(합니다). 구비3 김재현, 남 85
세: 157쪽

-곡 -는디0 -게 되는디 -가 가지고 -을 수가 엇어: 들어올 적에도 그 포구로
들어오곡, 나갈 적에도 글로 나가는디. 나가게 되는디 ᄇ름이 역풍(逆風)이

되어가 가지고 멧 둘 동안을 나갈 수가 엇어마씀. 나갈 수가 없으니, 그것은 당 오백 절 오백을 부수와 노니까, 당 구신(鬼神) 절 구신덜이 복수를 흘랴고 허여가 가지고, 못 나게꾸름 햇어. 구비1 안용인, 남 74세: 207쪽

-곡 대답하다: 겨니, 이젠 (멸치 어로를 돕는 도개비 귀신을) 대접허여 된, 조끔 잇이니(있으니), "이젠 져당 갈라당 먹어라!" 허허, 즈기가 곧곡(말하고) 즈기가 대답ᄒᆞ는 거라. 구비1 안용인, 남 74세: 169쪽

-곡 -도 안 해여0. 흔디 -앙 -해 놈(놓음)을 ᄒᆞ민 -곡 -아도 -고 -거든: [묵히지 않은 밭에서는 곡식이] 뭐 크도(크지도) 안 ᄒᆞ곡(않고) 캐도(이삭이 패지도) 안 해여. 흔디(그런데) 이 밧(밭)은 그렇게 걸룽(걸러서, 묵혀서, 놀려서) 해 놈(놓음, 놓기)을 ᄒᆞ민(하면), 걸름(거름) 안 놓곡 그대로 대판(대략, 대체로) 주인이 씨만 삐여도(뿌리어도) 보리가 「휘칙!」(의태어, 휘청거릴 만큼) 자빠지고(무거워서 휘어지고) 여물고 잘 나거든(이삭이 여물고 잘 나거든). 구비3 김재현, 남 85세: 354쪽

-곡 말이죠, 경 ᄒᆞᆯ 거 아니여게: 어떤 땐 아매도(아무래도) 파출소 심어당(잡아다가) 때리기도 ᄒᆞ곡(하고) 말이죠, 경(그렇게) 홀 거 아니여게(아냐+화용 첨사 '게'). 구비3 김재현, 남 85세: 363쪽

-곡 -아 가다: 「영감(令監, 도깨비 귀신)이나 대접ᄒᆞ민 ᄒᆞ꿈 내 펜안(便安)히 살앙 죽어질런가?」ᄒᆞ여서, 대죽 오매기(수수떡) ᄒᆞ곡 대죽 범벅을 허여 간, 그 도깨비 모신 디 간, 닷쉐(닷새)를 데꼈자 (영감이) 아니 오라. 아니 오라, 기냥 치와 데껴 불엇어. 구비1 안용인, 남 74세: 171쪽

-곡 안 햇느냐고 야단치멍0: 앙이!('아니!'의 개인 말투) 할으방이 죽을 모양이어. 앙이! (범이) 나 물어가는 건 놔 두곡, 대리(대신 희생물인 손자) 줘 버리지 안햇느냐고 야단치멍. (죽을 모양이어) 구비2 양구협, 남 71세: 643쪽

-곡 -앗주0: ᄂᆞ시(조금도, 전혀) ᄒᆞᆫ 점 주지 아니ᄒᆞ곡 [자기 혼자서] 다 먹엇주. 구비3 김재현, 남 85세: 132쪽

-곡 -앙 -아 불엇아신디(없어+사[야]+은디) -곡 ᄒᆞ니 -읍니다: [허우대가 큰 부인네가] 통댈(담배 통대를) 물어서 담밸(담배를) 먹낸(먹나 하는) 말입주, 자면서. 쳇창문(쳇방창문, 마루방 창문, 청방창문) 구석마리(구석지, 구석머리)에 앚곡(앉고) 남편은 그만 어디 강(가서) 곱아(숨어) 불엇아신디(숨어 버리기야 하는지, 불이다+없+아[반어투 종결 어미]+사[야, 강세 첨사+은지) 숨도 아니 쉬곡 ᄒᆞ니, 손님 ø 가도(그 집에 가도, 방문해도) 부인이 대우ᄒᆞᆸ니다. 구비3 김재현, 남 85세: 157쪽

-곡 -앙 -어사 -앙 -으매0. -곡0: [힘 센 한효종씨가 자신의 부인에게 하는 말이]
"거, 조반 밥 잘 해여. 반찬 잘 츠리곡(차리고) 술도 잘 출영(차려서) 이 사름덜
(사람들) 잘 멕여사(먹이어야, 대접해야) 날(나를) 괴양(고이, 곱게) 드랑(데려
서) 가메(가는 법이야. 가+음+이어) ᄒ고(그리고) 나도 잘 먹곡(먹고)." 구비3
김재현, 남 85세: 162쪽

-곡 영 ᄒ다: "…[밤에 도적이 집으로] 들어오랑(들어와서) 기자(그저) 무시거(무
슨 것) 털어가 감(털어가 가기)을 ᄒ민(하면), 난 곱아 불곡(숨어 버리고) 영(이
렇게) 흡네다!" 구비3 김재현, 남 85세: 238쪽

-곡 -으다고 햇어: "말젯(셋째) ᄄᆞᆯ아기 나가 보라!" ᄒ니, 말젯 ᄄᆞᆯ아긴 걱정도
시럽고 햇어. 있다가 「어떤 일인고?」 ᄒ연 배남에 영 나가 보니 사름도 굳으곡,
높이 올라 불이니까, 밤의 꼭 귀신도 굳으다고 햇어. "귀신이건 올라가고, 생인
(生人)이건 ᄂᆞ려오라!" ᄒ니, "귀신이 올 수가 잇입니까? 생인입니다!" 구비2
양구협, 남 71세: 621쪽

-곡 -으라: "너 … 요 ᄯᅡ(땅) 빌어먹곡(벌어먹으면서) 부름씨(국마 목장 일, 심부
름) 해라!" … 건(그건) 벌엉(벌어서) 남아도 좋곡 부족해도 좋곡0. 구비3 김재
현, 남 85세: 58쪽

-곡 -은 ᄌᆞ식도 -는디, -곡 -은 ᄌᆞ식: "제(스스로, 자기 자신이) 생기곡(낳고,
삼기다) 제 난(낳은) ᄌᆞ식(자식)도 [그 발 크기에] 맞추지 못ᄒ는디(못하는데),
ᄂᆞᆷ(남) 생기곡(낳고) ᄂᆞᆷ 난(낳은) 자식을 어찌 내가 …" 구비3 김재현, 남 85세:
135쪽

-곡 이렇게 ᄒ다 [상위의 내포문 구조]: 왜배 들어서 망불(봉수대 불)을 안 싸면은
옷 앞섭 끊어가 가지고 벌 받곡 이렇게 홀 땝주게. 구비1 안용인, 남 74세:
133쪽

-곡 해영 -으라 보게(구경할 수 있도록): 우리 아덜(아들, 오찰방)도 술 멕이곡
해영, "느네도(너희들도 오찰방과 정훈도도) 술만 먹을 게 아니라, 나 앞의서
(앞에서) 씨름이라도 ᄒᆞᆫ 번 ᄒ라!", 보게(내가 구경할 수 있도록)" 구비3 김재현,
남 85세: 42쪽

-곡 햇이민: 인민(백성)만 헤싸지지(흩어지지) 아니ᄒ곡 햇이민(하였으면) ᄭᅳᆺ딱
(꼼짝) 못 ᄒ엿일 건디0. 구비3 정원선, 남 90세: 401쪽

-곡 ᄒᆞ는: 오성(鰲城) 부원군(府院君): 李恒福, 1556~1618). 그, 그 궤변(詭辯)이 잘
ᄒᆞ곡 ᄒ는 할으방이주. 구비2 양형회, 남 56세: 27쪽

-곡 ᄒ니: ᄀᆞ만이(가만히) 누웡만(이부자리에 누워만) 잇곡 ᄒ니, 앙이!('아니!'의

개인 말투) 이젠 큰딸을 기영저영(그리저리) 옛날 나이 쓰물 섯(스물 셋) 됨을 ᄒ문 상당히 늦어 불언. 구비2 양구협, 남 71세: 645쪽

-곡 ᄒ니까니 -은다ø 말이어: [관청의 말을 듣지 않는 사람들을] 심어당(잡아다가) 태작(打作, 때리고)ᄒ곡 엉터리 ᄒ니까니, ᄒᆯ 수 엇이 들어준다ø 말이어. 구비3 김재현, 남 85세: 68쪽

-곡 ᄒ다(반복 동작, -곡 -곡 ᄒ다): 그렁저렁 ᄒ다 보니 그만 그 아들덜 폴젠 ᄒ니, 새각시(新婦)를 구(求)허여 ᄉ줄(四柱를) 보니 뭐 ᄒ니 허엿어. 나빵(사주가 나빠서, 안 맞아서) 다시 구ᄒ곡 ᄒ는 게 막냉이(막내)는 늦어질 건 ᄉ실입주. 구비2 양형회, 남 56세: 35쪽

-곡 ᄒ다: 그 어른이 성질이 그자(그저) 누게(누구가) 추구리는 소리(부추기는 소리)ø ᄒ민, 조금 그자 고정(곧이, 곧장) 듣곡(듣고) ᄒ는 어른이난(이니까). 구비3 김재현, 남 85세: 266쪽

-곡 ᄒ다: 그 칼로 고기 「툭!」(의태어, 턱) 그창(끊어서, '그치＋앙') 「쑥!」(의태어) 썰어그네(썰어서) 술 ᄒᆫ 압(盒, 그릇) 「쪽!」(의태어) 마시곡 ᄒ엿주. 구비3 양원교, 남 72세: 424쪽

-곡 ᄒ다: 백록담 읖으로 동북쪽으로 ᄂ려가면은 어느제던지(언제든지 계곡의) 물이 창창창창! 옥돌로 흘러내리곡 ᄒ는 디 … 그디 강 이젠 먹돌판(盤石)에 앉앙 바독도 두곡 ᄒ는 디, 구비1 안용인, 남 74세: 189쪽

-곡 ᄒ다: 육지(陸地)서는 나룩(나룩, 벼) 빌(벨) 때는 ᄃ돌꿔멍(덜렁거리면서) 올라사 가지고(올라서서) 소리(노동요)만 ᄒ는 놈도 일 아니허여도 ᄒᆫ 찍(한 몫, 한 적시)이라, 허허허. ᄒᆫ 찍(한 몫, 한 적시)이곡 ᄒ디, 밑에는 막걸리 통 막 근근히(흥건히) 걸러다 놓고 우의는 북 두드리멍 소리만 ᄒ면 ᄒᆫ 찍(한 몫, 한 적시)이라. 구비1 안용인, 남 74세: 164쪽

-곡 ᄒ다: 중국의(중국에) 건너오랑, 이젠 큰 배 빌곡 허여 가지고 이묘(移墓)를 허여 올랴고. 구비1 안용인, 남 74세: 130쪽

-곡 ᄒ멍 -으멍 -는 판이라: 기영 ᄒ문(그렇게 하면) 그걸로 술 안줄(안주를) ᄒ곡 ᄒ멍 거들거리멍(건들대면서) 사는 판이라. 구비2 양구협, 남 71세: 629쪽

-곡 ᄒ민 -곡 ᄒ면: 나댕기곡 ᄒ민(나다니고 하면) 뒤(대변, 똥)도 봐 버리곡 ᄒ면 배가 고프카브댄 ᄒ영(고플까 보다고 해서, 고플까 봐서) 꼭 앚인 디 앉앙 지냇주. 구비3 정원선, 남 90세: 398쪽

-곡 ᄒ여네 -단 -으난 -읍데다: "정심(점심)은 저, 저, 그자 조반도 좋지 못ᄒ곡 ᄒ여네(하여서), 먹단 보난 믄(모두 다) 먹어집데다(먹어졌습니다)." 구비3 김

재현, 남 85세: 30쪽

-곡 ㅎ연 -고 ㅎ연0: 다신(다시는) 그디 갈 회계(會計, 생각)도 아니ㅎ곡 ㅎ연
사는디, 암만ㅎ여도(아무리 하더라도) 이젠 가 볼 티도(데도) 웃고(없고) ㅎ연,
큰똘 집읠 가니, 뻬 우린(뼈를 고은) 것을 줘. 구비2 양구협, 남 71세: 649쪽

-곡 ㅎ연 -은다고0 -으니 웃다고0: 기애서(그래서, '기영 해서'의 개인 말투) (먹이
를) 먹었는디, 그 정시(地官, 아마 '占師'에서 유래한 듯함)를 드리곡(데리고)
ㅎ연 굳이(같이) 가 본다고. 간 보니 정시가 ㅎ는 말이 "즈기네는 이 정도의
산(山, 묘소)을 구홀 수가 웃디!(없디!)"고. 부귀(富貴) 겸전지지(兼全之地)라고.
구비2 양구협, 남 71세: 672쪽

-곡 ㅎ엿주: 배에 재물이나 많이 쉬으곡(싣고) 댕기는 배엔 재물을 약탈을 ㅎ곡
ㅎ엿주. 구비3 양원교, 남 72세: 420쪽

-곡 ㅎ영: 천막(天幕) 걷으민, 걷어 두곡 허영, 츤츤히 ㅎ쏠(조금) 긴 말 글으크라!
구비2 양형회, 남 56세: 35쪽

-곡 ㅎ젠 ㅎ난 -아그네 -젠 ㅎ난 -아졋잉게[아졌어+은게]: "서로 [말에서] ㄴ려
그네(내려서) 인스ㅎ곡 ㅎ젠(인사하고 하고자) ㅎ난(하니까), 속히 ㄴ려그네
(내려서) 인스ㅎ젠 ㅎ난(인사하고자 하니까) 그만 믈(말)에 낙마ㅎ연(낙마하였
어), 난 믈(말)에 털어졋잉게(떨어졌다는 것이야, 털어지+었+은게)." 겁 난(겁
이 나서) 경(그렇게) 햇젠 ㅎ디다게(했다고 합디다+화용 첨사 '게') 구비3 김재
현, 남 85세: 140쪽

-곡 ㅎ젠: 내중에 남의 발질(발길질)이나 맞일까브댄(맞을까 싶다고, 맞을까 보다
고), 역불(일부러, 役+부러) 저놈이(저놈의) 기십(氣習, 행습)을 좀 죽이곡 ㅎ젠
(꺾으려고, 죽이려고), ㅎ 번은 씨름을 ㅎ댄 ㅎ니, 고 대각(大脚, 힘 장사) 누이가
남자 의복을 ㅎ고, 남자치룩(처럼) ㅎ영(하여서, 차려서) 춤(참), 씨름을 ㅎ다
ㅎ니, 씨름 ㅎ는 디 갓주. 구비3 김택효, 남 85세: 384쪽

-곡 -ㅎ다 ㅎ여: 그 혼인덜 ㅎ문, ㅎ 번 시관(試官)덜 앞의 보여 주곡 잔칠 ㅎ다
ㅎ여. 구비2 양구협, 남 71세: 626쪽

-곡(-이+곡) -은다고0: "우리 집의 큰 노계(老鷄), 늙은 암툭인디, 둑을 수백 머릴
믈앙 나강 동네 집의 강 스론(사료는) 줏어 멕이곡(주워 먹이고) 알(卵)은 우리
집의 왕 난다!"고. "기여당(그러다가) 어둑으민 다 믈앙 들어온다"고. 구비1 안
용인, 남 74세: 165쪽

-곡. -곡 ㅎ단 -아그네 -아 된: 곱음자기(숨바꼭질)ㅎ는 서늉ㅎ멍(시늉하면서),
막 아이덜이 강(가서) 막 이젠 그 부인 될 새각시 뒤으론 가그네 막 쓸령(스치고

서) 둗곡(달아나고). 기영 ᄒ곡 ᄒ단(그렇게 하면서 그러다가) 이젠 막 어떵 허여그네(어떻게 해서) 이젠 막 아프게 장난으로 허여(헐+어, 해쳐) 된 둘아나 는디(달아나는데), 신을 앗언(갖고서) 둘아나 불연(달아나 버렸어, 불언). 그 아이덜이 신을 앗언 둘아나 불연(불언). 구비2 양형회, 남 56세: 29쪽

-곡[병렬] -이민 -은디 -난 -고 -고[사건 전개] 불엇주: 옳게 걸(그걸) 다 등(謄)ᄒ 곡 뭘 ᄒ엿이민 제대로 ᄒ 게(완벽한 책자) 될 거인디. 게난 결국은 책만 내여주 고, 옥황상제 똘은 ᄃ리고(데리고) 올라가 불엇주, 천상으로. 구비1 안용인, 남 74세: 188쪽

-곡[병렬]: 묘(苗) 싱글(심을) 때ᄒ곡 나록 빌(벨) 때는 똑 그렇게 ᄒ거든. 구비1 안용인, 남 74세: 164쪽

-곡[병렬]: 우리도 어제 일곱 곤데(군데) 간 잘 얻어먹엇주마는, 멧 해에 ᄒ 번 ᄒ면은, 도야질(돼지를) 잡으민, 친족도 잘 멕이곡, 동네 사름도 다 불러당 멕입 네다, 유쾌ᄒ게. 구비1 안용인, 남 74세: 151쪽

-곡0 [도치 구문]: "게민 갚아라, 잇ᄌ(利子) 출리곡(붙이고서)." 구비1 안용인, 남 74세: 155쪽

-곡0 -고0: 육환장(六環杖, 6바라밀을 상징하는 고리 여섯 개 달린 지팡이)이라 ᄒ 것은 중놈덜 짚으는 막댕이를 육환장이라고 홉니다. 골리 ᄋᄉᆺ 개 둘곡, 지팽이. 육환장을 내여 주면서 「들어가 보라!」고. 구비1 안용인, 남 74세: 180쪽

-곡0 -곡 -곡 ᄒ멍: (도둑들끼리 동행한 짐꾼을 죽일 의논을) ᄒ여 가니 이젠 (도둑들이 동행한 짐꾼과 일부러 거리를 두고서) 떨어지멍, 이 말(도둑들이 의논하는 말) 듣쟁 ᄒ문, 이놈(도둑놈)덜은 또 앞으로 강 의논ᄒ쟁 ᄒ곡. 기영 ᄒ니, 떨어지문(동행한 짐꾼과 거리가 벌어지면) 앞더레 가곡. (짐꾼이) 앞의 가문(앞으로 가면 도둑들이 자기들끼리 의논하고자) 뒤터레 가곡 ᄒ멍, 이 놈(도 둑놈)덜이 (자기들끼리만) 의논을 홀랴고 ᄒ여. 구비2 양구협, 남 71세: 633쪽

-곡0 -곡0 -고0: 거(그거, 겨울옷) 드스곡(따스하고) 질기라고 그치룩(그처럼) 경 (그렇게) 두텁게 ᄒ영 ᄒ곡0(하고, 옷을 만들고), ᄀᆯ 래옷은 쏙옵(속)에 입곡0, 또 솜옷을 또 우의(위에) 그 홁은(굵은) 미녕(무명, 목면)으로 모저(帽子, 모직 실, 모직물) 모냥(모양)으로 ᄒ 미녕으로 해그네(해서) 솜옷을 해연(해서) 입고 0. 구비3 김재현, 남 85세: 49~50쪽

-곡0 -으랭 허영: 고려장(高麗葬) 홀 때, 경 허영 저 술 질어 놓곡, 겨영(그래서, 개인 말투) 거 먹으랭 허영, 거 다 먹으민 죽어 불엇젱. 옛날 거 들어낮어. 구비1 박순덕, 여 67세: 195쪽

-곡0, -고0: 아이, 심방(무당, shaman+房) 빌엉도 ᄒ곡(제사지내고), 조축(告祝)으로, 축으로 고ᄒ는 사람덜도 있고. 구비1 안용인, 남 74세: 151쪽

-곡0: 게서 그때는 그 디를 도야지(돼지)를 숨앙 강 그디 강 제를 지내어서(지내여서) 집의 오랑 갈라 먹곡. 구비1 안용인, 남 74세: 150쪽

-곡0: 목련존재(目蓮尊者)양, 목련존잰디, 이 사름이 그 계곡(谿谷) 창창ᄒ 디 암ᄌ(庵子) 속의 가 가지고 돌바퀴(돌바위) 우의(위에) 앉아가 가지고 십년 수도(修道)를 ᄒ는디, 어머넌 그(목련존자의 생활)로부터 반대라. 득(닭)도 산 차(채) 돌아매영 각(脚) 떠(뜯어) 먹곡. 허허허허. 구비1 안용인, 남 74세: 179쪽

-곤 해서[이유, 까닭] -는 겝주게. -으난 -앙 가: 아, 게민(그러면) 이건(이것은) 잘 못 삼아 왔다곤(짚신 크기를 잘못하여 만들어 왔다고) 해서, 신 삼아(짚신 만들어) 오는 놈을 무조건 태작(打作)ᄒ는, 때리는 겝주게(것입죠+화용 첨사 '게'). 경ᄒ난(그러니까) 홈치(함께, 아예, 미리) 맬(매를) 맞을 대로 옷을 아주 여러 벌 입엉 가(입고 가). 구비3 김재현, 남 85세: 135쪽

-곤 ᄒ연 ᄒ난 -어마씸: 부인네덜(부인네들)이 남(나무) 방이(방아)에 방이(방아)를 짛자곤(찧자고+은) ᄒ연(하여서) ᄒ난(하니까) 대개 그 노래(한데 모여 방아 찧는 특정한 노래)를 불러ø마씸(불러+말씀이에요). 구비3 김재현, 남 85세: 128쪽

-곤(고서는) 가 부니까: '이 돗(돼지), 이 돗!' ᄒ면서 뒤를 보곤(똥을 누고서는) 가 부니까, 돗(돼지)을 오꼿(온전히, 오롯이) 걸려(줄로 걸리고서 홈쳐) 가 불여(버려). 구비3 김재현, 남 85세: 268쪽

-곤0 -고0: 아이 새각씨가 어제 저녁에 해산이 허엿다곤. 해산햇다고. 구비1 안용인, 남 74세: 122쪽

-곤0 -곤0[곤 하다의 줄임]: "육ᄌ배기(六字배기 노래) 못 불른다."곤. "좃 빼영 테겨(데껴, 던져) 불라!"곤. 구비1 안용인, 남 74세: 164쪽

-곤0 -단 -니 -고0: 겨니(그러니) 「안직도(아직도) 재산 더 지ᄏ겠다」곤. 떠나면서 실짝(모른 척) 넘어가단, 어패(御牌)만 슬짝(살짝) 빼어 놘 베와(보여) 두고 기냥 떠나 버리니, 「하, 이거 큰일 날 뻔 허여졌다!」고. 구비1 안용인, 남 74세: 167쪽

-곤0: 「아이고 이거, 우리 어머니(목련존자의 어머니)는 저싱(저승) 가면은 금수지옥(禽獸地獄)으로 들어갈 거이다.」 ᄒ 것을 딱 알안 있는디, 어머니가 돌아갓어. 돌아가니 이제는 석가모니 제일 제ᄌ(第一弟子)니까 이제 가서 석가모니에게 가 가지고, "어머니를 ᄒ 번 가서 베영(뵙고서) 오겠습니다." ᄒ니, "강(가서)

베영 오라!"곤. 구비1 안용인, 남 74세: 180쪽

-곤0: "밥 ᄒ면은 ᄆ저 그디 강 올립니다." "그러냐!"곤. 구비1 안용인, 남 74세: 210쪽

-관대: "아, 논 ᄀ르치랜(가리키라고), 논 ᄀ르치민(가리켜 주면) [그 논을] 갈쳰 ᄒ관대(갈겠다고 하길래), 논 ᄀ르치레(가리켜 주려고) 오랏수다!(왔습니다)" 구비3 김재현, 남 85세: 61쪽

-그네: 어디 난드르(나다+은+들, 서귀포시 안덕면 대평리) 가ᄀ네(가서), 난드르 엔 ᄒ 군산(대평리와 창천리 사이에 있는 산) 앞 동네가 잇주. 구비3 김재현, 남 85세: 28쪽

-길래(기에): 우리 지방 부근에서 양식을 어디 구해 보젠(보자고) ᄒ되(하되) 구홀 디가 엇고(없고), 소문 들으니 선생네가 거, 산디(밭벼, 山稻)를 큰 밧디(밭에, 밭+디[곳]+에) 갈앗다(갈았다) ø ᄒ길래(하기에), 그자(그저) 무조껀(무조건) 와서 내가 져(주인의 허락도 없이 등짐으로 짊어 져) 갓습니다(갔습니다). 구비 3 김재현, 남 85세: 213쪽

-는고라[이유, -는 때문인지]: (사람이) 술 추(醉)해 불문 (범이 사람을) 못 먹는고 라, 옛날도, 그래서 이젠 (범이) 골히(꼬리)로 어디 강 물 적져당(적시어다가 술 취해 쓰러진 사람의) 양지(낯)에 자꾸 물 뿌려 주곡 뿌려 주곡. 구비2 양구협, 남 71세: 642쪽

-는데 -는디 -으니 -아서는 -더니 -읍니다ø고0: "아니, 저의 집의(제 집에) 이러 이러흔 벵(病)이 잇는데, 환자(患者) 잇는디, 「그 동네에 어떤 사름(사람)이 문 지두리(지도리)를 싼(톱으로 썰어서) 솖아 멕이니(먹이니까) 순산(順産)을 잘 햇다」 ø 해서는, 저도 그래 햇더니, 안 됩니다!" ø 고0. 구비3 김재현, 남 85세: 76쪽

-는디 (사건의 배경 제시, 사건 전개): 게서 이젠 그디서 자는디, 박문수(朴文秀) 박어ᄉ가 그디를 월장(越墻)허여서 넘어 들어가 가지고, 이젠 파수(把守)를 살 판입주. 구비1 안용인, 남 74세: 159쪽

-는디: 허여 두고 이제는 걸어 앚언(걸어 갖고서, 걸어서) 오는디, 오란 보니 네 귀(집 귀퉁이)에 불 질런. 구비1 안용인, 남 74세: 176쪽

-는디 [대조]: 게난 그 구좌면 서화리(舊左面 細花里)는 돗제(豚祭)를 지냅니다, 다른 디는 아이 지내는디. 구비1 안용인, 남 74세: 149~150쪽

-는디 [배경 또는 이유 제시]: "난 표류를 당해서 오는디, 당신네 나라에 일년 후에는 큰 난리가 들어서 적이 침범을 홀 거이라."고. 구비1 안용인, 남 74세:

148쪽

-는디 [배경 제시 뒤 사건 전개]: 사는디, 밥을 허여다 줘도 아이 먹고, 술도 소소이 아이 먹고, ᄒ니, "어떠허여 가지고 아이 자십니까?" 구비1 안용인, 남 74세: 149쪽

-는디 [배경 제시] -앗댄: 그러니 막 모시는 판이란 말이우다. 모시는디 아닐 커 아니라(아닌 게 아니라) 일년 후에는 적이 들어오라 가지고 이제는 그 영토를 침범ᄒ게 되니, 그 아이가 나가 가지고 그 적덜을 다 무찔러 죽여 불었댄 말이우다. 구비1 안용인, 남 74세: 149쪽

-는디 [배경 제시]: 공원이 ᄒ는디(공동어로 조합원 간사가 멸치 어획 제를 지내는데), 그 사름은 뭣인고 ᄒ니, 한동(제주시 구좌읍 한동리)은 거 야채(夜叉) 모신디가 만ᄒ네. 구비1 안용인, 남 74세: 168쪽

-는디: 그 ᄆ물방애(말로 ᄁ그는 연자마) 남방애(나무 방아)가 시방 사계(서귀포시 안덕면 사계리) 요 산(山) 이칩의(이씨 집에) 있다고0, 이제. 잇는디, 보리 ᄋ듭(여덟) 말 눠서 짛을(찧을) 만ᄒ다, 방애(방아) 크기가. 구비3 김재현, 남 85세: 34쪽

-는디 [배경, 추정 사건 발생]: ᄋ 생각ᄒ는디, 밤의 잇이니, 젊은 사름이 ᄒ나 와 가지고 "주인님 쏠 ᄒ 되만 빌리십서!" "뭘 ᄒ겠느냐?" ᄒ니, "아버지 오늘 기일이 당(當)ᄒ니, 메나 ᄒ 그릇 지엉 올릴려고 ᄒ니다." 구비1 안용인, 남 74세: 165쪽

-는디 [사건 무대 배경 제시]: 올라오라 가지고, 이제는 산 우으로 이제는 올라가고, 활 메고 이젠 허여서 올라가는디, 어머니는 혼(魂)이 나가 가지고 한라산 우으로 다 올르고 ᄌ식 ᄉ형제 데려서, 아바지는 혼비백산(魂飛魄散) 허여 불고. 구비1 안용인, 남 74세: 150쪽

-는디 [사건 무대 제시]: 벨진밧(落星田)이라고 허여 가지고 ᄒ 이만 펭(坪)짜리 밧이 잇는디, 걸 밧을 할으방보고 「갑서!」고 허여 가지고, 아 점심을 져 갈 거 아닙니까? 구비1 안용인, 남 74세: 146쪽

-는디 [사건 배경 제시] -앗는디: 그 나라에 공주가 삼형제 있는디, 큰딸이 간 보니 몰래판(모래사장)에 곽숙(槨屬)이 올라 올랏는디, 옥퉁수(玉퉁소)를 불고 잇댄 말이우다. 구비1 안용인, 남 74세: 148쪽

-는디 [사건 배경 제시]: 아들이 ᄒ나가 있는디, 걸 애지중지(愛之重之)허여서 안안 이렇게 앉지니까, 아바지 쉬염을 아이가 홅아 불었댄 말이우다. 구비1 안용인, 남 74세: 147쪽

-는디 [-인디 -인디 모르주마는] -안 -으니 -으민 있다: 지옥문을 느려 가는디,
　　지옥인디 천당인디 모르주마는, 우리 듣기는 말이우다양! 간 보니 저싱이나
　　이싱이나 여기도 이제는 그 거시기 강 살게 되민, 그 효자수(감옥 호실마다의
　　명패)가 있는 거 아닙니까? 방마다 누가 가두와(갇혀) 있다 흔 걸. 구비1 안용
　　인, 남 74세: 180쪽

-는디 [조건]: 이제는 "단작(당장) 너 모가지(목) 칠 거로되 살려 준다. 살려 주어
　　가지고 백사슴이 되어 가지고 백록담(白鹿潭)을 직(守直)허여라. 백사슴이 되
　　어서 직허여라!" 구비1 안용인, 남 74세: 190쪽

-는디 -고 -고 -고0: 기여서(그리하여서) 팔도(八道) 조병스(都兵使의 뜻으로 쓰
　　인 듯함) 삼형제를 낳는디, 큰아들은 흔 댓슬쯤 되고, 그 다음 아들이 뒈슬
　　되고, 곧 난 아이 있고. 구비1 안용인, 남 74세: 212쪽

-는디 -는 거주게: 해연(하여서, 그래서) 그 제(적에, 때에) 갈레죽(가래)인가 뭣으
　　로 그냥 메와진 디(메꿔진 곳) 파진 디(파인 곳) 막 펭지(平地) 맨들아 가는디,
　　그냥 군산(서귀포시 안덕면 창천리와 대평리 사이에 있는 산)이 그냥 막 녹아
　　대어 가는 거주게. 구비3 김재현, 남 85세: 30쪽

-는디 -는디 -거든: 열댓 설(살) 난 사름이난게(이니까+화용 첨사 '게') 그 부친이
　　[쫓아가서 자기 아들한테까지] 못 미칠 필요가 잇어게? 미청(미쳐서) 가 심어
　　그네(붙잡고서) 때려 불젠(버리려고) ᄒ는디, 산방(서귀포시 안덕면 산방산)
　　앞의 용머리라곤(라고 하는) 바당 앞의(앞에) 쪼르르ᄒ게(의태어+하게) 나간
　　(나갔어). 물리(마루)가 잇는디, 막 바당에 앞의 가면은 기정(절벽) 바당물더레
　　(바닷물쪽으로) 떨어지게 된 디주. 그레(그쪽으로) 돋거든(내달리거든). 구비3
　　김재현, 남 85세: 34~35쪽

-는디 -는디 -는디 가 보자고0: 산중으로 나가는디, 나가서 큰 반석이 넙적한
　　반석(盤石)이 있는디, 호랭이가 늙은 호랭이가 많이 나는디, 거길 가 보자고.
　　가다 보니 그 반석에 호랭이가… 구비2 양구협, 남 71세: 642쪽

-는디 -는디 -는디 -으민 -는디 -으니까니 아니 곧고 내물안: 임진왜란(1592년)
　　때에 그 이여송(李如松, 1549~1598)이네 그 삼형젤(삼형제를) 청허여 오는디
　　… 영 그 이여송이넨 오지 슬펀(오기 싫어서) ᄒ는디, 임금의 명령이라 어쩔
　　수 엇이 오는디, 오민 어떻게 허엿던지 막 트집만 … 트집만 잡기로 ᄒ는디,
　　그 수리(수레) 탕 오멍 그 오성(鰲城) 부원군이영 그 이덕형(李德馨, 1561~1613)
　　이네영 웅(요렇게) 사 시니까니(서 있으니까), 아무거영 말도 아니 곧고, 그자
　　수리(수레) 배껏데레(바깥쪽으로) 손만 웅(요렇게) 내물안(내밀었어). 구비2 양

형회, 남 56세: 28쪽

-는디 -는디 -든 -든 간에 -곡0 -으문 살지 못하다: 발 돌아가는 대로 나갔다
말이어. 산중으로 산중으로 막 나가는디, 부자칩이 있는디, 그 ᄆ을에는 크든
즉든 간에 그 집의서 오몽ᄒ곡(움직이며 노동하고). 그 집의 부릅씨(심부름,
부름씨) 아니문은 그 ᄆ를 인민이 살질 못홀 (정도로), ᄆ를 사름이 다 그 집의
종이라. 구비2 양구협, 남 71세: 627쪽

-는디 -는디 -아0마씀: 한효종씨 이 사름이 부자로 살앗입주. 부자로 사는디,
강정(서귀포시 강정동)서 사는디, 밧(밭) 가는 쇠를 둘을 질롸마씀(길러+말씀
이에요). 밧 가는 쇠를 질루는디, 강정 '캐 안(개, 갯가, 포구의 안쪽)'이엔 ᄒ
밧(밭)을 봅디가? 구비3 김재현, 남 85세: 152쪽

-는디 -는디 -아서 -고 이러닌까니 -는 수 잇읍니까?: "저의 ᄌ식(자식)이 둘이
잇는디, 형제가 잇는디, 아 형제 놈이 ᄃ퉈서(다투어서) 유혈이 낭자ᄒ고 이러
닌까니, 제술(제사를) 먹엉 가는 수 잇읍니까?" 구비3 김재현, 남 85세: 142~
143쪽

-는디 -는디 -어: 엿날 읆는 사름이 강이지를 ᄒ나 질루는디(기르는데),아주 요맨
이 ᄒ 때부떠 질루는디, 워낙 영리ᄒ여. 구비2 양구협, 남 71세: 670쪽

-는디 -는디 -어요: 그것은 어느 시대라곤 확정ᄒ진 못ᄒ고 잇는디, 사름(사람)도
어느 나라 사름이라곤 못ᄒ는디, 유리국(流球國, 오키나와)이라 ᄒ 나라가 잇어
요. 구비3 김재현, 남 85세: 120쪽

-는디 -는디: 기영 ᄒ연(그리하여서) (작은딸이 집밖으로) 나가는디(나가는데),
ᄌ기 아방만 집의(집에) 놔 두고 나가는디, 씨아방(媤父)이 ᄒ는 말이 "저년
생긴 년! 저 남복(男服)덜 홈쳐 가지고 도망간다!"고. 구비2 양구협, 남 71세:
650쪽

-는디 -는디: 사는디 아들 형제를 낫어. 있는디 옥황(玉皇)에서는 알아 가지고
잇입주. 구비1 안용인, 남 74세: 186쪽

-는디 -니깐 -고 햇어0 -으니 -아 잇어: 아, 그 도독놈의 아덜덜이 멧 성제(몇
형제)가 잇는디, 저 아방이 아니 들어오니깐 이상ᄒ다고 햇어. 촞아 보니 죽어
잇어. 구비2 양구협, 남 71세: 632쪽

-는디 -디가?: "아니, 기영 ᄒ여도(그렇게 대답하더라도), 내가 들엇는디 뭐라고
홉디가?"[더+잇가?] 구비2 양구협, 남 71세: 632쪽

-는디 -아 가지고 -십서: 바둑 두는디 "내가 모기 몸이 되어가 가지고 내 앚는(앉
는) 대로만 두십서!" 약속을 허엿댄 말이어. 구비1 안용인, 남 74세: 187쪽

-는디 -아 가지고 -야 되겠다: "그리고 개톳젤(開土祭를) 지낼 때도, 개토젤 지내
는디 그 제숙(祭需)을 백(百) 쉐(牛)를 가져 가지고 개토젤 지내야 되겠다!"
구비1 안용인, 남 74세: 211쪽

-는디 -아그네 -잇소: "올로(요쪽으로) 으만이(요만큼) 가민(가면) 새 동네가 잇
는디, 그 동네에서 얼마 안 가그네(가서) 큰 동네(서귀포시 상예동을 가리킴)가
잇소. 잘 가시오!" 구비3 김재현, 남 85세: 312쪽

-는디 -아네 -고 ᄒᆞ연0 -단 -젠 ᄒᆞ단 … -고 해여 죽어 불엇수다마는0: 그렇게
ᄒᆞ는디 육지도 가네(가서) 아마도 으라(여러) 해 살고 ᄒᆞ연0. ᄒᆞ단(하다가, 그러
다가, 살다가) 방주(方主, 보천교 방주)ᄒᆞ젠 ᄒᆞ단 … 그런 걸 해여 보젠 ᄒᆞ단
짓도(??방주 노릇도, ??그 짓도) 못ᄒᆞ고 해여[이유, 또는 후행 사건] 죽어 불엇
수다마는, 술도 잘 먹곡 그렇게 ᄒᆞ니까니 말도 잘 ᄒᆞ고, 체각(체격)도 경ᄒᆞ고(그
렇게 크고) ᄒᆞ우다(합니다). 구비3 김재현, 남 85세: 157쪽

-는디 -아네…: 「ᄆᆞᆫ 오랎저」 소리엔(소리 때문에), 이놈의게(이놈의 것이, 처녀로
변한 여우가) 발콥(발톱)으로 [바로 앞의 말안장 위에 앉은 이좌수를176)] 그만
잡아 등땡일(등판을) 파 가는디(가는데), 경(그렇게) 발콥(발톱)으로 파 가나네,
… [급히 말을 집쪽으로 몰았는데] ᄆᆞᆯ(말이) 바로 ᄂᆞ는 게라(나는 것이다). 구비
3 김재현, 남 85세: 51쪽

-는디 -아서 -은다 말이어: 기연(그런) 집 짓엉 사는디, 귀가 ᄂᆞ롯하고 ᄆᆞᆯ 중에도
ᄌᆞᆯ 몰명(庸劣)ᄒᆞᆫ ᄆᆞᆯ이 바껏디도(바깥으로) 와서 흥상(恒常) 엿본단 말이어. 거
이상ᄒᆞ다고. 이상ᄒᆞ다고. 구비2 양구협, 남 71세: 655쪽

-는디 -앖인고? -다그네 -을 게라?: "내 지은 죈(죄는) 엇는디(없는데), 무사 오랜
햆인고?(오라고 하는고?) 갓다그네 무슨 욕이나 들어질 게라?(듣게 될 것인
가?)" 구비3 김재현, 남 85세: 43쪽

-는디 -앗는디 -는디 -앗던 모양이어. -으민 -고 잇어: 아 이젠 슬펴보니, 벨총당
(별당, 別㳌堂)이 있는디, 벨총당 연못 우의(위에) 큰 집을 지엇는디, 그 벨총당
에 들어가서 문을 「쏵!」 올아서 들어가는디, 그때도 잘 ᄎᆞ렸던 모양이어 …
장방(벽장, 欌房)을 「쌱!」 올민 낚싯대가 꽂이고 있어(꽂혀 있어, 드리워 있어).
낚싯대가 꽂이고 있는디, 마리(대청마루)쪽 ᄒᆞ날 들러서 낚싯댈 들르문, 고기
가 아뭇 고기라도 물언 올라와. 구비2 양구협, 남 71세: 628~629쪽

---

176) 서귀포시 중문동 유향 좌수 이은성(李殷成, 1719~1778)으로 알려져 있고, 1772년 대정
향교 중수에 힘썼음.

-는디 -앗어 -아서 -아 불었주: 몰래밭(모래밭, 沙場) 넘어가는디, 몰래(모래) 아주 싹 팟어. 이제는 그 아일 그레 놔서, 몰래를 그냥 덮어(덮어) 불었주. 구비2 양구협, 남 71세: 620쪽

-는디 -앗어: 일주일 목간(沐間) 시기는디, 또 때(식사) 먹는 연십부떠(練習부터) 시곗어. 구비2 양구협, 남 71세: 626쪽

-는디 -앗어요: 식스(식사)를 해여(지어, 마련하여) 가는디, 밥을 아주 익게 해엿어요. 익게 흐다는 건(것은) 아주 무르게 죽(粥) 모양으로 역부러(일부러) 해여서 「턱!」(의태어, 딱) 갖다 놓으면서 "밥은 익게 지어겟습니다." "익어도 먹지!" 구비3 김재현, 남 85세: 130쪽

-는디 -앗인디 -으니 -는디 -안0: 윗날(옛날)은 과거(科擧) 보는디 시관(試官)이라고 잇엇인디(있었는데), 상시관(上試官) 중시관(中試官) 이처록, 흔 집에 보니 배남(배나무)이 있는디, 배가 잘 열려 있는 배남에 올라앗안. 구비2 양구협, 남 71세: 620쪽

-는디 -어. 는디 -으민: 바둑을 두는디 꼭 질 성싶어. 똠이 팔팔(뻘뻘) 나는디, 내종(乃終) 끄트머리에 바둑은 흔 점 잘못 두민 삼백육십점이 죽고 살고 흐는 거 아닙니까게! (모기로 변한 선녀 아내가) 팟닥팟닥 이디 앚앗다(앉았다) 저디 앚앗다(앉았다) 흐니 그레 똑! 똑! 두니 (옥황의 사자가) 졌댄 말이어. 구비1 안용인, 남 74세: 187쪽

-는디 -으니 -고0 -으니 -고0: (토정비결 책자를) 뺏기고 가는디 (옥황으로) 올라가서 스실(事實) 말흐니 「못생긴 조식!」이라고 이젠 혹켱(酷黥 가혹하게 야단치다)을 쳐 노니, 「그 책을 아무래도 춫아와야 된다」고. 그 책 춫이레 왓댄 말이어. 구비1 안용인, 남 74세: 187~188쪽

-는디 -으니 -아 가지고 -으니 -으니 -거든: 느려가는디, 가니, 지옥문에서는 뿔 돌고 사제(使者, 差使)덜이 나오라가 가지고 들어가지 못흐게 흐니, 육환장(六環杖, 6바라밀을 상징하는 고리 여섯 개 달린 지팡이)을 턱 내 짚으니, 건 통행중이거든마씀양, 문을 탁! 올아 주거든. 구비1 안용인, 남 74세: 181쪽

-는디 -으니 있나? -으니 있나? -고 -어0: 기엔(그래서, '기영 흐연'의 개인 말투) 메틀(며칠) 잇는디, 하, 그 사름이 웃어(없어) 놓니 뭐 이얘기 흘 수 잇나?, 먹젱 흐니 먹을 수 가 잇나? 무신(무슨) 생각도 안흐고 그자 멍흐니 앚앗어(앉았어). 구비2 양구협, 남 71세: 663쪽

-는디 -으니 있어: 육환장(六環杖, 6바라밀을 상징하는 고리 여섯 개 달린 지팡이)을 짚어서 (지옥 속으로) 들어가는디, 가니 지하에 또 지옥이 잇어. 돌을 덮은

디를(데를) '탁!' ㅇ니(열자), '왈창!' 들어가거든. 천장만장(千丈萬丈) 들어가는
디, 보니, 그딘 금수지옥(禽獸地獄)이니, 호탕지옥(火湯地獄)이니, 머 벨 지옥이
다 있단 말이어. 구비1 안용인, 남 74세: 180쪽

-는디 -은디 -단 -난 -안 -안 -으멍0: 여흐네(여우천) 아홉밧칩(9군데 밭을 소유
한 집) 스시(사이, 근처)옌 […청취 불능…] ᄒ는 집이 있는디(있는데), 그것이
큰 부잣집인디(인데), 그디 가, 가서 얻어 먹단, 그디서도 버치난(부양하기 힘드
니까) 멕이지(먹이지, 부양하지) 못ᄒ연 다시 창천리(서귀포시 안덕면 창천리)
돌아오란 살멍… 구비3 김재현, 남 85세: 32쪽

-는디 -읍데가? -입데다: ᄒ난(그러니까, 강훈장 집이 어딘지 물으니까) ᄒ 사름
(한 사람)이 듣다서, 「강훈장(훈장 강태종)이 댕기단 어디 간(가서) 장난이나
햇인가?」 [일동 웃음] "이디(여기에) 무당은 없는디, 얼굴이 어멍ᄒ 무당입데
가?" "아멩아멩ᄒ연뭐(아무러하고 아무러하여서+뭐) 도포(道袍) 입고 ᄒ 무
당입데다." "요 집의(집에) 강(가서) 봅서!(보십시오) 기산디원(그런지+화용
첨사 '원', 그+계사 '이다'+사[야]+은지, 과연 그런지+원) 어디원(어디+화
용 첨사 '원')…" 구비3 김재원, 남 85세: 149쪽

-는디 -주마는 -안0 -으니 -엇다 ᄒ여: (과거 시험장에서) 글을 짓는디, 남ᄌ가
짓는 것만으로도 충분히 (합격)될 테이주마는, (시관 딸이) ᄌ기 지은 걸로
"이거 드려 보라!" ᄒ연. 드리니 팔도 도장(八道 都壯元의 뜻)을 ᄒ여 불였다
ᄒ여. 구비2 양구협, 남 71세: 623쪽

-는디(ᄂ+은디) [사건 무대 설정]: 기여드니, 인간 사름덜은 쌀로 맞혀라! 뭘 해라,
흉이니, 복이니, 이렇게 ᄒ는디, 독ᄒ 놈은 있다가 작대기로 앗아다 천 리 만
리 탁 굴려부니(갈겨 버리니), 정신이 가마찍허여(감앗직허여). 구비1 안용인,
남 74세: 136쪽

-는디(ᄂ+은디): 속히 가고 싶으되 걷지 못ᄒ니, 쇠 몰앙 가는디, 매는 혼자뱃긔
두드려맞질 못ᄒ댄 말이어. 구비1 안용인, 남 74세: 136쪽

-는디(ᄂ+은디): 알칩(아래+집) 종으로 사는디, 그 군산(서귀포시 안덕면 창천리
와 대평리 사이의 기생 화산) 앞의 큰, 논이 진(긴) 논이주. 구비3 김재현, 남
85세: 28쪽

-는디(ᄂ+은디, 사건 배경): 아닌게 아니라, 저승문 당도ᄒ니 내(川)는 창창창창
울르면서 흐르는디, 물을 먹고 싶어서 꼭 죽겠어. 구비1 안용인, 남 74세: 135쪽

-는디(ᄂ+은디, 사건전개 무대): ᄒ를 ᄌ냑만 좀 아이 자도, 열흘 굶은 거 이상
사름이 곤(疲困)ᄒ는디, "일주일 동안 곡성(哭聲) 끊지 말고 울라!"고. 구비1

안용인, 남 74세: 128쪽

-는디(느+은디?): 풀리게 되는디 "너는 게민 풀리니…" "인간에 한생만 헌 번
더 허여 주십서!"고. 구비1 안용인, 남 74세: 135쪽

-는디(는데): 나가는디 조롬(꽁무니, 뒤)에 똘롸(따라가) 보니, 아닌 게 아니라,
그 옥방(獄房)으로 간. 옥방 문을 열앗어. … 하하, 이것 이상ᄒ단 말이어, 뒤론
(몰래 자기 아내가 주인공 자신을) 엿보는디. "거 누겝니까?" "접니다!" 구비2
양구협, 남 71세: 624쪽

-는디(는데, 느+은 디, 일반적 사실 제시): 만수무강(萬壽無疆)허여줍셍 ᄒ는 뜻으
로 시를 지어 받지는디, "너 시나 흔 쉬 지영 올라오라 가지고 「술 흔 잔 달라」고
ᄒ라!"고 ᄒ니까, 구비1 안용인, 남 74세: 138쪽

-는디(는데, 느+은디): 내 귀에는 들리는디(는데), 왜 아이 들리느냐고. 구비1
안용인, 남 74세: 123쪽

-는디(사건 발생 배경, 무대 제공): 저 정의(旌義)서 오는디, 사름을 큰 밧듸 수십
명을 빌어서 검질(김, 풀)을 메는 판이라. 구비1 안용인, 남 74세: 133쪽

-는디: (도깨비 불이) 돌아댕기당 그디 강 꺼져 부는디, 사람에게 … 유혹시키는
바도 엇고, 불 쌍(켜서) 돌아댕기당 그디 가민 꺼져 불어. 구비1 안용인, 남
74세: 177쪽

-는디: "선생과 제ᄌ 사이에 못 곧는(말하는) 말이 잇는디, 내 글 익엉(읽어서)
뭐 흡니까?" 구비2 양구협, 남 71세: 630쪽

-는디: "제(스스로, 자기 자신이) 생기곡(낳고, 삼기다) 제 난(낳은) ᄌ식(자식)도
[그 발 크기에] 맞추지 못ᄒ는디(못하는데), 늠(남) 생기곡(낳고) 늠 난(낳은)
자식을 어찌 내가 …" [일동 웃음] 구비3 김재현, 남 85세: 135쪽

-는디: 기영 ᄒ연 이제 서울 장안을 구경ᄒ는디, 그 아인 가매(가마)에 탄 순력(巡
歷)을 도는디, 할으방(할아버지)이 막 맹탱이(망태기) 지고 댕겼어. 구비2 양구
협, 남71세: 624쪽

-는디: 이젠 그 신은 앗언(갖고서) 가는디, 신 빼젠(빼앗고자) 맨발에 막 둘렷댄
말이어, 허허허허! 구비2 양형회, 남 56세: 30쪽

-는디[배경 제시] -인디[역접] -고 잇어: ᄆ을로 들어가더니, 어떤 주막집에 술
ᄑ는 집이 잇는디, 얼굴도 곱고 그만ᄒ민 번번흔 사름인디, 술장실(술 장사를)
ᄒ고 잇어. 구비2 양구협, 남 71세: 658쪽

-는디[배경, 설명 부연] -은디 -는디 -앗주게: 산방산(서귀포시 안덕면 화순리에
있는 산) 동남쪽으로 그자(그저) 멋(무엇) 엇이(없이) 넙작(넙적)ᄒ질 안 ᄒ고,

그자 요(요만한, 자그마한) 너비 혼(작은 방 구석에서 다른 구석만큼의 너비만
한) 죽장(죽+長, 늘, 줄곧, '줄창, 육장'의 변이형태가 있음) 높은 물리(마루)
가177) 잇는디(있는데), 이레도(이쪽으로도) 기정(절벽)이고 저레도(저쪽으로
도) 기정인디, 그 앞이(앞에) 형제섬이 잇는디, 그자 그 형제섬더레(형제섬 쪽
으로) 「쪽!」(의태어, 곧게 뻗은 모습) 흐게 나갓주게(나갔지+화용 첨사 '게').
구비3 김재현, 남 85세: 191쪽

-는디[배경] -아 가지고[배경] -느냐? -앗어0: 돌아가 잇는디(있는데), 이제는
그 냥반(양반)이 제주도 목스(牧使)로 와 가지고, 정스(政事)는 무슨 정스를
먼저 햇느냐? 길을 먼저 딲앗어, 길을, 사름(사람) 댕기는(다니는) 길을. 구비3
김재현, 남 85세: 105쪽

-는디[배경] -으니까 -으니 -안 -으니까 -은디 -안0: 아닌 게 아니라, 물을 타고
오는디, 산방산(서귀포시 안덕면 사계리 산방산) 뒤엘(뒤쪽에를) 오니까, [산
길] 양 좌우에 수풀로 「탁!」 얽어지니(얽히어 위쪽이 막혀 있으니) 하늘도 못
베련0(보이었어, 볼 수 없었어). 산방에 들어오니까, 날은 어두운디 어떤 지집
아이(계집애)가 질(길, 길 복판)에 나산0(나섰어). 구비3 김재현, 남 85세: 48쪽

-는디[배경]: 그 물 일름(이름)이 이제 「지장새미」, 「지장새미」 흐오. "그 군데(근
처) 물(샘물)이 잇는디 그 물이 어디 갓이까요(갔을까요)?" 구비3 김재현, 남
85세: 188쪽

-는디[배경]: 남신(나막신) 신고 돌는디(달리는데) "너 어디 갈려느냐?"고 ø[=물
었어]. 비 온 날이니 남신(나막신) 신고 돌앗다여(달렸다 해). 구비3 김재현,
남 85세: 34쪽

-는디[사건 배경 제시]: 젊은 때 냄편(男便) 잃어 가지고 아둘 흐나만 두고 모즈간
(母子間)만 사는디, 어멍이 그때 흔 스십(四十) 거의 되엿던 정돈(程度는) 허엿
어. 구비1 임정숙, 남 86세: 143쪽

-는디[전개] -앗는디 -고 곡 기엿인디 -면서 -더라 흐여: 기연디(그런데) 저 대정
(大靜)으로 이젠 (생수 나오는 곳을 막아 버리기 위하여) 혈(穴)을 떠 나가는디,
저 가목간 집칩(監牧官 김씨 댁, 1594년 선조 27년 김만일[金萬鎰]이 군마 5백
마리를 나라에 바쳐 2품 동지 중추부사 직책을 받았고, 1658년 효종 9년 아들
김대길[金大吉]이 군마 2백 마리를 바치자 이괴[李襘, 1607~1666] 목사가 '녹산
장' 일대를 '산마장'으로 만들고 그를 감목관으로 임명하여 해당 직책을 세습토

---

177) 제주연구원 제주학연구센터(2018) 『제주의 이야기 유산』(198쪽)에 사진이 실려 있음.

록 임금에게 아뢰어 허락을 받았음)이 ᄒᆞᆼ상(恒常) 할으방이 못 살앗는디, 마분(馬糞, 말똥), … 밧 갈앙 그걸 뿌리문 모ᄆᆞᆯ(메밀)이 좋고, 그걸 아니 뿌리문 모ᄆᆞᆯ을 못ᄒᆞ여 먹곡 기엿인디(그랬는지), 기예서(그래서) 마분 ᄌᆞᆺ노라고(줍느라고) 부뷔간이 부지런이 댕겼더니마는, 그놈(중국 지관 고종달)이 혈을 뜨면서, 바로 이만썩ᄒᆞᆫ 쐬꽂이더라 ᄒᆞ여. 구비2 양구협, 남 71세: 654쪽

–는디[접속사 기능]: 그 ᄆᆞᆯ방애(硏子磨), 남방애(나무 방아)가 시방 사계(서귀포시 안덕면 사계리) 요 산(山) 이칩의(이씨 집에) 잇다고(있다고), 이제! 잇는디, 보리 ᄋᆞᆺ둡(여덟) 말을 놔서 지을(찧을) 만ᄒᆞ다, 방애(방아) 크기가. 구비3 김재현, 남 85세: 34쪽

–는디0 –앗는디 –아네 오기로 ᄒᆞ다: 게연(그러하여서) 매일 [관청에] 가는디, ᄒᆞᆫ 번은 ᄆᆞᆯ(말)을 타고 갓는디, 어둠에, 곧 어두와네 오기로 ᄒᆞ니, 그디(그곳의) 그 관속덜이(官屬들이), 부하덜이 "ᄌᆞ수님 가지 맙서!" "무사(무슨 일로) 가지 말아?" 구비3 김재현, 남 85세: 47쪽

–는디0(느+은디): 그디 간(가서) (일꾼들을) 빌엇수댄. 빌엇는디. 구비3 김재현, 남 85세: 28쪽

–는디0: ᄒᆞᆫ 번은 그 서당엘 놀레 가서 글 익는(읽는) 걸 보젠 들어가니, 선생도 안테레 들어오랭 ᄒᆞ젱 ᄒᆞ였자, 제ᄌᆞ덜 ᄆᆞ소왓어(무서웠어). 제ᄌᆞ덜이 또 「쌍놈의 ᄌᆞ석」 ᄒᆞ여 놓고 ᄒᆞ문, 대답ᄒᆞᆯ ᄌᆞ를(겨를)이 읎고, 그래서 이젠 내불었는디. 구비2 양구협, 남71세: 168쪽

–니 –어0 –니 –은디 –는디0: 사계리(서귀포시 안덕면 사계리)에 쎈(힘 센) 사름이 누게가(누구가) 잇는고 ᄒᆞ니, 정훈디(鄭訓導)란 사름이 잇어. 훈디(訓導)엔 ᄒᆞᆫ 건 무슨 말인고 ᄒᆞ니, 요새에 … 상사 하사 이런그런 직명인디, 훈도라 ᄒᆞᆫ, 정훈디(鄭訓導)라 ᄒᆞᆫ 직명을 가진 사름이 잇는디…, 구비3 김재현, 남 85세: 33쪽

–다 놓다(–다가 놓다, –다서 놓다): 물을 떠다 놘, 행기(놋그릇, 유기, 行器, 行祭器)에 물을 떠다 놔네. 행기엔 ᄒᆞᆫ 건(행기라고 하는 것은) 놋사발이주게(놋사발이지+화용 첨사 '게'). 해여서 물(샘물)을 꼬부랑 낭(나무) 그 쇠질메(소길마) 우이(위에) 우장(雨裝, 우비)을 덖으고(덮고) 경 해연 놔 뒷더니, 그 사름(사람, 제주 샘물을 끊고 막으려는 지관 호종단)이 왓어. 구비3 김재현, 남 85세: 189쪽

–다 –다 ᄒᆞ다가서 –으니까: 이제는 [여우가 주는 구슬을 입안에] 멧(몇) 번 물엇다 밖앗다(물었다 뱉었다) ᄒᆞ다가서(하다가), 물리니까 입에서 「박!」(의태어, 꽉) 물어서 밭으질(뱉지를) 아니ᄒᆞ니, 이것이(처녀로 변한 여우가) "달라!"고. "나

구슬 달라, 나 구슬 달라"고 해도 안 주니… 구비3 김재현, 남 85세: 74쪽

-다 -다(단 단) 버치고, -다 버치고, -해야 해여 볼 수가 없단 말이어: 채구석(蔡龜
錫, 1850~1920)이가 대정 원(員, 군수)인 때에, 막다 막다 버치고(힘에 부치고),
달래다 버치고, 이놈을, 극히 불량흔 놈을 심어다서(잡아다가) 춤(참) 엄벌을
주잰(주자고) 해야 … 해여 볼 수가 없단 말이어. 구비3 김재현, 남 85세: 365쪽

-다 보니까 -으니까니 -오: "내가 바령(마소를 밭에 가두고 그 분뇨로써 밭을
거름지게 하는 일로, 옛 문헌에는 八陽으로 기록되어 있음) 책임을 해여서 보리
나 갈아먹젠(갈아먹자고) 흐다 보니까, 그 여차여차 그만 일이 실패돼 가지고,
당신네 농스흔(경작한) 거 다 실패시겻이니까니(실패로 돌아가게 만들었으니
까, 마소 발굽에 다 밟혀 껶여졌으니까) 그대로 아오! 가서 봄(보기)이라고
흐시오!" 구비3 김재현, 남 85세: 356쪽

-다(다가) 놓다: 들어오시라고 흐연. 이젠 안터레(방 안쪽으로) 청해다 놓고는,
… 좋은 방에 앚져서(앉혀서) 흘끗(아주 배부르게) 멕여 놓고. 구비2 양구협,
남 71세: 627쪽

-다(다가) 놓다: 막걸리 막 허여다 낭, 선소리(先唱) 흐는 사름은 높은 드들(시렁)
우의 올라 앚안 선소리만 흐면은 그걸로 허여서 힘을 내엿어. 구비1 안용인,
남 74세: 164쪽

-다(다가) -안0: 가니, 아닌 것 아니라 후히 대접도 흐고, 아무 날로 혼례(婚禮)홀
것으로 흐고, 또 가마로 쉬어다(실어다) 줸. 구비2 양구협, 남 71세: 648쪽

-다(다가) -으라 -당 -는디 -고도 흐고 -다가 -으면 -읍니다: 흐를은 물어 봤더
니, 부지런히 오쟁 흐는디, 어떤 여즈가 나타나서, 아니, "집이 왕 놀다 가라!"고
해서, 흐연 놀당 가는디, 입에서 구슬을 내어 놓아서 자기 입엣 걸 해서 "물어
보라!"고도 흐고, 이리저리 씨름흐다가 사라지문(사라지면) 그냥 옵니댕 흐연.
구비2 양구협, 남 71세: 614쪽

-다(다가) 주다: 걸(그걸, 작은 작거미를) 잡아다 주니, 흠치(함께 모두 다) 뭐 허위
어(허비어, 후비어) 먹어. 구비2 양구협, 남 71세: 668쪽

-다(다가): 기여드니, 인간 사름덜은 쑬로 맞혀라! 뭘 해라, 흉이니, 복이니, 이렇게
흐는디, 독흔 놈은 있다가 작대기로 앗아다 천 리 만 리 탁 굴려부니(갈겨
버리니), 정신이 감앗직허여. 구비1 안용인, 남 74세: 136쪽

-다(다가): 저 뼤다귀(뼈다귀)흐고 가죽 백의(밖에) 아이 남은 것덜이 와장창(왕
창) 나오란 "살려줍서, 살려줍서!" 허여 가니, 사제(使者, 差使)덜이 몽둥이로
패 두드리멍 앗아다(가져다가) 탁탁! 가두와 불거든(가둬 버리거든). 구비1 안

용인, 남 74세: 181쪽

-다(다가): ㅎ를은 어머니 보고 ᄀ새를 가져다(가) "저를 머리를 깎아 주십서!"
허엿어. 구비1 안용인, 남 74세: 124쪽

-다(다가)[장소 이동] 주커매: "우리집의 ᄒᆞᆫ 칠관(7貫)짜리 도새기(돼지) 잇이난,
…(산신인 당신에게) 그걸 ᄀᆞᆺ다 주커매(줄 것이므로), 그 아으(아이)랑 돌려
줍서!" 구비2 양구협, 남 71세: 644쪽

-다(아다가) [완료 후 이동, 전환] -다그네 [중간에 사건 전환]: 주색잡기(酒色雜技)
에 좋아 ᄒᆞ는 성질이니까니, 그 기생덜을 멧 개(몇 명) 보내고, 술을 아주 좋은
술을 허여서 이제 닦아다(증류하여다) 놓고, 허여서 놓면은 날 잡으레 오다그
네(오다가) 그것(酒色)에 미쳐그네(미쳐서) ᄒᆞ면은, 그대로 또 이제 부하를 보
내어, "그 일류(一流) 기생하고 원(願)되게 노는 놈 잡아오라!" ᄒᆞ면은 「잡아올
것이라」고 허엿어(여겼어). 구비2 양형회, 남 56세: 41쪽

-다가 (사건 전환): 겨니 그까짓 거 문제 아니라. 심어다가(잡아다가) 그 놈 멧
번 들이 차 가난 바른 말 ᄒᆞ는 거라. 구비1 안용인, 남 74세: 160쪽

-다가 (주격): "아무 절간에 중놈이다가 나ᄒᆞ고 연분(緣分)을 맺이건 디가 멧 해
되었는디, 결혼식만 올리건, 신랑 허여(해쳐) 넹겨(남겨) 두고 ᄀᆞ치 살자고 약
속을 허엿입니다." 구비1 안용인, 남 74세: 159쪽

-다가 (주제): "ᄉᆞ체(死體)는다가 아무 못에 던져 버렸습니다."고. 구비1 안용인,
남 74세: 160쪽

-다가: "햐, 그런 새끼덜 놔 뒷다가 뭘 흡네까?"고 (되물었어). 구비2 양형회, 남
56세: 40쪽

-다가 [사건 전환]: "말을 바른 대로 이애기허여 보라!"고 ᄒᆞ니, "그게 아니고,
천가(千哥)의 집의서 우리 메누리 도독질허여다가 내일은 빼여갈랴고 ᄒᆞ는
날이라."고. 구비1 안용인, 남 74세: 161쪽

-다가 [사건 전환]: 넘어가다가 이제는 주막(酒幕)집일 드니, 술집일 드니, 걸뱅이
니까 ᄒᆞᆫ 구석에 담아 부니, 누었단 말이우다. 구비1 안용인, 남 74세: 160쪽

-다가 [사건 전환]: 뭐 걸뱅이(乞人)가 오란 유의(留意)허연 잇다가 그런 이애기
ᄒᆞ니까 심심ᄒᆞ게 생각(無視)ᄒᆞᆫ 거라. 구비1 안용인, 남 74세: 161쪽

-다가 [사건 전환]: 박문수(朴文秀) 박어ᄉᆞ가 있다가, 무슨 「어ᄉᆞ노라!」라고도 아
이 ᄒᆞ고, "동방 천제 장군(東方靑帝將軍) 나오라!" ᄒᆞ니 동쪽으로 푸른옷 입은
놈이 벌딱 늘려들댄 말이어. 구비1 안용인, 남 74세: 162쪽

-다가 [사태 전환]: "아이, 가정부인을, 밤중의 오다가 날 심어 놔 가지고 강간ᄒᆞ젠

ᄒ더라. 이런 죽일 놈이 어디 있느냐?" 구비1 안용인, 남 74세: 162쪽

-다가 [전환]: 샛똘(둘째) 아기 영 ᄇ래보다가(바라보다가) "아무 것도 읎습니다."
구비2 양구협, 남 71세: 621쪽

-다가 [중간에 사건이 뒤바낌. 사건 전환]: 쌀물 나민 동애와당(東海바다), 들물
나민 서애와당(西海바다) 흘러댕기다가, 이제는 그 아이가 올라왔댄 말이우다.
구비 1 안용인, 남 74세: 148쪽

-다가 ~ 단 ~허연: 어느 큰 과급(科級, 고위 과거급제)자리, 거 뭣이옌 ᄒ더라만은,
정승 자리나 다름 웃은(없는) 그 정치가엣 과급자리가 일행을 거느리고 넘어가
다가, 그딘 오니 웅(요렇게) 이항복(李恒福, 1556~1618), 그 오성(鰲城) 부원군
(府院君)안테레(한테로) ᄇ레단(바라보다가), "아이고 오성 부원군 아이십니
까?" 허연. 구비 2 양형회, 남 56세: 27쪽

-다가 -경 -으라: "…그러니 아주 깨끗ᄒ 딜로 가서 (귀신 차림새를 한 주인공을)
괴양(고이고이 조심히) 모셨다가, 밤 짚어 가경, 또 들여오라! 샛날(새날, 다음
날) 되경 들여오라!" 구비2 양구협, 남 71세: 635쪽

-다가 -는디 -으니 -앗어: (급히 나다니듯이) 「화룍!」 ᄒ연 댕기다가, (고종달이
농사 짓는 사람에게) 또 물엇는디, 또 딴 딜 짚어 보니, 「꼬부랑나무 아래 행기
(行器, 行祭 器皿의 줄임말로 두껑 덮는 놋그릇) 물」이라 써겻어. 처음엔 '행기
물'이라 햇는디, 그러니, "그런 물(샘물) 읎다."고 ᄒ니 그냥 떠나분(떠나버린)
다음엔 그 물은 굿단(가져다가) 비우니 '행기물, 행기물' ᄒ는디. 구비2 양구협,
남 71세: 656쪽

-다가 -다가 -거들랑 -당 -으라: "물을 떠다가 질맷(길마) 가지에, 질매옝 ᄒ문
쇠등어리(소등)에 지우는 질매, 질맷가지 아래 놧다가, 어떤 놈이 지나가거들
랑, 또시(또 다시) 갖당 비우라!" 구비2 양구협, 남 71세: 653쪽

-다가 -다가 -다가 -안 -안 -안0: (비를 내리는 龍神이 땅굴 속에서부터) 올라가
다가, 이젠 건줌(거의) 고망 웃테레(구멍 윗쪽으로) 올라가다가, 「슬 : 슬!」 감
장돌다가(맴돌다가) 느려완, 그대로 베개 베언 잇언. 구비2 양구협, 남 71세:
663쪽

-다가 -다가 -아다가 -앗던 모양이주: 간 보니, 엿날은 그 손님이 들면은 잘 멕이
다가, 조금 일름(이름)난 집의서 멕이다가, 오리(五里) 장 밖의서 짐을 내어다가
전별(餞別)해 줫던 모양이주. 어떵ᄒ 말인지 몰르주마는. 구비2 양구협, 남 71
세: 632쪽

-다가 -다가 ᄒ다: 바둑을 두는디 꼭 질 성싶어. 똠이 팔팔(뻘뻘) 나는디, 내종(乃

終) 끄트머리에 바둑은 흔 점 잘못 두민 삼백육십점이 죽고 살고 흐는 거 아닙니까게! (모기로 변한 선녀 아내가) 팟닥팟닥 이디 앚앗다 저디 앚앗다 흐니 그레(거기에다 바둑알을) 똑! 똑! 두니 (옥황의 사자가) 졌댄 말이어. 구비1 안용인, 남 74세: 187쪽

-다가 -다가: 과부의 ᄌᆞ식이 잇다가 푸남(풀+나무)을 흐연 먹으멍 살다가 살아보니 평생 이름 나게도 살 수가 읏고(없고), 만날(每日) 이 모냥으로 살 바에야 어디라도 나간다고. 구비2 양구협, 남 71세: 662쪽

-다가 -면은 -아서 -다가도 -얍지: "아이, 삼춘님은 어떵허연 그렇게 오다가, 또, 오면은 저안틔(저에게) 오라서, 가다가도 허여얍지(해야 합지요). 오는 도중에 난잡ᄒᆞ게 무사(왜) 노십데가게?(놀+으시+읍+더+잇가?+'게' 놀+으시+읍디까+화용 첨사 '게')" 구비2 양형회, 남 56세: 42~43쪽

-다가 -아네 -으니게, -은 말이어: 그 외손(外孫)이 외할으방(외조부) 믈을 들러다가 먹(墨)을 멧(몇) 개 들여네(들여서) 굴멍 멕이어네(색깔 먹이어서, 물 들게 하여서), 먹칠허어네(먹칠 하여서) 놔 두니게(두니+화용 첨사 '게'), 이슬 맞곡 비 맞곡 허여 가민, 먹 벗어 가민 흴 건 ᄉᆞ실(事實)이란 말이어. 구비2 양형회, 남 56세: 36쪽

-다가 -안 -젠 흐연 보니: 이제는 배(돛배) 타 가지고 가는디, 벨파진(전남 진도 碧波津)ᄁᆞ지 막 들어가다가, 당(堂) 구신(鬼神)덜이 좇아간 전복(顚覆)ᄒᆞ젠 허연 보니, 불써 상륙하여 불엇댄 말이우다. 상륙ᄒᆞ니 복수를 못 ᄒᆞ여 가지고서 그 신(神)덜은 다 돌아오라 불엇다고. 허허허허. 구비1 안용인, 남 74세: 208쪽

-다가 -앗주: 흔참(한참) 보다가 오라 불엇주. 오라 불엇는데, ᄌᆞ물아 가니, 일을 몬(모두) 해연(해서) 오과랜 ᄒᆞ멍(왔도다라고 하면서) 오란. 구비3 김재현, 남 85세: 30쪽

-다가 -으니: 이렇게 허여, 톱을 갖다가 대어 가니, "이 조캐야!(조카야!)" 하하하하! 이렇게 불럿댄 말이어. 구비2 양형회, 남 56세: 42쪽

-다가 -으니 -고 -은디 -안 -아 낫다 흐여: 그이(秦國泰 1680~1745)가 그리저리 멩의(名醫)로 살다가 죽은 다음에 「워낙 잘 안다」고 흐니, 어디 먼 디서 월계 진좌수(진국태 유향좌수) 죽은 줄도 모르고 촛안 온디, 흥상(恒常) 백맬(白馬를) 탄 댕겨낫다(다녔었다) 흐여, 그 월계 진좌수가. 구비2 양구협, 남 71세: 615쪽

-다가 -으니 -으니 그거라: 아, 이 놈은 「어느 건고, 어느 건고?」 흐다가 보니, 어린 아이라고 흐고 되양진(될 모양으로 생긴) 게 그것밖의 엇이니, 그거라.

구비2 양구협, 남 71세: 633쪽

-다가 -으니까 -겟다ø고0: 집의 왓더니, 어떤 처녀가 [그 마을을] 넘어가다가 집에 왓다고. "지나가다가 날이 저무니까 좀 집 빌어 가지고 투숙하겟다"ø고0 구비3 김승두, 남 73세: 97쪽

-다가 -은다고 -은다니 -앗어 -읍서!: 기영 해서, 이젠 그리저리ᄒ다가 윗날은 과거(科擧), 과거 보레 간다고, 요샌 큰 시험인디, 과거 보레 간다니, 이놈으 아이도 이젠 과거 보레 갈 작정(作定)햇어. 지 부모보고, 아, 이제 "나도 과거 보레 ᄒ디(함께) 갈 테니 그쯤 알아서 간 중만(줄만) 압서! 걱정되카 부댄 이야기 햇수다." 구비2 양구협, 남 71세: 619~620쪽

-다가(사건 전환, 사건 반전): 그 사자(使者, 저승차사) 놈이 잇다가, "이 물을 꼭 먹엉 글라!"고. 구비1 안용인, 남 74세: 135쪽

-다가(서): 기여드니, 인간 사름덜은 쌀로 맞혀라! 뭘 해라, 흉이니, 복이니, 이렇게 ᄒ는디, 독ᄒ 놈은 잇다가 작대기로 앗아다(갖/앗+다가, 가지/앗이+아다가) 천 리 만 리 탁 굴려부니(갈겨 버리니), 정신이 감앗직허여. 구비1 안용인, 남 74세: 136쪽

-다가(었다가) [사건 결과] -었다: 큰 성공을 허연 원산(함경북도 元山) 갑부로 되었지마는 김원산(金元山)이라고 허여 가지고. 견디 각시 ᄒ 번 빌렸다가, 허허허 큰 성공을 허였댄 말이어. 구비1 안용인, 남 74세: 174쪽

-다가/어다가(사건 전이): 고길 가져다가 이렇게 들런 사거든. 구비1 안용인, 남 74세: 133쪽

-다가: "…기영 저영 그 부모도 엇고, 무스 거 ᄒ 거, 불쌍허여 베여서, 거 누구 놈의 아이산디(아이인지, 아이+계사 생략+사[야]+은지) 알도 못ᄒ고 ᄒ디, 이제 길루다가(기르다가, 중간에 외손자가 영리함을 알게 되다) 상당히 영리허여서 그런 죽을 따윌(땅에를) 가도 살는가 모르겠다고, 이제 이 아이나 평양 감사를 시켜서 보내어 보십서!" 구비2 양형회, 남 56세: 37쪽

-다가: (아홉 채의 창고 안을) 돌아보다가 적당ᄒ 자리에서 괴(고양이)를 놔 뒷주. 구비2 양구협, 남 71세: 628쪽

-다가: [술 빚는 오메기 떡을] 통(桶)더레(쪽으로) 담을까 ᄒ다가, 저녁(저녁밥 몫)은 또 전의만이(前에만큼) 주난(주니까) 먹고0. 구비3 김재현, 남 85세: 31쪽

-다가: [절 5백 당 5백 귀신들이] 영찰이(경북 영천 출신 이형상 제주 목사)를 한 번에 죽여 불자고(버리려고) ᄒ다가 버쳣다ø(지쳤다, 힘에 이기지 못하고 그만두었다) 그 말이어. 구비3 김재현, 남 85세: 108쪽

-다가: "말젯(셋째) 똘아기 나가 보라!" ᄒ니, 말젯 똘아긴 걱정도 시럽고 햇어. 있다가 「어떤 일인고?」 ᄒ연 배남에 영 나가 보니 사름도 굳으곡, 높이 올라 불이니까, 밤의 꼭 귀신도 굳으다고 햇어. "귀신이건 올라가고, 생인(生人)이건 ᄂ려오라!" ᄒ니, "귀신이 올 수가 잇입니까? 생인입니다!" 구비2 양구협, 남 71세: 621쪽

-다가: 견디(그런데) 자다가 막 자는 것굳이(것같이) ᄒ니, 어사또가 슬짝ᄒ게 나가. 구비2 양구협, 남 71세: 624쪽

-다가: 그 새각시(색시) 될 ᄀ심(감, 색시감)은 정지(부엌)에 잇다가 "그 손님 무슨 따문(때문)에 오란(와서) 값숫과?(가고 있습니까?)" 구비3 김승두, 남 73세: 111쪽

-다가: ᄀ리(겨를, 기회) 보다가 남편이, 신랑이 어디 외출ᄒ 때는, 종놈덜보고 "도끼 ᄀ라 오라!" 구비1 안용인, 남 74세: 210쪽

-다가: 어떤 나쁜 놈이 넘어가다가 뒤으로 허여 분 것이 포태(胞胎)가 되어 가지고 널 낫는디, 구비1 안용인, 남 74세: 124쪽

-다가: 어떤 나쁜 놈이 넘어가다가 뒤으로 허여 분 것이 포태(胞胎)가 되어 가지고 널 낫는디, 너를 데려다가 킵는 판이라고. 구비1 안용인, 남 74세: 124쪽

-다가: 이젠 그 신부(新婦)를 심어다가(잡아다가) 권장대(棍杖臺)를 묶어 놔 가지고 멧 댈 때리니까, 과연 항복을 ᄒ댄 말이우다. 구비1 안용인, 남 74세: 159쪽

-다가: 큰외삼춘이옌 ᄒ 사름은 가다가 그 주색잡기(酒色雜技)에 좋아 ᄒ는 할으방(할아버지)이라 놓니, 가다 뭐, 일류(一流) 기생(妓生)덜이 막 춤추고, 좋은 술 앗다 놔네178) "이레(이쪽으로) 오십서, 이레 오십서! 대감님 이레 오십서!"

---

178) https://gubi.aks.ac.kr에서 내려받은 파일을 여러 차례 자세히 들어보면, '앗아다 놘(집 어다 놓다)'이 아니라, 분명히 '앗다 놔네(가져다 놓다)'로 발화하였음을 알 수 있다. 여기서 두 가지 사항이 분명해질 필요가 있는데, 하나는 어간이고, 다른 하나는 종속 접속 어미이다.

　(1) 이 방언에서 동사 어간 '앗다'는 공통어 '갖다, 가지다' 및 '앉다'를 가리키지만, 이들은 서로 활용 모습이 다르게 나온다. '갖다'는 뜻은 '앗언네(갖고서)'로 활용되지만, 반면에 '앉다'는 뜻은 '앚아네(앉아서)'로 활용된다. 아마도 '가지다'에서 '갖다'로 줄어 들고 초성이 탈락되었더라도, 두 번째 음절의 'ㅣ'는 그대로 심층에 보존되어 있기 때문 인 듯하다.

　이 방언에서도 공통어 낱말 '빼앗다'에서 찾을 수 있는 '앗다'도 관찰되는데, '빼어 앗다'로 쓰이며(자동적 음운규칙의 적용 결과 '빼여앗다'로 동화됨), 남을 속여서 빼앗 는 것을 '속여 앗다, 쎅여 앗다'라고 말한다. 이 경우에는 특히 '집다'라는 뜻을 더 담고 있으므로, '앗아 불다(집어 없애 버리다)', '앗아 놓다(집어 놓다)'라는 합성어도 자주 쓰인다. '앗다(갖다)'는 소유나 보관의 뜻을 기본으로 하겠지만, 여기에 쓰인 '앗다'는

ᄒ니, "에이, 이디나(이곳이나) 가서 조곰(조금) 쉬다가 갈까?" 허연 그디 간. 구비2 양형회, 남 56세: 41쪽

-다가: 허여서 뒷날은 지게에 돌을 지어다가 그 ᄃ릴(다리를) 박았다 허여. 구비1 임정숙, 남 86세: 144쪽

-다가[장소 이동] -다가[시간 경과] -으라: "물을 ᄒ 사발 떠다가 쇠 질맷가지(길마+가지) 아래 곱졌다가(숨겼다가) 괴양(고이) (다시 원래 샘터에다) 비우라! 그러문 살 수가 잇다." 구비2 양구협, 남 71세: 656쪽

-다가[장소 이동] -앗는디 -으난 -는다 말이어: 이 말은 들은 밧(밭) 가는 노인이 (행기물에서) 물을 떠다가 쇠 질맷가지(길마+가지)에 놔 뒷는디, 그놈(중국 지관 고종달)이 오난, 물을 못 찾는다 말이어. 구비2 양구협, 남 71세: 656쪽

-다가는: 이제는 이걸 파 헤치다가는 이렇게 사름(사람)으로 변색(變色, 變身의 잘못)ᄒ곡 벨 지랄(別 짓)을 ᄆ(모두 다) ᄒ는 놈덜(여우들)이니까 사름이 상 (傷)ᄒ게 된단 말이어. 구비2 양형회, 남 56세: 39쪽

-다고 (하면서) 떠난0: 춫이레 간다고 나사서(나서서) 가는디, 물론 호랭이 많이 나니까 호랭이 많이 나는 디 가 본다고 (하여서, 하면서) 산중으로 떠난. 구비2 양구협, 남 71세: 642쪽

-다고0 [전하다, 판단하다, 확신하다]: [침략 전쟁에서 이기기 위해서] 우선 철저ᄒ 사름(사람)이 [우리나라에] 잇다 ᄒ면은, 이 사름덜을 무슨 꾀로 어명 햇든지, 춤(참) 죽열 부나(죽여를 버리나) 치와(치워 ø, 없애 ø) 버려야 즈기네(자기네 들, 일본 장군 소서행장과 가등청정)가 일을 ᄒ겟다, 이런 생각을 들어왓다고 [전한다, 판단한다, 확신한다]. 구비3 김재현, 남 85세: 325쪽

-다고0: 그것도 경허여 나기로(그렇게 하였었기로) 전설이 ᄂ려 오랏다고. 청중 웃음. 구비2 양형회, 남 56세: 27쪽

-다고0: 믈(말)이 하나도 없이 도망가 불엿다고. 구비3 김재현, 남 85세: 259쪽

손으로 집다 또는 **뺏**다는 뜻을 우선적으로 지니고 있는 듯하다. 설화 속의 상황 맥락에 서는 술을 가져다 놓는 대목이므로, '앗다'보다는 '앚다'를 쓰는 것이 더 적합하다.

(2) 다음 종속 접속 어미에서 '-아'의 유무로 나뉘는 '-∅다가'와 '-아다가'는 의미 자질이 서로 다름에 주목해야 한다. 어간에 직접 붙은 '-다가'는 중간에 사건이 마쳐지 지 않은 채 전환됨을 나타낸다. 그렇지만 '-아다가'는 선행 사건이 종결된 뒤에 다시 다른 사건으로 이어짐을 가리킨다. '죄인을 잡다 놓치다'(잡는 동작이 도중에 중단됨) 와 '죄인을 잡아다 벌 주다'(잡는 동작이 다 완결된 뒤에 다른 사건으로 이어짐)를 비교 해 보면 이런 차이를 금새 알 수 있다.

여기서는 원래 화자의 녹취를 들으면서, '앗아다 놘(집어다 놔서)'를 '앚다 놔네(가져 다 놔서)'로 고쳐 놓았다.

-다그네 -을 게라?: "내 지은 쥅(죄는) 엇는디(없는데), 무사 오랜 했인고?(오라고
하는고?) 갓다그네 무슨 욕이나 들어질 게라?(듣게 될 것인가?)" 구비3 김재현,
남 85세: 43쪽

-다그네 가주뭐: "내버려 뒹 가민(내버려 두고 가면) 나 먹을 만이(만큼) 먹다그네
남은 건(것은) 나(주인공 막산이) 쉬엉 가주뭐!" 구비3 김재현, 남 85세: 29쪽

-다그네 -고 -고 -거든0: 아, 경(그렇게) ᄒ니(하니까) 군수나 제주 목스(목사,
제주목의 최고 책임자)나 [천주교 신자를 처벌할] 권리가 없어요. 다음부턴
거(그거) 심어다그네(잡아다가) 뭐 처벌도 주지 못ᄒ고, 뭐 말도 못 ᄒ고 내
부리거든(버리거든, 버려 두거든). 구비3 김재현, 남 85세: 364쪽

-다그네 -고 -앗젠0: "환자는 동토(동티), 동토 병이우다. 저, 낼라그네(내일일랑)
의원 ᄃ라다그네(데려다가) 파종ᄒ고(腫氣를 도려내어 없애고) 뇌종(??뇌종양)
낫젠0(났다고)." 요샛말로 파종ᄒ곡, 뇌종 낫젠0. "동토로 다시리면은(다스리
면, 치료하면) 벵은 좋구다!" 구비3 김재현, 남 85세: 148쪽

-다그네 -곡 -앙 -다그네 … -아그네 ᄒ다: ᄌ기(자기)는 무시 걸(무슨 것을)
보고 [남의 말과 소를] ᄀ꾸와(길러, 풀을 먹여) 주느냐면은, 저물도록 ᄀ꾸우
다그네(가꾸다가, 풀을 먹이다가) 낮이(낮에) 물 잘 멕여 주곡, ᄎᆞᆯ(꼴, 풀) 좋은
디(곳에) 강(가서) 멕이다그네(먹이다가), 그 일 ᄒᆞ는 사름(사람, 남의 마소를
돌봐 주는 '목자')이 ᄌ기(자기) ᄇᆞᆺ(밭)도 엇는(없는) 사름이거든. 남이(남의)
ᄇᆞᆺ(밭)이라도 그 보리나 좋암직ᄒᆞᆫ ᄇᆞᆺ(밭)이 놀고 있는 ᄇᆞᆺ이 잇주게(있지+화용
첨사 '게', 있게 마련이지) … 그 여름 농ᄉᆞ(농사, 경작) 안 해그네(하여서) 내
분(내 버린) ᄇᆞᆺ(경작하고 나서 땅힘을 북돋기 위해 묵히고 있는 밭), 그걸 번해
그네(경작하여, 翻하여서) [흔다, 농사를 짓는다]. 구비3 김재현, 남 85세: 353쪽

-다그네 -앗입주: [김치 포기를 절이려고] 그 저, 바당물(바닷물) 질어다그네(길어
다가) ᄎᆞᆫ물(짠물, 소금물)이라고 썻입주. 구비3 김승두, 남 73세: 113쪽

-다그네 -앙 -아그네 젠 ᄒ다: "읍서(오십시오), 해 보게!" ᄒᆞ멍(하면서) 손 붙정
(붙여서, 시작하여서) 어떵어떵ᄒᆞ다그네 싸움(패거리 싸움) 일루왕(일으켜서)
모다들어그네(모여들어서) 때려 부수젠(부수자고) ᄒᆞ는 거주(것이지). 막 덤비
젠(덤비자고) 해 가나네(가니까) "허, 촘(참) 무관ᄒᆞ오. 할 줄 모르는구나마는,
조끔(조금) 잇이면은 내가 의복이라도 ᄃᆞᆫᄃᆞ니(든든히) 입고 해서 홀 테니까,
조끔 잇이라!"고. 게나(그러니까) [시비를 건 상대방 쪽에서] 잇엇어(조금 기다
리고 있었어). 구비3 김재현, 남 85세: 219쪽

-다그네 -앙 -으켄 했이매 어떵ᄒᆞ우꽈?: "너 ø 이레(이쪽으로) ᄆᆞᆯ(말) 매어 두고

[큰굿을 하는 집에] 가그네(가서)『대정(조선 때 3분 행정구역 중 대정현) 심방 ø(무당) 넘어가다네「구경해영(구경해서) 가켄(가겠다고)」했이매(하고 있으므로) 어떵ㅎ우꽈?(어떻게 합니까)』경 ㅎ영(그렇게 말을 하고서) 허가 받앙(받고서) 오라 봐!" 구비3 김재현, 남 85세: 147쪽

-다그네 -으민 -젠?: "경 ㅎ다그네(그렇게 하다가) 조방장 ø(助防將, 해안 방위 책임자) 알민(알면, 자신이 조방장 부인과 같이 잤다는 사실을 알면) 어떵 ㅎ 젠?" 구비3 김재현, 남 85세: 91쪽

-다그네 -은다 -아사 홀 거여: "야(애야), 그것 물(말이, 둘이서 타고 가는 말)이 있다그네(조금 있다가)「부룩부룩!」(부르르부르르 몸을 떠는 모양) ㅎ다. 느(너의) 몸을 나(내) 몸더레(몸쪽으로) 조곰(조금) 의지해사(해야) 홀 거여!" 구비3 김재현, 남 85세: 49쪽

-다그네 -ㅎ는 거0: [조사자에게 묻기를] "남방애(나무 방아) 알아지는가?, 남방애!" ᄉ방(사방)에서 영(이렇게) 모다다그네(모여다가) 여자덜 절귀질(절구질) ㅎ는 거! 셋도 ㅎ곡, 다섯도 ㅎ곡, ᄋ섯도 ㅎ곡 ㅎ는 거 잇잖여? 구비3 김재현, 남 85세: 33쪽

-다그넹에: "저건 어떤 돗(돼지)냐?" ㅎ니, "새끼덜을 산에 강 멕이다그넹에 어둑으면 다 들어온다."고. 구비1 안용인, 남 74세: 165쪽

-다네 -는디: 채구석(蔡龜錫, 1850~1920)이ㅎ고 삼장군(三將軍)ㅎ고 나라에서 불러다네(불러다가) ᄉ형(사형)을 시켜 가는디, 채 대장은 살고 왔어. 구비3 김재현, 남 85세: 373쪽

-다네 -아네 -앗저: "기영 저영(그렇게 저렇게) 오다네 그만 그년(기생)덜 쏨씨(솜씨)에 들어네, 기자(그저) 난잡(亂雜)ㅎ게 놀아졋저!" 구비2 양형회, 남 56세: 43쪽

-다네 -아도 -지 못ㅎ고 -는디 -단 -으난 -아네 -없어: 사능ㅎ다네(사냥하다가) 저물아도(저물어도) 무시거(무슨 것, 아무 짐승도) 잡진(잡지는) 못ㅎ고 돌아오는디, 오단 보난(오다가 보니까) 자왈(돌이나 자갈들이 널려 있어서 자연스럽게 가시나무나 잡목들이 무성하여 쓸모없는 땅으로 버려진 지대) 트멍(틈새)에 누게가(누군인가가) 사슴인가 노린가(노루인가) 잡아네(잡아서) [가죽을] 벳겼어(벗기고 있어). 구비3 김재현, 남 85세: 168쪽

-다네 -안0: (중국 지관 고종달이 샘물들을 막아 버리려고 한라산 혈들을) 단 : (다는) 못 떳주. 뜨다네(생수를 막으려고 혈을 뜨다가) 버쳔(힘이 부쳤어, 지쳤어). 구비2 양구협, 남 71세: 657쪽

-다네 -앙 -앗어: ᄒ다네(그러다가, 그렇게 하다가, 굿을 하다가) 영(이렇게) 해영 (하여서) 산(算, 점치는 산가지) 놔 봤어(놓아 보았어). 구비3 김재현, 남 85세: 148쪽

-다네 -엇어: 물에 틔운(띄운) 배를 「오곳오곳」(고스란히, 오롯이) 혼자 들러다네 숨부기(순비기나무) 왓(밭)이라는 그 ᄆ른(마른) 밧듸(밭에) 풀 난 우터레(위쪽 으로) [덕판배들을] ᄆ딱(모두 다) ᄌ근ᄌ근(차곡차곡) 줏어다 놔 불였어(버렸 어). 구비3 김재현, 남 85세: 39쪽

-다네 -으난 -다그네 -으켄 ᄒ멍…: "간 보난 사름은 하나토(하나도) 엇고(없고), 지만(자기만) 간, 논뚝 베연 누어 자다네, 점심 먹으랜 ᄒ난, 먹다그네 남으민 가쟈 오켄 ᄒ멍, 일도 아니 ᄒ고 그자 누엇입데다"고. 구비3 김재현, 남 85세: 29쪽

-다네 -으멍 -읍서: 오다네(오다가) 길 옘(옆, '어염[於廉]', 모서리에) 집더레(집쪽 으로) 기어들멍 "이레(이쪽으로) 옵서(오십시오), 이레 옵서!" "무사(왜, 무슨 일로) 그레(그쪽으로) 갑니까?" 구비3 김재현, 남 85세: 160쪽

-다네 -인지 몰르되 -단 -으니까니 -으니까 -고 -아그네 -야겟다 -앙 -쿠과?: 어디, 저 동의(동쪽에) 간(가서) 오다네(오다가) 어디 정원디 동 모관인지 몰르 되 … 물 타고 오단 보니까니 길 밑에 큰굿 ᄒ는 집이 잇이니까 … "아, 거 배 고프고, 이 굿ᄒ는 디(데) 가그네(가서) 점심이나 ᄒ 번 얻어먹어 봐야켓다!" "굿 ᄒ는 디 강(가서) 어떵 얻어먹쿠과?" 구비3 김재현, 남 85세: 147쪽

-다네(앗다네) -엇던 모냥이주0: 그 물 담아 놨다네(담아 놓았다가) 영장호(營葬 한, 무덤 쓴) 동산 앞의(앞에) 집을 짓엇던 모냥이주(모양이지)0. 구비3 김재현, 남 85세: 81쪽

-다는디(다ø는데): "아니, 조은(조[粟]는) 설민(설면, 익지 않으면) 손해가 된다는 디, 이치룩(이처럼) 선(익지 않은) 졸(조[粟]를) 미시거(무슨 것) ø ᄒ젠 비랜(베 라고, 수확하라고) 햇닌(하는고라고, 해+앖+니+은) [의심스럽게 여기었다]." 구비3 김재현, 남 85세: 276쪽

-다니: "이 굿을 ᄒ다니, 무엇을 위해 가지고 굿을 ᄒ느냐?" "아, 거(그거) 귀신, 광정당에 귀신을 위ᄒ고…" 구비3 김재현, 남 85세: 104쪽

-다서 -고 -고 -다서 -읍주0: 처음은 맛 보면서 영(이렇게) 어중어중ᄒ다서(어중 간한 태도를 보이다가) 다소 드린 것을 다 먹고, 드린 것을 다 먹고, 그자(그저) 거기서 놀다서 떠나십주(떠났읍지요). 구비3 김재현, 남 85세: 127쪽

-다서 -고 -앗거든0: 그놈으(그놈의) 내(냇물)가 오다서(내려오다가) … 알러레

(아래쪽으로) 굳작(곧게) 흐르질 못ᄒ고, 군산(서귀포시 안덕면과 중문면 사이에 있는 기생화산) 뒤으로(뒷쪽으로) 서러레(서쪽으로) 흘러버렷거든. 구비3 김재현, 남 85세: 53쪽

-다서 -는 접주: 정의(옛날 정의현) 이쪽에 오면은 그 춤(참) 베인태(邊仁泰, 관청 노복)가 신(짚신)을 멧 배(몇 켤레씩이나) 갖다서(가져다가) 내놓는 접주(것입죠). 구비3 김재현, 남 85세: 135쪽

-다서 -는디 -아져 버렷거든0: 경(그렇게) ᄒ니(하니까) … 옛날 땅이 저 한라산으로 꼴챙이가 영(이렇게) 흘러오다서 난드르러레(서귀포시 안덕면 대평리 쪽으로, '나다'+은+들+더레) 흘러가는디, 군산의(서귀포시 중문면과 안덕면 경계에 있는 해발 334미터의 기생화산+에) 오라서(와서) 「팡!」(의태어, 크게 터지는 소리)ᄒ게 들어 앉는 ᄇ름에 그만 그 냇물이 막아져 버렷거든. 구비3 김재현, 남 85세: 54쪽

-다서 -단 -안 -앗인가?: ᄒ난(그러니까, 강훈장 집이 어딘지 물으니까) ᄒ 사름(한 사람)이 듣다서(듣다가), 「강훈장(훈장 강태종)이 댕기단(다니다가) 어디 간(가서) 장난이나 햇인가?」[일동 웃음] "이디(여기에) 무당은 없는디, 얼굴이 어떻ᄒ 무당입데가?" "아멩아멩ᄒ연뭐(아무러하고 아무러하여서+뭐) 도포(道袍) 입고 ᄒ 무당입데다." "요 집의(집에) 강(가서) 봅서!(보십시오) 기산디원(그런지+화용 첨사 '원', 그+계사 '이다'+사[야]+은지, 과연 그런지+원) 어디원…" 구비3 김재원, 남 85세: 149쪽

-다서 -단 -앗주게: 죄인들을 심어다서(붙잡아다가) 황새왓(제주시 화북2동 황사평)인가 어디 심어단(붙잡아다가) 다 뒤창(양손을 등 뒤로 모아) 절박ᄒ멍(결박하면서) 앉혓주게(앉혔지+화용 첨사 '게'). 구비3 김재현, 남 85세: 372쪽

-다서 -당: 그 물속에 잇는 은어를 꼭 두 갤(개를) [작살로, 소살로] 질러요(찔러요). 두 개를 질러 오다서(오다가) 누가 봐 가지고 "어, 거 괴기(물고기, 은어) 먹음직ᄒ다!" ø ᄒ민, "갖다(이것을 가져다가) 먹으라!"고. 또 [서귀포시 강정마을 강정천에] 돌아가서, 다시 가서 질러요(작살로 은어를 찔러요). 질렁(찔러서, 은어를 작살로 잡아서) 오당(오다가) 또 누게가(누구가) 군소리ᄒ면은, 그 사름ø(사람에게) 줘 불여(버려). 부정ᄒ다고 말이어(부정 탔다고 말이야). 구비3 김재현, 남 85세: 195쪽

-다서 -아 가지고 -고 -곤 햇는디: 처음 살다서(살다가) 말짜인(末次에는) 츠츠(차차) 동네가 커져 가지고 이제 사름(사람) 사는 디 올라오고, 다른 디 사람덜도(사람들도) 다 가곤 햇는디, 에 그 동북쪽에 오ᄆ록ᄒ(움푹한, 오목한) 땅에

정씨가 살면서, 어떤 육짓(육지에서 온) 중이 왔어요. 구비3 김재현, 남 85세: 292쪽

-다서 -아 가지고 -앗어: 그 물(샘물)을 떠다서 와 가지고 쇠질매(소길마)를 놓어. 쇠질매를 놔. 경 ᄒ니(그렇게 하니까) 꼬부랑 낭(나무) 아니라?(반문, 아니겠소?) 구비3 김재현, 남 85세: 188쪽

-다서 -아 가지고 -자고 말이어: 홍로(서귀포시 서홍리)를 왔어요. 남원(서귀포시 남원읍) 쪽으로 오다서(오다가), 고종달이가, 호종단(胡宗旦, 12세기 고려 예종 때 귀화하여 좌정언 등을 지낸 중국 복건성 사람)이가 홍로를 오라 가지고 물혈(솟아 나오는 샘물 구멍)을 떠 보자고 말이어. 오란(와서) 보니, 물혈이 없어, 물이 없어! 구비3 김재현, 남 85세: 186쪽

-다서 -으니 -앗다가: ᄉᆞ또(사또)가 순시(巡視)ᄒᆞ다서 그 집안엘(에를) 드니, 뭐 츰(참) 어느 무뚱(문이 있는 출입구의 주변, 門+ㅅ+도+웅)에 영(이렇게) 삿다가(섰다가, 서 있다가) 뭐, 지나는 것도 아니고 아마 집안 안에 들어갈 때에말 입니다, 물론 환영도 홈(함)뿐 아니라, 단 일배주(一杯酒)랄까, 츰 거기 ᄉᆞ또(사또)에 ᄒᆞ는(대접하는) 식(법식)도 잇일 겝니다(있을 것입니다). 구비3 김재현, 남 85세: 125쪽

-다서 -으니까 -아 가지고 -곡 ᄒᆞ젠 영 건드리니까 -ᄒᆞ다ø 말이어: 삼일을 지두리다서(기다리다가) 삼일째는 일자(날짜, 성복하는 날짜)가 해당되니까 이제는 모든 걸 손 봐 가지고, 에 츰(참) 대렴(大殮)도 ᄒᆞ곡 ᄒᆞ젠 영(이렇게) 건드리니까, 아 「움직움직!」(의태어, 움찔움찔) ᄒᆞ다말이어, 삼일째! 구비3 김재현, 남 85세: 222쪽

-다서 -으니까 -으켜 -으켜 했이난: "나는 [잘못된 일을] 이러이러 ᄒᆞ다서(하다가) 좀 걸리니까(관청 옥에 붙잡혀 있으니까), 관청에서 나를 거(그거) 죽이켜 뜨리켜(죽이겠다 때리겠다) 했이난(하고 있으니까) … [나를 관청 옥에서 나갈 수 있도록 도와 주시오]" 구비3 김재현, 남 85세: 363쪽

-다서 -으니까니 -으니까 -으니까 -는 거라: 아, [파종하고 집으로] 돌아왔다서(왔다가) 거 흔 돌(한 달)이나 되니까니 가 보니까, [메밀 싹이] 하나씩 하나씩 난(피어난) 놈(것)인디, 원처(워낙) 씨는 죽아도(파종한 양이 작더라도) 걸름(거름)을 많이 놓아 놓니까, 이놈(메밀싹)이 홀륭케 크는 거라. 구비3 김재현, 남 85세: 283쪽

-다서(다가): "당신네안티(한테) ᄌᆞ유(자유)를 맽겻다서(맡겼다가) 혹 관청에서 무신(무슨) 말이 잇이나(있거나) 일이 잇이면(있으면) 그것은 염려 없다.… 권

리가 잇이니 외국서 온 사름(사람)이노라." 구비3 김재현, 남 85세: 362쪽

−다서(다가): 옛날 정씨가 사계(서귀포시 안덕면 사계리)에서 나 가지고(태어나서) 살다서(살다가) 대포(서귀포시 대포동)로 와서 산 사름이어(사람이야). … 사계서 살렴(살림)을 살다서 여기 온 사름이라(사람이다). 구비3 김재현, 남 85세: 296쪽

−다서(다가: 중간 길에서 전환되는 사건 전개, 사건 전환): 풍선(風船)을 타 가다서 풍파를 만났는데, 쪼고마흔 쪼꼼만흔 섬이 있거든. 구비1 안용인, 남 74세: 129쪽

−다서: "내가 행장을 출려야(차려야) 가지!" "흐저(어서) 글읍셴!(갑시다고)" 아마도 독촉흐연ㄱ라(하였기 때문인지), 체시(차사, 저승 차사)가. 경흐난(그러니까) 술 갖다 놓고 조금 잇다서(있다가) "나를 눅지라!(눕히어라)" 흐난(하니까) 그자(그저) 죽은 거우다(것입니다). [웃음] 그잣(그저+ㅅ) 양반덜(들) 아닙주. 구비3 김재현, 남 85세: 145쪽

−다서: "너 따위 힘으로써 그런 짓 흐다서(하다가) 어느 경우에 남안티(남한테) 맞아 죽어!, 「내가 힘 쎄노라!」 해영 다른 사름안티(사람한테) 덤비당(덤비다가)." 구비3 김재현, 남 85세: 209쪽

−다서: 게난(그러니까) 이놈덜이(이놈들이) 비롱이(마치 구멍이 뚫리듯이 눈을 크게 뜨고 빠끔히) 배리다서(바라보다가) 대답도 안 흐고 그냥 다 가 부는(버리는) 거라. 구비3 김재현, 남 85세: 218쪽

−다서: 그 물건 일름(이름)이 사름 일름(사람 이름)을 따다서(따다가) 맨든 거라. 구비3 김재현, 남 85세: 235쪽

−다서: 그러다서(그렇다가) 감목관 선세가[179] 다행히 그, 저, 그이네(감목관 집안)

---

179) 임진왜란이 일어나자 군마들이 부족해졌는데, 서귀포시 남원읍 의귀리(속칭 '웃귀'인데, 속설에는 임금이 내린 비단옷에서 나왔다고 함)에 살던 김만일(金萬鎰, 1550~1632)이 1594년(선조 27년)에 자신이 기르던 말 5백 마리를 헌납하기 시작한 뒤, 광해군 때까지도 지속적으로 군마를 헌납하였다. 나라에서는 특별히 김만일에게 벼슬(선조 때 동지중추부사, 광해군 때 오위도총부 총관)을 내렸고, 장남 김대성, 차남 김대명, 장손 김려에게도 벼슬을 내렸다. 10곳의 국마 목장 이외에도, 1658(효종 9)년 제주 목사 이괴(李襘)의 건의에 따라 나라 땅을 포함하여 녹산장(鹿山場, 남원읍 윗쪽)·상장(上場, 표선면 윗쪽)·침장(針場, 조천읍 윗쪽) 세 곳을 「산마장(山馬場)」으로 만들고, 김만일의 셋째 아들 김대길(金大吉, 1608~1668)을 감목관(監牧官, 목마 감독 관원)으로 삼아 세습해 주도록 청하고 허락을 받았다. 이것이 2백여 년 넘게 지속된 감목관 세습 제도의 시작이며, 1794년(정조 18년) 제주 목사 심낙수가 정한 산마장의 「목장 신정 절목(牧場新定節目)」이 제주도 문화재 자료(제11호)로 지정되어 있다(제주도 민속자연사박물관 소장).

덕을 봐 가지고 집턴지(집터인지) 몰 혈(馬穴)이지, 산터(묏자리)인지, 그디…
구비3 김재현, 남 85세: 179쪽

-다서: 그러면 그 분네덜이(들이) 와서 흔 번 초두순시(初度巡視)ᄒ고, 정ᄉ(政事)
를 ᄒ고 지나다서(지나다가, 지내다가) 만 삼년이면 ᄌ동적(자동적) ᄉ직(辭職,
이임)을 ᄒ고 들어간다(자기 고향으로 되돌아간다). 구비3 김재현, 남 85세:
124쪽

-다서: 새가 놀아가다서(날아가다가) 곡식 밧(밭)을 봐 지니까, 곡식 줏어(주워)
먹자곤(먹으려고 하여, 먹자고 하여 앉는 형치라(形態이다). 구비3 김재현, 남
85세: 227쪽

-다서: 홍로(서귀포시 서홍동)를 왓어요, 남원(서귀포시 남원읍 남원리) 쪽으로
오다서(오다가), 고종달이가! 호종단(胡宗旦, 12세기 고려 예종 때 귀화하여
좌정언 등을 지낸 중국 복건성 사람)이가 홍로를 오라 가지고 물혈(수맥혈,
샘)을 떠 보자고말이어. 구비3 김재현, 남 85세: 186쪽

-다서[배경]: 메칠(며칠) 잇다서(있다가) 다른 사름(사람)이 그렇게 순산(順産)ᄒ
지 못흔 사름이 그 동네 잇어(있어), 그 문 지두리(지도리) 싸 멕여난(먹였던)
동네에. 구비3 김재현, 남 85세: 76쪽

-다서[전환, 사건 중단 후 바뀜]: 어떤 뜬(다른) 동네에 잉보(孕婦)가 아이 밴 사름
(사람)이 아이를 낳다서(낳다가) 순산(順産)이 못 되어 가지고 하도 곤란ᄒ니까
그 가속(家屬, 가족)으로부터 왓어. 구비3 김재현, 남 85세: 75쪽

-단 -거든0: 각시 둘아단(데려다가) 의논ᄒ였거든. 구비2 양구협, 남 71세: 627쪽

-단 -나네 -고 -엇어: "나만 오라네(와서) 일 ᄒ젠(하고자) ᄒ단(하다가) 긔자(그
저) 나만이고 ᄒ나네, 일도 아니 ᄒ고 누엇어(누었어)!" 구비3 김재현, 남 85세:
29쪽

-단 -나네 -앖어: 동넷사름(동네사람)은 새벡의(새벽에) 불 담으레(담으러) 오단
(오다가) 보나네(보니까), [그집 바깥주인이] 지붕 우의(위에) 산(서서) 움직움
직 햆어(하고 있어). "거(그거) 무사(무슨 일로, 왜) 새벡의(새벽에) 지붕 우의
(위에) 올릅데가?" "호박 타레(따려고)" [청중 웃음] 구비3 김재현, 남 85세:
178쪽

-단 -단 버치니까: 게(그게, 그렇게) ᄒ단 ᄒ단 버치니까(하다가 하다가 힘에 부치
니까), 대정 군수가 상무소라 흔 회(會, 단체, 모임)를 꾸몃소.

-단 -단 -으니 -아 불어: 기여니(그러니) 이젠 춧단 춧단 버치니(힘이 버거우니,
지치니) 그냥 떠나불어. 그 물 이름이 「행기(行器, 行祭 器皿의 줄임말로 두껑

덮는 놋그릇) 물」이라고 ᄒ여. 구비2 양구협, 남 71세: 653쪽

-단 -단 -으니: 이젠 춧단 춧단 보니, 즈기 어멍(어머니) 일름(이름)이 화탕지옥(火湯地獄)에. 화탕지옥도 두 가짓 모양이어. 구비1 안용인, 남 74세: 180~181쪽

-단 -단: ᄯᅩᆯ이 섯인디(셋인데), 할망도 똑 봉급 타단 놔 뒷단, 엿날, 다 먹어지니, 어디 강 어디 심바람(심부름)도 좀 ᄒ여 쳥 ᄒ 때(한 끼) 얻어먹엉 오곡, ᄯᅩᆯ덜토(딸들도) 내어놔서(집밖으로 나가서) 어디 강 남으(남의) 일 쳥(남의 일을 맡겨 줘서) 얻어먹곡, 할으방은 기영 해 나고랭(그렇게 했었다고, 해+나+고라+잉) (ᄒ여). 구비2 양구협, 남 71세: 645쪽

-단 -버리니 -안 보니 -난: 게서 그물이고 배고 뭐이고 믄짝(모두) 사스 뱃겻듸(옛 지도에 제주시 앞바다에 斜鼠로 적혔고, 그 바깥쪽에) 앗아단(가져다가) 들어 네껴 부니(들어 던져 버리니), 허허, 깨여난 보니 한라산이 아득ᄒ게 비추와 노난(비쳐 놓으니), "우리가 우린가?, 우리가 우리 아닌가?"(비몽사몽의 상황을 표현함) 허허허허. 구비1 안용인, 남 74세: 171쪽

-단 버치고 ᄒ니까니: 제주시에 가니까, 그놈덜(그놈들)이 알아 가지고 말이어, 쌉단(싸우다가) 버치고(힘에 부치고) ᄒ니까니(하니까), 성안(제주성 성문 안)에 간(들어 가서) 다 지키고 잇단 말이어. 구비3 김재현, 남 85세: 370쪽

-단 보난 -이라: 아, 깨니까니 몽(夢)이어. 생존으로 들어젓이카푸댄(들어졌을까 보다라고) ᄒ단 보난(하다가 보니까) 몽이라. 구비3 김재현, 남 85세: 106쪽

-단 보니 [사건 전환]: 밧 갈단 보니 할망이 점심을 얼른 아니허여 오고 ᄒ니, 배 고프니까, 밧 가는 쇠를 죽여 가지고 손콥으로 가죽을 벳겨서. 이젠 멩게낭(청미레넝쿨 나무) 허여 가지고 구윘어. 다 먹단 보니 부족허엿어, 쇠 ᄒ 머리가. 구비1 안용인, 남 74세: 147쪽

-단 보니(ᄒ다가 보니까): 경ᄒ디 이제는 그렇게 이제는 거시기 허엿어. ᄒ단 보니 그때는 쇠(소) ᄒ 머리썩을 허영 제공허여낫는디, 이젠 간소화허여 가지고 도야질(돼지를) 잡아 가지고 제(祭)를 지낸단 말이우다. 구비1 안용인, 남 74세: 150~151쪽

-단 보니 까 -으난: 부근에 댕기단(다니다가) 보니까 밧(밭) 가는 노인이 잇단 말이어. 밧 가는 노인이 잇이난 이 노인보고 "당신 여기 저 아무 곤데(군데)… 물이 잇는디, 그 물이 어디 갓이까요(갔을까요)?" 구비3 김재현, 남 85세: 186쪽

-단 -안: 겨니 저 (남제주군) 사름들은 걸엉만(걸어서만) 올랴고 허엿단 말이어. 북군(북제주군)에서는 ᄆᆞᆯ 타 앗언(타 갖고서, 타고서), ᄆᆞᆯ로 탄, 막 중간 숫지(?) ᄃᆞᆯ리단 ᄆᆞᆯ에서 느련 걸언 가니, 지경(地境)을 많이 먹어 불엇주, 북군에서 남군

보단. 구비1 안용인, 남 74세: 183쪽

-단 -안 -고 -아 버리다: 떠나면서 실짝(모른 척) 넘어가단, 어패(御牌)만 슬짝(살짝) 빼어 놔 베와(보여) 두고 기냥 떠나 버리니, "하, 이거 큰일 날 뻔 허여졌다!"고. 구비1 안용인, 남 74세: 167쪽

-단 -안 -난 없어졌어: 걸(그것을, 팽나무를) 대접 아니허여 두고, 기냥 걸어가단 그디(거기에) 간 보난 아무것도 없어졋어. 구비1 안용인, 남 74세: 174쪽

-단 -안0: 그냥 덮엇어(덮었어). 이젠 큰 돌을 오몽 못ᄒ게 둥그려단, 그레 놘. 구비2 양구협, 남 71세: 620쪽

-단 -안0[-안, 시상 일치]: ᄀ만이(가만히) 간(가서) 숨엇단, 춤 똥 믄(모두 다) 싼. 구비3 김재현, 남 85세: 41쪽

-단 -앗어: 흔저(빨리, 어서) 가서 이젠 사발로 ᄒ나 떠단 질맷가지(길마+가지) 아래 놓어. 영(이렇게, 놋그릇 두껑을) 엎어놔. (길마 아래 숨겨서) 그디 「톡!」 놓어. 구비2 양구협, 남 71세: 653쪽

-단 -으난 -안0: 춧이레(춫으러) 가는디, 산중(山中)으로 나가는디, 가단 보난 큰 반석(盤石)에 호랭이가 「턱!」 앞안(앉앗어). 구비2 양구협, 남 71세: 643~644쪽

-단 -으난 -안0: 허, ᄒ단 보난(하다가 보니까) 얼굴을 대(對)허연, 허허허! 구비2 양형회, 남 56세: 30쪽

-단 -으난 -엇젠: 나중에 멧(몇) 개월 잇단 그 개가 죽으난 굳이(같이) 간 묻엇젠(ᄒ여). 구비2 양구협, 남 71세: 672쪽

-단 -으난 -읍데다: "정심(점심)은 저, 저, 그자 조반도 좋지 못ᄒ곡 ᄒ여네(하여서), 먹단 보난 믄(모두 다) 먹어집데다(먹어졌습디다)." 구비3 김재현, 남 85세: 30쪽

-단 -으니 붙엇어: 「어떤 일인고?」 허연(궁금하여서) 오단 보니, 남에(팽나무에) 지랑지랑(주렁주렁) 다 걸어져 데껴 붙엇어(던져 버렸어), 하하하하. 구비1 안용인, 남 74세: 175쪽

-단 -으니 -안 -아 가고0: 겨니 여기서는 물 타 가지고서 건즘(거의) (경계점까지) 가도록 물 탄 둘리단, 막 그디 다달으니, 물에 내련 걸어가고.

-단 -으니 -았다: ᄒ연 (진국태 좌수가 처방한 약을) 굿단 (모친을) 멕이니 (병이) 좋았단 ᄒ는 말까진 들어봣어, 허허. 구비2 양구협, 남 71세: 616쪽

-단 -으멍 해여 둰: [수확한 조를] 믄(모두 다) 날라단(밭담 위로 날라다가) 돌ø 지들루멍(바람에 날리지 않도록 지질러 두면서, 동사 '지들우다, 지들루다'이며, '누들다, 눅들다, 누르뜨다'에서 공통 어근 '들'이 있음) 해여 둰(두었어).

느려(내려) 오는디, [바람이 너무 세차서] 사름(사람)이 상(서서) 걷는 사름이
엇어(없어). 김(기는 일, 기기)백인(밖에는). 브름(바람) 쎄연(드세어서, 세어
서). 구비3 김재현, 남 85세: 277쪽

-단 -은 디 -이라고: 「이거 춤 죽여 불젠 ㅎ단(죽여 버리고자 하다가) 놔 둔 디
다행이라」고 (생각했어, 여겼어). 구비2 양형회, 남 56세: 36쪽

-단 -은가? -단 -안 -안 -안 -난 낫어게: 경ㅎ난(그러니까) 누인(누이는) 상(서서)
베리단(바라보다가) "돌이 경(그렇게, 들어 얹힐 수 없이) 무거운가?" 치매(치
마) 입엇단(입었다가) 치매 「확!」(의태어, 급히 세차게) 언주완(두루 모아 거두
어 잡아서) 허리에 「꾹!」(의태어, 깊숙히) 찔러놓고 간0 「우꿋!」(의태어, 묵직한
물건을 통채로 사뿐히 들어올림) 들런 「통!」(의성어, 묵직한 물건끼리 둔탁하
게 부딪힘) ㅎ게 놓난, "저거 춤(참)… 아니, 무사(무슨 일로, 왜) 좃(자지) 아니
돋안(달안) 낫어게(태어났어+화용 첨사 '게', 안타깝다는 속뜻)" 구비3 김재현,
남 85세: 177쪽

-단(다가) -면은 -은 거여: 인제는(이제는) 민간에서는 아, 이 사름(사람)을 답달
ㅎ단(다그치다가, 단속하다가) 버치면은(힘에 부치면), 아, [고소자가] … 대정
사름이민(사람이면) 대정 군수안티(한테) 말ㅎ민(말하면), 아, 이젠 대정군에
서는 그 사름덜(사람들)을 불른(부른) 거여. 구비3 김재현, 남 85세: 362쪽

-단(다가): 이젠 홀 때는 아버지(시신)를 문 올아 가지고(서) 슬짝 빼여단 느릇배예
턱 실러 두고. 구비1 안용인, 남 74세: 128쪽

-단(다네)[이유] -은 게 아닌가?: 즈기네(자기네)가 ㄱ만서(가만이서) 생각해 보니
「정훈디안티(鄭訓導에게) 괴기(물고기) 안 풀아 줫단, 아마도 이 사름(사람)이
작폐(作弊)흔 게 아닌가? 헛일 삼아 가서 이제 말해 보자」고. 구비3 김재현,
남 85세: 39쪽

-단(았단) -이옌 ㅎ연 -안 -아 불언0: 그런디 그 아이덜도 「게문(그러면) 그 배남
(배나무)에 올라 보자!」고, 모딱덜(모두들) 배남에 올라갔단, 도독이옌 ㅎ연
심어간(붙잡아가서) 옥(獄) 속에 넣어 불언. 구비2 양구협, 남 71세: 623쪽

-단[배경, 사건 전환]: 정 안네(정낭 안쪽 마당에) 가난(가니까) 사능캐(사냥개)
두 개가 잇단(있다가), 「확확!」(급히급히 의태어) 클런(몸을 묶은 끈을 풀어서)
내 부난(내 버리니까, 내 버리자) 이젠, 그자(그저 마구) [여우한테] 둘려들멍
(달려들면서) 물어 잦히난(젖히니까) [본래 모습대로 되돌아온 것을 살펴보자]
여우라. 경(그렇게) 해연(해서) 여우 잡앗주. 구비3 김재현, 남 85세: 51쪽

-단[배경] -난[배경] -아네 -아네 -아네 -안 -단[중간 전환] -앖어: 흔 번은 오찰

방(吳察訪)180)이 어디 드르(들)에 댕기단(다니다가) 보난, 정훈딘가(鄭訓導인가) 흔 사름(사람)이 어디 외방(外方) 가네(가서), 집은 흔 거리(한 채) 사네(사서), 샌(지붕 덮은 새[茅, 띠]는) 말고 낭(나무)만 흔 짐을 끊어네, 지언 오단 밑에 밧디서(밭에서) 짐 진 냥(모습으로, 짐 진 채 그대로) 앚안 똥을 쌌어. 구비3 김재현, 남 85세: 40~41쪽

-단[사건 전환]: [씨름을 하여 정훈도가 오찰방을] 재기(재빠르게) 이겨 불쟁 ㅎ민 단작(당장) 정훈디(鄭訓導)가 이겨 불 게주마는(쉽게 이겨 버릴 것이지만), 실 구단(찡그리면서 상대방을 힐끗힐끗 쳐다보듯이 '홀기어 보다가') 정훈디가 그만 자빠젼(자빠졌어). 구비3 김재현, 남 85세: 43쪽

-단[중간 사건 전환]: "당신이랑 꼭 바른 대로 말해 줍서!"경 ㅎ난(그러니까) 그 사름(사람)이 들어웃단(들이웃다가) "불가불(不可不) 바른 대로 말 ㅎ주0(해 주지). 이거 논 문세(매매 문서)이로구나!" 구비3 김재현, 남 85세: 64쪽

-당 -고 -으니까니: 촘(참) 목ᄉ(제주목의 목사)로 오랑(와서) 살당(살다가) 가고 이러니까니, 동네 벗덜이카(벗들일까, 벗들이겠지라고 추정함) 어디 그 손님방 (사랑방)에 경청해 앚아서 그자(그저) 소일(消日)도 ㅎ고 심상(尋常)이 노는디 (놀고 있는데) 촘(참) 목ᄉ(제주목의 목사)로 오랑(와서) 살당(살다가) 가고 이 러니까니, 동네 벗덜이카(벗들일까, 벗들이겠지라고 추정함) 어디 그 손님방 (사랑방)에 경청해 앚아서 그자(그저) 소일(消日)도 ㅎ고 심상(尋常)이 노는디 (놀고 있는데)

-당 -곡 -당 -곡 햇다 말이어: [사돈집에 조문을] 가면 똑 무슨 지랄이 남직ᄒ니까, 가당(가다가) ᄀ곡(당부하여 말하고) 가당 ᄀ곡 멧 번을 부탁햇다ø 말이어. 구비3 김재현, 남 85세: 321쪽

-당 -는가? -당 -는가?: "여름 [더운 날씨에 밖에 있는] 소니까느 물을 멕일(먹일) 거 아니냐, [서귀포시 강정동 한효종씨가] 물을 제가[자기가, 스스로] 져당(지 어다가) 멕이는가, 소를 끌어당 멕이는가? 우리가 엿보자!" 구비3 김재현, 남 85세: 154쪽

-당 -당 -어+으라: 겨니, 이젠 (멸치 어로를 돕는 도깨비 귀신을) 대접허여 된, 조끔 잇이니, "이젠 져당 갈라당 먹어라!" 허허, ᄌ기가 ᄀ곡(말하고) ᄌ기가

---

180) 대정읍 보성리 출신으로 오영관(吳榮寬, 1694~1755)이며, 1722년 무과에 급제하였고, 전라도 장흥의 벽사 찰방을 지냈음. 제주연구원 제주학연구센터(2018) 『제주의 이야기 유산』(20~26쪽)에 이 설화의 줄거리와 그에 관한 기록들이 들어 있다.

대답ᄒ는 거라. 구비1 안용인, 남 74세: 169쪽

-당 -당 읍니다: 아니, 이디(여기에) (도깨비 귀신을) 모신 집덜 가당 오당 이렇게 많이 ᄒᄂ다. 남ᄌ(男子)가 없이면, (도깨비 귀신이) 턱 나와 가지고 기낭 덮어 놓고 허여. 구비1 안용인, 남 74세: 175쪽

-당 -더라ø 해도 -으니 홀 수 없다: "오늘은 나(내, 유향 좌수 이은성, 각주 176 참고)가 가당(가다가) 죽어지는 일이 있더라ø 해도, [관가에서 퇴청하여] 꼭 집의(집으로) 가야만이 홀 일이 잇이니, 홀 수 없다!" 구비3 김재현, 남 85세: 48쪽

-당 불어: 건(그것은, 도깨비불은) 사름의게 해(害)도 지치지(끼치지) 않고, 불만 쌍(켜서) 돌아댕기당 없어져 불어. 구비1 안용인, 남 74세: 176쪽

-당 -아 불까?: "아, 이거 춤(참), 어떻게 ᄒ면 좋을꼬?, 이놈(처녀의 아기)을 어디 져당 데겨 불까?(던져 버릴까?), 죽여 불까?" ᄒ다가, "사름의 새끼를 어디 그렇게 그렇게 홀 수 가 잇으리오? ᄒ 번 놔두서(놔 두면서) 본다!"고. 구비2 양형회, 남 56세: 35쪽

-당 -아그네 -으켜: 이제는 [한밤의 추위를] ᄒ썰(조금) 준디어 보당(견디어 보다가) 다시 [변인태가 노숙하는 데로] 가그네 [너무 추워서] "하이고, 죽어지켜!" 구비3 김재현, 남 85세: 91쪽

-당 -앙 -거나 ᄒ곡0 -앙 -거나 ᄒ곡0: 장 보레 가는 사름도 그레 올라오당 쉬엉 떡을 먹거나 밥을 먹거나 ᄒ곡, 똑 절로(저기로부터) 오는 사름도 그디서 쉬엉 밥을 먹거나 떡을 먹거나 ᄒ곡. 구비1 안용인, 남 74세: 213쪽

-당 -앙 -곡 -곡: 겨민(그러면) (젊은 색시로 변한 여우가) 갓당(갔다가) 또 오랑(와서) 막 알랑거리곡, 뭐 ᄒ곡. 구비2 양형회, 남 56세: 38쪽

-당 -앙 -곡0 -앙으네 -앙 -곡0: 이제사 노루가 나와서 절을 사름더레(자신을 숨겨준 사람에게) 들구ᄒ여(자꾸 해). 가당 또 이젠 담 우희 넘엉, 「꼬박!(꾸벅!), 꼬박!, 꼬박!」 ᄒ곡. 또 오랑으네 옷 물엉 둥기어(당기어) 가곡. 「거(그거) 이상ᄒ다」고 (생각했어). 구비2 양구협, 남 71세: 669쪽

-당 -앙 -는디 -앙 -고 -당 -민 불어: (도깨비 불이) 돌아댕기당 그디 강 꺼져 부는디, 사람에게 … 유혹시키는 바도 엇고, 불 쌍(켜서) 돌아댕기당 그디 가민 꺼져 불어. 구비1 안용인, 남 74세: 177쪽

-당 -앙 ᄒ는 날: 게난(그러니까) ᄉ환ᄀ라(사환에게, 사환에게 말하여) 미리 약속 ᄒ기를, 「그놈 오랑(와서) 만일 [우리가 죄를 준다고 그놈을] 때리게 되거들랑, 단단히 해여야지(해야 되지), 그 심(힘) 셴 놈ø 잘못ᄒ당 「ᄑ들락!」(의태어,

갑자기 구속된 상태에서 벗어나는 모습, '파닥파닥') 해영 흐는 날(구속에서 풀려 우리한테 복수하려고 달려드는 날)은, 춤(참) 당장의(당장에) 너 죽고 나 죽고 흘 게다(것이다).」구비3 김재현, 남 85세: 167쪽

-당 -앙으네 -으멍 -당 -앙으네 -카 부댄[이유] -을 판이라: "(어린 인삼을) 더 먹으문 안 되곡, (아버지는 여기에) 그냥 앚앗이문(앉아 있으면) 좀 나갓당 오겟입니다." 어디 강으네(가서) 동슴(童蔘) 흐레(캐러) 댕이멍(다니면서), 노동복(勞動服)으로 댕이당(다니다가) 오랑으네(와서), 사둔(查頓) 대흐기가 곤란흐카 부댄, 의복을 흔 벌 가지고 남펜(男便) 의복이영 씨아방 의복이영 ᄀ지고 나갈 판이라. 구비2 양구협, 남 71세: 650쪽

-당 -으라! -아당 -으라!: "… 츠례 몰르고 얼럾이난(상하의 차례를 모르고서 고관 행차 길 앞을, 辟除 명령에도 아랑곳없이 얼쩡거리고 있으니까), 심어당(붙잡아다가) 아무 옥방더레 넣어 두라!"고. 경흐연 이젠 (노인을 옥방에) 넣어 놓고는「음식이랑 잘 흐여당 주라!」고. 음식이랑 잘흐연 멕연. 구비2 양구협, 남 71세: 624쪽

-당 -으라: "아, 거 염려 없이 갖당(가져다가, 몰고 가서) 갈라!" 구비3 김재현, 남 85세: 356쪽

-당 -으민 -곡 -곡 다 그러는 겝주: 옛날 가당(사또 행차를 수행해 가다가) 신발이 떨어지민, 신 찝생기(짚신) ᄀ튼 거양(것+화용 첨사 '요', '양, 예, 야' 등 변이형태가 있음), 찝생기(짚새기) ᄀ튼(같은) 신발도 당(담당, 맡아서 조달)흐곡 비 온 날은 우장(雨裝, 우비)도 당흐곡 다 그러는 겝주(것입지요). 구비3 김재현, 남 85세: 134쪽

-당 -은다: "우리 집의 큰 노계(老鷄), 늙은 암툭인디, 둑을 수백 머릴 몰앙 나강 동네 집의 강 스론(사료는) 줏어 멕이곡(주워 먹이고) 알(卵)은 우리 집의 왕 난다!"고. "긔여당(그러다가) 어둑으민 다 몰앙 들어온다"고. 구비1 안용인, 남 74세: 165쪽

-당 -을 테이니: "우리가 문(제주 성문) ø 열잰(열자고) 흐당(하다가) 죽을 테이니, 걸(그것을) 어떡흐오(어떻게 하오)?" 구비3 김재현, 남 85세: 370쪽

-당 -자: 「이거 아미영 흐여도(아무래도) 갈 땐 돌아당 죽여 불자!」고, 늘랜 장군덜이니, 뭐 제ᄌ덜 멧(몇) 개 (덤벼) 들어 봣자, 건 뭐 의ᄋ(疑訝)엇이 해여 냉길(해쳐 넘길, 죽여 넘길) 걸로 각오흐고, 「곧 해여 냉겨 불자!」고. 구비2 양구협, 남 71세: 633쪽

-당(앗당) -면은 -주0: 어떤 사름(사람)이든지 생면흐영(生面하여서, 처음으로 마

주 얼굴을 보다) 앗앗당(앉았다가) [유향 좌수 이씨가] 눈 「펀찍!」(의태어, 번쩍) 트면은(뜨면은) 「쯤막!」(의태어, 깜짝, 가슴이 털컹 내려앉다) 아니 홀 사름(사람)이 엇주, 「쯤막!」 아니 홀 사름이 엇어(없어). 구비3 김재현, 남 85세: 136쪽

-당: 그 말 골젠 ᄒᆞ당(말하려고 하다가) 이레(이 이야기쪽으로) 돌아와졋저마는. 구비2 양구협, 남 71세: 662쪽

-당: 밧(밭) 안에 점심 그릇 가정(갖고서) 「툭!」(의태어, 갑자기) 기어드니까, 밧(밭) 한창 갈당(갈다가) 그자(그저) 쇠(소, 소를) 심은(잡아 움직이지 못하게 한) 후제는(後+적에는) 연장 「확확!」(의태어, 급히급히) 줏어 앗안(주어 갖고서) 싣거 가지고(실어 가지고) 집의(집에) 와 가지고, 쇠(소)는 정제(부엌) 목에 오랑(와서) 「딱!」(의태어, 단단히) 매어 두고, 안에 들어강 안으로 문 「딱!」(의태어, 단단히) 종간0(잠갔어). 구비3 김재현, 남 85세: 67쪽

-당[다가, 당으네, 당으넹에]: 우리도 어제 일곱 곤데(군데) 간 잘 언어먹었주마는, 멧 해에 ᄒᆞᆫ 번 ᄒᆞ면은, 도야질(돼지를) 잡으민, 친족도 잘 멕이곡, 동네 사름도 다 불러당 멕입네다, 유쾌ᄒᆞ게. 구비1 안용인, 남 74세: 151쪽

-당[방법?, 사건 전환] -어: "야이(이 아이) 술 갖당(가져다가) 주어!" 구비3 김재현, 남 85세: 37쪽

-당[사건 추이, 전환]: 삼족이 씨도 엇이(없이) 나라의서(나라에서) ᄆᆞᆫ(모두 다) 심어당(붙잡아다가) 죽여 분다ø(버린다) 말이어. 그것이 위험ᄒᆞ다고 말이어. 구비3 김재현, 남 85세: 36쪽

-당[조건] -으키어: 「하, 이 사름 놧당(내 버려두었다가는) 큰일 나켜!」 구비3 김재현, 남 85세: 35쪽

-당[조건] -은다: "…ᄀᆞᆮ이(같이) 누윗수다 댓수다(누웠습니다, 어쨌습니다) 햇당(하였다가는) 늬(너) 죽곡 나 죽곡 ᄒᆞ다." 구비3 김재현, 남 85세: 92쪽

-당그네(다가): 돗을(돼지를) 질루당그네 풀아 불면 어떵ᄒᆞᆫ댄 말이 웃수가? 구비1 안용인, 남 74세(조사자의 질문): 152쪽

-당도 -이고: 기영 해서(그렇게 해서) 이젠 오래 잇당도 아니 갈 형펜이고(오래 머물러 있지도 않을 형편이고), 성질은 원래부터 아니까, 어디 가서 오래 잇질 안ᄒᆞ니까 … 먹음직ᄒᆞᆫ 음식 ᄒᆞ연 싸서 보내엇다 말이어. 구비2 양구협, 남 71세: 642쪽

-당은(다가+는): 아이(아니), 경ᄒᆞ난(그러니까, 힘 센 한효종이가 사령들에게 자신을 결박하지 말라고 말하니까) 그 말ø 들어사줘(들어야지+화용 첨사 '이',

들어야 하지+이). 짐짓(일부러) 뮤으젠 ㅎ당은(뮤으려고 하다가+는) 「퍼뜰락!
」(의태어, 퍼뜩!, 순식간에 벌어지는 사건) ㅎ민, [한효종을 잡으러 간 사령]
둘 ø 「거뜬!」(의태어, 가볍게) … [물리칠 수 있지] 구비3 김재현, 남 85세: 163쪽
-당은[조건] -면은 -아그네 -주게0: 경 ㅎ니(덕판배가 아주 무거우니, 그렇게
   하니) 배를 죽은(작은, 쎌물 때 배를 바다로 끌어내리지 못할 좁은) 자리에
   앉엇당은(앉혔다가는), 잘못ㅎ면은 ㄴ리우질(먼 바다쪽으로 내려보내지를) 못
   해그네 괴길(물고기를) 낚으레 못 가주게0. 구비3 김재현, 남 85세: 38쪽
-당이라도 -으멍 -으라: [아기가] 울면은 이디 무신(무슨) 일을 ㅎ당, ㄱ랠(맷돌
   을) ㄱ나(갈거나) 무시거ø(무슨 것) ㅎ당이라도, [불분명함, 녹취 기록에서는
   '아기가 겨드랑이 밑으로 오면은'으로 적어 놓았음] 젓을 둑지(어깨죽지) 우이
   로(위로) 「혹!」(의태어, 획) 던지멍 "마(손아래 사람에게 줄 때 하는 소리로서,
   '옜다'처럼 쓰임, '안나, 아나'라는 형태도 있음), 먹으라!" 구비3 김재현, 남
   85세: 156쪽
-당이라도: 그자(그저) 밧디(밭에, 공통어에서 처격이 붙은 '어데'의 '데'와 대응하
   며, 밭+듸) 갓당이라도(갔다가도, 갔다가+이더라도) 소를 ㄱ꾸나(치나, 기르
   나, 먹이나, 가꾸나) 어떵ㅎ젠(어떻게 하려고) ㅎ민(하면), 꼭 그 동산엘 강(가
   서) 역부러(일부러, 役+부러) [묏자리 주변을 눈여겨 두루] 보는디(보는데)
   … 구비3 김재현, 남 85세: 227쪽
-댄 해연0: "역군(일꾼, 役軍)을 강(가서) 빌라!(빌어오라)" 막산이보고 주인이 ㅎ
   니 "예!" 빌쿠댄(빌겠다고) 해연(했어). 구비3 김재현, 남 85세: 28쪽
-댄0: 그디 간(가서) (일꾼들을) 빌엇수댄. 빌엇는디. 구비3 김재현, 남 85세: 28쪽
-더니 -더니 -으니까 -으니까 -은디 -앗다: 큰 안개가 천지 캄캄ㅎ더니, 일주일
   채(쩨)는 「퉁~!」 ㅎ는 소리에 천지가 그만 막 들럭히고(들썩이고), 막 뭘 ㅎ더
   니, 그 소리 끝에는 안개도 걷어 불고 ㅎ니까, 나완 보니까 그 산이, [이전에는]
   없는 산인디, 그디(거기) 오란 앉앗다. 구비3 김재현, 남 85세: 53쪽
-더니(앗더니) -없이니 -앙 다대겨: 박효의 어멍(어머니)은 바당(바다)에 촌물(짠
   물, 바닷물) 지레(지러, 길어서 져 오려고) 갓더니, 아 물 질엇이니(긷고 있으니
   까), 아 낭(나무) 토막에 벌겅흔(붉은) 글 써진(쓰어진) 낭 토막이 허벅(등에
   지는 장군)ø 신디(있는 데) 오랑(와서) 「달각달각!」(의성어, 달그락달그락) 다
   대겨(닿아 부닥뜨리다). 구비3 김승두, 남 73세: 114쪽
-더니: "아니, 저의 집의(제 집에) 이러이러흔 벵(病)이 잇는데, 환자(患者) 잇는디,
   「그 동네에 어떤 사름(사람)이 문 지두리(지도리)를 싼(톱으로 썰어서) 숨아

멕이니(먹이니까) 순산(順産)을 잘했다」ø 해서는, 저도 그래 햇더니, 안 됩니다!」ø고0. 구비3 김재현, 남 85세: 76쪽

-더니마는 -더니마는: 메틀(며칠)을 살다가 흐를(하루)은 이제 「휘 : 이!」흐게 돌아가더니마는, 흔 번 그 꼬리로 땅을 「휙!」치더니마는, 「횡!」하게 훔치(함께, 모두 같이) 야단(惹端)이 진동흐여. 구비2 양구협, 남 71세: 663쪽

-더니마는[시간 변화에 따른 사건 전개]: 어덕(언덕)으로 둘러쌋는디, 어덕이 꾸물거려. 잇더니마는, 어덕이 이렇게 들렷다 낫다 쇠(세) 번을 햇는디, "아이고, 이게 산 게로고나!(살아 있는 것이로구나!)" 구비2 양구협, 남 71세: 663쪽

-더니마는: 그 읇는(없이 사는 가난한) 사름덜이 웃이나 시나(먹을거리가 있으나 없으나, 있든 없든) 옛날 산으로 강(가서), 이 해벤ㄱ(海邊가) 말앙(말고서), 산으로 강으네(가서), 모믈(메밀) 널리 갈앗어. 비여서(베어서) 믈류왕(말려서) 장만흐는디, 하, 그 노루가 뛰여오더니마는 … 그 모믈낭(메밀나무, 메밀 줄기) 속더레(속 쪽으로) 「쏙!」흐게 기어들어. 구비2 양구협, 남 71세: 669쪽

-더니마는: 흐를(하루)은 「휘 : 이!」흐게 스방(四方)을 돌더니마는, 「주 : 욱!」흐게 고망데레(구멍 쪽으로) 올라가. 구비2 양구협, 남 71세: 663쪽

-더니만(더니만): 이젠 (황정승이) 죽엇젱 소문 낫이니(났으니), 기영 흐엿더니만 (골탕 먹이려고 어려운 물음을 보내었더니만) 또 안(알고 있는) 사름이 잇는 모양이니, 황정승 대신이 조선에 또 잇다고, 죽어도 또 (다른 유능한 신하가) 잇다고, 겁을 내고 흐더라 흐여. 구비2 양구협, 남 71세: 668쪽

-더니만: 흔 번은 그 놈이 우트로(위쪽으로) 뭐 「주주룩!」(콧물이 흐르는 상태의 의성어) 흐연, 코인고라(콧속인 듯이) 「주주룩!」흐연 「쑹쑹쑹쑹!」흐더니만, 그게 황대기만이('큰 항아리만큼'의 뜻인 듯함[?缸大器]) 불어간다 말이어. 구비2 양구협, 남 71세: 665쪽

-더라 허여: 저, 과거(科擧)짜리덜은 옥관절(玉貫子, 玉貫節)이라고 (하는) 구슬을 들더라(달더라고) 허여. 구비2 양형회, 남 56세: 27쪽

-도(지도) -도(지도) [병렬 포함] 안 흔다: "느(너) 쌍놈으 즈석(자식)이 글청(書堂)에 간다문, 글아 주도 아닐 뿐 외(外)에, 흔디(함께) 붙져 주도 안 흔다." 구비2 양구협, 남 71세: 617쪽

-도(지도) 안 흐다: 강 뭣인디(이름이 아무개인데), 홀연히 아프도 안 흐고 스뭇(사뭇, 몹시) 늙도 안 흐고, 중년쯤 된 사름인디(사람인데), 홀연히 죽어. 구비3 김재현, 남 85세: 221쪽

-도: 그게 아녀면(아니라면) 대각대각(때깍때깍) 들어맞는디, 부족허여 그 토정비

결(土亭秘訣)도. 구비1 안용인, 남 74세: 187쪽

-도록 -도록 -으자고: 그러나 질(길)이 매기도록 발이 매기도록(다 닳아 없어지도
록) 걸어 보자고. 살 도레(도리)가 안 나카? 구비2 양구협, 남 71세: 657쪽

-도록(때까지, 한계 경계 지점): 그 어른이 막 늙어죽도록 긍냥 (시집에 눌러)
앚앗어. 구비1 임정숙, 남 86세: 145쪽

-되 [반전, 사건 전환]: 부재(富者)는 부재로고나! ㅎ되 ᄌ녁을 ᄌ기네만 먹으명,
게도 「ᄌ녁이라도 곹익(같이) 먹으라」고 허여야 될 텐디, 몽니는 하여칸 나쁜
놈이다. 구비1 안용인, 남 74세: 165쪽

-되 [배경 제시]: 김 원산(함경북도 원산시)이라고 ᄒ 사름이 있는디, 난봉(난봉꾼)
으로 돌아댕기고, 이제는 이렇게 ᄒ니 부부간이 살되, 돈은 금쪽곹이 귀ᄒ거든,
누개(누구가) 빚져 주지도 아니ᄒ고. 구비1 안용인, 남 74세: 172쪽

-되[반전, 역접] -는디: 이제는 "단작(당장) 너 모가지(목) 칠 거로되 살려 준다.
살려 주어 가는디 백사슴이 되어 가지고 백록담(白鹿潭)을 직(守直)허여라. 백
사슴이 되어서 직허여라!" 구비1 안용인, 남 74세: 190쪽

-되 -되[역접] -은디 -은디, -는디 잇어: 아으(아이)가 일곱 슬이라 ᄒ되, 일곱
슬 아님 (여부를) 몰르되, 우린 일곱 슬이라 들은디(들었는데), 재주가 좋은
아은디(아이인데), ᄒ 서당의 간 글을 익는디(읽는데), 그 서당에 글 익는(읽는)
아으들이 나이 ᄒ 스물 댓 슬 난 제ᄌ덜이 다 잇어. 구비2 양구협, 남 71세:
629쪽

-되(으되) [반전, 역접]: 속히 가고 싶으되 걷지 못ᄒ니, 쇠 몰앙 가는디, 매는
혼자뱃긔 두드려맞질 못ᄒ댄 말이어. ᄆ음은 걷고 싶으되 걷질 못허여. 구비1
안용인, 남 74세: 136쪽

-되(이야기 전환 접속, 사건 전환): ᄒ되, 거 조씨 집안인디, 이젠 그 죽은 이는
그 조만능이라고 ᄒ 이란 말입니다. ᄌ기를 데려다가 키와 준 조만능인디,
구비1 안용인, 남 74세: 129쪽

-되: 그런 놈이로되, 말ᄒ는 건 보면은, 선생의 도움이(서당 훈장에게 도움이 되는
것은) 원 가이(그 아이)밖의 엇어(없어). 구비2 양구협, 남 71세: 629~630쪽

-되[역접]: 아, 이제는 곧 어떤 놈이 왔어. 아미영(아무리 하여서) 단수(斷水, 수맥
을 결단함) 짚어 보되, 물 신(있는) 디가 읏어(없어). 물 신 디 읏이니, 다시
짚어 보니 「고부랑 나무(구부러진 나무) 아래 행기(行器, 行祭 器皿의 줄임말로,
두껑 덮는 놋그릇) 물」이라고, 행기에 떠 놧단 말이어. 구비2 양구협, 남 71세:
653쪽

-되[배경]: 응, 아무도 모르되(모르겠지만), 오성(鰲城) 부원군은 얼른 그걸(지도를 이여송에게) 내어 낫단 말이어. 기여서(그러므로) 이견(意見)이 상당히 뻘랏주. 구비2 양형회, 남 56세: 28쪽

-되: ㅎ여서 그걸(동삼을, 어린 인삼을) 먹으니 맛은 좋되 조금만 더 줫이문 (하고 바라거든, 좋겠다고 생각하거든). 구비2 양구협, 남 71세: 650쪽

-되[방임형 배경]: 옛날 그 분네의 선세(先世)가 아마 총각인 때인 말이어. 총각인지 원 장개(장가)를 갓는지 모르되, 숭년(흉년)인 때에 드릇(들) 밧디(밭에) 나갓소. 구비3 김재현, 남 85세: 254쪽

-되[배경, 또는 역접]: 게니(그러니) 물 구신(샘물 귀신, 지장새미 신령)이 도망첫어(도망쳤어). 도망치되, 저디 잇는(있는) 놈(서울에 있던 도선 국사, 녹취 기록자의 주석에는 중국 당나라 스님 일행으로 여겼음)은 구신(귀신) 긑이 알앗지마는, 이디(여기) 온 놈(중국 복건성 출신의 지관 호종단)은 저디 잇는 놈만이(놈만큼) 못흔 놈이주게(놈이지+화용 첨사 '게'). 구비3 김재현, 남 85세: 191쪽

-되[역접]: 이제는 비루(비료) 관계로(덕택에) 밧(밭)을 매년 버을되(벌되, 경작하되, '버슬다, 버울다'), 옛날은 좋은 밧이나 나쁜 밧이나 흔 해 버을면(벌면, 경작하면), 흔 핸(해는) ㅂ립니다(버립니다, 휴경합니다, 버려 둡니다). 놀리고, 그러기 따문(때문)에 그걸 보고 가슬 준다, 가슬왓(묵정밭, 휴경지, 陳田)이라 ㅎ고. 구비3 김재현, 남 85세: 153쪽

-든 -든[모두 선택]: 아이고 거 이상ㅎ다. 기여주마는(그렇지만) 굴룬(군더더기 허튼) 자국이라고 읁어(발걸음마다 허튼 걸음 자국이 없이, 하는 일마다 잘 되어). 그저 흔 자국마다 돈이든 뭐든 쏟아져 가. 구비2 양구협, 남 71세: 655쪽

-든지 -든지[방임, 선택 포기]: 이젠 어디 강 ᄌ기(自己) 집을 폴든지 말든지 ᄌ유롭게 나갓주, 구비2 양구협, 남 71세: 627쪽

-든지(던지): 백록담 욮으로 동북쪽으로 ᄂ려가면은 어느제던지(언제든지 계곡의) 물이 창창창창! 옥돌로 흘러내리곡 ㅎ는 디. 구비1 안용인, 남 74세: 189쪽

-든지(앗든지) [포괄적 선택] -겟노라: 큰외삼춘이 ㅎ는 말이 "내가 가서 무슨 꾈(꾀를) 허엿든지(내든지 간에) 죽여 두고 오겟노라!" 구비2 양형회, 남 56세: 40쪽

-라고: 이제는 [여우가 주는 구슬을 입안에] 멧(몇) 번 물엇다 밖았다(물었다 뱉었다) ㅎ다가서(하다가), 물리니까 입에서 「박!」(의태어, 꽉) 물어서 밭으질(뱉지를) 아니ㅎ니, 이것이(처녀로 변한 여우가) "달라!"고. "나 구슬 달라, 나 구슬 달라"고 해도 안 주니… 구비3 김재현, 남 85세: 74쪽

-라고0: 옛날은 김녕(金寧)이라고만 ᄒ지, 김녕 용두동(龍頭洞)이라고, 용머릿 동
　　네. 구비1 임정숙, 남 86세: 143쪽

-라그네 -다그네 -고 -앗젠0 -곡 -앗젠0: "환자는 동토(동티), 동토 병이우다.
　　저, 낼라그네(내일일랑) 의원 드라다그네(데려다가) 파종ᄒ고(腫氣를 도려내
　　어 없애고) 뇌종낫젠0(뇌종이 났다고, ??뇌종양)". 요샛말로 파종ᄒ곡, 뇌종낫
　　젠0. "동토로 다시리면은(다스리면, 치료하면) 벵은 좋구다!" 구비3 김재현,
　　남 85세: 148쪽

-라그네(이라그네) -으라: "어, 이제라그네(이제+일랑) 소주로 더 가져오라!" 구
　　비3 김재현 남 85세: 158쪽

-라그네: "후제라그네(이후에는, 後+적+일랑)그 독판(하나로 모아진 판국) 몰레
　　(모든 것을 다 차지하러) 댕기지(다니지) 말아!" 구비3 김재현, 남 85세: 175쪽

-마는에(으랴만)[방임]: 실기(實記)에 기영(그렇게) 희엿득ᄒ게(허망하게, 아득하
　　게) 무슨, ᄒ랴마는에(하겠는가마는) 거 순전(순전히) 귀에 아이 들(아니 들을)
　　말을 허여서, 그런 말 녹음홀 필요가 엇어(없어). 구비2 양형회 남 56세: 29쪽

-마는(주마는)

-을망정 [방임형, 의미 연결에 구속 없음]: "어떨망정 어머닐 ᄒ 번 만나게 멘회(面
　　會)만 ᄒ 번 ᄒ게 허여 주십서!"「틀림없이 우리 어머니는 들어갓일 거이다」
　　허연 하도 ᄉ정(事情)ᄒ니, 불교를 열성으로 믿도 그렇게 ᄒ니까, 이제 육환장
　　(六環杖, 6바라밀을 상징하는 고리 여섯 개 달린 지팡이)을 내어 줫어. 구비1
　　안용인, 남 74세: 180쪽

-매 ⇨ 커매

-아 가지고 [다음 사건 전개]: 서귀진(西歸鎭) 베인태(邊仁泰)가 허여 가지고 거짓
　　말 유명ᄒ게 허여 낫수다. 구비1 안용인, 남 74세: 134쪽

-아 가지고 [목적절 제시]: "겨니 그 난리를 막기 위허여 가지고 이 따(땅)에 왔습
　　니다. 구비1 안용인, 남 74세: 148~149쪽

-아 가지고 [배경 제시 다음에 사건 전개]: 밧 갈단 보니 할망이 점심을 얼른
　　아니허여 오고 ᄒ니, 배 고프니까, 밧 가는 쇠를 죽여 가지고 손콥으로 가죽을
　　벳겻어. 이젠 멩게낭(청미래덩굴 나무) 허여 가지고 구웠어. 다 먹단 보니 부족
　　허엿어, 쇠 ᄒ 머리가. 구비1 안용인, 남 74세: 147쪽

-아 가지고 [사건 배경 제시, 사건 전개]: 예, 한로산으로 내려오라 가지고 그디
　　앚안 보니 지형(墓地用 地形)이 좌정(坐定)홀 지형이 못되댄 말이우다. 구비1
　　안용인, 남 74세: 150쪽

-아 가지고 [사건 배경]: ᄒ니 김선생이라고 허여 가지고 한문 ᄀ르치는 선생 ᄒ나가 잇엇어. 구비1 안용인, 남 74세: 160쪽

-아 가지고 [순차적 사건 전개] -아 가지고 -아 가지고 -으니 -아 가지고 -안 -안 -안 붙엇어: ᄒ니 이년 행동이라고 허여 가지고, 머리 꼬배기(머릿고삐)를 ᄆᆞᆯ 꽁무니에 묶어 가지고 「김녕」(제주시 구좌읍 김녕리)ᄁᆞ지 둘려왓어. 게서, 보니, 빼만 남았지. 「김녕」 오니, 요 「궤내기」옝 ᄒᆞᆫ 디를 가 가지고, 땅 파 가지고, 홰, 불 싸는 홰, 홰를 붙전, 죄안(쥐어서) 앚전(앉혀서) 묻어 붙엇어. 그것이 도깨비 되어 가지고 해 지기 전의 나타나 가지고 막 돌아댕긴댄 말이어. 구비1 안용인, 남 74세: 176쪽

-아 가지고 [앞 사건과 뒷사건의 연결]: 지애집(기와집)이 대ᄋᆞ숫 거리(대여섯 채)이고 ᄒᆞᆫ 큰 부잰디(富者인데), 그딜 들어가 가지고 "넘어가는 나그네, 주인 ᄒᆞ로처녁(하루저녁) 빌립서!" 이렇게 ᄒ니 "저 ᄉᆞ당칸(祠堂間)의 들라!"고. 구비1 안용인, 남 74세: 164쪽

-아 가지고 [앞선 사건 제시, 관련 사건 서술]: "아이, 가정부인을, 밤중의 오다가 날 심어 놔 가지고 강간ᄒᆞ잰 ᄒᆞ더라. 이런 죽일 놈이 어디 있느냐?" 구비1 안용인, 남 74세: 162쪽

-아 가지고 [원인]: 겨니 지 어머니는, 보니 지름 가매(기름가마솥)에 가 가지고 빼따귀(뼈다구)만 슬앙ᄒ게 슬아전 있댄 말이어. 녹아 버려가 가지고. 구비1 안용인, 남 74세: 181쪽

-아 가지고 [원인]: 그 뒷해에 그 그물이 엇어(없어)졌다고 ᄒᆞ네, 한동(제주시 구좌읍 한동리)의. ᄒᆞᆫ디 마ᄇᆞ름(南風) 주제가 쳐 가지고 멜(멸치)이 듬뿍 쌓였댄 말이어. 닷배를 이렇게 붙져야 될 거 아니라게. 구비1 안용인, 남 74세: 169쪽

-아 가지고 [이유 제시후 전개]: 「이 백정놈ᄒᆞ고 살 필요가 없다」고 하여 가지고… 갈렷어. 구비1 안용인, 남 74세: 147쪽

-아 가지고 [이유]: "과연 이번만 살려 주십서! 또 이런 행동 아녀컷습니다(아니 하겠습니다)!" 이젠 콥(손톱·발톱의 '톱')이여 발이여 빌어 가지고. 구비1 안용인, 남 74세: 163쪽

-아 가지고 [이유]: 사는디, 밥을 허여다 줘도 아이 먹고, 술도 소소이 아이 먹고, ᄒ니, "어떠허여 가지고 아이 자십니까?" 구비1 안용인, 남 74세: 149쪽

-아 가지고 [인과적 사건 연결]: 그 ᄆᆞ을에서는 구가(具哥)ᄒᆞ고 천가(千哥)가 전권(專權)을 가져 가지고 행ᄉᆞ(行事)ᄒᆞ던 사름덜이거든. 구비1 안용인, 남 74세: 160쪽

-아 가지고 [인과적인 다음 사건 전개]: 누언 잇이니, 신장(神將)덜이 흔 ᄋ나문(여
남은)이 오라 가지고 흔 잔씩 「씩씩!」먹고. 구비1 안용인, 남 74세: 160쪽

-아 가지고 [전개 방식]: 그러니 막 모시는 판이란 말이우다. 모시는디 아닐 커
아니라(아닌 게 아니라) 일년 후에는 적이 들어오라 가지고 이제는 그 영토를
침범ᄒ게 되니, 그 아이가 나가 가지고 그 적덜을 다 무찔러 죽여 불었댄 말이
우다. 구비1 안용인, 남 74세: 149쪽

-아 가지고 -곡 ᄒ젠 영 건드리니까: 삼일을 지두리다서(기다리다가) 삼일째는
일자(날짜, 성복하는 날짜)가 해당되니까 이제는 모든 걸 손 봐 가지고, 에
춤(참) 대렴(大殮)도 ᄒ곡 ᄒ젠 영(이렇게) 건드리니까, 아 「움직움직!」(의태어,
움찔움찔) ᄒ다말이어, 삼일째! 구비3 김재현, 남 85세: 222쪽

-아 가지고 -는 거라: 이젠 오라 가지고 튼튼(튼튼) 다 묶으는 거라, 다. 구비1
안용인, 남 74세: 162쪽

-아 가지고 -아 가지고 -고 앗다+말이어: 영찰이 목사(경북 영천 출신의 이형상
[李衡祥, 1653~1733] 제주 목사)는 … 아주 날쌘 도치(도끼)를 물(??미상) 잘
맞촨(맞춰서) 해 가지고, 맨들어 가지고, 무ᄉ(武士)를 아주 ᄈ르고(빠르고) 힘
쎈(힘 센) 무ᄉ를 서너 사름(사람) 데리고 갓다말이어(갔다+말이다). 구비3
김재현, 남 85세: 105쪽

-아 가지고 -아 가지고 -는디 -앙 -곡 [순차적 사건 전개]: 목련존재(目蓮尊者)양,
목련존잰디, 이 사름이 그 계곡(谿谷) 창창흔 디 암ᄌ(庵子) 속의 가 가지고
돌바퀴(돌바위) 우의(위에) 앉아가 가지고 십년 수도(修道)를 ᄒ는디, 어머닌
그로부터 반대라. 득(닭)도 산 차(채) 들아매영 각(脚) 떠 먹곡. 허허허허. 구비1
안용인, 남 74세: 179쪽

-아 가지고 -아 가지고 -아서 -안 -앗단 말이어: 걸(그것을) 복 : 삭(아주 심히)
속아 가지고, 이젠 가시어멍(丈母, 각시+어멍)ᄒ고 부인은 이제 불각대각(곧
장 황급히) 그대로 떡을 맨들아 가지고, 쏢아서(삶아서) 이젠 그 당(堂) 앞의
앗언(갖고서) 갓단 말이어. 앗언 간. 구비2 양형회, 남 56세: 31쪽

-아 가지고 -아 가지고 -은디 -은디: 그 노는 군덜이라도 흔 번 낚아나 들엿일까
의심허여 가지고, 그걸 이제 뜨집 받기(마음을 떠 보기) 위허여 가지고, 그
장모영 문(모두 다) 신디, 똘도 있고, 가시어멍(丈母, 각시+어멍)도 싯고 ᄒ디,
어떻게 ᄒ느냐 ᄒ면, "오늘은 아무 당(堂)에 가그네(가서), 나 곤는(말하는) 대
로 ᄒ면은, 최를 믄딱(모두 다) 사(赦)ᄒ다 ᄒ더라!" 이렇게 ᄒ거든. 구비2 양형
회, 남 56세: 30쪽

-아 가지고 -아 가지고 -을려고 ᄒ다: "선녀덜이 모욕(沐浴)ᄒ는 것이 너무 아름다와 가지고 고개를 들러 가지고 ᄒ꼼(조금) 쳐다 볼려고 ᄒᆫ 것이 발각되어서 그렇습니다." 구비1 안용인, 남 74세: 190쪽

-아 가지고 -아 가지고: 이제는 그 토정(土亭 李之菡) 선생 부인네가 백록담(白鹿潭) 오라 가지고, 중복(中伏) 날, 초복·중복·말복이 있지 아니ᄒᆞ우까?, 내려오라 가지고 목욕을 ᄒᆞᆫ댄 말이어. 구비1 안용인, 남 74세: 185~186쪽

-아 가지고 -아 가지고0: 「아, 이것이 험점(欠點)이다. 못 썼다」고 해서, 뒷날은 관청에 가 가지고 말허여 가지고. 구비1 안용인, 남 74세: 159쪽

-아 가지고 -아 가지고0: 게서 이젠 그디서 자는디, 박문수(朴文秀) 박어ᄉᆞ가 그디를 월장(越墻)허여서 넘어 들어가 가지고, 이젠 파수(把守)를 살 판입주, 정보를 수집ᄒᆞ랴고 허여 가지고. 구비1 안용인, 남 74세: 159쪽

-아 가지고 -아서 -아 놔서 -주: 그 놈(짚신 날을 하는 어저귀 풀)ø 노를 꽈(꼬아) 가지고 잡아 훑어서 문드럽게(울퉁불퉁한 데 없이 매끄럽게, 문들문들하게) 맨들아 놔서 쇠쿱(굳힌 소 기름)을 멕이주(바르지, 꼬인 노에다 소기름을 바르지). 구비3 김재현, 남 85세: 239쪽

-아 가지고 -아서 -아서 -앗어: 게서(그래서) 공부해 가지고 공부가 잘 되어서 과거(과거 시험에 급제)해여서[181] 만개(전라도 만경현) 군수를 등용했어. 구비3 김재현, 남 85세: 68쪽

-아 가지고 -아서 -은다 ᄒ니 -고 ᄂᆞ롓습네다: "거 저, 「어떤 양방(兩班)이 웡대(雄大)ᄒ게 평양엘(平壤에를) 오라 가지고, 저 기생(妓生)덜ᄒᆞ고 메틀(메칠) 놀아서 가도 아니ᄒᆞᆫ다」ᄒ니, 「잡아오라!」고 ᄉᆞ또(使道)님이 이제 영(令)을 ᄂᆞ롓습네다." 구비2 양형회, 남 56세: 41쪽

-아 가지고 -안 -고 -아네 -고 -안 -안: 믄저 가 가지고, 어디 간(가서) 헌헌(헐디헌) 도복(道袍) 시꺼멍케(새까맣게) 그슨(그을은) 거 입는 체 ᄒᆞ고, 머리 그냥 풀어네(풀어서) 허붕치고(흐트러뜨리고, 허비다+웅+치다), 허연(그렇게 하고서) 간(갔어). 구비2 양형회, 남 56세: 31쪽

-아 가지고 -았다: 그 영감(令監)에도 가 가지고 「돈 아이 빚져 줄 것 ᄀᆞ트면은, 너 이젠 곧 탕진가산(蕩盡家産) 시키겠다」고 억압을 줘 놨댄 말이어. 구비1

---

181) 서귀포시 중문리에 살던 변경붕(邊景鵬, 1756~1823)인데, 1795(정조 19)년 을묘 식년 시 문과에 병과 26위로 급제하였고, 전라도 만경 현령, 제주 대정 현감 등을 거쳐 사헌부 장령과 이조 참의를 지냈다.

안용인, 남 74세: 174쪽

-아 가지고 -왔다고: 옥황(玉皇)이 노(怒)허여 가지고, 옥황의서 오방신장(五方神將)을 ᄂᆞ려 보냈다고. 구비1 안용인, 남 74세: 162쪽

-아 가지고 -앙 -아 불자고0: 그런 술을 마련해 가지고, 아덜(아들)을 막(아주) 취ᄒᆞ게 해 놓앙(놓고서) 이걸(이것을, 양쪽 겨드랑이의 날개를) 끊어 불자고, 그 부인광(부인과) 약속을 ᄒᆞᆫ 것이지. 구비3 김재현, 남 85세: 36쪽

-아 가지고 -으니까 -을 말이 없어: 부골(부고를 알리려고) 오라 가지고 「사실 신랑이 이렇게 죽엇습니다」 영(이렇게) ᄒᆞ니까, 그 박효(효자 박계곤[朴繼崑, 1675~1731])는 대답ᄒᆞᆯ 말이 없어. 구비3 김승두, 남 73세: 110쪽

-아 가지고 -으니까[이유] -고 ᄒᆞ여서[이유] -라 ᄒᆞ여서[명명, 이름 부르기] -아 가지고 -아서 -읍니다: 궁춘시대(춘궁기)가 되어 가지고 쏠(쌀)이 없어 놓니까, 그 춤(참) 영감(제주 목사)을 대접ᄒᆞ젠 ᄒᆞ여야 홀 수도 없고 ᄒᆞ여서(하여서), 보리도 곡식이라ø ᄒᆞ여서, 걸(그것) 석보리(설익은 보리 이삭을 불에 그을려 익힌 것)를 채 익지 아니ᄒᆞᆫ 보리를 뻬껴(짓이기거나 바수어) 가지고, 어 그, 쩹질아서(물기를 잡아 짜서) 그 전(煎, 지짐)을 지은 것 ᄀᆞᆺ읍니다. 구비3 김재현, 남 85세: 127~128쪽

-아 가지고(서) [다음 사건 전개]: 내중(乃終)에 심어 놔 가지고, "너 거짓말(을) 그러냐?" 구비1 안용인, 남 74세: 134쪽

-아 가지고(서) [사건 배경, 전개]: 선도(仙桃) 씰(씨를) 긔냥 부수 먹어 가지고 멧 만 년 장생분ᄉᆞ(長生不死) 허여 불엇주. 구비1 안용인, 남 74세: 142쪽

-아 가지고(서) [사건의 순차적 전개]: 「못쓰겠다」고 허여 가지고, 「불효엣 ᄌᆞ식이니 이건 못쓰겠다」고 허여 가지고, 이젠 무쇠로다가 곽(槨)을 맹글아 가지고, 그 아이를 거기 집어 놔 가지고, ᄌᆞ물쇠로 ᄌᆞᆷ가 가지고, 이젠 바당에 띄와 불엇입주. 구비1 안용인, 남 74세: 147~148쪽

-아 가지고(서): "개화계룡산ᄒᆞ리라!" 써 가지고, 「조아무개지묘」라 ᄒᆞ여. 구비1 안용인, 남 74세: 130쪽

-아 가지고(서): "그레며는 너긔덜이 … 곡성(哭聲)을 끊지 말아 가지고 울라!"고. 구비1 안용인, 남 74세: 127쪽

-아 가지고(서): "불을 멀리 놔 가지고 고기를 궈야 된다!" 구비1 안용인, 남 74세: 133쪽

-아 가지고(서): "이 놈의 쇠 잡자!"고 허여 가지고, ᄌᆞ기(제몫의) 괴기를 갈란, 뭐 싸니 비싸니 ᄒᆞ멍, 괴기덜 들렁 댕긴단 말이우다. 구비1 안용인, 남 74세:

-아 가지고(서): 날이 어둑었댄 말이우다. 날이 어둑으니 어디 낭 그늘에 가 가지고 (서), 부인은 생전 나댕겨 보지도 못흔 인디, "이디 ᄀ만이 꼭 이십서!" 구비1 안용인, 남 74세: 132쪽

-아 가지고(서): 내중엔 이젠 옮을 긇어 가지고 어머니신듸 가, 옮을 곡성을 ᄆ차 가지고 절을 흐니, 구비1 안용인, 남 74세: 125쪽

-아 가지고(서): 누가 글 나(낳아) 가지고 던져 불지 아녔느냐?, 구비1 안용인, 남 74세: 123쪽

-아 가지고(서): 만수무강(萬壽無疆)허여줍셍 흐는 뜻으로 시를 지어 받지는디, "너 시나 흔 쉬 지엉 올라오라 가지고 「술 흔 잔 달라」고 흐라!"고 흐니까, 구비1 안용인, 남 74세: 138쪽

-아 가지고(서): 무신 체시(差使) 사귀와 가지고 그렇게 운명(運命, 壽命)을 보텔 수가 있는 거우꽈? 구비1 안용인, 남 74세: 142쪽

-아 가지고(서): 뱃곁관(外棺) 있고, 안에 가베운 나무로 허여 가지고(고서) 또 관을 짱 내외관(內外棺, 棺槨)을 허엿입주(허엿주, 허엿읍주). 구비1 안용인, 남 74세: 128쪽

-아 가지고(서): 상대를 아니 허여 주니, 결혼흐는 집의 신부 신랑 모사 가지고 벵풍치고 앚인 디를 실실 기여들엇어. 구비1 안용인, 남 74세: 136쪽

-아 가지고(서): 엎더져 가지고 대성통곡을 흔 시간이나 허여 가니까, 의형제 간덜 이나 누구라도 "중놈이 지랄흔다!"고 잡아 내훈들러 불엇어. 구비1 안용인, 남 74세: 125쪽

-아 가지고(서): 오라 가지고 배 빌어가 가지고, 암만 그 수가 더듬었자 행방불명 없어져 불엇어. 구비1 안용인, 남 74세: 130쪽

-아 가지고(서): 옷 입져 가지고 … 날 붉아오라 가니, 오다가 도중에 오란 그 아이를 놔 뒷어, 숨견. 구비1 안용인, 남 74세: 122쪽

-아 가지고(서): 은혜라도 갚아 두고 내가 죽어야 되겠다고 허여 가지고, 집의 춫아 오란 보니, 구비1 안용인, 남 74세: 125쪽

-아 가지고(서): 이젠 홀 때는 아버지(시신)를 문 올아 가지고(서) 슬짝 빼여단 느룻배예 턱 실러 두고. 구비1 안용인, 남 74세: 128쪽

-아 가지고(서): 장개 가 가지고 ᄌ기를 데려다가 키와 준 조만능인디, 구비1 안용인, 남 74세: 129쪽

-아 가지고(서): 중국어 건너오랑, 이젠 큰 배 빌곡 허여 가지고(서) 이묘(移墓)를

허여 올랴고. 구비1 안용인, 남 74세: 130쪽

-아 가지고(서): 줏 물려 가지고 왓댄 말이우다. 구비1 안용인, 남 74세: 123쪽

-아 가지고: "겨니 그 아무집읫 절간에 중놈이 와 가지고 그 신랑을 허여 넹겨(해쳐) 불었습니다." 구비1 안용인, 남 74세: 159쪽

-아 가지고: 「못쓰겠다」고 허여 가지고 함(函)에 담아 가지고 이젠 보내어 부니, 이제는 떠 댕기다가 이젠 서화로 들었댄 말이우다, 서화리(舊左邑 細花里)로. 글로 올라오라 가지고 읗(이렇게) 흔 것이 원인이 되어 가지고, 지금 이 구좌면에는 흔 삼년에 흔 번이나 오년에 흔 번이나 생각나면은 …(제를 지낸다). 구비1 안용인, 남 74세: 151쪽

-아 가지고: 게서 장군이 되어(뒈여) 가지고, 강남(江南) 천ᄌ국(天子國) 들어가 가지고 정벌(征伐)을 막아 가지고 싸움 말리고. 구비1 안용인, 남 74세: 151쪽

-아 가지고: 겨니 남군(남제주군)서 그때는 차(車)도 엇인 때고, 중산촌(중산간촌)으로 걸언 오란. 이젠 첩(妾) 각시 집의(집에) 오라(와) 가지고 네 귀(집 귀퉁이)에 불을 질러 불엇어. 구비1 안용인, 남 74세: 176쪽

-아 가지고: 경흔디 이제는 그렇게 이제는 거시기 허엿어. ᄒ단 보니 그때는 쉐(소) 흔 머리썩을 허영 제공허여낫는디, 이젠 간소화허여 가지고 도야질(돼지를) 잡아 가지고 제(祭)를 지낸단 말이우다. 구비1 안용인, 남 74세: 150~151쪽

-아 가지고: 경흔디 이제는 그렇게 이제는 거시기 허엿어. ᄒ단 보니 그때는 쉐(소) 흔 머리썩을 허영 제공허여낫는디, 이젠 간소화허여 가지고 도야질(돼지를) 잡아 가지고 제(祭)를 지낸단 말이우다. 구비1 안용인, 남 74세: 150~151쪽

-아 가지고: 그 시대는 아버지 쉬염 훑은 것도 큰 불효의 ᄌ식이라고 허여 가지고 죽여도 불고, 그렇게 허여 낫입니다. 구비1 안용인, 남 74세: 147쪽

-아 가지고: 그걸 등(贈)허여 가지고, 가서 보니 (과거시험 시제가) 「낙조(落照)」라고 써 붙졌댄 말이어. 구비1 안용인, 남 74세: 157쪽

-아 가지고: 그디 종으로 막 부려먹어 가지고 여유(이익이 남게)있게 맹그는 놈이 쌀 흔 되 여유가 잇일 거라? 구비1 안용인, 남 74세: 165~166쪽

-아 가지고: 그디가 (사람들에게 알리는) 간판을 붙져 놔 가지고 나에게 와서 「거짓말 ᄒ는 사람이 잇이민 내 똘 주곡 재산을 반 갈라주마!」 간판을 떡 써 붙져 가지고. 구비1 안용인, 남 74세: 153쪽

-아 가지고: 벨진밧(落星田)이라고 허여 가지고 흔 이만 펭(坪)짜리 밧이 잇는디, 걸 밧을 할으방보고 「갑서!」고 허여 가지고, 아 점심을 져 갈 거 아닙니까? 구비1 안용인, 남 74세: 146쪽

-아 가지고: 올라오라 가지고, 이제는 산 우으로 이제는 올라가고, 활 메고 이젠 허여서 올라가는디, 어머니는 혼이 나가 가지고 한라산 우으로 다 올르고 ᄌ식 ᄉ형제 데려서, 아바지는 혼비백산 허여 불고. 구비1 안용인, 남 74세: 150쪽

-아 가지고: 유서(遺書) 모양으로 딱 맹글아 놔 가지고 가져 잇언. 구비1 안용인, 남 74세: 154쪽

-아 가지고: 이 놈이 ᄀ만히 연구허여 가지고 차용증서를 맹글앗어, 맹글앗는디. 구비1 안용인, 남 74세: 154쪽

-아 가지고: 이젠 그 신부(新婦)를 심어다가(잡아다가) 권장대(棍杖臺)를 묶어 놔 가지고 멧 댈 때리니까, 과연 항복을 흔댄 말이우다. 구비1 안용인, 남 74세: 159쪽

-아 가지고: 이젠 뒷날은 행ᄉ(行事)흘 걸고 봐 가지고, 나졸(邏卒)덜의게 옷을 착착 푸른옷 입지고, 흰옷 입지고, 붉은 옷 입지고, 이젠 검은옷 입지고 허여 가지고 "이젠 수비(守備)허영 있다가 나가 부르는 대로 늘려 들라!"고. 구비1 안용인, 남 74세: 162쪽

-아 가지고: 젊은 때 넴편(男便) 잃어 가지고 아들 ᄒ나만 두고 모ᄌ간(母子間)만 사는디, 어멍이 그때 흔 ᄉ십(四十) 거의 되엿던 정돈 허엿어. 구비1 임정숙, 남 86세: 143쪽

-아 가지고: 지(陸地)서는 나룩(나룩, 벼) 빌(벨) 때는 ᄃ돌뀌멍(덜렁거리면서) 올라사 가지고(올라서서) 소리(노동요)만 ᄒ는 놈도, 일 아니허여도 흔 찍(한 몫, 한 적시)이라, 허허허. 구비1 안용인, 남 74세: 164쪽

-아 가지고: 필연코 그 신동(神童)이 나타나 가지고, 그 글 지은 결로 어ᄉ(御使)를 버을어(取得해) 가지고 왔단 말이우다. 구비1 안용인, 남 74세: 158쪽

-아 가지고: 허여 가지고, 신불 태와 가지고 오는 판의, 도중에 거긜 오니, 구비1 안용인, 남 74세: 123쪽

-아 가지고[배경, 후속 사건의 토대]: 이제는 성(城)이 없지마는, 제주시를 삥ᄒ게 둘러서(원처럼 둘러서) 성을 높이 다와(쌓아) 가지고, 동서남북에 문을 큰 대문을 돌아요(달아요), 돌아서(달아서) 유ᄉ시(유사시)에 뒦으고 올고 ᄒ는디, "남문 앞의(앞에) 김 아무가(아무개) 산다?(사느냐?)"ø ᄒ니까, "사름 안 삽니다, 안 삽니다!" 구비3 김재현 남 85세: 107쪽

-아 가지고[배경] -다네 엇어: 그날 저녁은 정훈디(鄭訓導)가 내려 가지고, 물에 틔운(띄운) 배를 「오곳오곳」(고스란히, 오롯이) 혼자 들러다네 숨부기(순비기나무) 왓(밭)이라는 그 ᄆ른(마른) 밧듸(밭에) 풀 난 우터레(위쪽으로) ᄆ딱

ᄎ근ᄎ근(차곡차곡) 줏어다 놔 불엿어(버렸어). 구비3 김재현, 남 85세: 39쪽

-아 가지고[배경] -으니까[후행 사건의 이유] -아서[배경] -앗다 ᄒ여0: 정훈디
(鄭訓導)가 ᄒ 번은 벵(병)이 들어 가지고 몸이 곤(困)ᄒ니까, 괴길(물고기를)
먹고 싶다곤 해서 괴길 사렐(사러를) 갓다고 ᄒ여. 구비3 김재현, 남 85세:
39쪽

-아 가지고[앞선 사건 제시 후 관련 사건 서술]: "그 메누릴 도둑질ᄒ기 위허여
가지고 지금 (계획) 짜 가지고 오늘 ᄒ 잔씩 먹는 판이라"고. 구비1 안용인,
남 74세: 161쪽

-아 가지고[앞선 사건 제시 후 관련 사건 서술]: 들어가 가지고 "넘어가는 나그네
들었습니다."고. "아, 나그네고 뭐고, 말ᄒ지 말라!"고. 구비1 안용인, 남 74세:
161쪽

-아 가지고[이유] -안 해여0: 걸(그걸, 정훈도를) 나무레여 가지고(업신여기고서)
[어부가 물고기를] 잘 풀아 주질 안해여. 구비3 김재현, 남 85세: 39쪽

-아 가지고0 -아 가지고 -안0 -안 -으니 -았거든0: (도깨비) 불 난 거 보니, 「…
이상스럽다」고 허여 가지고. 이젠 타는 ᄆᆞᆯ을 타 가지고, 돌련. 이젠 ᄀᆞ으니ᄆᆞ를
(제주시 사라봉 근처 오거리의 나지막한 마루이며 '竝園旨'으로도 씀) 넘언
동주원(제주시 화북리 근처 東濟院) 조끔 넘어오니 큰각시가 베질베질 왔거든.
구비1 안용인, 남 74세: 176쪽

-아 가지고0: 그 집안에서만 대원(大員)덜ᄒ고 ᄌᆞ손덜이 긔냥 오꼿(온전히) 살아
가 가지고, 수천 명 벌려져 가지고. 구비1 안용인, 남 74세: 130쪽

-아 가지고0: -으민 -은다(다, 는다): 눈썹 들리민(눈썹이라도 달려 있으면) 무거
운다고 허여 가지고. 구비1 안용인, 남 74세: 156쪽

-아 가지고서 [수단 방식, 다음 사건의 인과 서술]: 무쇠(鑄鐵) 설꽉(石槨)에 놔
가지고서 띄와 불엇어. 띄우니, 그것이 어디 구좌면 서화리(舊左面 細花里)로
올라온 모양이라 마씀. 구비1 안용인, 남 74세: 149쪽

-아 가지고서 [이유]: 들어가니 "너는 이 법을 위반허였다!"고 허여 가지고서,
유치장읠 가두왔어. 구비1 안용인, 남 74세: 135쪽

-아 두고(서)[사건 반전 요소]: 이젠 홀 때는 아버지(시신)를 문 울아 가지고(서)
슬짝 빼여단 ᄂᆞ룻배예 턱 실러 두고. 구비1 안용인, 남 74세: 128쪽

-아 -아서 [다음 사건 전개, 순차적 사건 전개]: 선도(仙桃) 복송개를 세 방울
도둑질허여 먹어서 삼천 년 살았댄 말입니다. 구비1 안용인, 남 74세: 142쪽

-아 지고 -으니까 -앗다서 -으니까 -고 -앗다ø 말이어: 영장(營葬)을 홀 때에

아마 재산도 좋아지고(많아지고) 이러니까, 광중(壙中, 무덤 구덩이)을 미리 메칠(며칠) 전의(전에) 단속해 뒷다서(두었다가) 하관시(下棺時)가 당해여 가니까 영장(營葬, 관)을 운반ㅎ고 이제 산터 보레 갓다ø 말이어. 구비3 김재현, 남 85세: 79쪽

–아(ㅘ –아서): 아닌게 아니라, 저승문 당도ㅎ니 내(川)는 창창창창 울르면서 흐르는디, 물을 먹고 싶어서 꼭 죽겠어. 구비1 안용인, 남 74세: 135쪽

–아(라서): 기냥(그냥) 기자(그저) 약속허요 놔 둔 거라, 뭐 잡아갓댄 말이어. 구비2 양형회, 남 56세: 42쪽

–아(서) 오다/가다: 흔 번은 "고기를 귀(서) 오라!"고 ㅎ니까, 흔 번 막 카게 귀(서) 갓어. 구비1 안용인, 남 74세: 132쪽

–아(서): 그때는 아바지가 알민 못에 가 던져 부나 … 햇단 말입니다. 구비1 안용인, 남 74세: 122쪽

–아(서): 아바지를 촛아 주지 아녈 것 ᄀᆞ으면 어머니 쏘아 죽이고 내가 쏘아 죽겠습니다. 구비1 안용인, 남 74세: 124쪽

–아(서): 질레에 데껴 분 아이를 봉가 왓습니다고 ㅎ니. 구비1 안용인, 남 74세: 124쪽

–아/어 가지고(서는, 가지곤): 그 ᄉᆞ이엔 영장(營葬, 棺) 빼어 가지곤 ᄂᆞ룻배에 '톡' 실런 '턱' 앉앗댄 말이우다. 구비1 안용인, 남 74세: 128쪽

–아: 누가 ᄀᆞᆺ 나(낳아) 가지고 던져 불지 아녔느냐고?, 구비1 안용인, 남 74세: 123쪽

–아[계기적 사건]: "이것을(문 지도리를) 싸(썰어서, 톱으로 썰어서) 멕이라(먹이어라), 싸서(썰어서) 숢아(삶아서) [난산 중인 임산부에게] 멕여라!" 구비3 김재현, 남 85세: 76쪽

–아그네 [조건]: 이제 「어느 제라그네(어느 적이면, 언제면) 날이 새어서 날이 붉으면 저놈의 물(연못의 물)을 모도(모두 다) 퍼서 조사허여야겟다」고 (생각했어, 결심했어). 구비2 양형회, 남 56세: 39쪽

–아그네 –거들랑 –앗다서 –아서 죽여 불게: "요 사계(서귀포시 안덕면 사계리) 김 아무가이(아무개) 이번도 오라그네(와서, 제주목에서 열리는 씨름 시합에 와서) 장원ㅎ거들랑(하거든) 우리가 멀리 어디 조곰(조금) 숨엇다서(숨었다가) 그놈 심어(잡아) 낫서 죽여 불게(줄여 버리자). 이거 뭐, 살령(살려서) 놔 뒷자(두어 보았자) 펭성(平常, 늘) 우리 우의(위에) 그, 저, 뭐, 시끄러우니까 죽여 불게." 구비3 김재현, 남 85세: 173쪽

-아그네 -게 가게: "어떵(어떻게) 해그네(해서) 조용히 우리만 모르게 가게(가자)!" 구비3 김재현, 남 85세: 320쪽

-아그네 -는 거: 남신(나막신) ø 알아져(알아, 아는가)? 낭(나무)으로 파그네(파서) 신는 거. 그것을 왜 못 신게 ㅎ느냐 ㅎ면은, 「교만ㅎ다, 건방지다!」 이런 관계로, 존전이(尊前에, 존전한테). 구비3 김재현, 남 85세: 204쪽

-아그네 -는 거주게: 그 소렴(小殮)이엔 ㅎ 건(것은), 대개 기자(그저) 영(이렇게) 춤(참) 뼈(뼈, 망자의 사지 뼈) 발르와그네(바르게 하여서, 발르+우+아그네, '바르다, 발르다, 발리다' 등의 변이형태가 있음) 묶음만 ㅎ는 거주게(것이지+화용 첨사 '게'). 구비3 김재현, 남 85세: 222쪽

-아그네 -는 판인디: 믄(모두 다) 큰 도고리(통나무나 큰돌의 가운데를 그릇처럼 움푹 파낸 도구)에 식여그네(식혀서) 통(桶)더레 담아가는 판인디(판인데), ㅎ 도고릴 퍼 놓아서 식여(식혀) 놓고. 구비3 김재현, 남 85세: 31쪽

-아그네 -는디 -는디 -거든: 열댓 설(살) 난 사름이난게(이니까+화용 첨사 '게') 그 부친이 [좋아가서 자기 아들한테까지] 못 미칠 필요가 잇어게? 미청(미쳐서) 가 심어그네(붙잡고서) 때려 불젠(버리려고) ㅎ는디, 산방(서귀포시 안덕면 산방산) 앞의 용머리라곤(라고 하는) 바당 앞의 쪼르르ㅎ게(의태어+하게) 나간(나갔어). 들리(마루)가 잇는디, 막 바당에 앞의(앞에) 가면은 기정(절벽) 바당물더레(바닷물쪽으로) 떨어지게 된 디주. 그레(그쪽으로) 들거든(내달리거든). 구비3 김재현, 남 85세: 34~35쪽

-아그네 -니까니 -으면 -는디 -아 가지고 -어서 -으니 -으니 -곡 -아서 잇다0: 흉년이 져그네(져서) 곡식이 안 되니까니, 거 해당 지(地)에다 곡식이 안 날 것 곧으면 흉년이 되는디(되는데), ㅎ 해는 흉년이 져 가지고, 흉년이 져서, 에 춤 [청취 불능] 되니까 팔수장(八所場, 나라에서 제주 섬 중산간 초원에 말을 방목하려고 설치한 10개 목장 중 제8 소로서 서귀포시 중문면 대포리[큰 벵디 大坪] 윗쪽 지역) 목즈가 소문 들으니, 「동동네(동쪽 동네) 벤(邊) 아무가이가(아무개가) 부지런ㅎ곡 춤(참) 부자로 잘 살아서, 곡식이 많이 잇다!」 구비3 김재현, 남 85세: 58쪽

-아그네 -당 -앙 -곡: 아니, 그 집의 독(닭)인디 말이우다양, 동네에 가그네 거자(그저)로 줏어 멕이당, 알은 집의 오랑 낳곡, 어둑으면 돌앙 들어오는 거라, 허허허허. 구비1 안용인, 남 74세: 165쪽

-아그네 -라그네 -켄 ㅎ건 -시오 ㅎ민 ㅎ주마는:

-아그네 -면은 -면은 -기 때문에 -는디0: 제라ㅎ(참이라 하는, 헛된 이름뿐이

아닌) 그런 좌수(座首)덜은(들은) 꼭 매일 좌수 출석 ᄒᆞ여그네(해서), 만일 도지
서(도지사)나 첨(참) 목ᄉᆞ(牧使)나 군수나 해도(하더라도) 유고(有故)ᄒᆞ면은,
ᄉᆞ고(事故) 나면은, 대리 행서(행사)를 ᄒᆞ기 때문에, 게연(그리하여서) 매일 가
는디0… 구비3 김재현, 남 85세: 47쪽

-아그네 -면은 -읍니다: 옛날 큰 활을 [쏘되 정해진 거리에다 과녁을] 달아서
합격ᄒᆞ면은, 큰 활 쏘아그네 합격ᄒᆞ면은 초시(무과 초시에 입격)ᄒᆞᆸ니다. 쟁기
뭉클(쟁깃술)을 받앗젠 홉니다. 쟁기뭉클, 꾸부렁ᄒᆞᆫ(구부정한) 낭(나무) 잇지
(있지) 않습니까? 구비3 김재현, 남 85세: 173쪽

-아그네 -아그네 -곡 -으멍 ᄒᆞ단: 글지후제(厥之後＋적에) 큰 배 타그네(타고서)
육지 가그네(가서) ᄊᆞᆯ(쌀) 실어오곡 ᄒᆞ멍(실어오고 하면서) ᄒᆞ단(하다가), 중간
에 거의 망ᄒᆞ다시피 ᄒᆞᆫ(해서) 월평(서귀포시 월평동)ø 간(가서) 살앗는디(살
았는데), 이제도 재산이 잇젠(있다는) 말이 잇어(있어). 구비3 김재현, 남 85세:
279쪽

-아그네 -아그네 -곡, -아그네 -곡0: 높은 낭(나무) 우의(위에) 가그네(가서) 텅
에182) 맨들아그네(만들어서) 눕곡, 낮읜(낮엔) ᄂᆞ려 오라그네(내려 와서) 쉬
잡아 먹곡0.[그렇게 해] 구비3 김재현, 남 85세: 32쪽

-아그네 -아그네 -당 -아그네 젠 ᄒᆞ다: 건(그것은) 왜냐ᄒᆞ면은 씨름ø 해여그네
(하여서) 손 붙정(붙여서) 펭게해그네(핑게 대어서), 어떵ᄒᆞ당(어떻게 하다가)
모다들어그네(모여들어서) 때리젠(때리고자) ᄒᆞ는 거주. 부수우자고. 그걸 보
고 '쓰개(싸개질, 싸개통)'라 해요. 옛날 쓰개 모다들엉(모여들어서) 사름(사람)
때리는 걸 보고, '쓰개진다'고 [말했는데], 요새엔 폭행이여, 뭣이여 해도. 구비3
김재현, 남 85세: 219쪽

-아그네 -아그네 -앙0: 몰총ᄒᆞ고(말 꼬리털하고) 어찌레미엔(미상) ᄒᆞᆫ 거 해그네,
ᄒᆞᆫ 줌(한 줌)은 「푹!」(의태어, 깊숙히 담그는 모양) 해그네(해서, 담가서) 벌겅
ᄒᆞᆫ(빨간) 물을 들이메(들이＋음＋이어. 들이는 법이야). 물 들여그네(들여서)
이 ᄆᆞ저(모자) 뒷쪽에 가그네(가서) 묶엉(묶고). 게민(그러면) 그, 그런 ᄆᆞ저(모
자) 썽(써서, 쓰고서) 댕기는 거 ᄆᆞ를 안에 들어와 가민 "아이고, ᄉᆞ령(使令)

---

182) '텅에'는 ① 닭이 알을 낳을 수 있게 꾸민 둥지인 '둑텅에(닭둥지)'를 가리키기도 하고,
또는 ② 갓양태(갓의 둥근 차양)를 겯기 위한 둥근 양태판이를 올려 아래에서 받쳐 주
는 원통형 대바구니로서, 원통 중간 부분이 양옆으로 움쑥 눌려져 있는 '텅에구덕'을
가리키기도 한다. 여기서는 마치 오랑우탄처럼 나무 위에 잔가지와 잎으로 잠자리를
만들어 둔 모습을 묘사하고 있다.

오랐저! 누게네(누구네) 집이(집에) 무슨 큰일 낫저!"영(이렇게) 다 겁내고

홀 때주게(때이지+화용 첨사 '게') 구비3 김재현, 남 85세: 222~223쪽

-아그네 -아그네 -으멍덜 -는디: 믈(말) 메와그네(메서, 메워서) 스환(使喚)은 저,

네 군데 사그네(서서) 앞뒤 둘씩 사그네(서서) 「호호!」(의성어, 서로 호흡을

맞추는 소리) ㅎ멍덜(하면서+들) ㅎ는디… 구비3 김재현, 남 85세: 102~103쪽

-아그네 -아그네 -을 게라ø ㅎ연 약속홀 때에:「이 즈식이라그네(자식일랑) 절대

우리가 공부만 시겨그네(시켜서) 해야 홀 게라」ø ㅎ연(하여서) 약속홀 때에

「부름씨(심부름)란 건 시기지(시키지) 말자!」 구비3 김재현, 남 85세: 67쪽

-아그네 -아그네 -읍네다게: 빌레레(암반에 있는 돌들 쪽으로) 물(바닷물) 치쳐그

네(끼얹어서, 끼쳐서) 칠팔 월에 볫(볕) 나그네(나서) 과상(바싹, 바짝)ㅎ게 소

금 됩네다게(됩니다+화용 첨사 '게'). 구비3 김재현, 남 85세: 114쪽

-아그네 -아그네 -크매 -지 말라: "[나를] 묶으지(결박하지) 말라! 저, 나ø 어디

돌아나지(달아나지) 안 해여그네(않아서), 그자(그저) 느네덜ø(너희들의) 앞

의(앞에) 사그네(서서) 「ㄱ들ㄱ들」(의태어, 한결 같이 곧장) 가크매(가겠으므

로), 날(나를) 묶으지 말라!" 구비3 김재현, 남 85세: 163쪽

-아그네 -아그네 ㅎ젠?: "이번 가그네(가서) 대정 좌수안티(좌수에게) 가그네,

절 믄저(먼저) 안 ㅎ젠?(안 하고자 하는가?)" "아니 ㅎ주게(하지+화용 첨사

'게'). 내사(나야말로) 그까짓 거 뭣인고?(그까짓 시골 좌수가 무슨 대수인가?)"

경(그렇게) ㅎ멍(하면서) 와랏입주게(왔읍죠+화용 첨사 '게'). 구비3 김재현,

남 85세: 139쪽

-아그네 -앗젠을 ㅎ나 어떵 해그네 안 ㅎ켜: "우리 [조문하고자 상가에를] 가민(가

면) 기자(그저) 「늬(너)ø 아니 온, 아니 갓젠」 흔 걸, 무슨 스고통(사고 통지)이

라도 해그네(해서, 변명해서), 몸이 괴로왓젠을 ㅎ나 어떵 해그네, 늬(너)ø

무안(無顏)시리(스럽게) 안 ㅎ켜(하겠어)!" 구비3 김재현, 남 85세: 320쪽

-아그네 -앙 -곡 -게 ㅎ곡 ㅎ주게: [삼실로, 麻絲로] 흔 석 세(絲), 넉 세(絲)짜리

ㅎ면은, 무저(襪子, 모직실, 모직물) 모냥(모양)으로 「톡톡!」(의태어, 두터운 모

습), 그런 걸로 해그네, 큰 도포(道袍) 맨들앙 입곡, 띠(帶)옌 흔 것도 너비를

흔 쁨(뼘) 이상 넓게 ㅎ곡, 지러기(길이)는 서너 발썩(발씩) ㅎ주게. 구비3 김재

현, 남 85세: 50쪽

-아그네 -앙 -당 -아 가지고 -으면은 -앙 -고 -는 거주: 놀리는 밧(묵히는 밭)을

해그네 ㅁ수(마소) 놓앙(놓아서) ㄱ꾸우당(가꾸다가, 기르다가) 밧(밭)을 담

높으게 잘 추려(추스려) 가지고, 저물아(날이 저물어) 가면은 백 수고 멧(몇)

수고, 그 밧디(밭에) 다 몰아 들영 「딱!」(의태어) 도(출입구) 막고 밤이(밤에) 직(수직)호는 거주. 밤이(밤에) 가서 지키멍(지키면서) 어드레(어느 쪽으로도) 기어나도(도망치지도) 못 호게 호곡. 구비3 김재현, 남 85세: 354쪽

-아그네 -앙 -앙 -야지: 가단 보니, 질 어염(길가) 집에 여러이(여럿이) 모다앚아네(모여앉아서) 노는 디가 시니(있으니) 「담뱃불이나 가그네(가서) 빌엉(빌어서) 태왕(태우고서) 가야지」. 구비3 김재현, 남 85세: 150쪽

-아그네 -앙 -으라: "오라그네(와서) 술 훈 잔이나 먹엉(먹고서) 가라!" 구비3 김재현, 남 85세: 42쪽

-아그네 -앙 -을주0: "애애(아니 아니, 부정이나 거절의 응답), 나ø 원(워낙, 처음부터)183) 굴아그네(말하고서) 욕이라도 들엉(듣고서) 설러 불주원(깨끗이 치워 버리지+화용 첨사 '원'). 자꾸 경(그렇게) 부탁해 가난원(가니까+화용 첨사 '원') 성가션(성가셔서) 못 배기쿠다(배기겠습니다, 참겠습니다)." 구비3 김재현, 남 85세: 92쪽

-아그네 -앙 -이라그네 -앙 -으민 호주: 요놈, 똥만 싸그네(싸서) 일어상(일어서서) 허리띠 매졘(매고자) 홀 때라그네, 뒤으로 강(가서) 「꼭!」(꾹!) [등짐 진 나뭇단올] 눙들민(누르면) 제가 항복호주! 구비3 김재현, 남 85세: 41쪽

-아그네 -야겟다 -앙 -쿠과?: "아, 거 배 고프고, 이 굿호는 디(데) 가그네(가서) 점심이나 훈 번 얻어먹어 봐야겟다!" "굿 호는 디 강(가서) 어떻 얻어먹쿠과?" 구비3 김재현, 남 85세: 147쪽

-아그네 -엇이민 -아그네 -아그네 -라 홀 겐디 -댄 호니 -고0: 아, 그런 후제(後+적에) 수지(死地)로 알아그네(알아서) 알꿩(알 낳는 까투리, 암꿩)이 거(그거, 까투리를 다시 강조) 엇인(없는) 걸로 알아 불엇이민(버렸으면) [호종단이 살아 솟아오르는 제주 지맥을 누르고 끊어 버리려고 제주 섬에] 오지 아니해여그네(않아서) 내 벼그네(내 버려 두고서) 수지(死地)라 홀 겐디(여겼을 터인데), [성시운이란 제주 지관이 제주의 산도를 그려 고려 임금에게 바칠 적에] 「알꿩 ø 엇인(없는) 걸 잘못 그려졋수댄(그려졌습니다고)」 호니, [임금 쪽 사람들이

---

183) 부사 및 화용 첨사로 쓰인다. 공통어의 부사 '워낙에, 원체(두드러지게 아주, 본디부터)'와 같은 뜻으로 이 방언의 형태인 '원, 원간'도 쓰인다(구비3: 37쪽의 "그 춤 원간 장군으로 나 놓니[그 참 워낙에 장군 허우대로 낳아 놓으니]"). 단일하게 '원'만은 화용상의 속뜻을 지니어 맥락상 뜻밖의 일을 가리키거나 실망감 또는 낙담을 나타낼 경우에도 쓰인다. 이 발화에서 첫 번째 '원'은 '워낙에'와 바꾸어 쓰일 수 있다. 두 번째와 세 번째의 '원'은 교체가 어렵다. 화용 첨사의 경우는 붙여 써 놓았다.

반응하기를] 「이 생지(生地)라고!」. 그래서 장군혈·물혈(水穴)·물 혈(馬穴)ø 다 떠 불엿주(눌러 제압해 버렸지, '혈 자리를 뜨다, 쑥뜸을 뜨다'라는 한의학의 관용 어구이지만, 여기서는 막힌 기운을 통하도록 하여 살리는 것이 아니라, 반대로 살아 솟아오르는 땅의 기운을 누르고 막아 버린다는 속뜻으로 쓰임). 구비3 김재현, 남 85세: 185~186쪽

-아그네 -으난 -라고 해서 -다고 -으난 -아당 -아 두라: "저 노인 심어그네 감옥에, 감옥도 좀 낫은(나은) 옥방(獄房)이 잇이난, 죄인이라고 해서, 질에 어른다고(고관이 행차하는 길 앞을 辟除해야 함에도 아랑곳없이 얼쩡거린다고) 추례 몰르고 얼럾이난(상하의 차례를 모르고서 辟除하는 길 앞을 얼쩡거리고 있으니까), 심어당(붙잡다가) 아무 옥방더레 넣어 두라!"고. 경ㅎ연 이젠 (노인을 옥방에) 넣어 놓고는 「음식이랑 잘 ㅎ여당 주라!」고. 음식이랑 잘ㅎ연 멕연. 구비2 양구협, 남 71세: 624쪽

-아그네 -으라: "가까이 오라그네(와서) 우리 배에 [그쪽 재물들을] 실르라(실어라)!" 구비3 양원교, 남 72세: 420쪽

-아그네 -으라: "그 도고리(통나무나 큰돌의 한 가운데를 그릇처럼 움푹 파낸 도구)엣 거 둥겨 놓아그네(당겨 놔서) 먹어지컨 믄 먹으라!" 주인이 하인 막산이에게 권유함. 구비3 김재현, 남 85세: 31쪽

-아그네 -으라: "너희덜(들) 둘이 가그네(가서) 저 강정(서귀포시 강정리) 한효종이ø 강(가서) 심어오라(잡아오라)!" "예엣" ㅎ멍(하면서) 가. 구비3 김재현, 남 85세: 162쪽

-아그네 -으라고0: 뒷날 아침은, "야!, 느(너), 난 버치켜(부양하기 힘들겠어), 우리 집의선(집에선) 버치켜! 달리 가그네 얻어 먹을 디(데) 있건 얻어 먹으라!"고0 구비3 김재현, 남 85세: 31쪽

-아그네 -으믄 ㅎ민 -다고 해서 -고 -으면은 -다 햇어: 소가 누워그네(누워서) ㅎ 밧디서(밭에서) 똥 오줌 싸 불믄(버리면) ㅎ민(그러면) 그 걸름(거름)이 골고루 안 된다고 햇어. 구비3 김재현, 남 85세: 354쪽

-아그네 -으민 -곡 -곡 -아 아정 -곡: 아 술(밀주) 해 논(담아 놓은, 담아 둔) 집이(집에) 강(가서) 조사해 봐그네(봐서) 술 행 먹없이민(밀주를 빚어서 먹고 있으면), 아, 주인을 「죽건 죽으랜(죽으면 죽으라고)」 두드리곡, 술통도 믄(모두 다) 부수와 불곡(부숴 버리고), 또 남은 건 지네(자기네) 다 먹어 아정(먹어 갖고서) 기여나 불곡(나가 버리고). 바로 관청 위군(호위군사)덜보담도(들보다도) 더 위험흔 일을 해여 나가거든. 구비3 김재현, 남 85세: 365쪽

-아그네 -음보단도 -아그네 -아 놓민 -아 불영 -을 건 엇을 게니까, -은 사름이
어: 퍼렁흔(다 익지 않아 푸른색을 띤) 조ø 비여(베어) 놔그네(놓아서) 손해됨
보단도, 아이 이제 이거 늘(날, 푸른색을 띤) 조ø 묶어그네 데며(더미로 만들
어, 동사 '데미다'가 쓰임) 놓민 썩어 불영(버려서) 아무 것도 먹을 건 엇을(없
을) 게니까(것이니까), 이 사름(사람, 자신의 남편)ø 아메도(아무리 생각해도)
어디 간(가서) 꽝(광질, 미친 병) 들련(들리어서) 온 사름이어(사람이다). 구비3
김재현, 남 85세: 276쪽

-아그네 -읍니다: 스또가 만일 서(西)으로 돌아오면은, 서으로 돌아오면은, 굴른
참(두 경계가 나란이 나뉘는 역참, 서귀포시 서호리 '수모루')꼬장은(까지는)
대정(옛날 대정현)서 책임해여그네(책임을 지고서) 전송(餞送)을 홉네. 흐면
은(그러면은) 굴른참 오면은 정의(옛날 정의현)서 맡읍니다. 구비3 김재현, 남
85세: 134쪽

-아그네 -읍니다[일반 차림새의 법식에 따라서]: [조선조 때 관청의 사령들은]
이 모저(모자) 닮은 것에, 뒤에, 저 물총(말의 꼬리 털이나 갈기 털)에 붉은
물 들여그네(들여서) 둘아맵니다(달아맵니다). 경흐면은(그러면은, 그 모자 형
태를 보면은) 스령(使令)은 [그 모자와 차림새를] 보민(보면) 아는 겐디(것인
데), 몰랑(전혀 몰라서, 모르기 때문에) 그거우꽈?(그렇게 모른 척 시치미 떼는
것입니까?) 구비3 김재현, 남 85세: 162쪽

-아그네 -읍서 흐민 -곡 -읍서 흐민 -곡 -앗주: 흐난(그러니까) 그자(그저) [좁씨
를 얻으려고] 오라그네(와서) "흔 되 줍서!" 흐민, 흔 되 주곡, "흔 말 줍서!"
흐민, 흔 말 주곡, 그자(그저) 달라는 대로 몬딱(모두 다) 배급해엿주(배급해
주었지). 거 무슨 문세(문서, 차용증)도 아니 닦으고(만들고, 문서 작성을 '닦다'
라고 부름). 구비3 김재현, 남 85세: 278쪽

-아그네 -젠 흐다: 이젠 막 잔치를 허여그네 도독질 허여 가젠 흐는 판입주. 구비1
안용인, 남 74세: 162쪽

-아그네 좋수댄 -앙 굴으랜: 흐난(물으니까, 그러니까) 주인도 주인이지마는, 무
당덜이 "아니, 오라그네(와서) 구경흐여도 좋수댄(좋습니다고) 강(가서) 굴으
랜(말하라고)." 구비3 김재현, 남 85세: 147쪽

-아그네(앙): 심방 빌어그네 흐는 거로구나. 구비1 안용인, 남 74세(조사자 현용준
교수의 긍정적 수용 말대꾸): 151쪽

-아그네(이라그네) -거든에 -면은 -으키어0: "흐니(그러니), 아무 제쯤이라그네
(아무 적쯤에) [내가 너를, 오찰방 아버지가 정훈도를] 불르거든에, 에, 오면은

그때도 술도 주켜!(주겠어)" 구비3 김재현, 남 85세: 42쪽

-아그네/이라그네(조건) -거들란 -거들란 -면은 -겠노라: "너이덜(너희들) 슬쩍
치기(살짝이) 남ᄌᆞ덜 ᄒᆞᆫ 번 만나 본 걸라그네, ᄒᆞ나 만낫거들란 떡 ᄒᆞ나를 곶이
(꼬챙이)에 꿰어서 올리고, 둘을 만낫거들란 둘을 꿰어 올리면은, 이제 그걸
내가 알아서 다, 이제 이거, 여ᄌᆞ라 ᄒᆞᆫ 것이 천하에서 남ᄌᆞ 둘이나 싯(셋)이나
만나는 게 큰 죄다. ᄒᆞ니 내가 다 오늘날로 사(赦)ᄒᆞ여 주겠노라!" "예!" 구비2
양형회, 남 56세: 31쪽

-아그네[조건]: 뒷날 아침 새벽인(새벽에는) 조반 먹음ᄭᅡ장(먹는 일까지) 다 독촉
(재촉)을 해여그네(해서), "거(그거) 조반 먹으랜(먹으라고), 오랑(와서) 먹으랜
홀(먹으라고 할) 때라그네(때에는, '때+이라+아그네') 호미(낫)를 전부 ᄒᆞᆫ 사
름(사람)이 ᄒᆞ나씩 가정(가지고서) 오라!" 구비3 김재현, 남 85세: 274쪽

-아그넹 -앙 -으니, -앙 -아지엉 -앙 -당 -앙 -앙 -앙 -안0: [고씨 당장이란
사람이] 개맞디 괴기(물고기) 사레 갓거든. … [어부들이] "우리 괴기(물고기)
못 낚앗수다!" ø ᄒᆞ니, "이놈들 괘씸ᄒᆞᆫ 놈들, 못 낚을 리가 없는디, 괜히 「못
낚앗수댄」 ᄒᆞ는 거로고(것이로구나). 괘씸ᄒᆞᆫ 놈들!" [어부들이 어선으로부터]
다 그냥 ᄂᆞ려들 가그넹(내려들 가서), 그리 ᄒᆞ영(그렇게 하여서, 물고기를 팔아
주지 않은 채로 자신들의) 집에 갈 만ᄒᆞ니(가 버렸을 만한 시간이 지나니),
그 배를 그냥 닺을 해영(하여서, 올려서) 「탁!」(의태어) 짊어지엉(짊어져서)
열두 놈 [타는 배의] 닺을 해영, 이제 ᄒᆞᆫ 얼마니(얼마만큼 뭍쪽으로) 올라오당
(올라오다가) 가시 자왈(덤불숲) 있고 ᄒᆞᆫ 디(데에다) 스거리(네거리) 내영(내어
서, 만들어서), 「딱!」(의태어) ᄎᆞ매영(짜 매어서, 단단히 묶어서, 'ᄎᆞ+매+엉')
초석(배의 돛으로 쓰는 돗자리) 둘고(달고) 해영(해서) 내 비언(내 버렸어).
구비3 정원선, 남 90세: 395쪽

-아그넹에: "어린 아이 옷이나 가그넹에 맹글든지 주문허여 옵서!"고 햇어. 구비1
안용인, 남 74세: 122쪽

-아네 -는디 -으니까 -을 거라: "그렇게 ᄒᆞ겠다!"고 허여네 바둑을 두는디, 옥황
상제 뜰이니까(모든 바둑 수를) 알 거라 말이어. 구비1 안용인, 남 74세: 187쪽

-아네 -아네 -아네 -안 -안 -앉어: ᄒᆞᆫ 번은 오찰방(吳察訪, 각주 180 참고)이
어디 드르(들)에 댕기단(다니다가) 보난, 정훈딘가(鄭訓導인가) ᄒᆞᆫ 사름(사람)
이 어디 외방(外方) 가네(가서), 집은 ᄒᆞᆫ 거리(한 채) 사네(사서), 샌(지붕 덮은
새[茅, 띠]는) 말고 남(나무)만 ᄒᆞᆫ 짐을 끊어네, 지언 오단 밑에 밧디서(밭에서)
짐 진 냥(모습으로, 짐 진 채 그대로) 앚안 똥을 쌌어. 구비3 김재현, 남 85세:

40~41쪽

-아네 -아네 -으난 -아 준댄0 -으난 아 줫젠0: 신랑(新郞) 가네 아니 와네, 식게(食
祭, 『공자 가어』에 나오며, 제사의 뜻임) 멩질(名節) 허여 줄 사룸도 원(전혀)
엇으난, 그 무을에서 젤(祭를) 지내여 준댄, 그 사룸네. … 하도 불쌍ᄒᆞ난 젤(祭
를) 지내여 줫젠, 옛날도양! 이제도 지내엾젠. 구비1 김순여, 여 57세: 206쪽

-아네 -안 -아 가지고 -엇어: 그뿐 허여네(하여서, 또는 '하였어') (지옥에서 어머
니를) 만나 가지고 이제 왐(왔어). 석가무니에게 오라가 가지고 애걸복걸(哀乞
伏乞)을 허엾어. 구비1 안용인, 남 74세: 182쪽

-아네 -안 -아니? -아냐?: "그 어떵(어떻게) ᄒᆞ여네(하여서) 저, [제주시까지] 간
(가서) 오라 져니?(와졌느냐?, 왔느냐?)" [서귀진 방어 책임자가 그 진의 병졸
변인태에게 물었음] 구비3 김재현, 남 85세: 92쪽

-아네 -안 -앗단 -부난 -안0: 아이 걷는 말엔, 아들 걷는 말엔 성가시어네, 그냥
반(半) 묻언, 야개(목)만 내물앗단(내밀었다가), ᄒᆞᆫ뭇(사뭇) 홁은 눈 떠 부난
못 덮언(덮었어). 구비1 허군이, 여 75세: 196쪽

-아네 -앗주게: 돌 파 둬네(두고서) [관을] 묻엇주게(묻었지+화용 첨사 '게'). 구비
3 김재현, 남 85세: 231쪽

-아네 -으니 -주마는 -을 때주게: 중문이(서귀포시 중문리) 건즘(거의) 오라네(와
서), 천제연(중문리 동쪽에 있는 폭포와 못) 냇뚝을 오니, 이제는 그 하시(橋,
다리의 일본어)로 놘 댕겼주마는, 옛날은 하시(다리) 안 놘, 아래 돌빌레(빌레는
암반들이 있는 평지)로 댕길 때주게(때이지+화용 첨사 '게'). 구비3 김재현,
남 85세: 50쪽

-아네 -으멍 -아네 -아네 -으니게, -으민 -으민 -은 말이어: 그 외손(外孫)이
외할으방(외조부) 몰을 들러다가 먹(墨)을 멧(몇) 개 들여네(들여서) 굴멍(갈면
서) 멕여네(물 들게 하여, 색깔 먹이어), 먹칠허여네(먹칠 하여서) 놔 두니게(두
니+화용 첨사 '게'), 이슬 맞곡 비 맞곡 허여 가민, 먹(墨) 벗어 가민 흴 건
수실(事實)이란 말이어. 구비2 양형회, 남 56세: 36쪽

-아네 -은 거주게: 문(門)은 들어가네(들어가서) 덖어(닫아) 분(버린) 게주게(것이
지+화용 첨사 '게'). 구비3 김재현, 남 85세: 270쪽

-아네 -은 접주: "어떻게 굽니까뭐!(구웁니까+뭐!, 반문 형식) 불 우의(위에) 놔네
(놓고서) 군(구은) 접주(것이죠)." 구비3 김재현, 남 85세: 133쪽

-아네(라네), -단 -나네, -고 -엇어: "나만 오라네(와서) 일 ᄒᆞ젠(하고자) ᄒᆞ단(하
다가) 긔자(그저) 나만이고 ᄒᆞ나네, 일도 아니 ᄒᆞ고 누엇어(누었어)!" 구비3

김재현, 남 85세: 29쪽

-아네(-안): 또 그로 후에 어멍을 열녀(烈女 旌門) 해 와네(와서, 또는 '왔어'), 열녀
라고 있습니다. 구비1 임정숙, 남 86세: 145쪽

-아네(언) [사건 순방향 전개]: 저승에 가는디 차살(差使를) 잘 사귀어네, 무슨
복을 받거나 돌아왔거나, 무슨 그런 이얘긴 엇어마씀? 구비1 안용인, 남 74세:
141쪽

-아네: 흐연 뒷날은 일 흐레 간다 해네(하여서), 무슨 쐬갈레죽(쇠삽)인가 무슨,
무슨 … 구비3 김재현, 남 85세: 28쪽

-아네[이유]: 진(긴) 논인디, 그 큰 비가 오라 가지고, 막 그만 물에 끗어네(끌어
쓸어 버리고서), 메우는 딘(메꿀 만한 곳에는) 메와 불고(메꾸어 버리고), 끗이
는 딘(끌어 쓸어갈 만한 곳은) 끗어 불고(끌어 쓸어가 버리고) 흐니, 역군(일꾼,
役軍)을 흔 오십 명 빌어야 이 일을 홀 테니까, "역군(일꾼)을 강(가서) 빌라!"
막산이보고 주인이 흐니, "예!" 구비3 김재현, 남 85세: 28쪽

-아다네['-다네'와 사건 완결에서 차이가 남] -단 -아 가지고 -는디 아니흐여:
게난(그러니까) 거(그거, 처녀로 변한 여우) [여우가 이좌수의 말 안장 뒤에
올라타자, 이은성인데 각주 176 참고] 넓직흔 띠, 질긴 띠로 [여우와 자신의
몸을] 두어 불(벌) 감아다네(감아다가, '감다가'는 중간 도중에 전환. '감아다가'
는 완결 전환) 처음은 가슨 : 히(미상, 맥락상 '느슨히'로 이해됨) 흐는 척흐단
… 딱 묶어 가지고 오는디(오는데), 경(그렇게) 해도(하더라도) [말에게 빨리
가도록 한다든지] 뭐를 권(勸)흐질 아니흐여. 구비3 김재현, 남 85세: 50쪽

-아다서 -아다서 -아단 -어: 아, 그렇게 [다 베어 둔 밭벼들을 모아] 던져 놓고,
산디(밭벼, 山稻)를 묶으들 않고 그자(그저) 언주와다서(한 데 그러모아다가,
엇+우+다)말이어 안아다서(안아다가) 그레(닻줄로써 그물 짜 놓은 그쪽으
로) 놓고 [또] 놓고 했어. 눌(낟가리)을 눌어요(쌓아요). 큰 밧디(밭에, 밭+디
[곳]+에) 산디(밭벼, 山稻) ø 흔 줌도 안 냉견(안 남기고서) 믄딱(모두 다) 거두
와단(거두어다가) 눌(볏단) 눌어(쌓아) 놔(놓아). 눌 눌어 낫어. 구비3 김재현,
남 85세: 210쪽

-아다서: 그 월평(서귀포시 월평동) 동쪽에 물이, 생수가 많이 나고 있는 물을
보고 「그 물을 끌어다서(끌어다가) 남쪽에 끌어 가지고 논을 맨들겠다(만들겠
다)」 이랬어. 그 부근 백성을 동원해 가지고 「역스(役事)를 흐라!」 그거여. 「그
논골(논도랑, 수거) ø 맨드는 일을 흐라!」 구비3 김재현, 남 85세: 193쪽

-아다서: 상투 알아지지(알지)? … 이 머리 전부 올려다서 묶으는 거라. 구비3

김재현, 남 85세: 218쪽

-아도 (더라도, 방임, 역접): 장개(丈家) 가도 경허여도 이 삼 년 살아 봥 엇어젓이
민 홀 테이지마는, 아 장개 간 날 저녁 엇어져, 신랑이 엇어져 붙었댄 말이우다.
구비1 안용인, 남 74세: 158쪽

-아도 (선택): 거짓말을 허여도 그렇게 멋들어지게 거짓말을 허여야. 하하하하.
구비1 안용인, 남 74세: 155쪽

-아도: 지(陸地)서는 나룩(나룩, 벼) 빌(벨) 때는 ᄃ돌퀴멍(ᄃ들처럼 덜렁거리면서,
'ᄃ들'은 흔들 수 있는 시렁) 올라사 가지고(올라서서) 소리(노동요)만 ᄒ는
놈도, 일 아니허여도 ᄒ 찍(한 몫, 한 적시)이라, 허허허. 구비1 안용인, 남 74세:
164쪽

-아도 [선택지 중 제일 못한 것]: "쏠 ᄒ 되만 빌립서!" ᄒ니까, "저의 처가 해산을
허였는디, 죽이라도 ᄒ 사발 쒀 메이쿠다." 또 혹경(酷黥, 가혹하게 경치다)만
허연 보내거든. 구비1 안용인, 남 74세: 166쪽

-아도 [수의적 부가, 방임형]: 어디서 암행어ᄉ(暗行御史) 출도ᄒ민, 이웃 부락에
관청이 잇어도, 다 알아분댄 말이두다. 구비1 안용인, 남 74세: 163쪽

-아도 [역접 방임] 못하다: 그때 돈 천량(千兩)이면 벌어 놓거나 탕진 가산 허여도
갚으지 못홀 거 아닙니까? 구비 1 안용인, 남 74세: 154쪽

-아도 [역접]: 둥글어 먹은 놈이 되니, 술 먹어 불량(不良)해도 눈친 알아 가지고,
들려 오라 가지고, 우시(圍繞, 결혼식 상객) 갈랴 ᄒ는 놈 물을 빼앗아 가지고
탄 들렷어, 사돈칩의. 구비1 안용인, 남 74세

-아도 -고 ᄒ니 -로 허여서 -으민 될꼬? -아서 ᄒ는디: 「아, 이놈의 새끼(외손자)
가 죽을 디를 디물아도(들이밀어도) 이제 살고 ᄒ니, 이 놈을 어떤 꾀로 죽이민
될꼬?」 허여서 ᄒ는디…. 구비2 양형회, 남 56세: 40쪽

-아도 -고도 [역접]: 누었는디, ᄌ냑은 먹을 때 되니, ᄌ기네만 ᄌ녁을 먹고. 이왕
방을 빌렷이니, 긔영 ᄒ여도 소님(손님)보고도 「ᄌ녁 굳이 자시라」고 허여야
될 거 아닙니까? ᄌ기네만 먹언 치와 불거든. 구비1 안용인, 남 74세: 164쪽

-아도 -도: 허여도 것도(그것도) 그런 게 아닙네다. 팔ᄌ(八字)에 테와야(타고 나
야). 구비1 안용인, 남 74세: 171쪽

-아도 -은다고: 「결롸 줫다(마소 분뇨로 밭을 거름지게 해 주었다)」ø 해서 후년
그 보리 ᄭ르(그루터기, 동일한 설화자의 이야기 속에 '크르, ᄭ리'의 변이형이
있음)나 봐래어(바래, 희망해). 후년 보리 갈아도 얼마나 잘된다고!(두말할 필
요 없이, 아주 잘된다는 뜻임) 경(그렇게) ᄒ니까(하니까) 그냥(거름을 안 준

채) 해 먹고. 구비3 김재현, 남 85세: 354쪽

-아도 -은다고: 후년 보리 갈아도 [마소 분뇨가 거름 몫을 하는 밭은] 얼마나 잘된다고. 경(그렇게) 흐니까(하니까) 그냥(새로 거름을 뿌리지 않은 채) 해 먹고(경작을 하여 수확을 한다). 구비3 김재현, 남 85세: 354쪽

-아도 좋다: 선참후계(先斬後啓, 죄인을 먼저 목 베고 나서 나중에 조정에 아룀)흐라! 죽일 사름(사람) 잇이면은 몬저(먼저) 죽여 놓고 후에 보고해도 좋다! 구비3 김재현, 남 85세: 137쪽

-아도(더라도) -아도(더라도) -을 거: 「나가(앉은뱅이인 내가) 츠지흐여도 발 ᄀ진(가진) 사름이 섭섭흘 거, 발 ᄀ진 사름 츠지해도 지(자기)가 섭섭흘 거.」 (앉은뱅이에게는) 발 ᄀ진 사름 웃이민(없으면) 질(자기를) 업엉 댕길 사름 웃거든(없거든). 아, 이젠 장(시장)에 강 누게(누구) 줘 버리자고. 구비2 양구협, 남 71세: 665쪽

-아도(더라도): 다른 사름이면은 화딱지 나도(나더라도) 긔냥 보비닥질(못살게 부벼대는 일) 허여가 가지고 … 긔냥 돌아와 버리주. 구비1 안용인, 남 74세: 131쪽

-아도(더라도): 도독놈덜(도둑놈들)은 흐연(하여서, 도둑질을 하고서) 나가니, 이 아은(아이는) ᄌ기가(도둑이 스스로 이 아이를) 죽이지 아녀도(않아도) 이디서 (갇힌 보물창고 안에서) 죽게 마련이라, 가두와 버리니까. 구비2 양구협, 남 71세: 634쪽

-아도(더라도): 흐를 ᄌ냑만 줌 아이 자도, 열흘 굶은 거 이상 사름이 곤(疲困)흐는디, "일주일 동안 곡성(哭聲) 끊지 말고 울라!"고. 구비1 안용인, 남 74세: 128쪽

-아도(더라도)[방임, 인과 없음] -거든0: 앙이!('아니!'의 개인 말투) 그 멧(몇) 시간을 앚아(앉아) 봐도, 할으방이 독부리거든(毒煞부리거든, 독살 피우거든) 구비2 양구협, 남 71세: 643쪽

-아도(라도): 거 옥황(玉皇上帝)의 똘이라도 맛 붙지니까(붙이니까) 옥황의 올라갈 생각이 없댄 말이어. 구비1 안용인, 남 74세: 186쪽

-아도(라도, 방임형, 구속 없는 상태): "흔 번 죽은 (아버지) 얼굴이라도 대면(對面) 시켜 뒹, 탕, 떠납서!" 흐여도, "훗날 만날 때 잇일 거라!"고 허연, 배는 똑 떠나 불었댄 말이우다. 구비1 안용인, 남 74세: 129쪽

-아도(방임형): 일주일을 밤낮 줌 아이 자 노니(까), 뭐 사름 죽여도 몰르고, 살아도 (살려도) 몰르게 줌을 막 코 골멍 자는 판이라. 구비1 안용인, 남 74세: 128쪽

-아도(아더라도) 흐지: "앙이!('아니!'의 개인 말투), 늠의 짐츙(짐 나르는 종) 노롯

ㅎ여도 닭암직이(제대로) ㅎ지. 아무디 도독(도둑)이 … 아무 대감네 집의(집
에) 도독질홀 게 잇엇는디, 그런 것을 해여 먹으문 해여 먹지, 짐충질해서 내가
못 살겠다!"고. 구비2 양구협, 남 71세: 633~634쪽

-아도(양보, 역접, -더라도):"오탁수(五濁水, 불교 용어)를 아이 먹으민 죽어도 저
승[이승의 잘못] ㅁ음이 된다. 내가 죽어도 오탁수를 아이 먹어서, ㅎ 번 환생
(還生)을 허여사 되겠다!"고. 구비1 안용인, 남 74세: 135쪽

-아도(어도)[방임]: 오찰방(吳察訪, 각주 180 참고)은 이제 살앗어도(살았다 하더
라도) 오래지 아니흔 사름이라. 구비3 김재현, 남 85세: 34쪽

-아도(이라도)[방임형]: 벨(別, 각별히) 가달(다리, 두 가닥의 다리) 큰(길이가 긴)
사름(사람)이라도 이 관저(棺材) 우의로(위쪽으로, 관 크기를 벗어나서 관 위로
뻗어 밖으로) 넘어갈 사름이 [이 사람 말고는] 없다고 ㅎ여0. 하도 컨(커서),
체각(體格)이. 구비3 김재현, 남 85세: 45쪽

-아도: [부모가] 책망ㅎ니 춤(참), "죽어도 눈 곰지(감지) 못 ㅎ쿠댄(못하겠습니다
고)" 경(그렇게) 굴아 뒌, 당신 눕는 방에 간 그자(그저) ㄱ만이(가만히) 앚안(앉
았어) 구비3 김재현, 남 85세: 145쪽

-아도: "그 지게 이레 줍서! 나 질은 버쳐도(나이가 어려서 짐 지고 걷기가 힘들어
도) 정 강 집의 강 잘 모삿다그넹에 아바지도 칠십 되민 져당 할으바지ㄱ찌
ㅎ쿠다!" ㅎ나네 아방도 일런 오라 불고, 지게도 앗안 와 비엿젠. 구비1 허군이,
여 75세: 195쪽

-아도: "그래? 「나를 먹으라」고 죽(鬻)을 두 기물(그릇, 기명) 쑤어 왓다, ㅍ죽인가
뭐(팥죽인가+뭐). 자네! ㅎ 기물은 내가 먹고, ㅎ 기물은 건드려 보지 안 허서
저 벡장(벽장) 우에 잇이니까 내려 낭 먹고 가라! 제사라곤(제사라고는) 해여도
[배가] 고파서 [귀신이] 그냥 가는구나!" 아 경(그렇게) ㅎ니(하니까, 권유하니
까) 그 죽을 먹고 그냥 가 뵈어(보이어). 구비3 김재현, 남 85세: 143쪽

-아도: "그러문 나 ㅎ 번 (아홉 채의 창고 안울) 돌아보아도 좋으냐?" "ㅁ음대로
돌아보라!" 구비2 양구협, 남 71세: 628쪽

-아도: 겨니 설문대 할망이 경 허여도(키가 그렇게 컸어도) 족은장오리(제주시
봉개동 명도암 남쪽 小長兀岳의 못)에는 빠젼 죽었다고 ㅎ니, 족은장오리가
원, 그렇게 짚은가 모르겠어. 구비1 안용인, 남 74세: 201쪽

-아도: 기영 ㅎ영(그래서) 그 날은 딱 당(當, 당도)해 가니, 아미영 해도(아무래도)
불가피해서 가야만 ㅎ게 되엇는디, ㅎ 수 없어. 구비2 양구협, 남 71세: 631쪽

-아도: 장에 간 보니, 장ㅅ꾼(장사꾼)이 잇는디, 멧(몇) 시간 앚안(앉고서) 봐도,

물건('물건'의 개인 말투) ㅎ나 풀질 못ㅎ여. 구비2 양구협, 남 71세: 665쪽

-아도[라도, 방임형] -털어 불ø도: [바닷고기를] 춤(참) ㅋ게(타게, 검게 타도록) 구워서 그스렁(그으름) 긑은(같은) 것도 좀 털어라도 불주마는(버리주마는) 털어 불ø도(털어 버리지도) 아니ㅎ고 그자(그저) 꺼멍흔 냥(거므스름한 樣, 거므스름한 모습 그대로, 그런 채로) 그냥 반찬으로 갖단(갖다가) [밥상에 놓았어] 구비3 김재현, 남 85세: 132쪽

-아도[방임, 역접]: (쫓겨난 시부와 남편을) 뜨란(따라서) 나가도 원성(怨聲)도 웃이 예상(如常, 泰然自若). 이젠 어디 강 ㅈ기(自己) 집을 풀든지 말든지 ㅈ유롭게 나갔주. 구비2 양구협, 남 71세: 627쪽

-아도[방임]: "아니, 그자(그저) 강(가서) ㅎ여 뽕(해 보고서) 못 ㅎ건(못 하거든) 말아도(그만 두고 말더라도), 강(가서) 해 봐 줍서!" 구비3 김재현, 남 85세: 40쪽

-아도[방임]: "애애(상대방 의견이나 주장을 부정하는 감탄사, 아니아니!), 난 아멩 해도(아무려나 해도) 바쁘난 [관가에서 퇴청하여 집으로] 가커라![갈+것+이 어+으라, 가+으크+이어+으라]" 구비3 김재현, 남 85세: 47쪽 (49쪽에는 '아 메나 흡주[아무려나 합지요]'가 있음)

-아도[방임]: 시방 고물(古物) 풀랜(팔라고) 해도 안 풀안(팔고서) 그냥 잇젠(있다고 하는) 말이 잇어(있어). 구비3 김재현, 남 85세: 34쪽

-아도[방임형]: 요새엔 보면은, 비료ø 좋으니까 씨(좁씨)ø 삐여그네(뿌려서) 섬비질(이랑에 뿌린 씨를 흙으로 덮기 위하여 잎파리 달린 나뭇가지들을 모아 부채 꼴 모양의 빗자루처럼 만들고서 잎파리들 위에 돌을 얹고서 끌고 다니는 일, '銛+비+질'은 지역에 따라 '섬피, 끗을퀴, 끌테'로도 불림)만 해영(하고서) 내 불여도(버려도) 좋는디, [이랑에 뿌린 좁씨들을] 불려야주(잘 묻히도록 밟아 줘야지, '볼르+이+어야+주'). 구비3 김재현, 남 85세: 258쪽

-아도[방임형] -도[병렬 조사] -도: 경ㅎ니까(그러니까) 이리 둥그려 봐 저리 둥그려 봐 해 봐도원(보아도+화용 첨사 '원'), 어디로 흔적도 터진 흔적도 없고, 득(닭)은 온 챗(온전한 채로 된) 득이라(닭이야). 구비3 김재현, 남 85세: 131~ 132쪽

-아도[방임형] 좋고 말아도[방임형] 좋다: "돈 지레(지러) 간다, 돈지레 간다!" "돈 은 무슨 돈?" "갚아도 좋고 말아도 좋다!" [서귀포시 모슬포 돈지 포구] 앞이다 (앞에다) 돈지란 포구 앞이다(앞에다) 가파도가 있고, 마라도가 잇어요. … 이 돈은 져당(짊어져다가) 써도(쓰더라도), 갚아도 좋고 말아도 좋다! 구비3 김재

현, 남 85세: 290쪽

-아도[방임형] -지: "밥은 익게(밥에 물이 너무 적어서 꼬들꼬들하게) 지어겟습니다." "익어도 먹지." 버금은 … "물 맞추앙 잘 흐젠 흔 게 [밥이] 설게 해겟습니다." "설어도 먹지." 구비3 김재현, 남 85세: 130쪽

-아도[방임형]: [책들을 다 없애고자] 믄(모두 다) 거두와(거두어서) 불 붙이노랜(붙이노라고) 해여도 [천기대요(天機大要) 따위가] 남아 잇습니다. 구비3 김재현, 남 85세: 184쪽

-아도[역접] -곡 -고0: 걸음을 걷젱 흐여도, 어디사 가지는 체릴(줄을, 변이형태로 '츠리[次例]') 모르곡, 기여니(그러니) 밤인디(밤인지) 낮인디도 모르고, 우터레(위쪽으로) 브레문(바라다보면) 뭿산디(무엇인지) 그자 이 안경알만이(안경알만큼) 베롱흐게(틈새 빛으로 인해 약간 밝은 듯이) 봐져. 구비2 양구협, 남 71세: 662~663쪽

-아도[역접]: 겨니(그러니) 일상(평상시) 눈을 굼고(감고) 댕깁니다(다닙니다). 눈을 그자(그저) 스뭇(사뭇, 온전히) 굼진(감지는) 아니흐여도, 당신 무시거(무슨 것) 브려질 만이(보일 만큼) 영(이렇게) 그자(그저) 반(반쯤) 굼아그네(감아서) 행(行)흐는다… 구비3 김재현, 남 85세: 136쪽

-아도[역접]: 두방이 여이(어버이, '어이, 어시'로도 불림)에 부친[부친이다], 부친 꼬장은(까지는) 알아지는디(아는데, 알+아+지다), 부친은 이제 살앗어도(살았더라도) 백 세가 [넘지] 못 흐고. 구비3 김재현, 남 85세: 251쪽

-아도[역접]: 앚은뱅이는 봉亽 엡히고(봉사 등에 업히어서) 얻어먹으레 댕이멍, 그 봉亽 발은 잇어도 브레질(바라다보질) 못흐니까, 운전순(운전수는) 우희 잇곡 발론(발로는) 걷곡 흐멍 얻어먹으레 댕겨. 구비2 양구협 71세: 665쪽

-아도[조건, -아더라도] -고 -아도 -으면은 -을 트니 어떵흐코?: 「쑥!」 들어간 보난(보니까) [자신을 원수처럼 여겨 보복할 것 같은] 한효종이라! "요거 들어가젠 흐여도 위험흐고, 돋젠(달리려고, 달리자고) 흐여도 돋당(달리다가) 안김(도망가다 잡히다, 안기다+음)을 흐면은 죄가 더 홀(클) 트니(터이니), 어떵흐코(어떻게 할까?)" 구비3 김재현, 남 85세: 168쪽

-아사 -아그네 -으니 -아 부는 거주: 우멩년(後明年) 나사(나야, 되어야) 번해그네(翻해서, 밭을 갈고 뒤집어서) 보릴(보리를) 가니, 흔 해는 공박아 부는(공쳐 버리는) 거주(것이지). 그런 밧덜이(밭들이) 만흔 거주(많은 것이지). 구비3 김재현, 남 85세: 353~354쪽

-아서 [다음 사건, 순접 사건 전개]: "오탁수(五濁水, 불교 용어)를 아이 먹으민

죽어도 저승['이승'의 잘못인 듯] ᄆᆞ음이 된다. 내가 죽어도 오탁수를 아이 먹어서, ᄒᆞᆫ 번 환생(還生)을 허여사 되겠다!"고. 구비1 안용인, 남 74세: 135쪽

-아서 [방법, 수단]: 올라오라 가지고, 이제는 산 우으로 이제는 올라가고, 활 메고 이젠 허여서 올라가는디, 어머니는 혼이 나가 가지고 한라산 우으로 다 올르고 ᄌᆞ식 ᄉᆞ형제 데려서, 아바지는 혼비백산 허여 불고. 구비1 안용인, 남 74세: 150쪽

-아서 [사건 순접/순방향 전개]: 환생(還生)을 해여서 이제는 방랑객(放浪客)으로 중국지면을 돌아댕기다가 신의주(新義州)를 처음에 당도허여섯. 구비1 안용인, 남 74세: 138쪽

-아서 [수단]: 돗(豚, 돼지) 잡아서 제(祭) 지내는 당(堂)은 거 구좌면(舊左面)뿐입니다. 구비1 안용인, 남 74세: 146쪽

-아서 [순접 사건, 순차 사건]: 사름을 큰 밧듸 수십 명을 빌어서 검질을 매는 판이라. 구비1 안용인, 남 74세: 133쪽

-아서 [이유, 목적]: ᄉᆞ실(事實)이 약하약하(若何若何) 허여서 ᄒᆞᆫ 번 머리를 굽을랴고 허엾이니, 구비1 안용인, 남 74세: 124쪽

-아서 [이유]: 막걸리 막 허여다 놓, 선소리(先唱) ᄒᆞ는 사름은 높은 ᄃᆞ들(시렁) 우의 올라 앚안 선소리만 ᄒᆞ면은 그걸로 허여서 힘을 내엿어. 구비1 안용인, 남 74세: 164쪽

-아서 [이유]: 아닌게 아니라, 저승문 당도ᄒᆞ니 내(川)는 창창창창 울르면서 흐르는디, 물을 먹고 싶어서 꼭 죽겠어. 구비1 안용인, 남 74세: 135쪽

-아서 [이유]: 허여서 뒷날은 지게에 돌을 지어다가 그 ᄃᆞ릴(다리를) 박았다 허여. 구비1 임정숙, 남 86세: 144쪽

-아서 -고 -아서 -으난 -는디 -이라: 아, 이, 이거 배남 우(배나무 위)에 올라가서 시름 쉬자고(걱정을 덜자고), 배남 우에 올라가서 이젠 잇이난, 개가 쿵쿵! 죾으는디(짖는데) 시관(試官)의 집 배남(배나무)이라. 구비2 양구협, 남 71세: 620쪽

-아서 말아 -을 건디: 춤아서(자신의 화를 참고서) 걸(그것을, 어린 아들을) 다올리지(내몰지, 내쫓지) 말아, 내 불(내 버릴, 그만 둘) 건디... 구비3 김재현, 남 85세: 35쪽

-아서 -시기젠 허엾는고 허엿는디: 이항복(李恒福, 1556~1618)은 「이놈의 아이덜이 어떻게 허여서 그 신부(新婦) ᄀᆞ슴(감)을 헌(한) 번 내 얼굴을 대면시기젠(對面시키려고) 허엾는고?」 허엿는디,

-아서 -안 -아 가지고 -아서 -앗읍네다: "먹(墨)을 멧 장(몇 張)을 들여서 굴안(갈 아서) 멕여 가지고(말에 먹물을 발라서) 백마(白馬) 물을 가라물(黑馬)로 허여 서 풀아 먹엇읍네다." 구비2 양형회, 남 56세: 37쪽

-아서 -안 -안 -으니 -아서 -으난 -아졋다 말이어: 술 추(醉)흔 아방을 모시고 와서 집에 완 눅전(눕히어서) 놔 두니, 앙이!('아니!'의 개인 말투), 술 깨어서 보난 집에 와졋다(와졌다) 말이어. 구비2 양구협, 남 71세: 643쪽

-아서 -앗어 -마는: 흥상(恒常) 오라서 그 아으덜 익는(읽는) 걸 봣어. 구비2 양구 협, 남 71세: 618쪽

-아서 -앗어: 아, 그 놈(큰 뱀)의 영혼이 들어서 배염 되엇어, 그 말은 잇엇수다. 구비1 임정숙, 남 86세: 193쪽

-아서 -었다: 앉아서 쉬였다 말이어. 구비1 안용인, 남 74세: 156쪽

-아서 -으라: "이제란(이제는) 그 관판(棺板) 덮어서 못을 주라!(박으라!)" 구비2 양형회, 남 56세: 42쪽

-아서 흐는디 「아, 이놈의 새끼(외손자)가 죽을 디를 디물아도(들이밀어도) 이제 살고 흐니, 이 놈을 어떤 꾀로 죽이민 뒬꼬?」 허여서 흐는디, 큰외삼춘이 흐는 말이 "내가 가서 무슨 꿸(꾀를) 허엿든지 죽여 두고 오겟노라!" 구비2 양형회, 남 56세: 40쪽

-아서/어서 ~을 것이다: "난 표류를 당해서 오는디, 당신네 나라에 일년 후에는 큰 난리가 들어서 적이 침범을 홀 거이라."고. 토벌해서 들어올 거이라. 구비1 안용인, 남 74세: 148쪽

-아서/어서: 멕여서 키왓댄 말입니다. 구비1 안용인, 남 74세: 124쪽

-아서: "그 관(棺) 짜는 듸(곳에) 가서 그 양반 키에 맞은 관을 가져 오라!" 구비2 양형회, 남 56세: 42쪽

-아서: "절간의 가서 뭣을 배왓느냐?" 흐니, "지리(地理)를 공부흐고 왓습니다!" 구비1 안용인, 남 74세: 126쪽

-아서: 아서라, 우리 어머님 발 실리와서 큰 고통을 받게 되었구나! 구비1 임정숙, 남 86세: 144쪽

-아서: 커서 으남은(여남은, 열 넘은) 슬 되니까, 서당에 댕겨 가니, 어떵 그 말이 비탄(悲歎)흐니, 구비1 안용인, 남 74세: 124쪽

-아서[방법, 수단] -정흐고: 새집을 짓게 되니, 지스(地師, 지관)를 청해서 집터를 재혈(裁血, 명당 혈자리를 마름하여 결정함)해여서 정흐고, 지스안티(지관에 게) 물엇거든0. "…장래는 어떠어떠흔 일이 잇겟소?" 구비3 김재현, 남 85세:

55쪽

-아서[이유] -엇다고: 기여고(그리고, '기영 ᄒ고'의 줄임말) 배염바리 집터가 그
때에 그 혈(穴)을 안 떠서 (집안 운세가) 잘 되엇다고. 구비2 양구협, 71세:
655쪽

-아서0(기 때문에): 들엇자(들어보았던들), 그건 그짓말만 닮아 베여서… 구비2
양형회, 남 56세: 28쪽

-아서는: "내종 짝을 봐야 알지, 쳇짝만 봐서는 모릅니다." ᄒ니. 구비1 안용인,
남 74세: 139쪽

-아야(조건, 아야만): 똘은 막냉이(막내)로 ᄒ나인디, 아들덜은 전부 이제 혼례(婚
禮)를 시켜 둬야 똘을 풀게(팔게, 시집 보내게) 되엇는디, 그렁저렁 ᄒ다 보니
그만 그 아들덜 풀젠 ᄒ니, 새각시(新婦)를 구(求)허여 ᄉ줄(四柱를) 보니 뭐
ᄒ니 허엿어. 나빵(사주가 나빠서, 안 맞아서) 다시 구ᄒ곡 ᄒ는 게 막냉이(막
내)는 늦어질 건 ᄉ실입주. 구비2 양형회, 남 56세: 35쪽

-악 -악 -앗어: 식ᄉ(식사)를 ᄒ고 앉앗더니, 젊은 사름덜이(사람들이) 하나 오락
(오고) 두개 오락(오고) ᄒ 이십여 명이 왓어(왔어). 구비3 김재현, 남 85세:
248쪽

-악 -악 -으난: 그젠 변인태ᄒ고(변인태와) 셋이 앉앙(앉아서) '들먹 들먹'(각주
184 참고) 먹으난(먹으니까), 조방장은 바싹 먹고 싶엇자 조방장 체면으로 아까
가져간 걸 도로 또 가져 오랭(오라고) ᄒ지도 못ᄒ고. 구비3 양원교, 남 72세:
409쪽

-악 -악 봐도 없고: 경ᄒ니까(그러니까) 이리 둥그려 빡 저리 둥그려 빡 해
봐도원(보아도+화용 첨사 '원'), 어디로 흔적도 터진 흔적도 없고, 독(닭)은
온 챗(온전한 채로 된) 독이라(닭이야). 구비3 김재현, 남 85세: 131~132쪽

-악 -악 ᄒ다: 「허망(虛妄)ᄒ 놈이(놈의) 문세(문서)!」 이레(이쪽으로) 걷어 눅(놓
아+'악') 저레(저쪽으로) 걷어 눅(놓아+'악') 해도, 거ø(그거, 지장샘이 있는
장소) 발견 못 ᄒ난(하니까), 그만 불 붙저(붙여서) 둘아나 벳주(버렸지). 불
붙져 불고(버리고) 글로(그쪽으로) 직접 고향(중국 땅)에 가 붙엇주(버렸지),
가 불여(가 버려). 구비3 김재현, 남 85세: 189쪽

-악 -악 ᄒ다: 샛상젠(둘째 喪制는) 이제 돗(돼지)을 잡은 후제는(後+적에는) 숢
은(삶은) 뒤 내복(내장, 內腹) ᄒ 점ø 거시도(건드리지도, 손 대지도, '거스다,
거실다'의 변이형도 있음) 아니 ᄒ고 믄딱(모두 다) 줏어 놔네(놓아서) 가져
갓주(갔지). 가져 가난(가니까) 또 검사ᄒ는 거라. 이레(이쪽으로) 데쏴 눅(뒤집

어 놓고, '데쓰+우+아 놓다') 저레(저쪽으로) 데솨 녁(뒤집어 놓고) ᄒ다가,
"허, 이 돗괴기도(돼지 고기도) 난(나는) 안 먹키어(먹겠어, 먹겠다)!" 구비3
김재현, 남 85세: 351쪽

-악 -악 ᄒ단: 개가 그 ᄉ방(사방, 근방)이에 오니 그레(그쪽으로) 내(냄새)를 맡척
(맡는 척, 맡는 듯, '맡악'의 변이형) 저레(저쪽으로) 내(냄새)를 맡척(맡는 듯)
ᄒ단(하다가), 쇠질매(소 길마) 우테레(위쪽으로) 우장(우비)을 덮은 거거든,
그 ᄉ방이(사방에) 간 개가 막 내(냄새)를 맡아 가니간 … 개를 [배틀레를]
앗앙(갖고서) 「탁!」 붙치난(손으로 때리듯 후리치니까) 돌아낫주. 구비3 양원
교, 남 72세: 406쪽

-악 -악 ᄒ면서: 백성덜이 다 싯는디(있는데) [민란을 일으킨 군중들 속에서 상관
이었던 군수가] 관덕정 잇돌(섬돌, 디딤돌)을 그레(그쪽으로) 각(가고) 저레(저
쪽으로) 각(가고) ᄒ면서, [자신이 부리던 사령인] 이재수(李在守, 1877~1901)
를 보면서 "장군님, 이번 일만 잘 처리해 주시오!" 그랫거든. 구비3 김재현,
남 85세: 374쪽

-악(억) -악(억) ᄒ다: 이젠 안으로 들어완 보니, 앙이!('아니!'의 개인 말투) 동슴
(童蔘)을 먹고 잇어. … "먹어 보라!"고. 너 먹억 나 먹억 ᄒ는 게(너 먹고 나
먹고 하는 것이) 다 먹어 불엇어. 다 먹어 부니, 보물(인삼 먹고 힘이 세어진
부부)이 울타리 안네(안쪽에) 가두와졌다는 거거든. 구비2 양구협, 남 71세:
661쪽

-안: 겨니 지 어머니는, 보니 지름 가매(기름가마솥)에 가 가지고, 뼉따귀(뼈다구)
만 슬앙ᄒ게[채록자가 '솔앙ᄒ게'를 과도하게 교정한 듯함] 슬아젼(불 사르다
의 피동형으로서 '슬아지다') 있댄 말이어. 녹아 버려가 가지고. 구비1 안용인,
남 74세: 181쪽

-안 [순차 사건 전개, 사건 완료 뒤 다른 사건 전개]: 글로(그곳으로) 내려오란(내
려와서), 어딜 내려오는고 ᄒ니까, 이 여기 가면 고살미(제주시 구좌읍 서김녕
리 묘산악[猫山岳]이며 '괴살뫼'라고도 부름)라고 ᄒ 오름이 있습니다. 고살미
오란 봐도 앞일 디 살 디 못 씨고. 구비1 안용인, 남 74세: 150쪽

-안 [순차 사건 전개, 사건 완료 뒤 다른 사건 전개]: 예, 한로산(漢拏山)으로 내려오
라 가지고, 그디 앞안 보니, 지형(무덤으로 쓸 地形)이 좌정(坐定)홀 지형이
못 되댄 말이우다. 구비1 안용인, 남 74세: 150쪽

-안 [순차 사건, 사건 완료 뒤 다른 사건 전개]: 그디 오란 보니 묘(墓)덜이 너미
만허여서 못 씨고(못 쓰고), 그 알로(아래로) ᄂ려오면은(내려오면은) 폭남(팽

나무)이 큰 폭남이 있어낫습니다. 구비1 안용인, 남 74세: 150쪽

-안 ~는 판입주: 거기서 정벌(征伐)허연 이겨 가지고 이제는 내려오는 판입주.
　구비1 안용인, 남 74세: 150쪽

-안 ~보니: 그 나라에 공주가 삼형제(세 자매의 뜻임) 있는디, 큰똘이 간 보니
　몰래판(모래사장)에 곽숙(槨屬)이 올라 올랐는디, 옥퉁수(玉洞簫)를 불고 있댄
　말이우다. 샛똘이 간 보니 그렇고, 족은똘도 간 보니 그러니, 구비1 안용인,
　남 74세: 148쪽

-안 ~불엇어: 거기 간 몰래(모래) 판의 간 떠 밀려 불엇어. 구비1 안용인, 남 74세:
　148쪽

-안 ~불었다: 아들이 ᄒ나가 있는디, 걸 애지중지(愛之重之)허여서 안안 이렇게
　앉지니까, 아바지 쉬염을 아이가 훑아 불었댄 말이우다. 구비1 안용인, 남 74
　세: 147쪽

-안 ~아 나다: 그때 비(碑) 허연 세와난(세웠던) 거리 있습니다, 그 역ᄉ(歷史).
　구비1 임정숙, 남 86세: 144쪽

-안 ~았: 겨니 열녀비(烈女碑) 허연 세왔수다. 구비1 임정숙, 남 86세: 145쪽

-안 … 달라고 ᄒ는 것:「거 이상ᄒ다. 건달(乾達)이 나신듸(나에게) 오란, 돈 천냥
　빚져 달라고 ᄒ는 거이, 이거 만무(萬無)ᄒ 일이다.」구비1 안용인, 남 74세:
　174쪽

-안 가지고: "그 당신이 오란 가지고(와서는) 흥상(항상) 자기 앉는 자리에만 앉으
　니,「덥석」(의태어) 오랑 앉으민(앉으면)「폭싹」(의태어) [마루 구멍에] 빠질
　것 아니냐?" 구비3 양원교, 남 72세: 411쪽

-안 -거든: "늘랑 이디 ᄀ만이 잇이라. 소임(所任)이랑 아뭇 이얘기도 말앙(말고),
　이 돌엉덩(바닷가 절벽 밑 동굴 따위로서 '돌+엉장'으로도 부름) 아래 잇이라."
　허여 된 (도깨비 신당에 쓸 제사 음식을) 짊어젼 가거든, 영감이. 구비1 안용인,
　남 74세: 168쪽

-안 -거든: "쏠 ᄒ 되만 빌립서!" ᄒ니까, "저의 처가 해산(解産)을 허엿는디, 죽(粥)
　이라도 ᄒ 사발 쒀(쑤고서) 메이쿠다." (그러자 마음씨 나쁜 부자가) 또 혹켱(酷
　黥, 가혹하게 경치다)만 허연 보내거든. 구비1 안용인, 남 74세: 166쪽

-안 -고 -안 -안 -으니 -라: 입혀 쥔, ᄉ수(洗手) 시기고 ᄒ연(시키고서), 내여
　놘 보니 아주 기남ᄌ(奇男子)라. 구비2 양구협, 남 71세: 622쪽

-안 -고 있다: "아이, 뉀 자고 있다."고 ᄒ니까, "일어나십서!"고. 구비1 안용인,
　남 74세: 166쪽

-안 -난 -고 -안 -안 -다네 -으랜 ㅎ난 -다그네 -으민 -켄 ㅎ멍 -엇입데다고0: "간 보난 사름은 하나토(하나도) 엇고(없고), 지만(자기만) 간, 논뚝 베연 누어 자다네, 점심 먹으랜 ㅎ난, 먹다그네 남으민 가져 오켄 ㅎ멍, 일도 아니 ㅎ고 그자 누엇입데다"고. 구비3 김재현, 남 85세: 29쪽

-안 -난 -안 -안0: [소짐에 선물을 싣고 온 청년이 그 집에] 간(가서) 보난(보니까), [훈장 강태종씨는] 손(두손가락) 채완(끼워서) 말관ø(말총으로 만든 모자, 사방관 또는 정자관) 거드레기(거들먹스럽게) 앉안(앉았어). 구비3 김재현, 남 85세

-안 -느냐?: "너 왜 이디 오란 노느냐?" "나 글 익는(읽는) 거 듣고 싶어서 완 논다." 그러니 선생보고 (보고하기를) "글 익는(읽는) 거 듣고퍼서 놉니다." 구비2 양구협, 남 71세: 619쪽

-안 -는디 -안 -으니 -안0: 허여 두고, 이제는 걸어 앗언(걸어 갖고서, 걸어서) 오는디, 오란 보니 네 귀(집 귀퉁이)에 불 질런. 구비1 안용인, 남 74세: 176쪽

-안 -는디 -았다. -니 -니까 -아서 -아 가지고 -으니 -곤: 「아이고 이거, 우리 어머니(목련존자의 어머니)는 저싱(저승) 가면은 금수지옥(禽獸地獄)으로 들어갈 거이다」 ㅎ 것을 딱 알안 있는디, 어머니가 돌아갔어. 돌아가니 이제는 석가모니 제일 제ᄌ(第一弟子)니까 이제 가서 석가모니에게 가 가지고, "어머니를 ㅎ 번 가서 베영(뵙고서) 오겠습니다." ㅎ니, "강(가서) 베영(뵙고서) 오라!"곤. 구비1 안용인, 남 74세: 180쪽

-안 -는디 ㅎ여: 들어간 이젠 서로 글을 꼬누는디(견주어 평가하는데) 비등(比等) ㅎ여, 시관(試官)의 뚤광. 구비2 양구협, 남 71세: 622쪽

-안 -는디[배경] -으니까 -으니까 -으니까 -은 모냥이어: 이신(사람 이름)이란 사름(사람)이 … 어린 때에 젊은 때에 공부를 왼(다른) 동네 간(가서) ㅎ는디(하는데), ㅊㅁ(참) 얼굴이 이상ㅎ니까(이상하니까, 파리하게 핏기가 없으니까), 선생이 물으니까, 「그런 처녀가 자꾸 부대낍니다!」 이러니까 선생 ㅎ는 말이, 막 토정(토정비결)을 ㅎ 모냥(모양)이어. 구비3 김재현, 남 85세: 78쪽

-안 -다가 -엇어: 목욕을 ㅎ니, ㅎ 때는 곱안(숨어서) 있다가 옷을 곱져(숨겨) 불엇어. 구비1 안용인, 남 74세: 186쪽

-안 -단 -나네 -안 -아 두고 -앗이난 -은 후제는 -안0 -안 -을타?: 큼직ㅎ(큼지막한) 통(담뱃대 끝의 통)에 담배 담안(담고서) 「푹삭푹삭!」(의태어, 연거푸 담배를 빠는 모습) 피우단 담배 타 가나네(가니까) 통(담뱃대 끝의 통) 「툭툭!」 (의태어) 털언(털고서, 담뱃통의 재를 떨고서) 허리에 꾹 찔러 두고, 두 놈이

영(이렇게) 좌우측에 앚앗이난(앉았으니까) 목다리(목, 뒷목) 두 갤(개를) 「폭!」 쥔(쥔, 움켜쥔) 후제는(後+적에는) 솟바위(못 바위 절벽)에 간0(가서) 영(이렇게, 절벽 아래로 떨어뜨릴 자세로) 해연(하고서) "느네 ø(너희) 날(나를) 싱엉(잡아서) 갈타?(갈 것이냐?)" [청중 일동 웃음] "하이고, 놔 줍서(놓아 줍쇼)!" 구비3 김재현, 남 85세: 163~164쪽

-안 -단 -안 -안 -으니 불엇주: 겨니 저 (남제주군) 사름들은 걸엉만(걸어서만) 올랴고 허엿단 말이어. 북군(북제주군)에서는 몰 타 앚언(타 갖고서, 타서) 몰로 탄 막 중간 숫지 돌리단 물에서 ᄂ련 걸언 가니, 지경(地境)을 많이 먹어 불엇주, 북군에서 남군보단. 구비1 안용인, 남 74세: 183쪽

-안 -단 -앗는디 -앗어: 간(가서) 이젠, 하 그, 어이 엇이(어이 없이) 간 놀단 오랏는디(왔는데), 그 말을 어떻게 어떻게 말(소문)을 내지 말잰 흔 게, 그 말(소문)이 낳어. 구비2 양구협, 남 71세: 631쪽

-안 -단 -으니: 뉜 자단 보니, 제주 섬이 없어져 불었어. 구비1 안용인, 남 74세: 170쪽

-안 -단 -으라 보게(구경할 수 있도록), 구경ᄒ게: [정훈도가 오찰방 집에서 같이] ᄒ쏠(조금) 앚안(앉아서) 놀단, [오찰방 아버지가] "느네덜(너희들, 정훈도와 오찰방) 거(그거) 술만 먹을 게 아니라, 소문 들으난(들으니까) 느네덜 둘이 씨름 ᄒ여그네, 그 놈 질 쩍, 저 놈 질 쩍 흔다 ᄒ는 게(그 사람이 질 적도 있고, 저 사람이 질 적도 있어서 서로 힘이 나란히 견줄 수 있다고 하는데), 오널라그네(오늘이랑) 나 앞의서(앞에서) 흔 번 [씨름 시합을] ᄒ라, 보게! 나 흔 번 구경ᄒ게!" 구비3 김재현, 남 85세: 43쪽

-안 -레 갔거든: (모래 구덩이로부터 빠져나와) 일어난 그대로 과걸(科擧를) 보레 갔거든. 구비2 양구협, 남 71세: 620쪽

-안 보니 -아네 -으니: 가단 보니, 질 어염(길가) 집에 여러이(여럿이) 모다앚아네 (모여앉아서) 노는 디가 시니(있으니) 「담뱃불이나 가그네(가서) 빌엉(빌어서) 태왕(태우고서) 가야지」. 구비3 김재현, 남 85세: 150쪽

-안 보니: "내가 천자(千字) 흔 권 익어낳는디(읽었었는데) 조상덜 문세(文書)를 들런 보니, 당신 할으방 시대에 우리 할으버지에게 돈 천 량을 빚졌다." 구비1 안용인, 남 74세: 154쪽

-안 보니: 허여 두고, 이제는 걸어 앚언(걸어 갖고서, 걸어서) 오는디, 오란 보니 네 귀(집 귀퉁이)에 불 질런. 구비1 안용인, 남 74세: 176쪽

-안 보다: 오십 멩(50명) 정심(점심)을 ᄒ고 갔으니, 종년이 밧갈쒜(밭+갈다+소)

에 오십 멩 먹을 거 쉬어(싣고) 간(가서) 보니, 막산인(막+사나이의 '순'+이#
는) 일일랑 말앙 아무것도 안 ᄒ고, 논뚝에 베개 베연 누워 갔어(눠 자고 있어).
구비3 김재현, 남 85세: 28~29쪽

-안 -아 가니 -멍 -다 -거든: 저 뼈다귀(뼈다귀)ᄒ고 가죽 백의(밖에) 아이 남은
것덜이 와장창(왕창) 나오란 "살려줍서, 살려줍서!" 허여 가니, 사제(使者, 差
使)덜이 몽둥이로 패 두드리멍 앗아다(가져다가) 「탁탁!」 가두와 불거든(가둬
버리거든). 구비1 안용인, 남 74세: 181쪽

-안 -아 가지고 -안 -안 허여 불엇다: (하늘로부터 옥황의 사자가) ᄂ려 오란
어늣 동안에 허여 가지고, (토정비결) 책을 멧 장을 확! 베련(베어서, 찢어서)
홈천 도망허여 불엇댄 말이어. 구비 1 안용인, 남 74세: 188쪽

-안 -아 가지고 -앗이0 -아 -아 놓고 -앗소: 그런 것[닺줄]을 얼마, 많이 젼(등에
지고서) 오라 가지고(와 가지고) 닷(닺, 닺줄)을 이렇게 벌엿어(벌렸어, 그물을
짜듯이 벌렸어. 산디(밭벼, 山稻)를 [닺으로 짠 그물의] 가운디(가운데) 가(가
서) 눌어(쌓아) 놓고 그놈[닺줄]으로 묶엇소. 구비3 김재현, 남 85세: 210쪽

-안 -아 가지고 -은다: 옷을 벗언 되싸(뒤집어) 가지고 (자신의 똥문은 내복을
놓고) 개를 홯린다고, 허허허허. 구비1 안용인, 남 74세: 198쪽

-안 -아 보니, -곡 -으니까 -으다고 햇어: "말젯(셋째) 뚤아기 나가 보라!" ᄒ니,
말젯 뚤아긴 걱정도 시럽고 햇어. 있다가 「어떤 일인고?」 ᄒ연 배남에 영 나가
보니 사룸도 곧으곡, 높이 올라 불이니까, 밤의 꼭 귀신도 곧으다고 햇어. "귀신
이건 올라가고, 생인(生人)이건 ᄂ려오라!" ᄒ니, "귀신이 올 수가 잇입니까?
생인입니다!" 구비2 양구협, 남 71세: 621쪽

-안 -아 불고, -안 -아 불고 하다 [[접속] 내포]: 수체(死體)가 잇이니, 이젠 계집년
도 목 베연 죽여 불고, 그 중놈도 목 베연 죽여 불고 허여 된, 휘딱 떠낫어.
구비1 안용인, 남 74세: 160쪽

-안 -아 불다: 누웠는디, ᄌ냑은 먹을 때 되니, ᄌ기네만 ᄌ녁을 먹고. 이왕 방을
빌렷이니(빌렸으니), 긔영 ᄒ여도 소님(손님)보고도 「ᄌ녁 곹이 자시라!」고 허
여야 될 거 아닙니까? ᄌ기네만 먹언 치와 불거든. 구비1 안용인, 남 74세:
164쪽

-안 -아네 -게 가고0: 배 짓언(짓고 나서 그 배를 타고 제주 섬 밖으로) 나가네(나
가서, 또는 '나갔어'), (제주에서 이어도 쪽으로) 갈 땐 곱게 가고 구비1 김순여,
여 57세: 205쪽

-안 -아네 -아서 -그 -앗더니 -앗어: 물을 떠다 논, 행기(놋그릇, 유기, 行器,

行祭器)에 물을 떠다 놔네. 행기엔 흔 건(행기라고 하는 것은) 놋사발이주게(놋

사발이지+화용 첨사 '게'). 해여서 물(샘물)을 꼬부랑 낭(나무) 그 쇠질메(소길

마) 우이(위에) 우장(雨裝, 우비)을 덖으고 경 해연 놔 뒷더니, 그 사름(사람,

제주 샘물을 끊고 막으려는 지관 호종단)이 왔어. 구비3 김재현, 남 85세: 189쪽

-안 -아네0: 똘똘(돌돌, 달달) 묶언 입관(入棺)을 허여 놔네(놔서) 이제란 "그 관판

(棺板) ø 덖어서 못을 주라!(박으라)!" 구비2 양형회, 남 56세: 42쪽

-안 -아네0: 이젠 입관(入棺)허엿단(하였던) 걸 모도(모두 다) 풀언(풀어서) 일려

(일으켜) 앚저네(앉혀서) "아이 삼촌님은 … 어떵ᄒ연 그렇게 … 난잡ᄒ게 무사

노십데가게?". 구비2 양형회, 남 56세: 42쪽

-안 -아서 -앗댄 말이어: ᄒ니 연기방장(年旣方長, 나이가 이미 바야흐로 어른)이

되어 보니, 아마 그 똘년(딸+년)은 어디 간 슬짝치길(살짝이 일을 벌임) 허여서

그만 아들을 ᄒ나, 처녀 때 낳아 낫댄 말이어. 구비2 양형회, 남 56세: 35쪽

-안 -안 -고 -고 -단 -으난 -안 -아 불켄 ᄒ멍 -켄 ᄒ멍 -젠 ᄒ난 -안 -안

-앗수다: "ᄉ실(사실) 여차여차해연 조반 잘 해연 멕이고(먹이고, 그를 잡으러

간 우리 사령들을 잘 먹여 주고) ᄒ고(하고, 그리고) 오단(오다가) 천제연(서귀

포시 중문동 천제연) 내(川) 오난(오니까), 심언(잡고서, 우리 사령들을 붙잡고

서) 당신도(한효종씨도) 죽어 불켄(버리겠다고) ᄒ멍(하면서), 서이(셋이서) ᄒ

디(함께) 튀켄(못으로 뛰어들겠다고) ᄒ멍, 솟더레(천제연 못쪽으로, 沼+ㅅ+

더레) 튀젠 ᄒ난(뛰어들겠다고 하니까), 제위(겨우) ᄉ정ᄒ연(사정해서) 살안

(살아서, 목숨을 부지해서) 오랏수다(왔습니다)." 구비3 김재현, 남 85세: 165쪽

-안 -안 -고0 -앗어: 그 아이는 걸언 ᄆᆞᆯ 이껀(이끌고서) 가고, ᄆᆞᆯ 우희선(말 위에서

는 서당 훈장이 앞길을 가로막고 서 있는 도둑을) 봤어. 구비2 양구협, 남 71세:

631쪽

-안 -안 -난 -으멍 -난 -안 -아: 영(이렇게) 해 가는 판엔, [오찰방이 정훈도의

뒤쪽으로] 슬째기(살짜기) 간, 무슨 뒤으로 간, [정훈도가 진 등짐을] 「꼭!」(구

욱!) 눙뜨난(누르니) [대변을 다 본 정훈도는] 허리띠는 매여 가멍, 「으쌍으쌍!」

(성큼성큼!) 가 가난, 사름(사람)이 뭐 ᄒ디(함께) 져 앚언(등짐을 져 갖고서)

일어사(일어서). 구비3 김재현, 남 85세: 41쪽

-안 -안 -는 게라: [풀 뜯어 먹던 소를] 이레(이쪽으로) 흔 머리(마리) 경(말뚝의

줄로 그렇게) 해여 뒌(묶어 두고서), 또다른 쇠도(소도) 간 저레(저쪽으로) 묶으

는 게라(것이어). 구비3 김재현, 남 85세: 155쪽

-안 -안 -단 -고 ᄒ니 어떨 거라?: 아버지 ᄃᆞᆯ아완(데려와서) 보난, 아닌 것 아니라

흥상(恒常) 괴기만 낚으단 양지(얼굴)고 손이 덩드렁 닮고 흐니 어떨 거라? 구비2 양구협, 남 71세: 626쪽

-안 -안 -단 말이어: 가마 태완 오란 그 뚤이영 사둔(査頓)이영 그 가마에 믄(모두 다) 실러간단 말이어, 부재(富者)라 놓니까니. 구비2 양구협, 남 71세: 648쪽

-안 -안 -단 -은 생이라: 남(나무)을 간 어디 고지(수풀), 선흘(제주시 조천면 선흘리) 고지 간, 남(나무)을 비여단(베어다가), 어디 그디도(그곳에도) 남 비는(나무 베는) 디가 신 생이라. 산에 간 남을 비여단, 배를 짓언. 구비1 김순여, 여 57세: 204~205쪽

-안 -안 보니 -아 가지고 -안 -엇댄 말이우다: 날 붉아가서 비가 환허연 간 보니, 산 끝갱이는(끝자락에는) 베락(벼락, 霹靂) 쳐 가지고 멘딱(모두) 뚫 완(뚫어서) 데껴 불었댄(던져 버렸다는) 말이우다. 구비1 안용인, 남 74세: 212쪽

-안 -안 불엇다: 옥황의 신장덜이(神將들이) 오란(와서, 또는 '왔어') 찬(옆구리에 차고서) 가 불엇댄 말이어. 구비1 안용인, 남 74세: 185쪽

-안 -안 -아 불다: 「영감(令監, 도깨비 귀신)이나 대접흐민, 흐꼼 내 펜안(便安)히 살앙 죽어질런가?」 흐여서, 대죽 오매기(수수떡) 흐곡 대죽 범벅을 허여 간, 그 도깨비 모신 디 간, 닷쒜(닷새)를 데꼈자(떡을 던져 보았어도 도깨비 귀신이 제사를 받아 먹으러) 아니 오라. 아니 오라, 기냥 치와 데껴 불엇어(치워 던져 버렸어). 구비1 안용인, 남 74세: 171쪽

-안 -안 -안 -아 불었다: 그, 안직(아직) 운이 좋은 사름이니, 암특 울어 된 주살허연 떨어젼 죽어 불었댄 말이우다. 구비1 안용인, 남 74세: 167쪽

-안 -안 -안 -앗수게: 옛날 씨집 가고 장개 간예(가서요), 허여 된(장가 가 두고서), 서방은 무연도엘(無人島에를) 족은각실(작은각시를), 족은마누랄(작은마누라를) 정허연예, 그 무연도엘 간 이젠 살렴(살림)을 살앗수게. 구비1 김순여, 여 57세: 204쪽

-안 -안 -안: 「아, 이 할으방 구신(鬼神)흐고 말흐는 할으방이 있다!」 웅 생각허연 (제사 지낸 음식을) 짊어젼 오란 "할으방 구신흐고 …" (상대의 말을 가로막으면서) "속솜흐라!(조용히 하라!) 말흐지 말라!" 구비1 안용인, 남 74세: 169쪽

-안 -안 -안0: 그 상(밥상) 물려 된 제우(겨우) 흐연(갈무리하고 나서) 완. 구비2 양구협, 남 71세: 646쪽

-안 -안 -앗더니마는 -안 -거든: (혈지[穴地, 明堂]에 꽂은 침을 뽑아) 내 불어 된(내 버려 두고서, 또는 '내 버려 두었어') 이젠 오란 할 일만 흐엿더니마는, 간(멀리 떠나간) 놈이 볼써 알안 혈(穴) 또 살루악 살루악(살려놓고 살려놓고)

흐거든. 또 오란 보니 뽀여 놨거든(빼어 놨거든, 뽑아 놨거든). 구비2 양구협,
남 71세: 634쪽

-안 -안 -앗입주: 경(그렇게) 해 둰(두고서) 떠난(떠나서) 갓입주(갔읍쵸). 구비3
김재현, 남 85세: 148쪽

-안 -안 -은 거라: 뭐 걸뱅이(乞人)가 오란(와서, 또는 '왔어') 유의(留意)허연 잇다
가, 그런 이애기 흐니까 심심흐게 생각(無視, 白眼視)흔 거라. 구비1 안용인,
남 74세: 161쪽

-안 -안: (농사 짓는 나한테 사람으로 변신한 샘물 정령인) 늙은 어룬(어른)이
오란 곧는 말을 (내가 어찌) 아니 들으랜?(들으랴고?) 구비2 양구협, 남 71세:
653쪽

-안 -안[목적] -으니 -는디 -앗어0 -으라: (제주도의 혈맥을 끊고자 하는 중국
지관 고종달이) 흔 반딘(곳에는, 변이형태로는 '밧듸에는') 간, 혈을 촛안 그리
로 가니, (농부가) 밧(밭) 가는디, (사람으로 변신한 샘물 정령인) 어떤 노인
할으방이 왔어. "물을 떠다가 질맷(길마) 가지에, 질매엥 흐문 쇠등어리(소등)
에 지우는 질매, 질맷가지 아래 놧다가, (제주의 혈맥을 끊으려는 중국인으로
서) 어떤 놈이 지나가거들랑, 또시(또 다시) 갓당 (원래 샘터에다) 비우라!"
구비2 양구협, 남 71세: 653쪽

-안 -안0 -안0: (주인공을 파 묻은 모래 구덩이를 다 덮은 뒤 빠져 나오지 못하도
록 그 위에다 자기들이 굴려온 큰 바위를) 놔 내 불언(내 버렷어, 그냥 두었어).
이젠 무음 놓안(놓았어). 구비2 양구협, 남 71세: 620쪽

-안 -안0 -은 모양이지: 기영 흐연(그렇게 하여서) 팔도 도장(八道 都壯元의 뜻)을
흐연. (임금이) 암행어스 즈격을 내어 보낸 모양이지. 구비2 양구협, 남 71세:
623쪽

-안 -안0: "나 조꼼 브룸 쐬연 들어오란!" 구비2 양구협, 남 71세: 626쪽

-안 -안0: 이젠 그 앞의서(앞에서) 「삭삭!」(쓱싹!) 회(膾) 천 먹언. 아, 이런 신선의
놀음 흐여 난 걸 몰라서, 잘몬흐여졌다고(잘못해졌다고, 잘못했다고). 구비2
양구협, 남 71세: 629쪽

-안 -안0: 펜지만 「툭!」흐게 들이쳐 둰 가 불언. 뭔 얘기도 않고. 구비2 양구협,
남 71세: 639쪽

-안 -앗-, -안 -니까: 그길(그곳을) 촛안 들어갓어. 간 보니까, 칼을 굴앖어(갈고
있어). 구비1 안용인, 남 74세: 161쪽

-안 -앗어 -안 -으니까 -아 가지고 -고 -고 -앖거든: 경허연 갓어. 이젠 두 번찬

(番次는) 들어간 보니까, 극락세곌 가 가지고, 이젠 꽃 화환을 씨고(쓰고) 좋은 옷을 입고 춤을 췄거든. 구비1 안용인, 남 74세: 182쪽

-안 -앗어: 「하, 이놈 나쁜 놈이라」 허였는디, 해가 떨어질 무렵에는 큰 암툭(암닭)이 독을 수백 머리 물안 들어왔어. 구비1 안용인: 164쪽

-안 -앗어: 기여니(그러니, 친구가 간청하니) 말에 질련 홀 수 웃이(없이) 풀앗어. 구비2 양구협, 남 71세: 670쪽

-안 -앗어0: "어떵원('원'은 뜻밖의 일임을 가리키는 화용 첨사), 반찬 그리완(그리워서, 먹고 싶어서) 괴기(물고기) 사레 오랐어(사러 왔어)" ᄒ민, ᄒ 사름 개인으로 풀지 안 해영, 저 큼직한 구덕(대바구니)에 괴기 ᄒ 짐 [가득] 메와그네(메꾸어서) 지왕(지우고, 등짐 지우고) [물고기 사러 온 오찰방을] 보내 불여(버려). 구비3 김재현, 남 85세: 40쪽

-안 -았는고: "어 거 오래만일세. 어떻게 허연 왔는고?" 구신(鬼神)ᄒ고 서로 말ᄒ고 주는 겹주게, 도깨비ᄒ고. 구비1 안용인, 남 74세: 169쪽

-안 -았댄 말이어: 쪼꼼 잇이니, 또 늙은 돗이(돼지가) 수십 머리 물안 들어왔댄 말이어. 구비1 안용인, 남 74세: 165쪽

-안 -앙: "(지게를) 내 불주(내 버리지). 할으버지 져 와난(왔던) 지겔 집의 정 가느냐?" ᄒ난, "거 아이 뒵네댄" 구비1 허군이, 여 75세: 195쪽

-안 -었지마는: 큰 성공을 허연 원산(함경북도 元山) 갑부로 되었지마는 김원산(金元山)이라고 허여 가지고. 견디 각시 ᄒ 번 빌렸다가, 허허허 큰 성공을 허였댄 말이어. 구비1 안용인, 남 74세: 174쪽

-안 -으난 -아네 -고 -안0: [정훈도가 오찰방 아버지를] 둘롼(바짝 따라서) 가난(가니까), [그 집에서] 술 ᄒ 통 내 놔네(놓고서) 그자 큰 함박(함지박) 틔우고(술 통 속에 뜨게 하고) 믄딱(술을 모두 다) [정훈도를] 멕연0(먹이었어). 구비3 김재현, 남 85세: 42쪽

-안 -으난 -으난 -으명 ᄒ 것: 씨어멍이영, 메누리영, 씨아방이영 이젠 배를 탄 나사난(나서니까), 게난(그러니까) 그 메누리가 네(櫓) 젓으멍 「이여도 싸나!」 ᄒ 게 그거옌(「이어도 사나」라는 노래가 생겨난 이유이다). 구비1 김순여, 여 57세: 205쪽

-안 -으난 -젱 홀 거라?: 아이, (큰딸은 아버지가 밖에 나가 살펴보도록 한 말에도 아랑곳하지 않고) 영(이렇게) 고개만 내밀완(내밀언), 무신 걱정 엇이난(집 밖에 큰 사고가 날 걱정이 없어 보이니까) 가젱 홀 거라?(집 밖을 살펴보고자 밖에 나가자고 하겠는가?) 구비2 양구협, 남 71세: 621쪽

-안 -으니 -아도 ᄒ여: 보래연 보니(바라다보니) 얼굴은 볼짝이 잇어도 의복은 남루ᄒ여. 구비2 양구협, 남 71세: 621쪽

-안 -으니 -안 -엇어0 -고(이유): 올라간 보니 얼억송애기(얼룩송아지)가 베락(벼락, 霹靂) 맞안 죽엇어, 거기. 백송애기(白犢)로 제숙(祭需) ᄒ라고, 허허허허. 구비1 안용인, 남 74세: 212쪽

-안 -으니 -안 -젠 ᄒ엾어: 정신을 출환(차려서) 보니, 호랭이(虎狼이)가 오란(와서) 물어가젠 자꾸 ᄒ엾어. 구비2 양구협, 남 71세: 642쪽

-안 -으니 -어: 간 보니, 영영 없어. 이젠 춫단 춫단 보니, 즈기 어멍 일름(이름)이 화탕지옥(火湯地獄)에 (적혀 있어). 화탕지옥도 두 가짓 모양이어. 구비1 안용인, 남 74세: 180~181쪽

-안 -으니 -으니 -안 -으니 읎어: 간 보니, 하, 그 돈 있는 아으덜(아이들)이고, 돈 있는 집읫 즈석덜(자식들)이니, 질로 짓석(제각기썩, 自己로 自己썩) 돈 주고 방덜(房들)을 빌언 가니, 이놈의 아은(아이는) 들어갈 디가 읎어. 구비2 양구협, 남 71세: 620쪽

-안 -으니 -으니 -어: 쌉젠(싸우자고) ᄒ연 둘려(달려) 들어가니, 안네서(안쪽에서) (주인공이 달려들던 녀석들을) 캐우리니(잡고서 흩어 내던지니) 그만 부더져(땅에 붙듯이 넘어졌어, 변이형태로 '푸더지다, 느려지다'). 구비2 양구협, 남 71세: 659쪽

-안 -으니: 겨니(그러니), 이젠 (멸치 어로를 돕는 도깨비 귀신을) 대접허여 뒌(두고서, 또는 '두었어'), 조끔 잇이니, "이젠 져당 갈라당 먹어라!" 허허, 즈기(自己)가 굳곡(말하고) 즈기가 대답ᄒ는 거라. 구비1 안용인, 남 74세: 169쪽

-안 -으니: 입혀 줨, 싀수(洗手) 시기고 ᄒ연(시키고서), 내여 놘 보니 아주 기남즈(奇男子)라. 구비2 양구협, 남 71세: 622쪽

-안 -으니까 -안 -앗더라고0: 집에 오란(와서) 보니까, 아덜(아들)이 몬저 오란 앉앗더라고0. [=말해]. 구비3 김재현, 남 85세: 35쪽

-안 -으니까 -안 -으니 -고 -는디 -앗어: 거기 우리 선묘(先墓) 잇이난(있으니) 잘 아는디, 간 보니까 물리(마루)에 올라간 그 논더레 ᄇ라보니, 사름도 못 보고 아무것도 못 봤는디, 그만 그, 저 안개, 안개만 그저 캄캄햇어, 천지 분별 없이. 구비3 김재현, 남 85세: 29~30쪽

-안 -은 판이라: 옷 벗언 앗인(앉은) 판이라. 구비1 안용인, 남 74세: 186쪽

-안 -인댄 말이우다: 이틀젠 또 오란 선몽(現夢)을 들인댄 말이우다. "닐랑(내일랑) 가 보라!" 구비1 안용인, 남 74세: 173쪽

-안 잇거든: ㅅ또가 보니 가시나무로 잠대(쟁기) ø 맨드란 잇거든0. "하, 이런 괴한
(고얀) 놈이 어디 잇느냐? 솔가지와 가시나무는 법으로 금(금지)ㅎ여 잇는
디…" 구비3 양원교, 남 72세: 410쪽

-안 있다: 이놈이 실짝(슬쩍) 중복(中伏) 날 (옥황 하늘로부터 제주시 오라동의
방선문[訪仙門] 계곡으로) 떨어젓어. 바윗돌에 숨언 잇엇댄 말이어. 숨언 잇이
니(몰래 숨어 있으니까), 아 흔 ㅅ오시(巳午時, 오전 9시~11시에서부터 11시~1
시까지 사이) 되어 가니, 선녀덜(仙女들)이 느려오라 가지고, 옷덜 문딱문딱(의
태어로서, 맨몸이 되도록 모두모두) 벗어 가지고, 막 모욕(沐浴)덜 흔댄 말이어.
구비1 안용인, 남 74세: 189쪽

-안 허엿단 말이어: 기냥(그냥) 맨딱(모두 다) 이젠 역군(役軍)을 대어서 (연못에
있는) 물을 펀 허엿단(퍼 내었단) 말이어. 구비2 양형회, 남 56세: 39쪽

-안 ㅎ는 통 안에 -아네 -앗어: ㅎ 번은 나라에서 ㅈ격(제대로운 능력과 인격
갖춘 사람) 구ㅎ지 못ㅎ연. ㅈ격 구ㅎ지 못ㅎ연 ㅎ는 통안에(통에 또는 '동안에'
의 발음 실수일 듯함) 「엄판ㅅ가가(嚴判書인가+가) (죽지 않고 지금도) 살앗다
」는 소문을 들은 우젠(後+적에는, 뒤에는), ㅅ방에 춧아네(찾아서, 찾고서)
다시 이젠 모시레 왓어. 구비2 양구협, 남 71세: 651쪽

-안 ㅎ는디: 당신 눕는 방에 간 그자(그저) ㄱ만이(가만히) 앚안(앉았어). ㄱ만이
앚안 ㅎ는디(앉았는데), 경(그렇게) 해 가난(가니까) 가속덜(가속들)이 「와자와
자!」(의성어, 와자지껄) ㅎ 게 아니우꽈게(아닙니까+화용 첨사 '게'). 구비3
김재현, 남 85세: 145쪽

-안 ㅎ니: ㅎ를 처냑(하루 저녁)이 아며도(아무래도) 삼 년만은 세월이 질어(길어)
베엿댄(보이었던) 말이어. 그 시간을 넹겨서(넘겨서) 날이 새연 ㅎ니(새니, 새
자, 또는 채록과는 달리 이를 "새연[새었어]. ㅎ니[그러니]"로 볼 수도 있음)
그 부하를 불러 가지고 ㅎ는 말이 "… 연못에 물을 다 푸도록 허여라!" 멩령(命
令)을 내리니 "예!" 구비2 양형회, 남 56세: 39쪽

-안(아네): "건 뭘 ㅎ젠 들런 사니?(산니?: '사+은+니아?'에서 탈락이 일어남,
서 있니?, 섰니?)" 구비1 안용인, 남 74세: 133쪽

-안(아네): "나는 사름의 행위를 못 ㅎ게 된 사름이라" 허연 중국에 가 가지고
절간엘 들어갓어. 구비1 안용인, 남 74세: 125쪽

-안(아네): "이 놈의 쇠(소) 잡자!"고 허여 가지고, ㅈ기(자기 몫의) 괴기(고기)를
갈란, 뭐 싸니 비싸니 ㅎ멍, 괴기덜(고기들) 들렁 댕긴단 말이우다. 구비1 안용
인, 남 74세: 137쪽

-안(아네): 경허여가 가지고, 이제는 주인 아들을 뿔로 「칵 : !」 케우련 죽였단
  말이어. 구비1 안용인, 남 74세: 137쪽

-안(아네): 그 ᄉ이는 ᄂ롯배 ᄒ나를 어디 간 구득(求得)허여 놧어. 구득 딱 허여
  놔 두고. 구비1 안용인, 남 74세: 128쪽

-안(아네): 그 ᄉ이엔 영장(營葬, 棺) 빼어 가지곤, ᄂ롯배에 「톡 : !」 실런, 「턱 : !」
  앚앗댄 말이우다. 구비1 안용인, 남 74세: 128쪽

-안(아네): 날 붊아오라 가니, 오다가 도중에 오란 그 아이를 놔 뒷어, 숨견. 구비1
  안용인, 남 74세: 122쪽

-안(아네): 도중에 오란, 그 아이를 놔 뒷어 숨견. 구비1 안용인, 남 74세: 122쪽

-안(아네): 따(묏자리 땅) ᄀ르치는디, 물 ᄀ르는(고이는) 디 간 ᄀ르치거든. 구비1
  안용인, 남 74세: 126쪽

-안(아네): 체시(差使) 사귀완(사귀어서) 그렇게 허였는가?, 어떵허였는가? (잘 모
  르겠어). 건 그렇게 말 ᄒ니까. 구비1 안용인, 남 74세: 142쪽

-안(아네): 흘긋(한껏 충분히) 줌덜(잠들)을 자난 끝엔(잤었던 끝에는) 보니, 이런,
  문이 울아졌이니, 보니, 「아바질 잃어 불었다!」. 영장(營葬, 棺) 누게 빼연 돌아
  나 불었댄 말이우다. 구비1 안용인, 남 74세: 128쪽

-안(어서): 목암지 심언(목을 잡고서) 화산(?華山, ?火山)에다 탁 박은 것이, 모가지
  만 내밀안 오백 년을 살앗이니(살았으니), 거 구신(鬼神) 아니우꽈?, 귀신!. 구
  비1 안용인, 남 74세: 142쪽

-안/언 ~불엇다: 할망이 가(가서) 보니, 이제는 ᄌ기 쇠(소) 잡아먹은 건 좋주마는,
  남의 쇠ᄁ지 심어다가 가죽 벳겨 가지고 구언 먹어 불엇댄 말이어. 구비1 안용
  인, 남 74세: 147쪽

-안: 가는 걸 보고, 아들이 어떻게 엿봔 걸 알았단 말이지. 구비1 임정숙, 남 86세:
  144쪽

-안: 그 사름덜은 망 직ᄒ는(망보는, 멜 지키는) 사름이 만ᄒ댄 말입니다. 「큰일
  났다!」고. 다 헐어젼(흩어져서) 도망허여 불엇댄 말이우다. 구비1 안용인, 남
  74세: 134쪽

-안: 그디 간(가서) (일꾼들을) 빌엇수댄. 빌엇는디. 구비3 김재현, 남 85세: 28쪽

-안: 우리도 어제 일곱 곤데(군데) 간 잘 얻어먹었주마는, 멧 해에 ᄒ 번 ᄒ면은,
  도야질(돼지를) 잡으민, 친족도 잘 멕이곡, 동네 사름도 다 불러당 멕입네다,
  유쾌ᄒ게. 구비1 안용인, 남 74세: 151쪽

-안[이유] -앗수다: "거, 당신안티(당신에게) 조금 ᄉ정(事情)홀 일이 잇언(있어서)

오랏수다(왔습니다)." 구비3 김재현, 남 85세: 39쪽

-안[접속사]: ᄒ연 뒷날은 일 ᄒ레 간다 해네(하여서), 무슨 쐬갈레죽(쇠가래, 쇠삽)인가 무슨, 무슨 … 구비3 김재현, 남 85세: 28쪽

-안+은 -곡0: 그때는 어ᄉ(御使)가 되연은(되어서+는) 나졸(羅卒)을 ᄒ 열쯤은 몸에 보호병(保護兵)으로 채웁곡(채워 호위를 받고). 구비1 안용인, 남 74세: 157쪽

-안0 -고0: 그 어른(영천 이형상[李衡祥, 1653~1733] 목사) 죽은 후에 본 곳(고향)으로 가서 묻언. 그 놈(제주시 구좌읍 김녕사굴에 살던 뱀)이 다 둥글어 났다고 (목사 무덤에서 나뒹굴었었다고), 그런 말은 좀 들었수다. 구비1 임정숙, 남 86세: 193쪽

-안0 -다 -고는 … -아서 -아 놓고0: 들어오시라고 ᄒ연. 이젠 안터레(방 안쪽으로) 청해다 놓고는, … 좋은 방에 앚져서(앉혀서) 홀끗(아주 배부르게) 메여 놓고. 구비2 양구협, 남 71세: 627쪽

-안0 -아 불엇다 -안0 -아 불다 -안 -안0 -안 -으면서 -고 -아 불었다: 암툭(암 닭)이 ᄌ살허연 죽어 불었댄 말이어, 울어 뒌게 : (두고서 그렇게), 떨어젼 죽어 부니, 그놈을 ᄉᆞᆷ안 소님(손님)을 대접허연. 뒷날은 이젠 붉안 떠나면서 막 떠날 때는 어패(御牌)만 슬짝 베와(보이어) 두고 떠나 불었댄 말이어. 구비1 안용인, 남 74세: 167쪽

-안0 -안0 -아네 -라나 -아 빵 가쿠다: 들어완0(들어왔어). 정심(점심)만쯤 되언0 (되었어). 굿 ᄒ는 디 와네(와서) "얼마만 먹을 게 아니, 나도 굿이라나(굿이라도) ᄒ 번 해여 빵(해 보고) 카쿠다(가겠습니다)." 구비3 김재현, 남 85세: 148세

-안0 -안0 -안0: 겨니 남군(남제주군)서 그때는 차(車)도 엇인 때고, 중산촌(中+山間+村)으로 걸언 오란(걸어서 왔어). 이젠 첩(妾) 각시 집의(집에) 오라(와) 가지고 네 귀(집 귀퉁이)에 불을 질러 불엇어. … 허여 두고, 이제는 걸어 앚언 (걸어 갖고서, 걸어서) 오는디, 오란 보니 네 귀(집 귀퉁이)에 불 질런(질렀어). 불 난 거 보니, 「… 이상스럽다」고 허여 가지고. 이젠 타는 물을 타 가지고, 돌련(달렸어). 구비1 안용인, 남 74세: 176쪽

-안0 -앗어0 -거든0: [진상물로서 전라 감영에] 쇠(소)를 바찌레(바치러) 가난(가니까) 「쇠가 뭐 쪽으니 안 받곗다」 ᄒ영(하여서, 말하면서) 흔른(하루는) 퇴자 (退字) 놓안. 뒷날은 또 바찌레(바치러) 가난(가니까) 「슬(살)이 빠져서 쇠(소) 가 파리해 가난 안 받곗다」고 해서 안 받고 했어. 사흘째 바찌레(바치러) 가니 「나이가 너무 많은 거라」곤 해서 안 받거든. 사흘 나절을 [감영에] 가도 쇠(소)

를 못 바쩟댄 말이어. 구비3 양원교, 남 72세: 412쪽

-안0 -앗어0 -아 가지고 -앗다ø 흔 말인디: 알안(알았어). 미리 알앗어(알았어). 미리 알아 가지고 그랫다ø(서당 학생들을 밖에 나가지 못하게 했다) 흔 말인디… 구비3 김재현, 남 85세: 53쪽

-안0(아네): 집의 촛아 오란 보니, 마침내 이붓아버지가 죽언. '아이고!, 아이고!' 우는 판이라. 구비1 안용인, 남 74세: 125쪽

-안0(어네)~ 인 말이우다: "흔 번 죽은 (아버지) 얼굴이라도 대면(對面)시겨 뒹, 탕, 떠납서!" ᄒ여도, "훗날 만날 때 잇일 거라!"고 허연, 배는 「똑!」(즉석에서) 떠나 불었댄 말이우다. 구비1 안용인, 남 74세: 129쪽

-안0(어네): 떠나 부니(떠나 버리니), 촛을 수가 엇어. 영영 잃어 불언. 구비1 안용인, 남 74세: 129쪽

-안0: (도깨비 귀신인) 「영감을 촛안」 허여[그리해, 제사를 지내]. 구비1 임정숙, 남 86세: 143쪽

-안0: "아니, 그 사름덜 오켜(오겠어), 오켜(오겠어) 해 뒨0. 아니 오라 부난(와 버리니), 뭐 홀 수 시어(있어)?" 구비3 김재현, 남 85세: 29쪽

-안0: 선도(仙桃) 복송개(복숭아) 세 방울 먹언(먹었어). 구비1 안용인, 남 74세: 142쪽

-안0: 오다가 도중에 오란 그 아이를 놔 뒀어, 숨견. 구비1 안용인, 남 74세: 122쪽

-안0: 유서(遺書) 모양으로 「딱 : !」 맹글아 놔 가지고, 가져 잇언. 구비1 안용인, 남 74세: 154쪽

-안0: 촛지 못허연. 구비1 안용인, 남 74세: 130쪽

-안ᄀ라(했기 때문인지): "내가 행장을 츨려야(차려야) 가지!" "흔저(어서) 글읍센!(갑시다고)" 아마도 독촉ᄒ연ᄀ라(하였기 때문인지), 체시(차사, 저승 차사)가. 경ᄒ난(그러니까) 술 갖다 놓고 조금 잇다서 "나를 눅지라!(눕히어라)" ᄒ난(하니까) 그자(그저) 죽은 거우다(것입니다). [웃음] 그잣(그저+ㅅ) 양반덜(들) 아닙주. 구비3 김재현, 남 85세: 145쪽

-안ᄀ라[이유 했기 때문인지] -으난 -없일 거우다: ᄒ난(그러니까) 어느 지관[지관, 지사)이나 아무래도 좋지 못ᄒ댄(못하다고) 허연ᄀ라(하였기 때문인지) 일런(무덤을 일구어서, 파 내어서) 보난(보니까), [삼년만에 이장하려고 무덤을 파 보니까 여태 망자가 눈을 감지 않았더라] 구비3 김재현, 남 85세: 140쪽

-안만 -고0: ᄒ니 (남제주군 쪽) 거기서는 정직ᄒ게 걸언만(걸어서만) 오고, (북제주군 쪽에서는) 이건 몰 탄 다울리니(급히 몰아 내치듯이 쫓아내니) 걷는 거

멧십 배 돌릴 거 아닙니까?, 허허허. 구비1 안용인, 남 74세: 184쪽

-앖이매(고 있으므로): "너ø 이레(이쪽으로) 물(말) 매어 두고 [큰굿을 하는 집에] 가그네(가서) 『대정(조선 때 3분 행정구역 중 대정현) 심방ø(무당) 넘어가다네 「구경해영(구경해서) 가켄(가겠다고)」 했이매(하고 있으므로) 어떵ᄒ우꽈?(어 떻게 합니까)』 경 ᄒ영(그렇게 말을 하고서) 허가 받앙(받고서) 오라(와) 봐!" 경 ᄒ난(그러니까) 스환(사환)이 간 후제는(後+적에는) "아, 저디(저기) 대정 심방 넘어가단 굿 구경해연 가켄 했이매, 어떵ᄒ우꽈? 왕(와서) 구경ᄒ여지카 마씸?(구경해질까+말씀이에요)" 구비3 김재현, 남 85세: 147쪽

-앖저마는 ⇨ -저마는

-앗거든0 -앗거든0: 그놈으(그놈의) 내(냇물)가 … 군산(서귀포시 안덕면과 중문 면 경계에 있는 해발 334미터의 기생화산) 뒤으로(뒷쪽으로) 서러레(서쪽으로) 흘러버렷거든. 경(그렇게) ᄒ니(하니까) … 옛날 땅이 저 한라산으로 꼴챙이가 영(이렇게) 흘러오다서 난드르러레(서귀포시 안덕면 대평리 쪽으로, '나다'+ 은+들+더레) 흘러가는디, 군산의(서귀포시 중문면과 안덕면 경계에 있는 해 발 334미터의 기생화산+에) 오라서(와서) 「팡!」(의태어, 크게 터지는 소리)ᄒ 게 들어 앉는 ᄇ름에 그만 그 냇물이 막아져 버렷거든0. 구비3 김재현, 남 85세: 53쪽

-앗거든0: 나무를 캐 오고 불 살라 가지고 겨울에는 밤낮 마리(마루)에 사름(사람) 이 앉게 되면은, 그 불을 추우면서(쪼이면서) 살앗거든. 구비3 김재현, 남 85세: 240쪽

-앗는디 -앗는디 -고 -고 -은 디 때문에 -는디: 그이가 그디(그곳에, 공통어 '어디'의 '디' 또는 처격 조사가 붙은 '어데'의 '데') 묻어졋는디(묻혔는데, 묻어 지+었+는데), 석씨가 묻어졋는디, 나는(발화자) 그 신물이엔 ᄒ 딘('신물'이 라고 하는 곳은) 안 보고, 그 석씨 묘는 이녁(자기 자신, 발화자를 스스로 가리 킴, 이+녁) 밧(밭) 엠(이웃한 옆이나 바로 근처, '이엄, 에염' 등의 변이형태가 있음)이고, 가까운 디(곳) 때문에, 그자(그저) 밧디(밭에, 공통어에서 처격이 붙은 '어데'의 '데'와 대응하며, 밭+듸) 갓당이라도(갔다가도, 갔다가이더라 도) 소를 ᄀ꾸나(치나, 기르나, 먹이나) 어떵ᄒ젠(어떻게 하려고) ᄒ민(하면), 꼭 그 동산엘 강(가서) 역부러(일부러, 役+부러) [그 묏자리를 눈여겨 두루] 보는디(보는데)… 구비3 김재현, 남 85세: 227쪽

-앗는디 (배경 제시): "아무 절간에 중놈이다가 나ᄒ고 연분(緣分)을 맺이건 디가 멧 해 되엇는디, 결혼식만 올리건, 신랑 허여 넹겨 두고(해쳐 두고서) 긑지

살자고 약속을 허엿입니다." 구비1 안용인, 남 74세: 159쪽

-앗는디 [반대 사건 제시] -으니 -안 되다: 겨니까 「되었다」고. 흐디 화탕지옥(火湯地獄)에 간 어머니는 이젠 살려왓는디, 아귀(餓鬼)덜 축생지옥(畜生地獄)데레 들어간 아귀덜이 흐는 걸 보니 안 되었댄 말이어. 그 수정(숫자)을 다 살릴 수는 없어. 구비1 안용인, 남 74세: 182쪽

-앗는디 [배경 사건, 후속 사건 전개]: 누엇는디, ᄌ냑은 먹을 때 되니, ᄌ기네만 ᄌ녁을 먹고. 이왕 방을 빌렷이니, 긔영 ᄒ여도 소님(손님)보고도 「ᄌ녁 ᄀ이 자시라」고 허여야 될 거 아닙니까? ᄌ기네만 먹언 치와 불거든. 구비1 안용인, 남 74세: 164쪽

-앗는디 [후속 사건 전개] -는디[후속 사건 설명]: 그때 영천목ᄉ(永川牧使)라고 ᄒ던가 어느 목ᄉ가 온 때에 걸(그걸) 알아 가지고 쏘아 불었다고. 쏘앗는디, 쏘아 된 기냥 삼문(三門) 제주시 삼문 안에 들어가니, 등꽝(등뼈)이 선뜻ᄒ더라고 하는디, 그때 그놈(뱀)의 피가 등에 가 묻엇더라고, 피가, 그놈의 피가. 구비1 임정숙, 남 86세: 192쪽

-앗는디 -느냐?: "아무 선생 ᄀ르치는 일곱 ᄉᆯ 난 아이도 선생을 무ᄉ히 우태(危殆)흔 곳을 댕겨왓는디(다녀왔는데), 너넨 왜 작산(나이가 많은) 것들이 이 샐 드리랭 ᄒ여도 아니 드리느냐?" 햇어. 구비2 양구협, 남 71세: 632쪽

-앗는디 -는디 -는디 -는디 -앗던 모냥이지: 이제는 정승살이 홀 적의 버은(벌어둔) 것을, 더 벌도(벌지도) 않고 그대로 그것만 먹으니, 먹다가 모자래서 궁ᄒ여 젓는디, 어디 촌(村)으로 가서 땅도 헐(歇, 헐가)코 자그만 막사릴(오막사리를) 지언 사는디, 문(門)이 아마 엿날 대죽낭(수숫대 나무) 잇지 안ᄒ여? 대죽낭! 그런 걸로 옆어서(엮어서) 여북ᄒ게(보잘 것 없이, 변이형태로 'ᄋ복ᄒ게') 살았던 모냥이지. 사는디, 아덜이 잇어서 메누리광 자그마한 막사리에 사는디, 중간에 거적 옆어서(엮어서) ᄀᆷ(금, 경계)흔 것이 아마 이 방·저 방이 되었던 모냥이지. 구비2 양구협, 남 71세: 638쪽

-앗는디 불엇단 말이어: 또, 할으방(할아버지)가 ᄐᆞ는 ᄆᆞᆯ이 백마(白馬)엿는디, ᄆᆞᆯ을 잃러 불엇단 말이어. ᄆᆞᆯ을 잃어 불엇어. 구비2 양형회, 남 56세: 36쪽

-앗는디 -아 불고 -아 가지고 -앗는디 -는디 -아 지고 -아 불이고 -으난 -게끔 된 ᄉ정인디 -안 -잇다ø 말이어: 오십 명을 인원을 쉮엇는디(실었는데, 배에 실었는데) 십오 명은 물에 빠젼 죽어 불고, ᄎᆞᆷ 삼십오 명은 그 무인도에 올라 가지고 거기 살앗는디(겨우 목숨을 부지하여 살았는데), ᄎᆞᆷ 목숨은 잇는디(있는데) 식량 다 떨어지고, 거 배에 그만 다 부서져 불이고(버리고), 다 경(그렇게)

ᄒ난(하니까) 곧 사름(사람)이 죽게끔 된 ᄉ정인디 거기 간 살아 잇다ø 말이어.
구비3 김승두, 남 73세: 115~116쪽

-앗는디 -안 -앗는디 -으니 -은다고 -더리러니 -다고0: 집이 험(險惡의 줄임말)
하엿거든. 집이 험ᄒ엿는디, 그 굶은 찌리(같은 끼리, 同類)라고 ᄒ연 (큰딸을)
주엇는디(시집 보냈는데), 아, 그, 하도 ᄒ 번 배고프니 ᄄᆞᆯ 집의 춫아 본다고,
ᄄᆞᆯ 집이 갓더리러니, "아이고, 아바지 오랫만의 오랏수다(왔습니다)."고. 들어
오랜 ᄒ난 들어갓어. 구비2 양구협, 남 71세: 646쪽

-앗는디 -앗이니깐(았으니까는) -고: 싀(세) 놈이 그 근방을 갓는디, 갓이니깐
(주인이) 「어서 오라!」고, 방의(방에) 앚안게(앉고서는게) 낚싯댈 「툭!」 딜이쳐
(들이쳐서, 드리워서) 길(아마 낚인 고기를 가리키는 '걸, 그것을'의 오류인
듯함) 끄내엿어. 이젠 그 앞의서(앞에서) 「삭삭!」(쓱싹!) 회(膾) 천 먹언. 아,
이런 신선의 놀음 ᄒ여난 걸 몰라서, 잘몬ᄒ여졌다고(잘못해졌다고). 구비2
양구협, 남 71세: 629쪽

-앗는디 -앗인디 -으난 -으니 -아서 -앗는디 -이라: 옛날에 엄판ᄉ(嚴判書)가
잇어 낫는디, 엄판ᄉ가 판서로 살면서 ᄒᆞᆯ 때엔 풍부히 살앗인디, 직장을 놔
부난 그 사름 역시 살아볼 수가 엇이니(없으니), 촌(村)으로 나가서 여북ᄒ게
(보잘 것 없이, 변이형태로 'ᄋ복ᄒ게') 집을 지어서 살앗는디, 그 사름이 ᄄᆞᆯ이
서히라(셋이라). 구비2 양구협, 남 71세: 645쪽

-앗는디 -으니 -곡 -는디 -던 모양이지?: 기영 ᄒ디, 고기 잡아서 생활ᄒ는 사름
이 ᄌ식을 ᄒ나 낫다(낳았다) 말이어. 아덜 ᄒ날(하나를) 낫는디, 그 아덜 ᄌ식
이 욱아 가니(약다, 철들다, 철들어 가니), 아방은 기영(그렇게) 원, 부ᄌ(富者)로
도 못 살곡, 흥상(恒常) 놈안틔 구숭(남들한테 듣는 궂은 凶)만 받고 사는디,
아덜은 영리했던 모양이지? 구비2 양구협, 남 71세: 617쪽

-앗는디 -으문 -는디 -으니 -앗다 말이어: (집으로 돌아) 왓는디(왔는데) 각시영
이러저리 죽지 아니ᄒ문 (곤궁한) 삶으로(죽기살기로, 채록자의 해설) 사는디,
샛ᄄᆞᆯ(둘째딸)도 쓰물 싯(스물 셋)이나 낫다 말이어. 쓰물 싯이 나니 이거 누겔
(누구를) 줴야 ᄒᆞᆯ 건디. 구비2 양구협, 남 71세: 647쪽

-앗는디(??느+은디): 높은 동산에 올라갓는디, "침 빠 뎡 오라!" ᄒ니, 구비1 안용
인, 남 74세: 127쪽

-앗는디(는데) -으문 -으멍 -곡 -앗는디(었는지): 기영 해서(그래서) 이젠 그 날
은 모이게 되엿는디, 그 술 권ᄒ문 그리저리 어디 먹는 체ᄒ멍 어떻게 어떻게
비와 불곡, 뭣ᄒ엿는디, 지일(第一) 끄트머리에 공교시러운 놈이 잇어서, 어떵

어떵 그 조그만 잔에 석 잔을 멕여 불었다 말이어. 구비2 양구협, 남 71세: 626~627쪽

-앗는디(는데, 느+은디): 어떤 나쁜 놈이 넘어가다가 뒤으로 허여 분 것이 포태(胞胎)가 되어 가지고 널 낫는디(는데), 너를 데려다가 킵는 판이라고. 구비1 안용인, 남 74세: 124쪽

-앗는디(았는데) -았던지 -아서 -앗어: 도독(도둑)이 심ᄒ엿는디, 이놈의 도독 줄거리(줄기, 도둑떼를 비유함)가 어떻게 성(盛)ᄒ엿던지, (그런 도둑떼가) 춤 거친 놈의 도독이 되어서, 사름 목심(목숨)만 웃이대겼어(없애 대었어). 구비2 양구협, 남 71세: 630쪽

-앗는디(었는데) 아넙니까?: 신선이 ᄋ섯이 잇엇는디, 중복(中伏) 날은 반사문(訪仙門, 제주시 오라동에 있는 계곡으로 '들렁귀'라고도 불림)이라 ᄒ 디가 잇지 아넙니까? 백록담 옆으로 동북쪽으로 ᄂ려가면은 어느제던지(언제든지 계곡의) 물이 창창창창! 옥돌로 홀러내리곡 ᄒ는 디. 구비1 안용인, 남 74세: 189쪽

-앗는디: "쏠 ᄒ 되만 빌렁서!" ᄒ니까, "저의 처가 해산을 허엿는디, 죽이라도 ᄒ 사발 쒀 멕이쿠다." 또 혹경(酷黥, 가혹하게 경치다)만 허연 보내거든. 구비1 안용인, 남 74세: 166쪽

-앗는디: 「하, 이놈 나쁜 놈이라」 허엿는디, 해가 떨어질 무렵에는 큰 암툭(암탉)이 독을 수백 머리 몰안 들어왓어. 구비1 안용인: 164쪽

-앗는디 [반전]: 그 전읜(前에는) 쌍놈의 ᄌ석이라고 해서 눈알(눈 아래)로 보지도 아년디(않았는데), 그 다음붙어는 그것도 은혜라고 ᄒ여서, 아주 아까와 뵈어서(보이어서), 「저놈으 아일(아이를) 어떵 친굴(親舊를) ᄒ여야 홀 건디」 ᄒ ᄆ음을 다(서당 친구들이 모두 다) ᄒ연. 구비2 양구협, 남 71세: 618쪽

-앗는디[는데, 주제 제시와 뒤따르는 설명]: 그 옛날은 그디 가서 제를 다 지내엿는디(지내었는데, 하향 이중모음 때문에 동화됨), 돌로다가 돔배(도마) 다 맨들고 대양(大匜) 다 맨들고. 구비1 안용인, 남 74세: 150쪽

-앗는디[배경, 역접 사건] -안[이유] -으난 -안 -고0: "어떤원('원'은 뜻밖의 일임을 가리키는 화용 첨사), 엊치냑(엊저녁)은 ᄇ름(바람)도 아니 불고 아무것도 안 햇는디원, 배덜(배들, 덕판배들)이 ᄆ딱(모두 다) 숨베기(순비기나무) 왓 우의(밭 위에) 올라오란(올라와서, 올려져 있어서), 오늘(오늘) 바룻 가젠 ᄒ난(바다 가자고 하니까, 어로를 하려고 하니까) ᄂ싱이(전혀, 끝내) 배 ᄂ리우지(내려놓지) 못해연 못 갈 것이고0." 구비3 김재현, 남 85세: 39쪽

-앗는디[배경] -고0: 이 어른이 흔(한, 대략) 오십 ᄀ리에(쯤에) 죽엇는디, 죽을

날도 당신 냥으로(樣으로, 당신대로 스스로) 알고0. 구비3 김재현, 남 85세: 45~46쪽

-앗는디[배경]: 이 사름(사람, 찰방 오영관)이 처음 나서 흔 아마 열댓 설(살) 나도록 질룻는디(길렀는데) 말이죠, 사름이 조꼼(조금) 부모말을 잘 듣지 아니흐여. 구비3 김재현, 남 85세: 34쪽

-앗는디[사건 배경 제시]: 이 어른이 스물 ㅇ숫설(26살)에 서방을, 씨집을 갓는디, 남편이 돌아가서 불어. 그, 씨집을 갓는디, 씨어머니 씨아버지는 돌아가서 불고, 씨할으바지 씨할마니가 살았다 그 말이지. 구비1 임정숙, 남 86세: 145쪽

-앗는디0 [사건 무대 제시]: 이젠 결혼을 허엿어. 게서 아들 오형제를 낫는디. 이제 난 끝에는 그 할으방보고 밧을 가니, 구비1 안용인, 남 74세: 146쪽

-앗는디0 [사건 배경/무대 제시]: 옛날에 아주 그 고려(高麗) 때쯤인 모냥 굳아 마씀 양, 시대가. 그 연수(年數)는 잘 알지 못ㅎ주마는 백주부인(白洲夫人, 흰모래밭 부인)이 잇엇는디 말이우다양! 구비1 안용인, 남 74세: 146쪽

-아낫는디: 경흔디 이제는 그렇게 이제는 거시기 허엿어. ㅎ단 보니 그때는 쇠(소) 흔 머리썩을 허영 제공허여낫는디, 이젠 간소화허여 가지고 도야질(돼지를) 잡아 가지고 제(祭)를 지낸단 말이우다. 구비1 안용인, 남 74세: 150~151쪽

--는지 -는지 -앗어: 기영[그+이영] ㅎ니 ㅎ를 잡은 것(하루치 어획량)을 주니, 아, 요놈으 게(요놈의 것이) 어떻게 꾀가 좋았는지 아무도 모르게 선생님신디 다섯 개 주고, 그 아이덜찌레(아이들끼리) 틈틈이 어떻게 여산(慮算)을 꾸몄는지, 다 ㅎ나씩 ㄴ놔(나눠) 줫어, 제ㅈ덜을. 구비2 양구협, 남 71세: 618쪽

-앗다 대엿다(-았다가 대었다가): 쇠꽂이(쇠꼬챙이) 박안(박아서) 직해엿다 대엿다(수직했다가 대었다가) 흔 이(사람)일 텐디. 구비3 김재현, 남 85세: 256쪽

-앗다가 -다서 -읍네다: "그 수풀, 언덕 밑으로 어떤 처녀가 나와서 저ㅎ고(저와) 몸을 실려(싣다, 붙이다) 가지고 제 입을 내게 대고 ㅎ면서 구슬을 제 입에 물엇다가 내 입더레(입쪽으로) 놓고, 수추(여러 차례) 그러다서(그러다가) 최후에는 구슬을 자기가 물고 도망갑네다." 구비3 김재현, 남 85세: 74쪽

-앗다서 -고0: 나는 물로 ㅎ는 논은 뜰림엇이(틀림없이) 그 미(苗)를 놓고, 미를 놓고 햇다서(했다가) 심어(논에 옮겨 심어) 먹고0 구비3 김재현, 남 85세: 68쪽

-앗다서 -앗어: 내가 요런 기술(技術, 몰래 내일 쓸 무덤 구덩이에 물을 채움)을 부렷다서(부렸다가), 내가 잘 될 걸 요구ㅎ자ø곤 해엿어. 누이가 아마 야간에 물을 질어 뒷던 모냥(모양)이어. 구비3 김재현, 남 85세: 80쪽

-앗다서 -앗어0: 어디 갓다서(갔다가), 흔 십삼 년 후에 다시 돌아왓어. 구비3

김재현, 남 85세: 56쪽

-앗다서: 그 목ᄌ(牧子, 국마 목장 관리자)는 그런 글(논 매매 문서)을 써 뒀다서, 이제는 … "문세(매매 문서) 가져 왓이매(왔으므로) 보십서!(보십시오)" 내 놓난, 하늘 천 째도 모른 할으방이 … 구비3 김재현, 남 85세: 60쪽

-앗다서: 그 전이는(전에는) 물이 귀ᄒ기 따문(때문)에 중문이(서귀포시 중문동) 사름(사람)이 많이 살지 못햇다서(못했다가), 아 물이 낫다 ᄒ니까, 그딧(그곳에) 사름 모아들고뭐, 그래서 큰 ᄆ을(마을)이 됏다ø 그 말이어. 구비3 김재현, 남 85세: 294쪽

-앗다서: 누가 ᄒ느냐 ᄒ면, 밧디(밭에) 잇는 것은 밧임재(밭임자)보고 「ᄒ라!」 맹령햇어. 안 ᄒ면 잽혓다서(관청 옥에 붙잡혀 있으면서) 짓(마구, 몹시) 태작(打作)ᄒ고, 어 형벌ᄒ니 안 홀 수 없어요. 구비3 김재현, 남 85세: 106쪽

-앗다서: 비가 크게 오니 이 사름덜(사람들)이 무슨 물건 가졋다서말이죠(가졌다가+말이죠), 이 무슨 우산 ᄀ튼 거 … 일산(日傘, 양산)도 아니고, 무슨 만화장(幔山帳, 산마저도 덮을 만한 큰 장막)이엔 햇어. 구비3 김재현, 남 85세: 120~121쪽

-앗다서[배경] -아서 -으니까 -아서 -으니까 -다ø고0: [무사들을] 데리고 갓다서(갔다가) [큰뱀이 절벽 동굴로부터] 막 나와서 그렇게 누니까(제 몸을 서려 감고 눕듯이 있으니까) 무ᄉ(무사)가 달려들어서 머리빡을 「탁!」(의성어, 내리쳐서 부딪히는 소리) 치니까 [뱀의 머리가 잘려] 죽엇다ø고0. 그렇게 배염(뱀) 죽여 두고 돌아갓어. 구비3 김재현, 남 85세: 105쪽

-앗다설란(앗다서+을랑) -다고: 이 사름(사람)은 어 아무 ᄌ본(자본)도 없는 사름이고, 집이(집에) 들어왓다설란(들어왔다가는, 들어왓다서+을랑) 어 생활난으로 그 집이(집에) 갓어(갔어). 그냥 막 무ᄌ본에(자본 없이) 그자(그저) 츰(참) 얻어먹고 살앗다고. 이제는 멧(몇) 해 살다서(살다가) 고향엘 가게 되니까 "나는 가겟소!" "어서 잘 가라!"고. 구비3 김재현, 남 85세: 292~293쪽

-앗다설란: 우리나라에 사름이 잇나 없나, 요것을 검사ᄒ레(하러) 왓다설란(왔다가는) 유 버버리(벙어리)ø 죽여 뒁(두고서) 가젠 ᄒ단(가자고 하다가) 제가 죽을 뻔햇주(뻔했지). 구비3 김재현, 남 85세: 325쪽

-앗단 -안 겝니다: "그런 게 아니고, 이 저뭇(저녁, '저물+ㅅ') 저의 기일(期日)이 되어서 왓단 간 겝니다." "너는 죽엇다는디 어째서 왓느냐?" "아, 저, 저의 기일이 오늘 저녁 되어서 조금 왓단 갑니다." 구비3 김재현, 남 85세: 142쪽

-앗더니 -으나네 -아그네 -되어 가지고 -앗이니까 -을 테니 -읍서: "당신네 밧디

(밭에) 내가 그자(그저) 헛일(헛수고) 삼아 줍씨를 삐연(뿌려서) 볼련(밟고서) 놔 뒀더니, 조이(조가) 놀(너울, 특히 태풍에 날려온 파도의 염분기) ø 안 맞안, 춤 맞아도 어린 때에 흔(맞은) 거나네(것이니까) [싹이[죽지 안 해그네(않아서) 그자(그저) 잘 돼 가지고, 조이(조가) 잘 되언 익엇이니까(익었으니까), 아무 날 시작해영(시작해서) 빌(벨) 테니, 오랑(와서) 졸(조를) 갈라 갑서(가십시오)!" 밧(밭) 임재(임자)마다 "우리 ø 그 조 ø 안 갈라(갈라 갔다)!" 구비3 김재현, 남 359쪽

-앗더니 -으니 -는지 -곡 경 ᄒ니 -아0: 해엿더니(그랬더니) 뭐, 흔 삼 년 되어 가니, 가세(家勢)가 어찌야(어찌나) 잘 되는지, 즉식(자식)도 나면 다 고관 대작, 재산도 그자(그저) 뜻뱅윗디(뜻밖에, 뜻+바깥에) 재산이 「팡팡!」(의성태어, 폭탄 터지듯이 아주 많이) 들어오곡. 경 ᄒ니(그렇게 하니) 바로 이건(이것은) 춤(참) 소이(所謂) 쌍말(俗言)로 그자 궁궐이나 다름엇이(다름없이) 살아. 구비3 김재현, 남 85세: 81쪽

-앗더니: 오성(鼇城) 부원군이 얼른 우머니(도포 소매자락에 달린 주머니)로 … 지도 그린 걸 「턱:!」 내어 노니, "조선도 거 하가소이(下, 可笑히, 우습게) 알앗더니, 인물(人物) 나는 디라!"고 기영 허엿다고(그렇게 말했다고 해). 구비2 양형회, 남 56세: 28쪽

-앗더니[배경]: 먼 디서 영(이렇게, 땅바닥에 쪼그리고) 해연(하여서) 앉앗더니, [서귀포시 강정동 한효종씨가] 쇠(소) 신더레(있는 쪽으로) 「으상으상!」(의태어, 성큼성큼) 가. 구비3 김재현, 남 85세: 154쪽

-앗더니[후속 사건 전개] -아 가지고 -아 가지고 -아서 -으니까니 -앗입니다: "제가 산(살아 있었던) 때에 밧(밭)을 흔 드르(들, 들판) 장만해 뒌(둬서) 갖더니(타계하였더니), 아 요놈덜이(들이) 밧을 드투와 가지고(다퉈 가지고), 형제가 드투와 가지고 싸와서(싸워서) 유혈이 낭자ᄒ고 ᄒ니까 그렇게(기일에 제삿상도 변변히 대접받지 못하게) 뒀입니다." 구비3 김재현, 남 85세: 143쪽

-앗던들[방임, 하였더라도]: 옛날 생각은 잊어 불고(버리고), 또 [만일] 흔 번 생각을 해엿던들 꼭 어느 것이 그 집이라는 걸 기억을 못 ᄒ거든0. 구비3 김재현, 남 85세: 244쪽

-앗든 말앗든 ᄒ는 것: 물론 식ᄉ(식사)나 흔 끼니 해 놓고, 원 밥을 지어 왓든 말앗든 ᄒ는 건(것은) 문제가 아닌디, 대월(대우를) ᄒ는 판인디, 아마 꼭 이때(보릿고개를 겪을 때)쯤에 든 모양입니다. 보리가 캐어서(패어서, 이삭 따위가 나와서) 익지 못흔 때. 구비3 김재현, 남 85세: 125쪽

-앗자[방임]: 그젠 변인태ᄒ고(변인태와) 셋이 앉앙(앉아서) '들먹 들먹'[184] 먹으
난(먹으니까), 조방장은 바싹 먹고 싶엇자 조방장 체면으로 아까 가져간 걸
도로 또 가져 오랭(오라고) ᄒ지도 못ᄒ고. 구비3 양원교, 남 72세: 409쪽
-앗자 [방임, 기대 반대] -고 -고0: 늘랜 장군덜이니, 뭐 제ᄌ덜 멧(몇) 개 (덤벼)
들어 봣자, 건 뭐 의ᄋ(疑訝)엇이 해여 냉길(해쳐 넘길, 죽여 넘길) 걸로 각오ᄒ
고, 「곧 해여 냉겨 불자!」고. 구비2 양구협, 남 71세: 633쪽
-앗자 [역접, 기대와 반대]: 「영감(令監, 도깨비 귀신)이나 대접ᄒ민 ᄒ꼼 내 펜안
(便安)히 살앙 죽어질런가?」ᄒ여서, 대죽 오매기(수수떡) ᄒ곡 대죽 범벅을
허여 간, 그 도깨비 모신 디 간, 닷쉐(닷새)를 데꼇자 (영감이) 아니 오라. 아니
오라, 기냥 치와 데겨 불엇어(치워 던져 버렸어). 구비1 안용인, 남 74세: 171쪽
-앗자[역접] -다: 벨(別) 거짓말을 허여 봣자 "네 말이 옳다!" 거 사기꾼입주게,
사기꾼. 구비1 안용인, 남 74세: 153쪽
-앗자 -아도: 그 먼 디 손님이 ᄌ기 모친이 죽게 되니까, 「아이, 이 어룬이나 ᄒ
번 춫아 보지」ᄒ연 간디, 가 봣자 멧 반디(몇 군데) 춫아 봐도 읎다고 했어.
구비2 양구협, 남 71세: 615쪽
-앗자 -어도 -고 -어도 -고: 지들려(기다려) 봣자 ᄒ 시간 되어도 그렇고 두 시간
되어도 그렇고, 뭐 걸뱅이(乞人)가 오란 유의(留意)허연 잇다가 그런 이얘기
ᄒ니까 심심ᄒ게 생각(無視)ᄒ 거라. 구비1 안용인, 남 74세: 161쪽
-앗자 -은다고0: 멧(몇) 번 몰아댕(몰아다가) 놔 봣자 그 디만(곳만) 간다고. 구비3
김재현, 남 85세: 260쪽
-앗자(방임형 해 보았어도) [방임, 구속 무관]: 오라 가지고, 배 빌어가 가지고,
암만 그 ᄉ가 더듬엇자 행방불명 없어져 불었어. 구비1 안용인, 남 74세: 130쪽
-앗자: 들엇자(들어보았던들), 그건 그짓말만 닮아 베여서… 구비2 양형회, 남
56세: 28쪽
-앗자[방임형, 역접]: 안방이(안방에) 간(가서) 곱앗자(숨어 보아도, 숨었어도) 이
건 [밥 지을] 쏠(쌀) ø 거리레나(푸러나, '거리다'는 먹거리와 관련되고, '푸다'
는 더 넓어서 짐을 부리는 일에도 쓰임) 갈 것 같으면, 어 발각나게(발각되게)

---

184) 울쌍 짓는 표정인 '울먹거리다'에서 찾을 수 있는 '울먹울먹'과 유사한 구성이다. 숟가
락을 '들다'의 어근을 중심으로 하여 진행 과정을 나타내는 '-으멍(-으면서)'와 '-악,
-억'이 결합된 것으로 보인다. 수저를 '들면서 들면서'처럼 느껴진다. 맥락상 원문 전사
자는 '맛있게 먹는 모습'으로 풀이해 두었다. 그런데 동음이의 형태로서 남의 일을 들추
어내는 것도 '들먹거리다'로 쓰이며, 들먹들먹이란 부사 형태도 있다.

되엇다 ø 말이어. 구비3 김재현, 남 85세: 270쪽

-앗자[방임형]: 벨(別) 기집(계집)이 옥(玉) 같은 기집이고 아름다왓자(아름다웠더
　　라도) 츠지(차지)ᄒ기 싫다 이거여. 구비3 김재현, 남 85세: 61쪽

-앗자[역접, 방임]: 그런뭐(화용 첨사 '뭐') 「버버직직!」(의성어, 벙어리 말소리,
　　'버버버버, 버버작작'으로도 말함) ᄒ는 분 ø [자기 아우를] 불럿젠(불렀다고)
　　햇자(하여도) 가도 안 ᄒ 게주게(것이지+화용 첨사 '게'). ᄒ지마는 아 거(그거)
　　형이라 ø 해서 부르니, 안 갈 수도 엇다 ø 말이어. 구비3 김재현, 남 85세: 327쪽

-앗저마는 ⇨ -저마는

-앙 보라!(명령형): "그러면 ᄒ 번 그 쇠설콱(鐵石椚)을 을앙 보라!" 구비1 안용인,
　　남 74세: 148쪽

-앙 ~현재시제 명령: 오시소(?吳氏 收司)가 제주 목ᄉ(牧使, 목사에게) 보고를 허
　　엿어. 보고를 ᄒ니깐 효ᄌ라고 효ᄌ비(孝子碑) 허영 세우라고. 구비1 임정숙,
　　남 86세: 144쪽

-앙 가다: "거(그거) 가쟝 온(갖고 온) 걸 어떵, 다시 쉬영 가(싣고 가)?" 구비3
　　김재현, 남 85세: 29쪽

-앙 -고 해서 -앙 -아 보시오! -안0: (물고기들을) 「어떻게 먹느냐?」 ᄒ니, "끓영
　　장 놓고 해서 맛있게 ᄒ영 잡수와 보시오!" ᄒ연. 구비2 양구협, 남 71세: 618쪽

-앙 -곡 -곡 ᄒ젠 ᄒ민 -게 되엇주: 그때는 조그만 배에 [진상하는 소들을] 쉬영
　　(싣고서) 가곡 오곡 ᄒ젠 ᄒ민(오가고 하려면) 상당이첨(상당히+화용 첨사
　　'참') 경비가 많이 들게 되엇주. 구비3 양원교, 남 72세: 412쪽

-앙 -곡 -앙 -곡 -나고랭0: 뚤이 싓인디(셋인데), 할망도 똑 봉급 타단 놔 뒷단,
　　옛날, 다 먹어지니, 어디 강 어디 심바람(심부름)도 좀 ᄒ여 칠 ᄒ 때(한 끼)
　　얻어먹엉 오곡, 뚤덜토(딸들도) 내어놔서(집밖으로 나가서) 어디 강 남으(남의)
　　일 칠(남의 일을 맡겨 줘서) 얻어먹곡, 할으방은 기영 해 나고랭(그렇게 했었다
　　고, 해+나+고라+잉) (ᄒ여). 구비2 양구협, 남 71세: 645쪽

-앙 -곡0: 그 땐 포따리(보따리) 쌍(싸서) 짊어지곡, 서울에 갈 때엔 눈썹ᄁ지
　　다 뽑아 뒁 갔다오고 ᄒ는 예가 잇입주. 구비1 안용인, 남 74세: 156쪽

-앙 -는 거: 이제는 뙷박(뒤웅박 부표)에다가 배고 뭐이고 테우(떼배)고 돌아매영,
　　ᄒ 좀 자는 거 아닌가? 구비1 안용인, 남 74세: 170쪽

-앙 -는 거라: 긔영 허여 뒁, 「휘딱휘딱!」(홀쩍홀쩍!) 넘어가 부는 거라. 거 출도(出
　　頭)도 ᄒ 번 아니ᄒ곡, 「암행어ᄉ 출도(出頭)!」ᄒ민 둑(닭)도 눌지 못ᄒ곡, 개도
　　죾으지(짖지) 못ᄒ댄 ᄒ는 거 아닙니까! 구비1 안용인, 남 74세: 163쪽

-앙 -는 디가 있다: 또 한라산으로 장수(將帥) 나민, 그 물 탕 가는 디가 셔야지뭐?
경 허엿젠 말뿐이지. 구비1 임정숙, 남 86세: 194쪽

-앙 -는디: 지금은 그 춤 놏면대(얼굴 面對)부떠(부터) 허여 놩 약혼(約婚)을 ᄒ나
무슨거 ᄒ는디, 그때는 그게 아니라 말이어. 구비2 양형회, 남 56세: 29쪽

-앙 -다그넹에 -면 -은다: "저건 어떤 돗(돼지)이냐?" ᄒ니, "새끼덜을 산에 강
멕이다그넹에 어둑으면 다 들어온다."고. 구비1 안용인, 남 74세: 165쪽

-앙 -당 -곡 -곡0: 그래서 이젠 골히(꼬리)로 어디 강 물 적겨당(적시어다가 술
취해 쓰러진 사람의) 양지(낯)에 자꾸 물 뿌려 주곡 뿌려 주곡. 구비2 양구협,
남 71세: 642쪽

-앙 -당 -면은 -주: 어떤 사름(사람)이든지 생면ᄒ영(生面하여서, 처음으로 마주
얼굴을 보다) 앚앗당(앉았다가) [유향 좌수 이씨가] 눈 「펀쩍!」(의태어, 번쩍)
트면은(뜨면은) 「쫌막!」(의태어, 감짝, 가슴이 털컹 내려앉다) 아니 ᄒ 사름(사
람)이 엇주, 「쫌막!」 아니 ᄒ 사름이 엇어(없어). 구비3 김재현, 남 85세: 136쪽

-앙 -되 -야지: 물을 잃어 불엇어. 종이영 장남(臧男, 臧獲에서 나온 말이며, 머슴,
여성을 가리키는 '하님[漢吟]'의 대립어이며, 이들의 주인을 '한집'으로 부름)덜
이영 내어 놩(내어 놓고서) 막 촛아보되, 뭐 물이 셔야지(있어야 하지). 구비2
양형회, 남 56세: 36쪽

-앙 -려고 가다: "그런 게 아이고, 우리 집의 그 수백 머리 물앙 댕기멍 ᄒ던
암특(암닭)이 이젠 울어서, 야개(목) 끈엉 죽일려고 간 보니, 떨어져서 죽엇입
데다."고. 구비1 안용인, 남 74세: 166쪽

-앙 -려고 하다: 젊은 사름이 ᄒ나 와 가지고 "주인님 쏠 ᄒ 되만 빌리십서!"
"뭘 ᄒ겠느냐?" ᄒ니, "아버지 오늘 기일(期日, 제삿날)이 당(當)ᄒ니, 메(뫼)나
ᄒ 그릇 지영 올릴려고 ᄒ니다." 구비1 안용인, 남 74세: 165쪽

-앙 -멍 ᄒ던:[-앙 -던] "그런 게 아이고, 우리 집의 그 수백 머리 물앙 댕기멍
ᄒ던 암특(암닭)이 이젠 울어서, 야개(목) 끈엉 죽일려고 간 보니, 떨어져서
죽엇입데다."고. 구비1 안용인, 남 74세: 166쪽

-앙 -민 -다그네 -앙 가주뭐: "내버려 뒁 가민(내버려 두고 가면) 나 먹을 만이(만
큼) 먹다그네 남은 건(것은) 나(주인공 막산이) 쉬엉 가주뭐!" 구비3 김재현,
남 85세: 29쪽

-앙 불라: "육ᄌ배기(六字배기 노래) 못 불른다."곤. "좃 빼영 테껴(데껴, 던져)
불라!"곤. 구비1 안용인, 남 74세: 164쪽

-앙 -아그네 -거든에 -을 거여: "너 저 집, 성내(제주성 안) 강(가서) 댕겨그네(다

녀서) 서귀포 돌아가거든에, 그 조방장ᄀ라(助防將, 해안 방위 책임자에게) 조
방장이 물을 거여." 구비3 김재현, 남 85세: 92쪽

-앙 -아그네 -곡 ᄒ는 게: [통소를 불 적에] 흔 고비 ø 꺾어 뒹(두고) 숨 쉬어그네
(쉬어서) 다시 ᄒ곡 시작ᄒ는 게 아니라, 흔 숨에 흔 번 「후~!」(의성어, 숨
내쉬는 소리) 해영, 흔 숨에다 열두 곡지(마디, 소절)를 꺾어요(꺾어요). 그래면
(그러러면) 숨이 질고(길고) 구비3 김재현, 남 85세: 250쪽

-앙 -아그네 -면은 -다 놓고 -고 해서 -고 -고 뭐 영 해연 -아 난 사름이 잇어:
사름은 … 흔(대략) 근 백 명 가찹게(가깝게) 데령 가그네(데리고 가서) 검질
(김)을 매면은, 훔치(함께, 한 번에, 중세어 'ᄒ+ᄢ'에 소급됨) 옛날 그 뭐 술
궅은(같은) 거, 순다리(쉰 밥을 누룩으로 발효하여 끓인 음료, '쉰다리'로도
말하며, 동사 쉬다와 달이다에서 비롯됨) 궅은 거 믄(모두 다) 쉬어다(실어다)
놓고, 북 장기(장구) 가져다 놓고 해서, 정심(점심) 먹을 시간에는 노래를 부르
고 북을 치고 뭐, 영(이렇게) 해연(해서) 살아 난(살았었던) 사름(사람)이 잇어
(있어). 구비3 김재현, 남 85세: 273쪽

-앙 -아그네 -앙 불여: "어명원('원'은 뜻밖의 일임을 가리키는 화용 첨사), 반찬
그리완(그리워서, 먹고 싶어서) 괴기(물고기) 사레 오랏어(사러 왔어)" ᄒ민,
흔 사름 개인으로 풀지 안 해영, 저 큼직흔 구덕(대바구니)에 괴기 흔 짐 [가득]
메와그네(메꾸어서) 지왕(지우고, 등짐 지우고) [물고기 사러 온 오찰방을] 보
내 불여(버려). 구비3 김재현, 남 85세: 40쪽

-앙 -아그네 -은다고0 -아 가지고 -아서 -아그네 -으면은 ᄒ다고: 그 떡을 허영
(해서) 가그네(가서), 「그디(그곳에) 그 귀신이 나타난다」고. 귀신이 나타나
가지고, 이제 귀신이 시기는(시키는) 대로 허여서, 잘 허여그네, 「바른 말 ᄒ면
은 이녁 죌(罪를) 다 사(赦)ᄒ다고 ᄒ더라」고. 구비2 양형회, 남 56세: 30쪽

-앙 -안 -면은: 막걸리 막 허여다 놓, 선소리(先唱) ᄒ는 사름은 높은 드들(시렁)
우의 올라 앚안 선소리만 ᄒ면은 그걸로 허여서 힘을 내엿어. 구비1 안용인,
남 74세: 164쪽

-앙 -안 -안 -엇던 모양이라: 기영 ᄒ연, 의복을 잘 출련 입혀 주었던 모양이라.
구비2 양구협, 남 71세: 622쪽

-앙 -안 -앙 -읍니다: 경 허연, 거 칠월 열나흘 날 저녁의 강 (백중날 지내는
百中祭, 즉, 비바람을 떠맡은 신에게 제사를) 지납니다. 구비1 안용인, 남 74세:
178쪽

-앙 -암직ᄒ여: 말짜인(마지막에는, 末째에는) 모다들엉 어떵(어떻게) 주먹국시

(주먹만큼 작은 양의 국수)나 ㅎ 염직ㅎ여(먹음직해, 먹을 듯해). 구비3 김재현,
남 85세: 150쪽

-앙 -앙 -면: 할으방 시절부터 이때꼬지 잇즈(利子) 출령(덧붙여서) 갚으젱 ㅎ면
탕진가산 (蕩盡家産)되어 불 접주. 구비1 안용인, 남 74세: 155쪽

-앙 -앙 -불어: 아니, 집 모냥을 발로 그릇 긋은(금 그은) 후젠(後+적엔) 영 ㅎ영
(이렇게 하는 모습으로) ㄱ르쳐 뒁(가리켜 두고서) 가 불어. 똑 집 서늉(시늉,
흉내)으로. 구비2 양구협, 남 71세: 669쪽

-앙 -앙 -안0: 정신이 읎으니까, 이젠 하늘광 땅 ㅂ렐(바라볼) 사이랑 말앙 사름
봔. 그걸 제우(겨우) ㅂ래엿다(바라보았다) ㅎ여. 구비2 양구협, 남 71세: 615쪽

-앙 -앙 -앙 -곡 -앙 은다: "우리 집의 큰 노계(老鷄), 늙은 암툭인디, 득을 수백
머릴 물앙 나강 동네 집의 강 ᄉ론(사료는) 줏어 멕이곡(주워 먹이고) 알(卵)은
우리 집의 왕 난다!"고. "긔여당(그러다가) 어둑으민 다 물앙 들어온다"고. 구비
1 안용인, 남 74세: 165쪽

-앙 -앙 -앙 -다그넹에 -민 -당 ㅎ쿠다: "그 지게 이레 줍서! 나 질(길)은 버쳐도
(나이가 어려서 짐을 지고 걸어가기가 힘들어도) 졍(지게를 지고) 강(가서)
집의(강 잘 모삿다그넹에 아바지도 칠십 되민 져당 할으바지근이(같이) ㅎ쿠
다!" ㅎ나네(말하니까) 아방도 (소나무 곁에 내 버린 할아버지를) 일런(일으켜
서) 오라 불고, 지게도 앗안 와 비엿젠. 구비1 허군이, 여 75세: 195쪽

-앙 -앙 -앙 -앗어: 송구영신(제주목사 체임 때 送舊迎新)ㅎ는 포구(浦口)를, 지금
화북(제주시 화북동) 포구를 송구영신ㅎ는 포구라 허영, 글로(그 포구로) 풍선
(돛배, 風船) 허영 탕 도임(到任)허엿어. 들어올 적에도 그 포구로 들어오곡,
나갈 적에도 글로 나가는디. 나가게 되는디 ㅂ름이 역풍(逆風)이 되어가 가지
고, 멧 둘 동안을 나갈 수가 엇어마씀. 구비1 안용인, 남 74세: 207쪽

-앙 -앙 -앙으네 -앗어0 -아서 -앙 -는디[배경] -더니마는 -게 기어들어: 그
읎는(없이 사는 가난한) 사름덜이 웃이나 시나(먹을거리가 있으나 없으나, 있
든 없든) 옛날 산으로 강(가서), 이 해벤ᄀ(海邊가) 말앙(말고서), 산으로 강으
네(가서), 모믈(메밀) 널리 갈앗어. 비어서(베어서) 물류왕(말려서) 장만ㅎ는디,
하, 그 노루가 뛰여오더니마는 … 그 모믈낭(메밀나무, 메밀 줄기) 속더레(속
쪽으로)「쏙!」ㅎ게 기어들어. 구비2 양구협, 남 71세: 669쪽

-앙 -앙 -으라: 가민 술(酒) 흔 일원(一圓)에치 내엉 대접ㅎ여 뒁 "거짓말 하여라!".
구비1 안용인, 남 74세: 153쪽

-앙 -앙 -으랭 햇이민 -젠 ㅎ쿠다: "그러문 저 마당에라도 앚앙(앉아서) 책 ᄒ나

빌려 주엉 익으랭(읽으라고) 했이(했으면) 어떻겠읍니까?" ᄒ니 "아, 거 좋다!" 고 선생은 찬성ᄒ다 말이어. 구비1 양구협, 남 71세: 619쪽

-앙 -앙 -으민 -주: 하도(너무도) 붂이나네(볶아대니까, 졸라대니까) "경 ᄒ주! 강(가서) ᄒ여 밧(해 보고서) 못 ᄒ민 말주!" 구비3 김재현, 남 85세: 40쪽

-앙 -앙 -으민 -주기!: 옛날이사 슬칵불(관솔 불, 솔가지 불, 솔+나무옹이에 엉긴 송진+불) 쌍(켜서) [방 웃걸이를 가리키면서] 이런 디 걸엉(걸고서) 내불이민 (내버리면) 들구(계속적으로) 그슬주기(그을주+기)! 구비2 양형회, 남 56세: 32쪽

-앙 -앙 -읍니다. -앙 -앙 -읍니다: 옛날은 이제, 영(이렇게) 해영(하고서) 뒷터레 (등뒤 쪽으로) 손 낭(놓아서) 「딱!」(의태어) 뮤엉 갑니다. 경해영(그래서) 몰앙 (몰아) 앗엉(가지고) 갑니다. 구비3 김재현, 남 85세: 161쪽

-앙 오다: "거(그거) 가쟝 온(갖고 온) 걸 어떵, 다시 쉬엉 가(싣고 가)?" 구비3 김재현, 남 85세: 29쪽 ※갖앙 온

-앙 -으난 -이로구나 -은 거라: 그디(거기에, 서귀포시 대정읍 신도리 훈장 강태 종이 앉은 자리에) 강(가서) 노난(놓으니까) ᄒ 번 「쑥!」(의태어, 쑥) ᄒ게 본 후제는(後+적에는) "이거 임금의서(에게서) 나라에서 온 글이로구나, 아멩아 멩ᄒ랜(아무러하고 아무러하라고) ᄒ 거라!" 구비3 김재현, 남 85세: 151쪽

-앙 -으니 앗다: 그래서 [서귀포시 강정동의 김우탁 씨가 백성을 학대하는 일을 알려 호소하려고 서울 관가에] 강(가서, 갔다가) 오니 그 사름(사람, 첨정 벼슬 의 유배자)을 걸려(중죄인을 달아나지 못하게 단단히 묶어서, 올가미로 죄인을 걸려) 갓다. 구비3 김재현, 남 85세: 194쪽

-앙 -으라!: "벨(別, 다른, 딴) 소리 말앙(말고서) 이 믈(말) 우터레(위쪽으로, 말안 장 쪽으로) 올라앗이라!(올라앉으라!)" "아, 경(그렇게) 해영(해서, 해도) 뒈카 마씀?(될까+요)" "엇다(없다, 관계없다), 걱정 엇다게!(없다+화용 첨사 '게') 밤의(한밤중에) 누게(누구가) 밞나?" 구비3 김재현, 남 85세: 49쪽

-앙 -으라!: 그 신부가 "가마를 내리왕 잇이라!(있으라!)"고 허여 두고, 허허. 구비1 안용인, 남 74세: 209쪽

-앙 -으라: (서당) 마당에 앗앙(앉아서) (서당의 책자를) 익으랭(읽으라고) ᄒ난, 지꺼져서(기뻐하여서) 익어(읽어) 가는디, 뭐 ᄒ 번 굴아준(말해준) 건 다 알어 불어. 구비2 양구협, 남 71세: 619쪽

-앙 -으라: "「우리 손ᄌ의게 잇ᄌ(利子) 출령 받으라!」 ᄒ 문세(文書)가 있다." 구비1 안용인, 남 74세: 154쪽

-앙 -으라: "늘랑 이디 ᄀ만이 잇이라. 소임(所任)이랑 아뭇 이얘기도 말앙 이 돌엉덩(바닷가 절벽 밑 동굴 따위로서 '돌+엉장'으로도 부름) 아래 잇이라." 허여 뒨 (도깨비 제사 음식을) 짊어젼 가거든, 영감이. 구비1 안용인, 남 74세: 168쪽

-앙 -으라: 대정 군수가 수령(使令)을 보내어 가지고 "너ø 강정(서귀포시 강정동) 한효종이ø 강(가서) 심어 오라!(잡아오라)" "예엣!" ᄒ명(하면서) 왓입주(왔읍 죠). 구비3 김재현, 남 85세: 161쪽 "너희덜(들) 둘이 ᄀ그네(가서), 저 강정 한효종이ø 강 심어 오라!" "옛!" ᄒ명(하면서) 가. 구비3 김재현, 남 85세: 162쪽

-앙 -으랭 허영 -엇젱: 고려장 홀 때, 경허영 저 술 질어 놓곡, 겨영 거 먹으랭 허영, 거 다 먹으민 죽어 불엇젱. 옛날 거 들어낫어. 구비1 박순덕, 여 67세: 195쪽

-앙 -으면은 -을 거고, -앖일 거라고0: "그 집읜 강 보면은 월계(月溪) 진좌순(秦國 泰 1680~1745 유향좌수는) 못 만날 거고, 그 무슨 대소상(大小祥) 출럿일 거라." 고. 구비2 양구협, 남 71세: 616쪽

-앙 -으민 -을 거이라: "글 흔 수를 내가 지여 줄 테니, 내 글을 등(謄)허영 가민, 당신이 틀림 없이 자원급제(壯元及第)홀 거이라." 구비 1 안용인, 남 74세: 156쪽

-앙 -으쿠과?: "굿 ᄒ는 디 강(가서) 어떵 얻어먹쿠과?" 구비3 김재현, 남 85세: 147쪽

-앙 -으쿠다: "얻어만 먹을 게 아니, 나도 굿이라나(굿이라도) 흔 번 해여 봥(해 보고) 카쿠다(가겠습니다)." 구비3 김재현, 남 85세: 148세

-앙 -은 디 -앙 -앙 -앙 -앙: (제주시 구좌읍 김녕리 바닷가에 있는) 「가수쿳(가장 자리 수풀더미)」으로 동쪽으로 나ᄀ앙(나가서) (손짓과 더불어) 이렇게 나온 디, 글로 그레(그쪽으로) 「삥 :!」ᄒ게 돌앙, ᄆ를 흔 번 돌아 앗엉(돌아 갖고서, 돌아서) 강, 그디 강 (도깨비 불이) 「폭!」 없어져 부는 겁주, 구비1 안용인, 남 74세: 177쪽

-앙 -을 것: 거 하늘님도 거 불쌍허영(불쌍하게 여겨서) 잘 돌아다(데려다) 줄 거 아니우꽈? 구비1 김순여, 여 57세: 205쪽

-앙 -을 게요?: "아니, 이제 출(꼴)도 다 해 불고(버리고) 눕(노복, 삯일꾼)을 빌엉 (빌어서) 미시 걸(무슨 것을) 홀 게요(것이오)?" 구비3 김재현, 남 85세: 273쪽

-앙 -을런가: 「영감(令監, 도깨비 귀신)이나 대접ᄒ민 ᄒ꼼 내 펜안(便安)이 살앙 죽어질런가?」ᄒ여서, 대죽 오매기(수수떡) ᄒ곡 대죽 범벅을 허여 간(갔어). 그 도깨비 모신 디 간(가서, 또는 '갔어'), 닷쉐(닷새)를 데꼈자(제수로 떡을

던져 바쳐 보았지만) 아니 오라(와). 아니 오라(와서), 기냥(그냥) 치와 데겨 불엇어(걷어치워 던져 버렸어). 구비1 안용인, 남 74세: 171쪽

-앙 -읍서: 흔저(어서, 빨리) 옵서(오십시오), 오랑(와서) 잘 들읍서(들으십시오). 구비3 김승두, 남 73세: 113쪽

-앙 -읍쥐: "술 흔 잔 더 먹엉 갑쥐!(가십죠+화용 첨사 '이', 가다+읍주+이)" 구비3 김재현, 남 85세: 160쪽

-앙 -이민: 장개(丈家) 가도, 경허여도 이삼 년(二三年) 살아 봥 엇어겟이민(집을 떠나 없어졌으면) 홀 테이지마는, 아 장개 간 날 저녁 엇어겨(없어져), 신랑이 엇어겨 불었댄 말이우다. 구비1 안용인, 남 74세: 158쪽

-앙 -잉0 [인용형식의 종결]: 호니 백 가짓 종즈(種子) 그 곡식을 허여가 가지고, 밥을 지으나 떡을 지어 가지고, 인간에 뿌려 주라고. 아귀덜(餓鬼들)이 먹엉 가랭. 구비1 안용인, 남 74세: 182쪽

-앙 -젠 -안: 일어상(일어서서) 허리띠 매젠「구부룻!(구부정)」해연. 구비3 김재현, 남 85세: 41쪽

-앙 해서 -는디0: 기영 해서 이제 그 사름이 지절로(저절로) 사름에는 멩의(名醫) 되겠다고 했는디. 구비2 양구협, 남 71세: 615쪽

-앙 해서 -안 -고0: 기영 해서(그렇게 해서) 이젠 (진국태 유향좌수 집에) 간(가서 또는 '갔어') 고렴(顧殮, 문상)을「떠억!」호고. 구비2 양구협, 남 71세: 616쪽

-앙 흐곡0 -곡0 -아그네 -안 입고0: 거(그거, 겨울옷) 드스곡(따스하고) 질기라고 그치룩(그처럼) 경(그렇게) 두텁게 흐영 흐곡0(하고, 옷을 만들어서 입고), 끌래옷은 쏙옵(속)에 입곡0, 또 솜옷을 또 우의(위에) 그 훍은(굵은) 미녕(무명, 목면)으로 모저(襪子, 모직물) 모냥(모양)으로 흔 미녕(무명, 목면)으로 해그네 솜옷을 해연 입고0(목면을 써서 솜옷을 만들어 입고). 구비3 김재현, 남 85세: 49~50쪽

-앙 흐니 -으니 -았는지: 기영 흐니 흐를(하루치) 잡은 것을 주니, 아, 요놈으게(요놈의 것이, 친근하게 '이 아이가'를 낮춰 부르는 말) 어떻게 꾀가 좋았는지 아무도 모르게 선생님신디 다섯 개 주고, 그 아이덜찌레(아이들끼리) 틈틈이 어떻게 여산(慮算)을 꾸몃는지, 다 흐나씩 느놔(나누어) 줫어, 제즈딜(弟子들)을. 구비2 양구협, 남 71세: 618쪽

-앙 흐라: 이제는 그 도깨비가 와서 말흐기를 "아무 방향으로 창고를 짓엉 잇어라!" 창고, 창고, 창골 짓언 잇이니, 흔 메칠 후에는 창고에 물건을 구득구득 앗아당 막 쌔여 부는(쌓이도록 해 버리는) 거라, 도깨비 놈이, 허허허허. 구비1

안용인, 남 74세: 174쪽

-앙 ᄒ연 -안 -으니 -라 해서 -고: 기영 ᄒ연(그렇게 해서) 그 집(명의 진국태 좌수 집)을 촛아간 보니, 아닐 케 아니라(아닌 게 아니라) 소상(小祥)인가 출림 이라 해서, 야단(惹端)으로 출리고, 또 상제(喪制)질 ᄒ고 있다 말이어. 구비2 양구협, 남 71세: 616쪽

-앙(아그넹에): (목련 존자가) "또 ᄒ 번 저승엘 들어강 (목련 존자의 어머니를) 환생(還生)을 제대로 허영 나와야 되겠다!"고. 구비1 안용인, 남 74세: 137쪽

-앙(아그넹에): "높은 산에 강 휘망(揮望)ᄒ자!"고. 구비1 안용인, 남 74세: 128쪽

-앙(아그넹에): "이 놈의 쇠 잡자!"고 허여 가지고, ᄌ기(제몫의) 괴기를 갈란, 뭐 싸니 비싸니 ᄒ멍, 괴기덜 들렁 댕긴단 말이우다. 구비1 안용인, 남 74세: 137쪽

-앙(아그넹에): "ᄒ 번 죽은 (아버지) 얼굴이라도 대면(對面)시겨 뒹, 탕, 떠납서!" ᄒ여도, "훗날 만날 때 잇일 거라!"고 허연, 배는 '똑 : !'(그 즉석에서) 떠난 불었댄 말이우다. 구비1 안용인, 남 74세: 129쪽

-앙(아그넹에): 그 사자(使者, 저승차사) 놈이 있다가, "이 물을 꼭 먹엉 글라!"고. 구비1 안용인, 남 74세: 135쪽

-앙(아그넹에): 뱃곁관(外棺) 있고, 안에 가베운 나무로 허여 가지고, 또 관을 짱 내외관(內外棺, 棺槨)을 허엿입주(허엿주, 허엿읍주). 구비1 안용인, 남 74세: 128쪽

-앙(아그넹에): 속히 가고 싶으되(싶지만) 걷지 못ᄒ니, 쇠(소) 몰앙 가는디, 매는 혼자뱃긔(혼자밖에) 두드려맞질 못ᄒ댄 말이어. 구비1 안용인, 남 74세: 136쪽

-앙(아그넹에): 중국의(중국에) 건너오랑, 이젠 큰 배 빌곡 허여 가지고, 이묘(移墓)를 허여 올랴고. 구비1 안용인, 남 74세: 130쪽

-앙(어그넹에): "너 베인태(邊仁泰)야, 거짓말이나 ᄒ 곡지 허여 뒹 가라!" 구비1 안용인, 남 74세: 133쪽

-앙(어그넹에): "너 시(詩) ᄒ 쉬(首) 지엉 올라오라 가지고 「술 ᄒ 잔 달라」고 ᄒ라!"고 ᄒ니까, 구비1 안용인, 남 74세: 138쪽

-앙(잉 ~앙) ~민 ~은다고: 예예, 그 어디서 들으니까, 그런 그 제(祭)에 쓸 돗(돼지) 이엥 허영 질루민, 그 돗이(돼지가) 아주 잘 큰다고양? 구비1 안용인, 남 74세를 상대로 하여 조사자 현용준 교수의 유도 질문임: 151쪽

-앙: 경 아이ᄒ민 촌(村)에서 도야지(돼지) 잡앙 먹을 수도 엇고, 허허허허. 구비1 안용인, 남 74세: 151쪽

-앙: 심방(巫覡, shaman+房)덜이 오랑 ᄒ주.… 심방 빌엉 ᄒ네다. 구비1 안용인,

남 74세(옆에 있던 현원봉의 뒷받침 설명 대목과 안용인의 매듭짓기 발언):
151쪽

-앙: 이젠 집의서 허영 우으로(위로, 윗쪽 제사터로) 아이 올라갑니다. 구비1 안용
인, 남 74세: 151쪽

-앙[배경] -건[조건] -아도 -앙 -읍서!: "아니, 그자(그저) 강(가서) ㅎ여 봥(해
보고서) 못 ㅎ건(못 하거든) 말아도(그만 두고 말더라도), 강(가서) 해 봐 줍서!"
구비3 김재현, 남 85세: 40쪽

-앙[일반화된 진술]: 게서 그때는 그 디를 도야지(돼지)를 솖앙 강 그디 강 제를
지내어서(지내여서) 집의 오랑 갈라 먹곡. 구비1 안용인, 남 74세: 150쪽

-앙게 -앙게 -앗주게: 옛날(옛날) 집 짓는 것사게(것이야+게), 돌만 담 다왕게(쌓
아서+게) 비만 막앙게(막아서+게) 살앗주게(살았었지+게). 구비2 양구협,
남 71세: 655쪽

-앙그넹에 -아: 요 「궤내기」(구좌읍 김녕리 바위굴에 있는 神堂 이름)라고 ㅎ
디 있지 아니ㅎ네까. 저 「가수콧」(구좌읍 김녕리 해안 가장자리 수풀더미)으로
「뼁:!」ㅎ게 돕니다. 불 싸 앗엉그넹에(켜 갖고서, 켜서) 돌아. 구비1 안용인,
남 74세: 175쪽

-앙그넹에: 요 「궤내기」(바위굴에 있는 신당[神堂] 이름)라고 ㅎ 디 있지 아니ㅎ네
까? 저 「가수콧」(구좌읍 김녕리 해안 가장자리 수풀더미)으로 '뼁~' ㅎ게 돕니
다. 불 싸 앗엉그넹에(켜 갖고서, 켜서) 돌아. 구비1 안용인, 남 74세: 175쪽

-앙만 -을랴고 ㅎ다: 겨니 저 (남제주군 쪽) 사름들은 걸엉만(걸어서만) 올랴고
허엿단 말이어. 북군(북제주군 쪽)에서는 물 타 앗언(타 갖고서, 타고서) 물로
탄 막 중간 숫지(미상, ?死地, ?사잇땅) 돌리단 물에서 느련 걸언 가니, 지경(地
境)을 많이 먹어 불엇주(차지해 버렸지), 북군에서 남군보단. 구비1 안용인,
남 74세: 183쪽

-앙-앙(-은커녕): 오십 멩(50명) 정심(점심)을 ㅎ고 갓으니, 종년이 밧갈쇠(밭+갈
다+소)에 오십 멩 먹을 거 쉬어(싣고) 간(가서) 보니, 막산인(막+사나이의
'손'+이#는) 일일앙말앙 아무것도 안 ㅎ고, 논뚝에 베개 베연 누워 젒어(눠
자고 있어). 구비3 김재현, 남 85세: 28~29쪽

-앙으네 -으멍 -당 -앙으네 -카 부댄 -을 판이라: 어디 강으네(가서) 동슴(童蔘)
ㅎ레(캐러) 댕이멍(다니면서), 노동복(勞動服)으로 댕이당(다니다가) 오랑으네
(와서), 사둔(査頓) 대ㅎ기가 곤란ㅎ카 부댄, 의복(衣服)을 흔 벌 가지고 남펜(男
便) 의복이영 씨아방(媤父) 의복이영 フ지고 나갈 판이라. 구비2 양구협, 남

71세: 650쪽

-앙으네: 어디 강으네(가서) 동슴(童蔘) ᄒ레(캐러) 댕이멍(다니면서), 노동복(勞
動服)으로 댕이당(다니다가) 오랑으네(와서), 사둔(查頓) 대ᄒ기가 곤란ᄒ카 부
댄, 의복(衣服)을 ᄒ 벌 가지고 남펜(男便) 의복이영 씨아방(媤父) 의복이영
ᄀ지고 나갈 판이라. 구비2 양구협, 남 71세: 650쪽

-앙은[조건, 앙+는]: 호미(낫) 가졍 오랑은(와서는) 뭘 ᄒᆯ 겐고(할 것인고)? 구비3
김재현, 남 85세: 274쪽

-야 되다: ᄒ 놈은 건너다 연구를 허여 보니 「이 놈을 ᄒ 번 얼멕여야(골탕 먹이어
야) 되겠다」고. 거짓말을 연구허였댄 말이우다. 구비1 안용인, 남 74세: 153쪽

-야 -을 건디: "너 거짓말 말아라!" 허여야 딸을 가져오고 재산을 갈라 먹을 건디.
구비1 안용인, 남 74세: 153쪽

-야[필수 조건] -야[필수 조건] -아그네 -게 된 건디0: 남방애(나무 방아) 혹(확)을
파야, 그 혹을 파야, 그디 돌(돌절구) 놔그네(놓아서) 수용(使用)ᄒ게 된 건디…
구비3 김재현, 남 85세: 33~34쪽

-어다네(어다가) -으니 -아네 -으난: 소주 또 ᄒ 사발 가져 오난, 그것도 믄저(먼
저) 받안(받고서) 「쫙!(의태어, 쭉) ᄒ게 먹어. 아, 또 가져다네, 손님안티(한테)
주니, 손님 생각엔 「믄저(먼저, 먼저 내어 온) 술, 청주 ᄒ 사발도 먹으면 내가
양에 맞암직ᄒ디(맞아+음직하다+은데), 이걸(이것을, 소주를) 먹어 놔서는
내가 준디질(견디질) 못ᄒᆯ 게라(것이야)」 쪼곰만 그자(그저) 먹는 체(척) 해그
네(하여서) 물려(되물리처) 불젠(버리자고), 아, 쪼금 맛 봐네(봐서) 영(이렇게)
놓난, "어떠난(어찌하여, 왜) 술 아니 먹음이꽈?(먹음입니까)" "먹을 만이(만
큼) 먹엇습니다." 구비3 김재현, 남 85세: 158쪽

-어다서: 이제 그 물을 끌어다서 논도 받고(물길을 터서 물을 받고) 감재(甘藷,
고구마) 무슨 공장(고구마 전분 공장)도 물 ᄒ곡(하고, 쓰고). 구비3 김재현,
남 85세: 196쪽

-어당: [관청의 말을 듣지 않는 사람들을] 심어당(잡아다가) 태작(打作, 때리고)ᄒ
곡 엉터리 ᄒ니까니, ᄒᆯ 수 엇이 들어준다ø 말이어. 구비3 김재현, 남 85세:
68쪽

-어마는(지마는)[역접, 이어+그렇지만]: 「요놈도 쎄긴(힘이 세기는) 쎈(힘 센) 놈
이어마는, 내가 [상대방 쪽에서] 짐 졍(짐을 지고서) 일어살(일어설) 무렵엔
[뒤에서 몰래 그 등짐을] 눌리민(누르면, '눌르다, 눌리다, 누르뜨다, 누뜰다,
눙뜰다' 등의 변이형태가 있음) 제가(저가, 자기가, 상대방 쪽이) 나안티(나한

테) 항복ᄒ지(항복하겠지)」이거주게(이것이지+화용 첨사 '게'). 구비3 김재현, 남 85세: 211쪽

-어야만 올 걸로 봐서: "그대로 청해서 「오십시오!」ᄒ면 안 올 게고(것이고), 성질을 거시려야만이(거슬러 놓아야만) 올 걸로 봐서, 역부러(일부러, 役+부러) 그리 햇습니다." 구비3 김재현, 남 85세: 336쪽

-으관데(길래): 동네 청년들이 물 질레(길러) 갈 때마다 어지리관데(어지럽히기에) 그걸(힘 자랑하는 '뜸돌', 들다+음+ㅅ+돌) 엇어 불민 물 질레 가기 좋을 것 닮안, 거 뭐 아니햇수꽈?(아니했습니까?, 길옆의 뜸돌을 멀리 어느 밭에다 갖다 버렸다는 속뜻). 구비3 조사자 현용준 교수, 남 52세: 170쪽

-으나 (-으나) [선택지 나열] (ᄒ다) -아 가지고 -으라고: ᄒ니 백 가짓 종ᄌ(種子) 그 곡식을 허여가 가지고, 밥을 지으나 떡을 지어 가지고, 인간에 뿌려 주라고 아귀(餓鬼)덜이 먹엉 가랭.… 그 칠월 열나흘날 ᄌ녁은 그 백 가짓 종ᄌ 곡식이나 풀이나 허여 놔 가지고, 밥이나 떡을 맹글아 가지고 공중에 뿌려 줬댄 말이우다. 구비1 안용인, 남 74세: 182쪽

-으나 ~-으나 [선택]: 글로 올라오라 가지고 §(이렇게) ᄒ 것이 원인이 되어 가지고, 지금 이 구좌면에는 ᄒ 삼년에 ᄒ 번이나 오년에 ᄒ 번이나 생각나면은 …(제를 지낸다). 구비1 안용인, 남 74세: 151쪽

-으나 ~-으나 ~-으나 [나열 선택]: 저 극락세계 가나, 연회(煉獄)더렐 가나, 장성부인(將相夫人) 되나, 뭐 백만장ᄌ(百萬長者) 부재가 되나 … 허허허허. 구비1 안용인, 남 74세: 140쪽

-으나 -으나 [선택 포기]: "게나 저나(그러나 저러나), 아버지 나 소원을, 아버지 심(힘)으로 풀릴 것을 해여 주겠입니까? 들어 주겠입니까?" "뭐냐?" 구비2 양구협, 남 71세: 618쪽

-으나 -으나 [하다, 선택지 나열, -든지 -든지]: 옛날은 소나 ᄆᆞᆯ(말)이나 각각 ᄌ기(자기) 냥으로(樣으로, 자기 모습대로 스스로) 어디 강(가서) 외우나(방목 땅을 담으로 에워싸거나) 경(그렇게) 아니 ᄒ민(하면) 집이(집에) ᄆᆞᆯ앙 오나, 매일 그게주(그것이지). 구비3 김재현, 남 85세: 353쪽

-으나 -으나 -아 가지고 -앗어: 이 사름(사람)이 원래 또 사냥을 ᄒᆞᆫ 사름(사람)인데 「총을 매고 간다」고0. 총 매고 산길로 가다서(가다가) 대돗(큰 멧돼지)을 하나 맞히나, 노루를 하나 맞히나, 어떤 쫌이건[크기에 상관없이] 꼭 하나 맞혀 가지고 정(짊어져서) 갓어. 제수(祭需)를 본 거요. 구비3 김재현, 남 85세: 257쪽

-으나 -으나 -안0: ᄉ세부득(事勢不得) 싫브나 궂이나 먹언. 구비2 양구협, 남

71세: 622쪽

-으나 -으나 해도 -으라: 소이(所謂) 「똥 ᄆ리우나(마려우나) 오줌 ᄆ리우나 해도, 방안에서만 싸라!」 먹을 것도 방안에서만 주곡. 구비3 김재현, 남 85세: 52~53쪽

-으나 -으나: "게나제나(그러나 저러나) ᄒ썰(좀) 들어나 봐그네(봐서) 못 들르민 게나제나 흡주!" 구비3 김재현, 남 85세: 248쪽

-으나 -으나: 그 읎는(없이 사는 가난한) 사름덜이 웃이나 시나(먹을거리가 있으나 없으나, 있든 없든) 옛날 산으로 강(가서), 이 해벤ᄀ(海邊가) 말앙(말고서), 산으로 강으네(가서), 모몰(메밀) 널리 갈앗어. 비여서(베어서) ᄆ류왕(말려서) 장만ᄒ는디, 하, 그 노루가 뛰여오더니마는 … 그 모몰낭(메밀나무, 메밀 줄기) 속더레(속 쪽으로) 「쏙!」ᄒ게 기어들어. 구비2 양구협, 남 71세: 669쪽

-으나 -으나라[선택 무의미]: 아, 그, 「가나 마나」라. 요만흔 거 가 봤자, 무신 소용이 잇냐 말이어. 구비2 양구협, 남 71세: 631쪽

-으나 -으니 -을 수도 엇고0: 겨나(그리하나) 한집(上典)의 멩령이니, 아이 종(從) 홀 수도 엇고. 구비1 안용인, 남 74세: 210쪽

-으나(으거나) -겠다: "내 무슨, 저, 돈을 멧닢 주나, 무스거 ᄒ겠다!" 구비2 양형회, 남 56세: 29쪽

-으나: ᄃ리 박으니깐 그때엔 어머님이 "아하, 아들이 나 댕기는 것을 ᄃ리(橋) 박아주니 이런 흔 가지는 고마우나 흔 가지는 미안점이 있다." 구비1 임정숙, 남 86세: 144쪽

-으나[선택] -아그네 -음뱈원 …: 「이 어른신다나(어른에게나) 가그네(가서) 우리가 ᄒ썰(좀) ᄒ꼼(조금) 곡석(곡식)을 빌어당, 빌어당 먹음뱈의는(먹는 일밖에는), 또 뭐 하여간 거 뭐 벨(별) 수 잇어? 빌어다 먹음뱈의는 홀 수가 엇다」ø 해서 왓거든0.185) 구비3 김재현, 남 85세: 58쪽

-으나[선택] -으나[선택] ᄒ난 -앗주: 그러니까 그 할으방이 다시 그 물(놋그릇에 떠 놓은 지장샘 물)을 아마도 그디 부어 부나(버리나) 어떻ᄒ나(어떠하나) ᄒ난(하니까) [지장샘 신령이] 살앗주. 구비3 김재현, 남 85세: 191쪽

-으나 -으나: 우리 젊은 때ᄭ장(때까지) 곡식 밧(밭)을 밤인(밤에는) 가서 누워 가지고 직(直, 수직)ᄒ여, 춤(참) 누나 앗이나(앉으나, 눕든지 앉든지 간에). 구비3 김재현, 남 85세: 209쪽

---

185) 한국 구비문학 누리집에서 원래 녹음을 내려받고서 출간된 내용을 좀 더 기위 놓았지만, 여전히 잘 들을 수 없는 불분명한 대목들이 더 남아 있다.

-으나 -으나: 그 읎는(없이 사는 가난한) 사름덜이 웃이나 시나(먹을거리가 있으
나 없으나, 있든 없든) 엿날 산으로 강(가서), 이 해벤ㄱ(海邊가) 말앙(말고서),
산으로 강으네(가서), 모몰(메밀) 널리 갈앗어. 비여서(베어서) 물류왕(말려서)
장만ᄒ는디, 하, 그 노루가 뛰여오더니마는 … 그 모몰낭(메밀나무, 메밀 줄기)
속더레(속 쪽으로) 「쏙!」ᄒ게 기어들어. 구비2 양구협, 남 71세: 669쪽

-으나 -으나: 그 읎는(없이 사는 가난한) 사름덜이 웃이나 시나(먹을거리가 있으
나 없으나, 있든 없든) 엿날 산으로 강(가서), 이 해벤ㄱ(海邊가) 말앙(말고서),
산으로 강으네(가서), 모몰(메밀) 널리 갈앗어. 비어서(베어서) 물류왕(말려서)
장만ᄒ는디, 하, 그 노루가 뛰여오더니마는 … 그 모몰낭(메밀나무, 메밀 줄기)
속더레(속 쪽으로) 「쏙!」ᄒ게 기어들어. 구비2 양구협, 남 71세: 669쪽

-으나: ᄒ니 백 가짓 종ᄌ(種子) 그 곡식을 허여가 가지고, 밥을 지으나 떡을 지어
가지고, 인간에 뿌려 주라고. 아귀덜(餓鬼들)이 먹엉 가랭. 구비1 안용인, 남
74세: 182쪽

-으나 -으나 [간에] 굴을 수 가 서게?: 거(그거) 나ø ᄒ는 냥(樣, 모습대로) 잘햇젠
(잘했다고)을 ᄒ나, 못 햇젠(못 했다고)을 ᄒ나, 굴을(말할) 수가 서게(있어+화
용 첨사'게')? 구비3 김재현, 남 85세: 323쪽

-으나네 -아ㅇ -앗단 -앖수꽈?: 그딜(그곳을, 천제연 내를 넘는 돌길을) 오나네(오
니까) 그 솟바위레(천제연 못 바위쪽으로, 소[沼]+ㅅ+바위+레), 그 웃(윗)
솟바위레(못 바위 쪽으로, 沼+ㅅ+바위+레) 「으상으상!」(의태어, 성큼성큼,
다른 뜻으로는 하릴없이 빈둥빈둥) 가 가(가는 일을 진행하다, 가다+아+가
다). 스령덜은(관청의 사령들은) 조름(뒷꽁무니)에 삿단(섰다가, 서 있다가)
"무사(무슨 일로, 왜) 그레(그쪽으로, 길도 아닌 쪽으로) 갊수꽈?(가고 있습니
까?)" 구비3 김재현, 남 85세: 163쪽

-으나네 -아그네 -으랭 해 보켜: [정훈도가] 하도 불쌍ᄒ나네(불쌍하니까), 저,
[위로하려고] 오라그네(와서) 술이나 ᄒ 잔 먹으랭 해 보켜!(먹으라고 해 보겠
어)" 구비3 김재현, 남 85세: 42쪽

-으나네 -아네 -아네 -앗거든. -다네 -으니까니 -난 -불엇주게: 이 놈으(놈의)
돗(돼지)이 어린 때에 자꾸 기여나나네(몰래 밖으로 도망치니까, '기어나다'의
변이형) 홀 수 엇이(할 수 없이) 이제 귈(돼지 귀를) 꿰네(꿰어서) 매어네(매
어서) 질롯거든(길렀거든, 키웠거든). ᄒ다네(그러다가) 그 놈으(놈의) 게(것
이) 그만 오래 가고, 뭣 ᄒ니까니, 돗(돼지)이 아마도 어떻게 들럭퀴어(가만히
있지 못하고 들썩이어) 가난(가니까) 귀가 채져(찢어져) 불엇주게(버렸지+화

용 첨사 '게'). 노끈이 노끈이 끊어져얄(끊어져야 할) 겐디말이어(것인데+화용 첨사 '말이야') 귀가 채어져(찢어져) 불엇다말이어(버렸다말이야). 구비3 김재현, 남 85세: 351쪽

-으나네 -안 -고 -안 -고 -안 -단 잇어: 아, 이제 [오라비가 시집 간 누나집에] 갓이나네(갔으니까, 가니) 거 춤(참) 큰 대우해연 술통깨나(술통으로 대접할 만큼이나) 멕이고(먹이고, 대접하고) 식스(식사)도 잘 해연(해서) 멕이고(먹이고) 앉안 놀단, "오라방(오라비), 나 조꼼(조금) 청홀(청할) 게 잇어!" "무시거꽈?(무슨 것입니까?, 무슨+것+이+우+꽈)" 구비3 김재현, 남 85세: 176쪽

-안 -나네 보난 -앗젠 -아 불랜 ᄒ난 -앖쥐: "저 대정 고을 옛날 스령(使令) 놈 오란(와서) 「걸라, 걸라!」(가자, 가자!, 불규칙 활용형 '글라!'의 변이형태로서 '걷다'에 이끌리어 '걸라'로 말한 듯함) ø(명령하고서 저승에 갈 망인을) 잡아오나네(잡아오니까), 보난(보니까) 「잘못 오랏젠!」(잘못 왔다고) [다시 이승으로] 「가 불랜!」(가 버리라고) ᄒ난(하니까), 이거 돌아값쥐(이승으로 돌아가고 있지+화용 첨사 '이')!" 구비3 김재현, 남 85세: 225쪽

-으나네 -안 -아 불고 -안 -아 비엇젠: "그 지게 이레 줍서! 나 질은 버쳐도(나이가 어려서 짐 지고 걷기가 힘들어도) 정 강 집의 강 잘 모삿다그넹에 아바지도 칠십 되민 져당 할으바지ᄀ찌 ᄒ쿠다!" ᄒ나네 아방도 (고려장으로 소나무 곁에 내 버리거나 파 묻은 할아버지를) 일런(파 일으켜서) 오라 불고, 지게도 앗안 와 비엿젠. 구비1 허군이, 여 75세: 195쪽

-으나네 -안 -아네 -안 -으난 -다네: 경ᄒ나네 지게에 젼 가네 어디 소낭 어염데레(소나무가 쪽으로) 간 톡! ᄒ게 지 아방(아버지)을 부리난(부려 놓으니까) 일곱슬 난 손진 똘환갓다네, "아바지, 그 지게 무사(왜) 그디 내비없수과(내버리고 있는 중입니까)?" 구비1 허군이, 여 75세: 195쪽

-으나네 -안 -으난 -안 후제는 -안: 큼직흔(큼지막한) 통(담뱃대 끝의 통)에 담배 담안(담고서) 「푹삭푹삭!」(의태어, 연거푸 담배를 빼는 모습) 피우단 담배 타가나네(가니까) 통(담뱃대 끝의 통) 「툭툭!」(의태어) 털언(털고서, 담뱃통의 재를 떨고서) 허리에 꾹 찔러 두고, 두 놈이 영(이렇게) 좌우측에 앚앗이난(앉았으니까) 목다리(목, 뒷목) 두 갤(개를) 「폭!」 쥔(쥔, 움켜쥔) 후제는(後+적에는) 솟바위(못 바위 절벽)에 간0(가서) 영(이렇게, 절벽 아래로 떨어뜨릴 자세로) 해연(하고서) "느네 ø(너희) 날(나를) 심엉(잡아서) 갈타?(갈 것이냐?)" [청중 일동 웃음] "하이고, 놔 줍서(놓아 줍쇼)!" 구비3 김재현, 남 85세: 163~164쪽

-으나네 -으난 -으니 어떤 [일인가?]: 저 할으방(노인) 미신(무슨) 광(광질) 들렷

인가프댄(들렸는가 싶다고) ᄒ나네(하니까), 「다행히 먹을 거 낫구나(잘 보존해서 생겨났구나)」 지꺼지단(기뻐지다가, 기뻐하다가, '깃거지다'로 소급됨) 보난(보니까), 또 먹지 말랜(말라고) ᄒ니(하니까) 어떤 [일인가?] 구비3 김재현, 남 85세: 277쪽

-으네(-앗이나네): 회홀년(回婚年) 잔치엥 ᄒ는 건, ᄌ기가 장개 가서(장가 가서, 결혼하여) 육십 년만의, 옛날은 ᄋ남은 살에 장개 갓이나네, 육십 년만의, 그 ᄌ식 곅여(깎여, 여의어) 보지 아니흔 사름이라야 (회혼 잔치를 하는 법이다). 구비2 양구협, 남 71세: 644쪽

-으나네[배경] -는디 -으니까[이유] -앗저: "느ø(너, 정훈도), 저, 소문 들으나네 (들으니까), 상한벵(傷寒病) 들련(들리어서, 걸려서) 믄(모두, 아주) 몸이 곤(困)햇다ø ᄒ는디(하는데), 나ø(나의, 오찰방 아버지의) 집은 술이 이디(여기) 조금 잇이니까(있으니까), 술이나 흔 잔 먹으랜 ᄒ젠(먹으라고 하고자) 오랫저(오라고 했지)." 구비3 김재현, 남 85세: 43쪽

-으나네[배경] -안 -는디[배경] -으니까 -으랜 ᄒ젠 -햇저(고 햇저): "느ø(너, 정훈도), 저, 소문 들으나네(들으니까), 상한벵(傷寒病) 들련(들리어서, 걸려서) 믄(모두, 아주) 몸이 곤(困)햇다ø ᄒ는디(하는데), 나ø(나의, 오찰방 아버지의) 집은 술이 이디(여기) 조금 잇이니까(있으니까), 술이나 흔 잔 먹으랜 ᄒ젠(먹으라고 하고자) 오랫저(오라고 했지)." 구비3 김재현, 남 85세: 43쪽

-으나네[이유] -아녤 -으니[이유] -거든에 -주: "거(그거) 오늘(오늘)은 원(워낙)186) 비가 크게 오나네(오니까) [나다니는 사람도 없이] 조용해여네(조용해서) 누게(누구이든) 사름덜토(사람들도) 아니 오고 ᄒ니원(실망감을 담고 있는 화용 첨사), 술이나 잇거든에 흔 잔 가져 오주! [아들과 함께] 흔 잔썩(씩) 먹어 보저." 구비3 김재현, 남 85세: 36쪽

-으난 (부르는 것이다): 경 해연(그렇게 하여서) 그디 묻어 내 부난(내 버리니까) 그딜보고 '막산이 구석!, 막산이 구석!'[이라고 사람들이 부른다] 구비3 김재현, 남 85세: 32쪽

---

186) 부사 및 화용 첨사로 쓰인다. 공통어 부사 '워낙에, 원체(두드러지게 아주, 본디부터)' 와 같은 뜻으로 이 방언의 형태인 '원, 원간'도 쓰인다(구비3: 37쪽의 "그 춤 원간 장군으로 나 놓니[그 참 워낙에 장군 허우대로 낳아 놓으니]"). 단일하게 '원'만은 화용상의 속뜻을 지니어 맥락상 뜻밖의 일을 가리키거나 실망감 또는 낙담을 나타낼 경우에도 쓰인다. 이 발화에서 첫 번째 '원'은 '워낙에'와 바뀌어 쓰일 수 있다. 두 번째의 '원'은 교체가 어렵다. 화용 첨사의 경우는 붙여 써 놓았다.

-으난 [이유 설명]: 게난 그 구좌면 서화리(舊左面 細花里)는 돗제(豚祭)를 지냅니다, 다른 디는 아이 지내는디. 구비1 안용인, 남 74세: 149~150쪽

-으난 [이유]: (연못의) 물은 반지롱케(깨끗이, 번듯하게) 펴 부난(버리니까) 물은 엇지(없지). 구비2 양형회, 남 56세: 39쪽

-으난 -거든 -고0: 지금은 법(호명법)이 ᄯᅩ나난(다르니까) 「송시열(宋時烈! 1607~1689)이, 송시열이!」 ᄒᆞ주마는에, 옛날은 당호(堂號) 백읜(밖엔) 부르들 못허엿거든. 「당호는 그 ᄌᆞ손도 부른다」고. 구비2 양형회, 남 56세: 34쪽

-으난 -건 -젠 -안0: 경ᄒᆞ멍(그러면서) 그디서(그곳에서) [다시 술을] 권ᄒᆞ난(권하니까), 죽건 죽젠 먹언(죽으면 죽자고 하면서 먹었어). 제위(겨우) [자기 집으로] 오란(왔어). 구비3 김재현, 남 85세: 160쪽

-으난 -고 ᄒᆞ난 -앗는디 -아네 -오기는 오랏는디0: 점심 먹언, 점심 때도 아마도 [술을 계속] 권ᄒᆞ난(권하니까) 조금 더 먹고 ᄒᆞ난(먹고 하니까) ᄉᆞ뭇(사뭇) 술 취햇는디, 그만 해여네 이젠, [자기 마을로] 오긴 오랏는디… 구비3 김재현, 남 85세: 159쪽

-으난 -고: 도독질(도둑질)은 그놈덜 ᄒᆞ여 주난 들런 나가고. 구비2 양구협, 남 71세: 634쪽

-으난 -고0: [술 빚는 오메기 떡을] 통(桶)더레(쪽으로) 담을까 ᄒᆞ다가, 저녁(저녁 밥 몫)은 또 전의만이(前에만큼) 주난(주니까) 먹고0. 구비3 김재현, 남 85세: 31쪽

-으난 -고0: 새는 ᄃᆞ리랜(내쫓으라고) ᄒᆞ난 말 아니 듣고. 구비2 양구협, 남 71세: 632쪽

-으난 -는디 간 보니까 -으니 -고 앗는디: 거기 우리 선묘(先墓) 잇이난(있으니) 잘 아는디, 간 보니까 ᄆᆞ리(마루)에 올라간 그 논더레 ᄇᆞ라보니, 사름도 못 보고 아무것도 못 봣는디, 그만 그, 저 안개, 안개만 그저 캄캄햇어, 천지 분별 없이. 구비3 김재현, 남 85세: 29~30쪽

-으난 -단: [상관을 골려 주려고 관청 하인 변인태가 물고기를 들고 봉수대 봉화불을 향하여] 사난(서니까) 조방장(助防將, 해안 방어 부대 책임자)은 넘어가단(넘어가다가) "너ø 거ø(그거ø) 뭐이냐?" … "「괴기(물고기, 반찬으로 올릴 물고기)는 먼 불에 쵀우랜」(쪼여 구우라고) ᄒᆞ난(하니까) 저 망불(봉수대의 봉홧불)에 괴기(물고기) 쵀ㅇ나ㅄ습니다!(쪼여 굽고 있습니다)" 자, 경ᄒᆞ니(그렇게 하니) "「먼 불에 쵀우랜(쪼여 구우라고)」 책망ᄒᆞ니, 먼 불에 쵀ㅇ나ㅄ수다!(쪼여 굽고 있습니다)"구비3 김재현, 남 85세: 133쪽

-으난 -아 비연마씀게0 -난 -은댄 흡데다게: (배를 타고 이어도에서 제주도로)
올 땐 풍파 만나난, 긔냥 오꼿(고스란히 전부) 죽어 비연마씀게. 서이 새끼(세
명의 아이가) 믄딱 죽어 부난, 그 이제 우리 김녕 곹에민(제주시 구좌읍 김녕리
같으면) 당(堂)양, 성세기민, 성세깃당, 또 큰 당이민 큰당, 제 지내듯예, 그딜
제 지낸댄 흡데다게, 그 마을에서. 구비1 김순여, 여 57세: 205~206쪽
-으난 -아네 -앙 -둠서 -앗저 -으멍 -으난 -으라: 서방이 우리 대포(서귀포시
대포동)에 임펭규(임평규)옌 흔 사름인디, 흔 번 그 할망안티(그 할머니한테)
세밸(세배를) 갓입주. 세밸 간(가서) 인사흐난(하니까) 쳇창문187) 구석에 가네,
손 모앙(모으고서) 앚아 둠서(앉아 두면서, 앉은 채로) "메누라!(며늘+아)"
"예!" "이디(여기) 대포 사둔님(사돈님) 오랏저(왔다)." 구비3 김재현, 남 85세:
157쪽
-으난 -아서 -는디[전개]: (서당) 마당에 앚앙(앉아서) (서당 책자를) 익으랭(읽으
라고) 흐난, 지꺼져서(기뻐하여서) 익어(읽어) 가는디, 뭐 흔 번 굴아준(말해준)
건 다 알아 불어. 구비2 양구협, 남 71세: 619쪽
-으난 -안 -아 불여0: 그자(그저) 놓난(뒷목 잡은 것을 놓아 주니까) 그냥 서로(서
쪽으로) 터전(막힘 없이 터져 있는 채 계속) 둘아나 불여(달아나 버려). 구비3
김재현, 남 85세: 164쪽
-으난 -안 -아꼇저: 오래어 놓난 바꾸완 말흐여 겼저. 구비2 양구협, 남 71세:
635쪽
-으난 -안 -안 -아네 -으니 "-앙 -으라": 아, 거ø(그거, 술잔) 드리난(드리니까)
그자(그저) 줌줌해연(잠잠하여서, 말 없이) 맡안(맡아서) 「좍!」(의태어) 흐게,
또 [답례로 그 잔에 술을] 붓어네(부어서) 수석(맨 윗자리)에 앚은 이안티(이한
테) 드리니, "저 술ø 잘 먹는 사름신더레(사람 있는 쪽으로) 강(가서) 드리라!"
구비3 김재현, 남 85세: 150쪽
-으난 -안 -안 -엇어0: 경 해 가난(소를 훔쳐 잡아먹고 그렇게 해 가니까) 소
임재덜이(임자들이) 모다들언(모여들어서) 총으로 맞천(쏘아 맞추어서) 죽여
불엇어(버렸어). 구비3 김재현, 남 85세: 32쪽
-으난 -안 -으난 -으멍 -으멍 -으라 -으멍 -안: 뜨릴 만이(때릴 만큼) 뜨려지난
(때리니까, 때리게 되니까) [몸의 결박을] 클런(풀어서) 놔 두난(두니까) 올레레

---

187) 청방(廳房)으로 부르는 '마루방'을 이 방언에서는 '쳇방'이라고 하는데, 쳇방에 난 창문
을 '쳇창문'으로 말하고 있다.

(출입구 길쪽으로) 나가멍(나가면서) 니ø(이, 이빨을)「북!」(의성어, 부득부득) 굴멍(갈면서) "놔 두라!(잠시 보복하는 일은 보류해 두겠다)" 경 ᄒ멍(그렇게 하면서, 그렇게 말하면서) 나간(바깥 길로 나갔어). 구비3 김재현, 남 85세: 167쪽

-으난 -안 -으난 잇수다: "이레(이쪽으로) 옵서!(오십시오)" 아니, 경ᄒ난(그러니까)「무슨 흥정인고?」해연(해서) 들어가난(들어가니까) "이디(여기) 좋은 술이 잇수다(있습니다)." [일동 웃음] 구비3 김재현, 남 85세: 160쪽

-으난 -안 -으난0 -으난 -읍주 -앗입주0 -안: 에, 스뭇(사뭇) 소년도 아닙주, 아마도 설마흔(서른~마흔) 되연 갓이난(세배를 갔으니까). 다시 간 (가서) 가져 오난, 그 이, 대포서(서귀포시 대포동에서) 간 손님안티(한테) 드리난 이 사름도 술 아주 좋아ᄒ고 잘 먹는 사람입주. ᄒ 사발 먹엇입주. 먹언. 구비3 김재현, 남 85세: 138쪽

-으난 -앗다ø 말이어: [오성 부원군이 명나라 장수들을 붙들려다] 이제 더 해 볼 수 없으니 [선조 임금보고 목을 놓아]「읍센」(우십시오라고) ᄒ난(하니까) [선조가] 울엇다ø 말이어. 구비3 김재현, 남 85세: 345쪽

-으난 -앙 -눃안. -난 -아서 -난 -고 했어. -니 -곤 해서 안 받거든: [진상물로서 전라 감영에] 쇠(소)를 바찌레(바치러) 가난(가니까)「쇠가 뭐 적으니 안 받겠다」ᄒ영(하여서, 말하면서) ᄒ른(하루는) 퇴자(退字) 놓안. 뒷날은 또 바찌레(바치러) 가난(가니까)「술(살)이 빠져서 쇠(소)가 파리해 가난 안 받겠다」고 해서 안 받고 햇어. 사흘째 바찌레(바치러) 가니「나이가 너무 많은 거라」곤 해서 안 받거든. 사흘 나절을 [감영에] 가도 쇠(소)를 못 바쩟댄 말이어. 구비3 양원교, 남 72세: 412쪽

-으난 -앙 -으키어, -읍서: ᄒ난 서방, 실랑(新郞) 춫앙(찾아서) 가키옌(갈 거야라고).「춫앙 가커매(찾아서 갈 것이매), 밸(舟를) 짓어 줍센」ᄒ난. 구비1 김순여, 여 57세: 204쪽

-으난 -어0 -으난 -아니ᄒ우꽈? -댄0: 겨난(배가 풍파를 만났으니까), 씨아방도 죽어 비어, 메누리도 죽어, 아둘 죽으난, 아무것도 웃지 아니ᄒ우꽈? 게난 그추록(그처럼) ᄒ 고슬(告祀를) 지낸댄, 그 저 충청도가?, (이여도에 가서) 그런 고슬 지낸댄. 구비1 김순여, 여 57세: 205쪽

-으난 -으나네 -안 -으멍 -크매 -아그네 -아그네 -아 불주0 -으라: 가난(가니까), 아마 술통깨나 내 놔네(내어 놓아서) 잔뜩 멕연(술을 먹이어서) 보내멍(보내면서) "그 아무 날 당일수(當日守, 그 일수, 관계된 직원) 보내크매(보내겠으

므로) 그때랑(그때일랑) 오라그네(와서) ㅎ썰(조금) 어지리는(어지르는) 체ㅎ
여그네(체하여서, 척하여서) 거(그거) 수매해 불주(미상, 녹취 기록에는 '치워
버리지'로 풀이하였음). 나안티서(내한테서) 경ㅎ지(그렇지) 말아." 구비3 김재
현, 남 85세: 166쪽

-으난 -으나네 -으나네 -앗는디 -앗다 ø 말이거든: 주인이 둮은(닫은) 문이난(門
이니까), 사름(사람) ø 엇이나네(없으니까) 둮엇이나네(닫았으니까) 들어갓는
디, 안방이(안방에) 간(가서) 조금 곱앗다(숨었다) ø 말이거든. 구비3 김재현,
남 85세: 270쪽

-으난 -으난 -안0 -으난 -으난 -으난 -라0 -앗주0: 집의(집에) 오란(와서, 도착해
서) 보난(보니까) 정(정낭, 정살낭, 梃+나무)188) 늬(네) 개 굳작(곧게 세워)
놧이난(놓았으니, 출입구가 개방되어 있으니 말에서 내릴 필요 없이) … 정
안네(정낭 안쪽 마당에) 가난(가니까) 사능캐(사냥개) 두 개가 잇단(있다가),
「확확!」(급히급히 의태어) 클런(몸을 묶은 끈을 풀어서) 내 부난(내 버리니까,
내 버리자) 이젠, 그자(그저 마구) [여우한테] 둘려들멍(달려들며서) 물어 잦히
난(젖히니까) [본래 모습대로 되돌아온 것을 살펴보자] 여우라. 경(그렇게) 해
연(해서) 여우 잡앗주. 구비3 김재현, 남 85세: 51쪽

-으난 -으난 -엇어: 막 취ㅎ난 그자(그저) 뒤터레(뒷쪽으로) 「히~뜩!」 자빠지난
(자빠지니까) 바로 죽엇어. 구비3 김재현, 남 85세: 37쪽

-으난 -으난 -으나네 -로고! -으난 -으니 게난 -안 -은 겝주: 술 잘 얻어먹어
지고 ㅎ난(하니까) "경 ㅎ주(그렇게 하지, 그렇게 하마)." 그날은 일수(日守,
담당 직원) 보내난 약속ㅎ 일이나네 "허, 거(그것) 여러 번 오고, 이번으랑(일
랑) 가야 될로고!(될로구나)" 가난(가니까) 죄가 어쩌ㅎ니, 게난(그러니까) 믄
(모두 다) 약속해연 놔 둔 겝주(것입죠). 구비3 김재현, 남 85세: 167쪽

-으난 -으난 -으난 -안 -핸게[은#거+이]: "게난(그러니까) 간 보난게, 점심 가젼
간 보난, 사름은 가지 아니ㅎ연(않아서) 늬(너) 혼자만 잇어랜 핸게(있었다고
하던데, 한 거이), 정심(점심)은 어떵ㅎ고(어떻게 하고), 일은 어떵ㅎ연디(어떻
게 하였니)?" 논 주인이 종 막산이에게 물었음. 구비3 김재현, 남 85세: 30쪽

-으난 -으난 -으난 -으나네: 경(그렇게) ㅎ난(하니까), 춤(참) 맡쩻 상제(셋째 상

---

188) 집의 출입구에 세운 두 돌 기둥 사이를 서너 개의 곧고 긴 나무를 가로질러 집에
아무도 없음을 나타내는데, 정낭 또는 정살낭을 줄여서 '정(梃, 곧고 긴 나무 정)'으로도
부름.

제, 백·중·숙·계 항렬을 각각 '큰·샛·말잿·족은'으로 부름)가 오란(와서) 보난
(보니까), 경 햇이난(그렇게 했으니까, 관을 안치할 곳에 있던 암반을 다 치워
버렸으니까) 채 영장(營葬)은 묻지 아니흔 때나네(때이니까) "형님네 어떵ㅎ쿠
과(어떻게 하겠습니까)? 영(이렇게) 해여도(해도) 이디(이곳에) 영장을 ㅎ쿠과
말쿠과(하겠습니까, 말겠습니까)?" 구비3 김재현, 남 85세: 231쪽

-으난 -으난 -으난 -은 생이라: 「밸(舟를) 짓어 줍센」 ㅎ난, 이젠 메누리, "원,
야야!(이 아가야!)" 홀어멍으로 사난, 산홀어멍(오래 동안 남편과 떨어져 사는
홀어미 아닌 홀어미를 가리킴)으로 사난, 씨아방이 어이 엇인 생이라. 구비1
김순여, 여 57세: 204쪽

-으난 -으난 -으난: 옛날은 배도 긔냥 발동기(動力船)도 엇인 때난, 긔냥 네(櫓)만
젓엉 갈 때난. 밸 짓어 줍센 ㅎ난. 구비1 김순여, 여 57세: 204쪽

-으난 -으난 -읍서: "고 당장님(堂長+님), 소문 들으난(들으니까) 방애(방아)를
잘 맨든댄(만든다고) ㅎ난(하니까), 방애를 ㅎ나 굴묵낭(느티나무, 괴목)으로
대ㅇ슷(대여섯)이 지게(쩰게) 크게 잘 맹글아(만들어) 줍서!" "경(그렇게) ㅎ주
(하자). 그게 [뭐가] 어려워?" 구비3 정원선, 남 90세: 398쪽

-으난 -으니 -다가 -으니 -거든0:쓰물 섯이나 되난, 누가 (큰딸을) 달라고 ㅎ니,
그연디 백판ᄉ(白判書) 집의서 백판ᄉ 역시도 판ᄉ질 홀 때는 잘 살다가 그걸
놔 버리니 집이 험(險惡의 줄임말)하엿거든. 구비2 양구협, 남 71세: 645~646쪽

-으난 -으니 -앗주: (도둑이 자신이 찬 칼을 주인공인 아이에게) 바로 주난, 머리
빡을 짓뭇아 불이니(짓부수어 버리리), 머리빡 까젓주(까졌지, 부서졌지). 구비
2 양구협, 남 71세: 631쪽

-으난 -으니 -을 게여?: 그래서, 경 해여(그렇게 해) 가난(가니까), 동네 사름(사
람)이니 가숙(家屬, 가족)이니 난리가 나 가니 모를 게여? 구비3 김재현, 남
85세: 67쪽

-으난 -으민 -을 거라 말이어: 배남(배나무) 우희(위에) 그놈덜이 (주인공을) 올린
거라. 올리난 도둑으로 ㅎ영(도둑으로 몰려 오해를 받고서) (주인공이) 갇혀
불민, 과건(科擧는) 못 볼 거라 말이어. 구비2 양구협, 남 71세: 622쪽

-으난 -은드 -안 -으난 -아네: 거 네(櫓)를 버쳐 가난(노 저을 힘이 부쳐 가니까),
갈 땐 곱게 간디(갔는데) 그 섬에. 곱게 간 보난, 아기덜 나네. 구비1 김순여,
여 57세: 205쪽

-으난 -읍주: "아, 잇이난(있으니까) [묏자리 찾는 산도를] 그린 겝주(것입죠)."
구비3 김재현, 남 85세: 185쪽

-으난 -주마는 -올 게 뭐야원: 가매(가마) 속에 앚이난(앉으니까) 아덜은 알주마
는 아방이사 알게 뭐야원! 그냥 (고관이 행차하는 길 앞쪽) 질로 건너갔주.
구비2 양구협, 남 71세: 624쪽

-으난 -지 -읍셴 -안ᄀ라: 허, 술이나 먹고 조금 잇으난(있으니까) [혼잣말처럼]
"내가 행장을 출려야(차려야) 가지!" "ᄒ저(어서) 글읍셴!(갑시다고)" 아마도
독촉ᄒ연ᄀ라(하였기 때문인지), 체시(차사, 저승 차사)가. 경ᄒ난(그러니까)
술 갖다 놓고 조금 잇다서 "나를 눅지라!(눕히어라)" ᄒ난(하니까) 그자(그저)
죽은 거우다(것입니다). [웃음] 그잣(그저+ㅅ) 양반덜(들) 아닙주. 구비3 김재
현, 남 85세: 145쪽

-으난 -흐멍 ᄒ난, -젠: 이젠 조반 해영 먹으난 "가게!(가자!)" ᄒ멍 ᄒ난(말하면서
하니까, 말하니까), 요놈 것덜이 절박(結縛)해여 보젠 「더듬머뭇, 더듬머뭇!」
(의태어, 더듬대다거 머뭇머뭇 그침) "느네덜(너희들) 날(나를) 묶으젠 햄다?
(하느냐?)" "예!" 구비3 김재현, 남 85세: 163쪽

-으난(게) -으나(게): "아이, 어떠ᄒ난게, 누웡 갌구나게! 정심(점심) 이거 오십
멩(50명) 먹을 거 쉬어 오랏이니까, 먹으랜 ᄒ젠 ᄒ난, 사름은 어디 서(있
어)?" 구비3 김재현, 남 85세: 29쪽

-으난(나네): (五濁水를) 먹지 아니ᄒ난 환생(還生) 허여서, 좋은 환생 흔 겁주.
구비1 안용인, 남 74세: 140쪽

-으난(나네): 겨난 환생(還生)허여어. 환생흔디, 것이(그것이) 뭣으로 환생허였는
고 ᄒ니 임백호(林白湖)라고 흔, 그 문장(文章)입주게. 구비1 안용인, 남 74세:
137쪽

-으난(나네): 흘굿 좀덜을 자난, 끝엔 보니, 이런, 문이 올아젓이니, 보니, 아바질
잃어 불었다. 영장(營葬, 棺) 누게 빼연 돌아나 불었댄 말이우다. 구비1 안용인,
남 74세: 128쪽

-으난: "오십 명 먹을 점심만 논더레(논쪽으로) 쉬어(실어) 갑서!" 경 ᄒ난, "아,
경 ᄒ주!" 구비3 김재현, 남 85세: 28쪽

-으난: 막 이젠 집을 지으난, 아기덜 나멍 번성ᄒ게 지내였젱 흅네다, 그 무연도(無
人島) 간. 구비1 김순여, 여 57세: 204쪽

-으난: 술 잘 얻어먹어지고 ᄒ난, "경ᄒ주!" 구비3 김재현, 남 85세: 167쪽

-으난[배경 사건] -는 거라마씀: [한효종씨가 소쪽으로] 가난(가니까, 다음 사건
전개의 배경 사건) 쇠 몰특(소 말뚝)을 빼는(뽑는) 거라마씀(것이어+말씀입니
다). 구비3 김재현, 남 85세: 154쪽

-으난[배경] -앉어: 훈 번은 오찰방(吳察訪, 각주 180 참고)이 어디 드르(들)에
댕기단(다니다가) 보난, 정훈딘가(鄭訓導인가) 훈 사름(사람)이 어디 외방(外
方) 가네(가서), 집은 훈 거리(한 채) 사네(사서), 샌(지붕 덮은 새[茅, 띠]는)
말고 남(나무)만 훈 짐을 끊이네, 지언 오단 밑에 밧디서(밭에서) 짐 진 냥(모습
으로, 짐 진 채 그대로) 앚안 똥을 쌌어. 구비3 김재현, 남 85세: 40~41쪽
-으난[배경] -으난[배경] -암다?: 훈 번은 정훈딜(鄭訓導를) 그 오찰방(吳察訪)
부친이 어디 질레서(길에서) 조용히 만나지난, 인사ᄒᆞ난, "느(너) 어디 감디?
(가고 있나?)" "놀았수다!(놀고 있습니다)" 구비3 김재현, 남 85세: 41쪽
-으난[사건 전개] -으멍 불연[유음 뒤에 '여'가 나옴]: [힘 센 정훈도가 덕판배를
옮겨 주려고] 가난(가니까) 빈 솔박(되, 됫박, 오솔길에서처럼 '솔다'는 좁다의
뜻) 들렁 댕기듯(들고 다니듯), 기자(그저) 「오곳오곳!」(오롯이 고스란히) 들르
멍(들으면서) 바당물더레(바닷물쪽으로) 던져 불연(던져 버렸어)0. 구비3 김재
현, 남 85세: 40쪽
-으난[이유]: "난 몰르난(모르니까) 웃는 겁주게(것입죠+화용 첨사 '게'). 어디
[글을] 잘 아는 디(데) 가십서!(가셔서 물어 보십시오)" 구비3 김재현, 남 85세:
64쪽
-으난[이유]: "아니, 그 사름덜 오켜(오겠어), 오켜(오겠어) 해 뒌0. 아니 오라 부난
(와 버리니), 뭐 홀 수 시어(있어)?" 구비3 김재현, 남 85세: 29쪽
-으난0(니까): 겨니 손오공이어 훈 놈은 멧 백 말을, 백 방울 주워 먹어 놓난.
선도(仙桃)를. 구비1 안용인, 남 74세: 142쪽
-으난 -커라[으크+어라]: "애애(상대방 의견이나 주장을 부정하는 감탄사, 아니
아니!), 난 아멩해도(아무려나 해도) 바쁜난 [관가에서 퇴청하여 집으로] 가커
라![갈+거+이어+라, 갈 거야]" 구비3 김재현, 남 85세: 47쪽
-으난게 -으난 -으난 -안0: 이젠 신랑(新郞) 춫안 갓이난게(갔으니까말이야), 어
떵 신랑 마누라난(신랑의 첩실이니까), (본인은) 본처 마누라난, 이젠 실런(본
처가 첩실을 배에 실었어). 구비1 김순여, 여 57세: 205쪽
-으난게[이유]: 열맷 설(살) 난 사름이난게(이니까+화용 첨사 '게') 그 부친이 [춫
아가서 자기 아들한테까지] 못 미칠 필요가 잇어게? 미쳥(미쳐서) 가 심어그네
(붙잡고서) 때려 불젠(버리려고) ᄒᆞ는디, 산방(서귀포시 안덕면 산방산) 앞의
용머리라곤(라고 하는) 바당 앞의 … 그레 돋거든. 구비3 김재현, 남 85세:
34~35쪽
-으니 (순차적 사건 전개): 가서 문을 둑둑! ᄒᆞ니 문을 올아. 올아 주게든. 구비1

안용인, 남 74세: 159쪽

-으니 -으니 -읍소[읍서]: '구제기털'이엔 흔 디(이라고 하는 곳에) 여호(여우)가 나와서, 사름을 홀리와(홀려) 가지고 해칩니다. 경 ᄒ니(그렇게 하니) 멧 사름 (사람)이 얼먹고 죽고 해 낫이니, 좌수님 가지 맙소!" 구비3 김재현, 남 85세: 47쪽

-으니(앗더니) -다ø고0: 집의 왓더니, 어떤 처녀가 [그 마을을] 넘어가다가 집에 왓다고, "지나가다가 날이 저무니까 좀 집 빌어 가지고 투숙하겟다"ø고0 구비 3 김승두, 남 73세: 97쪽

-으니 (순차적 사건 전개, 사건 배경 제시 뒤에 사건 전개): 문을 올아 주니, 춤 이도령이 춘향이 만난 때 이상이라, 하하하하, 희희낙락ᄒ게 논댄 말이어. 구비 1 안용인, 남 74세: 159쪽

-으니 (원인): 내가 속히 갈랴고 ᄒ니, 대답홀 여가(餘暇)가 없다. 구비1 안용인, 남 74세: 157쪽

-으니 [배경 제시, 순차적 사건 전개]: 휘딱 떠나니, 또 구천동이라고 잇어. 구가(具哥)ᄒ고 천가(千哥)만 사는 동네가 잇어. 구비1 안용인, 남 74세: 160쪽

-으니 [사건 전개]: ᄀ만히 있는디, 열두 시쯤 되니, 암톡(암탉)이 운댄 말이어. 게서 흔 시간 넘으니 "손님 주무셧습니까?" 허여. 왓어, 그 꼼냉이(꼼생원)가. 구비1 안용인, 남 74세: 166쪽

-으니 [사건 전개]: 이제는 (멸치잡이 배, 닷배) 개코(수심 얕은 해안)를 딱 붙져 놓니, 이제는 뒷박(뒤웅박 부표)에다가 배고 뭐이고 테우(떼배)고 들아매영 흔 줌 자는 거 아닌가? 구비1 안용인, 남 74세: 170쪽

-으니 [설명 제시]: 공원이 ᄒ는디(공동 조합원이 풍어제를 지내는데), 그 사름은 뭣인고 ᄒ니, 한동(제주시 구좌읍 한동리)은 거 야채(夜叉) 모신 디가 만ᄒ네. 구비1 안용인, 남 74세: 168쪽

-으니 [순차적 사건 전개/진행 나열]: 할망이 가(가서) 보니 이제는 ᄌ기 쇠(소) 잡아먹은 건 좋주마는 남의 쇠ᄭ지 심어다가 가죽 벳겨 가지고 구언 먹어 불엇 댄 말이어. 구비1 안용인, 남 74세: 147쪽

-으니 [순차적 사건 전개]: "내가 천자(千字) 흔 권 익어낫는디(읽었었는데) 조상덜 문세(文書)를 들런 보니, 당신 할으방 시대에 우리 할아버지에게 돈 천 량을 빚겼다." 구비1 안용인, 남 74세: 154쪽

-으니 [순차적 사건 전개]: "말을 바른 대로 이얘기허여 보라!"고 ᄒ니, "그게 아니고, 천가(千哥)의 집의서 우리 메누리 도독질허여다가 내일은 빼여갈랴고 ᄒ는

날이라."고. 구비1 안용인, 남 74세: 161쪽

-으니 [순차적 사건 전개]: "부재칩(富者宅)이 어딥니까?"고 ᄒ니 진주 꼼냉이(꼼생원) 집을 ᄀ리쳐 줬어. 지애집(기와집)이 대ᄋ숫 거리(대여섯 채)이고 흔 큰 부잰디(富者인데), 그딜 들어가 가지고 "넘어가는 나그네, 주인 ᄒ로처녁(하루저녁) 빌립서!" 이렇게 ᄒ니, "저 ᄉ당칸(祠堂間)의 들라!"고. 구비1 안용인, 남 74세: 164쪽

-으니 [순차적 사건 전개]: 「그 어딜 가는고?」 ᄒ니, 강남 천ᄌ국(江南 天子國), 옛날은 중국을 천ᄌ국이라고 허여 나졌습니까? 구비1 안용인, 남 74세: 148쪽

-으니 [순차적 사건 전개]: 가 보니, 왜배도 아이 들고, 이 놈 번쩍 거짓말 허엿어. 구비1 안용인, 남 74세: 134쪽

-으니 [순차적 사건 전개]: 그 나라에 공주가 삼형제 있는디, 큰딸이 간 보니, 몰래판(모래사장)에 곽숙(槨屬)이 올라 올랐는디, 옥퉁수(玉퉁소)를 불고 있댄 말이우다. 샛딸이 간 보니 그렇고, 족은딸도 간 보니 그러니, 구비1 안용인, 남 74세: 148쪽

-으니 [순차적 사건 전개]: 누언 잇이니, 신장(神將)덜이 흔 ᄋ나문(여남은)이 오라 가지고 흔 잔썩 「씩씩!」 먹고. 구비1 안용인, 남 74세: 160쪽

-으니 [순차적 사건 전개]: 떠나 부니, 글로부떠는 김선생 모시기를, 예ᄌ(女子)를 ᄭ딱도 못ᄒ는 거라(여자는 조심하여 함부로 하지 못하는 것이다). 옥황(玉皇)의서 보호ᄒ는 어른이라고, 허허허허허. 구비1 안용인, 남 74세: 163쪽

-으니 [순차적 사건 전개]: 예, 한로산으로 내려오라 가지고 그디 앚안 보니 지형(墓地用 地形)이 좌정(坐定)홀 지형이 못되댄 말이우다. 구비1 안용인, 남 74세: 150쪽

-으니 [순차적 사건 전개]: 하도 ᄉ정(事情)허여서 물으니, 그런 게 아니고, 김정승(金政丞) 메누리가 잇인디, 미인(美人)이라고. 구비1 안용인, 남 74세: 160쪽

-으니 [원인, 계기, 하자마자]: "…너의덜(너희들) 말을 들어서 「오라」 ᄒ민 오곡, 「가라」 ᄒ민 갈 것이냐?" 호통을 질르니(지르니까, 지르자), 이젠 기냥(그냥) 나둘아(내달아 도망가). 구비2 양형회, 남 56세: 38쪽

-으니 [원인] -았는디: "거 너미(너무) 과(過)ᄒ다. 우리 증조 할마니는 복방귀를 두 번 뀌니 아둘 형젤 났는디, 할머니보다 세 번 뀌는 건 너미 나쁘다!" 허허허허. 구비1 안용인, 남 74세: 200쪽

-으니 [원인]: 그, 안직(아직) 운이 좋은 사름이니, 암튼 울어 뒌 ᄌ살허연 떨어젼

죽어 불었댄 말이우다. 구비1 안용인, 남 74세: 167쪽

-으니 [이유, 원인]: 이건 똘똘(돌돌, 달달) 묶어 놓니, 죽은 목숨이라. 구비2 양형회, 남 56세: 42쪽

-으니 [전개]: 이제 밤낫(밤낮)을 옹(요렇게) 앚아 두서(앉아 두면서) 보니, 흐를 처냑(하루 저녁)은 어떤 이쁜 여즈가 와 가지고, "사또님, … 우리 노는 디 흔 번 오랑(와서) 놀아 주십서!" 구비2 양형회, 남 56세: 38쪽

-으니 [전개] -안 -앗댄 말이어: 메틀(며칠) 캐운(태운) 연훈(然後엔) 파 내언(내어서) 보니, 여희(여우) 대옷숫이(대여섯이) 거기에 기냥(그냥) 칸(타서) 죽엇댄 말이어. 구비2 양형회, 남 56세: 40쪽

-으니 [전개]: 물을 펀(퍼서) 보니, 궁기(구멍)를 판(파서) 들어간 게, 그, 저, 굴을 판 안테레(안쪽으로) 막 들어갓어. 구비2 양형회, 남 56세: 39쪽

-으니 ~ -으니 [나열]: 기여드니, 인간 사름덜은 쏠로 맞춰라! 뭘 해라, 흥이니, 복이니, 이렇게 흐는디, 독흔 놈은 있다가 작대기로 앗아다 천 리 만 리 탁 굴려부니(갈겨 버리니), 정신이 가마쩍허여(감앗직허여). 구비1 안용인, 남 74세: 136쪽

-으니 ~으니 흐다[나열]: "이 놈의 쇠 잡자!"고 허여 가지고, 즈기(제몫의) 괴기를 갈란, 뭐 싸니 비싸니 흐멍, 괴기덜 들렁 댕긴단 말이우다. 구비1 안용인, 남 74세: 137쪽

-으니 -거든0:「도둑 잡앗이니(잡았으니) 들어오시오!」아, 그랫거든0. 구비3 김재현, 남 85세: 371쪽

-으니 -고 ~-으니 -고 [순차적 사건 전개+사건 나열]: 큰똘도 가니 안 올아지고, 샛똘도 가니 안 올아지고, 족은똘이 가니 그 무쇠문(鑄鐵門)이 올아졋어. 구비1 안용인, 남 74세: 148쪽

-으니 -고 -고 -는디 -는 거주0: 짐(金) 뭣이가 … 가난해서 살질(살지를) 못흐니, 뭐 먹을 것도 엇고(없고) 각시도 엇고(없고) 그저 홀아방으로 사는디(사는데), 원 기가 맥히게(막히게) 사는 거주. 구비3 김승두, 남 73세: 97쪽

-으니 -고 -고 흐니 -다ø 말이어: 눈에 좀(잠)은 안 들고 생각을 해 보니, 아덜(아들)은 쌈다(전장터에서 싸우다가) 죽고 아시(아우)는 기분에 몰려(말려) 가지고 죽여 불고(버리고) 흐니, 삼촌 조캐(조카)를 그만 멀쩡이(멀쩡히) 죽여 먹엇다ø 말이어. 구비3 김재현, 남 85세: 346쪽

-으니 -고 -으니 -안0: (물고기들을) 느놔(나눠) 주니 아이, 이거 먹을 줄도 모르고, 「어떻게 먹느냐?」 흐니, "(물고기를) 끓영 장 놓고 해서 맛있게 흐영 잡수와

보시오!" ᄒ연. 구비2 양구협, 남 71세: 618쪽

-으니 -고 으니 -어: 막 (위로) 쳐다 보니 궁기(구멍)만 요만이(요만큼) 보이고, 그 안에 ᄂ려 가니 널러(넓어). 구비2 양구협, 남 71세: 662쪽

-으니 -고 허여서 -댄 말이어: ᄒ니 이건 틀림웃이(틀림없이) 사름마다 가민 죽을 디니, 「그딘(그곳에는) 가민(평양 감사로 임명되어 가면) 제라ᄒ게(저 죽을 자리답게, '自己+이라+ᄒ게' 자기 품성껏 제대로) 죽을 것이라」고 허여서, 이젠 보내어 불었댄 말이어. 구비2 양형회, 남 56세: 37쪽

-으니 -고 ᄒ연 -안 -안 -안 -안0: 의복은 남루ᄒ니, 「ᄂ려오라!」고 ᄒ연 치매(치마)로 봇ᄒ게 두르싼(둘러싸고서) 흔 몸뚱이로 ᄒ연 ᄌ기 방에 돌안 들어간. 구비2 양구협, 남 71세: 621쪽

-으니 -고 ᄒ디 -아서 -는 여ᄌ라: 기연디(그런데) 그 집을 뚝! 당ᄒ니(당도하니), 돈도 만ᄒ고(많고) ᄒ디, (주인) 여ᄌ가 워낙 이뻐서원, 보고 내 불 수가 읏는 여ᄌ라, 그 집 주인이. 구비2 양구협, 남 71세: 627쪽

-으니 -고0 -고0 -을 주마는 몰라: 기여니(그러하니) "이디 고부랑 낭(구부러진 나무) 아래 행기(行器, 行祭 器皿의 줄임말로 두껑 덮는 놋그릇) 물이라고 물이 읏느냐?(없느냐?)"고. "그런 물 읎다."고. 그놈(제주 수맥을 끊고자 하는 중국 지관 고종달)은 잘 단수(斷水, 수맥을 결단함) 짚언 알주마는, 밧 가는 사름(농부)는 몰라. 구비2 양구협, 남 71세: 653쪽

-으니 -고0 -으니 -으니 -앗던 모냥이지: 회홀년(回婚年) 잔칠 ᄒ게 되니, ᄌ기네만 질겨(즐겨) 놀기는 곤란ᄒ고, ᄒ니 선생 생각을 ᄒ니, 선생을 모셔야 씨겟다고 흔 생각이 들엇던 모냥이지. 구비2 양구협, 남 71세: 639쪽

-으니 -고0: 아 그 말젯(셋째) ᄄᆞᆯ아기는 지가 시집을, 새스방을 정ᄒ게 된 날이니, 줌이 안 들고. 구비2 양구협, 남 71세: 621쪽

-으니 -나네 -으십서0: "그, 저, 논 문세니(매매 문서이니까), 논 문세엔 ᄒ는 거나네(것이니까) 들어(들이어) 놓으십서! 들어 낫당, 후에라그네(後에는) 논 갈 때랑(때에는) 연락ᄒ민 오랑(와서) 논이나 ᄀ리칩주!(가리켜 줍지요)" 구비3 김재현, 남 85세: 60쪽

-으니 -난: 당신이 괴기(물고기) 사레(사러) 개ᄆᆞ디(갯가에, 포구에) 가니, 보재기(갯일이나 어업으로 사는 사람, '浦作+이')들이 영(이렇게) 보난, 개ᄆᆞ디 괴기 사레 갓거든(갔거든, 맥락상 '왔거든'의 잘못임). … "우리 괴기(물고기) 못 낚앗수다!" ø ᄒ니, "이놈들 괘씸흔 놈들, 못 낚을 리가 없는데, 괜히 「못 낚앗수댄」 ᄒ는 거로고(것이로구나, 원본의 'ᄀ로고'는 과도 교정인 듯함). 괘씸흔 놈들!"

구비3 정원선, 남 90세: 395쪽

-으니 -네. 못허였다: 도망허여 부니, 토정비결(土亭秘訣)이에 ᄉ십팔 구절 백의 없네. 남은 건 등(謄)ᄒ질 못허엿댄 말이어. 겨니 ᄉ십팔 구절 백의 없어. 구비1 안용인, 남 74세: 188쪽

-으니 -는디 -아서 -앙 -다가 -으라고 해서 -안 -당 -는디: ᄒ를은 물어 봤더니, 부지런히 오쟁 ᄒ는디, 어떤 여ᄌ가 나타나서, 아니, "집이 왕 놀다 가라!"고 해서, ᄒ연 놀당 가는디, 입에서 구슬을 내어 놓아서 자기 입엣 걸 해서 "물어 보라!"고도 ᄒ고, 이리저리 씨름ᄒ다가 사라지문(사라지면) 그냥 옵니댕 ᄒ연. 구비2 양구협, 남 71세: 614쪽

-으니 -는디 -은 말이우다: 가 보니, 수백 년 묵은 팽ᄌ나무(정자 그늘을 만드는 팽나무의 뜻일 듯함)가 있는디, 팽ᄌ남데레 올린단 말이우다. 구비1 안용인, 남 74세: 209쪽

-으니 -다가 -니까 -난 -더니 -어: 이젠 그 말을 듣고, 그 아으가 집의 와서 갈 때문 또 (여자로 변한 여우가) 나타나니, 이제 그 구슬을, ᄌ기(自己) 입엣 걸 ᄌ기도 물어 보고, 월계(月溪) 진좌수(秦座首, 秦國泰 1680~1745, 제주시 한림읍 동명리에 살았고 유향 좌수 역임)보고도 「물어 보라!」고 해서 물어 보고 ᄒ다가, 아이 그 말, 선생 말 문득 틀 나니까('틀'은 불현듯 떠오르는 생각임) 이제는 숨켜 부난 뻬얌(뺨)을 딱! 뜨리더니 없어! 구비2 양구협, 남 71세: 615쪽

-으니 -단 -다가 -기로 ᄒ연 -안 -안0: 종놈덜보고 시기니(시키니까) 괴양(고이고이 조심히) 가매(가마)에 모사단 정결처(淨潔處)에 간 놨다가 딜여오기로 ᄒ연. 간 놘. 구비2 양구협, 남 71세: 635쪽

-으니 -도 -아 가지고 [순차적 사건 전개] -아 가지고 -아 가지고 -안 -앗어: 둥글어 먹은 놈이 되니, 술 먹어 불량(不良)해도 눈친 알아 가지고, 돌려 오라 가지고, 우시(圍繞, 결혼식 상객) 갈랴 ᄒ는 놈 물을 뻬앗아 가지고 탄 돌렸어, 사돈칩의. 구비1 안용인, 남 74세: 197쪽

-으니 -되 -으문: ᄒ여서 그걸(동삼을, 어린 인삼을) 먹으니 맛은 좋되 조금만 더 줫이문 (하고 바라거든, 좋겠다고 생각하거든). 구비2 양구협, 남 71세: 650쪽

-으니 -리라 ᄒ연0: 기영 ᄒ연 석 둘을 그 훈련을 다 시겨지니(시켜졌으니), 이젠 「이 정도민(정도이면) 창피가 없으리라」 ᄒ연. 구비2 양구협, 남 71세: 626쪽

-으니 -민 -을 거이라 [순차적 사건 전개]: "글 ᄒ 수를 내가 지여 줄 테니, 내 글을 등(謄)허영 가민, 당신이 뜰림 없이 자원급제(壯元及第)홀 거이라." 구비

1 안용인, 남 74세: 156쪽

-으니 불엿주: 아, 경 해연(그렇게 해서) 나오니, 홀 수 엇이(할 수 없이) 그 사름덜
(사람들, 관청의 부하들) 기자(그저) 내 불엿주(내 버려 뒀지). 구비3 김재현,
남 85세: 48쪽

-으니 -아 가지고 -고 ᄒ니 -고 ᄒ니 -고 허여 가지고 -니까 -지마는 -으니
잇어?: 겨니 가 가지고 이제는 "어찌해서 이디 있느냐?"고 ᄒ니, "옷을 누구가
도독질 허여 가 불엇다."고 ᄒ니, "우리집의 가민 옷을 내여 주마!"고 허여
가지고, 이젠 오게 되니까, 즈연적(自然的) 암만(아무리) 선인(仙人)이지마는
젊은 때덜이니 (부부 인연을) 아니홀 수 잇어? 구비1 안용인, 남 74세: 186쪽

-으니 -아: 흔 메틀(며칠) 동안 굴아 줫더니, 그건 ᄒ여 가(자잘한 예절은 잘 해
나간다). 구비2 양구협, 남 71세: 626쪽

-으니 -아네 -은 게주게: 금독(金독, 쇠로 만든 항아리) 안네(안에) 들어 앚안(앉아
서) 울어 놓니, 울려네(울음소리가 공명을 일으켜서) 소리가 더 어떵(어떻게)
이상흔 게주게(것이지+화용 첨사 '게'). 구비3 김재현, 남 85세: 345쪽

-으니 -아도 -안 -아도 못허였다: (시아버지가) 죽으니 이제는 구산(求山)을 ᄒ레
멧날 메칠 뎅겨도 지리ᄉ(地師를 뜻함)를 ᄃ란(데려서) 뎅겨도 집산(執山)을
못허였댄 말이우다. 산(山, 묏자리)을 못 잡았어. 구비1 안용인, 남 74세: 210쪽

-으니 -아서 -읍시다 ᄒ고0: 사둔(査頓)이 올 테니, 아바지(媤父)도 알아서 ᄀᆞ이(같
이) 놉시다 ᄒ고. 구비2 양구협, 남 71세: 626쪽

-으니 -안 -난 -안 -안 -는디: 뒷날을 깨어나니, 부부가 「거 이상스런 꿈덜 봐졌
네!」 깨어난 꿈을 꿔연(꿨어). 겨난 그렇다고 허연, 그럴 수가 있는가 허연
있는디, 또 이틀짜 오라 가지고 그런 선몽(現夢)을 흔댄 말이우다. 구비1 안용
인, 남 74세: 172~173쪽

-으니 -안 -더라ø 이래여: 그러니 영(이렇게) 굽으니(머리를 세면기에 수그리니)
입으론 코론가 피를 흔 되약세기(되[斗]+박+새기) 밖안(뱉어서) 놓더라ø
이래여(이렇게 말해). 구비3 김재현, 남 85세: 110쪽

-으니 -안 -안0: 아, (주인공이 龍神과 함께 하늘로 올라가서) 이젠 흔동안 돌더니,
자기네 어머니 사는 올레(집 골목)에 간, 「턱!」 앚아젼(앉아졌어). 구비2 양구
협, 남 71세: 664쪽

-으니 -안 -어: 허여서 떡을 꿰언 올리는 거 보니, 가시어멍(丈母, 각시+어멍)이
일곱을 꿰언 올려, 하하하하! 구비2 양형회, 남 56세: 31쪽

-으니 -안: 신선 ᄒ나 놈이 야심(野心)을 가졌어. 「선녀가 모욕(沐浴)을 허여 간다」

고 ㅎ니, 「ᄒᆞᆫ 번 귀경(구경)이나 허여 보카?」 허연. 이놈이 실짝(슬쩍) 중복(中伏) 날 (옥황으로부터 제주시 오라동 방선문 계곡으로) 떨어졋어. 구비1 안용인, 남 74세: 189쪽

-으니 -앗는디 -고 -앗어: 아닌 것 아니라, 산간(山間)으로 짚은(깊은) 곳 당(當, 당도)ᄒᆞ여 가니, 어떤 놈이 나삿는디(나셨는데), 아주 몸집도 좋고, 실흔 놈이 잇다가 칼을 꾸러매고 삿어(셨어). 구비2 양구협, 남 71세: 631쪽

-으니 -앗어: ᄒᆞᆫ 십 년만이 물이 들어온 걸 보니, 꼭 그 뽄새(본디 모양새)엣 물이 생겨난 후젠(後+적에는, 뒤에는) ᄒᆞᆫ 백 수(首)가 넘어 왓어. 「가목간 짐칩(監牧官 金氏宅)의 물테(말떼) 물테」 ᄒᆞ명 ᄒᆞ는 말이 그때 나온 모양이어. 구비2 양구협, 남 71세: 655쪽

-으니 -앗어0 -다고 -앗어0 -는디 -다 말이어: 기연디(그런데) 이 놈이 (자신들의 짐을) 젼(짊어지고서) 앞의서(앞에서) ᄀᆞ딱ᄀᆞ딱(까딱까딱) 가. 앞의 가 가니, 이 놈덜이 둘루안(뒤따랐어). 지꺼져서(기뻐서) 이젠 「요거 뽑안 나완 좋다!」고 했어. 가는디 아 이젠 지네ᄁᆞ지(자기들끼리를 '자기네까지'로 잘못 말한 듯함) 「어느 목에 강 죽이꼬?(죽일까)」 ᄒᆞᆫ 의논을 ᄒᆞ엿다 말이어. 구비2 양구협, 남 71세: 633쪽

-으니 -앙 -닥(다가) -닥(다가) ᄒᆞ는 거라. 창 구녁(구멍)으로 영(이렇게) 보니, 이제 사름(사람) 엇인추룩(없는 것처럼, 맥락상 본문의 '잇인[있는]'은 '엇인[없는]'으로 바뀌어야 함) 해 불민(버리면), 하, 일어낭(일어나서) [쌍둥이가 천장으로] 늘앗닥(날았다가) 올랏닥(올랐다가) 자꾸 ᄒᆞ는(하는) 거라. 「하, 이거 큰 일 낫다(났다)」고! 구비3 김택효, 남 85세: 369쪽

-으니 -어: 걸(그걸, 작은 작거미를) 잡아다 주니, 홈치(함께 모두 다) 뭐 허위어(허비어, 후비어) 먹어. 구비2 양구협, 남 71세: 668쪽

-으니 어떻든지 -시켜 보자: "내가 글을 모르기 따문(때문)에 이런 욕을 당햇이니, 글도 사름(사람) ᄒᆞ는 거 아니냐? 에, 이 ᄌᆞ식이랑(자식은, 자식을랑) 어떻든지 (어찌했든지) 우리 글 공부 시겨(시켜) 보자!" 글 공부 시겻는디. 구비3 김재현, 남 85세: 66쪽

-으니 -언 -아 불엇주: (주인공에게 서울에 갓다가) "속히 강(가서, 갔다가) 돌아오라!"고 그 여ᄌᆞ가 이야길 ᄒᆞ니, 그냥 심언(붙잡아서) ᄌᆞ기 방에 들어가 불엇주. 구비2 양구협, 남 71세: 622~623쪽

-으니 -으난 -고 -으난 -고 ᄒᆞ면서 -은디 -단 보니 잇어0 -안 -으니 -앗더라 ᄒᆞ여0: (고종달이) 「툭!」 ᄒᆞ게 (그곳으로) 건너가니, 외국 사름이옌 ᄒᆞᆫ ᄆᆞ소움

도(무서움도, 무섭기도) ᄒ고, 아니 봐난 사름 넘어간다고 ᄒ면서, 이젠 부뷔간이 그 사름을 본디, ᄀ만 잇단 보난 거기 침이, 이상ᄒ게 침이 잇어. 간(가서) 영(이렇게) 보니,거기 침에 피가 ᄇ라졋더라 ᄒ여. 구비2 양구협, 남 71세: 654쪽

-으니 -으니: 겨니 ᄇ래여(바라다) 보니, 한라산이 아득ᄒ게 남쪽으로 쟁반만큼 보여. 구비 1 안용인, 남 74세: 170쪽

-으니 -으니: 그걸 해석해서 「턱 : !」(의태어, 갑자기) 내 놓니(지도를 내어 놓으니),이 지돌(地圖를) 봐야 어딜로 가는 방향을 알게 되니, 오성(鰲城) 부원군은 그걸 깨달아서 써 놓고. 구비2 양형회, 남 56세: 28쪽

-으니 -으니 [순차적 사건 전개]: "간판 보고 들어왔습니다!" ᄒ니, "아, 올라ᄋ시라!" 햇어. ᄒ 닷량(五兩)에치 술을 ᄒ 상 떡 내여 놓고 "거짓말을 허여라!" ᄒ니, "내가 천자(千字) ᄒ 권 익어났는디(읽었었는데) …" 구비1 안용인, 남 74세: 154쪽

-으니 -으니 [순차적 사건 전개]: "침을 빠 뒹 오라!" ᄒ니, 침 빠니, 생피가 중천해서 쫙 쏘은댄 말입니다. 구비1 안용인, 남 74세: 127쪽

-으니 -으니 [순차적 사건 전개]: 그래서 이젠 그 놈덜이 술 먹고 가 부니, 그 할머니게 들으니, "그 사름덜 이얘기ᄒ지 말라!"고, "그 사름덜 건드렸다가는 혼이 난다!"고. 구비1 안용인, 남 74세: 160쪽

-으니 -으니 [순차적 사건 전개]: 동네 사름을 이젠 출동(出動)시겨서 (못의) 물을 다 푸니, 스체(死體)가 잇댄 말이우다. 스체가 잇이니, 이젠 계집년도 목 베연 죽여 불고, 그 중놈도 목 베연 죽여 불고 허여 뒌 휘딱 떠낫어. 구비1 안용인, 남 74세: 160쪽

-으니 -으니 [순차적 사건 전개]: 삼일 저냑원(저녁엔) (도깨비 귀신이) 왔어. 오니, 몸을 허락허여 줫어. 몸을 허락허여 주니, 그때는 말ᄒ기를 "아무 집의 가 가지고 돈을 천량(천냥)을 빌려달라고 ᄒ라!" 거 고리대금ᄒ는 영감(슈監, 도깨비 귀신)이랜 말이우다. 구비1 안용인, 남 74세: 173쪽

-으니 -으니 -난 [순차적 사건 전개]: 게서 그물이고 배고 뭐이고 믄짝(모두) 사스 뱃겻듸(옛지도에 제주시 앞바다에 斜鼠로 적혔고, 그 바깥쪽에) 앗아단(가져다가) 들어네껴 부니(들어 던져 버리니), 허허, 깨여난 보니 한라산이 아득ᄒ게 비추와 노난(비쳐 놓으니), "우리가 우런가?, 우리가 우리 아닌가?"(비몽사몽의 상황을 표현함) 허허허허. 구비1 안용인, 남 74세: 171쪽

-으니 -으니 -더라: 이제 그놈을 주니, "이거 어디(어디에서) 난 거냐?" ᄒ니, "배낭(배나무) 우희(위에) 올라간 보니 있더라!"고 거짓말을 햇어. 구비2 양구

협, 남 71세: 622쪽

-으니 -으니 -라고 흔 펜지라: 들이쳐 뒨 가니, 펜질 깨어(열어) 보니, ᄌ기 제ᄌ가 「회홀년(回婚年) 잔치를 ᄒ노라」고 흔 펜지라. 「속히 올라옵셴」. 구비2 양구협, 남 71세: 639쪽

-으니 -으니 -랜 흔 거0: 그 사름(사람)도 어려와서(어려워서), 그냥 이거 [밭벼 베어 둔 볏단을 홈쳐 가려고] 오랏이니, 이 밧디(밭에) 산디(山稻, 밭벼)ø 많이 나고, 져 가쟁(짊어져 가자고) 오랏이니, 「지영 가랜(볏단을 짊어 지고서 가라고)」 흔 거0. 구비3 정원선, 남 90세: 395쪽

-으니 -으니 -아 가지고, -으민 -아 보자고: 인부(人夫)를 딜여서(들여서) 산을 ᄁᆞ자고 막 ᄒ니, 게서 (묏자리를) 「씨자!」고 막 ᄒ니, 이제는 홀 수 없이 마누라 말을 들어 가지고 "그레민 그렇게 헤여 보자!"고. 구비1 안용인, 남 74세: 211쪽

-으니 -으니 -아서 -게 되다: 기영 ᄒ니(그렇게 하니, 그러니) 사둔(査頓)이 온다고 ᄒ니, 사둔안티 다 알려서 다 오게 된 모양이지. 구비2 양구협, 남 71세: 626쪽

-으니 -으니 -앗느니 말앗느니 ᄒ다: 뭐 밥이 익으니(꼬들꼬들하다느니) 서니(설다느니), 반찬이 미신(무슨) 잘되엇느니 말앗느니 준단이(잔소리, 자잘히 다그쳐 하는 말) ᄒ는 사름(사람)은 기어이 못 준디게(견디게) 굴어 붙여. 구비3 김재현, 남 85세: 131쪽

-으니 -으니 -었다고: 각록(角鹿, 뿔사슴)이 들어가 근지러와(간지러워) 가니, 오줌 싸니, 내가 되었다고. 설문대 할망이 크긴 커 난 모양이라양! 각록(角鹿, 뿔사슴) ᄋ남은 개가 그디(거기에, 성기 속에) 들어가게쿠름. 허허허허. 구비1 안용인, 남 74세: 202쪽

-으니 -으니 -으니 -야겟다: "이거 큰일 낫다(났다). 나리의 범죄를 홀 거이니(것이니까), 우리는 다 죽게 될 것이니, 이건 아마 산형(山形, 묏자리 형태) 때문인 것이니, 이 산(묘)은 천리(遷禮, 면례, 이장)를 해야겟다!"고0. 구비3 김택효, 남 85세: 389쪽

-으니 -으니 -으니[순차적 사건 전개]: 뒷날 붉앗어. 겨니, 「어떻게 허여서 빼여가는고?」 ᄒ니, 김선생 메누리가 하도 미인(美人)이고 아까우니, 천가(千哥)의 집읫놈(家兒)이 이제는 그 글을 ᄀ리쳐 밤의 나올 거 아닙니까! 밤글(夜間學習) ᄀ리쳐 두고. 구비1 안용인, 남 74세: 161쪽

-으니 -으니 -은디 -으니 -다 말이어: 이젠 벗덜(벗들) 잇는 듸(데에) 가서 ᄂ눠 주니, 먹어 보니, 상당히 맛이 좋은디, 두고 보니 「살고 온 게 이상타」 말이어.

구비2 양구협, 남 71세: 622쪽

-으니 -으니 -을 수도 엇고0: 게니, 그날 신부가 말흐는 거니 아이 들을 수 엇고. 올라갓어. 춤추고 소리 흐멍 노는디, 하, 일등 게성(妓生의 개인 방언임) 모냥으로 더 (잘) 놀거든, 신부가. 구비1 안용인, 남 74세: 209쪽

-으니 -으니 허엿어: 새각시(新婦)를 구(求)허여 수줄(四柱를) 보니 뭐 흐니 허엿어. 나빵, 다시 구흐곡 흐는 게 막냉이(막내)는 늦어질 건 수실입주. 구비2 양형회, 남 56세: 35쪽

-으니 -으니 흐멍, -곡 흐멍: 요스가 굳으문 뭐, 주낫(여러 줄로 늘어선 줄낚시)이니 뭐니 흐멍, 그냥 거두으곡 흐멍 괴기(물고기) 잡앗주마는, 윗날(옛날)은 선술(몇 번[幾]을 뜻하는 '현'의 방언 형태와 줄을 뜻하는 방언 형태 '술'이 결합하여, '몇줄 낚시'를 의미하는 듯함) 그냥 들으쳐 잡은 것도 심흔(조사자의 주석과는 달리, 앞뒤 맥락상 '많이'를 뜻하는 듯함) 잡았드라 흐여. 구비2 양구협, 남 71세: 618쪽

-으니 -으니, -으니까 [순차적 사건 전개/진행 나열]: 밧 갈단 보니 할망이 점심을 얼른 아니허여 오고 흐니, 배 고프니까, 밧 가는 쇠를 죽여 가지고 손콥으로 가죽을 벳겻어. 이젠 멩게낭(청미레넝쿨 나무) 허여 가지고 구웟어. 다 먹단 보니 부족허엿어, 쇠 흔 머리가. 구비1 안용인, 남 74세: 147쪽

-으니 -으니: "새 사돈칩의 오라 가지고 술 아이 먹으민 됩니까?"고, 흔 잔 권흐니, 흔 잔 들어가고 두 잔 들어가니 "술을 들여라, 들여라" 허허허, 부수 먹어 놧어. 구비1 안용인, 남 74세: 198쪽

-으니 -으니: "그러니 그 꼴을 봐서 살 수가 없으니, 그 꼴을 보기 전의 우리가 셋뿌꾸(切服, 일본어 할복 자살)허여 불랴고 칼을 フ노라."고 애비 아들이. 구비1 안용인, 남 74세: 161쪽

-으니 -으니: 겨니 지 어머니는, 보니 지름 가매(기름가마솥)에 가 가지고 빽따귀(뼈다구)만 술앙흐게 술아젼 있댄 말이어. 녹아 버려가 가지고. 구비1 안용인, 남 74세: 181쪽

-으니 -으니까 -아서 -아서 -앙 -아: (개가) 워낙 영리흐여 놓으니, 조꼼 커 가니까 지대롬(자기대로) 나가서, 어디 가서 사냥을 흐영 들어와. 구비2 양구협, 남 71세: 670쪽

-으니 -으니까 -으니 [순차적 사건 전개]: 넘어가다가 이제는 주막(酒幕)집월 드니, 술집월 드니, 결뱅이니까 흔 구석에 담아 부니, 누었단 말이우다. 구비1 안용인, 남 74세: 160쪽

-으니 -으니까 -으니 -으니 -으니 [순차적 사건 전개]: 옮을 곡성(哭聲)을 모차
가지고 절을 호니, 중놈의 아이가 나에게 어머니라고 호니까, "절 몰르겠습니
까?" 호니, "몰르겠다!"고 호니, "십년 전의 저의 머리를 깎아 준 예가 잇지
아넵니까?" 호니, "있다!"고 호니, "내가 그 즈식입니다!"고. 구비1 안용인, 남
74세: 125쪽

-으니 -으니까 -으니 -을 수가 읎어: 주니 끓여 먹어 보니까 세상 먹어 보지
아니흔 음식을 먹어 놓니 잊힐 수가 읎어. 구비2 양구협, 남 71세: 618쪽

-으니 -으니까 -은답니다: [서귀포시 중문동 출신의 유향 좌수 이씨가 평상시에
눈을] 굽고 댕기니, 제주 목ㅅ(牧使)는 또 어떤 목순고(목사인고) 호니까 …
육지서(육지에서) 문무겸전(문무겸전)호고 양전흔, 급흔 일이 나도 처리흘 만
한 양반을 보낸답니다. 선참후계(先斬後啓, 죄인을 먼저 목 베고 나서 나중에
조정에 아룀)호라! 죽일 사름(사람) 잇이면은 모저(먼저) 죽여 놓고 후에 보고
해도 좋다! 구비3 김재현, 남 85세: 137쪽

-으니 -으니까니 읎어: 기연디(그런데) 모음도 어중간흠뿐 외(外)에, 땅속으로
들삭이는 거니, 모음이 원 완박(完璧)하게 죽고사는 걸 생ㅅ 무릅씨고 나간
질이라 놓니까니, 원 겁이 읎어. 구비2 양구협, 남 71세: 658쪽

-으니 -으니까니[계기적 사건] -라. -라. -으니[계기적 사건] -읍주. -으난 -은가
푸댄0: 흔 둘(한 달)에 [소를] 흔 머리썩(한 마리썩) 잡아 멕엿입주(먹였습죠).
… 이제 잡아 멕이니, 난(태어나서) 보니까니 여자라. 지집아이(계집애)라. 다
시 가일(그 아이를) 키우고, 다시 즈식을 배니(배니까, 자식을 배자) 쇠를 아홉
머리(마리) 잡아 멕엿입주. 겨난(그러니까) 이번도 여즌가푸댄(여자 아기인가
보다라고)0 남자랏이민(남자 아기였으면) 열 흔 머리쯤 잡아 멕이나 흘 건디.…
버금 나니(다음에 아이를 낳으니) 아덜(아들)이라. 구비 김재현, 남 85세: 172쪽

-으니 -으라: "손자 데려오라! 보고 싶으니 데려오라!" 구비2 양구협, 남 71세:
643쪽

-으니 -으라고: 그 기술을 굴아달라 흐니 「어, 그리흐라!」고. 구비2 양구협, 남
71세: 635쪽

-으니 -으멍 -안: 흔참(한참) 보다가 오라 붙엇주. 오라 붙엇는데, 즈물아 가니,
일을 문(모두) 해연(해서) 오과랜 흐멍(왔도라고 하면서) 오란. 구비3 김재현,
남 85세: 30쪽

-으니 -으멍 -으문 -앙 흐쟁 흐곡0 -으니 -으문 -곡0 -으문 -곡 흐멍 -을랴고
흐여: (도둑들끼리 동행한 짐꾼을 죽일 의논을) 흐여 가니 이젠 (도둑들이 동행

한 짐꾼과 일부러 거리를 두고서) 떨어지멍, 이 말(도둑들의 의논) 듣잰 ᄒ문,
이놈(도둑놈)덜은 또 앞으로 강 의논ᄒ쟁 ᄒ곡. 기영 ᄒ니, 떨어지문(동행한
짐꾼과 거리가 벌어지면) 앞더레 가곡. (짐꾼이) 앞의 가문(앞으로 가면) (도둑
들이 자기들끼리만 의논하고자) 뒤터레 가곡 ᄒ멍, 이 놈(도둑놈)덜이 (자기들
끼리만) 의논을 ᄒ랴고 ᄒ여. 구비2 양구협, 남 71세: 633쪽

- -으니 -으면은 -아 가지고 -거든0: 씨집 갓어. 턱 보니, 밥 지으면은 밥 거려(떠)
  가지고 뒤테레 들어가거든, 종년덜이. 구비1 안용인, 남 74세: 209쪽

- -으니 -으문 -앙 -아야 될 거 아니라?: 기영 ᄒ니(그러니) 아덜이 쌍놈이문 메누
  리도 ᄄ랑(따라서) 나가야 될 거 아니라? ᄄ란 나갔다 말이어. 구비2 양구협,
  남 71세: 627쪽

- -으니 -으문 -ᄒ자고: 기여니(그러니) 이젠 그여문(그렇게 하면) 그리 ᄒ자고.
  구비2 양구협, 남 71세: 643쪽

- -으니 -은 게주게: 독아지 안네(안에) 앉안 울어 가니, 소리가 울린 게주게(것이지
  +화용 첨사 '게'). 구비3 김재현, 남 85세: 345쪽

- -으니 -은 디보고 -곤 ᄒ메(함이어, 하는 법이야): 칠수장(七所場, 나라에서 제주
  섬 중산간 초원에 말을 방목하려고 설치한 10개 목장 중 제7 소임)이엔 ᄒ는
  건 어딘고 ᄒ니, 색달(서귀포시 중문면 색달리) 바른 디보고(바로 그곳을 보고)
  칠수장이라곤 ᄒ메(하+음+이어, 하는 법이야). 구비3 김재현, 남 85세: 57쪽

- -으니 -은다 말이어: 가는 놈덜 보고 「그 아홉문(아홉겹문)을 다 통쇠(자물통
  筒+쇠)로 문 채와 두고 나가라!」ᄒ니, 그 놈덜(도둑놈들)은 지꺼진다(기뻐한
  다) 말이어. 구비2 양구협, 남 71세: 634쪽

- -으니 -은디 -고0 -아서는 -고0: 놀앉이니, 그 팔도(八道) 조병ㅅ(都兵使의 뜻으
  로 쓰인 듯함) 어멍(新婦)이 씨집 오는 날인디, 하인덜보고 "하마(下馬)시기라!"
  고. 하마허여서는 신랑보고 "저 유산(遊山) ᄒ는 디 가서 놀고 가자!"고. 구비1
  안용인, 남 74세: 209쪽

- -으니 -은디 -아 불었댄 말이우다: 이젠 신랑이 들어오란 보니, 십일대조(十一代
  祖)부터 그 목신(팽나무 木神)을 위ᄒ는 나문디, 그 남(나무)을 찍어 넹겨 불었
  댄(찍어 넘겨 버렸다는) 말이우다. 구비1 안용인, 남 74세: 210쪽

- -으니 -은디 -앗어: 「내기ᄒ라!」ᄒ니, 내길 ᄒ자고 햇어. ᄒ디, 아닌 것 아니라
  「어느 날로부떠 쥐를 끊게 ᄒ올 건고?」ᄒ엿어. ᄒ는디 「아무 날로 ᄒ자!」고
  햇어. 구비2 양구협, 남 71세: 627~628쪽

- -으니 -은디 -으니: 곱져 부니(숨겨 버리니), 다른 선녀(仙女)덜은 다 (하늘로)

올라간디, 옷을 잃어 부니 … 올라가질 못ᄒ엿댄 말이어. 구비1 안용인, 남 74세: 186쪽

-으니 -을 겐디 -으니까니 -앗다: 굴여(낫 따위로 갈겨 베어) 부니, 불행이면 죽엇일 겐디, 아마도 가죽만 끊어지고 춤 오쟁(五臟)이 끊어지지 않으니까니 살앗다. 구비3 김재현, 남 85세: 67쪽

-으니 -을지라도 -으니 -안 -앗어: 오방신장(五方神將) ᄂ리우니, 신선이 조화가 있는다 홀지라도 옥황의서 오방신장 ᄂ려 오니, 문제없이 다 심언 올라갓어. 심언 올라가서 죄를 다스리는디 "어째 그렇게 불순ᄒ 행위를 허엿느냐?" 구비1 안용인, 남 74세: 190쪽

-으니 웃다고: "당신이 ᄆ저(먼저) 이 말 냇이니, 홀 수 웃다(없다)."고. 기영 ᄒ연 이젠 몸만 곳언(갖고서) 나가불었다 말이어. 구비2 양구협, 남 71세: 628쪽

-으니(까) [사건 순방향 전개]: 기여드니, 인간 사름덜은 쓸로 맞춰라! 뭘 해라, 흉이니, 복이니, 이렇게 ᄒ는다, 독ᄒ 놈은 있다가 작대기로 앗아다 천 리 만 리 탁 굴려부니, 정신이 가마찍허여(갑앗직허여). 구비1 안용인, 남 74세: 136쪽

-으니(까) [사건 순방향 전개]: 다 이젠 시간 되니, (수감된 감옥을) 나오니, 또 하여컨 "인간에 ᄒ 번 사름으로만, 인간으로만 환생을 시겨 주십서!" ᄒ니, 뜬 부렝이(부룩소)로 환생을 시겨 불엇어. 구비1 안용인, 남 74세: 136쪽

-으니(까) [사건 순방향 전개]: 들어가니 "너는 이 법을 위반허엿다!"고 허여 가지 고서, 유치장읠 가두왓어. 구비1 안용인, 남 74세: 135쪽

-으니(까) [사건 순방향 전개]: 일주일을 밤낮 좀 아이 자 노니(까), 뭐 사름 죽여도 몰르고, 살아도(살려도) 몰르게 좀을 막 코 골명 자는 판이라. 구비1 안용인, 남 74세: 128쪽

-으니(까) [사건 순방향 전개]: 휘망ᄒ니(까), ᄂ룻배에 영장(營葬, 棺)은 실르고 '똑' 타 앚안 있댄 말입니다. 구비1 안용인, 남 74세: 128쪽.

-으니(까) [사건 순방향 전개]: 홀긋 좀덜을 자난, 끝엔 보니(까), 이런, 문이 올아젓 이니(까), 보니(까), 아바질 잃어 불었다!, 영장(營葬, 棺) 누게 빼연 돌아나 불었 댄 말이우다. 구비1 안용인, 남 74세: 128쪽

-으니(까) [사건 순방향 전개]: ᄒ니 '뭣으로 환생을 시기는고' ᄒ니, 배염으로 환생을 시겨 불엇어. 구비1 안용인, 남 74세: 135쪽

-으니(까) [이유]: 동방색이(東方朔)는 뭐 체시(差使) 오면은, 하도 미신(무슨) 대위 (待遇) 잘 허여 놓니 삼천 년 살았다고 ᄒ는 것이 아니고, 선도(仙桃) 복송개를 세 방울 도둑질허여 먹어서 삼천 년 살았댄 말입니다. 구비1 안용인, 남 74세:

141~142쪽

-으니(까) 사건 순방향 전개: "일로부떠는 바당에 던지랭 허여도 던지곡, 형님 말대로 홀 테니, 또 훈 자리만 ᄀ리쳐 주십서!" 구비1 안용인, 남 74세: 127쪽

-으니(까) 사건 순방향 전개: 일주일 되니(까), "이제는 (뜬눈으로 빈소를 지키면서 여러 밤낮을 지새웠기 때문에) 죄를 다 풀럿이니(까), 줌덜 모착(무척, 몬착) 자라!"고. 구비1 안용인, 남 74세: 128쪽

-으니(까) 앞문장 대용 pro-form: ᄒ니(까), 비를 피ᄒ고 ᄇ름을 피ᄒ젠, 이젠 비석을 의지허여 가 가지고 '톡' 앚이니(까), 「조만능지묘」라 훈 글이 새겨 있댄 말입니다. 구비1 안용인, 남 74세: 129쪽

-으니(까), -으니(사건 전개를 위한 무대 설치): 커서 ᄋ남은 술 되니까, '이불 속에서 훈 일도 남이 안다' ᄒ니(까), 서당에 댕겨가니, 어떵어떵 그 말이 비탄 ᄒ니, 아이덜끼린 '아비 엇는 호로이 ᄌ식' 자꾸 이렇게 ᄒ거든. 구비1 안용인, 남 74세: 124쪽

-으니(까): "아, 거(그거) 당신네 쇠 ᄀ꾸왕(가꿔 주어서, 길러 주어서) 살아 먹젠 ᄒ당(살아 먹으려고 하다가, 살아 먹자고 하다가), 나ø 이런 광경(모습, 곤란한 처지)을 당햇이니(맞닥뜨렸으니까), 쇠를 ᄒ루(하루) 빌려야 되켄(되겠다고)." ø(말하자, 상대쪽에서 대답으로) "아, 거(그거) 염려 없이 [소를] 갖당(가져다가) [밭을] 갈라!"고. 밧갈쇠(밭 갈 소)는 거(그거) 수십 개라도 얻어 놓고, 이제는 밧(밭)을 갈앗다(갈았다)ø 말이어. 구비3 김재현, 남 85세: 356쪽

-으니(까): "여기 모시민 어떠ᄒ냐?" ᄒ니, 구비1 안용인, 남 74세: 127쪽

-으니(까): "절간의 가서 뭘 배왔느냐?" ᄒ니 "지리를地理를) 공부ᄒ고 왔습니다." 구비1 안용인, 남 74세: 126쪽

-으니(까): 갔댄 말이우다. 가니, "나ᄀᆺ긔 잇어라!" ᄒ니, "상감님 알민 큰일 나게마 씀?" 구비1 안용인, 남 74세: 132쪽

-으니(까): 거 아마도, 겨니(까), 그 시환에 모조리 다 죽어도 그 조칩(趙宅)만 살앙, 조벵옥이네 덥덜(血族)덜인디 말이우다양, 구비1 안용인, 남 74세: 130쪽

-으니(까): 겨난 환생(還生)허엿어. 환생ᄒ디, 것이(그것이) 뭣으로 환생허였는고 ᄒ니 임백호(林白湖)라고 훈, 그 문장(文章)입주게. 구비1 안용인, 남 74세: 137쪽

-으니(까): 그 아이 난 어멍이 ᄌᆺ 물리니, ᄌᆺ이 날 거 아닙니까. 구비1 안용인, 남 74세: 123쪽

-으니(까): 날 붉아오라 가니, 오다가 도중에 오란, 그 아이를 놔 뒷어. 구비1 안용

인, 남 74세: 122쪽

-으니(까): 날이 어둑었댄 말이우다. 날이 어둑으니(까) 어디 낭 그늘에 가 가지고. 부인은 생전 나댕겨 보지도 못흔 인디, 구비1 안용인, 남 74세: 132쪽

-으니(까): 당도허연 보니, 즈기 동년(同年)이 볼써 환갑잔치를 허였댄 말이어. 구비 1 안용인, 남 74세: 138쪽

-으니(까): 떠나 부니, 춫을 수가 엇어. 영영 잃어 불언. 구비1 안용인, 남 74세: 129쪽

-으니(까): 머릴 깎으니 깎은 뒷날은 행바불명 된 거라. 구비1 안용인, 남 74세: 125쪽

-으니(까): 뭣을 공부허엿는고 흐니, 지릴(地理를) 공부허엿어 마씀 양. 구비1 안용인, 남 74세: 125쪽

-으니(까): 속히 가고 싶으되 걷지 못흐니, 쇠 몰앙 가는디, 매는 혼자뱃긔 두드려 맞질 못흔댄 말이어. 구비1 안용인, 남 74세: 136쪽

-으니(까): 아이를 봉가 왓습니다고 흐니, 경스(慶事) 우에 또 경스라. 구비1 안용인, 남 74세: 124쪽

-으니(까): 이제는 "마누라를 친정꺼지 모사 가라!"고 흐니, 막 산중으로만 훑어 돌아댕겨. 구비1 안용인, 남 74세: 132쪽

-으니(까): 자, 그렇게 지어 놓으니, 즈식덜이나 유지덜이나 「나쁜 언사 씐다」고 허여 가지고, "저 놈 멍석거리 시키라!" 구비1 안용인, 남 74세: 138~139쪽

-으니(까): 집의 춫아 오란 보니, 마침내 이붓아버지가 죽언, '아이고!, 아이고!' 우는 판이라. 구비1 안용인, 남 74세: 125쪽

-으니(까): 춫지마는, 즈기가 숨켜 논 디니, 얼른 가 춫앗댄 말입니다. 구비1 안용인, 남 74세: 123쪽

-으니(까): 판석(板石) 일르니(일어나다+구, 들어내니) 청룡 두 쌍이 글로 뽑아 올라가지고 '풍'흐게 공중으로 늘아올라간댄 말입니다. 구비1 안용인, 남 74세: 127쪽

-으니(까)[사건 순방향 전개]: 아닌게 아니라, 저승문 당도흐니 내(川)는 창창창창 울르면서 흐르는디, 물을 먹고 싶어서 꼭 죽겠어. 구비1 안용인, 남 74세: 135쪽

-으니(까)[이유]: 기여드니, 인간 사름덜은 쏠로 맞혀라! 뭘 해라, 흉이니, 복이니, 이렇게 흐는디, 독흔 놈은 있다가 작대기로 앗아다 천 리 만 리 탁 굴려부니(굴려 불이니, 갈겨 버리니), 정신이 가마찍허여(감앗직허여). 구비1 안용인, 남 74세: 136쪽

-으니(까)[이유]: 말을 못 ᄒ고 몸이 누추허여 노니, 인간 사름이 상대를 아니
　　허여 준댄 말이우다. 구비1 안용인, 남 74세: 135쪽
-으니(까)[이유]: 상대를 아니 허여 주니, 결혼ᄒ는 집의 신부 신랑 모사 가지고
　　벵풍치고 앚인 디를 실실 기여들엇ᅥ. 구비1 안용인, 남 74세: 136쪽
-으니(까)0: 외삼춘은 큰 도움이 없어난 모양입주게, 아명 허여도, 외삼춘보다
　　낫는다는 걸 보니. 구비1 안용인, 남 74세: 134쪽
-으니(더니) -으니까니 -으십서 해서 -니까 -고0: 아, 얼마 잇더니 「아무 날 광정
　　당(서귀포시 안덕면 덕수리의 신당 이름)에 큰굿을 ᄒ게 되니까니, 나와 보십
　　서!」 해서 연락이 가니까, 「이제는 [좋은 기회가] 왔다!」고0 구비3 김재현, 남
　　85세: 104쪽
-으니(더니)[후행 사건 배경, 전개]: 경혼디(그런데) ᄒ 번은 어디 저 서(西) 모관
　　(牧管, 제주목 관내)으로 저영(저렇게) 가더니, ᄆ를 가운딜로(마을 가운데로,
　　한복판으로) 그디도 집이엔 ᄒ 디라. 가단 보니, 질 어염(길가) 집에 여러이(여
　　럿이) 모다앚아네(모여앉아서) 노는 디가 시니(있으니) 「담뱃불이나 가그네
　　(가서) 빌엉(빌어서) 태왕(태우고서) 가야지」. 구비3 김재현, 남 85세: 150쪽
-으니(앉더니) -으니 -고 잇어: 창월(창의를, 氅衣를) ᄆ로(마름질하여) ᄀ안(가위
　　질로 자르고) 맨들앗다 말이어. 맨들아서 「썩!」 ᄒ게 입어 봤더니, 남펜이 놈으
　　일(남의 논밭일) ᄒ연 들어완 ᄇ레여 보니(바라다 보니), 남복(男服)을 입고
　　잇어. 「돌아나젠 ᄒ는 건가?」 뎁박(덥석, 덥박) 생각이 난다 말이어. 구비2 양구
　　협, 남 71세: 640쪽
-으니(이니) (원인 결과): "내 이젠 거짓말 허엿이니 ᄄ를 내 놓곡 재산 내 노라!"
　　아이 내여 놀 수가 잇어마씸? 허허허허 구비1 안용인, 남 74세: 154쪽
-으니(이니) [순차 사건 전개]: 쪼끔 잇이니, 또 늙은 돗이(돼지가) 수십 머리 ᄆ안
　　들어왔댄 말이어. 구비1 안용인, 남 74세: 165쪽
-으니(이니) [순차적 사건 전개]: 이제는 "오늘 일은 다 되엇이니, 완전히 일은
　　성공(成功)될 거이다." 구비1 안용인, 남 74세: 160쪽
-으니(이니) [원인]: 백중(百中, 백중날 풍우 맡은 귀신에게 제사 지냄)이 멧 천
　　미리(mm)를 ᄂ리우면은, 우마(牛馬)나 동물이나 생물이나 다 없어지게 되어
　　불엇어. 없어지게 되어 불이니, 이렇게 허여선 아이 되겠다고 허여 가지고
　　… 한 백 미리(mm) 정도쯤 내리운 모양이라 마씸, 비를. 구비1 안용인, 남
　　74세: 179쪽
-으니(이니) [원인]: ᄒ니 과연 옥황(玉皇)의서 오방신장(五方神將)을 ᄂ리왓이니

(내렸으니, 내려보냈으니), 죽을 판이라. 구비1 안용인, 남 74세: 163쪽

-으니(이니) [이유]: 누었는디, ᄌᆞ녁은 먹을 때 되니, ᄌᆞ기네만 ᄌᆞ녁을 먹고, 이왕 방을 빌렸으니(빌렸으니까), 긔영 ᄒᆞ여도 소님(손님)보고도 「ᄌᆞ녁 ᄀᆞᆮ이 자시라」고 허여야 될 거 아닙니까? ᄌᆞ기네만 먹언 치와 불거든. 구비1 안용인, 남 74세: 164쪽

-으니(이니) [인과 관계] -은다: "그러면은 내가 그렇게 야심(野心)을 먹엇으니, 우리가 너의 각시를 도둑질 허여 온다(오겠다)!" 구비1 안용인, 남 74세: 162쪽

-으니(이니) [전개]: 뭐 어쩔 수 엇이(없이) 내 불엇댄 말이어. 내 불이니, 이 놈(외조카)이 어떻게 그것을 방비(防備)허엿느냐 ᄒᆞ면은, 큰외삼춘의 성질을 맞추와(알아맞춰) 가지고, 성질이 어떤 성질이냐 ᄒᆞ면은, 주색잡기(酒色雜技)에 좋아ᄒᆞ는 성질이엇다 말이어. ᄒᆞ니 그 소식을 어멍이 ᄆᆞᆫ저(먼저) 알안 전(傳)허여 불엇다 말이어. 구비2 양형회, 남 56세: 40~41쪽

-으니(이니) [전개]: ᄒᆞᆫ 이틀쯤 값으니, 주인 할머니가 "아, 손님! 옹(이러이러)ᄒᆞ주마는 이 ᄆᆞ을에서는 아주 억울ᄒᆞᆫ 일이 생겨서 이 ᄆᆞ를 백성들이 아주 얼울(억울의 오류)ᄒᆞ게 생각ᄒᆞ고 있습니다." 구비 1 안용인, 남 74세: 158쪽

-으니(이니) -는디 -이니 -다가 -아서 -엇주게: 남펜 죽어 불으니, 과수(寡守)로 죽: (계속) 사는디, 그 놈(아들 자식)을 키와 놓니, 옛날을 살아볼 수 엇으니(없으니), 푸남(풀+나무) 비어다가(베어다가) 풀아서 생활을 ᄒᆞ엿주게. 구비2 양구협, 남 71세: 657쪽

-으니(이니) -앖구나: 게ᄆᆞ로(그러하기로서니) 이까짓 (작은) 잔(盞)을 ᄀᆞ득이질(가득 채우질) 못ᄒᆞ엾으니, 살기가 곤란ᄒᆞ엾구나! 구비2 양구협, 남 71세: 650쪽

-으니(이니) -앗당 -은다고: ᄒᆞᆫ 곳데렌 젊은 아이덜만 뒤 잇으니, 「에, 이디 들어눴당 간다」고. 구비1 안용인, 남 74세: 199쪽

-으니(이니) -엇더니만 -으니 -더라 ᄒᆞ여: 황정승 산 때엔 뭐 「척: 척!」 ᄒᆞ게 말(질문) 보내문 대답을 ᄒᆞ고 보내엇는디, 이젠 죽엇젱 소문 낫으니(났으니), 기영 ᄒᆞ엿더니만(골탕 먹이려고 어려운 물음을 보내었더니만) 또 안(알고 있는) 사름이 잇는 모양이니, 황정승 대신이 조선에 또 잇다고, 죽어도 또 (다른 유능한 신하가) 잇다고, 겁을 내고 ᄒᆞ더라 ᄒᆞ여. 구비2 양구협, 남 71세: 668쪽

-으니(이니): "이디 왓으니 서울 장안이나 구경ᄒᆞ고 가자!" 구비2 양구협, 남71세: 624쪽

-으니(이니)[배경 제시] -으니 -으니 [순차 사건 전개]: 옹 생각ᄒᆞ는디, 밤의 잇이니, 젊은 사름이 ᄒᆞ나 와 가지고 "주인님 쏠 ᄒᆞᆫ 되만 빌리십서!" "뭘 ᄒᆞ겠느냐?"

호니, "아버지 오늘 기일이 당(當)호니, 메나 흔 그릇 지엉 올릴려고 흡니다."
구비1 안용인, 남 74세: 165쪽

-으니(이니까) [순차적 사건 전개]: 부락(部落)을 조끔 넘어 갔으니, 초립동서(草笠
童子의 오류?)를 만났어. 구비1 안용인, 남 74세: 156쪽

-으니, -으니 -앉어: 오십 멩(50명) 정심(점심)을 흐고 갔으니, 종년이 밧갈쇠(밭+
갈다+소)에 오십 멩 먹을 거 쉬어(싣고) 간(가서) 보니, 막산인(막+사나이의
'순'+이#는) 일일앙말앙 아무것도 안 흐고, 논뚝에 베개 베연 누워 잤어(눠
자고 있어). 구비3 김재현, 남 85세: 28~29쪽

-으니/이니(까): 머리를 굼을랴고 허였이니, 어떤 나쁜 놈이 넘어가다가 뒤으로
허여 분 것이 포태(胞胎)가 되어 가지고 널 낫는디, 너를 데려다가 킵는 판이라
고. 구비1 안용인, 남 74세: 124쪽

-으니/이니(까): 목암지(목) 심언 화산(?華山, ?火山)에다 탁 박은 것이, 모가지만
내밀안 오백 년을 살앗이니, 거 구신(鬼神) 아니우꽈?, 귀신!. 구비1 안용인,
남 74세: 142쪽

-으니/이니(까): 활인성(活人星, 天醫星)을 메여서 목숨을 살렷이니, 그보단 더 좋
은 일 있느냐? 구비1 안용인, 남 74세: 124쪽

-으니/이니: 싸움[중국과의 전쟁]에 이겨 줫이니, 허허 아 거 흔 반년쯤 멕여 가니
까, 쇠도 다 엇어져 가고 큰일 날 거라 말이우다. 구비1 안용인, 남 74세: 149쪽

-으니: "…사름마다 와서 죽으니, 거 이상흐다. 내가 이것을 알아 본다!"곤 (하엿
어). 구비2 양형회, 남 56세: 38쪽

-으니: "… 그 배를 ᄆ찬(마치고서, 끝내고서) 지어 가지고, 내가 육지 가서 쏠(쌀,
백미)을 흔 배 실러(실어) 왓이니(왔으니까), 나는 낭 채(볏대 그대로), 나무대
채(볏대 그대로) 곡식을 흔 짐 져 갓고, 당신이랑(당신일랑) 와서 쏠(쌀, 백미)로
흔 짐 져 가소!" 구비3 김재현, 남 85세: 213쪽

-으니: "그런 게 아이고, 우리 집의 그 수백 머리 몰앙 댕기멍 흐던 암툭(암탉)이
이젠 울어서, 야개(목) 끈엉 죽일려고 간 보니, 떨어져서 죽엇입데다."고. 구비1
안용인, 남 74세: 166쪽

-으니: "나는 … 술 흔 동이씩 흔 번에 먹노라!" 그렇게 흐니, 이제는 "그러냐?"고.

-으니: 「못쓰겠다」고 허여 가지고 함(函)에 담아 가지고 이젠 보내어 부니, 이제는
떠 댕기다가 이젠 서화로 들었댄 말이우다, 서화리(舊左邑 細花里)로. 구비1
안용인, 남 74세: 151쪽

-으니: 걸(그것을, 제자를) 돌려보내고 나니, 이제사 술이 추(醉)흐여 불어. 근심흘

때엔 술이 앙이('아니'의 개인 말투) 추ㅎ고. 구비2 양구협, 남 71세: 642쪽

-으니: 겨니 남군(남제주군)서 그때는 차(車)도 엇인 때고, 중산촌(중산간촌)으로 걸언 오란. 이젠 첩(妾) 각시 집의(집에) 오라 가지고(와 갖고서) 네 귀(귀퉁이)에 불을 질러 붙엇어. 구비1 안용인, 남 74세: 176쪽

-으니: 그러니 막 모시는 판이란 말이우다. 모시는디 아닐 커 아니라(아닌 게 아니라) 일년 후에는 적이 들어오라 가지고 이제는 그 영토를 침범ㅎ게 되니, 그 아이가 나가 가지고 그 적덜을 다 무찔러 죽여 붙엇댄 말이우다. 구비1 안용인, 남 74세: 149쪽

-으니: 뜰뜰(돌돌, 달달) 묶으니, 이젠 "입관(入棺)하여라!" 구비2 양형회, 남 56세: 42쪽

-으니: 멧 백 명이 담아들어(모여들어) 놓니, 이거 뭐 무슨 「내가 웅흔(요러한) 사름이노랭」 ㅎ민 거 고정(곧이, 곧장) 들을 게 뭐여! 구비2 양형회, 남 56세: 42쪽

-으니: 무쇠(鑄鐵) 설꽉(石槨)에 놔 가지고서 띄와 붙엇어. 띄우니, 그것이 어디 구좌면 서화리(舊左面細花里)로 올라온 모양이라 마씀. 구비1 안용인, 남 74세: 149쪽

-으니: 밧(밭) 가누랜(가노라고) ㅎ니, 비는 죽죽 오는 날인디(날인데), 그 행기물(샘물 이름, 제삿그릇인 行器+물) 귀신이 오라(와) 가지고 "내가 이 우장(우비) 속에 숨을 테니 나를 좀 구해 주시오!" 구비3 양원교, 남 72세: 405쪽

-으니: 쇠(소)만 들구(자꾸) ㅎ로 흔 머리씩 멕이니, 흔 반년 멕이니, 쇠가 다 없어져 간댄 말이어, 허허허. 구비1 안용인, 남 74세: 151쪽

-으니: 어디 간 헌헌흔(헐디헌) 도복(道袍) 주럭(누더기, 넝마) 거멍, 시거멍케 그슨(그을은) 거 입고 허연 가니, (아내와 장모가 남편인 자신을) 모르더라 허여마씀. 구비2 양형회, 남 56세: 32쪽

-으니: 일어난 보니, 둑(닭), 통둑 허여 놓고, 술안주에 막 출리고 허연. "이거 자십서!"고. 구비1 안용인, 남 74세: 166쪽

-으니: 큰일 날 거니 "이거 안 되겠다!"고, "못썼다!"(성격이 고약하다)고 허엿어. 이제는 "본국으로 돌려보내야 되겠다!"고. 구비1 안용인, 남 74세: 149쪽

-으니[계기적 사건 연결] -앗어0: 신랑이 죽어 붙이니 거기(신랑집)서는 부골(부고를) 오랏어, 거 새각시(색시) 칩의(집에). 구비3 김승두, 남 73세: 110쪽

-으니[배경, 후속 사건 이어짐] -고ø말이어 -고ø말이어 -아서 -도 않고 -다ø고 0: "내가 그 음식을 먹어 보니 세상에 먹어 봄으랑(봄일랑) 고사ㅎ고, 소문도

못 들어 보고말이어(보고+말이야), 그 당분이랄까 영양(영양)이 상당히 좋아서 그 음식 먹은 후에 괴롭도 않고 아주 춤 좋다!"ø고0. 구비3 김재현, 남 85세: 128쪽

-으니[사건 전개 배경, 전환] -아 가지고 -으니 -앗읍니다: 이런 때에(난산의 고통을 겪던 때에 문 지도리를 톱으로 썰고서) 숦아 멕이니(삶아 먹이니까), 점점 [난산의 정도가] 과(과)해 가지고 아이를 나지(낳지) 못해여. 못해 가니, 진좌수 신디(유향 좌수 겸 의원인 진국태[秦國泰], 1680~1745에게) 돌앗읍니다(달려 갔습니다). 구비3 김재현, 남 85세: 76쪽

-으니[사건 전개] -앖어0 -으니[시간 선후의 전개 사건] -으니 -은다 말이어: 돋다가(달리다가, 달려나가다가) 그자 질(길)이 매기도록(끝나도록) 돋다 보니, 천방지방(天方地方) 주 : 욱(죽) 몸땡이(몸뚱이)가 ㄴ려값어(내려가고 있어). 주: 욱(죽) ㄴ려가 붙이니, 어디 ㄴ려가는지 잘 모르게 ㄴ려가 붙이니, 냉종(乃終)은 캄캄해진다 말이어. 구비2 양구협, 남 71세: 662쪽

-으니[사건 전개] -으니[사건 전개] -안0: "안으로 들어오시라!"고. 들어가서 거기 앉으니 술을 줘. 술을 주니, 술을 먹어도 추(醉)토 않고 술을 먹언. 구비2 양구협, 남 71세: 658쪽

-으니[이유] -고 -으니[이유] -앗다: "안 되어! ㄴ저(먼저) 사름(사람)은 새벽이(새벽에) 문 올 때(제주 성문을 열 상황에서) 지두리(지도리)를 싸(톱으로 썰어서 물에다 삶고 나서 그 물을) 멕이니(먹이니까) 문 올아서 나고(애를 낳고, 순산하고) … 너는 ㅈ물아(저물어) 갈 때 문 줌글(잠글) 때에(성문을 닫아 걸 상황에서) 문 지두리(지도리)를 싸 멕이니, 문 줌가 붙였다(잠가 버렸다). 문 줌가 분 거(것) 테는(떼어 내는, 잠긴 문을 떼어 내어 여는) 기술이 없어!" 구비3 김재현, 남 85세: 76~77쪽

-으니[이유] -을 거 아닙니까게: 물ø 컨(담가서) 놔 두니, 쏠이(쌀이) 「흐랑흐랑!」(의태어, 물에 젖어 연한 상태로 흐릿흐릿) 물 눌189) 거 아닙니까게(읍니까+화용 첨사 '게'). 남 85세: 131쪽

---

189) 방언사전들에서 '물에 눌다, 물이 눌다'라는 항목을 찾을 수 없다. 맥락상으로만 보면 쌀에 물기가 '배이다'는 뜻으로 쓰인 듯한데, 녹취 기록자는 '물 오르다'로 풀이를 해 두었다. 이 방언에서 '눌다'는 두 가지로 쓰인다. 밥 지을 때 누룽지가 누런빛이 돌도록 탄 상태를 '눋다'고 하는데, 이 말의 방언형은 '눌다'이다. 다른 하나는 보릿단을 둥글게 쌓는 일을 가리킨다. '눌' 그 자체는 그런 보릿단을 둥글게 쌓아 놓은 노적(露積)가리이다. 아마 어원상으로 '누르다'(방언형은 '눌르다')와 관련될 듯하다.

-으니[이유] -을 게 뭐이냐?: 「이렇게 위험한 기정(절벽)에 떨어지니, 살 게 뭐이냐?(살아 있을 리 있겠느냐?)」 흔탄(恨歎)했거든. 구비3 김재현, 남 85세: 35쪽

-으니[이유], -으니까니[이유] -으니: 진(긴) 논인디, 그 큰 비가 오라 가지고, 막 그만 물에 끗어네(끌어 쓸어 버리고서), 메우는 딘(메꿀 만한 곳에는) 메와 불고(메꾸어 버리고), 끗이는 딘(끌어 쓸어갈 만한 곳은) 끗어 불고(끌어 쓸어가 버리고) 흐니, 역군(일꾼, 役軍)을 흔 오십 명 빌어야 이 일을 홀 테니까니, "역군(일꾼)을 강(가서) 빌라!" 막산이보고 주인이 흐니, "예!" 구비3 김재현, 남 85세: 28쪽

-으니[이유]: "저의 집이 잉보(孕婦)가 순산(順産)을 못 해서, 춤(참) 살질 아니흐염직흐니(못함직하니까), 거 어떵 흐네까?(어떻게 조치를 하여 살릴 수 있습니까?)" 구비3 김재현, 남 85세: 75쪽

-으니[이유]: 비 온 날이니 남신(나막신) 신고 돌앗다여(달렸다 해). 구비3 김재현, 남 85세: 34쪽

-으니[인과 관계] ~불엇어: 야단흑켱(惹端酷黥)을 치니, 이년이 도리여 악선전(惡宣傳)을 허여 불엇어. 구비1 안용인, 남 74세: 161~162쪽

-으니[전개] -아 -는디 -으니 안0 -앗어: 견디(그런데) 자다가 막 자는 것곹이(것 같이) 흐니, 어사또가 슬짝흐게 나가. 나가는디 조롬(꽁무니, 뒤)에 똘롸(따라가) 보니, 아닌 게 아니라, 그 옥방(獄房)으로 간. 옥방 문을 열앗어. 구비2 양구협, 남 71세: 624쪽

-으니[전개] -으니[원인, 이유]: 기영 흐니(그러하니), 흔 아이는 또 것도(그것도) 은혜를 끼치 놓니, 슬짝 가서 물어 봣다 말이어. 구비2 양구협, 남 71세: 619쪽

-으니[전개] -으니까[인과]: (과거 시험 보러 가다가 질시하는 친구들에게 모래밭에 파묻힌) 그놈이, 이젠 멀리 갈 만흐니, 아참, 하늘이 도와준 거지. 큰 돌풍이 그 ᄉ방의(사방에, 사방에서) 불어 가지고, 몰래(모래)를 쑥! 불려 불었주. 흐니 몰래만 불리니까, 돌만 남아 낫단 말이어. 흐니까 일어낫어. 구비2 양구협, 남 71세: 620쪽

-으니0(이니까0): 사위 들고, 재산 뭐 오꼿 털어 불엇입주, 약속이 긔영 되엇이니. 구비1 안용인, 남 74세: 155쪽

-으니0: 꼭 그것도 선생님네 들엇을[들어실] 거라, 거 많이 허여 놓니, 전설이. 구비1 안용인, 남 74세: 146쪽

-으니까 -아 잇어: 무흔대해(무한한 큰 바다) 바당에 무인도가 잇어(있어). 아, 무인돌 간 보니까 살아 잇어, 박효(효자 박계곤)가. 구비3 김승두, 남 73세:

-으니까 [사건 순방향 전개]: 환갑잔치를 ᄒ는 디 들어가니, 목구녕(목구멍)에 술은 들어오라 들어오라 ᄒ지, 걸인이 되니까 술은 안 주지, 하도 들언 못즌디게 ᄒ니, … 시를 지어 받집니다(바칩니다). 구비1 안용인, 남 74세: 138쪽

-으니까 [순차적 사건 전개]: "그 집이 어다냐?"고 ᄒ니까, 김선생네 집을 ᄀ르쳐 준댄 말이우다, 아무디라고, 구비1 안용인, 남 74세: 161쪽

-으니까 [순차적 사건 전개]: "쏠 ᄒ 되만 빌립서!" ᄒ니까, "저의 처가 해산을 허였는디, 죽이라도 ᄒ 사발 쒀 멕이쿠다." 또 혹경(酷黥, 가혹하게 경치다)만 허연 보내거든. 구비1 안용인, 남 74세: 166쪽

-으니까 [원인] -난 -으니 [사건 전개] -더라고: 그 골총(버려진 무덤) 구신(鬼神)이 수만 명이 들어서 그러니까, 「아, 이렇구나!」 허엿어. 동이 언뜩 터질까 말까 허여서 배를 띄우난 저길 ᄀ 가니(험란한 제주 앞바다를 다 지난 뒤에) 대풍(大風)이 불더라고. 구비1 임정숙, 남 86세: 193쪽

-으니까 [이유]: 뭐, 걸뱅이(乞人)가 오란 유의(留意)허연 잇다가 그런 이얘기 ᄒ니까 심심ᄒ게 생각(無視)ᄒ 거라. 구비1 안용인, 남 74세: 161쪽

-으니까 [판단 근거]: 이제는 이걸 파 헤치다가는 이렇게 사름(사람)으로 변색(變色, 變身의 잘못)ᄒ곡 벨(別)지랄을 ᄆ(모두 다) ᄒ는 놈덜(여우들)이니까 사름이 상(傷)ᄒ게 된단 말이어. 구비2 양형회, 남 56세: 39쪽

-으니까 -게 댕겨ᄋ -으니 -고ᄋ: 커 갈 무렵에 흑교에 댕길 때에, 선생이 보니까 아으(아이)가 좀 늦게 댕겨. ᄒ니 「늦게 댕기는 게 이상타」고. 구비2 양구협, 남 71세: 614쪽

-으니까 -고 -고ᄋ: 걸(그 약을) 내여주니까, (약값으로) 돈을 줘도 안 받고, 아바지가 부탁ᄒ 말이라고. 구비2 양구협, 남 71세: 616쪽

-으니까 -는 거라ᄋ -으니까 -아 가지고 -고 -곤 해서 죽엿소, 죽여 불여: 그런 우산 ᄀᆮ은 놈을 「떡!」(의태어, 탁) 들으니까, 빈(비는) 고사ᄒ고말이요(고사하고+말이요), 벳(볕)만 나는 거라. 비 아니 오는 건(것은) 물론이고 … 벳(볕)만 「괄앙괄앙!」(의태어, 쨍쨍) 나니까, 「거(그거) 좋다!」 ø 햇어ᄋ. 구경ᄒ고 내려와 가지고 그 양호(梁濩, ?~1623년) 목수가 「… 내가 가져야 ᄒᆯ 건디(할 것인데)」 ᄒ 생각을 가지고 그 사름덜(그 사람들, 안남국의 두 왕자) 둘을 무슨 죄가 잇다곤 해서 죽엿소, 죽여 불여. 구비3 김재현, 남 85세: 121쪽

-으니까 -는 거라ᄋ: 굿을 쳐 가니까, 배염(뱀)이 … 그 엉장(절벽) 알로(아래로) 미주룩이(의태어, 삐죽이 내미는 모습) 나오는 거라. 구비3 김재현, 남 85세:

105쪽

-으니까 -는디 -으난 -으라: "어렵게 사는 거 굳으니까(같으니까) 골아 주는디, 저디(저기) 황금이 잇이난, 봉강 ㄱ지라!(주워 가지라!)" "춤 말이냐?" "잇다!" 고. 구비2 양구협, 남 71세: 665쪽

-으니까 -니 -니 -니 [원인 제시, 사건 전개]: 흐디 이상스러우니까, 또 두 번이나 선몽(現夢)ㅎ니 (부자집에 돈 빌리러) 갓어. 가니, 이제는 돈 천냥을 줫어. 주니, 이제는 그 도깨비가 와서 말ㅎ기를 "아무 방향으로 창고를 짓엉 잇어라!" 창고, 창고, 창골 짓언 잇이니, 흔 메칠 후에는 창고에 물건을 ㄱ득ㄱ득 앗아당 막 쌔여 부는 거라, 도깨비 놈이, 허허허허. 구비1 안용인, 남 74세: 174쪽

-으니까 -아 가지고 -아 가지고 -으난 -아 불연: 두 놈(소 두 마리)을 묶어 지니까, [서귀포시 강정동 한효종씨가] 흔 둑지(어깨죽지)에 ㅎ나썩(소 한 마리씩) 매어 가지고(매고서) [일동 웃음] … 시둑(밭 경계를 짓기 위해 흙덩이로 만든 두둑, 뚝, '시둘'로도 말함)으로 「으상으상!」(의태어, 성큼성큼) [소를 먹일] 물 신드레(있는 쪽으로) 매어(줄로 묶을 소를 어깨에다 매어) 나가난, [그 일을 숨어서 지켜보던 이웃 사람들은] 믄딱(모두 다) 도망가 불연(도망쳐 버렸어).

-으니까 -아 가지고 -앖이니 -았거든0 -으레 -앗이니 -을 것이 뭐이 있읍니까: 이젠 흔 번은 날 돗으니까(따듯하니까), 돌락돌락! 돌락돌락! 아이 안아 가지고 이렇게 놀렀이니, 이제는 중(僧)이 권재(勸財, 시주)를 받으러 오랏거든. 권재를 받으레 오랏이니, 아, 이젠 … 권재 줄 것이 뭐이 있읍니까? 구비1 안용인, 남 74세: 212쪽

-으니까 -아 가지고 -을 수도 잇다:「어떻게 거칠고 패라운(悖랍다+은) 사름(사람)이냐? 피라우면은 나도 괴롭게 굴 테이니까(터이니까), 이 패라운 사름을 조금 버르쟁이(버르장이) 고쪄(고쳐) 가지고 덜 패랍게 맨들(만들) 수도 잇다」 이런 거인데(것인데, 마음을 먹었는데), 처음은 식ᄉ(식사)를 해여(지어, 마련하여) 갓습니다. 구비3 김재현, 남 85세: 130쪽

-으니까 -아그네 -앙 -도 -는디 -어야주: 요새엔 보면은, 비료ø 좋니까 씨(좁씨)ø 뻬여그네(뿌려서) 섬비질(이랑에 뿌린 씨를 흙으로 덮기 위하여 잎파리 달린 나뭇가지들을 모아 부채꼴 모양의 빗자루처럼 만들고서 잎파리들 위에 돌을 얹고서 끌고 다니는 일, '鍤+비+질'은 지역에 따라 '섬피, 끗을퀴, 끌테'로도 불림)만 해영(하고서) 내 불여도(버려도) 좋는디, [이랑에 뿌린 좁씨들을] 볼려야주(잘 묻히도록 밟아 줘야지, '볼르+이+어야+주'). 구비3 김재현, 남 85세: 258쪽

-으니까 -아네 -았다 ᄒ여0: 매번 [씨름에] 지니까, 그 오찰방(각주 180 참고) 아방(아버지)이 꾀로 정훈디(鄭訓導)를 씨름 흔 번 지와네(지게 하여서, 지+우 +아네) 아덜(아들, 오찰방)을 기분 세윗다 ᄒ여. 구비3 김재현, 남 85세: 38쪽

-으니까 -아서 -자곤 여기 앉앗다: "아, 나 먼 디서(데에서, 데로부터) 질커름(길걸음) 해연(해서) 오니까 다리도 아프곤 해서 좀 쉬자곤 [해서] 여기 앉앗다!" 구비3 김재현, 남 85세: 247쪽

-으니까 -안 앗어0: 그런 남방애(나무 방아)를 큼직흔 것 요구흔다ø 말이어. 해 달라고 ᄒ니까 산방산(서귀포시 안덕면 해안에 솟은 기생화산)에 올란 남방엘 ᄒ나 맨들앗어. 구비3 김재현, 남 85세: 33~34쪽

-으니까 -안 -은디 -앗자 -아도 -고 했어: 그 먼 디 손님이 ᄌ기 모친이 죽게 되니까, 「아이, 이 어룬이나 흔 번 춫아 보지」 ᄒ연 간디, 가 봣자 멧 반디(몇 군데) 춫아 봐도 읎다고 했어. 구비2 양구협, 남 71세: 615쪽

-으니까 -안0: 여북ᄒ게(보잘 것 없이, 변이형태로 'ᄋ복ᄒ게') 사니까, 부릅씨(심 부름, 변이형태로 '부름씨')ᄒ는 그 사름도 나무래연(업신여겼어, 변이형태로 '나무리다, 낭그리다'). 구비2 양구협, 남 71세: 639쪽

-으니까 -앗어: 눔의 아으덜(아이들) 글청(書堂)에 뎅겨 가니까 불르왓어(부러웠 어). 구비2 양구협, 남 71세: 617쪽

-으니까 -앙 -으라고0: "이거 너 태운(타고난, 신이 점지해 준) 거니까, 이디 집 짓엉 살라!"고. 그디 큰 쿳남(구지뽕나무, 변이형태로 '쿳가시낭')이 잇더라 ᄒ여. "이것을 상긴 지둥(안방과 마루 사이의 기둥, 상기둥) 삼아서 집 짓엉 살라!"고. 구비2 양구협, 남 71세: 654쪽

-으니까 -어: 이제는 지리서(地理書)를 더 연구해 보고, 저디서(당나라 시대의 지관 일행이 우리나라의 지맥을 누르고 끊어 버리고자 그 방법을 적고서 건네 어) 준 지리서를 연구해 보니까, 이건 멜망경(멸망 경전)이어. 멜망(멸망)ᄒ는 지리서라. 구비3 김재현, 남 85세: 183쪽

-으니까 -으니 -는디 -앗어0: 간 보니까, 믈리(마루)에 올라간 그 논더레(논쪽으 로) 브라보니, 사름도 못 보고 아무것도 못 봤는디, 그만 그, 저, 안개, 안개만 그저 캄캄햇어, 천지 분별 없이. 구비3 김재현, 남 85세: 30쪽

-으니까 -으니 -주게: 경 해연(그렇게 해서) 아마 열대웃 설(열대여섯 살) 넘어가 니까, 그 춤 원간(워낙에) 장군(將軍)으로 나(낳아) 놓니, 술도 먹고, 기운이 보통 아니주게. 구비3 김재현, 남 85세: 37쪽

-으니까 -으니 ᄒ게 해 줍서: [산반산에 가서 신령님에게 빌기를] 이러흔 사름(사

람)은 나지 아니ᄒ여사(않아야) ᄒ 건디, 거(그거) 나 놓니까, 살지 못ᄒ니, 삼십 년만 부귀영화를 ᄒ게(누리게) 해 줍서! 구비3 김승두, 남 73세: 97쪽

-으니까 -으니까 -으난 -으난 -지 못ᄒ연 -으난: [막산이라는 하인이] 배가 워낙 커 가지고 배를 채우질 못ᄒ니까, 소도 잡아먹고 하간 거(많은 것) 시기를 해 가니까(막산이를 다른 사람들이 시기를 해 가니까), 질루지 못ᄒ난(못하니까), 대정 배염바리 집이엔 ᄒ 디 풀아 부난(팔아 버리니까), 배염바리 집에서도 사단(사다가) 질루지 못ᄒ연, 배가 워낙 커 놓난(놓으니까). 배 ᄀ득이젠(허기를 가득 채우려고) ᄒ민(하면) 도둑질도 ᄒ곡. 도둑질도 ᄒ민 눈에 걸렷자(들켰자) 그놈의 힘을 당ᄒ지 못ᄒ니 죽여 버렷다고 ᄒ여. 구비3 양원교, 남 72세: 418쪽

-으니까 -으니까 -으니까 -으니까니: [집 주인은] 점심 해 둰 해연(해서) 가 불이니까(버리니까) 이제는 문 덖어(닫아) 두고 가 부니까(버리니까), [도둑은 그 집 천장 속으로부터] 내려오자를 ᄒ는디, 내려오자곤(내려오려고는) 영(이렇게) 손을 「주왁주왁!」(의태어, 이리저리 뻗는 모양) ᄒ니까 무시것(무슨 것)이 아마 요만큼은 「둥글락」(의태어, 둥근 모양) ᄒ 게 뭐ø 잇어. 구비3 김재현, 남 85세: 271쪽

-으니까 -으니까 -으니까 -은 게거든0: ᄒ 일 년쯤 간(가서, 임지로 가서) 보니까, 그ㄹㅐㅄ이니까(그렇게 논을 휴경하고 있으니까) 공부ᄒ 양반이니까니 그 연구로 ᄒ 게거든(것이거든). 구비3 김재현, 남 85세: 68쪽

-으니까 -으니까 -으니까 -은 모냥이어: '이신'[190])이란 사름(사람)이 … 어린 때에 젊은 때에 공부를 왼(다른) 동네 간(가서) ᄒ는디(하는데), 츰(참) 얼굴이 이상ᄒ니까(이상하니까, 파리하게 핏기가 없으니까), 선생이 물으니까, 「그런 처녀가 자꾸 부대낍니다!」 이러니까 선생 ᄒ는 말이, 막 토정(토정비결)을 ᄒ 모냥(모양)이어. 구비3 김재현, 남 85세: 78쪽

-으니까 -으니까: 그래서 「쑥!」(의태어, 깊숙히 안쪽으로 들어가게) 눌리니까(누르니까, '눌르다, 눌리다, 누르뜨다, 누뜰다, 눙뜰다' 등의 변이형태가 있음) 「웅!」(의성어, 힘을 주는 소리, 끄응!) ᄒ면서 일어사니까(일어서니까) 사름 아울라(몰래 등 짐을 누르던 사람도 아울러서) 져 앗앙(등짐을 져 갖고서) 「으

---

190) 이름이 홑 글자라고 하였는데, 서귀포시 중문동에 전해 오는 여우 관련 설화에 유향좌수 이은성(李殷成, 1719~1778)이 있다. '이좌수와 여우'로 전승되거나 '호랑이 눈을 가지 이좌수' 이야기로도 알려져 있다. 1772년 대정 향교 중수에 힘썼다. 각주 176을 보기 바란다.

쌍으쌍!」(의태어, 동작이 크고 가벼운 모습, '성큼성큼') 간다ø 말이어. 사름 [뒷짐에 몰래 매달린 사람]도 기자(그저) 짐(등에 진 뒷짐)에 둘아지고0(달려 있고, 매달리고, '둘＋아＋지다'). 구비3 김재현, 남 85세: 211쪽

-으니까 -으라고 -아서 -은디 -안 -으니까 -문 -아 불어: 아, 이제 흔 번은 비가 오라 가니까, (서당의 마당으로부터 서당) 난간에 들어앚이라고(들어앉으라고) 해서 난간에 앚게 되엇인디, 그 자리에 가까이 앚안(앉아서) 책을 익어(읽어) 가니까, 흔두 추례 보문(보면) 다 알아 불어. 구비2 양구협, 남 71세: 619쪽

-으니까 -으면서 -으니까 -아 앚언(아 가졌어): 「쑥!」(의태어, 깊숙히 안쪽으로 들어가게) 눌리니까(등짐을 등 뒤에서 몰래 누르니까, '누르다, 눌리다, 누르뜨다, 누뜰다, 눙뜰다' 등의 변이형태가 있음) 「웅!」(의성어, 힘 주는 소리 '끄응') 흐게 장석흐면서(끄응! 힘쓰는 소리를 내면서, 한자 어간은 쟁척[噌擲]으로 추정됨) 「우끗!」(의태어, 우뚝, 무거운 물건을 가볍게 들어올리거나 지고서 일어서는 모양이며, '오끗'보다 더 강한 느낌을 줌) 일어사니까(일어서니까) 사름 아울라(몰래 뒤에서 짐을 누르던 사람까지도 아울러) 흔디(함께, 한데) 져 앚언(등짐을 져 갖었어). 구비3 김재현, 남 85세: 210쪽

-으니까 -으문 안 된다고: 「하, 이거 볼써 저런 아이덜이 나 이름을 아니까, 이거 혈(穴, 샘물 솟는 구멍)을 그대로 놔 두문 안 된다」고. 글로(그리로, 제주시 구좌읍 종달리로) 시작해서 저레(저리로) 펏다 말이어. 혈(穴)이 옰다 말이어. 생수(生水)가 잘 안 나. 구비2 양구협, 남 71세: 652쪽

-으니까 -자고0: 이젠 살 만이(살 만큼) 살아지고, 울담도 널리 츠지흐연 살아가는디, 이건 아마도 넘어간(그곳을 지나간) 사름(중국 지관 고종달)이 살라는 집이니까, 이 집의(집에) 그냥 살자고. 구비2 양구협, 남 71세: 655쪽

-으니까 -흐고 -과랜0: [집터를 정해준 지관이 몇 년 뒤] 오란 보니까, 우선 다른 걸랑 고사(姑捨)흐고, "폐백(幣帛) 멧 동 낫소?" "흔 동밖에 못 낫수다!(놓았습니다)" 쉰 필(疋)밖엔 못 놓과랜0. 열 동이민(이면) 오백 필인디(인데), 그럴 거 아니어게?[어이가 없을 것이 아니야＋화용 첨사 '게(그렇지)'] 구비3 김재현, 남 85세: 56쪽

-으니까/이니까0: 건 모릅주, 개화계룡산(開花鷄龍山)흐리라 허엿이니까. 구비1 안용인, 남 74세: 130쪽

-으니까: "또 흔 짝 불르라!"고 흐니까, "이 집의 일곱 주식이 다 도적놈이라!" 구비1 안용인, 남 74세: 139쪽

-으니까: 가는디, 아, 보니까 이제사 묻은 무덤이 셔, 오래지 아니흔 무덤이. 구비2

양구협, 남 71세: 623쪽

-으니까: 대성통곡을 흔 시간이나 허여 가니까, 의형제간들이나 누구라도 "중놈이 지랄흔다!"고 잡아 내혼들러 불엇어. 구비1 안용인, 남 74세: 125쪽

-으니까: 솜에 낄 고 옷 입지니까, 얼른 죽진 아니홀 거란 말입니다. 구비1 안용인, 남 74세: 122쪽

-으니까: 아들이 흐나가 있는디, 걸 애지중지(愛之重之)허여서 안안 이렇게 앉지 니까, 아바지 쉬염을 아이가 훑아 불었댄 말이우다. 구비1 안용인, 남 74세: 147쪽

-으니까: 이젠 그 신부(新婦)를 심어다가(잡아다가) 권장대(棍杖臺)를 묶어 놔 가 지고 멧 댈 때리니까, 과연 항복을 흔댄 말이우다. 구비1 안용인, 남 74세: 159쪽

-으니까: 임백호(林白湖)라고 흐니까, 그 환생(還生)을 허였는디, 그것이 방랑객 (放浪客)입주게, 임백호는. 구비1 안용인, 남 74세: 137쪽

-으니까: 즈식덜도 아방(아버지 묘소)을 잘 써 노니까, 고관대작을 헤여가 가지고 중국에 스신으로 출입흐게 되었댄 말입니다. 구비1 안용인, 남 74세: 129쪽

-으니까: 커서 ㅇ남은 술 되니까, '이불 속에서 흔 일도 남이 안다' 흐니, 서당에 댕겨가니, 어떵어떵 그 말이 비탄흐니, 구비1 안용인, 남 74세: 124쪽

-으니까[계기적 사건] -이라0: 아, 배려(바라다) 보니까 아덜(아들) 글씨라. 구비3 김승두, 남 73세: 115쪽

-으니까[사건 전개의 배경] -앗어0: 뒷날 아첨(아침)은 괴기(물고기) 낚으레 가젠, 이제 어부덜이(어부들이) 내려간 보니까, 배가 믄딱(모두 다) 숨베기(순비기나 무) 왓디(밭에) 올라오랏어(올라와 있어, 올려져 있어). 구비3 김재현, 남 85세: 39쪽

-으니까[설명, 배경]: 젠디(그런데) 옷을 어떤 옷을 입엇는고 흐니까, 겨울 땐디 쏙읍(속) 낄 래옷(겉과 안 사이에 솜 따위를 도톰히 넣고서 바늘로 촘촘히 누빈 옷)이엔 흔 게 잇주. 이 안 겁죽(껍질) 해그네, 중간에 솜 담아 놓고, 바농(바늘) 으로 줄줄이 들어(들이, 마구) 누벼. 거 ㄷ스곡(따스하고) 질기라고 그치룩(그 처럼) 경(그렇게) 두텁게 흐영 흐곡0(하고, 옷을 만들고), 낄 래옷은 쏙읍(속)에 입곡0, 또 솜옷을 또 우의(위에) 그 흙은(굵은) 미녕(무명, 목면)으로 모저(毛子, 모직물) 모냥(모양)으로 흔 미녕으로 해그네(해서) 솜옷을 해연(해서) 입고0. 구비3 김재현, 남 85세: 49~50쪽

-으니까[이유] -는 거라: [아버지가 어린 자기 아들을] 막, 쫓아가니까 [아들이]

바당(바다) 기정더레(절벽쪽으로) 「픽!」ᄒ게 아서(아예) 뛰어 부는(버리는) 거라. 구비3 김재현, 남 85세: 35쪽

-으니까[이유] -면은 -앗다 ᄒ는 식으로 -앗다 말이어: 그레(그쪽으로) 둘으니까 (내달리니까), 「이놈의 새끼, 너 막은 창(막다른 골목) 더 갈 디 없는디, 가면은 나는 [너를] 심엇다(붙잡았다)」 ᄒ는 식(방식)으로 좇아갓다ø 말이어. 구비3 김재현, 남 85세: 35쪽

-으니까[이유] -으니: [아들인 찰방 오영관이] 작폐(作弊)가 쎄니까(강도가 세니까) 부친이 책망ᄒ자고 매를 가지고 때리자고 다올렷거든(좇았거든). 다올리니 그만 터젼(터져서, 막힘 없이 힘껏) 둗는 게라(달아나는 것이다). 구비3 김재현, 남 85세: 34쪽

-으니까[이유] -을 게라고0: 이렇게 물으니까, 지ᄉ(地師, 지관)ø ᄒ는 말이 「그럴 게라」(집터의 운수가 그렇게 될 것이다)고ø 구비3 김재현, 남 85세: 55쪽

-으니까[후속 사건 배경 전개, 이유] -으니까 -되 -으니까 -으니까 -고 -엇다요 [었다고 해요]: 표류해서 드니까(들어오니까, 표도하니까) 그때에 제주 목ᄉ (牧使)는 누겐고(누구인가고) ᄒ니까 … 양호 목사라고,191) 「양호 목ᄉ」ø ᄒ는 목ᄉ가 제주 목ᄉ로 잇는 때에, 그 사름덜이(사람들이, 안남국 왕자 일행이) 표류해 드니까, 아 거 춤 임금의 아덜덜쯤(아들들쯤) 되고 훌륭ᄒ 사름덜이 되니까, 어디 ᄉ가(私家)에 들질(들어가지를) 안 ᄒ고 제주 목ᄉ안티(목사에게) 가서 멎엇다요(멎었다, 머물렀다고 해요) 구비3 김재현, 남 85세: 12쪽

-으니까0: 죽인 끝에는 모실 거 아닙니까게!, 그 적을 물리쳐 줬으니까. 구비1 안용인, 남 74세: 149쪽

-으니까1[배경] -으니까2[계기적 후행 사건] -으니까3[결과 사건] -앗어. -으니 -앗어: 그 날 저뭇(저녁, '저물+ㅅ')은 누워자니까, 이 옷 소매를, 좀 막 드니까 이 옷을 벳겨(벗겨) 가지고, 영(이렇게) 보니까, 양 저드랭이(겨드랑이)에 놀개 (날개)가 챙빗(참빗)만썩(만큼씩) 햇어. 머리 빗는 챙빗(참빗), 옛날. 요만썩(요만큼씩) 이제 양 저드랭이에 경(그렇게) 햇이니, 겁낫다ø 말이어. 구비3 김재

---

191) 양호(梁濩, ?~1623)는 1519~1622년 제주 목사로 있었는데, 광해군의 비호를 받으며 아주 탐학하였고 기생의 두 발을 자르는 등 포학하였고, 유배온 선조의 계비 인목대비의 생모를 괴롭혔었고, 인조반정 뒤 곧장 처단되었다. 그렇지만 김봉옥(2013: 162쪽 이하) 『제주 통사』(제주발전연구원)에는 1611년 월남(안남국) 왕자가 부왕을 구하려고 일본으로 가다가 제주도에 표착하였는데, 당시 효녕대군 6세손 이기빈(李箕賓, 1563~ 1625) 목사 등이 공모하여 싣고 가던 보물을 뺏고 표도인들을 모두 죽여 버렸었는데, 뒤에 이 일이 탄로가 나자 함경도로 유배되었다.

현, 남 85세: 35쪽

-으니까게: 예, 예. 훤히 아니까게, 그 시험 문제를. 구비2 양구협, 남 71세: 623쪽

-으니까니 -언 -엇거든: 그 사름덜(사람들)이 어디 간(가서) 돌아봔(돌아보고서) 오라네(와서) 보니까니, ㅈ기(자기)네 박은 냥(樣, 모습대로) 없언. 조금 슈와 불엿거든(슈아서 빼어내 버렸거든). 구비3 김재현, 남 85세: 254쪽

-으니까니 [이유, 원인]: 주색잡기(酒色雜技)에 좋아 ㅎ는 성질이니까니, 그 기생덜을 멧 개(몇 명) 보내고, 술을 아주 좋은 술을 허여서 이제 닦아다(증류하여다) 놓고, 허여서 놓면은 날 잡으레 오다그네(오다가) 그것(酒色)에 미쳐그네(미쳐서) ㅎ면은, 그대로 또 이제 부하를 보내어, "그 일류(一流) 기생하고 원(願)되게 노는 놈 잡아오라!" ㅎ면은 잡아올 것이라고 허엿어. 구비2 양형회, 남 56세: 41쪽

-으니까니 -고 -고 -고 -당 -고 -고 -아: 산중에서 보니까니, 망건도 안 쓰고 아무것도 안 쓰고 살작바랑에192) 아무것도 안 쓰고 [살쩍을] 영(이렇게) 올려당(올려다가) 상투만 차고, 이런 사름이 소를 거꾸로 탓다고0. 소를 거꾸로 타. 구비3 김재현, 남 85세: 334~335쪽

-으니까니 -곡 -아 가지고 -음직흔 사름이라0: ㅎ 조방장(助防將, 해안 방위 책임자)은 허, 것 접관(適觀)해 보니까니, 천성이 아주 거드람시럽곡(거드럭스럽고) 아주 패라와(광패해, 悖랍다) 가지고 ㅅ환덜(使喚들) 괴롭게 굴엄직흔 사름(사람)이라. 구비3 김재현, 남 85세: 84쪽

-으니까니 -냐?: "여름 [더운 날씨에 밖에 있는] 소니까니 물을 멕일(먹일) 거 아니냐, [서귀포시 강정동 한효종씨가] 물을 제가[자기가, 스스로] 져당(지어다가) 멕이는가, 소를 끌어당 멕이는가? 우리가 엿보자!" 구비3 김재현, 남 85세: 154쪽

-으니까니 -는 통에 -안 -난[이유] -앗어: 이제는 아닌 게 아니라, 그 지경에 당흐니까니(이르니까), 그놈으 게(그놈의 것이, 처녀로 변한 여우가) 춤(참) 처녀가 입 맞추멍 거, 저 구슬을 물엇다 밧앗다(물었다 뺐었다) ㅎ는 통에, 구슬을 이신(사람 이름)이가 줄끈(질끈) 물언(물고서, 입안에 물고서) 안 내놓

---

192) 망건을 쓰지 않아서, 살쩍(관자놀이와 귀 사이의 머릿털)을 올리지 못한 차림새. '잠옷 바람에'라는 표현과 같이 '살쩍 바람에'라는 표현을 '살작 바랑에'라고 말하였음(송상조, 2007, 『제주말 큰 사전』, 한국문화사, 392쪽을 보기 바람). 이 방언에서 '살작(살쩍)'은 의미가 확장되어 머리털을 가리키기도 하여, '살작 매다, 살작 심다, 살작 올리다'라는 항목들이 앞의 사전에 실려 있다.

아 가난, 그만 막 행악(行惡)을 해엿어. 해 가니 춤(참) 신착(신짝)을 벗언(벗고
서) 뒷통수를 잡아후리니까니(냅다 후려치니까) 이놈으 게(이놈의 것이, 여우
가) 비멩(悲鳴)을 치멍 도망을 갓다. 구비3 김재현, 남 85세: 78쪽

-으니까니 -는디 -으니까 -어서 -으니까 -고 이러니까니 -아서 -고 -는디 -아
  가지고 -고 -소?: 간(가서) 보니까니 아덜 성제(아들 형제)가 죽엇는디, 죽으니
  까 이제는 죽어서, 거기 가니까 그, 저, 춤(참) 목ᄉ(제주목의 목사)로 오랑(와
  서) 살당(살다가) 가고 이러니까니, 동네 벗덜이카(벗들일까, 벗들이겠지라고
  추정함) 어디 그 손님방(사랑방)에 경청해 앉아서 그자(그저) 소일(消日)도 ᄒ
  고 심상(尋常)이 노는디(놀고 있는데), 흔 번은 부인네가, 부인이 만나 가지고
  영찬이(경북 영천 출신 이형상 목사)를 홅어 보고 "당신같이 무정흔 사름(사람)
  도 잇소?" "뭔 말이냐?" 구비3 김재현, 남 85세: 109쪽

-으니까니 -아 가지고 -으니까니 -안 -안0 -고0: 그래어 가지고 ᄒ니까니, 남
  보기 싫게 그자(그저) [자신의 대오리 갓을] 막 부수와 가지고, [사돈집에서
  안으로 들어오도록] 청ᄒ니까니 들어간. 기자(그저) [자신의 형들과] ᄀ찌(같
  이, '굳이') 앚안. ᄒ니(그러니) 그 사름덜(사람들) 우으로 형제는 어이금사리(어
  이, 어처구니)가 엇고(없고), 어 다른 사름도 보민 춤(참) 섬찍ᄒ디(섬뜩한데).
  구비3 김재현, 남 85세: 324쪽

-으니까니 -아둠서 -으는 거라마씀: [소가] 걸러지니까니(넘어지니까), 이제는
  [한효종씨가] 무릅(무릎)으로 쉴(소를) 「꼭!」(의태어, 꾸욱) 누울려둠서(눌러두
  면서) ᄉ죽(네 다리)을 「튼튼!」(의태어, 탄탄) 그 줄로 묶으는 거라마씀(것이어
  +말씀입니다). 구비3 김재현, 남 85세: 134쪽

-으니까니 -앙 -으라고: "이걸(혈지를) 의지해서, 높으니까니 이 아래에 집을 짓
  엉 살라!"고 … 살라곤. 구비2 양구협, 남 71세: 654쪽

-으니까니 -앙그네 -을 테니 -앖이문 -리커매 -아 줍서: "아닙니다. 내가 잘
  되엇이니까니, ᄀ만히 내가, 날로(어사인 주인공을 어사로) 대ᄒ지 말앙그네,
  (아무도) 모르게 (주인공이 감옥에 갇힌 노인을 잘) 대해 줄 테니, 잘 살앖이문
  (살고 있으면) 앞으로 잘 위ᄒ여 드리커매(드릴 것이므로), 안심ᄒ고 돌아가
  줍서!" ᄒ니, "아이고, 게민(그러면) 늬가(네가) 분멩 살앗이문(살았으면), 요
  떡이나 먹어 보라!" 구비2 양구협, 남 71세: 625쪽

-으니까니 -으난 불엇주게: ᄒ다네(그러다가) 그 놈으(놈의) 게(것이) 그만 오래
  가고, 뭣 ᄒ니까니, 돗(돼지)이 아마도 어떻게 들럭퀴어(가만히 있지 못하고
  들썩이어) 가난(가니까) 귀가 채져(찢어져) 불엇주게(버렸지+화용 첨사 '게').

노끈이 노끈이 끊어져얄(끊어져야 할) 겐디말이어(것인데＋화용 첨사 '말이
야') 귀가 채어져(찢어져) 불엇다말이어(버렸다말이야). 구비3 김재현, 남 85
세: 351쪽

-으니까니 -으난: "아이, 어뗘ᄒ난게, 누웡 닶구나게! 정심(점심) 이거 오십 멩(50
명) 먹을 거 싶어 오랏이니까니, 먹으랜 ᄒ젠 ᄒ난, 사름은 어디 서(있어)?"
구비3 김재현, 남 85세: 29쪽

-으니까니 -으니 -는 거라: 점심 해(日) 때 당해 가니까니, 영(이렇게) 먼 디(곳,
공통어 '어디'의 '디' 또는 처격 조사가 붙은 '어데'의 '데') 바래어 보니(바라다
보니) 어떤 아이가 점심 그릇 ᄀᆞ튼 걸 가지고 오는 거라. 구비3 김재현, 남
85세: 67쪽

-으니까니 -으니 -는 거라마씀: 술, 곧 이제 행배(술잔을 돌림)ᄒ게 되니까니
술잔 ᄒ는(맡아 올리는) 아으(아이)가 술잔을 들러 놔 가니, 그디 수석(맨 윗자
리)에 앉은 이가 강훈장(서귀포시 대정읍 신도리 훈장 강태종)신더레(있는 쪽
으로) 미는 거라마씀(것이어＋말씀입니다). … "저 외방서(밖의 다른 곳에서)
온 어른신디(있는 곳) 드리라!" 구비3 김재현, 남 85세: 150쪽

-으니까니 -으니 -으니 -읍센0 -읍센0 -쿠댄0: 그딜(그곳을) 오니까니, 색달리
(서귀포시 중문면 색달리)로 중문이(서귀포시 중문리)로 ᄃᆞᆨ(닭) 우는 소리, 개
쥲으는(짖는) 소리가 나 가니, 요놈의 게(요놈의 것이, 처녀로 변장한 여우가)
아니, 「오줌 ᄆᆞ려우니 부려 줍센, 부려 줍센 오줌 싸쿠댄」(오줌 마려우니 내려
주십시오라고, 내려 주십시오라고, 오줌 누겠다고). 구비3 김재현, 남 85세:
50~51쪽

-으니까니 -으니 -판이주: 경 해연(그렇게 해서) 거짓갈(거짓말)로 권ᄒ니까니,
술 좋아ᄒᆞᆫ 사름 ᄒᆞᆫ 잔 맛 보니, 그건 뭐 … 춤 먹어가는 판이주. 구비3 김재현,
남 85세: 37쪽

-으니까니 -으니까 -곤0 -곤 해서 -으니 -는 거라0: 아마도 넉넉이(넉넉히) 잘
대접을 안 ᄒᆞᆫ 모냥(모양)이어. ᄒᆞ니까니 "이런 댁의(댁에) 와서 권제(勸紙, 시
주)를 이렇게 [조금만] 줍니까?"고 해서 준단일(잔소리를, '잘다＋다그치다＋
은＋이') 해 가니까니, 이 부인이 ᄒᆞ는 말이 "너ø 여기를 어디로 알아서 와서
준소리ø(잔소리) ᄒᆞ느냐?"곤0. "…중놈이 와서 지랄했다.ø곤 해서 야단을
맞으니, 그대로 권제(勸紙, 시주)도 안 받고 나가는 거라. 구비3 김재현, 남
85세: 81쪽

-으니까니 -으니까니 -어0: 어떻게 해서 했는고 ᄒᆞ니까니, 거기(전라도 만경 평

야) 강(가서) 보니까니, 논밧(논밭)이 하도 널러(넓어). 구비3 김재현, 남 85세: 68쪽

-으니까니 -으니까니 -으니 -거든: [닭을] 솖안(삶고서) 기물(그릇)에 춤 갖다 놔 가지고 드리니까니, 조방장(助防將, 해안 방어 부대 책임자)이 둑(닭)을 영(이렇게) 보니까니, 오곳앵이(오롯이, 온전히) 그냥 잇이니, 원 거(그거) 뭐 늘(칼날) 대어서원(대어서+화용 첨사 '원') 끊어 난(끊었던) 것이 엇거든(없거든). 온 챗(온 채 그대로의) 둑(닭)이라. 구비3 김재현, 남 85세: 131쪽

-으니까니 -으라: 글 잘 아는 사름덜만(사람들만) 모아져 가지고 서로 의논ᄒ멍 해. 해 보자고 모다진(모여진, 모인) 자리라. 이제 그 글 내 놓니까니 그 수석(윗자리)에 앉앗던 이가 "저 술 잘 먹는 사름신더레(사람 있는 쪽으로) 강(가서) 드리라, 보게!(글을 해석하는지 살펴보자)" 구비3 김재현, 남 85세: 151쪽

-으니까니 -으멍 -아0: 아, [글 잘 아는 사람을 찾아] 가니까, 그 사름(사람)도 역시 웃음만 ᄒ멍, "나, 이런 거 몰라, 몰라!(모른다)" 구비3 김재현, 남 85세: 64쪽

-으니까니 -읍서: "가서 손지(孫子)를 츷아올 터이니까니 손질 돌아오게 잘 빕서!"고. "츷아올 수 있느냐?" "아, 거 분멩(分明) 츷아옵니다." 구비2 양구협, 남 71세: 643쪽

-으니까니 -이어0: 아, 깨니까니 몽(夢)이어. 생존으로 들어졋이카푸댄(들어졌을까 보다라고) ᄒ단 보난(하다가 보니까) 몽이라. 구비3 김재현, 남 85세: 106쪽

-으니까니: "나ø 잡으레(잡으러) 곧 오랎수다(오고 있습니다). 쫓아오랎이니까니(좇아 오고 있으니까) 나를 어떻게 곱져(숨겨) 줍서, 살려 줍서!" 경 ᄒ난(그렇게 하니까) "어떻게 갑자기 홀 수 잇어?" 구비3 김재현, 남 85세: 188쪽

-으니까니: "점심 오십 멩(명) 먹을 거 가쟈 왓이니까니, 어떵…?" 구비3 김재현, 남 85세: 29쪽

-으니까니: 그 믈이 기영(그렇게) 희여 가니까니 알아 먹는 거라 말이어. 구비2 양형회, 남 56세: 37쪽

-으니까니: 그 오성(鰲城) 부원군이영 그 이덕형(李德馨, 1561~1613)이네영 옹(요렇게) 사 시니까니(서 있으니까), 아무거영 말도 아니 글고, 그자 수리(수레) 배꼇데레(바깥쪽으로) 손만 옹(요렇게) 내믈안(내밀었어). 구비2 양형회, 남 56세: 28쪽

-으니까니: 아마 비가 오람직ᄒ(왐직한) 날이니까니 우장(雨裝)이라곤, 접세기(도롱이, '접재기, 즙세기' 등의 변이형)엔 ᄒ는 거 알아져? 새(띠), 새로 엮아그네

(엮어서) 사름(사람) 썽(쓰고서) 댕기는 거? 알아지커라? 어? … 그 놈(샘물 떠담은 놋그릇은 놓은 길마)을 덮어 불였단(버렸다는) 말이어. 구비3 김재현, 남 85세: 188~189쪽

-으니까니[배경 사건] -으니까니[이유] -는 거라마씀: 쇠(소) 젓긋디(곁에, 곁+끝에) 가지니까니, 쇠 양(두) 뿔은 심언(잡고서) 「확!」(의태어, 급히) 잡아후리니까니(내리 휘갈기니까) 쇠가(소가) 뎅글랭이(덩그러니) 걸러지는(넘어지는) 거라마씀(것이어+말씀입니다). 구비3 김재현, 남 85세: 154쪽

-으니까니[배경, 부연 설명] -으니[배경] -고 ᄒ여[인용]: 「이 어른이 낳기를 어떻게 낳는고?」ø ᄒ니까니, 원(워낙) 체각(體格)도 크고, 죽어서 관저(棺材)를 조완(造完)해연 대령(待令)ᄒ니, 벨(別, 각별히) 가달(다리, 두 가닥의 다리) 큰(길이가 긴) 사름(사람)이라도 이 관저 우의로(위쪽으로, 관 크기를 벗어나서 관 위로 뻗어 밖으로) 넘어갈 사름이 [이 사람 말고는] 없다고 ᄒ여0. 하도 컨(커서), 체각(체격)이. 구비3 김재현, 남 85세: 45쪽

-으니까니[배경] -앗어: 간(가서) 보니까니 광중(壙中, 무덤 구덩이) 안네(안에) 물이 ᄏᄏ하게(의태어, 빈틈없이 가득) ᄀ득앗어(가득찼어). 구비3 김재현, 남 85세: 79쪽

-으니까니[부연 설명]: 수령(使令)이엔 ᄒ 건(것은) 뭣인고 ᄒ니까니, 그 군수 부름씨(심부름, 부름+쓰+의)로 어디 강(가서) 죄인 잇이민(있으면) 심어 오곡(잡아 오고) ᄒ는, 요새에 춤(참) 순경 식이주게(방식이지+화용 첨사 '게'). 구비3 김재현, 남 85세: 222쪽

-으니까니[사건 전개]: 그때에 의원(醫員)질 ᄒᆯ 때에 어떤 일이 잇엇는고 ᄒ니까니, 어떤 똔(다른) 동네에 잉보(孕婦)가 아이 밴 사름(사람)이 아이를 낳다서 순산(順産)이 못 되어 가지고 하도 곤란ᄒ니까 그 가속(家屬, 가족)으로부터 왔어. 구비3 김재현, 남 85세: 75쪽

-으니까니[설명] -아그네 -앙 -그네 -는 거주: 뭀채(말채찍)옌 ᄒ 게 어떤고(어떤 것인고) ᄒ니까니, 이 몽둥이, 그 땐(옛날 시절에는) 대막댕이(대나무 막대기)보단 질긴 몽둥일 거라, 몽둥이에다 끝갱이(끝+가+앙이)에 저 미녕(무명, 목면)으로 미녕올(무명오라기)로 손가락만썩(손가락만큼) 해그네, 감(柿)이나 피(血)나 멕영(먹이어서) 끝갱이(끝부분)엔 말ᄆ작(끝매듭) 두 불(벌, 번) 치곡(짓고, 'ᄆ작 치다'는 매듭을 짓다는 뜻) 해그네, 뜨림(때리기)를 ᄒ민 ᄆᆯ 잡지(말 엉덩이)가 춤(참말로) 「축축!」(피나 물이 홍건한 상태의 의태어) 그차 지는(끊어지는) 거주. 구비3 김재현, 남 85세: 51쪽

-으니까니[이유, 계기 사건] -는 게라: 좋은 기운에 [힘찬] 물을 그 채(말 채찍)으로
두어 번 잡아후리니까니(마구 힘껏 내리치니까, 채찍을 힘껏 갈기니까), 물이
바로 느는 게라(것이다, 것이라). 구비3 김재현, 남 85세: 51쪽

-으니까니[이유] -엇다고0 -으니까니[배경] -아 가지고 -자 -입니다: 길이니까
니 길 염(옆, '어염'[於廉에서 차용])으로 가는 사름(사람)이 「탁!」(의태어, 갑자
기) 당(當)ᄒ엿다고0(마주쳤다고) 당ᄒ니까니(마주치니까) 이것이(처녀로 변
한 여우가) 놀래어 가지고 「삑!」(의태어, 휙) 도망치자 즈기(자기, 진좌수)는
그만 그 그대로 왓입니다ø 그랫거든0 구비3 김재현, 남 85세: 74쪽

-으니까니[후행 사건 전개의 배경 사건] -으니까니[후행 사건 전개의 배경 사건]
-고 -고 -으난[이유] -을 디도 엇수다게: [서귀포시 강정도 갯가 안쪽의 평지
밭들에] 가니까니, [주인공 한효종씨를 관찰하려고 그로부터 떨어져 있는] 먼
디(데, 곳) 사(서). 경(그렇게) 숨으니까니, 미신(무슨) 어디 강정 캐(개, 갯가)
안이(안쪽 평야 지대에) 낭(나무)도 ᄒ나 엇고(없고), 돌도 ᄒ나 엇고, 멘짝(의
태어, 바닥이 거칠지 않고 매끄러운 모양, 평평)ᄒ난(하니까), 어디 사름(사람)
춤(참) 숨을 디도 엇수다게(없습니다+화용 첨사 '게') 구비3 김재현, 남 85세:
154쪽

-으니깐 -고 ᄒ니까 -아 가지고 -리까?: "당신 영(이렇게 홀아비로) 사니깐, 나도
어디 다른 디(데, 곳에) 가도 별로 지정ᄒ 디(데)가 없고 ᄒ니까, 글이 살아
가지고 그 심바름(심부름)이라도 어쩌오리까?(어쩌오+리잇가?)" 구비3 김승
두, 남 73세: 98쪽

-으니깐: 드리 박으니깐 그때엔 어머님이 "아하, 아들이 나 댕기는 것을 드리(橋)
박아주니 이런 ᄒ 가지는 고마우나 ᄒ 가지는 미안점이 있다." 구비1 임정숙,
남 86세: 144쪽

-으니깐: 오시소(?吳氏 收司)가 제주 목ᄉ(牧使 목사에게) 보고를 허엿어. 보고를
ᄒ니깐 효ᄌ라고, 「효ᄌ비(孝子碑) 허영 세우라!」고. 구비1 임정숙, 남 86세:
144쪽

-으단 -앗다가는 -겟다: "난 더 위험ᄒ 곳을 당해서(맞아서) 죽을 뻔ᄒ단(뻔하다
가) 영(이렇게) 정(저렇게) 해연(해서) 살아난(살아나서)…" 이제는 [임진왜란
을 일으키려고] 한국에 들어올 필요 없다, 난을 일룰(이룰, 일킬) 필요 없다.
[침략 전쟁을] 해엿다가는 우리 ø 도저히 성공 안 되겟다 ø 해서 막심ᄒ고 [일
본으로] 돌아갓주게(돌아갔주+화용 첨사 '게'). 구비3 김재현, 남 85세: 338쪽

-으라 보게!(구경할 수 있도록): [오찰방 아버지가] "느네덜(너희들, 정훈도와 오

찰방) 거(그거) 술만 먹을 게 아니라, … 오널라그네(오늘이랑) 나 앞의서(앞에
서) 흔 번 [씨름 시합을] 흐라, 보게! 나 흔 번 구경흐게!" 구비3 김재현, 남
85세: 43쪽

-으레 (목적) -는 판: 그런 이야기를 수탐(搜探)흐레 어수(御使)는 댕기는 판인디,
"그런 게 아니고, 김정싱(金政丞) 즈식이 … 이정싱(李政丞)의 똘에 이제는 결혼
을 허엿어." 구비1 안용인, 남 74세: 158쪽

-으레 -앖수다: "나 ø 잡으레(잡으러) 곧 오랎수다(오고 있습니다). 좇아오랎이니
까니(좇아 오고 있으니까니) 나를 어떻게 곱져(숨겨) 줍서, 살려 줍서!" 경 흐난
(그렇게 하니까) "어떻게 갑자기 흘 수 잇어?" 구비3 김재현, 남 85세: 188쪽

-으레 -앗다설란 -앙 -젠 흐단 -을 뻔햇주: 우리나라에 사름이 잇나 없나, 요것을
검사흐레(하러) 왔다설란(왔다가는) 유 버버리(벙어리) ø 죽여 뒁(두고서) 가
젠 흐단(가자고 하다가) 제가 죽을 뻔햇주(뻔했지). 구비3 김재현, 남 85세:
325쪽

-으로[목적]: 가운딧(가운데) 밧(밭)은 아, 아시해(이전 해, 작년) 버으러(벌어, 경
작해) 나민, 뒷해(다음해, 내년)엔 버을지(벌지, 경작하지) 아녕(아니하여서)
내 붑니다(내 버립니다, 휴경합니다), 놀림으로(밭을 놀려 두기 위하여). 구비3
김재현, 남 85세: 153쪽

-으로0!(고말고!): "대감네 집이 보물덜이 많이 있다고 흐는디, 어디 있는 줄 알겠
느냐?" "아이, 그거야 앎으로(알고말고)! 내가 가문 그까짓 거야 문제가 있느
냐?" 구비2 양구협, 남 71세: 634쪽 **-으메0: 큰 돌 으염(어염, 이염, 한자어
隅廉 또는 於廉, 구석지)에 몰래(모래) 불리기(불려와 쌓이기) 좋으메(좋음+이
어). 구비2 양구협, 남 71세: 620쪽 [-멘: 으메+은 거다의 줄임]

-으매 -는디 -으문 -앙 -앙 -어0 -으문 -앙 -곡 흐는디0: 기연(그래서) 그디(거
기) 언매(얼마) 안 가매, 똘롸(따라) 가는디, 아니 가 가문 또 오랑 물엉 둥기어
(당기어). 아니 가 가문 돌아왕 흐곡 흐는디. 구비2 양구협, 남 71세: 669쪽

-으매: 흐난 서방, 실랑(新郞) 춫앙(찾아서) 가키옌(갈 거야라고). 「춫앙(찾아서)
가커매(갈 것이므로), 밸(舟를) 짓어 줍센」 흐난. 구비1 김순여, 여 57세: 204쪽

-으매[까닭]: "그럽주마는(그렇습니다만) 소문 들음에 「상주님안티나뺴윈(?鄕主
+님에게나밖에는) 곡석(곡식)이 없다」 ø 하니, 빌리레 왓이매(빌리러 왔으매)
다소 조꼼(조금) 갈라 주십서!" 구비3 김재현, 남 85세: 59쪽

-으매0: "우리 부친 ø [당신을 집으로 데려] 오랜 했이매0(오라고 하고 있으매0)"
구비3 김재현, 남 85세: 43쪽

-으멍 [동시 진행]: 일주일을 밤낮 줌 아이 자 노니(까), 뭐 사름 죽여도 몰르고, 살아도(살려도) 몰르게 줌을 막 코 골멍 자는 판이라. 구비1 안용인, 남 74세: 128쪽

-으멍 가: 이제 소더레 이제는 기냥 쓸덜을 막 쉬으멍(실으면서) 가. 막 보내여 준댄 말이어. "재산은 그날 그거뿐이다!" 구비1 안용인, 남 74세: 166쪽

-으멍[계기적 사건] -곡 뭣ᄒ였는디: 기영 해서(그래서) 이젠 그 날은 모이게 되였 는디, 그 술 권ᄒ문 그리저리 어디 먹는 체ᄒ멍 어떻게 어떻게 비와 불곡, 뭣ᄒ였는디, 지일(第一) 끄트머리에 공교시러운 놈이 잇어서, 어떵어떵 그 조 그만 잔에 석 잔을 멕여 불었다 말이어. 구비2 양구협, 남 71세: 626~627쪽

-으멍 뀌어: 메누리가 그때 상(밥상) 들러 오멍 똥(방귀)을 「박~!」(의성어) ᄒ게 뀌어. 두 번 「박~!」 ᄒ게 뀌어. 구비1 안용인, 남 74세: 200쪽

-으멍[계기적 사건] -난 -라0: 「확확!」(급히급히 의태어) 클런(몸을 묶은 끈을 풀어서) 내 부난(내 버리니까, 내 버리자) 그자(그저 마구) [여우한테] 들려들멍 (달려들면서) 물어 잦히난(젖히니까) [본래 모습대로 되돌아온 것을 살펴보자] 여우라. 경(그렇게) 해연(해서) 여우 잡앗주. 구비3 김재현, 남 85세: 51쪽

-으멍 -는디 -거든: 올라갓어. 춤추고 소리 ᄒ멍 노는디, 하, 일등 게성(妓生의 개인 방언임) 모냥으로 더 (잘) 놀거든, 신부가. 구비1 안용인, 남 74세: 209쪽

-으멍 -는디 -다가 -은 우제는: "(술) ᄒ 잔 더 줘라!" "닐랑(내일랑) 더 주마!, 닐랑 더 주마!" ᄒ멍 (술) ᄒ 잔썩은 주긴 줫는디, 그리저리 ᄒ다가(지내다가) 사위가 들어온 우젠(後+적에는, 뒤에는) "ᄒ 번 나가서 … 구경이나 ᄒ시다!" "그거 좋다." 구비2 양구협, 남 71세: 651쪽

-으멍 -는디 -으멍 -는디 촛드라 해여: 절로(저리로) 해서 혈(穴, 생수가 솟아나는 구멍)을 뜨멍(뜸을 뜨듯이 하여 거꾸로 생수 구멍을 막아 버리면서, 斷穴하면 서) 기영(그렇게) 오라(여러) 날 돌아다니는디, 단수(斷水, 수맥을 決斷함)에 혈(穴)을 촛드라(찾더라) 해여. 구비2 양구협, 남 71세: 653쪽

-으멍 -다가 -앗지: 「앙이!('아니!'의 개인 말투) 이 엄판스(嚴判事) 오랫만이어!, 엄서방 오랫만이어!」 ᄒ멍 ᄒ 동안 질겨ᄒ다가(즐기다가) 이젠 고향으로 왓지. 구비2 양구협, 남 71세: 651쪽

-으멍 -단 보니 버렷댄 말이어: 경(그렇게) ᄒ영(해서) 짓떼기(마구) 튀어(뛰어) 댕기멍(다니면서) 놀단(놀다가) 보니, 그 방석 뜨뜻이 최우는(불가에서 쪼여 두는) 걸 잊어 버렷댄 말이어. 구비3 양원교, 남 72세: 407쪽

-으멍 -당 -아서 -이라(으라): "숫(숯)을 이제 그 궁기레(구멍쪽으로) 「막:!」 막

댕이(막대기)로 수시멍(쑤시면서)「막 : !」담당(담다가) 남은 걸랑 이 도(입구)

에 문짝(모두 다) 숨아 눠서(쏟아 놓고서) 불을 부찌라(붙이라, '붗이라')!"고.

구비2 양형회, 남 56세: 40쪽

−으멍 −뒹 −으라고: (보물을 지키려고 겹으로 된) 아홉문을 다 이젠 들어갓어.

가멍 통쇠(자물통, 筒+쇠)로 채와 뒹 나가라고. 구비2 양구협, 남 71세: 634쪽

−으멍 말멍[2항 선택]: "이상혼 일이멍 말멍, 저, 저의 애비 제사가 당(당도)해서,

[제삿날이] 그자(그저) 잇어 낫읍니다." 구비3 김재현, 남 85세: 143쪽

−으멍 −아:「못 가키어(가겠어, 가다+으크+으어), 못 가키어!」ㅎ멍 느시(기어이,

전혀) 아니 오라(와, 오르+아). 구비3 김재현, 남 85세: 166쪽

−으멍 −안 −안0: "경(그렇게) 흡주(하겠습니다)" ㅎ멍, [정훈도가] 들롼(바짝 따라

서) 간0(갔어). 구비3 김재현, 남 85세: 42쪽

−으멍[계기적 사건] −안 −안0: 이제는 [삯일꾼들이] 다 호밀(낫을) 가지멍(가지면

서, 갖고) 오란(와서) 조반을 다 먹언(먹었어). 구비3 김재현, 남 85세: 274쪽

−으멍 −안 절ㅎ는 걸 보니: 그 맨땅(맨땅바닥)에 옷 버물이멍(버물+이+으멍,

더럽히면서) 납으재기(납작이, 납으작+이) 엎더졋 절ㅎ는 걸 보니, 어, 소년덜

이 겁 집어 먹언 믄딱(모두 다) 도망쳐 불언. 허허허허! 구비2 양형회, 남 56세:

27쪽

−으멍[동시] −앖거든0: 유산(遊山) 호화객(豪客의 뜻일 듯)덜 모양인ㄱ라 산으로

들어가 가지고 게성(妓生의 개인 방언임)덜 드라서(데려서) 장기(장구) 치멍덜

놀앖거든. 구비1 안용인, 남 74세: 209쪽

−으멍 −앗는디 −면서 −고는 −안0: ㅎ멍 이야길 주고받고 ㅎ엿는디, 다 ㅁ차(끝마

쳐) 놓고는 입어 보면서 다 ㅁ차 놓고는 아바지 방에 간. "아바지, 이걸 입어

보십서!" 구비2 양구협, 남 71세: 641쪽

−으멍[동시] −앗다: 해 가니, 춤(참) 신착(신짝)을 벗언(벗고서) 뒷통수를 잡아후리

니까니(냅다 후려치니까) 이놈이 게(이놈의 것이, 여우가) 비멩(悲鳴)을 치멍

도망을 갓다. 구비3 김재현, 남 85세: 78쪽

−으멍[동시] −앗저 −으라: 간 후제는(後+적에는) 돈 흔 냥「탁!」(의성어) ㅎ게

마리짝더레(마루쪽으로) 놓멍(놓으면서) "나ø 저, 술값 선전ø(現錢, 현금) ㄱ

전(가져서, 갖고서) 오랏저[통보]. 좋은 술로 ㄱ져 오라!(갖고 오라)" 구비3 김

재현, 남 85세: 160쪽

−으멍 −앙 −아그네 −곡. −곡 ㅎ단 −아그네 −아 뒨 −는디 불언: 곱음자기(숨바꼭

질)ㅎ는 서늉ㅎ멍(시늉하면서), 막 아이덜이 강(가서) 막 이젠 그 부인 될 새각

시 뒤으론 가그네 막 쓸령(스치고서) 돌곡(달아나고). 기영 ᄒ곡 ᄒ단(그렇게 하면서 그러다가) 이젠 막 어떵 허여그네(어떻게 해서) 이젠 막 아프게 장난으로 허여(헐+어, 해쳐) 된 돌아나는디(달아나는데), 신을 앚언(갖고서) 돌아나 불연(달아나 버렸어, 불언). 그 아이덜이 신을 앚언 돌아나 불연(불언). 구비2 양형회, 남 56세: 29쪽

-으멍 -으라: 부재(富者)는 부재로고나! ᄒ되 ᄌ녁을 ᄌ기네만 먹으멍, 게도 「ᄌ녁이라도 굳익(같이) 먹으라」고 허여야 될 텐디, 몽니는 하여칸 나쁜 놈이다. 구비 1 안용인, 남 74세: 165쪽

-으멍 -으라고: 펜지를 ᄒ 장 써 줫어. 써 주멍 「사름 곧 내어 놔 불라(감옥에서 석방시키라)」고. 「뭣이 경(그렇게) 나쁜 일 ᄒ엿나?」. 펜지 썬. 종년덜 만ᄒ니 종년덜안티(여자 종들에게) 주난, (관가 수령에게) 긎다 줜. (옥에 갇혔던 사위가) 돌아왔어. 구비2 양구협, 남 71세: 649쪽

-으멍 -으멍 [대등한 사건 나열]: 권력 있곡 재산 있는 사름만, 이젠 누울리멍 누울리멍(눕혀두고서) 돌아댕겼입주. 구비1 안용인, 남 74세: 163쪽

-으멍 -으멍 [동시 사건] -앗다ø 말이어: ᄒ 자썩(한 자씩) 가지가 기냥(그냥) 막 질게(길게) 간(가서, 뻗어가서) 「딱!」(의태어, 단단히) 얽어져 놓니까, 일어사(일어서서) 가자고 퐃(팥) 걷듯(거두듯) 그치멍(낫으로 그으면서, 베면서) 「빙빙!」(의태어) 둥그리멍(둥글리면서) 비어(베어) 낫다ø 말이어. 구비3 김재현, 남 85세: 286쪽

-으멍 -으멍 -는디 -다가 -다가 -면은 -음직해: 푸남(풀+나무)으 장슬 ᄒ멍, 기영(그렇게) 장ᄉ를 ᄒ멍 사는디, 푸남을 ᄒ레 매일 댕기다가, ᄒ를은 푸남을 ᄒ여다가 살면은 늘 수가 엇엄직ᄒ여(없음직하다). 구비2 양구협, 남 71세: 657쪽

-으멍[동시] -으멍[계기] -아그네 -어사 -는 거주게0: 술 오메기(술 빚기 위해 차조 반죽으로 고리처럼 둥글게 만든 떡)ø 숢으멍, 큰 솥, 대말(大斗) 치(鋹)에 숢으멍 큰 ᄀ렛도고리(맷돌+ㅅ+도고리, 통나무나 큰돌의 가운데를 움푹 파내어 맷돌을 얹힘)에 퍼 놓아그네(놓아서) 식혀사(식혀야) 썪으는 거주게. 더운 때 썪어 불민(버리면) '술이 죽나'고 안니ᄒ나(않나)? 구비3 김재현, 남 85세: 31쪽

-으멍 -으멍 앗다+말이어0: [제주 목사가 명령하기를] "다른 ᄆᆞᆯ(말) ᄀᆞ져 들이라(갖고서 들여 와라), ᄀᆞ져 들이라!" ᄒ멍 ᄆᆞᆯ(말) 멧(몇) 개를 ᄀᆞᆯ매들이멍(갈마들이면서) 들여 갓다말이어. 구비3 김재현, 남 85세: 103쪽

-으멍 -으멍 -으난 -어사ø주0: "뭐, 주도(주지도) 안 ㅎ멍 사름ø(사람) 저들르멍
(괴롭게 하면서) ㅎ난원(하니까+화용 첨사 '원', 실망감을 나타냄) 글아 불여
사ø주0(말해서 알려 버려야지, 버려야+하지) 구비3 김재현, 남 85세: 93쪽
-으멍 -으멍 장난ㅎ는 아이: 아이덜 장난ㅎ멍, 곱음자기(숨바꼭질)ㅎ멍 장난ㅎ는
아이덜을 보고 "아무 집 대감 똘을 어떻게 허엿든지, 나 얼굴을 보게 허여
달라!"고. 구비2 양형회, 남 56세: 29쪽
-으멍 -으멍 ㅎ다: 오래멍 말멍(오래면서 말면서) 햇일 테주(했을 터이지). 구비3
김재현, 남 85세: 232쪽
-으멍 -으멍: 그 아으(아이) 곧 데리고 오자 말자, 아 그 호랭이가 「퍼짝!」(번쩍)
왓어. 퍼짝 왓는디, 도야지(돼지) 지르는 디(기르는 데를) 손 フ르치니, 그 도야
질 물어간. 다음엔 아을(아이를) 질롸 낫다(길렀었다) ㅎ는디, 그거 원 말이
되멍 말멍 ㅎ는 말이주마는. 구비2 양구협, 남 71세: 644쪽
-으멍[동시] -으멍[배경과 초점]: 몽둥이 죄연(집어서, 죄어서) 돌아댕기멍(밭 안
을 돌아다니면서) 조끔(조금) 더디(더디게) ㅎ는 사름(사람)은 "속히 ㅎ라, 속
히 ㅎ라!" ㅎ멍, 그자(그저) [베어 놓은 조를] 묶음도 속히, 빔(벰)도 속히 [하였
다]. 구비3 김재현, 남 85세: 276~277쪽
-으멍 -주0: 조방장(助防將, 해안 방위 책임자)은 삼 년에 혼 번인가 자꾸 글류멍
(갈리면서, 갈리우면서) 들어 오주0(오지). 구비3 김재현, 남 85세: 84쪽
-으멍 ㅎ난: "어떤 놈이 시방 물코(물꼬)를 막앗이니(막고 있느냐)?" 웅성거리멍
ㅎ난(웅성거리면서 하니까, 웅성대니까) [고씨 대각(大脚, 힘 장사)이 웅성거리
는 젊은이들을] 잡안(잡았어). 심(힘)이 어떵사(어떻게야) 쎄었인디(센지, 세는
지) [꿩이 날을 구부려 수갑 채우듯이 젊은이 손목을 감아 버렸다] 구비3 김택
효, 남 85세: 382쪽
-으멍 ㅎ난: 이젠 조반 해영 먹으난 "가게!(가자!)" ㅎ멍 ㅎ난(말하면서 하니까,
말하니까), 요놈 것덜이 절박(結縛)해여 보젠 「더듬머뭇, 더듬머뭇!」(의태어,
더듬대다거 머뭇머뭇 그침) "느네덜(너희들) 날(나를) 묶으젠 햄다?(하느냐?)"
"예!" 구비3 김재현, 남 85세: 163쪽
-으멍 -ㅎ멍 -어: 앚은뱅이는 봉술 엡히고(봉사 등에 업히어서) 얻어먹으레 댕이
멍, 그 봉순 발은 잇어도 브레질(바라다보질) 못ㅎ니까, 운전순 우희 잇곡 발론
(발로는) 걷곡 ㅎ멍 얻어먹으레 댕겨. 구비2 양구협 71세: 665쪽
-으멍[동시](으멍으네, 으머그네): "이 놈의 쇠 잡자!"고 허여 가지고, 즈기(제몫
의) 괴기를 갈란, 뭐 싸니 비싸니 ㅎ멍, 괴기덜 들렁 댕긴단 말이우다. 구비1

안용인, 남 74세: 137쪽

-으멍[계기]: (도둑이 자신이 찬 칼을 주인공인 아이에게) 주왁이(갑자기) 내민다 말이어. (주인공인 아이가) 「확!」 주난, 그 오동퀴멍(힘차게 발을 펄쩍 뒤면서) 야개길(목을, 도둑의 목을) 「콱!」 그차 불언(끊어 버렸어). 기영 ᄒ연 무사ᄒ게 (산속 길을) 갔단 말이어. 구비2 양구협, 남 71세: 631쪽

-으멍[동시]: "이젠 앞으로 걸으멍 연구해 보라!"고, 연굴 했이문, 「요영 글라(이렇게 가자), 저영 글라!」 ᄒ멍, 「연굴 ᄒ랜」 들이(들입다, 다그쳐) 굴으난, 그 연구만 ᄒ젠 ᄒ 도독놈덜(도둑놈들)이라, 이디레 가는 체리도(처리도, 줄도) 몰르고. 구비2 양구협, 남 71세: 636쪽

-으멍[동시]: 과부의 ᄌ식이 잇다가 푸남(풀+나무)을 ᄒ연 먹으멍 살다가 살아보니 평생 이름 나게도 살 수가 읏고(없고), 만날(每日) 이 모냥으로 살 바에야 어디라도 나간다고. 구비2 양구협, 남 71세: 662쪽

-으멍[동시]: 그 방앳귀(방아 공이)를 넷씩 ᄀ정 「탕탕탕탕!」(의성어) 어울리멍 짛는 방애가 있고. 구비1 안용인, 남 74세: 203쪽

-으멍[동시]: 막 이젠 집을 지으난, 아기덜 나멍 번성ᄒ게 지내였젱 흅네다, 그 무연도(無人島) 간. 구비1 김순여, 여 57세: 204쪽

-으멍: 멜(멸치) 코(그물코)가 나갈랴고 ᄒ니 불덩어리(도깨비불)가 나와 가지고 그 개코(수심이 얕은 해안) 지 잔 딜(자기가 잤던 데에를) 탐방탐방 탐방탐방 (텀벙텀벙) 막 ᄒ멍, 이놈의 고기가 못 나갓어. 구비 1 안용인, 남 74세: 170쪽

-으멍 ᄒ다: 물이 팔 끓으는 디 「들어가라!」고 허여서 두드리 태작(打作, 도리깨질) ᄒ멍 ᄒ는 화탕지옥(火湯地獄)이 있고. 구비1 안용인, 남 74세: 181쪽

-으멍: 뭐 (제주시 구좌 김녕리 앞바다에 있는) 두럭산, 바다 가온디(가운데)로 물이 나오멍, 건(그건) 천신(天神)으로 되는 거이지마는, 또 한라산으로 장수(將帥) 나민 그 물 탕 가는 디가 셔야지뭐? 경 허엿젠 말뿐이지. 구비1 임정숙, 남 86세: 194쪽

-으멍: 앙이!('아니!'의 개인 말투) 야개질(목을) (그렇게 하라는 듯이) 「그딱그딱!」 ᄒ멍(끄덕이면서) 오꼿(곧장, 고스란히) 도망가 불어. 구비2 양구협, 남 71세: 644쪽

-으멍: 이제 (묶을 끈들을) ᄀ져 오니까 ᄒ나혼 풀(팔) 절박(結縛)을 딱! ᄒ여 놓고, 「이대롬 풀 끼멍 연(聯)잇어 묶으라!」고. 구비2 양구협, 남 71세: 636쪽

-으멍: 저 뺴다귀(뼈다귀)ᄒ고 가죽 밲의(밖에) 아이 남은 것덜이 와장창(왕창) 나오란 "살려줍서, 살려줍서!" 허여 가니, 사제(使者, 差使)덜이 몽둥이로 패

두드리멍 앗아다(가져다가) 탁탁! 가두와 불거든(가둬 버리거든). 구비1 안용인, 남 74세: 181쪽

−으멍[동시 진행] −앗주: 들을 적에는 더러 그 일홈(이름)들을 들으멍 알앗주마는, 이젠 다 잊어 불언, 오래여 놓니까. 구비2 양구협, 남 71세: 636쪽

−으멍~ 소리만 하다: 육지(陸地)서는 나록(나룩, 벼) 빌(벨) 때는 드돌꿰멍(드들처럼 덜렁거리면서, '드들'은 흔들 수 있는 시렁) 올라사 가지고(올라서서) 소리(노동요)만 ᄒ는 놈도, 일 아니허여도 ᄒ 찍(한 몫, 한 적시)이라, 허허허. 흔 찍(한 몫, 한 적시)이곡 ᄒ디, 밑에는 막걸리 통 막 근근히(홍건히) 걸러다 놓고 우의는 북 두드리멍 소리만 ᄒ면, 흔 찍(한 몫, 한 적시)이라. 구비1 안용인, 남 74세: 164쪽

−으멍 ᄒ다: 물이 팔 끓으는 디 「들어가라!」고 허여서 두드리 태작(打作, 도리깨질) ᄒ멍 ᄒ는 화탕지옥(火湯地獄)이 있고. 구비1 안용인, 남 74세: 181쪽

−으멍서라 −으난 −이라: 이틀 밤인가 자단 깨어나멍서라(깨어나면서＋을랑) [자신의 양 겨드랑이를] 영(이렇게) ᄆ직아 보난(만져 보니까) [겨드랑이 날개가 없이] 펀펀이라(아무런 것도 없어). 구비3 김재현, 남 85세: 37쪽

−으메(음이어): 큰 돌 으염(어염, 이염, 한자어 隅廉 또는 於廉, 구석지)에 몰래(모래) 불리기(불려와 쌓이기) 좋으메(좋음＋이어). 구비2 양구협, 남 71세: 620쪽
[−멘: 으메＋은 거다의 줄임] ** −으로! 앒으로 구비2 양구협, 남 71세: 634쪽

−으멘 −으난 −안0 −안 −안 −단 −안0: 게멘(그러면), 아방이 와 부난, (본처가) 「고향으로 돌아가키옌」 허연, (무인도에서 본처가 배에 첩실을) 실런, 서이 새끼(세 명의 아이) 탄 오단양, 서이 새끼 탄 오단 풍파를 만난, 긔냥 벨(舟를), 원, 간 곳 읏이 간간무중!(캄캄한 오리무중을 뜻하는 듯함). 구비1 김순여, 여 57세: 205쪽

−으며: ᄒ니 쇠(牛) 백 머리가 어디 이시며 말이우다양? 그것이, 그것이 아니랏입주게(아니었읍지요 그렇죠). 구비1 안용인, 남 74세: 211쪽

−으면 [조건]: 그 고기가 쌀물(썰물) 나가면, 바당데레 와~ 나가 붑니다. 구비1 안용인, 남 74세: 170쪽

−으면 [조건]: 어멍이 밤의는 시간 되면, 요새면 흔 세 시, 네 시 되면, (외출) 나갈 때 물이 잇이면 보선을 벗고 댕긴다, 그 물을 건넛어. 구비1 임정숙, 남 86세: 144쪽

−으면 [조건]: 제(祭)를 지내면 ᄆ을도 펜안(便安)ᄒ고, 그 시절에는. 겨니 그것이 즉 말ᄒ면 어머니는 백주부인(白洲夫人, 흰모래밭 부인)이고 아들은 소로(蘇祿,

필리핀 군도 중 Sulu Isles로 불리는 섬들임) 소천국(小天國)이라고. 구비1 안용인, 남 74세: 151쪽

-으면 [조건]: 함흥(함경북도 咸興) 가면 어느 집 도깨비 엇는 집 엇수다. 함흥데레 가면, 저 거시기 그쪽데레 가면. 구비1 안용인, 남 74세: 174쪽

-으면 -건 -야지 -당은 -아그네 으민 -은다: "너 ø 갈 테이면 쳇둑(첫닭) 울건 가야지, 강정 ø(서귀포시 강정동에), 여기서(대정현 현치인 서귀포시 대정읍 인성리·안성리·보성리에서) 늦이 ᄒ당은(하다가+는) 붉아그네 [한효종이] 어디 가 불민 심지(잡지, 붙들지) 못ᄒ다." 구비3 김재현, 남 85세: 162쪽

-으면 -겠다: 그 영감(令監)에도 가 가지고 「돈 아이 빚져 줄 것 ᄀᆞ으면은, 너 이젠 곧 탕진가산(蕩盡家産) 시기겠다」고 억압을 줘 놨댄 말이어. 구비1 안용인, 남 74세: 174쪽

-으면 -는 게주: 좋은 일이나 나쁜 일이나 가장(家長)이 ᄒ랑(호령)ᄒ면 ᄒ는 게주(것이지). 구비3 김재현, 남 85세: 273쪽

-으면 -는디: 그게 아녀면(아니라면) 대각대각(때깍때깍) 들어맞는디, 부족허여 그 토정비결(土亭秘訣)도. 구비1 안용인, 남 74세: 187쪽

-으면 -아 가지고 -으면 -아서 -는디 -앗습니다: 사또가 서(西)으로 오면은 대정(옛날 대정현)서, 대정 지경서, 가서 지들려(기다려) 가지고 환영을 ᄒ게 되면, 중문(서귀포시 중문동)으로 저 대정읍ᄁᆞ장(대정현 읍치까지) 백성덜이 나와서 … 첨 좌수(유향 좌수) 훈장 ᄀᆞ튼 이덜(이들) 이런 이덜이 가는디, 그 중문리 여우 잡앗다는 이좌수193)가 갓습니다. 구비3 김재현, 남 85세: 138쪽

-으면 -아그넹에 -라그네 -앙 -아낫던 모양이다: 이, 그 전(前)의는 중복(中伏)날이 되면, 꼭 선녀(仙女)덜이 내려오라그넹에(내려와서) 그 백록담(白鹿潭)의 오라그네(와서) 모욕(沐浴)을 허영 올라가낫던 모양이라마씀. 구비1 안용인, 남 74세: 188쪽

-으면 -앗어0 -으면 -앗다서 -고 -으니 -을 수 없어요: 누가 ᄒ느냐 ᄒ면, 밧디(밭에) 잇는 것은 밧임재(밭임자)보고 「ᄒ라!」 맹령했어. 안 ᄒ면 잽혓다서 짓(마구, 몹시) 태작(打作)ᄒ고, 어 형벌(刑罰, 처벌)ᄒ니 안 ᄒ을 수 없어요. 구비3 김재현, 남 85세: 106쪽

---

193) 당시 다섯 호랑이가 일컬어졌었는데, 김용우·부도일·신성흠·이최영·이은성이다. 이 좌수는 서귀포시 중문동에 전해져 오는 이야기로서 유향 좌수 이은성(李殷成, 1719~1778)인데, 1772년 대정 향교 중수에 힘썼다. 각주 176 참고.

-으면 -앙 -는 거: 암행어스(暗行御史) 눈에만 걸렸다면, 집이고 뭣이고 그까짓
거 뿌수왕(부서뜨리고서) 홍치기(홍두깨질의 방언형 홍짓대-치기) 허여 부는
거, 거 문제가 아니거든. 암행어스라고 흔 것이. 구비1 안용인, 남 74세: 166쪽

-으면 -앙 -는 거라: 아니, 그 집의 둑(닭)인디 말이우다양, 동네에 가그네 거자(그
저)로 줏어 멕이당, 알은 집의 오랑 낳곡, 어둑으면 몰앙 들어오는 거라, 허허허
허. 구비1 안용인, 남 74세: 165쪽

-으면 -앙 -으라: "너 먹고 싶으면, 요디 부재칩(富者宅)의 강 얻어먹어라!" 구비1
안용인, 남 74세: 164쪽

-으면 -으면 -소0 -주0 -는 거라0: [나라 목장의 말을] 질루면(기르면, 치면),
그 물(말) 질룰(기를) 때에 어떤 사름(사람)이 걸(그걸, 목장을) 관리흐느냐ø
흐면, 목즈(牧子, 말 치는 전문 직업인)란 그 별명이 잇소. 거 춤(참) 옛날 말로
쌍놈(賤人)이주0. 목즈라ø 흔 사름(사람)이 그 물을 フ꾸는(가꾸는, 말을 치는)
거라0. 구비3 김재현, 남 85세: 57쪽

-으면 -으면 -으면은 흐메: 해 뜨면, 해 뜨나마나 붉으면, 흔 요샛말로(요사이
표현으로) 아홉시쯤 되면은 「조반 강(가서) 먹엉(먹고, 먹어서) 오라!」 흐메[흐
+음+이어, 하는 법이야]. 가까운 디딜(곳들). 구비3 김재현, 남 85세: 66쪽

-으면 -으면: "게민(그러면) 어찌흐문 좋겠느냐?" 구비2 양구협, 남 71세: 619쪽

-으면 -으민 -고 -으민 -고 -으민 -고: 겨니(그러니) 유산(遊山) 구경으로 한라산
스돌기(꼭대기, 줄기 끝부분, '스들게, 소들게, 소독'의 변이형이 있으며, '솟+
突起' 합성인 듯함) 오르면, [멀리 내다보면서 제주 목사가] 북쪽드레(으로)
돌아앉으민 북군에서 음식을 출려 드리고, 궂인 상(다 갖춘 밥상)을, 또 정의쪽
으로 돌아앉으민 정의에서 출려 드리고, 대정쪽으로 돌아앉으민 대정에서 상
을 출리고(차리고), 그거뭐 옛날 법인지 뭣인지. 구비3 김택효, 남 85세: 385쪽

-으면 -으민 -주마는 -으면은 -이어: 경 흐면(그렇게 하면) 다행이(다행히) 되민
(임금이 되면) 흐주마는(괜찮지마는), 안 되면은 삼족(三族)이 멸(滅)이어. 구비
3 김재현, 남 85세: 35~36쪽

-으면 -자 -으면은 -으면 줄 거이고 -으면 받지라: "그러면 내기를 흐자!" "바독
을 두어 가지고 그레면은 내가 지면 옥황의 똘을 내어줄 거이고, 너가 지면
너 목숨을 받지라(바치라)!" 구비1 안용인, 남 74세: 187쪽

-으면 흐곡 그렇지 않으면 위태흐다: "너희 배에 몇몇이 잇느냐? [실어가는 물건
들을] 다 우리 배에 실러 들이면 흐곡(하고, 좋고, 목숨을 살려 주고), 그렇지
않으면 너희 생명이 위태흐다!" 구비3 양원교, 남 72세: 420쪽

-으면(앗으면) -을 건디 -로 -겟다: "논 가운디(가운데) 봉(낮은 언덕)이 없엇이민
(없었으면) 아주 좋을 건디(것인데) 저거 있기로 고장나서 안 되겟다!" "아,
그러면 걸(그것을) 파 불겟다(버리겠다)."고0. 구비3 김재현, 남 85세: 82쪽

-으면(으믄) 잇어0: 천제연(서귀포시 중문 관광단지 안에 있는 해안쪽 폭포와 못)
내(川) 다음 저영(저리로) 나가믄 논 꼴쟁이(골짜기) 잇어, 논 잇어. 그게 오줌이
골이라. 구비3 김재현, 남 85세: 62쪽

-으면: 아이 내여 놀 수가 잇어마씸? 허허허허. 거짓말도 멋들어지게 그렇게 ㅎ면,
허허허허. 「네 말이 옳다!」고 ㅎ면, 이제는 증서 내여 놓고 「돈 갚아라!」고
홀 판이라 말이우다. 구비1 안용인, 남 74세: 155쪽

-으면[-자면]: 겨니 그것이 즉 말ㅎ면, 어머니는 백주부인(白洲夫人)이고 아들은
소로(蘇祿, 필리핀 군도 중 Sulu Isles로 불리는 섬들임) 소천국(小天國)이라고.
구비1 안용인, 남 74세: 151쪽

-으면[조건] -어야 되겟다: "아딜(아들)이 어찌어찌흔 날이면, 우리가 이 아이를
츠라리 죽일 수는 못 되고, 이걸(양 겨드랑이 날개를) 어떻게(어떻게든지) 끊어
불여야(버려야) 되겟다." 구비3 김재현, 남 85세: 36쪽

-으면서[이유] -을 뻔하다: 저쩍(저쪽에 있는) 포구에 건즘(거의 다) 가서 … 그만
풍수대작(風騷大作, 바람이 소란스럽게 크게 붊)ㅎ고 바당물(바닷물)이 즈우
(좌우)로 그냥 막 들락키면서(들썩대면서) 훈마훈마(설마설마, 하마터면) 가지
못홀 뻔햇다. 구비3 김재현, 남 85세: 107~108쪽

-으면서[동시]: 오선달은 멀리에 사서(서서) 선도자로 「빙빙!」(의태어, 밭 전체를
원을 그리듯) 돌아댕기면서 노래를 부른다ø 말이어, 「밧(밭) 불리는(밟아 주
는) 노래」. 구비3 김재현, 남 85세: 304쪽

-으면서[동시 사건] -으라니 -을 수가 잇어?: 앙이!('아니!'의 개인 말투) 그 포따
리에 싼 놔 둔 건, 뒹엿던(동였던) 건, 음식을 내어 놓면서, 손질(손자를) 들아오
라니(데려오라 하니), 읎는 걸 들아 올 수가 잇어? 구비2 양구협, 남 71세:
643쪽

-으면서[동시 사건] -자고0: 여즈가 즈원(自願)허엿어. 홀목(팔목) 심으면서, "당
신ㅎ고 나ㅎ고 흔 번 연애(戀愛) 두자!"고. 구비1 안용인, 남 74세: 161쪽

-으면서[동시 나열] -으면서 -는디0: 그딜(그곳을) 집 짓언 살면서, 그디 목장
ㅎ면서, 부재(富者)로 잘 살앗단 말이 잇는디. 구비2 양구협, 남 71세: 669쪽

-으면서[배경] -아 드리고: 춤(참) 베인태(邊仁泰, 관청 노복)는 … 저, 비서굳이(비
서처럼) 살면서 [상관의] 밥도 ㅎ여 드리고 … 부름씨(심부름) 가 오고. 구비3

김재현, 남 85세: 84쪽

-으면서 -앙 -이민: 이렇게 ᄒ니, 「미릿 준비 아니허였다」고, 혹켱(酷黥, 가혹하게
경치다)만 질러두고. 혹켱 질르면서 쏠 ᄒ 되라도 졍 보내엿이민 ᄒᆞᆯ 텐디, 쏠도
아이 주고. 쏠은 미릿 준비ᄒᆞᆯ 여유가 잇어야지. 구비1 안용인, 남 74세: 165쪽

-으면서 -으랜 ᄒ난: 댕기면서(다니면서) 땅이 막 맥(지맥)을 끊어 버리랜 ᄒ난(하
니까) … 동쪽으로 즈근즈근(잘게잘게) 끊어 오는디… 구비3 양원교, 남 72세:
405쪽

-으면서 -으멍 -앙 -으라고 ᄒ니 ᄒ여: 풀면서 돈 받으멍, "이 친구네 집의(집에)
강 살라!" ᄒ니, 고개 「끄닥끄닥!」 ᄒ여. 구비2 양구협, 남 71세: 670쪽

-으면서: [밤중까지 부부가 일하면서] 남편도 일 ᄒ다서(하다가) 졸린다∅ 말이어.
ᄒ민(그러면) [격려하는 뜻에서 부인이] 그 떡(불에서 굽는 메밀떡)으로 「탁!」
(의성어, 부딪히는 소리) 앗아(떡을 가져서) 맞치면(맞추면) 그 떡을 줏어서(주
워서) 먹으면서 줌을 깬다. 구비3 김재현, 남 85세: 288쪽

-으면서: 그 여즈가 모롯괴(소리를 낼 수 없는 고양이, 벙어리를 이 방언에서는
'말 모로기, 말 몰레기'라고 함), 소리 안 나는 괴, 「우웅!」 ᄒ문 눈도 「번쩍번쩍!」
ᄒ는 괴(고양이)가 잇거든. 그 괴를 내 주면서, 그, 「날라그네(나＋올랑, 나는)
아무도 몰르게(모르게) 놔 버리라!」고. 「이젠 쥐가 나타날 리 엇일(없을) 거라!」
고. 구비2 양구협, 남 71세: 628쪽

-으면서도[반대, 역접]: 유 버버리(벙어리)도 그런 모양인디, 말은 글음은(말함은,
말하기는) 글으면서도(말하면서도) 가능성 없는 말을 ᄒ고. 구비3 김재원, 남
85세: 326쪽

-으면은 (조건): "가면은 (科擧 試題로서) 낙조(落照)라는 글제를 내었을 거이라.
떨어질 낙제(落字), 비칠 조제(照字). 해가 막 떨어질 때." 구비1 안용인, 남
74세: 156쪽

-으면은 [앞 사건의 평가]: "너 이렇게 단 불에 고기를 구면은 못 쓴다!" ᄒ니,
"어떵ᄒ민 조습니까?" 구비1 안용인, 남 74세: 133쪽

-으면은 [조건] -면은: 그때ᄁᆞ지도 비가 올 때 되면은 흰 사슴이 나와 가지고
백록담에서 끽끽끽끽 울어 났다고 ᄒ네.… 그때ᄁᆞ지도 비가 오랴고 ᄒ면은
백사슴이 나오라 가지고, 그 거시기 오라 가지고 … 백록담의 오라 가지고
끽끽끽끽 울어 났다고. 구비1 안용인, 남 74세: 190쪽

-으면은 [조건]: "가까이 들면은 카게 궈지고, 망불에 괴기 굴라고 ᄒᆞᆸ니다." 구비1
안용인, 남 74세: 133쪽

-으면은 [조건]: 견디 여기 가면은 저 바매기(栗岳)라고 흔 디가 있습니다. 구비1
안용인, 남 74세: 150쪽

-으면은 [조건]: 그디 오란 보니 묘(墓)덜이 너미 만허여서 못쓰고, 그 알로 느려오
면은 폭남(팽나무)이 큰 폭남이 있어낫습니다. 구비1 안용인, 남 74세: 150쪽

-으면은 [조건]: 동방색이(東方朔)는 뭐 체시(差使) 오면은, 하도 미신(무슨) 대위
(待遇) 잘 허여 놓니 삼천 년 살았다고 흐는 것이 아니고, 선도(仙桃) 복송개를
세 방울 도둑질허여 먹어서 삼천 년 살았댄 말입니다. 구비1 안용인, 남 74세:
141~142쪽

-으면은 [조건]: 막 그 경제(經濟)에 너무 붉고 틀아지면은(상대방과 감정이 틀어
지면은)「진주 꼼냉이(꼼생원) 곹은 놈이라」고 흐지 아녑네까(않습니까)? 구비
1 안용인, 남 74세: 163쪽

-으면은 [조건]: 물 싸면은 여(礖)이 나고, 물 들면은 곰츳고. 구비1 임정숙 84세:
144쪽

-으면은 [조건]: 배염굴(제주시 김녕리 김녕사굴)이 우리 듣기에는 그때(옛날) 큰
구렁이 놰 가지고 그디 제를 아이 지내면은 대풍(大風)을 불어 가지고, 브름을
불고 비를 뿌려 가지고 곡속을 못허여 먹게 막 맨든다. 구비1 임정숙, 남 86세:
191쪽

-으면은 [조건]: 왜배 들어서 망불(봉수대 봉홧불)을 안 싸면은 옷 앞섭 끊어가
가지고 벌 받곡, 이렇게 홀 땝주게. 구비1 안용인, 남 74세: 133쪽

-으면은 ~으민: 우리도 어제 일곱 곤데(군데) 간 잘 얻어먹었주마는, 멧 해에
흔 번 흐면은, 도야질(돼지를) 잡으민, 친족도 잘 멕이곡, 동네 사름도 다 불러
당 멕입네다, 유쾌흐게. 구비1 안용인, 남 74세: 151쪽

-으면은 -겠다: "삼백년 후에는 너의 집 운또(運度)가 떨어지면은 내가 흔 번 복수
흐겠다!" 구비1 안용인, 남 74세: 213쪽

-으면은 -곡 -고 -읍니다0: "그거(서귀포시 안덕면 덕수리의 신당인 광정당) 정성
을 드리면은 백성도 펜안(便安)흐곡, 어 풍년지고(풍년들고) 이럽니다." 구비3
김재현, 남 85세: 103~104쪽

-으면은 -는 게주0: 만 삼 년 되면은 ㅈ동적(自動的) 퇴임을 흐는 게주(것이지).
구비3 김재현, 남 85세: 106쪽

-으면은 -는디 -곡 사는디 -은디 -이민 -암직흐댕 흔단 말이어: 흔디 흔 번 아는
분네가 왔어. 아 이거(둘째딸) 나를 주면은 … 그 정승이 금강산 우희 사는디,
인간의(인간 속세에) 느려오지 아니흐곡 산의(산속에) 사는디, ㅈ식이 꼭 그

연령 된 사름이 신디, (딸을 내 아들에게) 줫이민(줬으면) 좋암직ᄒ댕 혼단 말이어. 구비2 양구협, 남 71세: 646쪽

-으면은 될 거인고?: 팔도(八道) 조병ᄉ(都兵使의 뜻으로 쓰인 듯함)라고 ᄒ면은, 조병ᄉ민 지금의 뭔 지위 될 거인고? 구비1 안용인, 남 74세: 213쪽

-으면은 -든지 -이 부나 -아 버려야 ᄒ곗다: [침략 전쟁에서 이기기 위해서] 우선 철저혼 사름(사람)이 [우리나라에] 잇다 ᄒ면은, 이 사름덜을 무슨 꾀로 어떵 했든지, 춤(참) 죽열 부나(죽여를 버리나) 치와(치워 ø, 없애 ø) 버려야 ᄌ기네 (자기네들, 일본 장군 소서행장과 가등청정)가 일을 ᄒ곗다, 이런 생각을 들어 왔다고 [전한다, 판단한다, 확신한다]. 구비3 김재현, 남 85세: 325쪽

-으면은 -면은 -아서 못ᄒ여: 어디 강 노루 물어지면은, 다릴 혼 착(쪽) 꼭 주지 아니면은, 개가 앙살 제와서(사납게 덤비는 기질에 힘이 부쳐) 살질 못ᄒ여. 혼 착을 주문 물엉 나가곡. 매번 기영 ᄒ여(그렇게 해). 기영 개가 ᄒ여. 구비2 양구협, 남 71세: 670쪽

-으면은 -아 잇인 거 -으라: "그레면은 너 그 대신, 귀물(貴物, 토정비결 책자) 가져 잇인 거 내여 노라!" 구비1 안용인, 남 74세: 187쪽

-으면은 -아그네 -앙 -음직ᄒ민 -아그네 -아 드리고, -음직ᄒ민 -아그네 -아 불고0: [교체되어 새로운 조방장이] 처음 들어 오면은, 영(이렇게) 메틀(며칠) 지내 봐그네, 순순(淳淳)해서 천성이 순순해여 ᄉ환(使喚)을 괴롭지 안 ᄒ게 굴업직ᄒ민(굶직하면) 그자 ᄌ들르기(괴롭히지) 안 해그네 잘 부름씨(심부름) 해 드리고, 패라움직ᄒ민(광패함직하면, 悖+랍다+음직하다) 기어이 못ᄌ디 게 굴어그네(못견디게 괴롭혀서) 파면(罷免)도 시켜 불고0. 구비3 김재현, 남 85세: 84쪽

-으면은 -앙 -앙 가면 ᄒ메: 「조반 먹엉(먹고서) 오라!」ᄒ면은, 조반 먹엉 막상 그자 요샛말로 혼 시간쯤 그자 [청취 불명]194) 가면, 버금 「글을 읽으라」 안 해그네 「쓰라」 ᄒ메(ᄒ+음+이어, 하는 법이야). 글 두어 시간 공부, 쓰당(쓰다 가) 또 그만 써그네(써서) 「읽으라, 읽으라!」 해그네, 읽곡 배우곡 ᄀ르치곡 해지민, 「점심 먹으레(먹으러) 가라!」 구비3 김재현, 남 85세: 66쪽

---

194) 녹취 기록에는 천추(遷推)로 적혀 있다. 그러나 '추천'을 거꾸로 적은 것으로서, 조금도 앞뒤 문맥과 이어지지 않는다. 녹취 기록 주체가 자의적으로 집어넣은 것으로 판단된 다. 디지털 파일의 21분 52초에서 22분 32초 사이에 있는 내용이다. 필자는 이 대목을 여러 차례 들어 봤지만 정확히 알아듣기가 어렵다. 맥락상 아마 '한 시간쯤 자유 시간을 갖고서 서당으로 되돌아가면' 정도의 내용일 듯하다.

-으면은 -앙 -앙 -읍니다: 경ᄒ니(그러니) 스령(使令)이 사름(사람, 죄인) 심으레
(잡으러) 가면은, 으례(으레) 법이, [죄인을] 뒷창절박(뒷짐결박) ᄒ영(하고서)
묶엉(두 손을 묶어서) 갑니다. 구비3 김재현, 남 85세: 161쪽

-으면은 -앙 -으민 -읍데가?: 글찌후젠(厥之後+적에는) 괴기(물고기) 사레(사러)
가면은, 괴기 사레 가과랜도 안 해영 멀찍이 강 앚앙(앉고서) ᄀ만이(가만히)
앚앗이민(앉아 있으면) "오널(오늘) 괴기 사레 옵데가, 훈디(訓導)?" 구비3 김
재현, 남 85세: 40쪽

-으면은 -앙 -을 거냐: "(불을) 부찌면은(붙이면은, '붗이면은') 지름끼(기름氣)에
숯(숯)에, 제 이놈딜(변신한 여우들)이 불을 아이(아니) 부떵(붙엉, '붗엉') 어떵
홀 거냐!"고. 구비2 양형회, 남 56세: 40쪽

-으면은 -앙 -읍 니다: "이것은 십일대조(十一代祖)부터 이 목신(木神)을 위ᄒ는
신입니다. 겨서 밥 ᄒ면은 몬저 그디 강 올립니다." 구비 1 안용인, 남 74세:
210쪽

-으면은 -으니까니[이유] -을랑[조건] -아서[방법] -으면 -은다: "만일에 네가
[여우의 구슬을] 물고 가쟈(가져) 오자고 ᄒ면은, 그것이(처녀로 변한 여우가)
덤벼서 행악(行惡)이 날 테니까니, 그때랑(그때일랑) 신짝을 벗어서 뒷통수를
잡아후리면(냅다 후려치면) 도망친다!" 구비3 김재현, 남 85세: 78쪽

-으면은 -으마: "우리 아바지랑 살려 달라! 우리 아바지랑 살려 주면은 그 깝(값)
주마!"고, 호랭이 보고. 구비2 양구협, 남 71세: 643쪽

-으면은 -으면은 베려지는 디주: 그 지대(地帶)가 어떠냐 ᄒ면은, 군산(서귀포시
안덕면 창천리와 대평리 사이에 있는 산) 막바지 올라가면은 그 논 훤히 베려지
는 디주(바라보여지는 곳이지). 구비3 김재현, 남 85세: 29쪽

-으면은 -으면은 -주마는 -어도 -으니까 -으면은 -는 건 스실인데: 이제 큰
뭐 생수(生水, 샘물처럼 늘 흐르는 물)는 안 ᄂ려오되, 꼴챙이(골짜기)가 져서
그 안덕수란 게 그 내요. 안덕수로 가면은, 그 조금 내려가면은, 산물(생수)도
있고 ᄒ주마는, 우으로는(위쪽으로는) … 엇어도 꼴챙이(골짜기) 지니가 비가
크게 오면은 내가 흐르는 건 스실(사실)인데. 구비3 김재현, 남 85세: 53쪽

-으면은 -으민 -는 줄 알아요, 몰라요?[사회언어학적 대우, 거리 유지]: 이 집을
짓자고 ᄒ면은, 토신제(土神祭) 지날 때에, 집터 짓젠 ᄒ민(짓자고 하면) 토신제
지내는 줄 알아요, 몰라요? 구비3 김재현, 남 85세: 55쪽

-으면은 -으민 -앙 댕겨: 경 ᄒ디(그런데) 그 제주 목ᄉ안티(牧使에게) 그 부관(副
官)으로(부관 신분으로서 상관에게) 갈 것 ᄀ으면은(같으면), 거기도 가민(가

면) 금앙(감고서) 댕겨, ᄀ만이(가만히) [자신의 눈을] 금앙0. 구비3 김재현,
남 85세: 46쪽

-으면은 -은다ø여0: 칼을 그 불에다 막 얼랑얼랑 짓뻘겋게(새빨갛게) 구워서
[양 겨드랑이 날개를] 「슬짝!」 ᄁ치면은(끊으면) 선뜩ᄒ 뿐 … 아픈 줄 모른다
여! 구비3 김재현, 남 85세: 37쪽

-으면은 -은데 -으면은 -어요: 「어쩨 그러냐?」ø ᄒ면은, 열릿(서귀포시 중문면
하예리, 猊里) 지경(地境)을 지나곡, 다음은 창천(서귀포시 안덕면 창천리, 창고
내) 지경인데, 창천이 ᄆ를 「딱!」(의태어, 정확히) 밑에 가면은 우으로(위쪽으
로) 냇물이 내려요! 구비3 김재현, 남 85세: 53쪽

-으면은 -읍네다0: "여기 광정당(서귀포시 안덕면 덕수리의 신당 이름)이란 당이
있는디, 여기 하마(下馬) 안 해서 그냥 지나면은 ᄆ(말) 발이 저려서 가질 못ᄒ
네다." 경 ᄒ니(그렇게 말하니) [가마를 타고 있던 제주 목사가 명령하기를]
"잔소리 말아라. 그대로 행차해라!" 구비3 김재현, 남 85세: 103쪽

-으면은 -주0: 옛날은 술을 뻿어 놓자고 ᄒ면은, 흐린조(차조)로 오메길(차조 반죽
으로 고리처럼 둥글게 만든 떡, 오메기) 뻿어 놓주. 구비3 김재현, 남 85세:
30쪽

-으면은 -지마는 -거든0: 가운디(가운데) 성(城, 잣) ᄒ나 두면은, 하잣(下城)도
중잣(中城)도 상잣(上城)도 우엔(위에는) ᄆ(말)이 없지마는, 중잣 양잣(兩城)에
ᄆ 질루거든0(기르거든). 구비3 김재현, 남 85세: 57쪽

-으면은 ᄒ는 것: "아바지가 ᄒ를만 괴기(물고기) 잡아 온 것을 나(나를) 주시면은
ᄒ는 것이 아바지신듸 부탁입니다." 구비2 양구협, 남 71세: 618쪽

-으면은: "아, 그러면은 나도 한양(漢陽)으로 돌아 왔소." 구비1 안용인, 남 74세:
156쪽

-으면은: "허, 나는 금년 농ᄉ(농사)는 실농(失農)ᄒ게 됏어!" "왜 그럽니까?" 옛날
은 밧(밭)을 불리지(밟아 주지) 아니ᄒ면은 졸(조를) ᄒ지 못 해여. 구비3 김재
현, 남 85세: 258쪽

-으면은: 겨니, 「어딜 가는고?」 ᄒ니, 용두동(龍頭洞)에서 ᄂ물잇 동네엘 간다면은
그듸 그 한숫물이 있습니다. 구비1 임정숙, 남 86세: 143쪽

-으면은: 그러니 이제는 기ᄒ(期限, 2년의 목사 임기) 되면은 나갈 거 아닙니까?
구비1 안용인, 남 74세: 207쪽

-으면은: 다른 사름이면은 화딱지 나도 그냥 보비닥질 허여가 가지고 … 그냥
돌아와 버리주. 구비1 안용인, 남 74세: 131쪽

-으면은: 아, 이젠 밤이 오면은 줌을 잘 아니 자, 각시 ᄆᆞ음(마음속 추정)에 새스방(新郎)이. 구비2 양구협, 남 71세: 624쪽

-으면은: 요디 올라가면은 돗지폭남(豚祭를 지내는 팽나무)이라고 있지 아니허여게! 폭남이 컸주. 돗제 지내는 폭남이라고. 구비1 안용인, 남 74세: 152쪽

-으면은: ᄌᆞ식 궤이면은(깎이면은, 여의면), 건(그것은, 자식의 사별은) 뭐 죄(罪)가 되어서 곤란ᄒᆞ주. 구비2 양구협, 남 71세: 644쪽

-으면은[부연 설명]:「삼족(三族)이엔 ᄒᆞᆫ 건 뭐이냐?」ᄒᆞ면은, 아방 펜(아버지 편), 어멍 펜(어머니 편), 각시 펜(처족 편)! 삼족이 씨도 엇이(없이) 나라의서(나라에서) ᄆᆞᆫ(모두 다) 심어당(붙잡아다가) 죽여 분다ø(버린다) 말이어. 그것이 위험ᄒᆞ다고 말이어. 구비3 김재현, 남 85세: 36쪽

-으면은[상황 제시] -아 불곡원: 어리 아이딜(들)이 무슨 춤(참) 요샛 말로 과자 ᄀᆞᆮ은(같은) 거라도 먹었이면은「확!」(의태어, 재빨리) 빼엉(빼앗아서) 들러먹어(마구 먹어, '들다, 들르다'의 부사형이지만 마치 접두사처럼 쓰임) 불곡원(버리고+화용 첨사 '원'), 이거원 두령청ᄒᆞ(두리고 어정정한) 그자(그저) 돌앗장(정신이 돌거나 두린 사람)이라. 행동이 그러햇거든. 구비3 김재현, 남 85세: 326쪽

-으면은[설명]: 환환주(皖王酒, 여러 번 증류한 46도의 독한 술)엔 ᄒᆞᆫ 건(것은) 뭐이야 ᄒᆞ면은, 좋은 ᄀᆞ음(감, 재료)으로 술을 초불(초벌)해 놔서 소주(燒酒)를 닦으는(빚어내는) 게주(것이지). 구비3 김재현, 남 85세: 36쪽

-으면은[조건] -앗다:「이놈의 새끼, 너 막은 창(막다른 골목) 더 갈 디 없는디, 가면은 나는 [너를] 심엇다(붙잡았다)」ᄒᆞ는 식(방식)으로 쫓아갓다ø 말이어. 구비3 김재현, 남 85세: 35쪽

-으면은0: 아이, 거 아이 됩네다. (祭祀에 犧牲으로 기르는 돼지를) 결대(絶對) 풀지 아니ᄒᆞ곡, 벵(病)도 아이들곡, 잘 큽니다, 쓸 거영 ᄒᆞ면은. 구비1 안용인, 남 74세: 152쪽.

-은면은 -는디: 이 사름이 쎄기는(힘 세기는) 얼마나 쎗느냐 ᄒᆞ면은 산방산(서귀포시 안덕면 해변에 솟은 기생화산)에 옛날은 홁은(굵은) 낭덜이(나무들이) 잇는디…, 구비3 김재현, 남 85세: 33쪽

-으문 -거든: 어찌해서 사느냐 ᄒᆞ문, 동습(童蔘)을 파서 장ᄉᆞ하고 살았거든. 구비2 양구협, 남 71세: 650쪽

-으문 -곡 -곡 ᄒᆞ엿어: 이것이 서로 이디서(여기서) 열다슷 패가 이기문 술장실(술장사를) ᄒᆞ는 지집아일(계집애를) 지네가 ᄎᆞ지ᄒᆞ곡, ᄎᆞ지ᄒᆞ영 지네 왕츨(왕

초를) 주기로 ᄒ곡, 또 서른 멩짜리덜은(30명으로 된 패거리들은) 지네가 ᄎ지 ᄒ영 그때에 왕초를 주기로 ᄒ엿어. 구비2 양구협, 남 71세: 659쪽

-으문 -곡 -으문 -당 -겟입니다: "(어린 인삼을) 더 먹으문 안 되곡, (아버지는 여기에) 그냥 앚앗이문(앉아 있으면) 좀 나갓당 오겟입니다." 구비2 양구협, 남 71세: 650쪽

-으문 -는디 -다 ᄒ여: 그 시관(試官)의 집은 어뗘나 ᄒ문, 똘이 일곱인가 ᄋ숫인가 되엇다 ᄒ는디, 그 장원(壯元)한 사름안티 ᄎ례ᄎ례 큰똘붙어 주어 왓다 ᄒ여. 구비2 양구협, 남 71세: 620~621쪽

-으문 -다가 -당 -경 -앙 -으라: "이디 만약에 물이 이시문(있으면), 사발로 ᄒ나 떠다가 … 질맷가지(길마+가지) 아래 놧다가, 「그디(원래 물이 나오던 샘터에) 물이 시카 부뎅 아닐(아니할) 거주게」 어떤 소님(손님)이 왓당 지나가 불경, 잇어난 디(원래 있던 샘터에) 왕 비우라!" 구비2 양구협, 남 71세: 653쪽

-으문 -으니까 -앙 -자: "저놈 (과거 시험장에) 가문 우리 큰일이니까(낙방하여 낭패가 날 터이니까), 저놈 없애 뒹 가자!" "그러자!" 구비2 양구협, 남 71세: 620쪽

-으문 -으니까니 -으라고: 먹으문 다시 줄 테니까니, 그냥 먹으라고, ᄉ세부득(事勢不得) 싫브나 궂이나 먹언. 구비2 양구협, 남 71세: 622쪽

-으문 -으문 -고 -으면 주라고: 기영 ᄒ연, (곡식 창고에 들끓는 쥐를) 「자기가 끊게 ᄒ여 주문, 그 쥐를 없이 ᄒ문 그 재산을 줄 거고, 못 끊으면 ᄌ기네 부인이랑 날(나에게를) 주라!」고, 이렇게 이야기 헷다 말이어. 구비2 양구협, 남 71세: 627쪽.

-으문 -으문 -으니까 -당 -아야 -어: (중국에서 보낸 학을) 먹이지 아니ᄒ문, 석 둘 아니 먹으문 죽으니까, 기어이 그 신ᄒ덜이 많이 이거 연구ᄒ여당 멕여 봐야, (먹이를) 안 먹어. 구비2 양구협, 남 71세: 667쪽

-으문 -을 거 -으문은 차지이다: ᄌ시(子時)ᄁ장 쥐 소리 안 나문 이 재산은 부인에게 줄 거, ᄌ시ᄁ장 쥐 소리가 나문은 ᄌ기는 내 ᄎ지(차지)라고 묶엇다 말이어. 구비2 양구협, 남 71세: 628쪽

-으문 -을 거니 -으라: "그디 그 큰 상제(喪制)보고 멧 챗(몇째) 설합(서랍)에 보문, 약이 실 거니, 「달라!」고 ᄒ여서 (죽어가는 모친을) 멕여라![먹이어+으라]" 그랫어. 구비2 양구협, 남 71세: 616쪽

-으문 -지: 아무디 도독(도둑)이 … 아무 대감네 집의(집에) 도독질홀 게 잇엇는디, 그런 것을 해여 먹으문 해여 먹지, 짐충질(짐 나르는 종 짓)해서 내가 못 살겠

다!"고. 구비2 양구협, 남 71세: 633~634쪽

-으문: 윗날(옛날) 때 ᄒᆞ는(식사 마련ᄒᆞ는) 디, 검질(마른 잡풀 연료) 때이문(불을 때면), 오죽 그슬먹(그을다+墨) 만ᄒᆞ는가!(그을음이 많은 법이다) 구비2 양구협, 남 71세: 623쪽

-으문게 -아져 가메게: (남루한 차림의 시어른을) 일주일 때 벳겨 가문게, 조끔 좋아져 가메게. 구비2 양구협, 남 71세: 626쪽

-으문은 -게 된 모양이라: 지금은 과거(科擧 榜文) 띠우문은 말젯(셋째) 똘아기가 가게 된 모양이라. 구비2 양구협, 남 71세: 621쪽

-으문은 -고 -으문 -고 ᄒᆞ니까: "우리 남펜(男便)이 이기문은 우리 남펜 츠지ᄒᆞ문 우리 거고, 즈기가 이경(이겨서) 굳이(같이) 살문 나 재산이고 ᄒᆞ니까" 구비2 양구협, 남 71세: 628쪽

-으민 [미실현 조건]: "나줏긔 잇어라!" ᄒᆞ니, "상감님 알민 큰일 나게마씀?" 구비1 안용인, 남 74세: 132쪽

-으민 [미실현 조건]: 옛날을 왜배가 들민 망(망불, 봉수대 불) 싸 낫입주게. 구비1 안용인, 남 74세: 133쪽

-으민 [방식]: "너 이렇게 단 불에 고기를 구면은 못 쓴다!" ᄒᆞ니, "어떵ᄒᆞ민 좋습니까(좀 : 니까)?" 구비1 안용인, 남 74세: 133쪽

-으민 [사건 추이나 전개의 연결]: "예(예끼), 이놈, 치워라!"고 ᄒᆞ민, 밥은 다 먹어 불고. ᄒᆞ민 그 놈 다 들러 먹어 불어. 구비1 안용인, 남 74세: 133쪽

-으민 [앞 사건의 후속 연결 조건]: 부에(부아, 허파) 되싸지민(뒤집어지면, 화 나면), "상감님에게 굴으카마씀?" ᄒᆞ민 벨 걸 다 허여 주는 거라. 구비1 안용인, 남 74세: 132쪽

-으민 [의도 구현 조건]: "내 입만 속솜ᄒᆞ민 관계없다!" 구비1 안용인, 남 74세: 132쪽

-으민 [조건]: "그레민, 저 시 혼 수 써 받지민 술 ᄆᆞ음대로 주겠습니까?"고 ᄒᆞ니, "그래여, 술 ᄆᆞ음대로 준다!" 구비1 안용인, 남 74세: 138쪽

-으민 [조건]: "내가 서방 얻어 가 불민 이 씨할으바지 씨할마닌 물(먹을)거리 줄 이가 없다. 에이, 내 이 씨할으바지 씨할마닐 봉양ᄒᆞ자."고. 구비1 임정숙, 남 86세: 145쪽

-으민 [조건]: 쌀물 나민 동애와당(東海바다), 들물 나민 서애와당(西海바다) 흘러 댕기다가, 이제는 그 아이가 올라왔댄 말이우다. 구비 1 안용인, 남 74세: 148쪽

-으민 [조건]: 어디서 암행어스(暗行御史) 출도ᄒᆞ민, 이웃 부락에 관청이 잇어도

다 알아분댄 말이두다. 구비1 안용인, 남 74세: 163쪽

-으민 [조건]: 이 사름이 생전에 듣기를 저승에 들어가민 오탁수(五濁水, 불교용어)라는 내(川)가 잇다고양! 구비1 안용인, 남 74세: 135쪽

-으민 [조건]: 이디 올라가민, 조천(朝天里)으로 올라가민, 오름, 큰 산 둘이 잇수다. 구비1 안용인, 남 74세: 150쪽

-으민 [조건]: 이젠 관원살이(官員 생활, 공무원 일) ᄒ게 되민 첩(妾)을 ᄒ게 된 거 아니우꽝? 구비1 안용인, 남 74세: 176쪽

-으민 -게 되다(동일구문 반복): 거 망ᄒ게 되민 망ᄒ게 되는 거 아니우꽈게! 언제든지 부재(富者)는 부재로만 살아집네까? 구비1 안용인, 남 74세: 203쪽

-으민 -는 거주: [말 채찍으로] 뜨림(때리기)을 ᄒ민 ᄆᆞᆯ 잠지(말 엉덩이)가 춤(참말로) 「축축!」(피나 물이 흥건한 상태의 의태어) 그차 지는(끊어지는) 거주. 구비3 김재현, 남 85세: 51쪽

-으민 -는디: 그디 가민 폭 삭아지는디, 건 사름의게 해(害)도 지치지(끼치지) 않고, 불만 쌍(켜서) 돌아댕기당 없어져 불어. 구비1 안용인, 남 74세: 176쪽

-으민 -다그네 -가주뭐: "내버려 뒁 가민(내버려 두고 가면) 나 먹을 만이(만큼) 먹다그네 남은 건(것은) 나(주인공 막산이) 쉬엉 가주뭐!" 구비3 김재현, 남 85세: 29쪽

-으민 됩니까: "새 사돈칩(査頓宅)의 오라 가지고 술 아이 먹으민 됩니까?"고. ᄒᆞᆫ 잔 권ᄒᆞ니, ᄒᆞᆫ 잔 들어가고 두 잔 들어가니 "술을 들여라, 들여라" 허허허, 부수 먹어 낫어. 구비1 안용인, 남 74세: 198쪽

-으민 -아 빵 놔 둬사 되다: 거 어디 가민, 우선 벤소간(便所ㅅ間)을 우선 ᄆᆞᆫ저 ᄎᆞᆺ아 빵 놔 둬사 되는 법인디, 벤소간을 ᄎᆞᆺ지 못ᄒᆞ연 더듬더듬ᄒᆞ는 것이 똥을 「바락!」(의태어, 참지 못하고 급하게) 싸 놧어. 구비1 안용인, 남 74세: 198쪽

-으민 -아그네 -곡 -곡 ᄒ는 거주마는…: 요샛(요사이) 사름 ᄀᆞᆺ으민(같으면), 「요것 춤(참) 좋은 거 만낫저!」 해그네, 돌앙(데려서, 데리고서) 누울 생각ᄒ곡(하고), 하간거(아무런 거) ᄒ곡(하고) ᄒ는 거주마는… 구비3 김재현, 남 85세: 49쪽

-으민 -아그네 -으민 -으민 -앙 -으면은 -곡0 -곡0: 쇠를 잡아 먹엇다민(먹었다 하면), 칼로 잡으나 가죽을 벳기는(벗기는) 게 아니라, 심어그네(붙잡고서) 그자 매어(어깨에 매어) 부찌민(엎어쳐 쓰러뜨리면) 죽으민(죽으면), 거(그거) 훍은(굵은) 낭(나무) 불 잘 살왕(피워서) 걸치면은 그자 가죽채(껍질째) ᄒ썰썩(조금씩) 그자 괴기(살고기) 잇는 데로만 먹곡0 구비3 김재현, 남 85세: 32쪽

-으민 -아그네 -쿠댄0: "클르민(몸을 묶은 끈을 풀어 주면), 클러그네 오줌 싸쿠댄
(누겠다고)" 구비3 김재현, 남 85세: 51쪽

-으민 아니ᄒ나?: 더운 때 섞어 불민(버리면) '술이 죽나'고 안니ᄒ나(않나)? 구비3
김재현, 남 85세: 31쪽

-으민 -앗저: 「야, 요거ø(요 것을, 요런 일을 하지) 말 쿨!(말 것을!, 후회의 속뜻이
깃듦) 요거 조용ᄒ 디서나(곳에서나) 들리민(내가 잘못 들어서서 그 녀석에게
걸리면, 결려 들면) 난(나는) 죽엇저…」(대정현 풍헌인 강씨가 풍습을 바로잡
는다고 서귀포시 강정동의 한효종을 잡아다가 한참 타작하였는데, 뒷날 보복
당할 것을 걱정하면서 후회하는 대목임) 구비3 김재현, 남 85세: 167쪽

-으민 -앙 -은다: "우리 집의 큰 노계(老鷄), 늙은 암툭인디, 둑을 수백 머릴 물앙
나강 동네 집의 강 스론(사료는) 줏어 멕이곡(주워 먹이고) 알(卵)은 우리 집의
왕 난다!"고. "긔여당(그러다가) 어둑으민 다 물앙 들어온다"고. 구비1 안용인,
남 74세: 165쪽

-으민 -으면 -으민: 가민 술(酒) 흔 일원(一圓)에치 내영 대접ᄒ여 뒹 "거짓말
하여라!" 거짓말 ᄒ면은, 이제는 거짓말 못 ᄒ민 장남(臧男)살이를 삼년 공짜배
기로 허여 주게 된 거란 말이우다, 약속이. 구비1 안용인, 남 74세: 153쪽

-으민 -으면은 -아 간다고: "네가 권재(勸財, 시주)를 아이 주민, 아무날 아무시면
은 큰아둘을 잡아간다."고. "잡아가도 좋다!"고. 구비1 안용인, 남 74세: 212쪽

-으민 -으민 -는디 -고 -마는 -는 거주: 요새 사름덜(사람들) 걸(그것을) 가량(가
령) 비단이민 비단, 미명(무녕, 목면)이민 미명, 흔 줄 놓는디, 흔 치쯤 두 치쯤
끊어서 그것만 슬고(사르고, 불 태우고) 「이건 전여(전혀, 모두 다) 슬앗노라!」
ø ᄒ는 식으로 ᄒ지마는, 옛날은 드렷다ø면은 전부 소각을 ᄒ는 거주. 구비3
김재현, 남 85세: 55쪽

-으민 -으민 -앗어: 아, 「저 멀리 저디 가 보저」 생각ᄒ영 걸어가 가민, 두 자국(발
자국)만 놓젱 ᄒ당 보민, 멧 자국사(몇 자국이야) 가지는지 볼써 가졋어. 이상ᄒ
다! 구비2 양구협, 남 71세: 658쪽

-으민 -으민 -어지느냐?: "너ø [바닷고기를] 불 우의(위에) 낭(놓아서) 구민(구으
면) 이렇게 영(이렇게) 카 불민(타 버리면) 이거 사름ø(사람) 먹어 지느냐?"
구비3 김재현, 남 85세: 133쪽

-으민 -은다(다, 는다): 눈썹 들리민(눈썹이라도 달려 있으면) 무거운다고 허여
가지고. 구비1 안용인, 남 74세: 156쪽

-으민 -을 거여. -으민 -랭 ᄒ고 대고 말댕 잇이민 -을 테니 바치라: "시민(조금

있으면) 내일은 쇠(소, 진상물)ø 바찌랜 홀 거여(것이야). 백 냥 줄 테니 바찌랭
홀 거여. 경(그렇게) ㅎ여도「말댕(말다고, 안 바치겠다고)」잇이민(있으면),
낼(다음날, 내일) 아적(아침)은 이백 냥 줄 테니 바찌랭 ㅎ고 대고「말댕」잇이
민(있으면), 모레 아적(아침)은 삼백 냥 줄 테니 바찌랭 ㅎ민, 그때랑 바치라!"
구비3 양원교, 남 72세: 414쪽

−으민 −을 건디[역접] −읍주게: "아, 잇이난(있으니까) [묏자리 찾는 산도를] 그린
겝주(것입죠)." 영(이렇게) 골아(말해) 불엇이민(버렸으면) 좋을 건디(것인데),
저 아니 그,「잇이난(있으니까) 그렷수댄(그렸습니다고)」흔 겁주게(것입죠+
화용 첨사 '게'). 구비3 김재현, 남 85세: 185쪽

−으민 −을까 말까 해서 −앗단 말이어: 또 이여송(李如松, 1549~1598)이는 또「이
놈덜이 내가 손만 내믈민(내밀면) 그 궁퉁이(窮通+이, 즉석 변통)가 날까 말
까?」해서, 손만 내믈앗단 말이어. 구비2 양형회, 남 56세: 28쪽

−으민 −젠 ㅎ컬0 쿠다0: "경ㅎ민 놓민(그러면 내가 자네들의 뒷목 잡은 걸 놓아
주면 도리어 나를) 심엉(잡아서, 잡고서) 가젠 ㅎ컬(가자고 할 것을)…" "아녀쿠
다(아니 하겠습니다), 아녀쿠다!" 구비3 김재현, 남 85세: 164쪽

−으민(앗이민) −을 건디, −아서 −가 가지고 안 되겠다고: ㅎ를은 가니, 지리ㅅ(地
師) 말이 "저 산(山)이 흔 자(尺)만 늦차왓이민, 일국(一國) 영웅이 날 거인디,
흔 자(尺) 높아서, 그것이 살(煞)이 되어가 가지고서 안 되겠다!"고. 구비1 안용
인, 남 74세: 211쪽

−으민(이민) −은디: 옳게 걸(그걸) 다 등(謄)ㅎ곡 뭘 ㅎ엿이민 제대로 흔 게(제대로
된 것이) 될 거인디. 게난 결국은 (토정비결) 책만 내여주고, 옥황상제 뚤은
드리고 올라가 불엇주, 천상으로. 구비1 안용인, 남 74세: 188쪽

−으민: "(아버지 무덤자리로서) 여기 모시민 어떠ㅎ냐?" ㅎ니, 구비1 안용인, 남
74세: 127쪽

−으민: "겨민 불러 보라!"고 ㅎ니 "장절반도(將竊蟠桃)선양친(先養親)이라" 구비1
안용인, 남 74세: 140쪽

−으민: "멩산을 세 번 ㄱ르치민 내가 죄 받아서 이 세상에서 있질 못흔다." 구비1
안용인, 남 74세: 127쪽

−으민: "오탁수(五濁水, 불교 용어)를 아이 먹으민 죽어도 저승[이승의 잘못] ᄆ음
이 된다. 내가 죽어도 오탁수를 아이 먹어서, 흔 번 환생을 허여사 되겠다!"고.
구비1 안용인, 남 74세: 135쪽

−으민: 경 아이ㅎ민 촌(村)에서 도야지(돼지) 잡앙 먹을 수도 엇고, 허허허허. 구비

1 안용인, 남 74세: 151쪽

-으민: 그러민 「너 거싯말 말아라!」고만 흐민 그 뚤에 사위 들고, 재산을 갈라앚게 된 거라, 허허허. 구비1 안용인, 남 74세: 154쪽

-으민: 또 베인태(邊仁泰)라고 흐민 다 알 거우다. 구비1 안용인, 남 74세: 131쪽

-으민: 은덕 베풀민 거세기 흐는 거 아니우꽈? 구비1 안용인, 남 74세: 130쪽

-으민: 장수(將帥) 나민, 몰 난다고, 장수 나민 몰 난다고 허여 가지고, 용마(龍馬)로 나오란 헤엿이민 그것이 상천(上天)을 허엿다든지 그런 말이 잇어야 홀 건디, 이건 몰 나고 장수 낫다 이것뿐이라. 구비1 임정숙, 남 86세: 194쪽

-으민[조건] -지: 뭐, 두릿흔(정신 얼빠진, 온전한 정신이 아니) 사름 [독한 46도의 환왕주皖王酒를] 먹으민, 곧 죽지. 구비3 김재현, 남 85세: 36쪽

-으민[조건]: 가운딧(가운데) 밧(밭)은 아, 아시해(이전 해, 작년) 버으러(벌어, 경작해) 나민, 뒷해(다음해, 내년)엔 버을지(벌지, 경작하지) 아녕(아니하여서) 내 붑니다(내 버립니다, 휴경합니다), 놀림으로(놀려 두기 위하여). 구비3 김재현, 남 85세: 153쪽

-으민 흐다(흔 생각)[희망, 바람]: 새각실 꼭 흔 번 봣이민(보았으면) 흔 생각을 늬량(늘+樣, 늘) 품어 가지고. 구비2 양형회, 남 56세: 29쪽

-으민(앗으면) 흐다[희망, 바람]: 경(그렇게) 안 혀도(아니해도) 천성은 「술만 하영(많이) 먹엇이민(먹었으면)… 」 흔 사름(사람)입주겐(입죠+화용 첨사 '게'+은), 임평규라고. 구비3 김재현, 남 85세: 158~159쪽

-으민 -안 -을카브댄0: 선창 가에 살던 주모들이 믄딱(모두 다) [주막을] 덖어(덮어) 두고 다들 도망흐주(도망하지, 도망가지). 이놈이(이놈의) 강 벌테(벌떼, 소란스럽게 벌떼처럼 행동하는 사람의 별명)란 놈이 오민(오면) 술 다 외상 먹언 도망가 불카브댄(버릴까 보다고, 버릴까 봐서). 구비3 김택효, 남 85세: 392쪽

-으자고 오다: 그 주인네는 어디 드릇팟디(들밭에, '드르ㅎ+ㅅ+밧+듸') 일사(일이야) 흐레(하러) 갓던지(갔었던지), 낮이 되어 가니까니(가니까) [집으로] 와서 점심 해영 가쟈, 가쟈고 온 모냥(모양)이라. 구비3 김재현, 남 85세: 270쪽

-은 것 닯다. -앙으네 -곡 -앙 -으키어0 -으라0: "오널(오늘) 느네덜(너희들) 인칙(일찍) 오고(왔으므로) 경(그렇게) 시간 급흐지 아니 흔 것 닯다(닮다, 같다). 이디(이곳에) 강으네(가서) 소(못, 沼) 구경흐곡(구경하고) 담배나 흔 대 피왕(피워서, 피우고서) 가키어(가겠어). 느네덜토(너희들도) 오라!" 구비3 김재현, 남 85세: 163쪽

-은 따문에(때문에) -앗어: 경흔디(그랬는데) 그 어른(이좌수, 각주 176 참고)가
　　여우 잡은 따문(때문)에 조스(早死)했어, 여우는 구신(鬼神)인디. 구비3 김재현,
　　남 85세: 52쪽

-은 흐다: "뭐, 아무 날 가자곤(가자고＋은, 가려고＋은) 흐지." 구비3 김재현, 남
　　85세: 106쪽

-은가 -은가(음인가 -음인가) 흐엿는데: 막 술을 취흐게 멕여(먹여) 가지고, 몽탕
　　(모탕, 몽툭한 도마나 목침) 위에 늘개(날개)를 놓아 가지고 끌로 쯔사(찍어)
　　붊인가(버림인가) 끊어 붊인가(버림인가) 흐엿는데. 구비3 양원교, 남 72세:
　　419쪽

-는ㄱ라[이유 추측, 짐작, -는 때문인지]: (사람이) 술 추(醉)해 불문 (범이 사람을)
　　못 먹는고라, 옛날도, 그래서 이젠 (범이) 골히(꼬리)로 어디 강 물 적져당(적시
　　어다가 술 취해 쓰러진 사람의) 양지(낯)에 자꾸 물 뿌려 주곡 뿌려 주곡. 구비2
　　양구협, 남 71세: 642쪽

-아 낫인 생인ㄱ라

-은ㄱ라(은 것인지, 이유 추정 짐작): 누이가 잇는데, 여자라도 무식치 안 흐고
　　아주 똑똑흔 사름(사람)인고라(인 것인지, 수의적 변이형으로 '-은ㄱ라, -은구
　　라'도 있음), 이재수(李在守, 1877~1901)를 위해서 「이재수 전」이라고 전(傳,
　　전기) 글이라고 해서 지엇다곤 흐는디, 그 전(전기) 글에는 물론 「자기 오라방
　　(오라비)이 죽긴 죽엇주마는 홀 일은 잘 했다」 해 가지고 춤(참) 햇일(썼을)
　　텐디. 구비3 김재현, 남 85세: 375쪽

-은ㄱ라(인지)[추정 짐작]: (가마에 신부를 태우고서) 모사 가는디, 유산(遊山) 호
　　화객(豪客의 뜻일 듯)덜 모양인ㄱ라(모양인지) 산으로 들어가 가지고 게성(妓
　　生의 개인 방언임)덜 ᄃ라서(데려서) 장기(장구) 치멍덜 놀앗거든. 놀앗이니,
　　그 팔도(八道) 조병스(都兵使의 뜻으로 쓰인 듯함) 어멍이 씨집 오는 날인디,
　　하인(下人)덜 보고, "하마(下馬) 시기라!"고. 구비1 안용인, 남 74세: 209쪽

-은ㄱ라(했기 때문인지)[이유 짐작, 추정]: "내가 행장을 출려야(차려야) 가지!"
　　"흐저(어서) 글읍센!(갑시다고)" 아마도 독촉흐연ㄱ라(하였기 때문인지), 체시
　　(차사, 저승 차사)가. 경흐난(그러니까) 술 갖다 놓고 조금 잇다서 "나를 눅지
　　라!(눕히어라)" 흐난(하니까) 그자(그저) 죽은 거우다(것입니다). [웃음] 그잣
　　(그저＋ㅅ) 양반덜(들) 아닙주. 구비3 김재현, 남 85세: 145쪽

-은ㄱ라[이유 짐작]: 누이가 잇는데, 여자라도 무식치 안 흐고 아주 똑똑흔 사름인
　　고라(사람인 것인지), 이재수(李在守, 1877~1901)를 위해서 「이재수 전」이라고

전(傳, 전기) 글이라고 해서 지엇다곤 ᄒᆞᆫᄂᆞᆫᄃᆡ, 그 전(전기) 글에는 물론 「자기 오라방(오라비)이 죽긴 죽엇주마는 홀 일은 잘 햇다」 해 가지고 춤(참) 햇일(했을, 썼을) 텐디(텐데). 구비3 김재현, 남 85세: 375쪽

-은ᄀᆞ라: ᄒᆞᆫ 번은 그 놈이 우트로(위쪽으로) 뭐 「주주룩!」(콧물이 흐르는 상태의 의성어) ᄒᆞ연, 코인고라(콧속인 듯이) 「주주룩!」 ᄒᆞ연 「쑹쑹쑹쑹!」 ᄒᆞ더니만, 그게 황대기만이('큰 항아리만큼'의 뜻인 듯함[?缸大器]) 불어간다 말이어. 구비2 양구협, 남 71세: 665쪽

-은ᄀᆞ라[엇던고라](은지, 이유 추정): 징역인가 그때에도 잇엇던고라(있었던 것인지, '-은ᄀᆞ라, -은구라'의 수의적 변이형이 있음) 몃(몇) 달인가 살앗주. 일제 합병 좀 전이주. 그이가 첨(참), 가서 그냥 광주(전라남도 광주의 교도소에) 강(가서) 살고랜(살았다고) ᄒᆞ여(해). 구비3 정원선, 남 90세: 401쪽

-은ᄀᆞ라[엇던고라], -은ᄀᆞ라(-은지, -은 것인지, 이유 추정): 게난(그러니까) 그때 ᄭᆞ장도(그때까지도) 집터 발복(發福)이, 산터 발복이 아니 되엇던ᄀᆞ라(되었던 지, 되었던 것인지), 아주 가난ᄒᆞ게 살앗주. 가난ᄒᆞ게 살앗어. 구비3 김재현, 남 85세: 257쪽

-은ᄀᆞ라[엇던구라](은고라, 이유 추정): 그런 장군은 술도 많이 먹엇던구라(먹었던 것인지, 수의적 변이형 '-은 ᄀᆞ라, -은 고라'도 있음) 「푹!」 취햇다고. 구비3 김재현, 남 85세: 376쪽

-은ᄀᆞ라[이유, 했기 때문인지] -으난 -없일 거우다: ᄒᆞ난(그러니까) 어느 지관(지관, 지사)이나 아무래도 좋지 못ᄒᆞ댄(못하다고) 허연ᄀᆞ라(하였기 때문인지) 일런(무덤을 일구어서, 파 내어서) 보난(보니까), [삼년만에 이장하려고 무덤을 파 보니까 여태 망자가 눈을 감지 않았더라] 구비3 김재현, 남 85세: 140쪽

-은ᄀᆞ라[추측]: 유산(遊山) 호화객(豪客의 뜻일 듯)덜 모양인ᄀᆞ라 산으로 들어가 가지고 게성(妓生의 개인 방언임)덜 ᄃᆞ라서(데려서) 장기(장구) 치명덜 놀았거 든. 구비1 안용인, 남 74세: 209쪽

-은다øᆺ이(은다 말할 필요도 없이, 틀림없이): ᄆᆞᆯ(말) 타고 오단(오다가) 보니까 니 길 밑에 큰굿 ᄒᆞ는 집이 잇이니까, 날은 늦고, 춤(참) 벨호(別號)조차 배 큰 강훈장이엔 ᄒᆞ다ø엇이 파삭 배고픔은 ᄒᆞ고 ᄒᆞ난… ᄉᆞ환(사환)보고 "아, 거 배 고프고, 이 굿 ᄒᆞ는 디 가그네(가서) 점심이나 ᄒᆞᆫ 번 얻어먹어 봐야겠다." "굿 ᄒᆞ는 디 강(가서) 어떵 얻어먹쿠과?" 구비3 김재현, 남 85세: 147쪽

-은디 [무대 배경 마련]: 겨난 환생(還生)허엿어. 환생ᄒᆞ디, 것이(그것이) 뭣으로 환생허였는고 ᄒᆞ니 임백호(林白湖)라고 ᄒᆞᆫ, 그 문장(文章)입주게. 구비1 안용

인, 남 74세: 137쪽

-은디 [무대 설치, 전개]: 밤의, 날이 어둑은디, 부인네는 막 겁이 나가 가지고,
"베인태야, 이레 와라!" 구비1 안용인, 남 74세: 132쪽

-은디 [반전]: 그 전원(前─)에는 쌍놈의 ᄌ석이라고 해서 눈알(눈 아래)로 보지도
아년디(않았는데), 그 다음붙어는 그것도 은혜라고 ᄒ여서, 아주 아까와 뵈어
서(보이어서), 「저놈으 아일(아이를) 어떵 친굴(親舊를) ᄒ여야 홀 건디」ᄒ
ᄆᄋ음을 다(서당 친구들이 모두 다) ᄒ연. 구비2 양구협, 남 71세: 618쪽

-은디 [배경 서술]: 지애집(기와집)이 대ᄋ 숫 거리(채)이고 ᄒ 큰 부잰디(富者인
데), 그딜 들어가 가지고 "넘어가는 나그네, 주인 ᄒ로처녁(하루저녁) 빌립서!"
이렇게 ᄒ니 "저 ᄉ당칸(祠堂間)의 들라!"고. 구비1 안용인, 남 74세: 164쪽

-은디 [배경 제시]: 하도 ᄉ정(事情)허여서 물으니, 그런 게 아니고, 김정싱(金政丞)
메누리가 이신디, 미인(美人)이라고. 구비1 안용인, 남 74세: 160쪽

-은디 [사건 도입]: 충청도 사름인디, 이 사름이 생전에 듣기를 오탁수(五濁水,
불교 용어)라는 내(川)가 있다고양! 구비1 안용인, 남 74세: 135쪽

-은디 [역접]: 부재(富者)는 부재로고나! ᄒ되 ᄌ녁을 ᄌ기네만 먹으멍, 게도 「ᄌ녁
이라도 굳익(같이) 먹으라」고 허여야 될 텐디, 몽니는 하여칸 나쁜 놈이다. 구비
1 안용인, 남 74세: 165쪽

-은디 [역접]: 이렇게 ᄒ니, 「미릿 준비 아니허였다」고, 혹켱(酷黥, 가혹하게 경치
다)만 질러두고. 혹켱 질르면서 쏠 ᄒ 되라도 쳥 보내엿이민 홀 텐디, 쏠도
아이 주고, 쏠은 미릿 준비홀 여유가 잇어야지. 구비1 안용인, 남 74세: 165쪽

-은디 -고 -으니 -는디 -엇어: 그연디(그런데) 기영(그렇게) 살고, 또 아덜은 그렇
게 궁ᄒ여 놓니, 남으 논밧(남의 논밭)이나 갈아 가지고 입구입(겨우 입에 풀칠)
을 ᄒ는디, ᄒ를은(하루는) 황정승 제ᄌ가 회홀년(回婚年) 잔칠 ᄒ게 되엇어.
구비2 양구협, 남 71세: 639쪽

-은디 -는디: 그 조방장(助防將, 해안 방어 부대 책임자)이 처를 데리고 오긴 온
모양인디, 그 음식 부름씨(심부름, 음식 마련)를 베인태가 책임ᄒ는디 … 구비3
김재현, 남 85세: 130쪽

-은디 -는디 -앉더라 ᄒ여 -는디 -는디: (황희 정승이) 돌아갓인디, 간 보니 그디
(죽은 황희 정승댁)는 식솔(食率, 식구)덜이 잇는디, 빈곤ᄒ게 살았더라 ᄒ여,
사는디 춤 때거리 웃이(먹을거리 없이) 사는디, "정승님 계신 때에 무신(무슨)
남긴 말이나 없입니까?" ᄒ니, 대번(단박에, 곧장, 對番) 「이영 곧더라」(다음처
럼 이렇게 말하더라) ᄒ여. 구비2 양구협, 남 71세: 667쪽

-은디 -단 -으니 -는디 -으문 -고 ᄒ니 -을 수 읎읍니까?: "난 아무디서 온 사름 인디, 어떤 노인이 백매를(白馬를) 탄 가단, 나 보니(나를 보니까, 나를 보자), 질(길)에서 이러이러ᄒ 말을 굴았는디(말했는데), 혹시 「아무 설합에 보문 약 이 있다」고 ᄒ니, (그 약을) 나(나를) 줄 수 읎읍니까?" ᄒ니, 아이 촛아 보난 아니, 약이 잇어. 구비2 양구협, 남 71세: 616쪽

-은디 -아서 -는디 게 ᄒ여 주시오: "우리 창고가 아홉 거린디(채인데), 아홉 거리 에 ᄒ상(恒常) 쥐가 들어서 야단치는디, 우리 쥐를 좀 끊게 ᄒ여 주시오!" 구비2 양구협, 남 71세: 627쪽

-은디 -아야(조건) -는디 -으니 -으니 -으니 -앙 -는 게 -입주: 어떤 대감의 집의(집에) 아들은 삼 형제이고 똘은 ᄒ나인디, 똘은 막냉이(막내)로 ᄒ나인디, 아들딜은 전부 이제 혼례(婚禮)를 시켜 둬야 똘을 폴게(팔게, 시집 보내게) 되엇는디, 그렁저렁 ᄒ다 보니 그만 그 아들딜 폴젠 ᄒ니, 새각시(新婦)를 구 (求)허여 스줄(四柱를) 보니 뭐 ᄒ니 허엿어.나빵(사주가 나빠서, 안 맞아서) 다시 구ᄒ곡 ᄒ는 게 막냉이(막내)는 늦어질 건 스실입주. 구비2 양형회, 남 56세: 35쪽

-은디 -안0 -다 말이어: (그냥 모른 척하고) 넘어갈 터인디, 「멈추라!」고 ᄒ연. 멈추왓다 말이어. 구비2 양구협, 남 71세: 631쪽

-은디 -았지?: "난 월계(月溪) 진좌순디(秦國泰 1680~1745 유향좌수인데), 너 모친 벵(病)으로 갔지?" "예, 그럽니다!" 그랫어. 구비2 양구협, 남 71세: 615~616쪽

-은디 -앗어도 -고 -고 -고 -치 못ᄒ고 ᄒ니 -는디0: 기연디(그런데) 그 개가 흰 갠디, 오랫동안 질루왓어도 조꼼도 주인에 성가시럽게 아니ᄒ고, 늘 주인의 말도 잘 듣고, 어디 가문 벗 되고, 도독놈이 범(犯)치 못ᄒ고 ᄒ니, 아껴서 늘 질루는디. 구비2 양구협, 남 71세: 671쪽

-은디 -으니 -더니 -으면서 -아 붓낸 말이우다: 그날 저냑은 아주 청멩(淸明)ᄒ 날인디, 밤이 짚으니(깊으니), 구름 떠 오더니, 베락 천둥 ᄒ면서 대우(大雨) 방수천릴(方數千里를) 막 때려 붓낸 말이우다. 구비1 안용인, 남 74세: 211쪽

-은디 -으니까니 -으니까니 -댄0: 겨난(그러니) 당신 산(살아 있을) 때에 드리고 댕기던(데리고 다니던) 스환인디(사환인데), "너 그러니까니 너 촘(참) 소이(소 위) 저승에 가고 그런 일(차사 일)이 다 보고된다 ᄒ니깐" "그런(차사) 일을 밠수댄(맡아서 보고 있습니다고)" "난 언제 갈 께냐?(갈 것이냐, 타계할 것이 냐)" "아무 제쯤 그자(그저) 모시겟읍니다." 경햇젠 홉주(그랬다고 합죠) 구비3 김재현, 남 85세: 144쪽

-은디 -은고 ᄒ니: 둘아난디(달아났는데) 「어딜 강(가서) (새색씨 신발을) 놓은고?」 ᄒ니, 오성 부원군 ø(鰲城 府院君 이항복, 1556~1618) 산(서 있는, 선) 딜(데를) 간(가서) 「탁 : !」(의태어, 갑자기) 났댄 말이어. 구비2 양형회, 남 56세: 30쪽

-은디 -은디 -은디 -게 게 들러오란0: 그 엿날 섹유(石油) 지름불 싼디(켰었는데) 어두룩ᄒ디, 큰 상(床)의 음식을 추려 논디(놓았는데), 「배 ᄀ득아도 몬 먹엄직 ᄒ게」(설사 배가 불러도 다 먹음직하게) 무겁게 수드룩 들러오란(들고 들어왔어). 구비2 양구협, 71세: 646쪽

-은디 -은디 -은디 -앗는디 -으니 더라 허여: 견디(그런데) 외손(外孫)이 어디 가네(가서) 뭘 들러사 오랏인디, 어떵사 허엿인디, 까망ᄒ 먹가라(墨+가라[黑色]) 가라물(黑馬)을 눕신듸(남에게, 남 있는 데에) 폴아 먹언 놔 뒷는디, 그놈의 물이 추추(次次) 이슬에영 비에영 발아(빛이 바래어) 가니, 허영허여 가더라 허여, 허허허허! 구비2 양형회, 남 56세: 36쪽

-은디(그런데) [역접]:그 뒷해에 그 그물이 엇어(없어)졌다고 ᄒ네, 한동(제주시 구좌읍 한동리)의. ᄒ디 마브름(南風) 주제가 쳐 가지고 멜(멸치)이 듬뿍 쌓였댄 말이어. 닷배를 이렇게 붙쪄야 될 거 아니라게. 구비1 안용인, 남 74세: 169쪽

-은디(앗앗은디): 알아져도(알고 있더라도, 알+아+지+어도) 몰르켼(모르겠다고) 햇앗은디(했었는지) [모르지]. [사실은 전혀] 알도(알지도) 못 햇주게(했지+화용 첨사 '게'), 멧 해 전이(전에) ᄒ 번 가그네(가서) [물물교환을 해 준 집에서] 조반이나 얻어먹고 곡석(곡식) 바꾼(바꿔서) 오난(왔었으니까, 오+난). 구비3 김재현, 남 85세: 245쪽

-은디(이+은디): 진(긴) 논인디, 그 큰 비가 오라 가지고, 막 그만 물에 끗어네, 메우는 딘(메꿀 만한 곳에는) 메와 불고(메꾸어 버리고), 끗이는 딘(끌어 쓸어 갈 만한 데는) 끗어 불고(끌어 쓸어가 버리고) ᄒ니, 역군(일꾼, 役軍)을 ᄒ 오십 명 빌어야 이 일을 홀 테니까니, "역군(일꾼)을 강(가서) 빌라!" 막산이보고 주인이 ᄒ니, "예!" 구비3 김재현, 남 85세: 28쪽

-은디(이+은디): ᄒ되, 이 사름덜도 상당히 힘이 쎈 사름인디, 막산이(막+사나이의 '순'+이) 처음은(이야기의 시작은) 그렇게 되어. 구비3 김재현, 남 85세: 28쪽

-은디(했는데, 대동사 역할 접속사): '어떨건고?' ᄒ디(생각했는데), 신랑이 천연 ᄒ게 말ᄒ거든. 구비1 안용인, 남 74세: 122쪽

-은디: "밴(舟, 배는) 뭘로, 기강 엇인디(미상, 채록자의 각주에 '재력이 없는데'로

풀었음), 무스 걸로 짓느니?" 구비1 김순여, 여 57세: 204쪽

-은디: "우리 집의 큰 노계(老鷄), 늙은 암툭인디, 둑을 수백 머릴 몰앙 나강 동네
집의 강 ᄉ론(사료는) 줏어 멕이곡(주워 먹이고) 알(卵)은 우리 집의 왕 난다!"
고."긔여당(그러다가) 어둑으민 다 몰앙 들어온다"고. 구비1 안용인, 남 74세:
165쪽

-은디: 견디 여기 가면은 저 바매기(栗岳)라고 ᄒ 디가 있습니다. 구비1 안용인,
남 74세: 150쪽

-은디: 견디, 이젠 씨아방(시아버지), 메누리 ᄒ는 말이 씨아방굴아 「아바님, 뺄(舟
를) ᄒ나 짓어(지어, 만들어) 줍센!」 "뺄 짓엉 무스걸 홀 것고?" 구비1 김순여,
여 57세: 204쪽

-은디: 기연디(그런데) 꼭 똘루와 가켄(따라서 가겠다고). 구비2 양구협, 남 71세:
631쪽

-은디: 이젠 벗딜(벗들) 잇는 듸(데에) 가서 ᄂ놔 주니, 먹어 보니, 상당히 맛이
좋은디, 두고 보니 「살고 온 게 이상타」 말이어. 구비2 양구협, 남 71세: 622쪽

-은디[배경]: 여우 잡은 문제는 대정서(대정현에서) ᄒ 젠디(것인데), 대정 고을
좌수(座首)를 지내면서, 좌수라 ᄒ면은 매일매일 출장을 ᄒ는 게주(것이지).
구비3 김재현, 남 85세: 47쪽

-은디[역접]: 오란(와서) 보니 물혈(수맥혈, 샘)이 없어, 물이 없어. 분명 그디(거
기) 물혈은 물혈인디, 물이 없다ø 말이어. 구비3 김재현, 남 85세: 186쪽

-은디0(인데): 거 아마도, 겨니(까), 그 시환에 모조리 다 죽어도 그 조칩(趙宅)만
살앙, 조벵옥(趙秉玉)이네 덥딜(血族)딜인디 말이우다양. 구비1 안용인, 남 74
세: 130쪽

-을 듯 -을 듯 ᄒ멍 나가다: 경 ᄒ멍(그렇게 하면서) [시주 받으러 온 스님이
불평 소리를] 들어질 듯 말 듯 ᄒ멍 나가가니, 아, 그런 말을 ᄒ니까니 이 부인네
가 끔짝해(겁이 나고 깜짝 놀라) 돌아 갓어(뛰어 갔어). 구비3 김재현, 남 85세:
81쪽

-을랴고 ⇨ 내포문 어미 -올랴고(-으려고)

-을망정: "아, 그러냐? 그러주마는 내가 입자고, 너 치매를 ᄒ여 주들 못홀망정,
너 치매를 입을 수가 잇느냐? 안 된다!"고. 구비2 양구협, 남 71세: 641쪽

-을지라도 [역접] -으니 -안 -앗어: 오방신장(五方神將) ᄂ리우니, 신선이 조화가
있는다 홀지라도 옥황의서 오방신장 ᄂ려 오니, 문제없이 다 심언 올라갓어.
심언 올라가서 죄를 다스리는디 "어째 그렇게 불순ᄒ 행위를 허였느냐?" 구비1

안용인, 남 74세: 190쪽

-을지라도: "아닙니다. 제가 아무리 흔다 홀지라도, [곧 시집 갈 시댁에서 사람이] 무신(무슨) 따문(때문)에 오라 간 추례(次例, 여기서는 목적이나 이유)야 물라야 되겟읍니까?" 구비3 김승두, 남 73세: 111쪽

-을지라도[역접] -은 젭쥐0: 견디(그런데) 이 영(제주 영문) 리방이라 흐면, 영문 방이라 흐면은 제주 목ᄉ(牧使, 정부에서 파견된 제주목 책임자) 다음이라곤 말 홀지라도, 권리(권력)는 이 사름이 가진 젭쥐(것입지요+이). 무슨 일이 나면은 이방ᄀ라(이방에게) 이방안티(이방에게) 맬기는(맡기는) 젭니다(것입니다). 구비3 김재현, 남 85세: 137쪽

-음도 먹곡, -아도 불곡, 말홀 수가 없어: [밭 안에 가둬 둔 말들이] 믄딱(모두 다) 나온 후젠(後+적에는) 그자 그 부근의 남의 곡식 밧디(밭에) 다 허대여져(흩어져, 분산되어) 가지고 [그 곡식들을] 먹음도(먹기도) 먹곡, 그자(그저) 물(말)은 장난 비슴칙이(비슷이) 발로 「닥닥!」(의성어, 탁탁) 믄(모두 다) 끊어도 불고(버리고), ᄉᆩ은(소는) 홀레(교접) 미쳐그네 돌아댕기멍 지랄ᄒᆞ는 놈, 찌레기(수소끼리 뿔로 찌르는 싸움) 부떠그네(붙어그네, 붙어서) ᄒᆞ는 놈, 그자(그저) 짓(접두사 짓), 쳐블르고(쳐밟고) 해 놓니까원(화용 첨사 '원'), 곡석(곡식) 해난(했었던, 지었던) 밧이엔(밭이라고) 말 홀 수가 없어. 구비3 김재현, 남 85세: 355쪽

-음으로써 -으니까 -으니까지: "내가 책 흔 권이 없음으로써 죽게 되니까, 당신이 알아서 거(그거, 이항복이 종손으로 적혀 있는 족보) 보내 달라!" 흐니까니(하니까) 그 정시(貞師, 점치는 전문가, 풍수 전문가)가 이씨 족보를 지어서(급히 만들어서) 오성 부원군(李恒福, 1556~1618)안티(한테) 보내엇거든. 구비3 김재현, 남 85세: 347쪽

-이고 -이고 [간에 상관없이]: 흔 둘(한 달)이고 두 둘이고 「가랜」(가라고 하는) 말은 안 ᄒᆞ여. 구비3 김재현, 남 85세: 330쪽

-이고0: 오찰방(吳察訪, 각주 180 참고)이옌 흔 사름은 막산이(막+사나이의 '순'+이) 후엣 사름이고. 구비3 김재현, 남 85세: 167쪽

-이나네(으니까) -앗단 말이어: 믄저 둘아 오란(뛰어 와서) 웡(요렇게) 앚앗이나네(앉아 있으니) 가시어멍(丈母, 각시+어멍)ᄒᆞ고 각신(아내는) 이젠 오랏단 말이어. 구비2 양형회, 남 56세: 32쪽

-이니(으니): 머리 그냥 풀어네(풀어서) 허붕치고(흐뜨러뜨리고, 허비다+웅+치다) 허연 [신당에] 간. 낭(나무) 우의(위에) 거드락이(웅크려 거들먹스럽게) 앚

이니(앉으니), 구신(鬼神)답거든, 허허허! 구비2 양형회, 남 56세: 31쪽

-이니(으니까):「망건(網巾)에 옥관저(玉貫子) 돌렷이니(달렸으니), 저거 무슨, 그 자 서푼 짜리(3푼짜리, 하찮은) 과거(科擧)라도 흐쓸(조금) 허여 본 어른인가?」 (라고 여기었어). 구비2 양형회, 남 56세: 27쪽

-이라 [이유, 때문] 도리가 없다: 흐지마는 각시가 흔 일이라, 해여 볼 도리가 없다 말이어. 구비2 양구협, 남 71세: 626쪽

-이라(이라서, 이기 때문에): 그자 그저 기영 허여도(그렇게 하더라도) 큰 어른이 라(이라, 이기 때문에), [아무리 대단하다는 말을 듣더라도] 그자 그 말을, 뭐 그자, 들어 심상(尋常, 예삿일로 여겨 마음이 평상심임), 말아 심상! 기여서(그 리하여서) 그자 흐는디(지내는데), 시(詩)를 읊엇단 말이어. 구비2 양형회, 남 56세: 27쪽

-이라고 (하는): 저, 과거(科擧)짜리덜은 옥관절(玉貫子, 玉貫節)이라고 (하는) 구슬 을 돌더라(달더라고) 허여. 구비2 양형회, 남 56세: 27쪽

-이라고 (흐는): 이항복(李恒福, 1556~1618)이라고 (하는) 큰 어른이 잇엇주. 구비2 양형회, 남 56세: 26쪽

-이라야만이 -이다:「이 사름(사람)이라야만이 잘 될 사름(사람)이다」ø 해서 집 터꼬장(집터까지) 혈(穴)을 뜨지 않고 해 준 게라(것이라) ø 말이거든. 구비3 김재현, 남 85세: 256쪽

-이랑 마랑[역접]: "우리가 함마(하마터면) [싸움 걸려고] 그 손 붙졋더면(붙졌더 라면, '붙다'에서 '붙지다'로 파생된 뒤 붙이었더라면), 저 기운에 뜨림으랑(때 림일랑) 고사흐고, 흔 번만 쥐민(꽉 잡으면) 다 뭇아진다!(바수어진다, 잘게 부서진다)" 구비3 김재현, 남 85세: 155쪽

-이랑 말앙 -안0 -아: 기영 흐연(그래서) 간 (고양이를 창고 안에) 놔 뒌 왔는디, 뭐 즈시(子時)랑 말앙 초즈냑부떠(초저녁부터) 쥐 소리가 딱 떨어젼, 쥐 소리가 안 나.「흔 시간만 더 지드리자(기다리자)!」고 수정을 흐다 말이어. 구비2 양구 협, 남 71세: 628쪽

-이로되: ⇨ -로되

-이로되: 어디 시골 산골에도 (소 치는 일이) 흔 머리썩뱄의, 육지에서는 못 질룰 땐디(때인데), 가능흐지를 못흔 일이로되,「거 보내어 준다」고 흐고, 인부(人夫) 를 딜여서(들여서) 산을 깎자고 막 흐니, 게서 (묏자리를)「써자!」고 막 흐니, 이제는 홀 수 없이 마누라 말을 들어 가지고 "그레민 그렇게 혜여 보자!"고. 구비1 안용인, 남 74세: 211쪽

-이엉 -이영 -이엉: 산에 간 남(배 만들 나무)을 비여단 배를 짓언. 씨어멍이영,
메누리영, 씨아방이영 이젠 배를 탄 나사난(나서니까), 게난(그러니까) 그 메누
리가 네(櫓) 젓으멍 「이여도 싸나!」 흔 게 그거옌(「이어도 사나」라는 노동요이
다). 구비1 김순여, 여 57세: 205쪽

-이엉 -이엉: 그 오성(鰲城) 부원군이영 그 이덕형(李德馨, 1561~1613)이네영 웅(요
렇게) 사 시니까니(서 있으니까), 아무거영 말도 아니 곧고, 그자 수리(수레)
배껏데레(바깥쪽으로) 손만 웅(요렇게) 내믈안(내밀었어). 구비2 양형회, 남 56
세: 28쪽

-인0(엔0) -고0: 알으키지 맗엔, 종하님에게도 일절 발표ᄒ지 맙서고. 구비1 안용
인, 남 74세: 122쪽

-인0: 겨난(배가 풍파를 만났으니까), 씨아방도 죽어 비어, 메누리도 죽어, 아들
죽으난, 아무것도 웃지 아니ᄒ우꽈? 게난 그추룩(그처럼) 흔 고슬(告祀를) 지낸
댄, 그 저 충청도가?, (이여도에 가서) 그런 고슬 지낸댄. 구비1 김순여, 여
57세: 205쪽

-인0: 아방도 (고려장으로 소나무 곁에 내 버리거나 파 묻은 할아버지를) 일런(파
일으켜서) 오라 불고, 지게도 앗안 와 비엿젠. 구비1 허군이, 여 75세: 195쪽

-인0: 아주 생사름(산 사람) 모양으로 흔다고 흡네. (옆에서 듣던 친구인 현원봉
씨) 아이, 생사름 모양으로 흔댄. 구비1 안용인, 남 74세: 173쪽

-인0: 엿날은 일흔만 되민 고려장 허여 낫젠. 구비1 김순여, 여 57세: 195쪽

-인디 [배경]: 그런 이야기를 수탐(搜探)ᄒ레 어스(御使)는 댕기는 판인디, "그런
게 아니고, 김정싱(金政丞) ᄌ식이 … 이정싱(李政丞)의 똘에 이제는 결혼을
허엿어." 구비1 안용인, 남 74세: 158쪽

-인디 -단 -단 -으니 -앙 -앙 -곡 -앙 -곡 -나고랭0: 똘이 쉿인디(셋인데), 할망
도 똑 봉급 타단 놔 뒷단, 엿날, 다 먹어지니, 어디 갓 어디 심바람(심부름)도
좀 ᄒ여 칩 흔 때(한 끼) 얻어먹엉 오곡, 똘덜토(딸들도) 내어놔서(집밖으로
나가서) 어디 갓 남으(남의) 일 칩(남의 일을 맡겨 줘서) 얻어먹곡, 할으방은
기영 해 나고랭(그렇게 했었다고, 해+나+고라+잉) (ᄒ여). 구비2 양구협,
남 71세: 645쪽

-인디(은데) -안0 -으난 -웁니다 -으난 -엿주마는 -이라: 어떤 중국서 요새 굳으
문 남으(남의) 나라 괴롭게 구는 사름이 왓인디(왔는데), "이거 어디냐?"(여
기가 어디냐?) ᄒ연. 아으ᄀ라(아이에게) 물으난, "종다립니다."(제주시 구좌읍
終達里입니다) ᄒ니, 실지로 종다리(종달리)난 종다리옌 ᄒ엿주마는, 그 놈(질

문한 사람)이 종달이라(성명이 '고종달'이며, 胡宗旦으로 쓰임). 구비2 양구협,
남 71세: 652쪽

-일랑 말앙 안 ᄒ고: 오십 멩(50명) 정심(점심)을 ᄒ고 갔으니, 종년이 밧갈쉐(밭+
갈다+소)에 오십 멩 먹을 거 쉬어(싣고) 간(가서) 보니, 막산인(막+사나이의
'ᄉᆞᆫ'+이#는) 일일랑 말앙 아무것도 안 ᄒ고, 논뚝에 베개 베연 누워 잢어(눠
자고 있어). 구비3 김재현, 남 85세: 28~29쪽

-일망정(을망정): "어떻게 허엿일망정 환생(還生)을 시켜 주십서!" "그러냐?"고.
"게민 또 ᄒ 번 ᄂᆞ려가 보라!"고. 구비1 안용인, 남 74세: 181쪽

-잉0 -인 허연게양 -인 홉데다: ᄀᆞᆯ 일혼만 나 가민, 고려장 ᄒ 시대 셔 낫젱.
(제주시 구좌읍) 김녕도 허여 낫젠 허연게양? [조사자의 확인 질문에] 예, 고려
장을 허여 낫젠 홉데다. 구비1 김순여, 여 57세: 196쪽

-자 말자 [사건 즉석 연결]: 그 아으(아이) 곧 데리고 오자 말자, 아 그 호랭이가
「퍼짝!」(번쩍) 왓어. 퍼짝 왓는디, 도야지(돼지) 지르는 디(기르는 데를) 손 ᄀᆞ
르치니, 그 도야질 물어간. 다음엔 아을(아이를) 질롸 낫다(길렀었다) ᄒ는디,
그거 원 말이 되멍 말멍 ᄒ는 말이주마는. 구비2 양구협, 남 71세: 644쪽

-자[방임] -민 -거든: 삘(別) 거짓말을 허였자 「너 말이 옳다!」 허여 불민 거짓말이
아이 되거든. 구비1 안용인, 남 74세: 154쪽

-자[방임] -으면 -거든: ᄒᆞ디 거짓말을 암만 잘 허엿자, 「자네 말이 옳다!」 허여
불면 거짓말이 아이 되거든. 구비1 안용인, 남 74세: 153쪽

-자 하다: 이런 밑에서, 「그러면 그렇게 ᄒᆞ자」 허여서 그때 멧 번 허였다 그 말이
잇어마씀. 구비1 임정숙, 남 86세: 191쪽

-자고 -을랴고 ᄒᆞ다… -을라고 ᄒᆞ다: 귀경(구경)이나 ᄒ 번 허여 보자고 머리를
씩 들런 볼랴고 ᄒ니, 선녀(仙女) ᄒᆞ나가 발견허여 불엇어. 「인간 사름이 우리
모욕(沐浴)ᄒ는 걸 본다」고 허여 가지고 와작착! 이제는 옷 입어 가지고 옥황(玉
皇)에다 올라갓어. … "우리 모욕ᄒ는 걸 인간 사름이 머리 들러 가지고 볼랴고
ᄒ기 때문에 겁이 난 올라왔습니다!" 구비1 안용인, 남 74세: 189~190쪽

-자곤 ᄒᆞ다: "뭐, 아무 날 가자곤(가자고+은, 가려고+은) ᄒᆞ지." 구비3 김재현,
남 85세: 106쪽

-자 마자, -나마나 하다: 가 : 이(그 아이)는 공부시길(시킬) 혼(限, 즈음)이 되자마
자, 그저 댓 설쯤(댓 살쯤) 되나마나 홀 때 모양인디(인데), 칠수장(七所場, 나라
에서 제주 섬 중산간에 말을 방목하려고 설치한 10개 목장 중 7 소이며, 서귀포
시 중문면 색달리 일대임) 목ᄌᆞ(牧子, 말을 치는 신분의 사람)가 봄의(봄에)

「곡석(곡식)을 풉센(파십시오라고)」해서 왔어. 구비3 김재현, 남 85세: 57쪽

-저 ᄒ다(-젠, -젱): 흔 번은 그 서당엘 놀레 가서 글 익는(읽는) 걸 보젠 들어가니, 선생도 안테레 들어오랭 ᄒ젱 ᄒ였자, 제ᄌ덜 ᄆ소왓어(무서웠어). 제ᄌ덜이 또「쌍놈의 ᄌ석」ᄒ여 놓고 ᄒ문, 대답홀 ᄌ를(겨를)이 없고, 그래서 이젠 내불었는디. 구비2 양구협, 남71세: 168쪽

-젠 걸어 가지고 -으민 -곡 -으민 -곡0:「보기 싫다」고 요놈으(요놈의) 거(것, 노인) 장검으로 잡아 굴여(베거나 때리려고 갈겨, '굴리다, 굴기다'의 변이형이 있음) 불젠(버리려고) ᄇ지란이(부지런히) 재기(재빨리) 걸어 가지고, 재기(재 빨리) 걸어 가민(가면) 그 소도 재기 가 불곡(버리고), 뜨게(굼뜨게 천천히) 걸어 가민(가면) 뜨게 가 불고0. 만날 ᄒ당(하다가) 봐야, 미치도 못ᄒ곡, 더 아니꼽게만 ᄒ는 거라. 구비3 김재현, 남 85세: 335쪽

-젠 트집핸 안 먹어. -젠 ᄒ멍 안 먹어. -으니까니 -으니 -앗다고: 배 큰 강훈장이 엔 흔 이가 삼형제를 멩령(명령)ᄒ면서, "늬네들(너희네들) 돗(돼지)이나 흔 머리썩(마리씩) 잡아오라!" ᄒ니, 큰상제(맏 喪制) ∅ 내복(내장) 추렴(出斂, 빼 어냄)해 불엿젠(버렸다고) 트집핸(트집을 잡고서) 안 먹어. 샛상젠(둘째 喪制 는) 귀 체진(찢어진) 거 잡아왓젠(잡아왔다고) ᄒ멍(하면서) 안 먹어. 말잣상젠 (末次＋ㅅ＋喪制는) 관상해 보니까니, 요 사름이 잘 될 테니「요 사름(사람) 괴기(고기)를 먹고 이 사름을 잘 되우자(되게 만들자)!」ᄒ는 산천(묏자리)을 그런 산천을 봐 줫다고. 구비3 김재현, 남 85세: 360쪽

-젠 ᄒ다[추측]: "화전(火田)드레(쪽으로) 가다네(가다가), 이거 조팟(조밭, 조를 심은 밭)∅ 봐그네(둘러보고서) 가젠(가자고, 가려고) 했구나(하는구나, 하고 있구나)!" 경(그렇게) 해연(하여서, 여기고서) 조름(뒤, 꽁무니)에 ᄃ안(따라서) 갖주게(갔지＋화용 첨사 '게'). 구비3 김재현, 남 85세: 275쪽

-젠 ᄒ민 -젱 ᄒ여도 혼나고 -젠 ᄒ여도 혼나고: 그 어려운 때에 그 상(제주 목사 가 먹을 밥상)을 출리젠(차리고자) ᄒ민(하면), 음식을 출리젠(차리고자) ᄒ여 도 혼나고, 그걸 그디(한라산 백록담에) 올리젠(올리고자) ᄒ여도 혼나고0. 구 비3 김택효, 남 85세: 386쪽

-젠 ᄒ민: 경ᄒ디(그런데) 김초시(무과에 입격한 김씨)가말이우다(화용 첨사 '말 입니다'), 그 활을 쏘나 씨름을 ᄒ나 ᄒ젠 ᄒ민(하고자 하면) ᄉ또(사또) 앞의 (앞에) 강(가서) ᄒ는 법입주. 존전에 맨발에 가지 못ᄒ는디, 김초시는 맨발에 가. 구비3 김재현, 남 85세: 178쪽

-주마는 그냥 잇어: 그여니(그러니) ᄒ를 쯤은 지낫일(지났을) 터이주마는, (아이

가 호랑이에게 잡아 먹히지 않고서) 그디 그냥 잇어. 구비2 양구협, 남 71세: 644쪽

−주마는[역접] −주마는: 옛날은 그럴지 모르주마는 요새엔 그런 일 웃일(없을) 테이주마는, 「아이고, 큰일 낫다!」고 흐연 접절(겹결)에 (뽑아) 내 불엇다 말이어. 구비2 양구협, 남 71세: 634쪽

−주마는: 그 감스(監司)의 집도 그만흐문(그만하면) 홀륭흐게 사는 집이주마는, 우선 똘 잇는 디 흔 번 인도흐여 달라고. 기영 해서 가는디, 먼 디서 보니, 조그마흔 집을 마직흐게(알맞게, 마뜩하게) 짓어서 사는 집이 잇어. 구비2 양구협, 남 71세: 650쪽

−주마는[역접]: 그거 더러 아는 사름도 잇는지 몰르주마는(모르지만) (정확히 그 곳이 위치한) 그 지경은 몰르커라(모르겠단다). 구비2 양구협, 남 71세: 657쪽

−주마는[역접]: 들을 적에는 더러 그 일홈(이름)들을 들으멍 알앗주마는, 이젠 다 잊어 불언, 오래여 놓니까. 구비2 양구협, 남 71세: 636쪽

−주마는: 아이고 거 이상흐다. 기여주마는(그렇지만) 굴룬(군더더기 허튼) 자국이라고 읋어(발걸음마다 허튼 걸음 자국이 없이, 하는 일마다 잘 되어). 그저 흔 자국마다 돈이든 뭐든 쏟아져 가. 구비2 양구협, 남 71세: 655쪽

−주마는: 이 제주도에서 '멩구(名狗)' 무덤이옌 흔 지경(地境)이 잇는디, 이제 사름덜이 들으문 혹 「거짓말이라」 홀 줄 모르주마는(거짓으로 여길지 모르겠지만). 구비2 양구협, 남 71세: 671쪽

−주마는 [역접, 반전] −어 −아서: 글재(글자) 쓰진 못흐주마는, 익는(읽는) 것은 그대로 다 (외어서 술술 입으로) 나와 불어, 워낙 재주가 좋앗어. 구비2 양구협, 남 71세: 618~619쪽

−주마는 [역접]: 옛날에 아주 그 고려(高麗) 때쯤인 모냥 굳아 마씀 양, 시대가. 그 연수(年數)는 잘 알지 못흐주마는 백주부인(白洲夫人, 흰모래밭 부인)이 잇엇는디 말이우다양! 구비1 안용인, 남 74세: 146쪽

−주마는 [점층]: (과거 시험장에서) 글을 짓는디, 남즈가 짓는 것만으로도 충분히 (합격)될 테이주마는, (시관 딸이) 즈기 지은 걸로 "이거 드려 보라!" 흐연. 드리니 팔도 도장(八道 都壯元의 뜻)을 흐여 불였다 흐여. 구비2 양구협, 남 71세: 623쪽

−주마는 −아 가지고 흐니까: 물(말) 하나 결려(줄을 걸고서 끌고) 갈 때에는 봣주마는(보았지만) 경(그렇게) 즈세히 인식을 못해여 가지고 흐니까, 주인 말(대답)이 "적다물(赤多馬)도 멧(몇) 필, 가래물(黑馬)도 멧 필, 무슨 물도 멧 필,

이래서 거(그거) 멧 백 수(首, 마리)가 잇다. 경혼디(그런데) 하나토(하나도) 없이 도망갓다!" 구비3 김재현, 남 85세: 259쪽

-주마는 -을 게 뭐야원: 가매(가마) 속에 앚이난(앉으니까) 아덜은 알주마는 아방 이사 알게 뭐야원! 그냥 (고관이 행차하는 길 앞쪽) 질로 건너갓주. 구비2 양구협, 남 71세: 624쪽

-주마는: 거 기영 허엿는지 아니 허엿는지 모르주마는, 거 들은 전설입주게! 구비1 안용인, 남 74세: 191쪽

-주마는[역접]: [물고기를] 안 풀아 주는 건 홀 수 엇주마는, 괴기(물고기)는 잇엇어(있었어), 다른 사름안틴(사람에게) 풀면서. 구비3 김재현, 남 85세: 39쪽

-주마는[역접]: 경 혼면(그렇게 하면) 다행이(다행히) 되민(임금이 되면) 흐주마는 (괜찮지마는), 안 되면은 삼족(三族)이 멸(滅)이어. 구비3 김재현, 남 85세: 35~ 36쪽

-주마는에: 외할으방(外祖父)은 기여도(그래도) … 슬짝치기(몰래 처녀 출산으로) 난 외손(外孫)이주마는에, 죽는(죽이는) 걸 조끔(조금) 억울히 생각허여 가지고, 말랜 흔단 말이어. 구비2 양형회, 남 56세: 40쪽

-주만(은, -주마는)0: 긔냥 돌아오라 불든지 홀 거주마는 그대로 들엇어. 구비1 안용인, 남 74세: 122쪽

-지도(ø도) 안 흐고: 경 혼디(그런데) 죽을 날은 그자(그저) 아침이 아파 보ø도 안 흐고, [녹음 상태가 안 좋아서 녹취 내용을 확인할 수 없음] 부친안티(한테) 간(가서) 하직흐니… 구비3 김재현, 남 85세: 144쪽

-지마는[역접] -고 영 흐다: 대한이라 해여서 독립 모냥(모양)으로 흐지마는, 미국에 조공을 흐고 미국에서 우리를 보위해 주고, 영 해영 살앖입주(살고 있읍죠). 구비3 김재현, 남 85세: 181쪽

-지마는[역접] -으니 -을 수가 엇고0 -인 말이우다 -안0: 하, 이젠 머릿박은(머릿속 생각으로는) 거슴칙흐지마는(꺼림칙하지마는), 한집(上典)이 말흐는 거니, 아이 들을 수가 엇고. 찍어 넹겨 불엇댄(찍어 넘겨 버렸다는) 말이우다. 찍어 넹견. 구비1 안용인, 남 74세: 210쪽

-지마는[순행]: 촛지마는, 즈기가 숨켜 논 디니, 얼른 가 촛앗댄 말입니다. 구비1 안용인, 남 74세: 123쪽

-지마는[방임]: 흐난(흐니까, 그러니까) 주인도 주인이지마는, 무당덜이 "아니, 오라그네(와서) 구경흐여도 좋수댄(좋습니다고) 강(가서) 글으랜(말하라고)." 구비3 김재현, 남 85세: 147쪽

-지마는[역접]: "그, 식사도 ᄒ지마는(좋지마는) 술부떠(부터) 가져 오라!" 구비3
　김재현, 남 85세: 158쪽
-지마는[역접]: ᄆ음은 인간 사름 ᄆ음이지마는 말을 못 ᄒ고 몸이 누추허여 노니,
　인간 사름이 상대를 아니 허여 준댄 말이우다. 구비1 안용인, 남 74세: 135쪽
-지마는 [역접, 방임]: 치성(致誠)을 잘못허였던가 모르지마는 제(祭)를 지나. 구비
　1 안용인, 남 74세: 170쪽
-지마는 -으니까니 -든지 해 봐: "난 미안ᄒ 말이지마는, 글 잘 몰른(모르는) 사름
　(사람)이니까니, 너라도 저, 읽든지 해 봐!" 구비3 김재현, 남 85세: 60쪽
-지마는: "이게 약소(略少)ᄒ 제찬(祭饌)이지마는, 조꼼 응감(應感)ᄒ십센 허연 짊
　어젼 왔습니다." ᄒ난, 구비1 안용인, 남 74세: 169쪽
-지마는: "천주교 믿는 자덜이(들이) 여ᄎ한(여차한, 이러한) 불량을 ᄒ니 내 힘으
　로는 막을 수 없소. 내ø 책임자ø 되지마는, 아, 막을 수 없으니 당신테 알아서
　처분해 주소!" 구비3 김재현, 남 85세: 366쪽
-지마는: 들은 말이니까 어떻게 된 건지 모르지마는, 것도(그것도) 질게(길게)
　어떻게, 춤, 여라(여러) 가지가 잇더구(있더구나). 구비2 양구협, 남 71세: 616쪽
-지마는: 이젠 오게 되니까, ᄌ연적(自然的) 암만(아무리) 선인(仙人)이지마는 젊
　은 때덜이니 (부부 인연을) 아니ᄒ 수 잇어? 구비1 안용인, 남 74세: 186쪽
-지마는: ᄒ디 메누리가 (시집) 갔는디, 아주 팔ᄌ가 험악ᄒ 이라, (혼인을) 부잿집
　의 가긴 갓지마는. 그 메누리 간 후에는 방애를 짛는 디도 다섯콜(다섯 명이
　둘러서서 찧는 방아)도 새만 맞아 가거든. 구비1 안용인, 남 74세: 203쪽
-커매(을 것이므로): (아무도) 모르게 (주인공이 감옥에 갇힌 노인을 잘) 대해 줄
　테니, 잘 살았이문(살고 있으면) 앞으로 잘 위ᄒ여 드리커매(드릴 것이므로),
　안심ᄒ고 돌아가 줍서!" ᄒ니, "아이고, 게민(그러면) 늬가(네가) 분몡 살앗이
　문(살았으면), 요 떡이나 먹어 보라!" 구비2 양구협, 남 71세: 625쪽
-커매(을 것이므로): "나 (아버지를) 집의 잘 보내 디리커매(보내어 드릴 것이므
　로), 집의 강 잇다가, 다시 오커매(올 것이므로), 그때랑 봅서!" ᄒ난, "그리ᄒ
　라!"고. 약속을 ᄒ엿는디, 아, 이젠 (아버지와 상봉이) 끝난 나오젠 ᄒ여 가난,
　(주인공 남편보다 아내인) 여ᄌ가 바짝 ᄆ저 (침소에) 들어오는디, 나중 (주인
　공이) 들어완 누난(이부자리에 누으니까), "아, 당신 어디 가 와요? 이제사!"
　구비2 양구협, 남 71세: 625쪽
-커매: "우리집의 ᄒ 칠관(7貫)짜리 도새기(돼지) 잇이난, …(산신인 당신에게)
　그걸 ᄀ져다(가져다) 주커매(줄 것이므로), 그 아으(아이)랑 돌려 줍서!" 구비2

양구협, 남 71세: 644쪽

-컨 -으라!: "술 오메기 떡(차조 반죽으로 고리처럼 둥글게 만든 떡, 오메기) 못
먹느냐? 먹어지컨 먹으라!" 주인이 하인 막산이에게 권유함. 구비3 김재현,
남 85세: 31쪽

-컨과 -으면 -앗어: 경헌디(그런데) 말로도 그러컨과(그렇거니와) 그 지형을 보면
「그 말이 글타」ø(그르다, 틀렸다) 흐질 못흐게 됏어. 구비3 김재현, 남 85세:
53쪽

-쿠대 -안0: 오단 산(무덤, 山) 시쿠대(있기에, 있길래, 있관대), 산데레 케우려
된 곳언(갖고서) 오란. 구비2 양구협, 남 71세: 625쪽

-해얄겐디(해야 ø을 것인데): 「강정(서귀포시 강정동)과 월평(서귀포시 월평동)
스이(사이)에 물을 이용해서 논을 받겟다(도랑을 파서 논 물을 받겠다)」ø 흐면
서 [농번기 때에도 백성들을] 동원흐는데, 백성이 농한기를 이용해얄 겐디(해
야 할 것인데), 무조건 농亽 때고 뭣이고 해 놓니, 백성이 다 농亽 못 흐고(못
짓고) 춤(참) 기亽흐게(饑死, 굶어죽게) 되엇습니다!" 해서 호소흐니까, 나라의
서(나라에서) 철망 도사(중죄인을 의금부 도사[都事]가 철망으로 가둬 잡아갓
던 데에서 나온 말이며, 도사[道士]는 잘못된 주석임)라는 것이 잇엇다여(있었
다고 해), 저 옛날. 철망 도사가 와서 그 사름(사람)을 잽혀갓다(잡아갔다).
구비3 김재현, 남 85세: 194쪽

-흐고(과) [접속 조사]: 쌍놈 귀흐고 양반 귀가 뜨나느냐고 구비1 안용인, 남 74세:
123쪽

-흐고(와, 과) [접속 조사, 후치사]: 그 집안에서만 대원(大員)덜흐고 ᄌ손덜이 긔
냥 오꼿(온전히) 살아가 가지고, 수천 명 벌려져 가지고 구비1 안용인, 남 74세:
130쪽

내포 어미(그리고 내포 어미로부터 전성된 종결 어미)

-ø 마씀: 무쇠(鑄鐵) 설꽉(石槨)에 놔 가지고서 띠와 붙엇어. 띠우니, 그것이 어디 구좌면 서화리(舊左面細花里)로 올라온 모양이라 마씀. 구비1 안용인, 남 74세: 149쪽

-ø 말이어: 기영 ᄒ니(그렇게 하니), 흔 아이는 또 것도(그것도) 은혜를 끼치 놓니, 슬짝 가서 물어 봤다 말이어. 구비2 양구협, 남 71세: 619쪽

-ø 말이어: 기영 ᄒ연(그래서) 남펜(男便)도 이젠 기(氣)가 살았다 말이어. 구비2 양구협, 남 71세: 628쪽

-ø 말이어: 기영 ᄒ연(그렇게 해서) 그 집(진국태 좌수 집)을 촞아간 보니, 아닐 케 아니라(아닌 게 아니라) 소상(小祥)인가 흘림이라 해서, 야단(惹端)으로 츨리고, 또 상제(喪制)질 ᄒ고 있다 말이어. 구비2 양구협, 남 71세: 616쪽

-ø 말이어: 기영 흔디, 고기 잡아서 생활ᄒ는 사름이 ᄌ식을 ᄒ나 낫다(낳았다) 말이어. 아덜 ᄒ날(하나를) 낫는디, 그 아덜 ᄌ식이 육아 가니(약다, 철들다, 철들어 가니)… 구비2 양구협, 남 71세: 617쪽

-ø 말이어: 궅은(같은) 제ᄌ(弟子)끼리 투(의기투합을 뜻하는 듯함)가 잇언, 걸(그 것, 그 천민을 과거 시험장에) 못 가게 강히 막게 되었다 말이어. 구비2 양구협, 남 71세: 620쪽

-ø 말이어: 배남(배나무) 우희(위에) 그놈덜이 (주인공을) 올린 거라. 올리난 도독 으로 ᄒ영(도둑으로 몰려 오해를 받고서) (주인공이) 간혀 불민, 과건(科擧는) 못 볼 거라 말이어. 구비2 양구협, 남 71세: 622쪽

-ø 말이어: 앉아서 쉬였다 말이어. 구비1 안용인, 남 74세: 156쪽

-ø 말이우다: 네 말이 옳다고 ᄒ면, 이제는 증서 내여 놓고「돈 갚아라!」고 흘 판이라 말이우다. 구비1 안용인, 남 74세: 155쪽 구비1 안용인, 남 74세: 154쪽

-ø 말이우다: 흔 반년쯤 멕여 가니까, 쇠도 다 엇어져 가고 큰일 날 거라 말이우다. 구비1 안용인, 남 74세: 149쪽

-ø 말이지: 이것이 흔 사름 두 사름 알았다 말이지. 알아 놓니… 구비1 임정숙, 남 84세: 144쪽

-ø 보다: '어떵 ᄒ느니(ᄒ는+이)'ø 보젠0. 구비3 김재현, 남 85세: 31쪽

-ø ᄒ고0: 사둔(査頓)이 올 테니, 아바지(媤父)도 알아서 굳이(같이) 놉시다 ᄒ고. 구비2 양구협, 남 71세: 626쪽

-ø ᄒ니 -0 ᄒ엿어 -고 햇어:「내기ᄒ라!」ᄒ니, 내길 ᄒ자고 해서 흔디, 아닌

것 아니라 「어느 날로부떠 쥐를 끊게 홀 건고?」 ㅎ엿어. ㅎ는디 「아무 날로 ㅎ자!」고 했어. 구비2 양구협, 남 71세: 627~628쪽

- ø ㅎ다: "벗이 멧(몇)이나 되느냐?"고. "멧 된다!" ㅎ니, 아니 벗덜 것도 주어, 여즈가. 구비2 양구협, 남 71세: 622쪽

- ø ㅎ다: 간 보니 저싱이나 이싱이나 여기도 이제는 그 거시기 강 살게 되민, 그 효사수(감옥의 號數)가 있는 거 아닙니까? 방마다 누가 가두와(갇혀) 있다 ㅎ 걸. 구비1 안용인, 남 74세: 180쪽

- ø ㅎ다: 글로 내려오란 「어딜 내려오는고?」 ㅎ니까, 이 여기 가면 고살미라고 ㅎ 오름이 있습니다. 고살미 오란 봐도 앗일 디 살 디 못 씨고. 구비1 안용인, 남 74세: 150쪽

- ø ㅎ다: 목구녕(목구멍)에 술은 「들어오라, 들어오라」 ㅎ지, 걸인이 되니까 술은 안 주지, 하도 들언 못즌디게 ㅎ니, 구비1 안용인, 남 74세: 138쪽

- ø ㅎ다: 저 서 김녕(西金寧), 이제는 「서 김녕」 ㅎ지마는 옛날은 김녕이라고만 ㅎ지, 김녕 용두동(龍頭洞)이라고, 용머릿 동네. 구비1 임정숙, 남 84세: 143쪽

- ø ㅎ다: 허여서 뒷날은 지게에 돌을 지어다가 그 드릴 박았다 허여. 구비1 임정숙, 남 84세: 144쪽

- ø ㅎ다: ㅎ니 「뭣으로 환생을 시기는고?」 ㅎ니, 배염으로 환생을 시겨 불엇어. 구비1 안용인, 남 74세: 135쪽

- ø ㅎ다[추정 인용]: 「그 어딜 가는고?」 ㅎ니, 강남 천즈국(江南 天子國), 옛날은 중국을 천즈국이라고 허여 나지 아녔습니까? 구비1 안용인, 남 74세: 148쪽

- ø ㅎ여: 그 땐 기애낫다(그랬었다) ㅎ여. 구비2 양구협, 남 71세: 626쪽

- ø ㅎ여: 그 시관(試官)의 집은 어떠나 ㅎ문, 뚤이 일곱인가 ㅇ숫인가 되었다 ㅎ는디, 그 장원(壯元)한 사룸안티 ᄎ례ᄎ례 큰뚤붙어 주어 왓다 ㅎ여. 구비2 양구협, 남 71세: 620~621쪽

- ø ㅎ여: 죽은 다음에 「워낙 잘 안다」고 ㅎ니 어디 먼 디서(데에서) 월계 진좌수(秦國泰 유향좌수, 1680~1745) 죽은 줄도 모르고 촛안 온디, 흥상(恒常) 백맬(白馬를) 탄 댕겨낫다(다녔었다) ㅎ여, 그 월계 진좌수가. 구비2 양구협, 남 71세: 615쪽

- ø ㅎ여도: "흔 번 죽은 (아버지) 얼굴이라도 대면(對面)시겨 뒹, 탕, 떠납서!" ㅎ여도, "훗날 만날 때 잇일 거라!"고 허연, 배는 똑 떠나 불었댄 말이우다. 구비1 안용인, 남 74세: 129쪽

- ø ㅎ연: 신선 ㅎ나 놈이 야심(野心)을 가졌어. 「선녀가 모욕(沐浴)을 허여 간다」

고 ᄒ니, 「ᄒᆞᆫ 번 귀경(구경)이나 허여 보카?」 허연. 이놈이 실짝(슬쩍) 중복(中
伏) 날 (옥황으로부터 제주시 오라동 방선문 계곡으로) 떨어졋어. 구비1 안용
인, 남 74세: 189쪽

-ø ᄒ연0 -으니 -0 ᄒ여: (과거 시험장에서) 글을 짓는디, 남ᄌᆞ가 짓는 것만으로
도 충분히 (합격)될 테이주마는, (시관 딸이) ᄌᆞ기 지은 걸로 "이거 드려 보라!"
ᄒ연. 드리니 팔도 도장(八道 都壯元의 뜻)을 ᄒᆞ여 불였다 ᄒᆞ여. 구비2 양구협,
남 71세: 623쪽

-가 가지고: 아이를 촟아가 가지고, 그 마누라의게 빈 젯이라도 물리라고. 구비1
안용인, 남 74세: 123쪽

-가 가지고: 집의 오라가 가지고, 이제는 아버지에게 말 여쭈기를, 구비1 안용인,
남 74세: 123쪽

-가?(-은가? -인가?, -잉가?)0 ᄒ연: 게므로(그러하기로서니) 「(관가 감옥에) 심
어 댕기게 ᄒᆞᆫ 디(잡혀 다니는 집안과) 사둔(査頓)을 ᄒᆞ여졋잉가?」 ᄒ연, 원!,
ᄆᆞ음이 이상케 돌아 불엇어, 원! 구비2 양구협, 남 71세: 649쪽

-가?(-은가? -인가?, -잉가?)0 ᄒ영: 잔치홀 그 ᄀᆞ리(때쯤, 즈음)에 식량이 부족했
잉가 ᄒ영 자꾸 곳다 줘. 뚤을 줫다 말이어. 뚤을 줘도 멧(몇) 햇 동안 먹을
것을 자꾸 실러 오라 놓니 풍부ᄒ여. 구비2 양구협, 남 71세: 648쪽

-가?(-은가?, -인가? -잉가?) ᄒ연: 오랫만이(오랫만에) 왓다고 (하여서) ᄃᆞᆨ(닭)이
나 ᄒᆞᆫ 머리 ᄒᆞ여 놧 ᄀᆞ저왓잉가(가져왔는가) ᄒ연. 숟그락(숟가락)으로 들이(가
득) 받으민 무거완 들 수가 읎어. 구비2 양구협, 남 71세: 646쪽

-게 -게 되었다: ᄀᆞᆮ은(같은) 제ᄌᆞ(弟子)끼리 투(의기투합을 뜻하는 듯함)가 잇언,
걸(그것, 그 천민을 과거 시험장에) 못 가게 강히 막게 되었다 말이어. 구비2
양구협, 남 71세: 620쪽

-게 되다: "나는 사름의 행위를 못 ᄒᆞ게 된 사름이라" 허연 중국에 가 가지고
절간엘 들어갓어. 구비1 안용인, 남 74세: 125쪽

-게 되다: 「하, 이거 잡년신디 우리 아바지가, 쌍년신디 약혼을 허연 결혼을 ᄒᆞ게
되었고나!」 걱정을 ᄒᆞ는 판이라. 구비1 안용인, 남 74세: 209쪽

-게 되다: 거 망ᄒᆞ게 되민 망ᄒᆞ게 되는 거 아니우꽈게! 언제든지 부재는 부재로만
살아집네까? 구비1 안용인, 남 74세: 203쪽

-게 되다: 그날 저녁 그 집의(집에) 술을 뺏어(빚어) 놓게 되엇어. 구비3 김재현,
남 85세: 30쪽

-게 되다: 기영 ᄒᆞ니(그렇게 하니, 그러니) 사둔(査頓)이 온다고 ᄒᆞ니, 사둔안티

다 알려서 다 오게 된 모양이지. 구비2 양구협, 남 71세: 626쪽

-게 되다: 죽게 되연(되었어). 구비3 김승두, 남 73세: 113쪽

-게 되다: 즈식덜도 아방(묘소)을 잘 써 노니까, 고관대작을 헤여가 가지고 중국에
  스신으로 출입흐게 되었댄 말입니다. 구비1 안용인, 남 74세: 129쪽

-게 되면은: 또 몰(말)ø 소ø 이렇게 섞어그네(서로 섞어서) 흐게(같은 밭에 놔
  두게) 되면은, 몰은 밤이(밤에) 눕지 아니흐는 짐승이니까 그대로 내 불고(버리
  고), 소는 밤이 눕거든.

-게 되언0 -게 되언0: 기옌(그래서, '기영 흐연'의 개인 말투) 이놈덜 ᄀ딱(까딱)
  못흐게 되언, (그 술집에 더 이상) 못 들어오게 되언. 구비2 양구협, 남 71세:
  660쪽

-게 마련이거든: 아, 이거 친심(親審, 친히 직접 살펴봄)을 흐게 되면 안 되게 마련
  이거든. 구비3 김택효, 남 85세: 387쪽

-게 마련이다: 도독놈덜(도둑놈들)은 흐연(하여서, 도둑질을 하고서) 나가니, 이
  아온(아이는) 즈기가(도둑이 스스로 이 아이를) 죽이지 아녀도(않아도) 이디서
  (갇힌 보물창고 안에서) 죽게 마련이라, 가두와 버리니까. 기연 죽게 마련인다,
  아 이젠 그디서 이신디, 밤중만에는 아 이 놈이 호칭(呼稱)을 흐기를 그 대감
  일름(이름)을 알았던 모양이어. 구비2 양구협, 남 71세: 634~635쪽

-게 만들다: 그 밧디(밭에) 졸(조를) 불려(밟아, 파종 뒤 이랑속에 잘 묻히도록
  잘 밟아) 가지고 검질(김, 잡초)ø 매레 가면은 큰 밧(밭)이라도 흐루(하루)에
  다 매게 맨들주게(만들지+화용 첨사 '게'). 구비3 김재현, 남 85세: 274~275쪽

-게 맨들다: 즈연이(자연히) 어떻게 그 천즈 임금을 ᄆ음을 환장나게(즐겁게) 맨들
  아 놔야 한다ø 이거여. 구비3 김재현, 남 85세: 343쪽

-게 맹글다: 그디 종으로 막 부려먹어 가지고 여유(이익이 남게)있게 맹그는 놈이
  쓸 흔 되 여유가 잇일 거라? 구비1 안용인, 남 74세: 165~166쪽

-게 먹읍센 흐고: 또 술 먹는 연십(練習)도 시기고, 술랑 취하지 말게 먹읍센 흐고.
  구비2 양구협, 남 71세: 626쪽

-게 생기다: 어츠피(於此彼) 각실 잃어 불게 생겼다 말이어. 구비2 양구협, 남 71세:
  627쪽

-게 흐여 놓다: 방안은 뜻뜻이 뜨스게(따스하게) 흐여 낫어. 구비2 양구협, 남
  71세: 646쪽

-게 흐여 주다: "우리 창고가 아홉 거린디(채인데), 아홉 거리에 흥상(恒常) 쥐가
  들어서 야단치는디, 우리 쥐를 좀 끊게 흐여 주시오!" 구비2 양구협, 남 71세:

627쪽

-게(도급형, 도록, 까지): 일주일을 밤낮 줌 아이 자 노니(까), 뭐 사름 죽여도 몰르고, 살아도(살려도) 몰르게 줌을 코 골멍 자는 판이라. 구비1 안용인, 남 74세: 128쪽

-게(도록): 흔 번은 칼을 ㄴ슬게(날 서다+게) 골아가 가지고, 구비1 안용인, 남 74세: 124쪽

-게(도록, 최고 상태까지 도달): "가까이 들면은 카게 궈지고, 망불에 괴기 굴라고 흡니다." 구비1 안용인, 남 74세: 133쪽

-게(도록, 최고 상태까지 도달): 흔 번은 "고기를 궈 오라!"고 흐니까, 흔 번 막 카게 궈 갓어. 구비1 안용인, 남 74세: 132쪽

-게(도록, 최상의 정도) 흐다: 서귀진(西歸鎭) 베인태(邊仁泰)가 허여 가지고, 거짓 말 유명흐게 허여 낫수다. 구비1 안용인, 남 74세: 134쪽

-게꾸름(게끔) 햇어: 나갈 수가 없으니, 그것은 (제주목사가) 당 오백 절 오백을 부수와 노니까, 당 구신(鬼神) 절 구신덜이 복수를 흐랴고 허여가 가지고, 못 나게꾸름 햇어. 구비1 안용인, 남 74세: 207쪽

-게꾸리(게끔): "아, 이번으랑(이번일랑) 조금 덜 익지 아니흐게꾸리(게끔) 물 맞 추앙(맞춰서) 잘 흐젠 흔 게(것이) 설게(덜 익게) 해졋습니다." 구비3 김재현, 남 85세: 130쪽

-게끄리 흐다: 샛성님(둘째 형님)이 절 해연(해서) 엎더졋는 때에, 아 거(그거) 방귀를 「복~」(의성어) 흐게 소리나게끄리 해여. 구비3 김재현, 남 85세: 322쪽

-게끔 -앗다: 그 지ㅅ(地師, 지관), 정시(貞師, 집터나 묏자리를 점쳐 정해 주는 지관)가 아마 대위(대우)를 잘 받지 못했던 모양(모양)이어, 일을 그르쳐 먹게 끔 재혈(裁穴, 尋穴)을 해 줏다. 구비3 김재현, 남 85세: 204쪽

게난: 게난(그러니까, 경 흐난 줆) 술도 건드렝이(건드레하게) 먹은 짐(김)에 … 텃세라도 해여 보젠 "경 흡주뭐!(그렇게 하지요+뭐)" 구비3 김재현, 남 85세: 43쪽

-게쿠름(-게끔): 각록(角鹿, 뿔사슴)이 들어가 근지러와(간지러워) 가니, 오좀 싸 니, 내가 되었다고. 설문대 할망이 크긴 커 난 모양이라양! 각록(角鹿) ㅇ남은 개가 그디(성기 속에) 들어가게쿠름. 허허허허. 구비1 안용인, 남 74세: 202쪽

-젠 흐다: "게난(그러니까) 나도 경(그렇게) 흐젠(하겠다고) 허가흡데가(허락합디 가, 하였었습니까)?" 구비3 김재현, 남 85세: 249쪽

-고 (~고) 하다: 올라오라 가지고, 이제는 산 우으로 이제는 올라가고, 활 메고

이젠 허여서 올라가는디, 어머니는 혼이 나가 가지고 한라산 우으로 다 올르고 즈식 ᄉ형제 데려서, 아바지는 혼비백산 허여 불고. 구비1 안용인, 남 74세: 150쪽

-고 (해서) 그냥 주는 거라: 「아바지(월계 진좌수)가 ᄒ상(恒常) 벵(病) 걱정을 ᄒ였다」고 그냥 주는 거라. 구비2 양구협, 남 71세: 616쪽

-고 ~고 ᄒ다: 밧 갈단 보니 할망이 점심을 얼른 아니허여 오고 ᄒ니, 배 고프니까, 밧 가는 쇠를 죽여 가지고 손콥으로 가죽을 벳곗어. 이젠 멩게낭(청미레넝쿨나무) 허여 가지고 구윗어. 다 먹단 보니 부족허엿어, 쇠 ᄒ 머리가. 구비1 안용인, 남 74세: 147쪽

-고 가다: "그래? 「나를 먹으라」고 죽(鬻)을 두 기물(그릇, 기명) 쑤어 왓다, ᄑ죽인가뭐(팥죽인가+뭐). 자네! ᄒ 기물은 내가 먹고, ᄒ 기물은 건드려 보지 안 혀서 저 벡장(벽장) 우에 잇이니까 내려 놩 먹고 가라! 제사라곤(제사라고는) 해여도 [배가] 고파서 [귀신이] 그냥 가는구나!" 아 경(그렇게) ᄒ니(하니까, 권유하니까) 그 죽을 먹고 그냥 가 뵈어(보이어). 구비3 김재현, 남 85세: 143쪽

-고 가다: 계연(그러하여서) 매일 [관청에] 가는디, ᄒ 번은 ᄆ(말)을 타고 갓는디, 어둠에, 곧 어두와네 오기로 ᄒ니, 그디(그곳의) 그 관속덜이(官屬들이), 부하덜이 "ᄌ수님 가지 맙서!" "무사(무슨 일로) 가지 말아?" 구비3 김재현, 남 85세: 47쪽

-고 가다: 오십 멩(50명) 정심(점심)을 ᄒ고 갓으니, 종년이 밧갈쇠(밭+갈다+소)에 오십 멩 먹을 거 쉬어(싣고) 간(가서) 보니, 막산인(막+살다+은+이#는) 일일앙말앙 아무것도 안 ᄒ고, 논뚝에 베개 베연 누워 잢어(눠 자고 있어). 구비3 김재현, 남 85세: 28~29쪽

-고 가다: 이만 때난(이만한 즈음이니까) 늦은봄(늦봄) 되니까니, 어떤 사름(사람)이 밧갈쇠(밭 가는 소)에 뭐ø 잔뜩 실르고(싣고) 간 후제(後+적에)는, 도원이(서귀포시 대정읍 신도리) 간 후제는 "도원이 강 여원 칩(강의원¹⁹⁵) 집)이 어느 게우꽈?(것입니까)" 구비3 김재원, 남 85세: 148쪽

-고 계시다: 그 정시(貞師, 집터나 묏자리를 점쳐 정해 주는 지관)가 오란 보니(와서 보니까), 그 집 지은 후에 ᄌ식(자식)을 낳아 가지고 두서너 설(살) 뒛어.

---

195) 같은 이야기의 뒷부분(구비3 김재현, 남 85세: 151쪽)을 보면, "이 어른ø 모른 게 엇입주(없읍죠) 관상도 잘 ᄒ고, 산터(묏자리)도 잘 보고, 의원질도 잘 ᄒ고, 묏도 잘 ᄒ고"라고 말하므로, 여원은 '의원'의 뜻으로 썼음을 확인할 수 있다.

그 남자 식(자식) 나고(낳아 있고) 계시니까니, "이 아이 공부 잘 시기민(시키면) 쓸(쏠) 사름(사람)이, 쓸 사름 되켼(되겠다고)" 말이주게. 구비3 김재현, 남 85세: 56쪽

-고 -고 이러니까: "또 나는 그 물(말)이 아니라도 재산이 풍부호 사름(사람)이니까 살 게고(것이고), 자기는 재산도 빈약호고 이러니까 그 물 맡아그네(맡아서) 질롸(길러, 키워) 불세(버리세)!" 구비3 김재현, 남 85세: 260쪽

-고 -고(-곡 -곡) 해 낫다: "여호(여우)가 나와서, 사름을 홀리와(홀려) 가지고 해칩니다. 경 호니(그렇게 하니) 멧 사름(사람)이 얼먹고(얼얼하게 혼 나고) 죽고 해 낫이니(했었으니까), 좌수님 가지 맙소!" 구비3 김재현, 남 85세: 47쪽

-고 -곡 호영 가야 빌어 보지: "경(그렇게) 호젠(하고자) 호민(하면), 느네가(너희들이) 혼 놈이 무른 고기(말린 물고기)라도 멫(몇) 뭇씩 모두우고(모으고), 매(회초리) 호나씩 걸머지곡(등에 걸쳐 지고) 호영(하여서) 나하고 가야 그 당신(고씨 당장)안테(한테) 가서 거시길(무엇인가를) 빌어 보지!" 구비3 정원선, 남 90세: 397쪽

-고 나오다[수단이나 방법을 가리키고, 진행 방향이 이어짐]: "어느 기회에 이거(풀 먹이러 매어 놓은 소) 끌고 나올 때나 들어 갈 때나 우리가 엿빵(엿봐서)[소를 옮기는 소리가] 들리거들랑[들리거든, 들리면] … 우리가 수십 명 모다들면 그거 문제가 없다. 눅드러(눕혀) 놩으네 죽지 않을(않을) 만이(만큼) 태작(打作)호자!" 구비3 김재현, 남 85세: 154쪽

-고 댕기다: 겨니(그러니) 일상(평상시) 눈을 곰고(감고) 댕깁니다(다닙니다). 눈을 그자(그저) 스뭇(사뭇, 온전히) 곰진(감지는) 아니호여도, 당신 무시거(무슨 것) 브려질 만이(보일 만큼) 영(이렇게) 그자(그저) 반(반쯤) 곰아그네(감아서) 행(行)호는디… 이 어른(서귀포시 중문동 출신의 유향 좌수 이씨)이 눈을 펭성(平常) 반 곰고 댕겨마씀(다녀＋말씀입니다). 구비3 김재현, 남 85세: 136쪽

-고 댕기다[-은 채로 동시에 병렬 사건 진행]: [각주 176의 이좌수가 제주 목사의 물음에 대답하기를] "성주님(星州님, 옛날 탐라 시대의 최고 실권자)이 놀랠까 해서, 기자(그저) [제 눈을] 곰고(감고서) 댕깁니다.""아니오, 눈 뜬 것에 놀랄 게 뭐요? 눈 뜨고 댕기시오!" 구비3 김재현, 남 85세: 47쪽

-고 말고: "기영 아니 허엿이면 암행어스안틔 그 놈의 재산이 기냥 녹아 불(쇄잔해 없어져 버릴) 건디…." 녹고 말고! 그까짓 건 뭐 문제 웃주게. 구비1 방청자의 소감에 대한 본디 화자(안용인, 남 74세)의 반응임: 167쪽

-고 말이어: 「봄·여름 어느 절(계절)을 막론호고 그 일만(논도랑을 조성하는 일만)

흐라!」ø 흐니, 백성이 「농亽 지을 시간이 없다」고 말이어. 그러니 백성덜이(백성들이) 에, 「농한기 되거들랑 일을 흐겠소!」ø 해여도 [이곳으로 유배된 종4품 첨정을 지낸 이씨는] 듣지 않고 권흐는 게여(것이어). 구비3 김재현, 남 85세: 193쪽

-고 말이어[화용 첨사]: 이제는 뭐 벨(별) 대답도 없고 말이어, 순경은 집으로 돌아갓죠. 돌아가 가지고 「순경이 벵(병) 나 가지고 그 고통을 받았다(받고 있다)」 그런 소문이 나 낫죠(났었죠)! 구비3 김재현, 남 85세: 317쪽

-고 싶다 -고프다: "너 왜 이디 오란 노느냐?" "나 글 익는(읽는) 거 듣고 싶어서 완 논다." 그러니 선생보고 (보고하기를) "글 익는(읽는) 거 듣고퍼서 놉니다." 구비2 양구협, 남 71세: 619쪽

-고 싶다: 아닌게 아니라, 저승문 당도흐니 내(川)는 창창창창 울르면서 흐르는디, 물을 먹고 싶어서 꼭 죽겠어. 구비1 안용인, 남 74세: 135쪽

-고 싶다: 정훈디(鄭訓導)가 흔 번은 벵(병)이 들어 가지고 몸이 곤(困)흐니까, 괴길(물고기를) 먹고 싶다곤 해서 괴길 사렐(사러를) 갓다고 흐여. 구비3 김재현, 남 85세: 39쪽

-고 아니흐나?: 더운 때 섞어 불민(버리면) '술이 죽나'고 안니흐나(않나)? 구비3 김재현, 남 85세: 31쪽

-고 오다 -아 오다: [정 훈도가 나무 밑둥 도막에] 흑(나무 방아 확)을 파 가지고, 다른 사름덜 모저(모자) 쓰듯 머리에 쓰고 왔다, [산방산으로부터] 내려 왔다ø 말이어. 구비3 김재현, 남 85세: 34쪽

-고 오다: 모를 가운딜로(가운데로) 길 난 디(데)가 잇어마씀(있어+말씀이에요). 흐난(그러니까) 몰(말) 타고 오단 보니까니 길 밑에 큰굿 흐는 집이 잇이니까, 날은 늦고, 춤(참) 벨호(別號)조차 배 큰 강훈장이엔 흐다ø 엇이 파삭 배고픔은 흐고 흐난… 구비3 김재현, 남 85세: 147쪽

-고 오다: 어디 중원(중국 땅)ø 가서 멘화씨(면화씨)를 붓두껍(붓두껑) 쏙읍(속)에 담고 와서 전종(傳種)햇다. 구비3 김재현, 남 85세: 235쪽

-고 있다: "아이, 뇐 자고 있다"고 흐니까, "일어나십서!"고. 구비1 안용인, 남 74세: 166쪽

-고 있습니다: 이제 공동묘지라고, 입산봉(笠山峰)이라고 있습니다. 구비1 안용인, 남 74세: 150쪽

-고 흐나네: "나만 오라네(와서) 일 흐젠(하고자) 흐단(하다가) 긔자(그저) 나만이 고 흐나네, 일도 아니 흐고 누엇어(누었어)!" 구비3 김재현, 남 85세: 29쪽

-고 ᄒᆞ는 -은 말입니다: 삼천 년 살았다고 ᄒᆞ는 것이 아니고, 선도(仙桃) 복송개 세 방울 도둑질 허여 먹어서 삼천 년을 살았댄 말입니다. 구비 1 안용인, 남 74세: 142쪽

-고 ᄒᆞ니: 이 사름(사람)이 제ᄉᆞ(제사) 보러 여래(서귀포시 상예동·하예동)로 간다니까, 나도 여래로 갈 사름이고 ᄒᆞ니 「어떤 어떤 집이(집에) 어떤 무슨 궁상ᄒᆞᆫ 일이나 잇지 안 ᄒᆞᆫ가」 해서 돌아왓다(따라왔다) 말이어. 구비3 김재현, 남 85세: 316쪽

-고 ᄒᆞ다(-고 말하다): "그레면은 너 의아바지 은혜나 갚아라!" "그렇게 ᄒᆞ겠습니다."고 했어. 구비1 안용인, 남 74세: 126쪽

-고 ᄒᆞ다(-고 의도하다, 말하다): 내가 죽어야 되겠다고 허여 가지고, 집의 촛아오란 보니, 구비1 안용인, 남 74세: 125쪽

-고 ᄒᆞ다(-고 ᄒᆞᆫ, 관형절): 스만이(四萬), 스만이라고 ᄒᆞᆫ 사름. 구비1 안용인, 남 74세: 141쪽

-고 ᄒᆞ다: (설문대 할망의 키가 커서 만일 눕는다면) 한라산 머릿박ᄒᆞ고, 사ᄉᆞ(제주시 앞바다에 있는 斜鼠島)ᄒᆞ고 추ᄌᆞ(楸子島)는 발 걸치고 허연 눠 난 할망이라고 ᄒᆞ니, 허허허. 엉뚱ᄒᆞᆫ 할망이주. 구비1 안용인, 남 74세: 201쪽

-고 ᄒᆞ다: "남ᄌᆞ로만 어떻게 문장(文章)으로 환생(還生)을 시겨 주십서!"고 ᄒᆞ니, 구비1 안용인, 남 74세: 137쪽

-고 ᄒᆞ다: "말을 바른 대로 이얘기허여 보라!"고 ᄒᆞ니, "그게 아니고, 천가(千哥)의 집의서 우리 메누리 도독질허여다가 내일은 빼여갈랴고 ᄒᆞ는 날이라."고. 구비 1 안용인, 남 74세: 161쪽

-고 ᄒᆞ다: "아, 그렇지(그렇게 하지) 말라고 ᄒᆞᆫ 걸, 왜 해요?" 구비3 김재현, 남 85세: 364쪽

-고 ᄒᆞ다: "어린 아이 옷이나 가그넹에 맹글든지 주문허여 옵서!"고 했어: 구비1 안용인, 남 74세: 122쪽

-고 ᄒᆞ다: "어째서 장모님 그럽니까?"고 ᄒᆞ니 … 아이 새각씨가 어제 저녁에 해산이 허엿다곤. 해산했다고. 구비1 안용인, 남 74세: 122쪽

-고 ᄒᆞ다: "이 놈의 쇠 잡자!"고 허여 가지고, ᄌᆞ기(제몫의) 괴기를 갈란, 뭐 싸니 비싸니 ᄒᆞ멍, 괴기덜 들렁 댕긴단 말이우다. 구비1 안용인, 남 74세: 137쪽

-고 ᄒᆞ다: "ᄒᆞᆫ 번 죽은 (아버지) 얼굴이라도 대면(對面)시겨 뒁, (배를) 탕, 떠납서!"ᄒᆞ여도, "훗날 만날 때 잇일 거라!"고 허연, 배는 똑 떠나 불었댄 말이우다. 구비1 안용인, 남 74세: 129쪽

-고 ᄒ다: 거 신부보고 줏 좀 멕이라고 ᄒ라. 구비1 안용인, 남 74세: 124쪽

-고 ᄒ다: 아, 이제 ᄒ 번은 비가 오라 가니까, (서당 훈장이 주인공에게 서당 마당으로부터) "난간에 들어앚이라!"고(들어앉으라고) 해서 난간에 앚게 되엇인디, 그 자리에 가까이 앚안(앉아서) 책을 익어(읽어) 가니까, ᄒ두 ᄎ례 보문(보면) 다 알아 불어. 구비2 양구협, 남 71세: 619쪽

-고 ᄒ다: 예, ᄉ천 년 살았다고 ᄒ니까. 구비1 안용인, 남 74세: 141쪽

-고 ᄒ다: 이제는 "마누라를 친정ᄭ지 모사 가라!"고 ᄒ니, 막 산중으로만 훑어 돌아댕겨. 구비1 안용인, 남 74세: 132쪽

-고 ᄒ다: 큰 안개가 천지 캄캄ᄒ더니, 일주일채(째)는 「퉁~!」(의성어, 둔탁히 부딪히는 소리) ᄒ는 소리에 천지가 그만 막 들럭히고(들썩이고), 막 뭘 ᄒ더니, 그 소리 끝에는 안개도 걷어 불고 ᄒ니까, 나완(나와서) 보니까 그 산이, [이전에는] 없는 산인디, 그디(거기) 오란(와서) 앚앗다(앉아 있다, 멎었다). 구비3 김재현, 남 85세: 53쪽

-고 ᄒ다: ᄒ를만도 좀 아이 장 울랴고 ᄒ며는… 구비1 안용인, 남 74세: 128쪽

-고 ᄒ다: ᄒ 번은 "고기를 궈 오라!"고 ᄒ니까, ᄒ 번 막 카게 궈 갓어. 구비1 안용인, 남 74세: 132쪽

-고 ᄒ다[머릿속 의문 내용에 대한 설명]: 겨니, 「어딜 가는고?」 ᄒ니, 용두동(龍頭洞)에서 ᄂ물잇 동네엘 간다면은 그듸 그 한숫물이 있습니다. 구비1 임정숙, 남 84세: 143쪽

-고 ᄒ다[이름이 ~라고 하다]: 글로 내려오란 어딜 내려오는고 ᄒ니까, 이 여기 가면 고살미라고 ᄒ 오름이 있습니다. 고살미 오란 봐도 앗일 디 살 디 못 씨고. 구비1 안용인, 남 74세: 150쪽

-고 ᄒ여 가지고: 「못쓰겠다」고 허여 가지고, 「불효엣 ᄌ식이니 이건 못쓰겠다」고 허여 가지고, 이젠 무쇠로다가 곽(槨)을 맹글아 가지고 그 아이를 거기 집어 놔 가지고, ᄌ물쇠로 중가 가지고, 이젠 바당에 띄와 불엇입주. 구비1 안용인, 남 74세: 147~148쪽

-고 ᄒ여 가지고서 [직접 인용]: 들어가니 "너는 이 법을 위반허였다!"고 허여 가지고서, 유치장읠 가두왓어. 구비1 안용인, 남 74세: 135쪽

-고?[wh-고] ø ᄒ다: 「이 어른이 낳기를 어떻게 낳는고?」 ø ᄒ니까니, 원(워낙) 체각(體格)도 크고, 죽어서 관저(棺材)를 조완(造完)해연 대령(待令)ᄒ니 …. 구비3 김재현, 남 85세: 45쪽

-고0 -고0: "왜 부량ᄒ 놈은 당신이 알아서 거(그거) 처리ᄒ겠다(하겠다) ø ᄒ면

서, 처리는 안 ᄒ고 그러느냐?"고 [항의하였다. 그러자] "처리는 뭐 어떠(어떻
게) 홀 말이냐?"고 [대답하였다]. 구비3 김재현, 남 85세: 364쪽

-고0 -고0:「사발 통문(四發通文) 왓다!」고0,「흔저(어서) [마을 모임에] 나오라!」
고0. 구비3 김재현, 남 85세: 369쪽

-고0: "간 보난 사름은 하나토(하나도) 엇고(없고), 지만(자기만) 간, 논뚝 베연
누어 자다네, 점심 먹으랜 ᄒ난, 먹다그네 남으민 가쟈 오켼 ᄒ멍, 일도 아니
ᄒ고 그쟈 누엇입데다"고0. 구비3 김재현, 남 85세: 29쪽

-고0: "나는 저, 서(西) 모관(牧管, 제주목의 관리 지역) 협재(제주시 한림읍 협재
리) 사름이라"고0. 구비3 김재현, 남 85세: 212쪽

-고0: 그래서「쑥!」(의태어, 깊숙히 안쪽으로 들어가게) 눌리니까(누르니까, '눌르
다, 눌리다, 누르뜨다, 누뜰다, 눙뜰다' 등의 변이형태가 있음)「웅!」(의성어,
힘을 주는 소리, 끄응!) ᄒ면서 일어사니까(일어서니까) 사름 아울라(몰래 등
짐을 누르던 사람도 아울러서) 져 앗앙(등짐을 져 갖고서)「으쌍으쌍!」(의태어,
동작이 크고 가벼운 모습, '성큼성큼') 간다ø 말이어. 사름[뒷짐에 몰래 매달린
사람]도 기자(그저) 짐(등에 진 뒷짐)에 들아지고0(달려 있고, 매달리고, '들+
아+지다'). 구비3 김재현, 남 85세: 211쪽

-고0: 남신(나막신) 신고 돈는디(달리는데) "너 어디 갈려느냐?"고0[=물었어]. 구
비3 김재현, 남 85세: 34쪽

-고0: 아이덜(애들) 솔밧디(솔숲에) 가서 솔잎 묶으지 안 ᄒ우(하오)? 그 식으로(그
런 방식으로) … 닷줄(튼튼한 배의 닻줄)로다「딱!」(의태어, 잘, 단단히) 그 절박
(結縛)을 햇다고0. 해 가지고(그래 가지고) 정(등에 지고서) 가자고0. 구비3
김재현, 남 85세: 210쪽

-고0: 요 특(손목의 턱)을 간「폭!」(의태어, 팍, 순식간에 전체적으로 충분히) 간(가
서) 걸렷다고0.

-고0: 이렇게 물으니까, 지ᄉ(地師, 지관)ø ᄒ는 말이「그럴 게라」(집터의 운수가
그렇게 될 것이다)고0 구비3 김재현, 남 85세: 55쪽

-고0: 주인이 이심시러왓어(의심스러웠어). "가 보자!"고0. 구비3 김재현, 남 85세:
29쪽

-고ø -더랍니다(더라+읍니다): 죽을 놈 죽나ø고! 그래서 ᄂ이(끝내, 마침내)
낳들(낳지를, 순산을) 못ᄒ고 죽드랍니다(죽더랍니다). 요샌(요사이에는) 수술
도 해영 나주마는(낳지마는), 그 양반(유향 좌수 겸 의원인 진국태[秦國泰],
1680~1745)은 그 뭐, 수술ᄭ장은(수술까지는) 그렇게 추접(醜雜)흔 건 안 햇으

니까. 구비3 김재현, 남 85세: 77쪽

-고0 -엔0: 알으키지 맚엔, 종하님에게도 일절 발표ᄒ지 맙서고. 구비1 안용인,
　　남 74세: 122쪽

-고ø ᄒ니까니: 경ᄒ디(그런데) 그때에 그 양반 의술질, 의원질 ᄒᆞᆯ 때에 「어떤
　　일이 잇엇는고?」ø ᄒ니까니, 어떤 ᄄᆞᆫ(다른) 동네에 잉보(孕婦)가 아이 밴 사름
　　(사람)이 아이를 낳다서 순산(順産)이 못 되어 가지고 하도 곤란ᄒ니까 그 가속
　　(家屬, 가족)으로부터 왔어. 구비3 김재현, 남 85세: 75쪽

-곡 -고0: 산디(山稻, 밭벼) 아니 베민(베면) 우린 매는 매대로 맞곡, 쓸은 쌀대로
　　여 불고(가 버리고, 없어져 버리고). 구비3 양원교, 남 72세: 417쪽

-곡 해그네 -으민 -는 거주: ᄆᆞᆯ채(말채찍)엔 ᄒᆞᆫ 게 어떤고(어떤 것인고) ᄒ니까니,
　　이 몽둥이, 그 땐(옛날 시절에는) 대막댕이(대나무 막대기)보단 질긴 몽둥일
　　거라, 몽둥이에다 끝갱이(끝+가+앙이)에 저 미녕(무명, 목면)으로 미녕올(무
　　명오라기)로 손가락만썩(손가락만큼) 해그네, 감(柿)이나 피(血) 멕영(먹이어
　　서) 끝갱이(끝부분)엔 말ᄆᆞ작(끝매듭) 두 불(벌, 번) 치곡(짓고, ‘ᄆᆞ작 치다’는
　　매듭을 짓다는 뜻) 해그네, 따림(때리기)를 ᄒᆞ민 ᄆᆞᆯ 잠지(말 엉덩이)가 츰(참말
　　로) 「축축!」(피나 물이 흥건한 상태의 의태어) 그차 지는(끊어지는) 거주. 구비3
　　김재현, 남 85세: 51쪽

-곤 되다: 츰 논 일름(이름)이 묘ᄒ게도 「오줌이골」이라곤 됏지. 구비3 김재현,
　　남 85세: 59쪽

-곤 말이어: “아, 이거ø 우리 ᄆᆞ을(마을) 거, 사름덜이(사람들이) 힘부기(힘내기)
　　ᄒ는 듦돌[들+음+ㅅ+돌]이라”곤 말이어. 구비3 김재현, 남 85세: 247쪽

-곤 못ᄒ다: 그것은 어느 시대라곤 확정ᄒ진 못ᄒ고 잇는디, 사름(사람)도 어느
　　나라 사름이라곤 못ᄒ는디, 유리국(流球國, 오키나와)이라 ᄒᆞᆫ 나라가 잇어요.
　　구비3 김재현, 남 85세: 120쪽

-곤 보는 게주: 즈기네(중국) 힘이 강하고, 어떠면은 [작은 나라인 조선에서] 그
　　범ᄒᆞᆯ는지(침범할는지) 모른다ø 해서, 역부러(일부러, 役+부러) 「우리나라(조
　　선) 지리(지관, 지사)를 조금 약ᄒ게 맨들자!」 그런 의미에서 그 심술을 풀앗다
　　곤 보는 게주(것이지). 구비3 김재현, 남 85세: 182쪽

-곤 오다: “…흉년 봄이 되기 따문(때문)에 절량(絶糧)이 되어 가지고 ᄒᆞᆯ 수 없으니,
　　상주님안티(?鄕主+님에게) 와서 곡식을 조금 얻어 갈려곤 왔습니다.” 구비3
　　김재현, 남 85세: 58~59쪽

-곤 왓수다: “아, 거 양식 말이나 바꽈다(바꾸어다가) 먹자곤(먹자고) 왓수다(왔습

니다)." "아, 그렇습니까? 그레면(그러면) 낼(내일) 아침은 우리가 전부 그 양식
을 잘 바꽈 드릴 테니까니, 걱정 말고 잇이민, [물물교환으로 무명과 곡식을]
잘 바꽈 드리쿠다(바꿔 드리겠습니다)." 구비3 김재현, 남 85세: 250쪽

-곤 해영: 「이건(이것은, 놋그릇에 담은 샘물은) 우장(雨裝, 소 길마 위에 비옷
또는 '접새기'를 덮어 숨겨둔) 소(沼) ø 아니냐?」곤 해영 행기(行器, 제사 행사
에 쓰는 놋그릇) 물(제사 놋그릇에 담은 지장샘 물)ø 나타낫이민, 단작(당장)
죽여 불 거주뭐(것이지+화용 첨사 '뭐'). 그꼬질(그것까지를, 놋그릇 속에 담긴
지장샘 신령을 죽이기를) 못했다고. 건 분명 그렇주(그렇지). 구비3 김재현,
남 85세: 191쪽

-곤 ᄒ는데: "나쁜 일을 당신네가 해엿다곤 ᄒ는데, … 그만 때리시오." 구비3
김재현, 남 85세: 363쪽

-곤 ᄒ는디: 이 폭낭(팽나무) 없건 디(없어진 지) ᄒ 이십 년이나 되엇는가 ᄒ디,
거기가 굴른참(경계가 나란히 나뉘는 역참)이라곤 ᄒ는디(하는데), 강정(서귀
포시 중문면 강정리) 지경광(地境과) 법환리(서귀포시 법환리) 지경 새입주게
(사이입죠+화용 첨사 '게'), 넓으곡(땅이 넓고). 구비3 김재현, 남 85세: 134쪽

-곤 ᄒ니까 -고 -을 게고 -고 이러니까 -아 불세: "서(西) 모관(牧管, 조선조 때
제주목 관내)서 그 딜(곳을) 가자곤 ᄒ니까 아주 괴롭고, 또 나는 그 물(말)이
아니라도 재산이 풍부ᄒ 사름(사람)이니까 살 게고(것이고), 자기는 재산도
빈약ᄒ고 이러니까 그 물 맡아그네(맡아서) 질롸(길러, 키워) 불세(버리세)!"
구비3 김재현, 남 85세: 260쪽

-곤 ᄒ다(고는 말하다): 누이가 잇는데, 여자라도 무식치 안 ᄒ고 아주 똑똑ᄒ
사름인고라(사람인 것인지), 이재수(李在守, 1877~1901)를 위해서 「이재수 전」
이라고 전(傳, 전기) 글이라고 해서 지엇다곤 ᄒ는디, 그 전(전기) 글에는 물론
「자기 오라방(오라비)이 죽긴 죽엇주마는 ᄒ 일은 잘 햇다」 해 가지고 춤(참)
햇일(했을, 썼을) 텐디(텐데). 구비3 김재현, 남 85세: 375쪽

-곤 ᄒ다(고는 하다): "그래? 「나를 먹으라」고 죽(鬻)을 두 기물(그릇, 기명) 쑤어
왓다, ᄑ죽인가뭐(팥죽인가+뭐). 자네! ᄒ 기물은 내가 먹고, ᄒ 기물은 건드려
보지 안 혀서 저 벡장(벽장) 우에 잇이니까 내려 놩 먹고 가라! 제사라곤(제사
라고는) 해여도 [배가] 고파서 [귀신이] 그냥 가는구나!" 아 경(그렇게) ᄒ니(하
니까, 권유하니까) 그 죽을 먹고 그냥 가 뵈어(보이어). 구비3 김재현, 남 85세:
143쪽

-곤 ᄒ다(-다ø곤 ᄒ다): 이 부인이 ᄒ는 말이 "너ø 여기를 어디로 알아서 와서

준소리ø(잔소리) ㅎ느냐?"곤0. "…중놈이 와서 지랄했다."ø 곤 해서 야단을 맞으니, 그대로 권제(勸紙, 시주)도 안 받고 나가는 거라. 구비3 김재현, 남 85세: 81쪽

-곤 ㅎ다(-자곤 ㅎ다)

-곤 ㅎ다, -곤 해서 모물을 놓앗어: 뒷해에 모물(메밀 씨) 놓자곤(뿌리자고) ㅎ니까 뭐, 아 거(그거) 가회(가위[可謂]를 뜻하는 듯함) 이 산남(한라산 이남) 사름(사람)은 모두 …거기 가서 「그 씨(메밀 종자)를 달라」곤 해서 모물을 놓앗어. 구비3 김재현, 남 85세: 288쪽

-곤 ㅎ다: "…[밤에 도적이 집으로] 들어오랑(들어와서) 기자(그저) 무시거(무슨 것) 털어가 감(털어가 가기)을 ㅎ민(하면), 난 곱아 불곡(숨어 버리고) 영(이렇게) ㅎ네!" "그러냐?"곤 햇어. 구비3 김재현, 남 85세: 238쪽

-곤 ㅎ다: "아시놈(아우놈)이 제스 보레 온 핑게에 「밧(밭)을 내가 갈켓다」곤 ㅎ니, 「그럴 수가 잇느냐?」ø 해서 드퉈(다투어) 가는 게, 그만 너무 춤 이상ㅎ게 되서, 아니 된 것 ᄀᆞᆺ습니다." 구비3 김재현, 남 85세: 144쪽

-곤 ㅎ다: 가서 그 「담뱃불 조금 빌려달라」곤 ㅎ니, 보니 요추룩(요처럼) 술을 먹젠 ᄆᆞᆮ딱(모두 다) 출려 놔네(차려 놓아서) 홀 무렵에 가졋어마씀(가졌어+말씀입니다). 구비3 김재현, 남 85세: 150쪽

-곤 ㅎ다: 그 양호(梁護, ?~1623년) 목ᄉᆞ가 「… 내가 가져야 홀 건디(할 것인데)」ᄒᆞᆫ 생각을 가지고[이유] 그 사름덜(그 사람들, 안남국의 두 왕자) 둘을 무슨 죄가 잇다곤 해서 죽엿소, 죽여 불여. 구비3 김재현, 남 85세: 121쪽

-곤 ㅎ다: 칠수장(七所場, 나라에서 제주 섬 중산간 초원에 말을 방목하려고 설치한 10개 목장 중 제7 소임)이엔 ㅎ는 건 어딘고 ㅎ니, 색달(서귀포시 중문면 색달리) 바른 디보고(바로 그곳을 보고) 칠수장이라곤 ㅎ메(ㅎ+음+이어, 하는 법이야). 구비3 김재현, 남 85세: 57쪽

-곤 ㅎ여 가다(여기기 시작하다): 「하, 거(그거) 춤(참) 억울ㅎ 일이라」곤 ㅎ여(하여, 여겨) 가는디(여겨 가는데), 또 어떤 동네 사름(사람)이 "아, 거(그거) 자네 모물팟디(메밀밭에, '모물ㅎ+밭+듸'), 아 누가 회초리로 무엇을 이렇게 저렇게 ᄀᆞ렀더라(갈겨서 잘라 버리고 있더라, 'ᄀᆞ리다, ᄀᆞᆯ리다, ᄀᆞᆯ기다'의 변이형들이 있음)!" 구비3 김재현, 남 85세: 284쪽

-곤(자곤) ㅎ다: 옛날은 허벅(질그릇 물동이)에 물을 져다(등짐으로 져다가) 먹자곤(먹으려고) ㅎ면은, 그렇게 먼 딘(곳은, 데는) 물을 ㅎ루 멧 번 져 오라야(와야) 그 식구나 다 생활해 가는데, 머니까 곤란하다ø 그 말이죠. 구비3 김재현,

남 85세: 293쪽

-곤: "어, 나도 말홀 만ㅎ지 안 ㅎ냐(말할 만하지 않느냐)?" ㅎ니, "그러냐?"곤. 「팍!」(의태어, 급작스런 행위 모습) 질러(칼로 찔러) 불엿주(버렸지). 질런(찌르고 나서) 바당(바다)으로 던져 불엿주(버렸지). 구비3 김재현, 남 85세: 311쪽

-기로 하다 -지 못ㅎ게 하다: 뒷날은 역부러(일부러) ㅎ 번 [여우가 나오는지] 보젠, 거 잘 출련(옷을 잘 갖춰 입고서) 간, 어드움에(어둠 무렵에) 다시 [관가에서 퇴청하여 자신의 집으로] 떠나기로 ㅎ니, 아 그 사름덜이(사람들이, 관청의 부하들이) 또 떠나지 못ㅎ게시리0 [막았다]. 구비3 김재현, 남 85세: 48쪽

-긴 -앗일 겁니다: 아마도 [진좌수가 성장하여] 욕긴(커서 꾀가 생기기는, 야물기는) 욕앗일(꾀가 생겼을, 야물었을) 겁니다. 구비3 김재현, 남 85세: 71쪽

-나[선택] -나[선택] ㅎ난 -앗주: 그러니까 그 할으방이 다시 그 물(놋그릇에 떠 놓은 지장샘 물)을 아마도 그디 부어 부나(버리나) 어떵ㅎ나(어떠하나) ㅎ난 (하니까) [지장샘 신령이] 살앗주. 구비3 김재현, 남 85세: 191쪽

-나마나: 해 뜨나마나 붉으면, ㅎ 요샛말로(요사이 표현으로) 아홉시쯤 되면은 「조반 강(가서) 먹엉(먹고, 먹어서) 오라!」 ㅎ메(ㅎ+음+이어, 하는 법이야). 구비3 김재현, 남 85세: 66쪽

-난 말이어: "예, 용돈이 없어서 (말을) 들러단 폴아 먹엇읍네다!" 바로 곧난 말이어.

-냐ø ㅎ면 -은 그 별명, -라ø ㅎ 사름: [나라 목장의 말을] 질루면(기르면, 치면), 「그 물(말) 질룰(기를) 때에 어떤 사름(사람)이 걸(그걸, 목장을) 관리ㅎ느냐」ø ㅎ면, 목즈(牧子, 말 치는 전문 직업인)란 그 별명이 잇소. 거 춤(참) 옛날 말로 쌍놈(賤人)이주0. 목즈라ø ㅎ 사름(사람)이 그 물을 ㄱ꾸는(가꾸는, 말을 치는) 거라0. 구비3 김재현, 남 85세: 57쪽

-냐ø ㅎ면은 -은데 -으면은 -어요: 「어째 그러냐?」ø ㅎ면은, 열릿(서귀포시 중문면 하예리, 猊里) 지경(地境)을 지나곡, 다음은 창천(서귀포시 안덕면 창천리, 창고내) 지경인데, 창천이 ㅁ를 「딱!」(의태어, 정확히) 밑에 가면은 우으로 (위쪽으로) 냇물이 내려요! 구비3 김재현, 남 85세: 53쪽

-는 건 어딘고 ㅎ니: 칠수장(七所場, 나라에서 제주 섬 중산간에 말을 방목하려고 설치한 10개 목장 중 제7 소임)이엔 ㅎ는 건 어딘고 ㅎ니, 색달(서귀포시 중문면 색달리) 바른 디보고(바로 그곳을 보고) 칠수장이라곤 ㅎ메(ㅎ+음+이어, 하는 법이야). 구비3 김재현, 남 85세: 57쪽

-는가 보다: "야, 그놈 쎄고(힘 세고) 험ᄒᆞᆫ(성격이 고약한) 놈인가 보다." 구비3

김재현, 남 85세: 162쪽

-는가ø 해연0: 돌아와 가지고, 어떵(어떻게) 해서 지엇는가ø 해연0. 구비3 김재
현, 남 85세: 56쪽

-는지 -는지 [간에] 모르되: 그것도 호종단(胡宗旦, 12세기 고려 예종 때 귀화하여
좌정언 등을 지낸 중국 복건성 사람)이가 와서 그 저, 무슨 혈을 떠 분다ø(혈을
떠 버린다, 샘물의 맥을 끊어 버린다) 홀 때에, 저 용머리ø 그 이상흔 물리주게
(마루이지+화용 첨사 '게', '물랭이, 무를, ᄆ르'의 변이형태가 있음). [설화
조사자인 당신이 그 용머리 또는 용마루를] 봣는지 안 봣는지 모르되, 산방산
(서귀포시 안덕면 화순리에 있는 산) 동남쪽으로 그자(그저) 멋(무엇) 엇이(없
이) 넙작(넙적)흔질 안 흐고, 그자 요(요만한, 자그마한) 너비 흔(작은 방 구석에
서 다른 구석만큼의 너비만한) 죽장(죽+長, 늘, 줄곧, '줄창, 육장'의 변이형태
가 있음) 높은 몰리(마루)가 잇는디(있는데), 이레도(이쪽으로도) 기정(절벽)이
고 저레도(저쪽으로도) 기정인디, 그 앞이(앞에) 형제섬이 잇는디, 그자 그 형
제섬더레(형제섬 쪽으로)「쭉!」(의태어, 곧게 뻗은 모습) 흐게 나갓주게(나갔지
+화용 첨사 '게'). 구비3 김재현, 남 85세: 191쪽

-는지 -는지 모르다: 거 기영 허였는지 아니 허였는지 모르주마는, 거 들은 전설입
주게! 구비1 안용인, 남 74세: 191쪽

-는지 -는지 모르다: 원 그땐 (선녀가) 천상(天上)으로 올라왓는지 말앗는지 모르
주마는 허허허허. 구비1 안용인, 남 74세: 188쪽

-는지 말는지 [모르겠다, 알 수 없다]: [고씨 당장의 화를 풀게 하려고] "가기야
가지만, 그 어른ø 들을는지 말는지." 구비3 정원선, 남 90세: 397쪽

-는지(어떻게사 -는지): 그 날은 어떻게사 도솔(도사를, 道士 차림을) 흐연 갔는지,
그 여ᄌ가 모롯괴(소리를 낼 수 없는 고양이, 벙어리를 이 방언에서 '말 모로기,
말 몰레기'라고 함), 소리 안 나는 괴,「우웅!」흐문 눈도「번쩍번쩍!」흐는
괴(고양이)가 있거든. 그 괴를 내 주면서, 그,「날라그네(나+을랑, 날로는) 아
무도 몰르게(모르게) 놔 버리라!」고.「이젠 쥐가 나타날 리 엇일(없을) 거라!」
고. 구비2 양구협, 남 71세: 628쪽

-다 놓고 -다서: "너희덜(들) 저, 그 펭반(平盤)에 술이나 이레(이쪽으로, 나 있는
쪽으로) 흔 잔 갖다 놔!" "술 이레 난간더레(난간 쪽으로) 갖다 놔!" … 경흐난
(그러니까) 술 갖다 놓고 조끔 잇다서 "나를 눅지라!(눕히라)" 흐난 그자(그저)
죽은 거우다. [웃음] 구비3 김재현, 남 85세: 145쪽

-다 놓다: [닭을] 슒안(삶고서) 기물(그릇)에 춤 갖다 놔 가지고 드리니까니, 조방

장(助防將, 해안 방어 부대 책임자)이 득(닭)을 영(이렇게) 보니까니, 오곳앵이
(오롯이, 온전히) 그냥 잇으니… 구비3 김재현, 남 85세: 131쪽

-다ø 그 말이어: [백성들이] 농스를 지지(짓지) 못해서, 그 백성덜이(백성들이)
   큰 스고(사고)가 생기게 되엇다 그 말이어. 구비3 김재현, 남 85세: 193쪽

-다ø 그 말이어: 그 전이는(전에는) 물이 귀ᄒ기 따문(때문)에 중문이(서귀포시
   중문동) 사름(사람)이 많이 살지 못햇다서(못했다가), 아 물이 낫다 ᄒ니까,
   그딧(그곳에) 사름 모아들고 뭐, 그래서 큰 ᄆ을(마을)이 됏다ø 그 말이어.
   구비3 김재현, 남 85세: 294쪽

-다ø 그 말이어: 그러니까 대문이랑 요런 문은 또다른 문보단도 더 치레(치성,
   치장, 治禮)해서 널(널판자)을 두껍게 ᄒ고 좋은 남(나무)으로 「딱!」(의태어)
   해연 중가 놓니(잠가 놓으니), 거 부수기가 어렵다 그 말이어. 구비3 김재현,
   남 85세: 241쪽

-다ø 그 말이어: 그이 제스(제사)가 그날 저뭇(저녁, '저물+ㅅ')이다ø 그 말이어.
   구비3 김재현, 남 85세: 318쪽

-다ø 그 말이어: 영찰이(경북 영천 출신 이형상 목사)를 한 번에 죽여 불자고(버리
   려고) ᄒ다가 버쳣다ø(지쳤다, 힘에 이기지 못하고 그만두었다) 그 말이어.
   구비3 김재현, 남 85세: 108쪽

-다ø 그 말이어: 옛날은 엽전을 지고 댕겻지(다녔지). 손에 들르고(들고) 못 댕겻
   어요. 흔 짐 ᄒ면, 백 냥을 꼭 흔 짐을 맨들아요. 그래서 뭐에 「딱!」 묶어 가지고
   돈 '흔 짐' ᄒ면 백 냥[ø, 이다]. 경(그렇게) ᄒ니까 돈 지고 댕겻다ø 그 말이어.
   구비3 김재현, 남 85세: 289쪽

-다ø 그 말이죠: 옛날은 허벅(질그릇 물동이)에 물을 져다(등짐으로 져다가) 먹자
   곤(먹으려고) ᄒ면은, 그렇게 먼 딘(곳은, 데는) 물을 ᄒ루 댓 번 져 오라야(와
   야) 그 식구나 다 생활해 가는데, 머니까 곤란하다ø 그 말이죠. 구비3 김재현,
   남 85세: 293쪽

-다ø 그랫거든0: 이것이(처녀로 변한 여우가) 놀래어 가지고 「삑!」(의태어, 휙)
   도망치자 즈기(자기, 진좌수)는 그만 그 그대로 왓입니다ø 그랫거든0 구비3
   김재현, 남 85세: 74쪽

-다ø 그런 말이 잇어요: 「누가 줌수질(潛嫂 작업) 잘 흔다」 ᄒ민, 「고래 등이나
   긁는가?」, 아, 그 어른덜(어른들)은 고래 등을 긁엇다고. 고래 등땡이(등)에
   전복을 캐엇다ø 그런 말이 잇어요. 구비3 김재현, 남 85세: 263쪽

-다ø 말이거든: 게니(그러니까) 씨 흔 말ø 가지고 큰 밧디(밭에) 갓다ø 말이거

든. 구비3 김재현, 남 85세: 282쪽

-다ø 말이거든: 그러지마는(그렇지마는) 어디 다시 가서 [메밀 종자를] 청홀 디 (데, 곳)도 없다ø 말이거든. 구비3 김재현, 남 85세: 282쪽

-다ø 말이거든: 또 다음해 제스(제사) 때가 되니 갓다ø 말이거든(→ 갔거든). 구비3 김재현, 남 85세: 258쪽

-다ø 말이어: 게니(그러니, 밭 갈던 농부가 소길마 아래 지장샘 물을 놋그릇에 떠서 샘물 신령을 감춰 주었으니) 그때 살아낫다ø 말이어. 구비3 김재현, 남 85세: 191쪽

-다ø 말이어 -단 말이어: 오란(와서) 보니 물혈(수맥혈, 샘)이 없어, 물이 없어. 분명 그디(거기) 물혈은 물혈인디, 물이 없다ø 말이어. 「아, 이놈이(이놈의) 물(샘물)이 어디 도망쳣나?」 부근에 댕기단(다니다가) 보니까 밧(밭) 가는 노인 이 잇단 말이어. 밧 가는 노인이 잇이나, 이 노인보고 "당신, 여기 저 아무 곤데(군데) … 물이 잇는디 그 물이 어디 갓이까요(갔을까요)?" 구비 3 김재현, 남 85세: 188쪽

-다ø 말이어. 다ø 말이어. -라ø 말이거든0: 그 문서(매매 문서)를 어디 강(가서) 빌엉 쓸 수가 없다ø 말이어. … 누가 그렇게 써 줄 수가 없다ø 말이어. 발각해 놓민(공동 계 소유의 논 매각을 발각당하면), 단작(당장) 스형(사형)이라ø 말 이거든. 구비3 김재현, 남 85세: 60쪽

-다ø 말이어. -단 말이어: 이놈으(이놈의) 모물(메밀)은 땅이(땅에) 감젯줄(고구 마 줄기)ø 번듯(뻗어나가듯이) 해 놓니, ㅂ름(바람)은 안 맞앗다ø 말이어. 해서(그래서) [메밀 이삭들을] 털어(떨어뜨려) 불도(버리지도) 않고 모물(메밀 수확)이 좋앗단 말이어. 구비3 김재현, 남 85세: 286쪽

-다ø 말이어: [마을 청년들이 힘내기를 하는 듯돌을] 울담 냉견(넘기고서) 「픽!」 (의태어, 획) 앗아(잡아, 가져서) 늘리니(날리니) 대왓더레(대밭쪽으로) 앗안 (잡아서, 가져서) 던져 불엿다ø 말이어. 구비3 김재현, 남 85세: 248쪽

-다ø 말이어: [밤중까지 부부가 일하면서] 남편도 일 ㅎ다서(하다가) 졸린다ø 말이어. ㅎ민(그러면) [격려하는 뜻에서 부인이] 그 떡(불에서 굽는 메밀떡)으 로 「탁!」(의성어, 부딪히는 소리) 앗아(떡을 가져서) 맞치면(맞추면) 그 떡을 줏어서(주워서) 먹으면서 줌을 깬다. 구비3 김재현, 남 85세: 288쪽

-다ø 말이어: "… 최후에는 구슬을 자기가 물고 도망갑네다." 그랫다ø 말이어. 구비3 김재현, 남 85세: 74쪽

-다ø 말이어: "보물 드리랜(드리라고)" ㅎ난(하니까) 그 책을 드렷다ø 말이어.

구비3 김재현, 남 85세: 347쪽

-다ø 말이어: "소로기 동산서 그런 사름(사람)을 만낫으면은 우리 모친 제스(제
사)가 이날 저뭇(저녁, '저물+ㅅ')인데, 우리 모친을 그 소로기 동산 밑에 모셧
소!" 경 ㅎ난(그러니까), 하이(아이쿠!), 순경이 겁이 바짝 낫다ø 말이어. 구비3
김재현, 남 85세: 317쪽

-다ø 말이어: "아, 장군님 올라 오시오, 올라 오시오!" 아, 이렇게 흔다ø 말이어.
구비3 김재현, 남 85세: 335쪽

-다ø 말이어: "어서 아무거나 가쟝(가져서) 가자(가렴)!" 그 사름(사람, 매부인
김씨)ø 주니 [작은 수말을] 걸령(목줄로 걸려서) 갓다(갔다) 말이어. 걸령 가네
(가서) 그 뒷동산에 놓고 질롯주게(길렀지+화용 첨사 '게', 키웠지+'게'). 구비
3 김재현, 남 85세: 258쪽

-다ø 말이어: 거(그거) 집에 들어가서 어떤 처분을 ㅎ자고 들어갓다ø 말이어.
구비3 김재현, 남 85세: 335쪽

-다ø 말이어: 게서(그래서) [처가에서] 소도 당해(빌려) 주니 [빌려 준 밭을] 갈앗
다ø 말이어. 구비3 김재현, 남 85세: 281쪽

-다ø 말이어: 경(그렇게) ㅎ게 되면은(하게 되면, 하면) 저놈이 이, 신부안티(치외
법권을 부여받은 외국 신부한테) 강(가서) 이애길(이야기를, 하소연을) 흔다ø
말이어. 구비3 김재현, 남 85세: 363쪽

-다ø 말이어: 구신(귀신)이 사름(사람)을 상대해서 무슨 일 햇다는 거, 그런 일
잇다ø 말이어. 구비3 김재현, 남 85세: 314쪽

-다ø 말이어: 그 부인네가 월계 진좌수안티(유향 좌수 겸 의원인 진국태[秦國泰,
1680~1745]한테) 그 벵(병)을 의논ㅎ기 위해서 갓다ø 말이어, 환자는 집이(집
에) 두고. 구비3 김재현, 남 85세: 251쪽

-다ø 말이어: 그래서 「쑥!」(의태어, 깊숙히 안쪽으로 들어가게) 눌리니까(누르니
까, '눌르다, 눌리다, 누르뜨다, 누뜰다, 눙뜰다' 등의 변이형태가 있음)「웅!」
(의성어, 힘을 주는 소리, 끄웅!) ㅎ면서 일어사니까(일어서니까) 사름 아울라
(몰래 등 짐을 누르던 사람도 아울러서) 져 앗앙(등짐을 져 갖고서) 「으쌍으쌍!
」(의태어, 동작이 크고 가벼운 모습으로 '성큼성큼') 간다ø 말이어. 사름[뒷짐
에 몰래 매달린 사람]도 기자(그저) 짐(등에 진 뒷짐)에 둘아지고0(달려 있고,
매달리고). 구비3 김재현, 남 85세: 211쪽

-다ø 말이어: 도망쳐서 이제는 부산으로 내려갓다ø 말이어. 구비3 김재현, 남
85세: 337쪽

-다ø 말이어: 물혈(샘물구멍)이 없어, 물(샘물)이 없어. 분명 그디(거기) 물혈은 물혈인디, 물이 없다ø 말이어. … 부근에 댕기단(다니다가) 보니까 밧(밭) 가는 노인이 잇단 말이어. 구비3 김재현, 남 85세: 186쪽

-다ø 말이어: 아, [물고기를 잡으려고 삼에서 실을 뽑아 닻줄처럼] 술(낚시줄, 여러 가닥의 실)은 이렇게 장만했지마는, 낚시가 잇어얄(있어야 할) 젠디(것인데), 낚시가 아, 그 술에 적당흔 낚시가 없다ø 말이어. 구비3 김재현, 남 85세: 298쪽

-다ø 말이어: 왜놈덜이(왜놈들이) 삼조 팔억 장병을 몰아 가지고 「브짝」(바짝) 들어오라 놓니, 「탁!」 풀어 놓난(놓으니), 그자 우리 조고만 흔(조그마한) 조선 땅이 가망(꺼멍, 검정) 검은 옷 입은 놈덜만(놈들만) 가마귀 새끼 모냥(모양)으로 그자(그저) 가망(꺼멍, 검정)햇다ø 말이어. 경 흐니(그러니) 해여 볼 수가 없다ø 말이어. 구비3 김재현, 남 85세: 341쪽

-다ø 말이어: 이 사름(사람)이 제스(제사) 보러 여래(서귀포시 상예동·하예동)로 간다니까, 나도 여래로 갈 사름이고 흐니 「어떤 어떤 집이(집에) 어떤 무슨 궁상흔 일이나 잇지 안 흔가(않은가)?」 해서 둘와왓다(따라왔다)ø 말이어. 구비3 김재현, 남 85세: 316쪽

-다ø 말이어: 이제는 직(守直)해 앉앗더니, 요놈으(요놈의) 쐬곶이(쇠꼬챙이)가 「움찍움찍!」(의태어, 움찔움찔) 해여. 「거(그거) 이상흐다」ø 해서 [땅에 박은 쇠꼬챙이를] 좀 빳다(뽑았다)ø 말이어. 슈우와 불였어(솎아 버렸어, 일부 쇠꼬챙이를 뽑아 버렸어). 구비3 김재현, 남 85세: 254쪽

-다ø 말이어: 이제랑(이제는) 갓다ø 말이어. 간(가서) 보니, 자기네 물(말)이라. "하, 이놈으(이놈의) 물덜이(말들이) 뭐 따문(때문)에 여길 오랏는지(왔는지) 모른다"ø 해서, 몰아단(몰아다가) 그 해 농ᄉ(농사)ø 흐고 다시 [방목하려고] 산에 올렷다ø 말이어. 구비3 김재현, 남 85세: 260쪽

-다ø 말이어: 이젠 안심햇다ø 말이어. 구비3 김재현, 남 85세: 285쪽

-다ø 말이어: 재차 권흐니, 브드낫이(바듯하게, '부드낫이'보다 작은 느낌을 줌) 싫븐(싫은) 듯흐면서, "그러면 고맙소!" 흐면서 갓다(갔다)ø 말이어. 구비3 김재현, 남 85세: 330쪽

-다ø 말이어: 지레(키, 길이)가 아주 작은 사름(사람)이오, 작은 사름인데, 집 가지(가장자리 처마)에 즐은(짧은) 디(데) 가니까, 들럭휘면서(들썩하면서, '들럭+흐+이우+면서) 입ᄌ(쏫子, 대오리 갓)를 그 집 가지에다 「다락!」(갑자기 덜컥) 쐬왓다(강하게 부딪혔다)ø 말이어. 쐬우니까니, 원 헹펜(형편) 없이 막 「멜락!

」(바다까지 푹 꺼짐, '멜르+악') 꺼져 불엿다(버렸다)ø 말이어. 구비3 김재현,
남 85세: 323쪽

-다ø 말이어: 즈기(자기) 뜻에 부합되다ø 말이어. 아, 경(그렇게) 아니해도 그디
만(그곳만) 가 보젠 온 사름인디(사람인데), 「형님네 집이(집에) 갑셴(가십시오
라고)」 ㅎ난(하니까) 갓주(갔지). 구비3 김재현, 남 85세: 330쪽

-다ø 말이어: 콩이나 조이나 무시게나(무슨 것이나, 무슨 곡식이나) 홀 때가 그만
이미 넘어 불엇다(버렸다)ø 말이어. 구비3 김재현, 남 85세: 356쪽

-다ø 말이어[강조 용법]: 그자(그저) 예상(例常, 또는 如常) 댕기면서 [물물교환으
로 쌀과] 「무녕(무명)ø 바꾸시오!」 ㅎ는 식으로 돌아댕곗다 말이어. 구비3
김재현, 남 85세: 244쪽

-다ø 말이어[강조 용법]: 상투를 「확!」(의태어) 풀어 가지고 나뭇가지에 이렇게
ᄀ루(가로) 벌어진(뻗은, 벋+어+지다) 가지가 잇는디, [그 가지에] 「쑥!」(의태
어, 쉽고 신속한 모양) 둥겨단(당겨다가) 영(이렇게) 누울려(눌러) 가지고, [도
적의] 상투를 풀어서 낭(나무)에다 목아지(목)에 「딱!」(의태어, 정확히 맞는
모양) 묶엇다 말이어. 묶으니 [나뭇가지에 도적이] 「둥둥!」(의태어, 물건이 매
달려 있는 모양) 둘아질(달려질, 매달려 있을) 건 ᄉ실(사실)ø 아니오? 저 남
(나무)을 누울려단(눌러다가) 묶어 놓니까니, 낭(나무)이 「퍼들락!」(의태어, 느
닷없이 움직임이 생겨남) 올라가니까니 「둥둥!」(의태어) 둘아졋겼거든(매달렸
거든, 둘+아+지+엇+거든). 구비3 김재현, 남 85세: 244쪽

-다ø 말이어[보조사, 강조 용법]: 갓다 말이어(갔단 말이야). 가니까 공손시리(공
손스럽게) 업대여서(바닥에 업드려서) 절을 ㅎ고, "날(나를) 몰르쿠과?(모르
겠습니까?)"고, 그 주인 되는 사름(사람)이 [물었어]. 구비3 김재현, 남 85세:
245쪽

-다ø 말이우다: ᄉ환보고(사환보고) "강정(서귀포시 강정마을) 가서 현(玄) 아무
가이(아무개) 곧 심어(잡아) 오라!" [오라는 전갈을 받고서] 갓다ø 말이우다.
"어떵 ㅎ연(어떻게 해서) [우리를] 부르십디가?" "너 엊저뭇(어제 저녁, '어제+
저물+ᄉ') 무슨 일이나 잇나?" 구비3 김재현, 남 85세: 143쪽

-다ø 말입니다: 경(그렇게) ㅎ난(하니까) [아들은] 일어나도(일어나지도, 일어서
지도) 안해 둠서(않으면서, 않고서) "담뱃불ø 당신네 냥으로(당신네대로 스스
로) 갖다(가져다가) 태왓든 말앗든 홀 일이지, 내가 뭐요, 당신네 담배 태우는디
(태우는데)." 아, 그런 교만흔 태도가 낫다(나왔다)ø 말입니다. 구비3 김재현,
남 85세: 336~337쪽

-다ø 영 ᄒ니까: 스또(사또)에 가 가지고 이 낭(나무) 토막을 받지니(바치니), "내 아덜은 이렇게 죽엇입니다!"ø 영(이렇게) ᄒ니까, [사또가 웅대하기를] "그러냐?"ø고0. 구비3 김승두, 남 73세: 115쪽

-다ø 이거여, -다 그 말이어: 곧「그 날 상부(喪夫)ᄒ여서 왓다」이거여. 그러니까 그 도부상구(도붓장수, 도붓짐+商賈)와 서방질 ᄒ기 때문에, [도붓장수가] 죽으니, 「상부살(喪夫煞)은 그만 거기서 소멸되고, 본 남편은 살앗다」그 말이어. 구비3 김재현, 남 85세: 252쪽

-다ø 이거여: ᄒ다서(그러다가) 삼(麻)을 갈아 보겟다ø 이거여. 삼을 갈앗어. 구비3 김재현, 남 85세: 296쪽

-다ø 이거여[강조 구문]: 이항복(李恒福, 1556~1618)이가 대국 천자안티(한테) 간(가서) 장병을 청해 왓다ø 이거여. 구비3 김재현, 남 85세: 340쪽

-다ø 이거주게[강조 구문]: 그런 어린 아이 새끼사(새끼야) 처리ᄒ을 수 있다ø 이거주게(이것이지+화용 첨사 '게'). 구비3 김재현, 남 85세: 336쪽

-다ø 이게주: 그 초기에 거기 가서 집을 짓고 산(묏자리)을 쓰고 ᄒ는 사름(사람)이 그 성의가 얌전ᄒᆞ으로써 잘 됏다ø 이게주(이것이지). 구비3 김재현, 남 85세: 261쪽

-다ø 이러니까[접속사로 받음]: 이신(사람 이름)이란 사름(사람)이 … 어린 때에 젊은 때에 공부를 왼(다른) 동네 간(가서) ᄒ는디(하는데), 춤(참) 얼굴이 이상 ᄒ니까(이상하니까, 파리하게 핏기가 없으니까), 선생이 물으니까, 「그런 처녀 가 자꾸 부대낍니다!」이러니까 선생 ᄒ는 말이, 막 토정(토정비결)을 ᄒ 모냥 (모양)이어. 구비3 김재현, 남 85세: 78쪽

-다ø 이런 거여: 그 임씨는 여기 올 때에 「아무래도 수상ᄒ다」이런 거여.

-다ø 하다(고 하다): 게난 그런 걸 가지고 나가니, "오십 멩(50명)이 일 ᄒ레 간다 ᄒ니, 정심(점심)이나 해 가주!" 구비3 김재현, 남 85세: 28쪽

-다ø 하다(고 하다): ᄒ연 뒷날은 일 ᄒ레(하러) 간다 해네(하여서), 무슨 쒜갈 레죽(쇠가래, 쇠삽)인가 무슨, 무슨 … 구비3 김재현, 남 85세: 28쪽

-다ø 하다: 이제는 그 다른 사름(사람)도 [집] 안으로 청ᄒ연(청하였어). 풍속이 그런 풍속이 있어요. 거 특별ᄒ 손님은 [집] 안으로 청ᄒ다ø 해서, 집안 안네 (안에) 가그네(가서) 무슨 술잔이나 더 대접ᄒ고. 구비3 김재현, 남 85세: 323쪽

-다ø 해서 -는디 -다서 -으니까 -는 게라0: 「그 케(한 마을에서 함께 계[契]를 이뤄 공동 경작하던 전답)에 논이 잇다」ø 해서 가는디, 처음 일로(이리로) 나갈 때에는 아주 거 춤(참) 한질(한길, 큰길)로 가다서, 논에, 논 케에 건즘(거

의) 당(當)해 가니까, 밧(밭)으로 지름질(지름길)로 들어가는 게라. 구비3 김재
현, 남 85세: 62쪽

-다ø 해서 왓거든0: 「이 어른신디나(어른에게나) 가그네(가서) 우리가 ᄒ쓸(좀)
ᄒ꼼(조금) 곡석(곡식)을 빌어당, 빌어당 먹음뱅의는(먹는 일밖에는), 또 뭐
하여간 거 뭐 벨(별) 수 잇어? 빌어다 먹음뱅의는 홀 수가 엇다」ø 해서 왓거든
0.196) 구비3 김재현, 남 85세: 58쪽

-다ø 해서는 -읍니다ø고0: "아니, 저의 집의(제 집에) 이러이러흔 벵(病)이 잇는
데, 환자(患者) 잇는디, 「그 동네에 어떤 사름(사람)이 문 지두리(지도리)를 싼
(톱으로 썰어서) 숢아 멕이니(먹이니까) 순산(順産)을 잘햇다」ø 해서는, 저도
그래 햇더니, 안 됩니다!"ø고0. 구비3 김재현, 남 85세: 76쪽

-다ø 흐는 거주게: 요놈으(요놈의) 여운(여우는) … 경(그렇게) [뒤쪽에서 상대방
을 껴 안고 두 손가락을 깍지 끼우듯 서로 걸고] 결장(결+掌)을 안 해도 그디
(거기에, 말안장 뒤편에) 올라만 앚이민, 「이 사름은 먹엇다」ø 흐는 거주게.
잡아먹젠 흐는 거주게. 구비3 김재현, 남 85세: 49쪽

-다ø 흐는디…: 또 흔 달이민(한달치 월급이 되면) 얼마다ø(얼마이다) 흐는디.
구비3 김재현, 남 85세: 58쪽

-다ø 흐니 -아그네 -읍서0: "거, 당신 춤(참) 기운이 쎄다ø(세다) 흐니, 그것(물
안쪽으로 옮겨진 덕판배) 가그네(가서) ᄒ쏠(조금) 느르와(내려, 바다쪽에 내
려) 줍서!" 구비3 김재현, 남 85세: 40쪽

-다ø 흐다 -랫저[라ø 흐엿저: "느ø(너, 정훈도), 저, 소문 들으나네(들으니까),
상한벵(傷寒病) 들련(들리어서, 걸려서) 믄(모두, 아주) 몸이 곤(困)햇다ø 흐는
디(하는데), 나ø(나의, 오찰방 아버지의) 집은 술이 이디(여기) 조금 잇이니까
(있으니까), 술이나 흔 잔 먹으랜 흐젠(먹으라고 하고자) 오랫저(오라고 했다)."
구비3 김재현, 남 85세: 43쪽

-다ø 흐다, -다ø 말이어: 그레(그쪽으로) 들으니까(내달리니까), 「이놈의 새끼,
너 막은 창(막다른 골목) 더 갈 디 없는디, 가면은 나는 [너를] 심엇다ø(붙잡았
다)」 흐는 식(방식)으로 좇아갓다ø 말이어. 구비3 김재현, 남 85세: 35쪽

-다ø 흐다: 그것도 호종단(胡宗旦, 12세기 고려 예종 때 귀화하여 좌정언 등을
지낸 중국 복건성 사람)이가 와서 그 저, 무슨 혈을 떠 분다ø(혈을 떠 버린다,

---

196) 한국 구비문학 누리집에서 원래 녹음을 내려받고서 출간된 내용을 좀 더 기워 놓았지
만, 여전히 잘 들을 수 없는 불분명한 대목들이 더 남아 있다.

샘물의 맥을 끊어 버린다) 홀 때에, 저 용머리∅ 그 이상흔 몰리주게(마루이지+화용 첨사 '게', '몰랭이, 무를, 무르'의 변이형태가 있음). … 높은 몰리(마루)가 잇는디(있는데), 이레도(이쪽으로도) 기정(절벽)이고 저레도(저쪽으로도) 기정인디, 그 앞이(앞에) 형제섬이 잇는디, 그자 그 형제섬더레(형제섬 쪽으로) 「쪽!」(의태어, 곧게 뻗은 모습) 흐게 나갓주게(나갔지+화용 첨사 '게'). 구비3 김재현, 남 85세: 191쪽

-다∅ 흐다: 이 산쟁이(산에서 짐승을 잡는 전문 포수)는 서로 분(分)을 줘도 하영(많이) 준다(내어 준다) 흡니다. 구비3 김재현, 남 85세: 168쪽

-다∅ 흐더구만: 집이(집에) 각시(부인)가 잇다∅ 흐더구만. 부모도 잇는지 없는지 몰라도. 구비3 김재현, 남 85세: 311쪽

-다∅ 홀지라도(다고 할지라도): 어떤 놈이 주유(자유)로 흐다∅ 홀지라도 "… 멩령(명령) 받고 흐는 게니까니(것이니까니) 당신네 날 보고(나를 보고) 말 못 흐다."고 [말하다] 구비3 김재현, 남 85세: 364쪽

-다고0 -다고0 -라고0: "우리 아덜(아들)은 죽엇다."고0. "내 아덜 죽어가며 혈서로, 아 「지금 불휻(불효를) 알룁니다(아룁니다, 알립니다)」고0". 그 낭(나무) 토막을 어디 가, 스또(사또)에 가 받져(바쳤어), 이 저 박효(효자 박계곤)네 아방이. 구비3 김승두, 남 73세: 115쪽

-다고0: "… [곧 혼인할 신랑이 죽었으니] 내가 가야 상젠디(喪制인데), 내가 가야 그 집의(시댁에) 상제(喪制)흐고 영장(營葬)홀 사름인디(사람인데), 내 흐디(함께, 한 데) 그 사름흐고(사람하고) 가겟읍니다."고0 구비3 김승두, 남 73세: 111쪽

-다∅니까니: 이 사름(사람)이 제스(제사) 보러 여래(서귀포시 상예동·하예동)로 간다니까니, 나도 여래로 갈 사름이고 흐니 「어떤 어떤 집이(집에) 어떤 무슨 궁상흔 일이나 잇지 안 흔가」 해서 돌와왓다(따라왔다) 말이어. 구비3 김재현, 남 85세: 316쪽

-다∅여(다 해): 부인네는 거역홀 수 없이 그 범벅을 맨들아 드리니까, [서귀포시 월평동의 김우탁이라는 사람이] 그 범벅을 가지고 나갓어. 서울 가 가지고 정부에 가서 호소를 했다여. 구비3 김재현, 남 85세: 194쪽

-다∅여(다고 하여): 전설로 들엇는디(들었는데), 임씨 이씨 지씨 삼인이 동선(同船)을 흐연 들어왓다∅여, 제주도 오기를. 구비3 김재현, 남 85세: 226쪽

-다∅여(다이어): 경(그렇게) 흐난(하니까) 「얼싸, 좋다」여, 이건(이것은, 이 상황은)! 경(그렇게) 흐여 가니 점점 불량배 패만 많아 가거든. 구비3 김재현, 남

85세: 364쪽

-다ø여: 송당(제주시 구좌면 송당리)은 멧(몇) 소(所)야 되는지 모르되[제1 소장에 속함], 거기다 국마(國馬)를 질롯다여(길렀다고 해). 구비3 김재현, 남 85세: 199쪽

-다ø여[-다 해]: 비 온 날이니 남신(나막신) 신고 둘앗다여(달렸다 해). 구비3 김재현, 남 85세: 34쪽

-다ø여[다 ᄒ여]: 경(그렇게) 해연(해서) 일이 되엇다ø여. 이걸로 끝이주(끝이지, 끝났지). 구비3 김재현, 남 85세: 346쪽

-다ø여[-다 ᄒ여]: 그 분이 장개(장가)를 저, 서(西) 모관(牧管, 조선조 때 제주목 관내, 현재 제주시 관내) 어디, 저, 협젠가(제주시 한림읍 협제리인가) 금릉인가(제주시 한림읍 금릉리인가) 거길 갓다ø여. 구비3 김재현, 남 85세: 256쪽

-다ø여[다 ᄒ여]: 천즈(중국 임금, 天子)도 여기서 대사가 가면 조선 임금이 간 것 모냥(모양)으로 대우를 흔다ø여. 구비3 김재현, 남 85세: 341~342쪽

-다ø여0: [깊은 잠을 자는 사이에 겨드랑이 날개가 잘린 오찰방이] 기자(그저) [자신의] 부몬(부모는) 건드리지 못ᄒ고, 집만 ᄀ드락ᄀ드락(조각조각) 뭇아 불엿다여(형체를 알아볼 수 없이 부숴 버렸다고 해). 구비3 김재현, 남 85세: 37~38쪽

-다ø여0: 그때에는 불효자라 무시거라 흔 … 이런 벱(법)이 어느 정도 하늘 이상 ᄆ습다여(무섭다 해), 국벱(국법)이. 구비3 김재현, 남 85세: 37~38쪽

-다ø여0: 불에다 [칼을] 구으면은 [자를 때] 아프질 안니(아니)흔다 ᄒ여. 칼을 그 불에다 막 얼랑얼랑 짓뻘겅게(새빨갛게) 구워서 [양 겨드랑이 날개를] 슬쩍 ᄁ치면은 선뜩흔 뿐 … 아픈 줄 모른다여! 구비3 김재현, 남 85세: 37쪽

-다고 해서[간접 인용, 이유]: 경(그렇게 퇴자만 놓으면서) 해ؤ이민(하고 있으면, 하면) 뭐 먹을 게 나온다고 해서 그땐 … 베슬(벼슬) 자리를 흐는 사람과는 비교ᄒ민(하면) 차별이 심햇주. 구비3 양원교, 남 72세: 412쪽

-다고 ᄒ여: 양반이민(이면) 양반의 집이(집에) 결혼ᄒ지, 쌍놈의 집인(집엔) 안 흔다고 ᄒ여. 구비3 김재현, 남 85세: 256~257쪽

-다고0: 뭘(말)이 하나도 없이 도망가 불엿다고. 구비3 김재현, 남 85세: 259쪽

-다곤 말하다: 이 사름(사람)이 … 거짓말 잘 흔다 흐는 사름이랄까, 어떤 그 춤(참) 언변이 좋다곤 말홀까 이런 사름이주(사람이지). 구비3 김재현, 남 85세: 295쪽

-다곤 보다: 그 춤 잘 알고 요령있는 양반덜이 잇엇다곤(있었다고) 보는데, 그렇다고 우리가 중물(스님이 점지한 샘물) 동네 사는디(사는데), 이명(마을 이름)을

고찌게(고치게) 되니, 묵은 일름(이름)을 너무 포기해 부는(버리는) 것도 우리
가 경우가 아니다. 구비3

-다곤 해서: 정훈디(鄭訓導)가 흔 번은 벵(병)이 들어 가지고 몸이 곤(困)ᄒ니까,
괴길(물고기를) 먹고 싶다곤 해서 괴길 사렐(사러를) 갓다고 ᄒ여. 구비3 김재
현, 남 85세: 39쪽

-다곤 흅주0: 이 근방 사름(사람)은 사름마다 안다곤 흅주, 베인태옌 흔(관청 노복
邊仁泰이라고 하는) 말! 구비3 김재현, 남 85세: 130쪽

-단 말이어: 성안에 「특!」(의태어, 턱) 들어앉아 가지고 동서남문을 「딱!」(의태어,
굳게) 즘근단(잠가 버린다는) 말이어. 구비3 양원교, 남 73세: 423쪽

-댄 말이어: "어떠불라,197) 어떠불라!" 너무 뜨겁댄 말이어. 구비3 양원교, 남 72
세: 408쪽

-댄 영 ᄒ니: 씨름 ᄒ영(하여서) 상급(賞給, 상금 지급)을 미녕(무명, 면포) 두 필인
가 준댕(준다고) 영(이렇게) ᄒ니(하니까), 씨름 이긴 사름안티(사람한테), 씨름
을 가민(가면) 고 대각(大脚, 힘 장사)이 늘 평생 이겨. 그런 힘을 당홀 자가
엇어(없어). 구비3 김택효, 남 85세: 384쪽

-댄 해도 못ᄒ게 ᄒ는디: 벨(別, 특별한) 부모가 저디서(저곳 방안에서) 죽없댄
해도(죽고 있다고 항의해도) [화산 폭발 시간이 되자 서당 훈장이 아이들을
방 밖으로] 나가지 못ᄒ게 「딱!」 ᄒ는디 … 일주일 일뤳(7일, 이레) 동안을
큰 안개가 쪄(끼어). 구비3 김재현, 남 85세: 53쪽

-댄 흔 접주게: 그, [꿩의 알처럼 산봉우리가] 「잇이난 그렷우댄(있으니까 그렸습
니다고)」 흔 접주게(것입죠+화용 첨사 '게'). "잇이난 그렷입주!(그렸읍죠)" ø
ᄒ난(하니까), "못 썼다(못 쓰겠다)…" 구비3 김재현, 남 85세: 185쪽

-댄0 -거든: 어, 그 지름질(지름길)로 들어가는 디우댄0 ᄒ니까니(그러니까) 소
몰고 조름(뒤, 꽁무니)에 돌왓거든0(따랐거든). 구비3 김재현, 남 85세: 62쪽

-댄고0: [오찰방이 자기 부친에게 말하기를] "아이, 내(오찰방이) 못 이기는 사름
(사람)이 엇입네다마는, 요 정훈딘가(鄭訓導인가) 흔 사름 흔 번 못 눅져(눕혀)
봔 억울ᄒ우댄"고0. 구비3 김재현, 남 85세: 41쪽

-댄고0[아마 댄 말ᄒ고의 줄임일 듯함]: "원, 당신이나, 안티나(에게나) ᄉ정홈뵉

---

197) 감탄의 관용구처럼 쓰이고, '-올라'가 '-아'로 줄어들어 '어떠바'로도 많이쓰인다. '어,
엇'은 감탄사이며, 수의적으로 '아, 앗'로도 변동된다. 그리고 '뜨겁'이라는 어근이 더욱
융합되어 '떱' 또는 '떱으'로 되었을 것으로 보인다.

의는(통사정함밖에는 달리) 일이 엇수댄(할일이 없습니다+은)"고0. 하도(너무도) 볶이나네(볶아대니까, 졸라대니까) "경 ᄒᆞ주! 강 ᄒᆞ여 빵 못 ᄒᆞ민 말주!" 구비3 김재현, 남 85세: 40쪽

-더라 허여: 저, 과거(科擧)짜리덜은 옥관절(玉貫子, 玉貫節)이라고 (하는) 구슬을 들더라(달더라고) 허여. 구비2 양형회, 남 56세: 27쪽

-도 못ᄒᆞ다: ⋯군대에 나가면은, ᄒᆞᆫ 번 돌아오도 못ᄒᆞ고0. 옛날에 무슨 전화가 시카(있을까, 반문은 없다는 뜻임)? 뭣이 아무 것도 엇는(없는) 때에, 춤 펜지(편지)도 전ᄒᆞ기가 곤란ᄒᆞ주. 구비3 김재현, 남 85세: 233쪽

-도 아니ᄒᆞ다: "거 저, 「어떤 양방(兩班)이 웽대(雄大)ᄒᆞ게 평양엘(平壤에를) 오라 가지고, 저 기생(妓生)덜ᄒᆞ고 메틀(메칠) 놀아서 가도 아니ᄒᆞ다」 ᄒᆞ니, 「잡아오라!」고 ᄉᆞ또(使道)님이 이제 영(令)을 ᄂᆞ렷습네다." 구비2 양형회, 남 56세: 41쪽

-도 안 ᄒᆞ고 햇어: 신부 생각에 뭐엔(뭐라고) ᄀᆞᆯ을까(말할까) ᄒᆞᆫ데(했는데, 기대했는데), [신랑이] 원(워낙, 전혀) ᄀᆞᆯ도(말하지도, ᄀᆞᆯ+도) 안 ᄒᆞ고 햇어. 「어찌원(어떻게+화용 첨사 '원') 나를 미워서(미워해서) 그리 ᄒᆞ는가?」 ᄒᆞ영, 신부가 자꾸 얘왁(이야기)을 여러 번 부대꼇거든(걸었거든, 이야기를 하도록 시켰거든)0. 구비3 김택효, 남 85세: 388쪽

-도 않고: 꼭 상교(향교)에 가민(가면) 고쪄(고쳐) 앉도 않고, 앉앗단(앉았던) 디(데에) 꼭 가는 날(번 살러 가는 날) 앉앗다가 나오는 날까지 앉앗다가 ⋯ 나댕기곡 ᄒᆞ민(나다니고 하면) 뒤(대변, 똥)도 봐 버리곡 ᄒᆞ면 배가 고프카부댄 ᄒᆞ영(고플까 보다고 해서, 고플까 봐서) 꼭 앚인 디 앉앙 지냇주. 구비3 정원선, 남 90세: 398쪽

-도(부정형 -지도): (제주시 구좌 김녕리 앞바다에 있는) 두럭산서 물이 나고 한라산서 장수(將帥) 낫다고 그 말 들었는디, 그 말 우린 귀에 들어가도 아니허여. 구비1 임정숙, 남 86세: 194쪽

-도(지도) 안 ᄒᆞ고: 부대각(허우대가 크고 힘 쎈 부시흥)이 조침 앉아서(쪼그려 앉아서) 물싹(털썩) 앉도 안 ᄒᆞ고, 조침, 요 정도주게(정도이지+화용 첨사 '게'). 구비3 김재현, 남 85세: 208쪽

-도(지도) 안 ᄒᆞ여: 양손으로 죽건(죽으면) 죽젠(죽자고) 둥겻자(당겨 보았자, 당겨 보아도) 조침 앉인(쪼그려 앉은) 어른이 일어사도(일어서지도) 안 ᄒᆞ여. 구비3 김재현, 남 85세: 208쪽

-도(지도) 못 ᄒᆞ고: 만날 ᄒᆞ당(하다가) 봐야, 미치도 못ᄒᆞ곡, 더 아니꼽게만 ᄒᆞ는

거라. 구비3 김재현, 남 85세: 335쪽

-도(지도) 못 ᄒ다: 그런 짓갈ᄒ명(짓거리하면서) 잘 살도(살지도) 못 ᄒ고 나라를
망햇다ø 영(이렇게) ᄒ주마는(평가하지마는), 그거 다 운수 소관이고. 구비3
김재현, 남 85세: 340쪽

-도(지도) 못ᄒ다: 기자(그저) 창고문 통쉘(자물쇠를, '통+쇠') 「딱!」 채운 후제(後
+적에)는 열도(열지도) 못ᄒ게. 구비3 김재현, 남 85세: 278쪽

-도(-지도) 아니ᄒ다: 오래어 부난, 잊어 불언. 잘 나오도(나오지도) 아니ᄒ여.
구비2 양구협, 남 71세: 636쪽

-도(-지도) 아니ᄒ다: 이제는 정승살이 홀 적의 버은(벌어둔) 것을 더 벌도(벌지
도) 않고, 그대로 그것만 먹으니, 먹다가 모자래서 궁ᄒ여졋는디…. 구비2 양구
협, 남 71세: 638쪽

-도(지도) 안 ᄒ고: 아, 피ᄒ도(피하지도) 안 ᄒ고 ᄌ기(자기) 가고 싶은 질(길)로만
그자(그저) 가. 구비3 김재현, 남 85세: 335쪽

-도(지도) 안 ᄒ다: 경(그렇게) ᄒ난(하니까) [아들은] 일어나도(일어나지도, 일어
서지도) 안해 둠서(않으면서, 않고서) "담뱃불ø 당신네 냥으로(당신네대로 스
스로) 갖다(가져다가) 태왓든 말앗든 홀 일이지, 내가 뭐요, 당신네 담배 태우는
디(태우는데)." 아, 그런 교만ᄒ 태도가 낫다(나왔다)ø 말입니다. 구비3 김재
현, 남 85세: 336~337쪽

-도(지도) 안 ᄒ다: 우으로(위로) 형제가 아시(아우) ᄒ는 것을 보고 "그렇지(그렇
게 하지) 말라!"고 멧(몇) 번 글아(말해) 봐도 듣도(듣지도) 안 ᄒ고. 구비3 김재
현, 남 85세: 319쪽

-도(지도) 안 ᄒ 사름이주: 게난(그러니까) 생전 바둑 뜨는 디(두는 데) 간(가서)
베려 보도(바라다 보지도) 안 ᄒ(않은) 사름이주(사람이지). … 바둑 ᄒ 번 ᄇ래
여 보도(바라다 보지도) 안 ᄒ 어른이고. 구비3 김재현, 남 85세: 327~328쪽

-도(지도) 안 홀 게주게: 그런뭐(화용 첨사 '뭐') 「버버직직!」(의성어, 벙어리 말소
리, '버버버버, 버버작작'으로도 말함) ᄒ는 분ø [자기 아우를] 불럿젠(불렀다
고) 햇자(하여도) 가도 안 홀 게주게(것이지+화용 첨사 '게'). ᄒ지마는(그렇지
마는) 아 거(그거) 형이라ø 해서 부르니, 안 갈 수도 엇다ø 말이어. 구비3
김재현, 남 85세: 327쪽

-도(지도) 안ᄒ다: 요 동네 으라(여러) 사름(사람)이 살고, ᄒ엇이(한없이, 끝없이)
오래도 안 ᄒ 사름이고, 아마 ᄒ(한) 이백 세. 이제 그이네가 살앗이면은(살았으
면) 이백 세 가차왓일(가까웠을) 것이어. 구비3 김재현, 남 85세: 234쪽

-두 아니ᄒ고 -두 아니ᄒ게 해영: 서귀진(서귀포 방어 진영에서) 쇠 방석을 뜨뜻
ᄒ게(따듯하게) 불에 쵀왕(쪼이어) 너무 뜨겁두 아니ᄒ고, 냉ᄒ두 아니ᄒ게
해영(해서) 앗당(가져다가) 드려야 제주 목사가 거기에 앉아서 정방폭포를 구
경ᄒ엿젠 ᄒ다. 구비3 양원교, 남 72세: 407쪽

-든 못허다: "만나 보진 못허엿느냐?" "예, 절대로 만나 보든 못허엿습니다!" 구비
2 양형회, 남 56세: 32쪽

-든(앗든지) -든(앗든) [간에 상관없이]: 제주 목사가 「빙!」(의태어, 원을 도는 모
습) ᄒ게 제주도를 ᄒᆞᆫ 바퀴 순례(순시의 오류)ᄒ다가 서귀포에 오면, 그 뜨거운
철에 오랏든, 추운 절에 오랏든, 꼭 정방폭포를 구경ᄒ는데, 경(그렇게) ᄒ민(하
면) 정방폭포를 구경ᄒᆞᆯ 때는 아마 그때 그것도 예법일 테쥬(터이지). 구비3
양원교, 남 72세: 407쪽

-든지 -든지 [-은지 -은지 간에 상관없이] 뢰와서 -는 건디: 또 옛날은 … 이
온돌에 재 걸름(거름)이라든지 부엌에 재 걸름이라든지 뢰와서(모이어서) 모
물(메밀)을 놓는(뿌리는) 건디, 밧(밭)이 원간(워낙) 크고 뭘 ᄒ니까, 그걸로만
은 텍(턱)이 안 맞아 가지고, 목장에 가면은 물똥(말똥)이 아주 만ᄒ메(만ᄒ +
음+이어, 많은 법이야). … 이 놈을 줏어서(주워서) 막(마구) 모아 놓고 캐와
(태워) 가지고, 불살라서, 그 놈 재 걸름을 많이 만들어 놓고는, 이제는 씨(메
밀 종자)가 엇다(없다) ø 말이어, 어떻게 가난햇는지. 구비3 김재현, 남 85세:
282쪽

-든지 말든지 ᄒ라: "아니 ᄒ키옌 말도 못 ᄒᆞᆯ 거고, 이젠 알아서 ᄒ든지 말든지
ᄒ라!" 구비3 정원선, 남 90세: 398쪽

-든지 ᄒ다(든지 ᄒ다): 긔냥 돌아오라 불든지 ᄒᆞᆯ 거주마는. 구비1 안용인, 남
74세: 122쪽

-들 못허주게: 흙은(굵은, 큰) 바위를 보통 사름(사람)은 들어보들(들어보지를)
못허주게(못하지+화용 첨사 '게'). 구비3 양원교, 남 72세: 416쪽

-들 아니해 가지고설람: 백성들이 또 해산ᄒ들(하지를) 아니해 가지고설람(가지
고서+을랑) 조름(뒤, 난을 일으킨 이재수의 뒤)을 쫓아(좇아). 구비3 양원교,
남 72세: 423쪽

-들 아니ᄒ다: [상점에 들어가면] "뭘 사겟느냐?" ᄒ여서, 사들(사지를) 아니ᄒ면
[물건] 구경도 못 ᄒ엿주. 구비3 양원교, 남 72세: 415쪽

-들 안 ᄒ다, -지 안 ᄒ다: 캐들(면화 이삭이 패지를) 안 ᄒ(하기) 때문에 [면화를]
갈지 안 ᄒ고 ᄒ니까, [다른 지방으로 가서] 의복 ᄀᆞ음(감)을 서로 바꿋이면

(바꾸었으면, 물물교환을 했으면) 하는 디거든(곳이거든, 공통어 '어디'에서의
'디'). 구비3 김재현, 남 85세: 237쪽

-들 안 ᄒ다: 간(가서) 보니 존(조는, 조 이삭은) 퍼렁해서 익들(익지를) 안 해연(했
어). 반쯤은 익언(익어서) 그자(그저) ᄒ쓸(조금) 노릿노릿(노릇노릇)흠 뿐(했을
뿐). 구비3 김재현, 남 85세: 275쪽

-들 안 ᄒ다: 그래서 막 스정ᄒ멍(사정하면서) 가들(가지를, 되돌아가지를) 안
ᄒ는 거라. "왜, 가라니(가라고 하니, 집으로 되돌아 가라고 해도) 안 가느냐?"
구비3 김재현, 남 85세: 252쪽

-들 안 ᄒ여 -지 안 ᄒ느냐?: [마을에 행패 부리지 말도록 해도] 아니, 경(그렇게)
해도 듣들(듣지를) 안 ᄒ여. "왜 듣지 안 ᄒ느냐?" 구비3 김재현, 남 85세: 362쪽

-들 안ᄒ여: 여기는 멘화(면화)를 갈아도 되들(되지+를) 안ᄒ여. 구비3 김재현,
남 85세: 237쪽

-들(지를) 않다: 그래서 죽이들 않고, "소당은 너를 죽일 거로되, 너를 죽여 불면(버
리면) 우리나라에 어떤 사름(사람)이 잇고 없는 것도 모를 거고, 그러니까니
내 역부러(일부러, 役+부러) 살려 주지." 구비3 김재현, 남 85세: 334쪽

-라 ᄒ다: ᄒ니, 비를 피ᄒ고 ᄇ름을 피ᄒ젠, 이젠 비석을 의지허여 가 가지고
'톡' 앗이니, 「조만능지묘」라 ᄒ 글이 새겨 있댄 말입니다. 구비1 안용인, 남
74세: 129쪽

-라ø 그거주게: 경(그렇게) ᄒ니 「난(민란)을 일롸서(일으켜서) 백성을 뭉치라!」
ø 그거주게(그것이지+화용 첨사 '게') 구비3 김재현, 남 85세: 367쪽

-라ø 말이거든: 「이 사름(사람)이라야만이 잘 될 사름(사람)이다」ø 해서 집터ᄭ
장(집터까지) 혈(穴)을 뜨지 않고 해 준 게라(것이라)ø 말이거든. 구비3 김재
현, 남 85세: 256쪽

-라ø 이래여: 그러니 영(이렇게) 굽으니(머리를 세면기에 수그리니) 입으론가
코론가 피를 ᄒ 되약세기(되[斗]+박+새기) 밖안(뱉어서) 놓더라ø 이래여(이
렇게 말해). 구비3 김재현, 남 85세: 110쪽

-라ø 해도: "오늘은 나(내, 각주 176의 좌수 이은성)가 가당(가다가) 죽어지는
일이 있더라ø 해도, [관가에서 퇴청하여] 꼭 집의(집으로) 가야만이 홀 일이
잇이니, 홀 수 없다!" 구비3 김재현, 남 85세: 48쪽

-라ø ᄒ다, -다ø면은 -는 거주0: 요새 사름덜(사람들) 걸(그것을) 가량(가령)
비단이민 비단, 미명(무녕, 목면)이민 미명, 흔 줄 놓는디, 흔 치쯤 두 치쯤
끊어서 그것만 슬고(사르고, 불 태우고) 「이건 전여(전혀) 슬앗노라!」ø ᄒ는

식으로 ᄒ지마는, 옛날은 드렷다ø면은 전부 소각을 ᄒ는 거주. 구비3 김재현,
남 85세: 55쪽

-라ø ᄒ다: 경(그렇게) ᄒ난(하니까) 츰(참) 반란을 해 가지고 「이놈덜(이놈들)
잡아 죽이라!」ø ᄒ는 애기여(이야기야). 구비3 김재현, 남 85세: 366쪽

-라ø ᄒ다: 궁춘시대(춘궁기)가 되어 가지고 쏠(쌀)이 없어 놓니까, 그 츰(참)
영감(제주 목사)을 대접ᄒ젠 ᄒ여야 ᄒ 수도 없고 ᄒ여서(하여서), 보리도 곡식
이라ø ᄒ여서, 걸(그것) 석보리(설익은 보리 이삭을 불에 그을려 익힌 것)를
채 익지 아니ᄒ 보리를 ᄈᆞ져(짓이기거나 바수어) 가지고, 어 그, 쩹질아서(물기
를 잡아 짜서) 그 전(煎, 지짐)을 지은 것 ᄀᆞᆮ읍니다. 구비3 김재현, 남 85세:
127~128쪽

-라ø ᄒ다: 그와 동시에 그 조선 지도, 조선 지도를 그려 올리라ø ᄒᆞᆯ 때에 제주도
말(말, 의견, 제주 지세의 평가)을 물었습니다. 그 당 일행(당나라 一行, 승려
겸 천문학자 683~727)이가 「제주도도 그 지도를 그려 올리라」ø ᄒ니, [제주도
지세를 그려서 임금게] 올렷주. 그려 올리니, 지도를 그려 올리니 도선(道詵,
827~898, 신라 말 스님 겸 풍수지리가)이 보고 "너, 이거 제주도 형치(形態)가
무슨 형치냐?" 이렇게 물엇습니다. 구비3 김재현, 남 85세: 184쪽

-라ø ᄒ여: "이 터에 폐백(幣帛)을 드리게 되면, 비단 열 동을 놓라!"… ᄒ 동이
쉰 필(疋)이라ø ᄒ여. 구비3 김재현, 남 85세: 55쪽

-라ø ᄒ연0: 아무 날 택일을 ᄒ고, 「그렇게 해서(폐백 5백동을 바쳐서) 집 짓으라」
ø ᄒ연0. 구비3 김재현, 남 85세: 56쪽

-라곤 해야주: 백년 전 일이라곤 해야주(해야지). 구비3 김재현, 남 85세: 271쪽

-라곤 ᄒ여야 ᄒᆞᆸ주0: 요샛말로면은(요사이 말로 하면은) 아주 무슨 비서라곤 ᄒ여
야 ᄒᆞᆸ주. 구비3 김재현, 남 85세: 130쪽

-랜 말(은 말)은 안 ᄒ여: ᄒ 둘이고 두 둘이고 [찾아와 묵는 손님에게] 「가랜」(가라
고 하는, 떠나라고 하는) 말은 안 ᄒ여. 구비3 김재현, 남 85세: 330쪽

-랜 했수다이: "무사(무슨 일로, 왜) 못 가쿠과(가겠습니까)? 대정 군수ø[주격
조사 생략] [당신을] 심어오랜(잡아오라고) 했수다이(하고 있습니다+화용 첨
사 '이')." 구비3 김재현, 남 85세: 161쪽

-랜 ᄒ난 -앗수다: "「대정 군수ø [한효종, 당신을] 오랜(오라고)」 ᄒ난(하니까)
[내가 그 말을 당신한테 전하러] 왓수다(왔습니다)." 구비3 김재현, 남 85세:
161쪽

-랜0: "무사(왜, 무슨 일로) 불러오랜?(불러오라고)" [말하고 있습니까] 구비3 김

재현, 남 85세: 42쪽

-보고(에게, 조사): ᄒ를은 어머니보고 ᄀ새를 가져다 「저를 머리를 깎아 주십서!」
　허엿어. 구비1 안용인, 남 74세: 124쪽

-사ø읍주(-삽주, -사 ᄒ주): "무사(무슨 일, 웬일)마씀(말씀입니까)? 나도 가삽주
　(가야 합지요)." 구비3 김재현, 남 85세: 320쪽

-아 가다: [제주 목사가 명령하기를] "다른 ᄆᆞᆯ(말) ᄀᆞ져 들이라(갖고서 들여 와라),
　ᄀᆞ져 들이라!" ᄒᆞᆼ멍 ᄆᆞᆯ(말) 멧(몇) 개를 ᄀᆞᆯ매들이멍(갈마들이면서) 들여 갓다말
　이어(들여 갓다+말이다). 구비3 김재현, 남 85세: 103쪽

-아 가다: "오십 명 먹을 점심만 논더레(논쪽으로) 쉬어(실어) 갑서!" 경 ᄒᆞ난,
　"아, 경 ᄒ주!" 구비3 김재현, 남 85세: 28쪽

-아 가다: 그딜(그곳을, 천제연 내를 넘는 돌길을) 오나네(오니까) 그 솟바위레(천
　제연 못 바위쪽으로, 소[沼]+ㅅ+바위+레), 그 웃(윗) 솟바위레(못 바위 쪽으
　로, 沼+ㅅ+바위+레) 「으상으상!」(의태어, 성큼성큼, 다른 뜻으로는 하릴없이
　빈둥빈둥) 가 가(가는 일을 진행하다, 가다+아+가다). ᄉᆞ령덜은(관청의 사령
　들은) 조름(뒷꽁무니)에 삿단(섰다가, 서 있다가) "무사(무슨 일로, 왜) 그레(그
　쪽으로, 길도 아닌 쪽으로) 값수꽈?(가고 있습니까?)" 구비3 김재현, 남 85세:
　163쪽

-아 가다: 기연디(그런데) (어린 인삼을 먹고 일정한) 시간이 넘어 가야 올근ᄒ는
　디(얼근하는데), 앙이!('아니!'의 개인 말투), 거(그거) 후끈후끈ᄒᆞ여 가. 구비2
　양구협, 남 71세: 650쪽

-아 가다: 날 붉아오라 가니, 도중에 오란 그 아이를 놔 뒷어, 숨견. 구비1 안용인,
　남 74세: 122쪽

-아 가다: 대성통곡을 ᄒᆞ 시간이나 허여 가니까, 의형제간덜이나 누구라도 "중놈
　이 지랄ᄒᆞᆫ다!"고 잡아 내훈들러(내혼들어) 불엇어. 구비1 안용인, 남 74세:
　125쪽

-아 가다: 술, 곧 이제 행배(술잔을 돌림)ᄒᆞ게 되니까니 술잔 ᄒᆞ는(맡아 올리는)
　아으(아이)가 술잔을 들러 놔 가니, 그디 수석(맨 윗자리)에 앉은 이가 강훈장
　(서귀포시 대정읍 신도리 훈장 강태종)신더레(있는 쪽으로) 미는 거라마씀(것
　이어+말씀입니다). …"저 외방서(밖의 다른 곳에서) 온 어른신디(있는 쪽)
　드리라!" 구비3 김재현, 남 85세: 150쪽

-아 가다: 싸움[중국과의 전쟁]에 이겨 췟이니, 허허 아 거 ᄒᆞ 반년쯤 멕여 가니까,
　쇠도 다 엇어져 가고 큰일 날 거라 말이우다. 구비1 안용인, 남 74세: 149쪽

-아 가다: 이제는 "마누라를 친정꼬지 모사 가라!"고 ㅎ니, 막 산중으로만 훑어 돌아댕겨. 구비1 안용인, 남 74세: 132쪽

-아 가다: 흔참(한참) 보다가 오라 불엇주. 오라 불엇는데, 즈물아 가니, 일을 믠(모두) 해연(해서) 오과랜 흥멍(왔도다라고 하면서) 오란. 구비3 김재현, 남 85세: 30쪽

-아 가다[동일한 한 가지 사건을 구성함]: "어느 기회에 이거(풀 먹이러 매어 놓은 소) 끌고 나올 때나 들어 갈 때나 우리가 엿빵(엿봐서) [소를 옮기는 소리가] 들리거들랑[들리거든, 들리면] … 우리가 수십 명 모다 들면 그거 문제가 없다. 눅드러(눕혀) 놓으네 죽지 않을(않을) 만이(만큼) 태작(打作)ㅎ자!" 구비3 김재현, 남 85세: 154쪽

-아 가다[어휘, 가져가다]: 그 한효종씨가 소를 어떻게야 가져 가는지 [잘 알 수 없어도],… 그 가운디(빙 둘러쳐져 있는 밭들 한 가운데 휴경지) 밧디(밭에) 가서 소를 매어마씀(줄로 소를 매어 놓고 근처의 풀을 뜯게 해+말씀입니다), 줄 해여 가지고(줄을 묶어 가지고). 구비3 김재현, 남 85세: 153쪽

-아 가다[어휘, 끌어가다]: 「아, 소를 그렇게 멀리 끌어갓나?(이끌고 갔나?)」, 아, 경흔디(그런데) 끌어가는 것도, 어느 밤의사(밤에야) 끌어가는지, 낮의사(낮에야) 끌어가는지원(끌어가는 것인지+화용 첨사 '원'198)), 끌어가는 것도 못 보고 ㅎ니까. 구비3 김재현, 남 85세: 153쪽

-아 가다[어휘화]: "이레(이쪽으로) 옵서!(오십시오)" 아니, 경흔난(그러니까) 「무슨 흥정인고?」 해연(해서) 들어가난(들어가니까, 두 사건이 동시에 하나로 귀착됨) "이디(여기) 좋은 술이 잇수다(있습니다)." [일동 웃음] 구비3 김재현, 남 85세: 160쪽

-아 가다0 -아 가다: "너ø 이거ø(이것, 새로 만든 쟁기) 저, 우리 본댁의(본 집에) 지어ø 가라!" [옆에서 73세의 김승두 영감이 조사자에게 부연해 주면서] "지네(자기네) 집의(집에) 가져 가랜 흔 거주." "시(제주시)에 집에 져 가라! … 이걸 져 가라!"ø고0 구비3 김재현, 남 85세: 85쪽 (86쪽에는 "잠대(쟁기)를 제주시에

---

198) '원'은 이 방언에서 부사 및 화용 첨사로 쓰인다. 공통어 부사 '워낙에, 원체(두드러지게 아주, 본디부터)'와 같은 뜻으로 이 방언의 형태인 '원, 원간'도 쓰인다(구비3: 37쪽의 "그 춤 원간 장군으로 나 놓니[그 참 워낙에 장군 허우대로 낳아 놓으니]"). '원'이 화용 첨사로 쓰일 경우에는 화용상 부정적 측면의 속뜻을 지니는데, 맥락상으로 뜻밖의 일을 가리키거나 실망감 또는 낙담을 나타내거나 해당 사건이 기대감에서 벗어났음을 드러낸다.

내 사는 주택에 져ø 가라!" 이랫다 말이어.)

-아 가지고: 배를 미리 단속해 가지고 아주 새벽이(새벽에) 떠낫어. 구비3 김재현,
　　남 85세: 107쪽

-아 가지고 -겟다ø고0: 집의 왓더니, 어떤 처녀가 [그 마을울] 넘어가다가 집에
　　왓다고. "지나가다가 날이 저무니까 좀 집 빌어 가지고 투숙하겟다"ø고0 구비
　　3 김승두, 남 73세: 97쪽

-아 가지고 -고 앗다ø -앗다 말이어: 흑(나무 방아 확)을 파 가지고, 다른 사름덜
　　모저(모자) 쓰듯 머리에 쓰고 왓다, [산방산으로부터] 내려 왓다ø 말이어. 구비
　　3 김재현, 남 85세: 34쪽

-아 가지고 -는 거라0: 아닌 게 아니라, 조금 가니까, 뮬(말)이 저려 가지고(발을
　　절어서) 걷질 못흐는 거라. 구비3 김재현, 남 85세: 103쪽

-아 가지고 -아 가지고 -아서 -고 흐니까니: "제가 산(살아 있었던) 때에 밧(밭)을
　　흔 드르(들, 들판) 장만해 뒌(뒈서) 갓더니(타계하였더니), 아 요놈덜이(들이)
　　밧을 드투와 가지고(다퉈 가지고), 형제가 드투와 가지고 싸와서(싸워서) 유혈
　　이 낭자흐고 흐니까니 그렇게(기일에 제삿상도 변변히 대접받지 못하게) 뒛입
　　니다." 구비3 김재현, 남 85세: 143쪽

-아 가지고 -아 가지고 -앗지: 죽일 때에 손가락을 츰(참) 깨물어 가지고 널짝에
　　[억울하게 죽임 당함울] 써 가지고 바당물더레(바닷물 쪽으로) 띄완(띄워서)
　　내 버렷지. 내 부니가 요놈으(요놈의) 널짝이 유리국(流球國, 오키나와)을 갓어.
　　구비3 김재현, 남 85세: 121쪽

-아 가지고 -아 가지고: 그디(그곳)을 바로 앞의(앞에) 가 보면은 또 꼴챙이(골짜
　　기)가 그대로 잇어(있어). 잇어 가지고(있어 가지고) 그딘(그곳에는) 산물(생수,
　　솟아나서 흐르는 물)로 잇어 가지고, 논 잇고, 저 동남더레(동남쪽으로) 흘러간
　　다 말이어. 구비3 김재현, 남 85세: 53~54쪽

-아 가지고 -아 가지고: 아홉 근(斤) 되는 도치(도끼)가 막 몽글아 가지고(닳아서)
　　늘(날)이 없어지게 됏다고. 이놈을 불미항(풀무질하는 공방, '불미왕'으로도
　　부르며 '항, 왕'은 한자어 '房'임)에 가서 잘 녹여 가지고, 때려 가지고 낚시
　　하나를 맨들앗어(만들었어), 아홉 근 도치로. 구비3 김재현, 남 85세: 298쪽

-아 가지고 -아 보고 " -소?": 부인이 만나 가지고 영찬이(경북 영천 출신 제주목
　　목사 이형상)를 훑어 보고 "당신굴이 무정흔 사름(사람)도 잇소?" "뭔(무슨)
　　말이냐?" 구비3 김재현, 남 85세: 109쪽

-아 가지고 -아 오고 -은디 -는디…: 똑 떠나질 아니흐여 가지고, 음식도 베인태

(邊仁泰, 관청 노복)가 지어 오고, 그 조방장(助防將, 해안 방어 부대 책임자)이 처를 데리고 오긴 온 모양인디, 그 음식 부름씨(심부름, 음식 마련)를 베인태가 책임ᄒ는디 … 구비3 김재현, 남 85세: 130쪽

-아 가지고 -아서 -는 모양입니다: 그 이(그 사람)도 지레영(키랑, 키도) 홀쭉ᄒ게(홀쭉한 것이) 약골은 아니우다. ᄒ여도(그래도) 천성이 유(柔)해여 가지고, 그자(그저) 모든 일을 그자(그저) 그 부인네 ᄒ는 영(令 명령) 뜰라서(따라서) ᄒ는 모양입니다. 구비3 김재현, 남 85세: 157쪽

-아 가지고 -아서 -니까: ᄒ 번은 흉년이 져 가지고, 흉년이 져서, 에 좀 기다려 보니까, 팔수장(八所場, 나라에서 제주 섬 중산간 초원에 말을 방목하려고 설치한 10개 목장 중 제8 소로서 서귀포시 중문면 대포리[큰 벵디 大坪] 윗쪽 지역) 목ᄌ가 소문 들으니, 「동동네(동쪽 동네) 변(邊) 아무가이가(아무개가) 부지런ᄒ곡 춤(참) 부자로 잘 살아서, 곡식이 많이 잇다!」 구비3 김재현, 남 85세: 58쪽

-아 가지고 -안 -는디: 그 박씨에게 인솔자로 해 가지고 그 오십 명을 인솔해연 가는디 … 막 ᄇ름이 불고 어찌어찌해서 배가 막 부서지고 ᄒ니간 박효(제주시 애월읍 신엄리 효자 박계곤[朴繼崑, 1675~1731])가 손가락을 입으로 「뚝!」(의 태어, 갑자스레 행동이 일어나고 끝남) 끼찬(끊어서, '그치다, 끄치다, 끼치다, 끈치다' 등의 변이형) 영(이렇게) ᄒ 후젠(後+적에는) 배 틀어진 낭(나무) 토막에 글을 썻어, 혈서로. 구비3 김승두, 남 73세: 112~113쪽

-아 가지고 -앗수다: 그래서 보천교(普天敎)를 믿어 가지고 재산을 흔(대략) 반 재산 썻수다(썼습니다, 기부하여 바쳤습니다). 아주 큰 재산인디(재산인데). 구비3 김재현, 남 85세: 157쪽

-아 가지고 -앗어라[앗+어+으라]: "그놈(정훈도), 요새 보니까니 저 상한벵(傷寒病) 들런(들리어서, 걸리어서) 막 벵(병)이 골골해 가지고 죽엄직햇어라!(죽을 듯하더라)" 구비3 김재현, 남 85세: 42쪽

-아 가지고 -으니: ᄉ또(사또)에 가 가지고 이 낭(나무) 토막을 받지니(바치니), "내 아덜은 이렇게 죽엇입니다!" ø 영(이렇게) ᄒ니까, [사또가 응대하기를] "그러냐?" ø 고. 구비3 김승두, 남 73세: 115쪽

-아 가지고 -으니까 -고 ᄒ여서 -아 가지고 -아서 -은 것 ᄀ읍니다: 궁춘시대(춘궁기)가 되어 가지고 쑬(쌀)이 없어 놓니까, 그 춤(참) 영감(제주 목사)을 대접 ᄒ젠 ᄒ여야 ᄒ 수도 없고 ᄒ여서(하여서), 보리도 곡식이라 ᄒ여서, 걸(그것) 석보리(설익은 보리 이삭을 불에 그을려 익힌 것)를 채 익지 아니ᄒ 보리를

삐져(짓이기거나 바수어) 가지고, 어 그, 쨉질아서(물기를 잡아 짜서) 그 전(煎, 지짐)을 지은 것 긑읍니다. 구비3 김재현, 남 85세: 127~128쪽

-아 가지고 -으니까 -아0: 춤(참) 서방(신랑) 죽어 분디(죽어버렸는데) 이제 [시집] 가 가지고 흐니까, 열녀(열려 정려)가 느려오라. 구비3 김승두, 남 73세: 118쪽

-아 가지고 -으니까:어떤 뜬(다른) 동네에 잉보(孕婦)가 아이 밴 사름(사람)이 아이를 낳다서 순산(順産)이 못 되어 가지고 하도 곤란흐니까 그 가속(家屬, 가족) 으로부터 왔어. 구비3 김재현, 남 85세: 75쪽

-아 가지고 -으니깐 죽어 불연: 허혼을 햇어, 뚤 풀기로(팔기로, 시집 보내기로). 날 택일을 해 가지고 흔 둘(한 달) 전, 흔 둘이 가찹게(가깝게) 되니깐 그 사위 될 사름(사람)이 죽어 불연, 신랑이. 구비3 김승두, 남 73세: 110쪽

-아 가지고 -을 꺼 아니오?: 나랏물(국마)을 알래(아래로) 하잣이엔(下城이라고) 흔 성(城, 잣)을 두르고, 가운디로 중잣(中城), 우(위)로 상잣(上城) [두르고] 해 그네, 상잣 중잣 하잣 성(城, 잣)을 둘러 가지고, 양 트멍(틈+엉, 틈새)에 양잣(兩城) 될 꺼 아니오? [조사자 응답: "예!"] 구비3 김재현, 남 85세: 57쪽

-아 가지고: [닭을] 숢안(삶고서) 기물(그릇)에 춤 갖다 놔 가지고 드리니까니, 조방장(助防將, 해안 방어 부대 책임자)이 득(닭)을 영(이렇게) 보니까니, 오곳 앵이(오롯이, 온전히) 그냥 잇이니… 구비3 김재현, 남 85세: 131쪽

-아 가지고: [산방산 신령님에게] 기돌(기도를) 해 가지고, 거길(거기를) 가서 삼 년을 기돌 햇어, 산방산에.

-아 가지고: [정 훈도가 나무 밑둥 도막에] 흑(나무 방아 확)을 파 가지고, 다른 사름덜 모저(모자) 쓰듯 머리에 쓰고 왔다, [산방산으로부터] 내려 왔다ø 말이어. 구비3 김재현, 남 85세: 34쪽

-아 가지고: "이 굿을 흐다니, 무엇을 위해 가지고 굿을 흐느냐?" "아, 거(그거) 귀신, 광정당(서귀포시 안덕면 덕수리에 있는의 신당)에 귀신을 위흐고…" 구비3 김재현, 남 85세: 104쪽

-아 가지고: 겨난(그러니까) 잘 득(닭)을 뜯어서 춤(참) 씻쳐 가지고 날쎈 칼로 배를 조끔 따서 창지(창자)를 다 내어 버렷십니다. 구비3 김재현, 남 85세: 131쪽

-아 가지고: 그 정시(貞師, 집터나 묏자리를 점쳐 정해 주는 지관)가 오란 보니(와서 보니까), 그 집 지은 후에 ᄌ식(자식)을 낳아 가지고 두서너 설(살) 됏어. 그 남자 ᄌ식(자식) 나고(낳아 있고) 계시니까니, "이 아이 공부 잘 시기민(시키면) 쓸(쓸) 사름이, 쓸 사름 되켠" 말이주게. 구비3 김재현, 남 85세: 56쪽

-아 가지고: 그래 가지고 부인광(부인과) 약속을 햇거든0. 구비3 김재현, 남 85세: 35쪽

-아 가지고: 그런 술을 마련해 가지고, 아덜(아들)을 막(아주) 취ᄒ게 해 놓앙(놓고서) 이걸(이것을, 양쪽 겨드랑이의 날개를) 끊어 불자고, 그 부인광(부인과) 약속을 ᄒ 것이지. 구비3 김재현, 남 85세: 36쪽

-아 가지고: 그런 식으로 말햇다ø 말입니다. 말 ᄒ니 [상대방을] 믿어 가지고 왓입주. 와서 그대로 햇입주. 구비3 김재현, 남 85세: 183쪽

-아 가지고: 글 잘 아는 사름덜만(사람들만) 모아져 가지고 서로 의논ᄒ명 해. 해 보자고 모다진(모여진, 모인) 자리라. 이제 그 글 내 놓니까니 그 수석(윗자리)에 앉앗던 이가 "저 술 잘 먹는 사름신더레(사람 있는 쪽으로) 강(가서) 드리라, 보게!" 구비3 김재현, 남 85세: 151쪽

-아 가지고: 누가 ᄀ 나(낳아) 가지고 던져 불지 아녓느냐고? 구비1 안용인, 남 74세: 123쪽

-아 가지고: 삼(麻)으로 씰(실, 絲)을 맨들아 가지곤 ᄒ는디(쓰는데, 사용하는데) 연술만썩(연실만큼씩, 鳶絲만큼씩) 독진(새끼줄 따위의 둘레가 굵은, 篤+지다), 올이 독지주게. 구비3 김재현, 남 85세: 50쪽

-아 가지고: 아니, 인제는(이제는) 이것이(처녀로 변한 여우가) 본상(本像, 본디 모습)이 나타나. 본상이엔 ᄒ 건, 바로 짐승(짐승)이 돼 가지고 구슬을 잃어 부니(버리니) 본상이 된 거게든(것이거든). 구슬 문 때에는 사름(사람)으로 된 거이고(것이고). 구비3 김재현, 남 85세: 74쪽

-아 가지고: 오늘 이리저리 허여 가지고, 어린아이를 나(낳아) 가지고, 아이를 봉가 왔습니다고 ᄒ니. 구비1 안용인, 남 74세: 124쪽

-아 가지고: 이것이(처녀로 변한 여우가) 놀래어 가지고 「삑!」(의태어, 휙) 도망치자 즈기(자기, 진좌수)는 그만 그 그대로 왓입니다ø 그랫거든0 구비3 김재현, 남 85세: 74쪽

-아 가지고: 제주 목ᄉ(목사)가 제주 삼읍(제주목·대정현·정의현) 무ᄉ(무사)를 불러갓주게(불러갔죠+화용 첨사 '게'). 씨름을 시킵니다 … 씨름을 시겨 가지고, 잘 ᄒ 사름은 상금을 줍니다. 상금 주는디 미녕(무명) ᄋ돏(여덟) 필 ᄒ곡(하고) ᄉᆀ ᄒ 머리(마리) 준답니다. 구비3 김재현, 남 85세: 173쪽

-아 가지고: 그 난 어멍이 ᄎ 물려 가지고 왓댄 말이우다. 구비1 안용인, 남 74세: 123쪽

-아 가지고[방식]: 게난(그러니까) 거(그거, 처녀로 변한 여우) [여우가 주인공의

말 안장 뒤에 올라타자] 넓직흔 띠, 질긴 띠로 [여우와 자신의 몸을] 두어 불(벌)
감아다네(감아다가) 처음은 가 : 슨히(미상, 맥락상 '느슨히'로 이해됨) 흐는
척흐단 … 딱 묶어 가지고 오는디(오는데), 경(그렇게) 해도(하더라도) [말에게
빨리 가도록 한다든지] 뭐를 권흐질 아니흐여. 구비3 김재현, 남 85세: 50쪽
-아 가지고[배경, 허사 사슬 형성, -앙 -아서 -아 가지고]: [관청의 부하들이 이좌
수(각주 176의 좌수 이은성)에게 까닭을 설명하기를] "이제 멀지 안 해영(않아
서), 산방(서귀포시 안덕면 화순리 산방산) 뒤에 '구제기털'이엔 흔 디(이라고
하는 곳에) 여호(여우)가 나와서, 사름을 홀리와(홀려) 가지고 해칩니다. 경
흐니(그렇게 하니) 멧 사름(사람)이 얼먹고 죽고 해 낫이니, 좌수님 가지 맙소!"
구비3 김재현, 남 85세: 47쪽
-아 가지고[배경] -다네 엇어: 그날 저녁은 정훈디(鄭訓導)가 내려 가지고, 물에
틔운(띄운) 배를 「오곳오곳」(고스란히, 오롯이) 혼자 들러다네 숨부기(순비기
나무) 왓(밭)이라는 그 ᄆ른(마른) 밧듸(밭에) 풀 난 우터레(위쪽으로) ᄆ딱
ᄌ근ᄌ근(차곡차곡) 줏어다 놔 불엿어(버렸어). 구비3 김재현, 남 85세: 39쪽
-아 가지고[배경]: "그 수풀, 언덕 밑으로 어떤 처녀가 나와서 저흐고(저와) 몸을
실려(실다, 붙이다) 가지고 제 입을 내게 대고 흐면서 구슬을 제 입에 물엇다가
내 입더레(입쪽으로) 놓고, 수추(여러 차례) 그러다서(그러다가) 최후에는 구
슬을 자기가 물고 도망갑네다." 구비3 김재현, 남 85세: 74쪽
-아 가지고[배경]: 이제는 논 문세(매매 문서)를 춫아(찾아) 가지고, 동네에 글
안(아는) 사름신디(사람에게) 갓다ø 말이어. 구비3 김재현, 남 85세: 63쪽
-아 가지고[수단 방법]: 어느날 제ᄌ덜이(제자들이) 글 배우레(배우러) 왓이니까,
그날부터 제ᄌ(제자)를 수금(囚禁)햇답니다, 간현(간히어서), 방문(房門)을 「딱!」
(의태어 정확히, 엄격히) 즈가(잠가) 가지고 방안에 나가지 못흐게. 구비3 김재
현, 남 85세: 52쪽
-아 가지고[수단, 방법]: 알안(알았어). 미리 알앗어(알았어). 미리 알아 가지고
그랫다ø(서당 학생들을 밖에 나가지 못하게 했다) 흔 말인디… 구비3 김재현,
남 85세: 53쪽
-아 가지고[수단, 방법]: 어느 국유지에 그런 디(데) 있는 것은 해당 지방 백성을
동원시켜 가지고 「잘 흐라!」(버려진 무덤을 잘 보수하라) 그랫어. 구비3 김재
현, 남 85세: 105쪽
-아 가지고[이유] -안 해여0: 걸(그걸, 정훈도를) 나무레여 가지고(업신여기고서)
[어부가 물고기를] 잘 풀아 주질 안해여. 구비3 김재현, 남 85세: 39쪽

-아 가지고[이유]: 이 할으방이 그 ᄌᆞ수성가(自手成家)ᄒᆞ는 욕심이 잇어 가지고, 논이엔(논이라고) ᄒᆞ니까, "너 논이 어디 잇느냐?" "오줌이골 잇습니다." 구비3 김재현, 남 85세: 59쪽

-아 가지고0 -아 가지고 -앗어: 이 사름은 기잣(그저 보통) 사름 아니로고 해 가지고0. 그 날 저뭇(저녁, '저물+ㅅ')은 누워자니까, 이 옷 소매를, 좀 막 드니까 이 옷을 벳겨(벗겨) 가지고, 영(이렇게) 보니까, 양 저드랭이(겨드랑이)에 늘개(날개)가 챙빗(참빗)만썩(만큼씩) 햇어. 머리 빗는 챙빗(참빗), 옛날. 구비3 김재현, 남 85세: 35쪽

-아 가지다(는/은): 그 ᄉᆞ이엔 영장(營葬, 棺) 빼어 가지곤 ᄂᆞ롯배에 '톡' 실런 '턱' 앉앗댄 말이우다. 구비1 안용인, 남 74세: 128쪽

-아 나다(복합동사): "제가 그 굿 ᄒᆞ는 집의 환자로서 선생님 덕분에 살아나서(살아났기에, 살았기 때문에) 거 그자(그저) 술이나 ᄒᆞ 잔 감ᄒᆞ레(음감하시도록 하려고 선물을 싣고) 왓습니다." 구비3 김재현, 남 85세: 149쪽

-아 나다(시제형태): "선생님, 작년 아무 ᄃᆞᆯ(달)에 그 우리 ᄆᆞ을(마을) 다니지(다녀가지, 들르지) 아니ᄒᆞᆸ데가?" "ᄒᆞᆫ 번 넘어오라낫저(넘어왔었지, 지금 거주처를 중심으로 그 마을로부터 넘어오다)." 구비3 김재현, 남 85세

-아 나다: (설문대 할망의 키가 커서 만일 눕는다면) 한라산 머릿박ᄒᆞ고, 사ᄉᆞ(제주시 앞바다에 있는 斜鼠島)ᄒᆞ고 추ᄌᆞ(楸子島)는 발 걸치고 허연 눠 난 할망이라고 ᄒᆞ니, 허허허. 엉뚱ᄒᆞᆫ 할망이주. 구비1 안용인, 남 74세: 201쪽

-아 나다: 「그 어딜 가는고?」 ᄒᆞ니, 강남 천ᄌᆞ국(江南 天子國), 옛날은 중국을 천ᄌᆞ국이라고 허여 나지 아녔습니까? 구비1 안용인, 남 74세: 148쪽

-아 나다: 강원 감ᄉᆞ(江原道 監司)가 엄판ᄉᆞ(嚴判書)안틔 글을 배와 난(배웠던) 모냥이지. 구비2 양구협, 남 71세: 647쪽

-아 나다: 게서 두린(나이가 어린) 때ᄭᆞ지도 그디 간 나 제(祭) 지내어낫어. 이제는 집의서 간단히 허여 불주마는. 구비1 안용인, 남 74세: 152쪽

-아 나다: 견디 그렇게 허여 낫다고 ᄒᆞ는 전설이 있습니다. 구비1 안용인, 남 74세: 177쪽

-아 나다: 경ᄒᆞ니 아명 허여도 그때는 북군(북제주군)보다 남군(남제주군)이 거시기가 조끔 어리석어낫던 모양이어, 그걸로 보민. 구비1 안용인, 남 74세: 183쪽

-아 나다: 경ᄒᆞ디 이제는 그렇게 이제는 거시기 허엿어. ᄒᆞ단 보니 그때는 쇠(소) ᄒᆞᆫ 머리썩을 허영 제공허여낫는디, 이젠 간소화허여 가지고 도야질(돼지를) 잡아 가지고 제(祭)를 지낸단 말이우다. 구비1 안용인, 남 74세: 150~151쪽

-아 나다: 그때 비(碑) 허연 세와 난 거리 있습니다, 그 역수(歷史). 구비1 임정숙, 남 84세: 144쪽

-아 나다: 그때 잘 허여 났기 따문에 골총(버려진 무덤) 구신(鬼神)이 들어서, 이연 (이러한, 발음 실수) 구신이, 하늘 옥황에서 브름을 볼게 되었다고. 구비1 임정숙, 남 86세: 192쪽

-아 나다: 그 사름이 거짓말 잘 허여난 사름이고. 구비1 안용인, 남 74세: 131쪽

-아 나다: 그 어른(영천 이형상 목사) 죽은 후에 본 곳(고향)으로 가서 묻언. 그 놈(제주시 김녕사굴의 뱀)이 다 둥글어 났다고(목사 무덤에서 나뒹굴었었다고), 그런 말은 좀 들었수다. 구비1 임정숙, 남 86세: 193쪽

-아 나다: 그디 오란 보니 묘(墓)덜이 너미 만허여서 못씨고, 그 알로 느려오면은 폭남(팽나무)이 큰 폭남이 있어낫습니다. 구비1 안용인, 남 74세: 150쪽

-아 나다: 그때꾸지도 비가 올 때 되면은 흰 사슴이 나와 가지고 백록담에서 끽끽 끽끽 울어 났다고 흡네다.… 그때꾸지도 비가 오랴고 ㅎ면은 백사슴이 나오라 가지고, 그 거시기 오라 가지고 … 백록담의 오라 가지고 끽끽끽끽 울어 났다 고. 구비1 안용인, 남 74세: 190쪽

-아 나다: 글 일혼만 나 가민, 고려장 흔 시대 셔 낫젠. (제주시 구좌읍) 김녕도 허여 낫젠 허연게양? [조사자의 확인 질문에] 예, 고려장을 허여 낫젠 흡데다. 구비1 김순여, 여 57세: 196쪽

-아 나다: 서귀진(西歸鎭) 베인태(邊仁泰)가 허여 가지고, 거짓말 유명ㅎ게 허여 낫수다. 구비1 안용인, 남 74세: 134쪽

-아 나다: 설문대 할망이 잇어 낫입주! … 거 뭐, 비단 백 필만 허영 속중기(속옷) 맨들어 주민 추ᄌ도(楸子島)꾸지 드리 놔 주맨 허엿다고. 구비1 안용인, 남 74세: 201쪽

-아 나다: 성읍리(서귀포시 표선면 성읍리)가 거시기 아니라? 숫도(使道) 살아난 디 아니라! 구비1 안용인, 남 74세: 184쪽

-아 나다: 아니, 거짓말 잘 허여 난 사름은 잇어 난 모양이라마씀 양. 구비1 안용인, 남 74세: 153쪽

-아 나다: -어낫+???은(-어낫다, -어낫주, -어낫저, -어낫인 생인고라, ??어낫+ 은): 베인태(邊仁泰) 그 사름이 거짓말 잘 허여난 사름이고. 구비1 안용인, 남 74세: 131쪽

-아 나다: 옛날은 일혼만 되민 고려장 허여 낫젠. 구비1 김순여, 여 57세: 195쪽

-아 나다: 옛날이사 기영 허여 낫주. 구비1 허군이, 여 75세: 195쪽

-아 나다: 옛날 효ᄌ라고 비(碑) 잇인 사름이 잇어 낫어. 구비1 임정숙, 남 84세: 143쪽

-아 나다: 옛날은 … 겡민장(警民長) 기철관(譏察官) 이렇게 잇어 낫어. 구비1 임정숙, 남 84세: 144쪽

-아 나다: 육지(陸地)에 있수다. 사돈칩의 갓 실수허여 난 거. 육지에 흔 이얘기라도 흡주양! 구비1 안용인, 남 74세: 197쪽

-아 나다: 이, 그 전(前)의는 중복(中伏) 날이 되면, 꼭 선녀(仙女)덜이 내려오라그넹에(내려와서) 그 백록담(白鹿潭)의 오라그네(와서) 모욕(沐浴)을 허영 올라가 낫던 모양이라마씀. 구비1 안용인, 남 74세: 188쪽

-아 나다: 이제는 두콜 방애(두 사람이 마주서서 찧는 방아), 세콜 방애, 네콜 방애 잇어 낫입주. 그 방앳귀(방아 공이)를 넷씩 ᄀ경 탕탕탕탕! 어울리멍 짛는 방애가 있고. 구비1 안용인, 남 74세: 203쪽

-아 나다: 이젠 그 앞의서(앞에서) 「삭삭!」(쏙싹!) 회(膾) 쳔 먹언. 「아, 이런 신선의 놀음 ᄒ여난 걸 몰라서, 잘몬ᄒ여졌다!」고(잘못해졌다고). 구비2 양구협, 남 71세: 629쪽

-아 나다: 중문리(서귀포시 중문동) 어떤 할으방, 어떤 양반ø 여우ø 잡아낫젠, 할으방말이우다양[할어버지+말입니다+요]. 구비3 김재현, 남 85세: 136쪽

-아 나다: 흔 닷량(五兩)에치 술을 흔 상 떡 내여 놓고 "거짓말을 허여라!" ᄒ니, "내가 천자(千字) 흔 권 익어낫는디(읽었었는데) 조상덜 문세(文書)를 들런 보니, 당신 할으방 시대에 우리 할으버지에게 돈 천 량을 빚졌다." 구비1 안용인, 남 74세: 154쪽

-아 나다:-어낫입주(-어낫다+읍주 ⇒전설모음 -입주): 옛날은 왜배가 들민 망(봉수대 불) 싸낫입주게. 구비1 안용인, 남 74세: 133쪽

-아 나다['-었었-'과 대응함]: "여기 텟지둥(텟기둥, 텟보, 退樑)을 쿳남(구지뽕나무)으로 햇어. 해 낫다(했었다)ø ᄒ는디, 그 쿳나무(구지뽕나무)는 어느 부근에 사 낫소(서 있었었소)?" 구비3 김재현, 남 85세: 255쪽

-아 나다[완료 시상]: 가운딧(가운데) 밧(밭)은 아, 아시해(이전 해, 작년) 버으러 나민(벌어 나면, 경작했다면), 뒷해(다음해, 내년)엔 버을지(벌지, 경작하지) 아녕(아니하여서) 내 붑니다(내 버립니다, 휴경합니다), 놀림으로(놀려 두기 위하여). 구비3 김재현, 남 85세: 153쪽

-아 낫다 ᄒ여: 죽은 다음에 "워낙 잘 안다"고 ᄒ니 어디 먼 디서(데에서) 월계 진좌수(秦國泰 유향좌수, 1680~1745) 죽은 줄도 모르고 춫안 온디, 흥상(恒常)

백멜(白馬를) 탄 댕겨낫다(다녔었다) ᄒ여, 그 월계 진좌수가. 구비2 양구협,
남 71세: 615쪽

-아 낫수다: 중원(중국) 사름(사람)도 경(그렇게, 총각 머리 모양새) 햇수다. 중간
의(중간 시절에) 중원 사름덜(중국 사람들) 늘 경 해 낫수다. 구비3 김재현,
남 85세: 174쪽

-아 놓다, -다 놓다: 들어오시라고 ᄒ연. 이젠 안터레(방 안쪽으로) 청해다 놓고는,
… 좋은 방에 앚져서(앉혀서) 흘꿋(아주 배부르게) 멕여 놓고. 구비2 양구협,
남 71세: 627쪽

-아 놓다: "그레면은 너 그 대신, 귀물(貴物, 토정비결 책자) 가져 잇인 거 내여
노라!" 구비1 안용인, 남 74세: 187쪽

-아 놓다: "내 이젠 거짓말 허엿이니 뜰 내 놓곡 재산 내 놓라!" 아이 내어 놀
수가 잇어마씸? 허허허허. 아이 내어 놀 수가 잇어마씸? 허허허허. 거짓말도
멋들어지게 그렇게 ᄒ면, 허허허허. 네 말이 옳다고 ᄒ면, 이제는 증서 내어
놓고 「돈 갚아라!」고 홀 판이라 말이우다. 구비1 안용인, 남 74세: 155쪽 구비1
안용인, 남 74세: 154~155쪽

-아 놓다: "아이, 가정부인(家庭婦人)을, 밤중의 오다가 날 심어 놔 가지고 강간ᄒ
잰 ᄒ더라. 이런 죽일 놈이 어디 있느냐?" 구비1 안용인, 남 74세: 162쪽

-아 놓다: "아이, 덮어 놓고 깎아 주십서!" 허어. 구비1 안용인, 남 74세: 125쪽

-아 놓다: 「믄저(먼저, 먼저 내어 온) 술, 청주 혼 사발도 먹으면 내가 양에 맞암직
ᄒ디(맞아+음직하다+은데), 이걸(이것을, 소주를) 먹어 놔서는 내가 준디질
(견디질) 못홀 게라(것이야)」쪼곰만 그자(그저) 먹는 체(척) 해그네(하여서)
물려(되물리쳐) 불젠(버리자고), 아, 쪼금 맛 봐네(봐서) 영(이렇게) 놓난, "어떠
난(어찌하여, 왜) 술 아니 먹음이콰?(먹음입니까)" "먹을 만이(만큼) 먹엇습니
다." 구비3 김재현, 남 85세: 158쪽

-아 놓다: 궁춘시대(춘궁기)가 되어 가지고 쏠(쌀)이 없어 놓니까, 그 춤(참) 영감
(제주 목사)을 대접ᄒ젠 ᄒ여야 홀 수도 없고 ᄒ여서(하여서), 보리도 곡식이라
ø ᄒ여서, 걸(그것) 석보리(설익은 보리 이삭을 불에 그을려 익힌 것)를 채
익지 아니혼 보리를 삐져(짓이기거나 바수어) 가지고, 어 그, 쩰질아서(물기를
잡아 짜서) 그 전(煎, 지짐)을 지은 것 글읍니다(같습니다). 구비3 김재현, 남
85세: 127~128쪽

-아 놓다: 그날 저녁 그 집의(집에) 술을 삣어(빚어) 놓게 되엇어. 옛날은 술을
삣어 놓자고 ᄒ면은, 흐린조(차조)로 오메길(차조 반죽으로 고리처럼 둥글게

만든 떡, 오메기) 뻿어 놓주. 구비3 김재현, 남 85세: 30쪽

-아 놓다: 그디가 (사람들에게 알리는) 간판을 붙져 놔 가지고 나에게 와서 「거짓 말 ᄒ는 사름이 잇이민 내 딸 주곡 재산을 반 갈라주마!」 간판을 떡 써 붙져 가지고. 구비1 안용인, 남 74세: 153쪽

-아 놓다: 그때 돈 천량(千兩)이면 벌어 놓거나(놓은 것이지만) 탕진 가산 허여도 갚으지 못홀 거 아닙니까? 구비 1 안용인, 남 74세: 154쪽

-아 놓다: 글 잘 아는 사름덜만(사람들만) 모아져 가지고 서로 의논ᄒ멍 해. 해 보자고 모다진(모여진, 모인) 자리라. 이제 그 글 내 놓니까니 그 수석(윗자리) 에 앉앗던 이가 "저 술 잘 먹는 사름신더레(사람 있는 쪽으로) 강(가서) 드리라, 보게!(글을 해석하는지 살펴보자)" 구비3 김재현, 남 85세: 151쪽

-아 놓다: 기영 허여 놓니, 「아, 이 놈은 아직도 운이 좋은 놈이로고나!」 구비1 안용인, 남 74세: 167쪽

-아 놓다: 내중(乃終)에 심어 놔 가지고, "너 거짓말(을) 그러냐?" 구비1 안용인, 남 74세: 134쪽

-아 놓다: 돗(돼지) 혼 ᄆ리ø(한 마리) 잡아 놓고 술 혼 바리(소짐을 헤아리는 단위) 싣고 ᄒ연(해서) 간0(갔어). 구비3 김재현, 남 85세: 149쪽

-아 놓다: 말을 못 ᄒ고 몸이 누추허여 노니, 인간 사름이 상대를 아니 허여 준댄 말이우다. 구비1 안용인, 남 74세: 135쪽

-아 놓다: 술, 곧 이제 행배(술잔을 돌림)ᄒ게 되니까니 술잔 ᄒ는(맡아 올리는) 아으(아이)가 술잔을 들러 놔 가니, 그디 수석(맨 윗자리)에 앉은 이가 강훈장 (서귀포시 대정읍 신도리 훈장 강태종)신더레(있는 쪽으로) 미는 거라마씸(것 이어+말씀입니다). … "저 외방서(밖의 다른 곳에서) 온 어른신디(있는 쪽) 드리라!" 구비3 김재현, 남 85세: 150쪽

-아 놓다: 아 거, 무서(巫書)로만 익언(읽었어). 무서 글로만 익어(읽어) 놓니원(놓 으니+화용 첨사 '원') 뭣이엔사(무엇이라고야) 굴았인디 [잘 몰라]. 구비3 김재 현, 남 85세: 148쪽

-아 놓다: 오성(鰲城) 부원군이 얼른 우머니(도포 소매자락에 달린 주머니)로 「턱 :!」 내어 놓은 게, 지돌(地圖를) 「턱 :!」 내어 놓앗댄 말이어. 지도 그린 걸 「턱 :!」 내어 노니, "조선도 거 하가소이(下可笑히, 낮추어 우습게) 알앗더니, 인물(人物) 나는 디라!"고 기영 허엿다고(그렇게 말했다고 해). 구비2 양형회, 남 56세: 28쪽

-아 놓다: 왜놈덜이(왜놈들이) 삼조 팔억 장병을 몰아 가지고 「ᄇ짝」(바짝) 들어오

라 놓니, 「탁!」 풀어 놓낟(놓으니), 그자 우리 조고만 흔(조그마한) 조선땅이 가망(꺼멍, 검정) 검은 옷 입은 놈덜만(놈들만) 가마귀 새끼 모냥(모양)으로 그자(그저) 가망(꺼멍, 검정)햇다ø 말이어. 경 흐니(그러니) 해여 볼 수가 없다 ø 말이어. 구비3 김재현, 남 85세: 341쪽

-아 놓다: 유서(遺書) 모양으로 딱 맹글아 놔 가지고 가져 잇언. 구비1 안용인, 남 74세: 154쪽

-아 놓다: 이젠 그 신부(新婦)를 심어다가(잡아다가) 권장대(棍杖臺)를 묶어 놔 가지고 멧 댈 때리니까, 과연 항복을 흔댄 말이우다. 구비1 안용인, 남 74세: 159쪽

-아 놓다: 인간에 가서 또 나쁜 행동허여 왔다고, 허여 가지고 이제는 전과자라고 허여 가지고 육 년을 시켸 낫어. 구비1 안용인, 남 74세: 136쪽

-아 놓다: 일어난 보니, 둑(닭), 통둑 허여 놓고, 술안주에 막 츨리고 허연. "이거 자십서!"고. 구비1 안용인, 남 74세: 166쪽

-아 놓다: 일주일 동안을 울어 낫어, 울고. 구비1 안용인, 남 74세: 128쪽

-아 놓다: 일주일을 밤낮 줌 아이 자 노니(까), 뭐 사름 죽여도 몰르고, 살아도(살려도) 몰르게 줌을 코 골명 자는 판이라. 구비1 안용인, 남 74세: 128쪽

-아 놓다: 즈기(自己)는 남을 긔자 늘 장남(臧男)으로 부리고 재산을 벌어 논 놈이니, 「옳다!」고 흐면 아이 내여 놀 수 잇수과? 구비 1 안용인, 남 74세: 155쪽

-아 놓다: 즈식덜도 아방(묘소)을 잘 써 노니까, 고관대작을 혜여가 가지고 중국에 스신으로 출입흐게 되었댄 말입니다. 구비1 안용인, 남 74세: 129쪽

-아 놓다: 큰 솥, 대말(大斗) 치(錢)에 숨으명 큰 ᄀ렛도고리(맷돌+ㅅ+도고리, 통나무나 큰돌의 가운데를 움푹 파내어 맷돌을 얹힘)에 펴 놓아그네(놓아서) 식혜사(식혜야) 섞으는 거주게. 구비3 김재현, 남 85세: 31쪽

-아 놓다: 해엿는디(그랬는데) 술잔을 용심(화나도, 성나도, 湧心) 그자(그저) 조용히 ᄆ차 놓고0(끝마쳐 놓고). 글 내 논(놓은) 후제는(後+적에는) "요거 영(이렇게) 홀 거여, 정(저렇게) 홀 거여" 흐명. 구비3 김재현, 남 85세: 151쪽

-아 놓아 가지고: 여기도 해 떨어지기 전의 도깨비가 불 싸(켜) 놔 가지고 요 「궤내기」(바위굴에 있는 神堂 이름)라고 흔 디 「궤내깃도」(궤내기 입구) 있지 아니흡네까? 구비1 안용인, 남 74세: 175쪽

-아 돌아댕기다: 막 산중으로만 일로 절로 훑어 돌아댕겨. 구비1 안용인, 남 74세: 132쪽

-아 두다(사건 반전 요소): 이젠 홀 때는 아버지(아버지 시신)를 문 을아 가지고

(서) 슬짝 빼여단 ᄂᆞ릇배예 턱 실러 두고. 구비1 안용인, 남 74세: 128쪽

-아 두다: [부모가] 책망ᄒᆞ니 춤(참), "죽어도 눈 곰지(감지) 못 ᄒᆞ쿠댄(못하겠습니다고)" 경(그렇게) ᄀᆞᆯ아 뒨, 당신 눕는 방에 간 그자(그저) ᄀᆞ만이(가만히) 앚안(앉았어) 구비3 김재현, 남 85세: 145쪽

-아 두다: "너 내려 가 가지고 침을 빠 뒹 오라!" ᄒᆞ니, 구비1 안용인, 남 74세: 127쪽

-아 두다: "너 베인태(邊仁泰)야, 거짓말이나 ᄒᆞᆫ 곡지 허여 뒹 가라!" 구비1 안용인, 남 74세: 133쪽

-아 두다: "너ø 이레(이쪽으로) ᄆᆞᆯ(말) 매어 두고 [큰굿을 하는 집에] 가그네(가서) 『대정(조선 때 3분 행정구역 중 대정현) 심방ø(무당) 넘어가다네 「구경해영(구경해서) 가켄(가겠다고)」 했이매(하고 있으므로) 어떵ᄒᆞ우꽈?(어떻게 합니까)」 경 ᄒᆞ영(그렇게 말을 하고서) 허가 받앙(받고서) 오라(와) 봐!" 구비3 김재현, 남 85세: 147쪽

-아 두다: "아니, 그 사름덜 오켜(오겠어), 오켜(오겠어) 해 뒨, 아니 오라 부난(와 버리니), 뭐 ᄒᆞᆯ 수 시어(있어)?" 구비3 김재현, 남 85세: 29쪽

-아 두다: "ᄒᆞᆫ 번 죽은 (아버지) 얼굴이라도 대면(對面)시겨 뒹, 탕, 떠납서!" ᄒᆞ여도, "훗날 만날 때 잇일 거라!"고 허연, 배는 똑 떠나 불엇댄 말이우다. 구비1 안용인, 남 74세: 129쪽

-아 두다: 「아주 대대 영웅 나켄(나오겠다고)」 처음 ᄀᆞᆯ아 두고, 아이보고 「잘 공부 시기라(시키라)」ø ᄒᆞ니, … 시기기(시키기)로 ᄒᆞ는디… 구비3 김재현, 남 85세: 56~57쪽

-아 두다: 가민 술(酒) ᄒᆞᆫ 일원(一圓)에치 내엉 대접ᄒᆞ여 뒹 "거짓말 하여라!". 구비1 안용인, 남 74세: 153쪽

-아 두다: 그걸 놔 두된(?두언, 놔 두고서), 휘딱(홀쩍) 떠나 불엇어, 박문순(朴文秀는). 구비1 안용인, 남 74세: 163쪽

-아 두다: 긔영 허여 뒹, 휘딱휘딱(홀쩍홀쩍) 넘어가 부는 거라. 거 출도(出頭)도 ᄒᆞᆫ 번 아니ᄒᆞ곡, 암행어ᄉᆞ 출도ᄒᆞ민 ᄃᆞᆨ(닭)도 눌지 못ᄒᆞ곡, 개도 쥬으지(짖지) 못ᄒᆞ댄 ᄒᆞ는 거 아닙니까! 구비1 안용인, 남 74세: 163쪽

-아 두다: 날 붉아오라 가니, 도중에 오란 그 아이를 놔 뒷어, 숨견. 구비1 안용인, 남 74세: 122쪽

-아 두다: 뒷날은 이젠 붉안 떠나면서 막 떠날 때는 어패(御牌)만 슬짝 베와(보이어) 두고 떠나 불엇댄 말이어. 구비1 안용인, 남 74세: 167쪽

-아 두다: 무슨 핑게(憑計)해여 가지고 죽여 뒹(두고서) 가젠(가자고), 죽여 불젠
(버리자고)0. 구비3 김재현, 남 85세: 346쪽

-아 두다: 무스(무사)가 달려들어서 머리빡을 「탁!」(의성어, 내리쳐서 부딪히는
소리) 치니까 [뱀의 머리가 잘려] 죽엇다ø고0. 그렇게 배염(뱀) 죽여 두고 돌아
갓어. 구비3 김재현, 남 85세: 105쪽

-아 두다: 물ø 컨(담가서) 놔 두니, 쏠(쌀)이 「흐랑흐랑!」(의태어, 물에 젖어 연한
상태로 흐릿흐릿) 물 눌(배일) 거 아닙니까게(아닙니까+화용 첨사 '게'). 남
85세: 131쪽

-아 두다: 미리 뭣을 연구해연(해서) 놔 뒷는고(두었는가) 흐니까, 「이칩(이씨 집)
족보 이거 흔 권이 잇이민(있으면) 살겟다」 흐는 것을 미리 경(그렇게, 이여송
이 떠나기 전에 이항복 자기 자신을 죽이고자) 홀(할) 줄 알아 가지고, 저 함경
북도 정시안티(貞師한테) 부탁을 햇소. 구비3 김재현, 남 85세: 347쪽

-아 두다: 밧(밭) 안에 점심 그릇 가정(갖고서) 「툭!」(의태어, 갑자기) 기어드니까,
밧(밭) 한창 갈당(갈다가) 그자(그저) 쇠(소, 소를) 심은(잡아 움직이지 못하게
한) 후제는(後+적에는) 연장 「확확!」(의태어, 급히급히) 줏어 앗안(주어 갖고
서) 싥거 가지고(실어 가지고) 집의(집에) 와 가지고, 쇠(소)는 정제(부엌) 목에
오랑(와서) 「딱!」(의태어, 단단히) 매어 두고, 안에 들어강 안으로 문 「딱!」(의
태어, 단단히) 종간0(잠갔어). 구비3 김재현, 남 85세: 67쪽

-아 두다: 위협을 줘가 가지고 멀리 곱아 두서, "윽!, 윽!, 그끅!" 흐는 소리를
흔댄 말이우다. 구비1 안용인, 남 74세: 132쪽

-아 두다: 이레(이쪽으로) 흔 머리(마리) 경(말뚝의 줄로 그렇게) 해여 뒨(묶어
두고서), 또다른 쇠도(소도) 간 저레(저쪽으로) 묶으는 게라(것이어). 구비3 김
재현, 남 85세: 155쪽

-아 두다: 이젠 도포(道袍) 벗어 두고, 아마 쾌지(快子, 몸 앞뒤로 내린 민소매옷)여,
[무당 의례에 입는] 무신(무슨) 입는 옷 입고, 명뒤칼(明刀칼, 신명스런 칼) 손에
쥐고 해연 굿을 흐여 가는디, 아무것도 안 걸려(막혀서) 「토련토련!」(의태어,
또렷또렷). 아 거, 무서(巫書)로만 익언(읽었어). 무서 글로만 익어(읽어) 놓니
원(놓으니+화용 첨사 '원') 뭣이엔사(무엇이라고야) 굴앗인디 [잘 몰라]. 구비
3 김재현, 남 85세: 148쪽

-아 두다: 큼직흔(큼지막한) 통(담뱃대 끝의 통)에 담배 담안(담고서) 「푹삭푹삭!」
(의태어, 연거푸 담배를 빠는 모습) 피우단 담배 타 가나네(가니까) 통(담뱃대
끝의 통) 「툭툭!」(의태어) 털언(털고서, 담뱃통의 재를 떨고서) 허리에 꾹 찔러

두고, 두 놈이 영(이렇게) 좌우측에 앚앗이난(앉았으니까) 목다리(목, 뒷목) 두 갤(개를) 「폭!」 쥔(쥔, 움켜쥔) 후제는(後+적에는) 솟바위(못 바위 절벽)에 간0(가서) 영(이렇게, 절벽 아래로 떨어뜨릴 자세로) 해연(하고서) "느네 ø(너희) 날(나를) 심영(잡아서) 갈타?(갈 것이냐?)" [청중 일동 웃음] "하이고, 놔줍서(놓아 줍쇼)!" 구비3 김재현, 남 85세: 163~164쪽

-아 두다: 허여 두고 이제는 걸어 앚언(걸어 갖고서, 걸어서) 오는디, 오란 보니 네 귀(집 귀퉁이)에 불 질런. 구비1 안용인, 남 74세: 176쪽

-아 두어그네 -앗다고0 -는디 -다네 -거든0: 넙작(넙적)흔 돌이 광중(壙中, 무덤 구덩)에 나타나니까, 이 돌을 일뤄둬그네(일으켜 세워 없애고서, 일르+우+두+어그네) [무덤 구덩이를] 팔 겐가(것인가), 돌 우이(위에) 그대로 영장(營葬)을 홀 겐가, 이래서 의논이 갈렸다고. 갈리는디(갈렸는데, 갈리는데) 정시(貞師, 지관) 되는 오 좌수는 간(무덤 구덩 파는 곳에 가서), 영(이렇게) ᄀ찌(같이, '굳이') 간(가서) 보다네(보다가) "늬(너의) 애비를 돌 우이(위에) 묻을타?(묻을 래?)" 경 ᄒ거든(그렇게 묻거든). 구비3 김재현, 남 85세: 230쪽

-아 두서: 위협을 줘가 가지고 멀리 곱아 두서 "윽!, 윽!, 그끅!" ᄒ는 소리를 흔댄 말이우다. 구비1 안용인, 남 74세: 132쪽

-아 두서: "아, 이거 춤(참), 어떻게 ᄒ면 좋올꼬?, 이놈(처녀의 아기)을 어디 져당 데껴 불까?(던져 버릴까?), 죽여 불까?" ᄒ다가, "사름의 새끼를 어디 그렇게 그렇게 홀 수 가 잇으리오? 흔 번 놔두서(놔 두면서) 본다!"고. 구비2 양형회, 남 56세: 35쪽

-아 두서: 이제 밤낫(밤낮)을 요(요렇게) 앚아 두서(앉아 두면서) 보니, ᄒ를 처냑(하루 저녁)은 어떤 이쁜 여ᄌ가 와 가지고, "사또님, … 우리 노는 디 흔 번 오랑(와서) 놀아 주십서!" 구비2 양형회, 남 56세: 38쪽

-아 두서: 위협을 줘가 가지고 멀리 곱아 두서, "윽!, 윽!, 그끅!" ᄒ는 소리를 흔댄 말이우다. 구비1 안용인, 남 74세: 132쪽

-아 두서: 이제 밤낫(밤낮)을 요(요렇게) 앚아 두서(앉아 두면서) 보니, ᄒ를 처냑(하루 저녁)은 어떤 이쁜 여ᄌ가 와 가지고, "사또(使道)님, … 우리 노는 디 흔 번 오랑(와서) 놀아 주십서!" 구비2 양형회, 남 56세: 38쪽

-아 두서: "사름의 새끼를 어디 그렇게 홀 수가 잇으리오? 흔 번 놔두서(놔 두면서) 본다!"고. 놔뒀더니러니(놔 두었더니+그러니) 이게(손자가) 막 장성(長成)하여 나지. 장성ᄒ니 상당히 춤 영리허여. 구비2 양형회, 남 56세: 35쪽

-아 둠서: 느네(너희)도 [나를] 아니 심영(잡아) 가면은 욕 듣곡." 심엉 사둠서(두

사령의 뒷목을 잡은 채로 그대로 서 있으면서, 서다+아+두다+음서), 「억!」
(의성어, 뜻하지 않은 일을 당할 때 지르는 비명) ᄒ면… 구비3 김재현, 남
85세: 164쪽

-아 둠서: 도폭(道袍)을 맨들안 입언. 그디 들어앚아 둠서(들어앉아 두고 있으면
서), 대감보고 야단ᄒ니, 대감이 오란 보니, 그디서 이젠 "어떤 일입니까?" ᄒ
연. 구비2 양구협, 남 71세: 635쪽

-아 둠서: 세뱀 간(가서) 인사ᄒ난(하니까) 쳇창문(각주 187 참고) 구석에 가네,
손 모양(모으고서) 앚아 둠서(앉아 두면서, 앉은 채로) "메누라!(며늘+아)"
"예!" "이디(여기) 대포 사둔님(사돈님) 오랏저(왔다)." 구비3 김재현, 남 85세:
157쪽

-아 둠서: 이제는 [한효종씨가] 무릎(무릎)으로 쉘(소를) 「꼭!」(의태어, 꾸욱) 누울
려둠서(눌러두면서) 스죽(네 다리)을 「튼튼!」(의태어, 탄탄) 그 줄로 묶으는
거라마씀(것이어+말씀입니다). 구비3 김재현, 남 85세: 134쪽

-아둠서(두면서): 도폭(道袍)을 맨들안 입언. 그디 들어앚아 둠서(들어앉아 두고
있으면서), 대감보고 야단ᄒ니, 대감이 오란 보니, 그디서 이젠 "어떤 일입니
까?" ᄒ연. 구비2 양구협, 남 71세: 635쪽

-아 둠서: 삼백 년 전의(전에) 정이천 정명부(북송 때 형 명도 정호와 아우 이천
정이) 형제가, 그 어른덜이(들이) 여름에 악양루(호남성 동정호를 전망하는
누각)에 올라서 놀다서(놀다가) 형은 눅질(눕지를) 않고, 아시(아우)는 퇴침(退
枕) 베에서(베어서) 누윗입주게. 누윗는디 누워둠서(누워 있으면서) 「빙긋빙긋」
웃으니, 형이, 정이천 선생이 아시보고 "아시는 뭐 반가운 일이나 잇나?" "젠장,
퉁안이(화자는 청나라 시조 누르하치라고 설명함) 관(棺) 재부(부재)가 여기
완(와서) 걸려졋네!(걸려졌네, 대들보로 기둥 위에 가로로 걸쳐져 있네)" 경(그
렇게) 굴앗젠(말했다고) 흡주(합죠). 구비3 김재현, 남 85세: 141쪽

-아 둠서: [경기자가] 맨발에 가면은 스또(사또)가 베려 둠서(바라다보면서, '베리
다'는 '바라다보다') "저기는 어째서 맨발에 댕기는고?(다니는가?)" "저, 이 발
보십서! 발이 열두 체(尺, 12척) 이상이니, 집의서(집에서) 신고 왓습니다마는,
아, 반쯤은 못 오란(와서) [짚신이] 끊어져 버리고, 이제 여긴 오니까니 열두
체 넘은 신(짚신)이 어디 잇어서 살 수 잇읍니까?" … 우리 발도 ᄋ듧(여덟)
체가 못 ᄒ우다(8척도 못 됩니다). 구비3 김재현, 남 85세: 178쪽

-아 둠서: "나ø 그디ø(그곳, 대정현 관청) 가그네 매 맞곡 욕 듣곡 ᄒ느니(하는
것보다, 하다+는+이), 이디서 죽어 불키어. [청중 일동 웃음] 나만 죽을 게

아니고 느네만(너희만) 죽을 게 아니라, 우리 서이ø(셋이) 홈치(함께, 모두 다) 죽어 불어사 씨원(시원, 마음에 후련)ᄒ지 않느냐? 느네(너희)도 [나를] 아니 심엉(잡아) 가면은 욕 듣곡." 심엉 사둠서(두 사령의 뒷목을 잡은 채로 그대로 서 있으면서, 서다+아+두다+음서), 「억!」(의성어, 뜻하지 않은 일을 당할 때 지르는 비명) ᄒ면… 구비3 김재현, 남 85세: 164쪽

-아 둠서: "술을 마리(마루)에 갖다 놓지 말고, 정지(부엌) 구석에 놔 둠서(두면서, 두고서), 나 먹을 술라근(술은, 술이라그네) 보통 술로 가져 오고, 아덜(아들) 먹을 술라그네(술은) 환환주(46도의 독한 환왕주皖王酒)로 가져 오라!" 구비3 김재현, 남 85세: 36~37쪽

-아 둠서: 경(그렇게) ᄒ난(하니까) [아들은] 일어나도(일어나지도, 일어서지도) 안해 둠서(않으면서, 않고서) "담뱃불ø 당신네 냥으로(당신네대로 스스로) 갖 다(가져다가) 태왓든 말았든 홀 일이지, 내가 뭐요, 당신네 담배 태우는디(태우 는데)." 아, 그런 교만ᄒ 태도가 낫다(나왔다)ø 말입니다. 구비3 김재현, 남 85세: 336~337쪽

-아 둠서: 그 강씨, 그 양반은 … 앉아 둠서(두고서) 그자(그저) 본 뿐 ᄒ는데, 이 사름덜(사람들) 통수(퉁소)를 가졋다서(가졌다가, 갖고 있다가) 「턱!」(의태 어) ᄒ게 앞더레(앉아 있는 사람 앞쪽으로) 놓니까, 이 사름이 불어 나면 버금 앉인 사름ø 불고…. 구비3 김재현, 남 85세: 248~249쪽

-아 드리다: 부인네는 거역홀 수 없이 그 범벅을 맨들아 드리니까, [서귀포시 월평 동의 김우탁이라는 사람이] 그 범벅을 가지고 나갓어. 서울 가 가지고 정부에 가서 호소를 햇다여. 구비3 김재현, 남 85세: 194쪽

-아 들다[어휘, 모다들다]: "어느 기회에 이거(풀 먹이러 매어 놓은 소) 끌고 나올 때나 들어 갈 때나 우리가 엿봥(엿봐서) [소를 옮기는 소리가] 들리거들랑[들리 거든, 들리면] … 우리가 수십 명 모다들면 그거 문제가 없다. 눅드러(눕혀) 낭으네 죽지 않올(않을) 만이(만큼) 태작(打作)ᄒ자!" 구비3 김재현, 남 85세: 154쪽

-아 들다[어휘화]: 오다네(오다가) 길 옘(옆, '어염[於廉]', 모서리에) 집더레(집쪽 으로) 기어들멍 "이레(이쪽으로) 옵서(오십시오), 이레 옵서!" "무사(왜, 무슨 일로) 그레(그쪽으로) 갑니까?" 구비3 김재현, 남 85세: 160쪽

-아 들이다: [제주 목사가 명령하기를] "다른 ᄆᆞᆯ(말) ᄀᆞ져 들이라(갖고서 들여 와라), ᄀᆞ져 들이라!" ᄒ명 ᄆᆞᆯ(말) 멧(몇) 개를 ᄀᆞᆯ매들이멍(갈마들이면서) 들여 갓다말이어. 구비3 김재현, 남 85세: 103쪽

-아 먹다: 게서 그때는 그 디를 도야지(돼지)를 숨앙 강 그디 강 제를 지내어서(지내여서) 집의 오랑 갈라 먹곡. 구비1 안용인, 남 74세: 150쪽

-아 먹다: "너 거짓말 말아라!" 허여야, 뜰을 가져오고 재산을 갈라 먹을 건디. 구비1 안용인, 남 74세: 153쪽

-아 먹다: "제기랄, 이 놈의 짐충(짐 나르는 종, 짐+종) 노롯(노릇)도 못ᄒ여 먹겠네!" 구비2 양구협, 남 71세: 633쪽

-아 먹다: 걸(그걸, 작은 작거미를) 잡아다 주니, 홈치(함께 모두 다) 뭐 허위어(허비어, 후비어) 먹어. 구비2 양구협, 남 71세: 668쪽

-아 먹다: 게서 그때는 그 디를 도야지(돼지)를 숨앙 강 그디 강 제를 지내어서(지내여서) 집의 오랑 갈라 먹곡. 구비1 안용인, 남 74세: 150쪽

-아 먹다: 그디 종으로 막 부려먹어 가지고 여유(이익이 남게)있게 맹그는 놈이 쓸 흔 되 여유(남에게 베풀어 줄 여유)가 잇일 거라? 구비1 안용인, 남 74세: 165~166쪽

-아 먹다: 선도(仙桃) 복송개를 세 방울 도둑질허여 먹어서 삼천 년 살았댄 말입니다. 구비1 안용인, 남 74세: 142쪽

-아 먹다: 아무디 도독(도둑)이 … 아무 대감네 집의(집에) 도독질홀 게 잇엇는디, 그런 것을 해여 먹으문 해여 먹지, 짐충질(짐만 나르는 종 노릇)해서 내가 못 살겠다!"고. 구비2 양구협, 남 71세: 633~634쪽

-아 먹다: 이제는 잔칫날은 이제는 걸(동생을) 외방(外方)을 내보내 불고, 다른 사름을 우시(圍繞, 결혼식 상객)를 보내게 되엇댄 말이우다. 둥글어 먹은 놈이 되니, 술 먹어 불량(不良)해도 눈친 알아 가지고, 돌려 오라 가지고, 우시 갈랴 ᄒ는 놈 믈을 빼앗아 가지고 탄 돌렷어, 사돈칩의. 구비1 안용인, 남 74세: 197쪽

-아 먹다(알아 먹다): 원(워낙에, 본디부터) 근지(말하지) 아니해도, 어떤 바보라도 게 그 말 알아먹지 못ᄒ진 아니ᄒ주게. 구비3 김재현, 남 85세: 56쪽

-아 먹다: "나가그네(나가서) 어디 강(가서) 얻어 먹으라!"고0 주인이 하인 막산이에게 명령함. 구비3 김재현, 남 85세: 31쪽

-아 먹다: "너 … 요 따(땅) 벌어먹곡(벌이로서 벌어먹으면서) 부름씨(국마 목장 일, 심부름) 해라!" … 건(그건) 벌엉(벌어서) 남아도 좋곡 부족해도 좋곡0. 그것 책임해서 벌어먹는디, 흉년이 지면은 그만 틀려 먹는 것이 되는 거주게0. 구비3 김재현, 남 85세: 58쪽

-아 먹다:「이것덜(예쁜 색시로 변한 여우들)이 들어서 평양 감사 온 사름을 믄

(모두 다) 죽여 먹엇고나! 이젠 알앗다!」고 허엿어. 구비2 양형회, 남 56세: 38~39쪽

-아 먹다: 그 맨땅(맨땅바닥)에 옷 버물이멍(버물+이+으멍, 더럽히면서) 나부재기(납작이, 나부작+이) 엎더젼 절ᄒ는 걸 보니, 어, 소년덜이 겁 집어 먹언 믄딱(모두 다) 도망쳐 불언. 허허허허! 구비2 양형회, 남 56세: 27쪽

-아 먹다: 뒷날 아침은, "야!, 느(너), 난 버치켜(부양하기 힘들겠어), 우리 집의선(집에선) 버치켜! 달리 가그네 얻어 먹을 디(데) 있건 얻어 먹으라!" 구비3 김재현, 남 85세: 31쪽

-아 먹다: 마분(馬糞, 말똥), … 밧 갈앙 그걸 뿌리문 모몰(메밀)이 좋고, 그걸 아니 뿌리문 모몰을 못ᄒ여 먹곡 기엿인디, 기예서(그래서) 마분 줏노라고(줍느라고) 부부간이 부지런이 댕겼더니마는, 그놈(중국 지관 고종달)이 혈을 뜨면서, 바로 이만썩ᄒ 쒜꽂이더라 ᄒ여. 구비2 양구협, 남 71세: 654쪽

-아 먹다: 이거 누게가(누구가) (수레 밖으로 내민 손을 보고서 그 사람의 정체를) 알아 먹을 거여? 이덕형(李德馨, 1561~1613)도 거 뭐 정승자리(政丞職)주마는, 거 못 알아 먹어. 구비2 양형회, 남 56세: 28쪽

-아 버리다: "ᄉ체(死體)는다가 아무 못에 던져 버렸습니다."고. 구비1 안용인, 남 74세: 160쪽

-아 보니 -아 봄으랑 -아 보고말이어 -다ø고: "내가 그 음식을 먹어 보니 세상에 먹어 봄으랑(봄일랑) 고사ᄒ고, 소문도 못 들어 보고말이어(보고+말이야), 그 당분이랄까 엥양(영양)이 상당히 좋아서 그 음식 먹은 후에 괴롭도 않고 아주 춤 좋다!"ø고0. 구비3 김재현, 남 85세: 128쪽

-아 보다: "… 금년 어장(漁場)이나 잘 되게 허여 주십서!"ᄒ니, "아 그쯤이야 내 허여 보지." 구비1 안용인, 남 74세: 169쪽

-아 보다: "너ø 이레(이쪽으로) 물(말) 매어 두고 [큰굿을 하는 집에] 가그네(가서) 『대정(조선 때 3분 행정구역 중 대정현) 심방ø(무당) 넘어가다네 「구경해영(구경해서) 가켄(가겠다고)」 했이매(하고 있으므로) 어떵ᄒ우꽈?(어떻게 합니까)』경 ᄒ영(그렇게 말을 하고서) 허가 받앙(받고서) 오라(와) 봐!" 구비3 김재현, 남 85세: 147쪽

-아 보다: 그 책에 보니까, 오성 부원군(이항복, 1556~1618)이 ᄌ기(자기)네 도종손(都宗孫), 웃대(윗 세대) 종손이라. 종손이니까 "하, 몰라 봣다"고(상대의 지위를 모른 채로 예의에 어긋나게 잘못 대접했다). 구비3 김재현, 남 85세: 348쪽

-아 보다: 글 잘 아는 사름덜만(사람들만) 모아져 가지고 서로 의논ᄒ멍 해. 해
　　보자고 모다진(모여진, 모인) 자리라. 이제 그 글 내 놓니까니 그 수석(윗자리)
　　에 앉앗던 이가 "저 술 잘 먹는 사름신더레(사람 있는 쪽으로) 강(가서) 드리라,
　　보게!(글을 해석하는지 살펴보자)" 구비3 김재현, 남 85세: 151쪽
-아 보다: 주인이 이심시러왓어(의심스러웠어). "가 보자!"고0. 구비3 김재현, 남
　　85세: 29쪽
-아 보다: 춫아 보라고. 구비1 안용인, 남 74세: 123쪽
-아 보다: ᄒ다네(그러다가, 그렇게 하다가, 굿을 하다가) 영(이렇게) 해영(하여서)
　　산(算, 점치는 산가지) 놔 봣어(놓아 보았어). 구비3 김재현, 남 85세: 148쪽
-아 보다[시도]: "너 어떵ᄒ래?(어떻게 할래?) 너 씨름 해 봐!" 구비3 김재현, 남
　　85세: 43쪽
-아 보라!: "말잣(末次+ㅅ) 상제(喪制)나 [돼지] ᄒ나 잡아오라 보라!" 구비3 김재
　　현, 남 85세: 352쪽
-아 보자고: 아, "이거 ᄒ 번 ᄒ여 보자!"고. 구비2 양구협, 남 71세: 663쪽
-아 불고 ~-아 불고 ᄒ니: 진(긴) 논인디, 그 큰 비가 오라 가지고, 막 그만 물에
　　끗어네, 메우는 딘(메꿀 만한 곳에는) 메와 불고(메꿔 버리고), 끗이는 딘(끌어
　　쓸릴 만한 곳에는) 끗어 불고(끌어 쓸어가 버리고) ᄒ니, 역군(일꾼, 役軍)을
　　ᄒ 오십 명 빌어야 이 일을 ᄒ 테니까니, "역군(일꾼)을 강(가서) 빌라!" 막산이
　　보고 주인이 ᄒ니, "예!" 구비3 김재현, 남 85세: 28쪽
-아 불다 -안0: 게멘(그러면), 아방이 와 부난, (본처가) 「고향으로 돌아가키엔」
　　허연. … 겨난 씨아방도 죽어 비어, 메누리도 죽어. 구비1 김순여, 여 57세:
　　205쪽
-아 불다(-라 불다): "아니, 그 사름덜 오켜(오겠어), 오켜(오겠어) 해 뒌, 아니
　　오라 부난(와 버리니), 뭐 ᄒ 수 시어(있어)?" 구비3 김재현, 남 85세: 29쪽
-아 불다(라 불다): ᄒ참(한참) 보다가 오라 불엇주. 오라 불엇는데, ᄌ물아 가니,
　　일을 믄(모두) 해연(해서) 오과랜 ᄒ멍(왔도다라고 하면서) 오란. 구비3 김재현,
　　남 85세: 30쪽
-아 불다(불이다, 아져 불다): 그놈으(그놈의) 내(냇물)가 … 군산(서귀포시 안덕면
　　과 중문면 사이에 있는 기생화산) 뒤으로(뒷쪽으로) 서러레(서쪽으로) 흘러버
　　렷거든. 「딱!」(의태어, 바로, 정확히) 막아져 불연. 구비3 김재현, 남 85세: 53쪽
-아 불다: (비단 1백필을) 주문(注文)ᄒ단 ᄒ 필이 부족허여서 (설문대 할망 속옷을
　　만들지) 못허여 주니, 걸(그것을, 건너다닐 다리를) 아이 허여 줘 불었다고.

구비1 안용인, 남 74세: 201쪽

-아 불다: "그 중도막(중간 도막)으로 동(동강나다)을 내어 불여라!" 구비2 양형회,
　　남 56세: 42쪽

-아 불다: "사돈, 원(워낙) 그 물정(物情, 술상의 예의)도 몰랐구나. 다 먹어 붑서,
　　다 먹어 붑서!" 구비3 김재현, 남 85세: 158쪽

-아 불다: "아이고, 이거 잃러 분 하르바지로고나!" 구비1 안용인, 남 74세: 129쪽

-아 불다: "예(예끼), 이놈, 치워라!"고 흐민 그 놈 다 들러 먹어 불어. 구비1 안용인,
　　남 74세: 133쪽

-아 불다: "흐고 남은 놈 신선이랑 다 축소(縮小)시켜 불라!"고 허여 부니, 그만
　　신선(神仙) 씨가 흐나토 없어져 불엇어. 다 도망가 가지고 그 스이에(선녀가
　　목욕하는 백록담 근방에) 감히 범접(犯接)을 못 허엿어. 구비1 안용인, 남 74세:
　　190쪽

-아 불다: 「못쓰겠다」고 허여 가지고 함(函)에 담아 가지고 이젠 보내어 부니,
　　이제는 떠 댕기다가 이젠 서화로 들었댄 말이우다, 서화리(舊左邑 細花里)로.
　　구비1 안용인, 남 74세: 151쪽

-아 불다: 「불효엣 즈식이니 이건 못쓰겠다」고 허여 가지고, 이젠 무쇠로다가
　　곽(槨)을 맹글아 가지고, 그 아이를 거기 집어 놔 가지고, 즈물쇠로 중가 가지고,
　　이젠 바당에 띄와 불엇입주. 구비1 안용인, 남 74세: 147~148쪽

-아 불다: 거기 간 몰래(모래) 판의 간 떠 밀려 불엇어. 구비1 안용인, 남 74세:
　　148쪽

-아 불다: 게서 두린(나이가 어린) 때꼬지도 그디 간 나 제(祭) 지내어낫어. 이제는
　　집의서 간단히 허여 불주마는. 구비1 안용인, 남 74세: 152쪽

-아 불다: 겨민 다 정신을 출려 불주게(차려 버리지요) 구비1 안용인, 남 74세:
　　163쪽

-아 불다: 그걸 놔 두뒌(?두언, 놔 두고서), 휘딱(홀쩍) 떠나 불엇어, 박문순(朴文秀
　　는). 구비1 안용인, 남 74세: 163쪽

-아 불다: 그때는 아바지가 알민 못에 가 던져 부나, 목을 베여 부나 햇단 말입니다.
　　구비1 안용인, 남 74세: 122쪽

-아 불다: 그러니 앗사리(일본어, 깨끗이 처음부터) 미(苗)를 안 놓나ø 말이어.
　　멧(몇) 번 실수흐니까 그자 내 불없어(내 버리고 있어). 구비3 김재현, 남 85세:
　　68쪽

-아 불다: 긔냥 돌아오라 불든지 홀 거주마는. 구비1 안용인, 남 74세: 122쪽

-아 불다: 누가 글 나(낳아) 가지고 던져 불지 아녔느냐?, 구비1 안용인, 남 74세: 123쪽

-아 불다: 누가 글 나(낳아) 가지고 던져 불지 아녔느냐고? 구비1 안용인, 남 74세: 123쪽

-아 불다: 늘개(날개) 돋은 사름(사람)인데, 늘개를 부모네가 알아 가지고 에린(어린, 어릴) 때에 끊어 불어도, 보통 사름과는 달라서 뻗르고, 춤(참, 참말로) 늘지(날지) 않음뿐 흔 거주게(않을 뿐이라고 하는 것이지+화용 첨사 '게'). 구비3 김재현, 남 85세: 194쪽

-아 불다: 다 이젠 시간 되니, (수감된 감옥을) 나오니, 또 하여컨 "인간에 흔 번 사름으로만, 인간으로만 환생을 시겨 주십서!" ᄒ니, 뜬(굼뜬) 부렝이(부룩소)로 환생을 시겨 불엇어. 구비1 안용인, 남 74세: 136쪽

-아 불다: 다 이젠 시간 되니, (수형된 감옥을) 나오니, 또 하여컨(何如間) "인간에 흔 번 사름으로만, 인간으로만 환생을 시겨 주십서!" ᄒ니, 뜬 부렝이(부룩소)로 환생을 시겨 불엇어. 구비1 안용인, 남 74세: 136쪽

-아 불다: 당(堂) 구신(鬼神)덜이 좇아간 전복(顚覆)ᄒ젠 허연 보니, 불써 상륙하여 불엇댄 말이우다. 상륙ᄒ니 복수를 못 ᄒ여 가지고서 그 신(神)덜은 다 돌아오라 불엇다고. 허허허허. 구비1 안용인, 남 74세: 208쪽

-아 불다: 대성통곡을 흔 시간이나 허여 가니까, 의형제 간덜이나 누구라도 "중놈이 지랄흔다!"고 잡아 내훈들러 불엇어. 구비1 안용인, 남 74세: 125쪽

-아 불다: 더운 때 섞어 불민(버리면) '술이 죽나'고 안니ᄒ나(않나)? 구비3 김재현, 남 85세: 31쪽

-아 불다: 뒷날은 이젠 붉안 떠나면서, 막 떠날 때는 어패(御牌)만 슬짝 베와(보이어) 두고 떠나 불었댄 말이어. 구비1 안용인, 남 74세: 167쪽

-아 불다: 무쇠(鑄鐵) 설곽(石槨)에 놔 가지고서 띄와 불엇어. 띄우니, 그것이 어디 구좌면 서화리(舊左面細花里)로 올라온 모양이라 마씀. 구비1 안용인, 남 74세: 149쪽

-아 불다: 사위 들고, 재산 뭐 오꼿 털어 불엇입주, 약속이 긔영 되엇이니. 구비1 안용인, 남 74세: 155쪽

-아 불다: 선도(仙桃) 씰 긔냥 부수 먹어 가지고 멧 만 년 장생분ᄉ(長生不死) 허여 불엇주. 구비1 안용인, 남 74세: 142쪽

-아 불다: 신선으로 탁 벤장(變裝)을 시겨 불었댄 말이우다. 구비1 안용인, 남 74세: 139쪽

-아 불다: 아닐 커 아니라(아닌 게 아니라) 일년 후에는 적이 들어오라 가지고 이제는 그 영토를 침범ᄒ게 되니, 그 아이가 나가 가지고 그 적덜을 다 무찔러 죽여 불었댄 말이우다. 구비1 안용인, 남 74세: 149쪽

-아 불다: 아들 칠형제를 데리고 한라산에 할망은 올라 불엇어. 구비1 안용인, 남 74세: 147쪽

-아 불다: 아이고 잊어 불엇저 … 구비1 안용인, 남 74세: 146쪽

-아 불다: 암툭(암탉)이 ᄌ살허연 죽어 불었댄 말이어, 울어 된. 구비1 안용인, 남 74세: 167쪽

-아 불다: 어떤 나쁜 몸이 넘어가다가 뒤으로 허여 분 것이 포태가 되어 가지고 널 낫는디, 너를 데려다가 킵는 판이라고. 구비1 안용인, 남 74세: 124쪽

-아 불다: 올라오라 가지고, 이제는 산 우으로 이제는 올라가고, 활 메고 이젠 허여서 올라가는디, 어머니는 혼이 나가 가지고 한라산 우으로 다 올르고 ᄌ식 ᄉ형제 데려서, 아바지는 혼비백산 허여 불고. 구비1 안용인, 남 74세: 150쪽

-아 불다: 옳게 걸(그걸) 다 등(謄)ᄒ곡 뒐 ᄒ엿이민 제대로 흔 게(제대로 된 것이) 될 거인디. 게난 결국은 (토정비결) 책만 내여주고, 옥황상제 뚤은 ᄃ리고 올라 가 불엇주, 천상으로. 구비1 안용인, 남 74세: 188쪽

-아 불다: 장개 간 날 새스방(新郞)이 엇어젓어(없어졌어), 간데온데 웃이(없이), 엇어져 불었댄 말이우다. 구비1 안용인, 남 74세: 158쪽

-아 불다: 질레에 데껴 분 아이를 봉가 왔습니다. 구비1 안용인, 남 74세: 124쪽

-아 불다: 할으방 시절부터 이때ᄭ지 잇ᄌ(利子) 출령(덧붙여서) 갚으젱 ᄒ면 탕진 가산 되어 불 접주. 구비1 안용인, 남 74세: 155쪽

-아 불다: 홀긋 좀덜을 자난, 끝엔 보니, 이런, 문이 을아젓이니, 보니, 아바질 잃어 불었다, 영장(營葬, 棺) 누게 빼연 돌아나 불었댄 말이우다. 구비1 안용인, 남 74세: 128쪽

-아 불다: ᄒ니 '뭣으로 환생을 시기는고' ᄒ니, 배염으로 환생을 시겨 불었어. 구비1 안용인, 남 74세: 135쪽

-아 시다: "이거 어떠나네(어떠하기에) 잘 직(수직)해여 앉아 시랜(있으라고) ᄒ나 네(하니, 하였는 데도 불구하고) 누가 오란(와서) 이거(땅에 박은 쇠꼬챙이) ∅ 슥와 불였느냐?" "그런 게 아니고, 내가 여기 직(수직)해 앉앗는디, 이 쒸고지 (쇠꼬챙이)가 움직거려 「움직!」(의태어, 움쩔) ᄒ니까 「이상ᄒ다」 ∅ 해서, [내 가 쇠꼬챙이들을] 조끔(조금) 슥 왓소(슥아서 뽑았소)." 구비3 김재현, 남 85세: 254쪽

-아 심상, -아 심상: 그자 그저 기영 허여도(그렇게 하더라도) 큰 어른이라(이기 때문에), 그자 그 말을, 뭐 그자, 들어 심상(尋常), 말아 심상(尋常)! 기여서(그리 하여서) 그자 흐는디, 시(詩)를 읊엇단 말이어. 구비2 양형회, 남 56세: 27쪽

-아 심상, -아 심상: 기여도(그렇게 말하여도) 들어 심상(尋常), 말아 심상(尋常)흐 는디, 어느 큰 과급(科級, 고위 과거급제)자리, 거 뭣이옌 흐더라만은, 정승 자리나 다름 웃은(없는) 그 정치가엣 과급자리가 일행을 거느리고 넘어가다가, 그딴 오니 웅(요렇게) 이항복(李恒福, 1556~1618), 그 오성(鰲城) 부원군안테레 (부원군쪽으로) 브 레단(바라보다가), "아이고 오성 부원군 아이십니까?" 허연. 구비 2 양형회, 남 56세: 27쪽

-아 -아 가다: 해연(하여서, 그래서) 그 제(적에, 때에) 갈레죽(가래)인가 뭣으로 그냥 메와진 디(메꿔진 곳) 파진 디(파인 곳) 막 펭지(平地) 맨들아 가는디, 그냥 군산(서귀포시 안덕면 창천리와 대평리 사이에 있는 산)이 그냥 막 녹아 대어 가는 거주게. 구비3 김재현, 남 85세: 30쪽

-아 앗안(가지고) -아 가지고 -아 가지고 -앙 -아 두고 -안0: 밧(밭) 안에 점심 그릇 가정(갖고서)「툭!」(의태어, 갑자기) 기어드니까, 밧(밭) 한창 갈당(갈다 가) 그자(그저) 쇠(소, 소를) 심은(잡아 움직이지 못하게 한) 후제는(後+적에 는) 연장「확확!」(의태어, 급히급히) 줏어 앗안(주어 갖고서) 싣거 가지고(실어 가지고) 집의(집에) 와 가지고, 쇠(소)는 정제(부엌) 목에 오랑(와서)「딱!」(의태 어, 단단히) 매어 두고, 안에 들어강 안으로 문「딱!」(의태어, 단단히) 종간0(잠 갔어). 구비3 김재현, 남 85세: 67쪽

-아 앗앙(아 가지고): 그래서「쑥!」(의태어, 깊숙히 안쪽으로 들어가게) 눌리니까 (누르니까, '눌르다, 눌리다, 누르뜨다, 누뜰다, 눙뜰다' 등의 변이형태가 있음) 「옹!」(의성어, 힘을 주는 소리, 끄응!) 흐면서 일어사니까(일어서니까) 사름 아울라(몰래 등 짐을 누르던 사람도 아울러서) 져 앗앙(등짐을 져 갖고서)「으 쌍으쌍!」(의태어, 동작이 크고 가벼운 모습, '성큼성큼') 간다ø 말이어. 사름 [뒷짐에 몰래 매달린 사람]도 기자(그저) 짐(등에 진 뒷짐)에 돌아지고0(달려 있고, 매달리고, '돌+아+지다'). 구비3 김재현, 남 85세: 211쪽

-아 앗다: 요「궤내기」(바위굴에 있는 神堂 이름)라고 흔 디 있지 아니흡네까. 저「가수콧」(김녕리 해안 가장자리의 곳)으로 '뺑~' 흐게 돕니다. 불 싼 앗엉그 넹에(켜 갖고서, 켜서) 돌아. 구비1 안용인, 남 74세: 175쪽

-아 앗어네 -앗입주: 쇠 흔 머리(마리)에 미녕(무명) 으듧(여덟) 필에 타 앗어네 오랏입주. 오라 보난, 오라방ø 오지 안 햇어. 씨름 지난, 부애 내여네 그 시(제

주시)에서 혼 잔 먹고, 막 춤 놀다네 왔는데, 흔(대략) 사흘 되어사 으성이(살그
머니, 남몰래) 츷아오란(찾아왔어). 구비3 김재현, 남 85세: 175쪽

-아 오다: 또 그로 후에 어멍을 열녀(烈女 旌門) 해 와네, 열녀라고 있습니다. 구비1
임정숙, 남 84세: 145쪽

-아 오다: [정 훈도가 나무 밑둥 도막에] 흑(나무 방아 확)을 파 가지고, 다른
사름덜 모저(모자) 쓰듯 머리에 쓰고 왔다, [산방산으로부터] 내려 왔다ø 말이
어. 구비3 김재현, 남 85세: 34쪽-고0

-아 오다: "간 보난 사름은 하나토(하나도) 엇고(없고), 지만(자기만) 간, 논뚝 베연
누어 자다네, 점심 먹으랜 흐난, 먹다그네 남으민 가쟈 오켼 흐멍, 일도 아니
흐고 그자 누엇입데가"고. 구비3 김재현, 남 85세: 29쪽

-아 오다: "거(그거) 가쟝 온(갖고 온) 걸 어멍, 다시 쉬엉 가(싣고 가)?" 구비3
김재현, 남 85세: 29쪽

-아 오다: "어린 아이 옷이나 가그넹에 맹글든지 주문허여 옵서!"고 했어. 구비1
안용인, 남 74세: 122쪽

-아 오다: "점심 오십 멩(명) 먹을 거 가쟈 왔이니까니, 어떵…?" 구비3 김재현,
남 85세: 29쪽

-아 오다[어휘화]: 아마도 설마흔(서른~마흔) 되연 갓이난(세배를 갔으니까). 다
시 간 (가서) 가져오난, 그 이, 대포서(서귀포시 대포동에서) 간 손님안티(한테)
드리난 이 사름도 술 아주 좋아흐고 잘 먹는 사람입주. 흔 사발 먹엇입주.
먹언. "어, 이제라그네(이제+일랑) 소주로 더 가져오라!" 구비3 김재현 남 85
세: 158쪽

-아 오다[어휘화]: "경흐민 놓민(그러면 내가 자네들의 뒷목 잡은 걸 놓아 주면
도리어 나를) 심엉(잡아서, 잡고서) 가젠 흐컬(가자고 할 것을)…" "아녀쿠다
(아니 하겠습니다), 아녀쿠다!" 구비3 김재현, 남 85세: 164쪽 "그 놈ø 험흔
놈이어. 내 불라." [힘이 센 한효종을 관청 마당에] 느시(전혀, 기어이) 싣어오지
(잡아오지) 못해연. [한효종의 힘이 아주] 쎄엇입주(힘이 세었읍죠). 구비3 김
재현, 남 85세: 165쪽

-아 잇다: "이걸 조꼼(조금) 술피고, 직(守直)해 잇이면, 우리가 잠깐 어디, 저디
가서 오겟다" 그랫거든. [지맥을 끊으려고 땅에다] 쐬곶일(쇠꼬챙이를) 박아서
「이걸 직해여(守直해) 달라」 이거여. 구비3 김재현, 남 85세: 254쪽

-아 잇다: 서로 상대흐면은 이방(제주 영문의 이방)이 믄저(먼저) 절을 안 흡니다,
즈기 권리(권력)을 주창해서. 그 좌수(대정현 좌수)가 믄저 인사를 드립니다.

그만큼 흔 권리(권력)을 가져 잇지마는, 영리방(제주 영문 이방)은 대흐면은(마
주 대하면) 「대정 군수가 먼저 절을 해야주」 흐는 게인디(것인데), 아, 그 영리
방(제주 영문 이방)이 '문저 절을 흐여지더라' 그런 말을 햇주게(했지+화용
첨사 '게'). 구비3 김재현, 남 85세: 139쪽

−아 잇이라!: "조곰 지들려(기다려) 잇이라!"고, "셋부꾸(切服, 일본어 할복자살)흐
지 말앙 지들려(기다려) 잇이라!"고. 구비1 안용인, 남 74세: 161쪽

−아 잇이라!: "조곰 지들려(기다려) 잇이라!"고, "셋부꾸(切服, 일본어 할복자살)흐
지 말앙 지들려(기다려) 잇이라!"고. 구비1 안용인, 남 74세: 161쪽

−아 있다: 휘망(揮望, 일필휘지의 휘)흐니, 느릇배에 영장(營葬, 棺)은 실르고 '똑'
타 앗안 있댄 말입니다. 구비1 안용인, 남 74세: 128쪽.

−아 있다: 흐니, 비를 피흐고 ㅂ름을 피흐젠, 이젠 비석을 의지허여 가 가지고
'똑' 앚이니, 「조만능지묘」라 흔 글이 새겨 있댄 말입니다. 구비1 안용인, 남
74세: 129쪽

−아 자다(누워 자다): 그 날 저뭇(저녁, '저물+ㅅ')은 누워자니까, 이 옷 소매를,
좀 막 드니까 이 옷을 벳겨(벗겨) 가지고, 영(이렇게) 보니까, 양 저드랭이(겨드
랑이)에 늘개(날개)가 챙빗(참빗)만썩(만큼씩) 햇어. 구비3 김재현, 남 85세:
35쪽

−아 자다: 오십 멩(50명) 정심(점심)을 흐고 갔으니, 종년이 밧갈쉐(밭+갈다+소)
에 오십 멩 먹을 거 쉬어(싣고) 간(가서) 보니, 막산인(막+살다+은+이#는)
일일앙말앙 아무것도 안 흐고, 논뚝에 베개 베연 누워 잢어(눠 자고 있어).
구비3 김재현, 남 85세: 28~29쪽

−아 자다네, −아 오켄 흐멍 "간 보난 사름은 하나토(하나도) 엇고(없고), 지만(자기
만) 간, 논뚝 베연 누어 자다네, 점심 먹으랜 흐난, 먹다그네 남으민 가쟈 오켄
흐멍, 일도 아니 흐고 그자 누엇입데다"고. 구비3 김재현, 남 85세: 29쪽

−아 져 버리다: 경(그렇게) 흐니(하니까) … 옛날 땅이 저 한라산으로 꼴챙이가
영(이렇게) 흘러오다서 난드르러레(서귀포시 안덕면 대평리 쪽으로, '나다'+
은+들+더레) 흘러가는디, 군산의(서귀포시 중문면과 안덕면 경계에 있는 해
발 334미터의 기생화산+에) 오라서(와서) 「팡!」(의태어, 크게 터지는 소리)흐
게 들어 앚는 ㅂ름에 그만 그 냇물이 막아져 버렷거든. 구비3 김재현, 남 85세:
54쪽

−아 주고 −아 주는데: 그래서 다른 사름이(사람의, 사람을 위해서) 산터(묏자리,
음택)도 フ리챠 주고(가리쳐 주고), 집터도 フ리챠 주는데(가리켜 주는데), ㅈ

기(자기) 부친이 아마 잇다서말이어(있다가+말이야, 몇 년 뒤에) 파(??미상, 맥락상으로 '사망'이란 뜻의 낱말이 나와야 함) ᄒ니까 즈기 냥(樣)으로(자기대로 스스로) 산터를 보고 영장(營葬)을 햇소. 구비3 김재현, 남 85세: 79쪽

−아 주다: "게민 ᄒ 수 지어 주시오!" ᄒ니, "낙조투홍과백산(落照投紅掛碧山) ᄒ니…" 구비1 안용인, 남 74세: 156쪽

−아 주다: "글 ᄒ 수를 내가 지어 줄 테니, 내 글을 등(謄)허영 가민, 당신이 틀림 없이 자원급제(壯元及第)ᄒᆯ 거이라." 구비 1 안용인, 남 74세: 156쪽

−아 주다: "부재칩(富者집)이 어딥니까?"고 ᄒ니 「진주 꼼냉이(꼼생원) 집」을 ᄀ리쳐 줫어. 구비1 안용인, 남 74세: 164쪽

−아 주다: 거짓말 ᄒ면은, 이제는 거짓말 못 ᄒ민 장남(臧男)살이를 삼년 공짜배기로 허여 주게 된 거란 말이우다, 약속이. 구비1 안용인, 남 74세: 153쪽

−아 주다: 겨난(그러니까) "아이(아니), 선생님 어디 삽니까?" "나ø 대정(서귀포시 대정읍) 아무디 살았주!(살고 있지)" "거(그거) 일로(이리로, 이 마을로) 지나지 건(지나가게 되면) 꼭 오라 주십서!" "기영(그렇게) ᄒ라!" [일동 웃음] 구비3 김재현, 남 85세: 151쪽

−아 주다: 견디(그런데) 말짜인(나중에는, 末째에는) 당신네 터윈(무덤터에는) 아주 가난ᄒᆫ 디 간(가서) 보고, 다른 사름은 부재(富者) 터를 ᄆᆫ(모두 다) ᄀ르쳐 줫수다(가리켜 주었습니다). 구비3 김재현, 남 85세: 151쪽

−아 주다: 그때엔 어머님이 "아하, 아들이 나 댕기는 것을 ᄃ리 박아 주니 이런 ᄒ 가지는 고마우나 ᄒ 가지는 미안점이 있다." 구비1 임정숙, 남 84세: 144쪽

−아 주다: 다 이젠 시간 되니, (수형된 감옥을) 나오니, 또 하여컨 "인간에 ᄒ 번 사름으로만, 인간으로만 환생을 시겨 주십서!" ᄒ니, 뜬 부렝이(부룩소)로 환생을 시겨 불엇어. 구비1 안용인, 남 74세: 136쪽

−아 주다: 말을 못 ᄒ고 몸이 누추허여 노니, 인간 사름이 상대를 아니 허여 준댄 말이우다. 구비1 안용인, 남 74세: 135쪽

−아 주다: 부에(부아, 허파) 되싸지민(뒤집어지면, 화 나면), "상감님에게 굴으카마씀?" ᄒ민 뻴 걸 다 허여 주는 거라. 구비1 안용인, 남 74세: 132쪽

−아 주다: 상대를 아니 허여 주니, 결혼ᄒ는 집의 신부 신랑 모사 가지고 벵풍치고 앚인 디를 실실 기여들엇어. 구비1 안용인, 남 74세: 136쪽

−아 주다: 아바지를 춫아 주지 아녈 것 ᄀ으면 어머니 쏘아 죽이고 내가 쏘아 죽겠습니다. 구비1 안용인, 남 74세: 124쪽

−아 주다: 죽인 끝에는 모실 거 아닙니까게!, 그 적을 물리쳐 줫으니까. 구비1

안용인, 남 74세: 149쪽

-아 주다: 풀리게 되는디 "너는 게민 풀리니…" "인간에 한생만 헌 번 더 허여
　주십서!"고. 구비1 안용인, 남 74세: 135쪽

-아 죽다: 「이제는 우리도 죽게 되엇다. 죽을 뿐샌(뿐세+는, 뿐의 일이라면) ᄀ만
　이(가만히) 앚아(앉아서) 죽지 말고, 무슨 손장난이라도(손을 놀리면서 무기로
　쓸 바윗돌 따위를 마련해) 해 보다그네(보다가) 죽자!」 해서 돌을 봉그면서(주
　우면서) 알러레(아래 쪽으로) 막 둥그렷어(굴려 보냈어). 구비3 김재현, 남 85
　세: 202쪽

-아 지구장(아 지고자) 흔 디 -으라: "어딜 가 츳입니까?" ø 영 ᄒ니, 스또(사또)
　ᄒ는 말이 "너 가 지구장 흔 디(가 지고자 한 데, 가 지고자 하는 곳에) 가라!"
　구비3 김승두, 남 73세: 115쪽

-아 지다 -아 지다 -아 지다: "너 그 구실(구슬)을 삼켜진 때에 무엇을 먼저 봐지더
　냐?" "사름(사람)이다" ø ᄒ니, "사름(사람)을 ᄆ저(먼저) 봐집데다!" 구비3 김
　재현, 남 85세: 75쪽

-아 지다 -아 지다: 그것(쟁깃술, '쟁기뭉클')을 화술ø(활줄, 활+술) 메어서(메워
　서) 「쑥!」 둥기면은(당기면은) 이놈(쟁깃술, '쟁기뭉클')이 오그라젓당(오그라
　졌다가) 페와지는(펴지는) ᄇ름에 활(화살)은 나가는 겁주. 구비3 김재현, 남
　85세: 173쪽

-아 지다 -아 지다: 삼인(三人)이 서로 약속ᄒ기를 「아무라도 ᄆ저(먼저) 죽어지는
　사름으로 그 따(땅)에 묻어지자!」 그래 가지고 이씨와 임씨가 신안(神眼)이
　아니고 보통 사름인디(사람인데), 이씨가 ᄆ저(먼저) 죽으니까 이씨를 묻엇어.
　구비3 김재현, 남 85세: 227쪽

-아 지다(아진다): [저승에서 이승으로 가기 위해서] "이 강셍이(강아지) 가는 냥
　(樣, 모습대로) 가면 가 진다!(가게 된다)" 아, 그래서 강셍이 조릅(꽁무니)에
　들완(따라서) [저승으로부터] 나오랏지(나왔지). 구비3 김재현, 남 85세: 224쪽

-아 지다: "가까이 들면은 카게 귀 지고, 망불에 괴기 굴라고 흡니다." 구비1 안용
　인, 남 74세: 133쪽

-아 지다: "기영 저영(그렇게 저렇게) 오다네 그만 그년(기생)덜 쏨씨(솜씨)에 들
　어네, 기자(그저) 난잡(亂雜)ᄒ게 놀아젓저!" 구비2 양형회, 남 56세: 43쪽

-아 지다: [말 채찍으로] ᄄ림(때리기)를 ᄒ민 ᄆᆯ 잠지(말 엉덩이)가 춤(참말로)
　「축축!」(피나 물이 흥건한 상태의 의태어) 그차 지는(끊어지는) 거주. 구비3
　김재현, 남 85세: 51쪽

-아 지다: [조사자에게 묻기를] "남방애(나무 방아) 알아지는가?, 남방애!" ᄉ방(사
　　방)에서 영(이렇게) 모다다그네(모여다가) 여자덜 절귀질(절구질)ᄒ는 거! 셋
　　도 ᄒ곡, 다섯도 ᄒ곡, ᄋ섯도 ᄒ곡 ᄒ는 거 잇잖여? 구비3 김재현, 남 85세:
　　33쪽

-아 지다: "경 해도(그렇게 해도) 그 ᄉ환(사환) 놈도 쎄게(세게, 강도가 높게)
　　독ᄒ 놈이라. [그렇더라도 내가 힘이 더 세니까] 나ø 그놈안티(한테) 맞아지카
　　브댄(맞을까 보다고 여기지, 맞다+아 지다+을까 보다) 안 햇주(않았지, 그렇
　　게 여기지 않았지)." 구비3 김재현, 남 85세: 166쪽

-아 지다: "그 낭(나무) 토막이 여기ᄭ지(여기까지) 왔으니, 배 탕(타서) 배 가는
　　냥(樣, 모습대로 저절로) 가 지민(가 지면, 가게 되면), 이것이(난파하여 표도한
　　곳이) ᄎᄉ아 진다(저절로 찾아가게 된다)." 뭐, 거 ᄉ또(사또) 명령이니 어쩔
　　수 엇이 이제 그 선주 사공이 나가는디... 구비3 김승두, 남 73세: 115쪽

-아 지다: "그 의복은 어디서 낳나?" "배나무에 걸어 졌더라!"고 ᄒ엿어. 구비2
　　양구협, 남 71세: 622쪽

-아 지다: "너, 그 구실(구슬) 삼켜진 때에 무엇을 먼저 봐지더냐?" "사름(사람)이
　　다"ø ᄒ니, "사름을 ᄆ저(먼저) 봐집데다!(보였었습니다)" 구비3 김재현, 남
　　85세: 75쪽

-아 지다: "술 오메기 떡(차조 반죽으로 고리처럼 둥글게 만든 떡, 오메기) 못
　　먹느냐? 먹어지컨 먹으라!" "경 ᄒ주" "그 도고리(통나무나 큰돌의 한 가운데
　　를 그릇처럼 움푹 파낸 도구)엣 거 ᄃ겨 놓아그네(당겨 놔서) 먹어지컨 ᄆ(모두
　　다) 먹으라!" 주인이 하인 막산이에게 권유함. 구비3 김재현, 남 85세: 31쪽

-아 지다: "어떻게 ᄒ면은 나를 죽이레(죽이려고) 오는 걸 방비(防備)허여 지리
　　오?" 허여서 연구ᄒ는디. 구비2 양형회, 남 56세: 41쪽

-아 지다: "오늘은 나(내, 각주 176의 좌수 이은성)가 가당(가다가) 죽어지는 일이
　　있더라ø 해도, [관가에서 퇴청하여] 꼭 집의(집으로) 가야만이 ᄒᆯ 일이 잇이니,
　　ᄒᆯ 수 없다!" 구비3 김재현, 남 85세: 48쪽

-아 지다: "하이고, [밤 기온이 차가워서] 사름(사람) 죽어지켜!(죽어지겠다, 죽겠
　　구나)" 구비3 김재현, 남 85세: 90쪽

-아 지다: 「도부상구」(도붓장수, '도비상귀', 도붓짐+商賈) 알아지커라(알아질 것
　　인가, 아는가, 알+아+지+을 것이라)? 구비3 김재현, 남 85세: 252쪽

-아 지다: 가서 그 「담뱃불 조금 빌려달라」곤 ᄒ니, 보니 요추룩(요처럼) 술을
　　먹젠 ᄆ딱(모두 다) 출려 놔네(차려 놓아서) ᄒᆯ 무렵에 가졋어마씀(가졌어+말

쑴입니다, 가 지다). 구비3 김재현, 남 85세: 150쪽

-아 지다: 거 망ᄒ게 되민 망ᄒ게 되는 거 아니우꽈게! 언제든지 부재는 부재로만 살아집네까? 구비1 안용인, 남 74세: 203쪽

-아 지다: 그 맨땅(맨땅바닥)에 옷 버물이명(버물+이+으명, 더럽히면서) 나부재기(납작이, 나부작+이) 엎더젼 절ᄒ는 걸 보니, 어, 소년덜이 겁 집어먹언 믄딱(모두 다) 도망쳐 불언. 허허허허! 구비2 양형회, 남 56세: 27쪽

-아 지다: 그 사름덜은 망 직ᄒ는 사름이 만ᄒ댄 말입니다. '큰일 났다'고, 다 헐어젼(헐다+어+지다, 흩어져서) 도망허여 불었댄 말이우다. 구비1 안용인, 남 74세: 134쪽

-아 지다: 글 잘 아는 사름덜만(사람들만) 모아져 가지고 서로 의논ᄒ명 해. 해 보자고 모다진(모여진, 모인, 모아+지다) 자리라. 이제 그 글 내 놓느끼니 그 수석(윗자리)에 앉앗던 이가 "저 술 잘 먹는 사름신더레(사람 있는 쪽으로) 강(가서) 드리라, 보게!(글을 해석하는지 살펴보자)" 구비3 김재현, 남 85세: 151쪽

-아 지다: 누게야(누구가, 누구야) 말햇는지 몰른디(모르는데, 모르겠는데), 혼(한) 사름(사람)은 알아져요(알고 있어요). 이제, 잊어 불지 안해연(않고서). 「강덕남」이엔 혼(이라고 하는) 사름이주(사람이지). 구비3 김재현, 남 85세: 225쪽

-아 지다: 뜨릴 만이(때릴 만큼) 뜨려지난(때리니까, 때리게 되니까) [몸의 결박을] 클런(풀어서) 놔 두난(두니까) 올레레(출입구 길쪽으로) 나가명(나가면서) 니ø(이, 이빨을) 「북!」(의성어, 부득부득) 굴명(갈면서) "놔 두라!(잠시 보복하는 일은 보류해 두겠다)" 경 ᄒ명(그렇게 하면서, 그렇게 말하면서) 나간(바깥 길로 나갔어). 구비3 김재현, 남 85세: 167쪽

-아 지다: 새가 늘아가다서(날아가다가) 곡식 밧(밭)을 봐 지니까, 곡식 줏어(주워) 먹자곤 앉는 형치라(形態이다). 구비3 김재현, 남 85세: 227쪽

-아 지다: 소셉이(소서행장)가 「거(그거) 이상ᄒ 놈도 봤졈저(보이네, 보아지고 있네, '보+아+지+없+저'). 무신(무슨) 뜻(의도)으로 소를 거꾸로 틋나(타나)?」 이렇게 해(의아해) 가지고0. 해여도(그렇더라도) 그자(그저) 앞이(앞에) 나타나니까, 줌줌해영(잠잠히 하여서) 그자(그저) 좇아 가는디(가는데)… 구비3 김재현, 남 85세: 335쪽

-아 지다: 술 잘 얻어먹어 지고 ᄒ난(하니까) "경 ᄒ주(그렇게 하지, 그렇게 하마)." 그날은 일수(日守, 담당 직원) 보내난 약속 일이나네 "허, 거(그것) 여러 번 오고, 이번으랑(일랑) 가야 될로고!(될로구나)" 가난(가니까) 죄가 어쩌ᄒ니,

게난(그러니까) 믄(모두 다) 약속해연 놔 둔 겝주(것입죠). 구비3 김재현, 남 85세: 167쪽

-아 지다: 술 잘 얻어먹어지고 ㅎ난, "경ㅎ주!" 구비3 김재현, 남 85세: 167쪽

-아 지다: 시간 엇는디(없는데) 이 혀뜩흔(쓰잘 데 없는, 정신 없는) 소리ø 해졌수다(해지고 있습니다. 하고 있습니다. 그 소리의 결과 상태) 구비3 김재현, 남 85세: 159쪽

-아 지다: 아무 상에(아무 연유를 대든지 상관없이) 들어가질 거라게? 구비2 양구협, 남 71세: 621쪽

-아 지다: 어디 흔 펜의(편에, 쪽에) 간(가서) 앚질(앉지를) 않고, 조방장ø(助防將, 해안 방어 부대 책임자) 바래여지는(보이어지는) 디(데에) 간(가서) 앚인 후젠(後+적에는), 그 썰(실)로 준(꿰맨) 거ø 썰(실)만 「촥!」(의태어, 쏙) 빼어 두고 숟가락으로. 구비3 김재현, 남 85세: 132쪽

-아 지다: 영장(營葬)을 홀 때에 아마 재산도 좋아지고(많아지고) 이러니까, 광중(壙中, 무덤 구덩이)을 미리 메칠(며칠) 전의(전에) 단속해 뒷다서(두었다가) 하관시(下棺時)가 당해여 가니까 영장(營葬, 관)을 운반ㅎ고 이제 산터 보레 갓다말이어. 구비3 김재현, 남 85세: 79쪽

-아 지다: 옛날 집이, 그 초집(초가집)의 안방으로 구들 천아반(천장 반자) 우터레(윗쪽으로) 터 젓이메(터 지+엇+음+이어, 터 져 있는 법이야). 그거 알아져? 영(이렇게) 이만이(이만큼) 들러 젓이메(들리어 지+엇+음+이어, 들려져 있는 법이야). 구비3 김재현, 남 85세: 270쪽

-아 지다: 우선 부인네보고 "어떵(어떻게) 산질(산길)로 가젠 ㅎ난 고생이나 해여젼?(해졌느냐? 해졌어? 하다+지다)" "엇수다!(없습니다, 아닙니다) 어제 뭐 저, [날이] 붉은 때에 [집에] 도달해여집데다(도착해집디다, 도달하여+지다+읍+더이다)." 구비3 김재현, 남 85세: 93쪽

-아 지다: 흔 번은 제亽(제사) 보레 간(갔어). 뒷날 돌아오자곤(돌아오려고) ㅎ니까 … 처남 되는 이가 그 웃귀(서귀포시 남원읍 의귀리) 분네보고(분한테, 매부한테) "매부는 무슨 짐승이나 질롸졌어(기르고 있어, 길러지고 있어, '질루+아+지+없+어')?" 구비3 김재현, 남 85세: 257쪽

-아 지다[가능, 능력, 을 수 있다]: "너ø [바닷고기를] 불 우의(위에) 놩(놓아서) 구민(구으면) 이렇게 영(이렇게) 카 불민(타 버리면) 이거 사름ø(사람) 먹어지느냐?" 구비3 김재현, 남 85세: 133쪽

-아 지다[가능성]: 경 ㅎ난(그러니까, 오찰방 아버지가 씨름 시합을 요구하니까)

정훈딘(鄭訓導는) 술 흐고(술 마시고 잔뜩 취하고서) "해여져마씀?(취한 채로 씨름을 할 수 있겠습니까?)" 구비3 김재현, 남 85세: 43쪽

-아 지다[결과 상태, *자동적 과정은 아님, 인위적 발생 사건의 결과]:

-아 지다[우연히 그곳으로 가게 되면, 사람을 보면]: 「에잇거, 가 지면(가면) 분해(나눠 준 사냥물) 받아그네(받아서) 저냑(저녁) 반찬이나 흐곡…」 구비3 김재현, 남 85세: 168쪽

-아 지다[일반 사건의 추이]: 「이렇게 위험한 기정(절벽)에 떨어지니, 살 게 뭐이냐?(살아 있을 리 있겠느냐?)」 흔탄(恨歎)햇거든. 구비3 김재현, 남 85세: 35쪽

-아 지더라: 그만큼 흔 권리(권력)을 가져 잇지마는, 영리방(제주 영문 이방)은 대흐면은(마주 대하면) 「대정 군수가 먼저 절을 해야주」 흐는 게인디(것인데), 아, 그 영리방(제주 영문 이방)이 '믄저 절을 흐여지더라' 그런 말을 햇주게(햇지+화용 첨사 '게'). 구비3 김재현, 남 85세: 139쪽

-아 지어 불다: 그놈으(그놈의) 내(냇물)가 … 군산(서귀포시 안덕면과 중문면 사이에 있는 기생화산) 뒤으로(뒷쪽으로) 서러레(서쪽으로) 흘러버렷거든. 「딱!」(의태어, 바로, 정확히) 막아져 불연. 구비3 김재현, 남 85세: 53쪽

-아(라) 가지고: 진(긴) 논인디, 그 큰 비가 오라 가지고, 막 그만 물에 끗어네(끌어 쏠려서), 메우는 딘(메꿀 만한 곳에는) 메와 불고(메꿔 버리고), 끗이는 딘(끌어 쏠릴 만한 곳에는) 끗어 불고(끌어 쏠어가 버리고) 흐니, 역군(일꾼, 役軍)을 흔 오십 명 빌어야 이 일을 흘 테니까니, "역군(일꾼)을 강(가서) 빌라!" 막산이 보고 주인이 흐니, "예!" 구비3 김재현, 남 85세: 28쪽

-아[방법, 수단] 오다: 대정 군수가 스령(使令)을 보내어 가지고 "너ø 강정(서귀포시 강정동) 한효종이ø 강(가서) 심어 오라!(잡아오라)" "예엣!" 흐멍(하면서) 왓입주(왔읍죠). 구비3 김재현, 남 85세: 161쪽

-아가다(오라가다): "제스란(제사라서) 오라간 말이로구나. 어떻게 제스나 잘 누가 멕엿나?" "없습니다. 제스를원(제사를+화용 첨사 '원') 잘 만나지 못흔 거 곹읍니다." 구비3 김재현, 남 85세: 142쪽

-아낫+???은(-어낫다, -어낫주, -어낫져, -어낫인 생인고라, ??어낫+은): 베인태(邊仁泰) 그 사름이 거짓말 잘 허여난 사름이고, 구비1 안용인, 남 74세: 131쪽

-아도 좋다: 선참후계(先斬後啓, 죄인을 먼저 목 베고 나서 나중에 조정에 아룀)흐라! 죽일 사름(사라) 잇이면은 믄저(먼저) 죽여 놓고 후에 보고해도 좋다! 구비3 김재현, 남 85세: 137쪽

-아만 앚이민: 요놈으(요놈의) 여운(여우는) … 경(그렇게) [뒤쪽에서 상대방을

껴 안고 두 손가락을 깍지 끼우듯 서로 걸고] 걸장(걸+掌)을 안 해도 그디(거기
에, 말안장 뒤편에) 올라만 앚이민, 「이 사름은 먹엇다」ø 흐는 거주게. 잡아먹
젠 흐는 거주게. 구비3 김재현, 남 85세: 49쪽

-아사 -는 거주게: 큰 솔, 대말(大斗) 치(鉹)에 숣으멍 큰 ㄱ렛도고리(맷돌+ㅅ+도
고리, 통나무나 큰돌의 가운데를 움푹 파내어 맷돌을 얹힘)에 퍼 놓아그네(놓
아서) 식혀사(식히어야) 섞으는 거주게. 구비3 김재현, 남 85세: 31쪽

-아사 되다: "오탁수(五濁水, 불교 용어)를 아이 먹으민 죽어도 저승[이승의 잘못]
ᄆᆞ음이 된다. 내가 죽어도 오탁수를 아이 먹어서, 흔 번 환생을 허여사 되겠다!"
고. 구비1 안용인, 남 74세: 135쪽

-아사 흐다: 펭성(平常, 항상) [썰물 때에라도 물고기를 잡으러 나가려고 덕판배
를] 바당에(바다에) 틔와사(띄워야) 흐는디… 구비3 김재현, 남 85세: 38~39쪽.

-아사 흐켜: "야, 거(그거, 상황이) ᄆᆞᆯ(말)이 두성두성헴직흐다(부산떨듯이 혼란스
럽게 마구 내달림직하다). 그거(그것, 이런 상황 때문에) [말에서 떨어지지 않
으려면 주인공인 나에게 바짝 다가앉아서] 조꼼(조금) 나(내) 몸에 의지해사
흐켜!" 구비3 김재현, 남 85세: 50쪽

-아사주(아사 흐주): 들어도 기특(奇特)흔 말을 ᄀᆞᆯ아사주. ᄀᆞᆫ사(방금, 갓) 닮은 이
상흔 두르웨(어리석은 사람, 어리다/어리석다는 뜻의 '두리다'+輩) 말은 아니
흐크라. 구비2 양형회, 남 56세: 35쪽

-아사쥐(어사 흐주이): 아이(아니), 경흐난(그러니까, 힘 센 한효종이가 사령들에
게 자신을 결박하지 말라고 말하니까) 그 말ø 들어사쥐(들어야지+화용 첨사
'이', 들어야 하지+이). 짐짓(일부러) 묶으젠 흐당은(묶으려고 하다가는) 「퍼
뜰락!」(의태어, 퍼뜩!, 순식간에 벌어지는 사건) 흐민, [한효종을 잡으러 간 사
령] 둘ø 「거뜬!」(의태어, 가볍게) … [물리칠 수 있지] 구비3 김재현, 남 85세:
163쪽

-아야 -겟다: [침략 전쟁에서 이기기 위해서] 우선 철저흔 사름(사람)이 [우리나라
에] 잇다 흐면은, 이 사름덜을 무슨 꾀로 어떵 햇든지, 츰(참) 죽열 부나(죽여를
버리나) 치와(치워ø, 없애ø) 버려야 ᄌᆞ기네(자기네들, 일본 장군 소서행장과
가등청정)가 일을 흐겟다, 이런 생각을 들어왓다고 [전한다, 판단한다, 확신한
다]. 구비3 김재현, 남 85세: 325쪽

-아야 -는디 -아 가다: 기연디(그런데) (어린 인삼을 먹고 일정한) 시간이 넘어
가야 올근흐는디(얼근하는데), 앙이!('아니!'의 개인 말투), 거(그거) 후끈후끈
흐여 가. 구비2 양구협, 남 71세: 650쪽

-아야 되다: (목련 존자가) "또 흔 번 저승엘 들어강 (목련 존자의 어머니를) 환생
(還生)을 제대로 허영 나와야 되겟다!"고. 구비1 안용인, 남 74세: 137쪽

-아야 되다: (토정비결 책자를) 뺏기고 가는디 (옥황으로) 올라가서 스실(事實)
말흐니 「못생긴 즈식!」이라고. 이젠 혹경(酷黥 가혹하게 야단치다)을 쳐 노니,
「그 책을 아무래도 춫아와야 된다」고 그 책 춫이레 왓댄 말이어. 구비1 안용인,
남 74세: 187~188쪽

-아야 되다: '못쓰겟다'고. '몽니를 부려야 된다'고. 구비 1 안용인, 남 74세: 136~
137쪽

-아야 되다: "그리고 개톳젤(開土祭를) 지낼 때도, 개토젤 지내는디 그 제숙(祭需)
을 백(百) 쇠(牛)를 가져 가지고 개토젤 지내야 되겟다!" 구비1 안용인, 남 74세:
211쪽

-아야 되다: "또 흔 번 저승엘 들어강 환생을 제대로 허영 나와야 되겟다!"고.
구비1 안용인, 남 74세: 137쪽

-아야 되다: "불을 멀리 놔 가지고 고기를 궈야 된다!" 구비1 안용인, 남 74세:
133쪽

-아야 되다: "아, 이 오탁수(五濁水, 불교 용어)로고나! 내 이 물을 먹지 말아야
되겟다!" 구비1 안용인, 남 74세: 135쪽

-아야 되다: 「아버지 은혜라도 갚아두고 내가 죽어야 되겟다」고 허여 가지고,
집의(집에) 춫아 오란 보니, 구비1 안용인, 남 74세: 125쪽

-아야 되다: 그 뒷해에 그 그물이 엇어(없어)졌다고 흐네, 한동(제주시 구좌읍
한동리)의. 흔디 마ㅂ름(南風) 주제가 쳐 가지고 멜(멸치)이 듬뿍 쌓였댄 말이
어. 닷배를 이렇게 붙져야 될 거 아니라게. 구비1 안용인, 남 74세: 169쪽

-아야 되다: 기영 흐니(그러니) 아덜이 쌍놈이문 메누리도 똘랑(따라서) 나가야
될 거 아니라? 똘란 나갔다 말이어. 구비2 양구협, 남 71세: 627쪽

-아야 되다: 내가 죽어야 되겟다고 허여 가지고, 집의 춫아 오란 보니, 구비1 안용
인, 남 74세: 125쪽

-아야 되다: 누었는디, 즈냑은 먹을 때 되니, 즈기네만 즈녁을 먹고. 이왕 방을
빌렷이니, 긔영 흐여도 소님(손님)보고도 「즈녁 굳이 자시라」고 허여야 될 거
아닙니까? 즈기네만 먹언 치와 불거든. 구비1 안용인, 남 74세: 164쪽

-아야 되다: 부재(富者)는 부재로고나! 흐되 즈녁을 즈기네만 먹으멍, 게도 「즈녁
이라도 굳익(같이) 먹으라」고 허여야 될 텐디, 몽니는 하여칸(何如間) 나쁜 놈이
다. 구비1 안용인, 남 74세: 165쪽

−아야 되다: 큰일 날 거니 "이거 안 되겠다!"고, "못썼다!"(성격이 고약하다)고 허엿어. 이제는 "본국으로 돌려보내야 되겠다!"고. 구비1 안용인, 남 74세: 149쪽

−아야 되다: 흔 놈은 건너다 연구를 허여 보니 「이 놈을 흔 번 얼멕여야(골탕먹여야) 되겠다」고. 거짓말을 연구허였댄 말이우다. 구비1 안용인, 남 74세: 153쪽

−아야 맞다: 경 허여야 맞일 거라. 구비1 옆에서 듣던 현원봉 씨의 수궁 반응: 184쪽

−아야 씨겟다: 흔저(어서) 가 불어야(떠나가 버려야) 씨겟다고(쓰겠다고, 되겠다고). 구비2 양구협, 남 71세: 646쪽

−아야 씨다: 회홀년(回婚年) 잔칠 흐게 되니, 즈기네만 질겨(즐겨) 놀기는 곤란흐고. 흐니 선생 생각을 흐니, 선생을 모셔야 씨겟다고 흔 생각이 들엇던 모냥이지. 구비2 양구협, 남 71세: 639쪽

−아야 안 먹어: (중국에서 보낸 학을) 먹이지 아니흐문, 석 둘 아니 먹으문 죽으니까, 기어이 그 신흐덜이 많이 이거 연구흐여당 멕여 봐야 (먹이를) 안 먹어. 구비2 양구협, 남 71세: 667쪽

−아야 알다: "내종 짝을 봐야 알지, 쳇짝만 봐서는 모릅니다." 흐니. 구비1 안용인, 남 74세: 139쪽

−아야 올근흐다: 기연디(그런데) (어린 인삼을 먹고 일정한) 시간이 넘어 가야 올근흐는디(얼근하는데), 앙이!('아니!'의 개인 말투), 거(그거) 후끈후끈흐여 가. 구비2 양구협, 남 71세: 650쪽

−아야 좋다: "장기는 내기를 해여야 좋지 않습니까?" "아, 그럴 것이오." "무슨 내기를 흐꼬마씀(할까요+대우 관련 화용 첨사 '말씀입니다')" 구비3 김재현, 남 85세: 331쪽

−아야 흐게 되다: 기영 흐영(그래서) 그 날은 딱 당(當, 당도)해 가니, 아미영 해도(아무래도) 불가피해서 가야만 흐게 되엇는디, 흘 수 읎어. 구비2 양구협, 남 71세: 631쪽

−아야 흐다: 장수(將帥) 나민, 물 난다고, 장수 나민 물 난다고 허여 가지고, 용마(龍馬)로 나오란 헤엿이민 그것이 상천(上天)을 허엿다든지 그런 말이 잇어야 흘 건디, 이건 물 나고 장수 났다 이것뿐이라. 구비1 임정숙, 남 86세: 194쪽

−아야 흐다: (집으로 돌아) 왓는디(왔는데) 각시영 이러저리 죽지 아니흐문 (곤궁한) 삶으로(죽기살기로, 채록자의 해설) 사는디, 샛뚤(둘째딸)도 쓰물 셋(스물 셋)이나 낫다 말이어. 쓰물 셋이 나니 이거 누겔(누구를) 줘야 흘 건디. 구비2

양구협, 남 71세: 647쪽

-아야 ᄒ다: 그 전원(前에는) 쌍놈의 ᄌ석이라고 해서 눈알(눈 아래)로 보지도
아년디(않았는데), 그 다음붙어는 그것도 은혜라고 ᄒ여서, 아주 아까와 뵈어
서(보이어서),「저놈으 아일(아이를) 어떵 친굴(親舊를) ᄒ여야 홀 건디」 흔
ᄆ음을 다 ᄒ연. 구비2 양구협, 남 71세: 618쪽

-아야 홀 테니까니: 진(긴) 논인디, 그 큰 비가 오라 가지고, 막 그만 물에 끗어네,
메우는 딘(메꿀 만한 곳에는) 메와 불고(메꿔 버리고), 끗이는 딘(끌어 쓸릴
만한 곳에는) 끗어 불고(끌어 쓸어가 버리고) ᄒ니, 역군(일꾼, 役軍)을 흔 오십
명 빌어야 이 일을 홀 테니까니, "역군(일꾼)을 강(가서) 빌라!" 막산이보고
주인이 ᄒ니, "예!" 구비3 김재현, 남 85세: 28쪽

-아야만 모사오다: 이젠 그 걸음 잘 걷는 사름 아무디 있다고 ᄒ는 말을 들어
놓고, 잘 걷는 사름 선택ᄒ영 보내야만 모사 올 텐디, 일은 바쁘고 안 됏다고.
기영 해서 이젠 걸음 잘 걷는 사름 택ᄒ여서 보내엿는디, "황정승을 강 청ᄒ여
오라!" ᄒ엿어. 구비2 양구협, 남 71세: 639쪽

-아얀다(어야 한다): "그러면 나 ᄒ는 대로 다 허여얀다!" "예!" 구비2 양형회,
남 56세: 31쪽

-아얄ø건디[-아야 할 건디]: 그 돗(돼지)을 걸려다(줄로 걸려서 훔쳐다가) 먹어얄
건디(잡아먹어야 할 것인데), 해 볼 수가 엇엄직ᄒ다(없음직하다). 구비3 김재
현, 남 85세: 266쪽

-아지다(살아질로고나): 이제는 우리 두 부체(夫妻)가 뭣을 부지런히 홈으로써
뭣을, 가난을 피ᄒ고 살아질로고나! 구비3 김재현, 남 85세: 287쪽

-아지다(알아지다, 결과 상태 구문): 정문손이, 정문손이엔(이라고) 흔(하는) 사름
(사람)이 그 사름 바로 당손자주(당손자이지). 당흔 손자라. 손ᄌ고(손자이고),
내가 그 그 냥반(양반)을 얼굴 알아지주(알지, 알고 있지, '알+아+지+주').
구비3 김재현, 남 85세: 296쪽

-아지다: "그때에 내가 선생님안티(한테) 행실을 배와서(배워서) 이제는 좋은 사
름(사람) 되엇습니다. 좋은 사름 돼서 잘 살아집니다(삽니다, 살+아+지다).
대단이(대단히) 황송ᄒ고 고맙습니다!" 구비3 김재현, 남 85세: 245쪽

-아지다: 그 지대(地帶)가 어떠냐 ᄒ면은, 군산(서귀포시 안덕면 창천리와 대평리
사이에 있는 산) 막바지 올라가면은 그 논 훤히 베려지는 디주(바라보여지는
데이지). …ᄆ를리(마루)에 올라간 그 논더레 ᄇ라보니… 안개만 캄캄햇어. 구비3
김재현, 남 85세: 29~30쪽

-아지다: 아넌 게 아니라, 물을 타고 오는디, 산방산(서귀포시 안덕면 사계리 산방
산) 뒤엘(뒤쪽에를) 오니까, [산길] 양 좌우에 수풀로 「탁!」 얽어지니(얽히어
위쪽이 막혀 있으니) 하늘도 못 베련0(보이었어, 볼 수 없었어). 구비3 김재현,
남 85세: 48쪽

-아지다[우연한 결과 상태]: "후에랑(후엘랑) 요쪽더레(요쪽으로) 오라지거들랑
꼭 내 집을 흔 번 방문ᄒ시오!" 이러했다고. 구비3 김재현, 남 85세: 245쪽

-아지다[자동적 과정]: "너 어쩨서 얼굴이 그렇게 파리ᄒ냐? 밥 잘 먹어지나?"
"잘 먹어집네다!" 구비3 김재현, 남 85세: 73쪽

-아지다[피동]: "갈 때나 올 때나 길에서 뭐 이상흔 뭣이나 봐지나?" 처음은 대답
을 안 햇소. 구비3 김재현, 남 85세: 73쪽

-아질까?: 대포서도(서귀포시 대포동에서도) 다 아는 사름덜이(사람들이) 잇고
(있고) 흔디(한데), 거(그거) 번쩍(순수하게, 번드드르하게) 거짓말을 해지까
(해 질까)? 구비3 김재현, 남 85세: 300쪽

-안 잇거든: ᄉ또가 보니 가시나무로 잠대(쟁기) ø 맨드란 잇거든0. "하, 이런 괴한
(고얀) 놈이 어디 잇느냐? 솔가지와 가시나무는 법으로 금(금지)ᄒ여 잇는
디…" 구비3 양원교, 남 72세: 410쪽

-안 잇다: 그자(그저) 산디 ø(밭벼, 山稻) 잃러 불엿다ø(잃어 버렸다) ᄒ는 거 ø
(것) 가숙(가속, 가족)도 알고 동네 사름(사람)도 알안 잇는디(알아서 있는데,
알고 있는데), ᄀ을(가을)에, 그 산디(밭벼)를 그렇게 잃고, 아마 이 철 이제쯤
보리가 익자마자, 어떤 사름(사람)이 와서 인살(인사를) 드려요. 구비3 김재현,
남 85세: 212쪽

-앗는지 모르주마는: 우탁이는 아마 근간(요사이) 사름인디(사람인데), 이제는
늙어 죽엇는지 모르주마는. 구비3 김재현, 남 85세: 193쪽

-앗든(든지) 말앗든(든지) ᄒ다: "담뱃불 ø 당신네 냥으로(樣으로, 당신네대로 스
스로) 갖다 태왓든 말앗든 홀 일이지! 내가 뭐요, 당신네 담배 ø 태우는 디(피우
는 데)." 구비3 김재현, 남 85세: 337쪽

-앗든(든지) -앗든(든지) (간에) 꼭 ᄒ다: 제주 목사가 「빙!」(의태어, 원을 도는
모습) ᄒ게 제주도를 흔 바퀴 순례ᄒ다가(순시하다가, 巡禮는 巡視의 오류)
서귀포에 오면, 그 뜨거운 철에 오랏든, 추운 절(절기)에 오랏든, 꼭 정방폭포를
구경ᄒ는데… 구비3 양원교, 남 72세: 407쪽

-앗인지(은지) -말앗인지(은지): 어디 외가칩인가(외가 집에인가) 맽겨 둰(두고
서) 간(가서) 돌아오랏인디 말앗인디. 구비3 김재현, 남 85세: 279~280쪽

-앗젠 ᄒ는 거주: 주모들이 [강 벌테한테] 속앗젠(속았다고) ᄒ는 거주(거지). 구비 3 정원선, 남 90세: 393쪽

-앗젠 ᄒ주: 그냥 춤(참) 돈 많이 받곡(받고서) 폴앗젠 ᄒ주(팔았다고 하지). 구비3 정원선, 남 90세: 393쪽

-앙 하다: 기영 해서, 이젠 그리저리ᄒ다가 윗날은 과거(科擧), 과거 보레 간다고, 요샌 큰 시험인디, 과거 보레 간다니, 이놈으 아이도 이젠 과거 보레 갈 작정(作定)했어. 지 부모보고, 아, 이제 "나도 과거 보레 ᄒ디(함께) 갈 테니 그쯤 알아서 간 중(줄)만 압서! 걱정되카 부댄 이야기 했수다." 구비2 양구협, 남 71세: 619~620쪽

-앙 하다: 기영 ᄒ니, 그때에 "예!" 아바지안틔. 그처록(그처럼) 이야기ᄒ여 놓고. 구비2 양구협, 남 71세: 620쪽

-앙그네 -앉수다 -으라 -쿠다: 중문이(서귀포시 중문동) 처가집에 왕그네(와서) "난 집에 갔수다!" "밥이나 해여 먹엉 가라!" "엇수다(없습니다, 아닙니다), 가쿠다(가겠습니다)." 구비3 김택효, 남 85세: 383쪽

-야 되다: 부재(富者)는 부재로고나! ᄒ되 ᄌ녁을 ᄌ기네만 먹으멍, 게도 「ᄌ녁이라도 굶익(같이) 먹으라」고 허여야 될 텐디, 몽니는 하여칸(何如間) 나쁜 놈이다. 구비1 안용인, 남 74세: 165쪽

-야 되주: 저레(저쪽으로) 가는 소를 타면은 저레 돌아앉아야 되주. 쇠머리 편더레(편 쪽으로) 돌아앉질 않고, 조름(꽁무니, '조롬'의 변이형도 쓰임) 편더레 돌아앉아. 구비3 김재현, 남 85세: 335쪽

-야지(야 하지): ᄆᆞᆯ을 잃어 불엇어. 종이영 장남(臧男, 臧獲, 머슴, 여성을 가리키는 '하님'의 대립어이며 이들의 주인을 '한집'으로 부름)덜이멍 내어 낭(내어 놓고서) 막 촟아보되, 뭐 ᄆᆞᆯ이 셔야지(있어야 하지). 구비2 양형회, 남 56세: 36쪽

-얍주[야 ᄒ주]: [목숨 내기로써 장기판을 벌이면서] "아닙니다. 내ᄉᆞ(內事)는 간주인(看主人, 주인을 살펴본다)이라 하니, 주인이 먼저 부쩌얍주(붙여야 합지요, '붙이+어야+읍주')!" 유 버버리(벙어리)가 "혹, 그렇게 나온다면 홀 수 없죠. 내가 믄저(먼저) 부쩌도 좋아요?" 구비3 김재현, 남 85세: 331~332쪽

-어 가지고[이유]: "…흉년 봄이 되기 따문(때문)에 절량(絶糧)이 되어 가지고 홀 수 없으니, 상주님안티(?鄕主+님에게) 와서 곡식을 조금 얻어 갈려곤 왔습니다." 구비3 김재현, 남 85세: 58~59쪽

-어 나다: 그것도 경허여 나기로(그렇게 하였었기로) 전설이 느려 오랏다고. 청중 웃음. 구비2 양형회, 남 56세: 27쪽

-어 나다: 옛날 국상(國喪)이 나면 각도(各道) 인원 활당(할당)이 잇어 낫다ø고0.
  구비3 김승두, 남 73세: 112쪽

-어 난 어른: 「야, 요 늙은이 기여도(그래도) 글이라고 흑쓸(적이, 조금) 익어 난(읽
  었었던) 어른이로고!」(여기었어). 구비2 양형회, 남 56세: 27쪽

-어 낫인가?: 「서푼짜리(3푼짜리, 하찮은) 과거(科擧)라도 허여 낫인가? 옥관저(玉
  貫子)를 둘고(달고 있으니까)」 구비2 양형회, 남 56세: 27쪽

-어 놓다: 지금은 그 춤 눗면대(얼굴 對面)부떠(부터) 허여 낭 약혼(約婚)을 흐나
  무슨거 흐는디, 그때는 그게 아니라 말이어. 구비2 양형회, 남 56세: 29쪽

-어(영) 가다: 오십 멩(50명) 정심(점심)을 흐고 갔으니, 종년이 밧갈쇠(밭+갈다+
  소)에 오십 멩 먹을 거 쉬어(싣고서) 간(가서) 보니, 막산인(막+살다+은+이#
  는) 일일앙말앙 아무것도 안 흐고, 논둑에 베개 베연 누워 잒어(눠 자고 있어).
  구비3 김재현, 남 85세: 28~29쪽

-어 ø 해 된(인용문 -엔 해 된): "아니, 그 사름덜 오켜(오겠어), 오켜(오겠어) 해
  된, 아니 오라 부난(와 버리니), 뭐 홀 수 시어(있어)?" 구비3 김재현, 남 85세:
  29쪽

-엔 해연0: "역군(일꾼, 役軍)을 강(가서) 빌라!(빌어오라)" 막산이보고 주인이 흐
  니 "예!" 빌쿠댄 해연. 구비3 김재현, 남 85세: 28쪽

-엔 흐단(젠 흐단): "나만 오라네(와서) 일 흐젠(하고자) 흐단(하다가) 긔자(그저)
  나만이고 흐나네, 일도 아니 흐고 누엇어(누었어)!" 구비3 김재현, 남 85세:
  29쪽

-엔 흔: 어디 난드르(나다+은+들, 서귀포시 안덕면 대평리) 가그네(가서), 난드
  르엔 흔 군산(대평리와 창천리 사이에 있는 산) 앞 동네가 잇주. 구비3 김재현,
  남 85세: 28쪽

-엔(은) 흐다: "아이, 어떠흐난게, 누웡 잒구나게! 정심(점심) 이거 오십 멩(50명)
  먹을 거 쉬어 오랏이니까니, 먹으랜 흐젠 흐난, 사름은 어디 서(있어)?" 구비3
  김재현, 남 85세: 29쪽

-엔(저+은) 흐다: "아이, 어떠흐난게, 누웡 잒구나게! 정심(점심) 이거 오십 멩(50
  명) 먹을 거 쉬어 오랏이니까니, 먹으랜 흐젠 흐난, 사름은 어디 서(있어)?"
  구비3 김재현, 남 85세: 29쪽

-엔0 -엔0 -엔0: 그딜(그곳을) 오니까, 색달리(서귀포시 중문면 색달리)로 중문
  이(서귀포시 중문리)로 독(닭) 우는 소리, 개 죾으는(짖는) 소리가 나 가니,
  요놈의 게(요놈의 것이, 처녀로 변장한 여우가) 아니, 「오줌 무려우니 부려

줍센, 부려 줍센 오줌 싸쿠댄」(오줌 마려우니 내려 주십시오라고, 내려 주십시
오라고, 오줌 누겠다고). 구비3 김재현, 남 85세: 50~51쪽

-엔0: "무사(왜, 무슨 일로) 오랜?" "몰라" 구비3 김재현, 남 85세: 43쪽

-으들(-으지를) 않다: 지레(키, 길이)가 큰 사름인디(사람인데), 그 집의 집 가지
(가장자리 처마)가 요렇게 높으들 않고, 그자(그저) 초가집 ㅂ듯하게(빠듯하게)
기자(그저) 가지(가장자리 처마)가 늦아운(낮은, '늦갑다, 늦찹다'로도 변이함)
집인디(집인데), 아 그 큰 성님(형님)인가 흔 사름(사람)이 들어가다서(들어가
다가) 집 가지(가장자리 처마)에다 … 거시어(건드려, '거스다, 거실다'로도 변
이함) 가지고 입ᄌ(笠子, 대오리 갓)가 조꼼(조금) 상햇ᄃø 말이어. 구비3 김재
현, 남 85세: 323쪽

-으랴고 ᄒ다: 아들을 폴랴고 ᄒ는디, 동생놈이 술 먹으민 대광절(大狂疾, 광절
놀다, 미치광이 놀음하다) 판국이라. 판국이니, 이제는 잔칫날은 이제는 걸(동
생을) 외방(外方)을 내보내 불고, 다른 사름을 우시(圍繞, 결혼식 상객)를 보내
게 되엇댄 말이우다. 둥글어 먹은 놈이 되니, 술 먹어 불량(不良)해도 눈친
알아 가지고, 돌려 오라 가지고, 우시 갈랴 ᄒ는 놈 물을 빼앗아 가지고 탄
들렷어, 사돈칩의. 구비1 안용인, 남 74세: 197쪽

-으러 -왔거든0 -으레 -왓이니: 이제는 중(僧)이 권재(勸財, 시주)를 받으러 오랏
거든. 권재를 받으레 오랏이니, 아, 이젠 그 십일대조(十一代祖) 위ᄒ는 목신(木
神)을 찍어 넹긴 여ᄌ가 권재(勸財) 줄 것이 뭐이 있읍니까? 구비1 안용인,
남 74세: 212쪽

-으레 [목적]: 흔 번은 그 서당엘 놀레 가서 글 익는(읽는) 걸 보젠 들어가니,
선생도 안테레 들어오랭 ᄒ젱 ᄒ였자, 제ᄌ덜 ᄆ소왓어(무서웠어). 제ᄌ덜이
또 「쌍놈의 ᄌ석」 ᄒ여 놓고 ᄒ문, 대답홀 ᄌ를(겨를)이 읎고, 그래서 이젠
내불었는디. 구비2 양구협, 남71세: 168쪽

-으레 가다(러 가다): ᄒ연 뒷날은 일 ᄒ레(하러) 간다 해네(하여서), 무슨 쒸갈레
죽(쇠가래, 쇠삽)인가 무슨, 무슨 … 구비3 김재현, 남 85세: 28쪽

-으레 가다: "너 양반덜쾅 굳이(같이) 과거(科擧) 보레 가지 말아라!, 못 간다!"
구비2 양구협, 남 71세: 620쪽

-으레 가다: 그 밧디(밭에) 졸(조를) 불려(밟아, 파종 뒤 이랑속에 잘 묻히도록
잘 밟아) 가지고 검질(김, 잡초)ø 매레 가면은 큰 밧(밭)이라도 ᄒ루(하루)에
다 매게 맨들주게(만들지+화용 첨사 '게'). 구비3 김재현, 남 85세: 274~275쪽

-으레 가다: 그 아인 뒷날또뒷날은 과걸 보레 갔주. 구비2 양구협, 남 71세: 623쪽

-으레 가다: 기영 해서, 이젠 그리저리ᄒ다가 윗날은 과거(科擧), 과거 보레 간다
고, 요샌 큰 시험인디, 과거 보레 간다니, 이놈으 아이도 이젠 과거 보레 갈
작정(作定)했어. 지 부모보고, 아, 이제 "나도 과거 보레 ᄒ디(함께) 갈 테니
그쯤 알아서 간 중만(줄만) 압서! 걱정되카 부댄 이야기 했수다." 구비2 양구협,
남 71세: 619~620쪽

-으레[목적] 가다: 아무 날 씨름 ᄒ레 간다 ᄒ니, 누이가 걱정이 되어. 구비3 김재
현, 남 85세: 174쪽

-으레 가다: "한양(漢陽) 뭘ᄒ레 가요?" "과거(科擧) 보레 간다"고. 구비1 안용인,
남 74세: 156쪽

-으레 가다: 그 주인네는 어디 드릇팟디(들밭에, '드르ᄒ+ㅅ+밧+듸') 일사(일이
야) ᄒ레(하러) 갓던지(갔었던지), 낮이 되어 가니까니(가니까) [집으로] 와서
점심 해영 가쟈, 가쟈고 온 모냥(모양)이라. 구비3 김재현, 남 85세: 270쪽

-으레 가다: 이 사름(사람)이 처부모가 죽어서 제사가 당ᄒ면 백발백중 꼭 매번이
(매번에) 제사 먹으레 가요. 구비3 김재현, 남 85세: 257쪽

-으레 가다: 장 보레 가는 사름도 그레 올라오당 쉬엉 떡을 먹거나 밥을 먹거나
ᄒ곡, 똑 절로(저기로부터) 오는 사름도 그디서 쉬엉 밥을 먹거나 떡을 먹거나
ᄒ곡. 구비1 안용인, 남 74세: 213쪽

-으레 가다: 흔 번은 제ᄉ(제사) 보레 간(갔어). 뒷날 돌아오자곤(돌아오려고) ᄒ니
까 … 처남 되는 이가 그 옷귀(서귀포시 남원읍 의귀리) 분네보고(분한테, 매부
한테) "매부는 무슨 짐승이나 질롸졌어(기르고 있어, 길러지고 있어, '질루+아
+지+없+어')?" 구비3 김재현, 남 85세: 257쪽

-으레 가다 -젠 -가니까[사건 전개의 배경] -앗어0: 뒷날 아침(아침)은 괴기(물고
기) 낚으레 가젠, 이제 어부덜이(어부들이) 내려간 보니까, 배가 믄딱(모두 다)
숨베기(순비기나무) 왓디(밭에) 올라오랏어(올라와 있어, 올려져 있어). 구비3
김재현, 남 85세: 39쪽

-으레(이레) 가다: 아, 이제 집의서는 (황정승이 밖에 나들이를 하면) 오래 살지는
아니는 성질인디, 오래 사니(밖에 오래 머물러 사니), 거 참 이상ᄒ다고. (황정
승 아들이 아버지를) 촛이레 간다고 그 밤에. 구비2 양구협, 남 71세: 642쪽

-으레 나가다: 청(요청)해 가지고 따(땅, 묏자리)을 보레(보러) 나가는디(나가는
데), "너ø, 어디 유렴(유념)ᄒ 디가 잇느냐?" 구비3 김재현, 남 85세: 229쪽

-으레 촛안 나가다 -은 때: 원술(원수를) 갚으레 촛안 나간 때에 어떤 피밧디(피밭
에서) 새 드리는(새들을 내쫓는) 이 할망이 말ᄒ기를, ᄌ기 ᄌ석덜보고 「새는

드리라」고 ᄒ되, 피는 새 먹어 불이문 수학이 웃주게(없지게). 구비2 양구협,
남 71세: 632쪽

-으레 댕기다: 이웃집의 어떤 부인이 ᄀ찌(같이, '굳이') 벗 ᄒ는, 벗 해그네(해서)
무레질(물질, 잠수 작업) ᄒ레 댕기는 어른이 잇는디, 좀수질(潛嫂 작업) ᄒ레
댕기는 어른이 잇는디… 구비3 김재현, 남 85세: 261쪽

-으레 댕이다(다니다): 어디 강으네 동ᄉᆞᆷ(童蔘) ᄒ레(캐러) 댕이멍(다니면서), 노
동복(勞動服)으로 댕이당(다니다가) 오랑으네, 사둔(査頓) 대ᄒ기가 곤란ᄒ카
부댄, 의복을 ᄒᆞᆫ 벌 가지고 남펜(男便) 의복이영 씨아방 의복이영 ᄀ지고 나갈
판이라. 구비2 양구협, 남 71세: 650쪽

-으레 오다: "아시놈(아우놈)이 제ᄉᆞ 보레 온 핑게에 「밧(밭)을 내가 갈켓다」곤
ᄒᆞ니, 「그럴 수가 잇느냐?」해서 ᄃᆞ퇴(다투어) 가는 게, 그만 너무 ᄎᆞᆷ 이상ᄒ게
되서, 아니 된 것 ᄀ틉니다." 구비3 김재현, 남 85세: 144쪽

-으레 오다: 「엄판ᄉᆞᆨ가가(嚴判書인가+가) (죽지 않고 지금도) 살앗다」는 소문을
들은 우젠(後+적에는, 뒤에는), ᄉᆞ방에 촛아네(찾아서, 찾고서) 다시 이젠 모시
레 왓어(모셔 가고자 왔어). 구비2 양구협, 남 71세: 651쪽

-으젱 ᄒ다: 할으방 시절부터 이때ᄁᆞ지 잇ᄌᆞ(利子) 출령(덧붙여서) 갚으젱 ᄒ면
탕진가산 되어 불 접주. 구비1 안용인, 남 74세: 155쪽

-으카 부다(을까 보다): "요놈으(요놈의) 거(것, 자신의 남편을 얕잡아 부름), 지붕
더레(쪽으로) 앗아(잡아 갖고서, 앗다+아) 늘리카 부다(들어 날려 버릴까 보
다)." "어, 요년! 날 지붕 우터레(위쪽으로) 앗아(잡아 갖고서, 앗다+아) 늘리라
(날려 보아라), 늘리라!" 구비3 김재현, 남 85세: 177쪽

-으카 부댄 ᄒ난: 하, 큰 배르레(배쪽으로) 밸(작은 배를) 탕(타서) 봉 으니(逢하니,
닿을 만큼 가까이) 가난(가니까), 해적놈들은 아, 그 배에 물건들을 이녁(자기
네) 배에 실러 주카 부댄 ᄒ난(실어 줄까 보다고 하니까), 밸(해적들이 탄 작은
도선을) ᄒᆞᆫ 쪽 바위(끝, 옆)를 심언(잡고서) 「우꿋!」(의태어, 오롯이) 엎어 불이
난(버리니까), 그만 몰살ᄒ고(모두 다 죽고)0. 구비3 양원교, 남 72세: 420쪽

-으카 부댄(→ 을까 봐) 오라 부난: 그놈이 오카부댄(올까 보다고) 홍리(서귀포시
동홍동·서홍동)로 오라(와) 부난(버리니까), 고 대각(大脚, 힘 장사)이 아니 ᄒ
민(괭이 날을 펴주지 않으면) 다른 사름은 해 볼 수가 없거든0. 구비3 김택효,
남 85세: 383쪽

-으카 부댄 ᄒ단 보난: 엿날 황정승 잇인 때만 사름이 시카 부댄 ᄒ단 보난(있을까
보다 여기고 있다가 보니까) "요 사름이 남앗이난(여전히 남았으니까, 남아

있으니까) 건드리지 말자!"고, 기영(그렇게) 곧더라 ᄒ여(말하더라고 해). 구비
2 양구협, 남 71세: 668쪽

–으카 부댄 ᄒ디: (호랑이가) 아으(아이)는 믄(모두 다) 먹엇이카 부댄 ᄒ디(먹었을
까 보다 여겼는데), 호랭이 강알(샅 아래) 트망(틈)은 ᄃ읏인(따듯한) 모냥이어,
그 추운디, 강알 트망에 ᄀ만이(가만히) 앚안(앉았어). 아으는 털(호랑이 털)
방뒤ᄒ멍(장난하면서, 방둥이/방뒤는 장난감을 뜻함) 앚안(앉아서) 놀고 잇어.
구비2 양구협, 남 71세: 644쪽

–으카 부댄(을까 보다고): 앙이!('아니!'의 개인 말투), 그 도독놈덜(도둑놈들)이옌
흠을 ᄒ민, 겁이 나는디, 그냥덜 돌아왓이카 부댄, 나가지 말잰 쭈물쭈물해
가니, "다 묶으고 왓이니까, 걱정 말고 나오라!" 구비2 양구협, 남 71세: 636쪽

–으카 부댄[이유 추정]: 어디 강으네(가서) 동슴(童蔘) ᄒ레(캐러) 댕이멍(다니면
서), 노동복(勞動服)으로 댕이당(다니다가) 오랑으네(와서), 사둔(査頓) 대ᄒ기
가 곤란ᄒ카 부댄, 의복을 ᄒ 벌 가지고 남펜(男便) 의복이영 씨아방 의복이영
ᄀ지고 나갈 판이라. 구비2 양구협, 남 71세: 650쪽

–으카 부댕 아니ᄒ다:「그디(원래 물이 나오던 샘터에) 물이 시카 부댕(있을까
보다고) 아닐(아니할) 거주게.」 구비2 양구협, 남 71세: 653쪽

–으카 부댄 안 햇주: "경 해도(그렇게 해도) 그 스환(사환) 놈도 쎄게(세게, 강도가
높게) 독ᄒ 놈이라. [그렇더라도 내가 힘이 더 세니까] 나ø 그놈안티(한테)
맞아지카 부댄(맞을까 보다고 여기지, 맞다+아 지다+을까 보다) 안 햇주(않
았지, 그렇게 여기지 않았지)." 구비3 김재현, 남 85세: 166쪽

–으카 부댄(을까 보다고, 을까 봐): 옛날은 이 곡식 밧(밭)을 직(直, 수직)햇소!
밤이(밤에) 누게가(누구인가) 설러가카 부댄(빼앗아갈까 보다고, 훔쳐갈까 봐
서, '설르다, 설으다, 서르다'라는 변이형태는 그릇을 설겆이하듯이 깨끗이 치
우다는 뜻임). 나도 멧(몇) 번 직(直, 수직)해 본 사름이어(사람이어). 구비3
김재현, 남 85세: 209쪽

–으카푸댄(⇨ –은가푸댄, –은가부댄 ⇨ 을가 봐 –을까 ᄒ다 ⇨ 을까 해서, –을까
부댄)

–으카푸댄(–을까 보다고): 겨난(그러니까) [관청의 사령 두 사람은 힘 센 한효종이
달아나 내빼지 못하도록 하기 위해서 두 사람끼리는 서로의 마음을] 아니 굴아
도(말해도) [한효종이] 돌아나카푸댄(달아날까 보아서, 달아날까 싶어서) 양펜
의(양편에, 양쪽으로) 간(가서)「오독오독」(의태어, 오똑오똑) 앚안. 구비3 김
재현, 남 85세: 163쪽

-으카 푸댄(을까 싶다고): [집 주인과 밤중에 이상한 부인을 뒤따라온 경찰(순경)
사이에]「비밀흔 사룸(사람) 온 걸(것을) 말 아니 해 ㅈ거ㅁㅅ이카」푸댄, 막 서로
쌉다시피(싸우다시피) "아니 오랏다!" "오랏다!" 흐멍 아마 흔(한, 말 다툼을
한) 모냥(모양)이어. 구비3 김재현, 남 85세: 316쪽

-으카(이카) 푸댄 흐다[을까 보다라고 하다]: 아, 깨니까니 몽(夢)이어. 생존으로
들어졋이카 푸댄 흐단[들어졌을까 보다라고 하다가] 보난 몽이라. 구비3 김재
현, 남 85세: 106쪽

-은 게[은 것이]: "아니, 우리 아덜안티(아들에게) [씨름에서 정훈도가] 졌구나게!
(지는구나+화용 첨사 '게'). [소문] 들은 대로, 우리 아덜이 진댄 핸 게(진다고
한 것이) 생거짓말이로구나게!(억지스런 거짓말이로구나+화용 첨사 '게')" 구
비3 김재현, 남 85세: 44쪽

-은 말이 잇어: 아닌 게 아니라, 이 아마 남군(남제주군) 사룸(사람)은 [줍씨를
얻으려고] 믄(모두 다) 오랏젠(왔다고, '오르+앗+저+이어+은') 말이 잇어
(있어). 구비 3 김재현, 남 85세: 278쪽

-은 말이 잇어: 왜냐흐면은 중문이(서귀포시 中文里) 이즈화(사람 이름)네 집 어디
머리(근처)엔 말이 잇어. 구비3 김재현, 남 85세: 55쪽

-은 말이어(은 말): 경 허여 가 가지고, 이제는 주인 아들을 뿔로「칵!」케우련(내던
지고서) 죽였단 말이어. 구비1 안용인, 남 74세: 137쪽

-은 말이어, -은 말이어: 아닌 게 아니라 그 옥방(獄房)을 간. 옥방 문을 열앗어.
"아바지 이십니까" 흐단 말이어. 하하, 이것 이상흐단 말이어, 뒤론 (몰래 자기
아내가 주인공 자신을) 엿보는디. 구비2 양구협, 남 71세: 624쪽

-은 말이어: 겨니 저 (남제주군) 사룸들은 걸엉만(걸어서만) 올라고 허엿단 말이
어. 북군(북제주군)에서는 믈 타 앗언(타 갖고서, 타서) 믈로 탄 막 중간 숫지
들리단 믈에서 ㄴ련 걸언 가니, 지경(地境)을 많이 먹어 불엇주, 북군에서 남군
보단. 구비1 안용인, 남 74세: 183쪽

-은 말이어: 그걸(그것을) 기영(그렇게) 흐겟다고 허엿댄 말이어. 구비2 양형회,
남 56세: 29쪽

-은 말이어: 뜰림없단 말이어, ㅈ기 아바지 산이. 구비1 안용인, 남 74세: 130쪽

-은 말이어: 원체 영리흐고 ㅇ망지고(여물어 야무지고), 무스거 무서운 걸 모르는
사룸이랏단 말이어. 구비2 양형회, 남 56세: 38쪽

-은 말이어: 이가(李哥)의 집의(집에) 풀기로(팔기로, 시집 보내기로) 햇는디(했는
데), 거길 갓단 말이어. 구비3 김승두, 남 73세: 111쪽

-은 말이어: ᄒ니(돌풍이 일어서 불어오니) 몰래(모래)만 불리니까 (모래 구덩이
　　를 막은) 돌만 남아 낫단 말이어. 구비2 양구협, 남 71세: 620쪽

-은 말이우다(때라는 말): 견디, 그러니 그 열 ᄒ나쯤 난 때란 말이우다. 구비1
　　안용인, 남 74세: 148쪽

-은 말이우다(은 말): 것 물려 가지고 왔댄 말이우다. 구비1 안용인, 남 74세: 123쪽

-은 말이우다. "이 놈의 쇠 잡자!"고 허여 가지고, 즈기(제몫의) 괴기를 갈란, 뭐
　　싸니 비싸니 ᄒ멍, 괴기덜 들렁 댕긴단 말이우다. 구비1 안용인, 남 74세: 137쪽

-은 말이우다. 필연코 그 신동(神童)이 나타나 가지고, 그 글 지은 걸로 어ᄉ(御使)
　　를 버을어(取得해) 가지고 왔단 말이우다. 구비1 안용인, 남 74세: 158쪽

-은 말이우다: 거짓말 ᄒ면은, 이제는 거짓말 못 ᄒ민 장남(臧男)살이를 삼년 공짝
　　배기로 허여 주게 된 거란 말이우다, 약속이. 구비1 안용인, 남 74세: 153쪽

-은 말이우다: 경ᄒ디 이제는 그렇게 이제는 거시기 허엿어. ᄒ단 보니 그때는
　　쇠(소) ᄒ 머리썩을 허영 제공허여낫는디, 이젠 간소화허여 가지고 도야질(돼지
　　를) 잡아 가지고 제(祭)를 지낸단 말이우다. 구비1 안용인, 남 74세: 150~151쪽

-은 말이우다: 무기가 없을 때란 말이우다. 구비1 안용인, 남 74세: 157쪽

-은 말이우다: 잘 크고, 그 점이 이상스럽단 말이우다. 구비1 안용인, 남 74세:
　　151쪽

-은 말이우다: 촌에서 글을 공부허여서 이제는 한양으로 과거를 보려 가는 판이란
　　말이우다. 구비1 안용인, 남 74세: 156쪽

-은 말입니다(은 말): 목을 베여 부나 햇단 말입니다. 구비1 안용인, 남 74세: 122쪽

-은 말입니다(은 말): 얼른 죽진 아니홀 거란 말입니다. 구비1 안용인, 남 74세:
　　122쪽

-은 말입니다: 기건(奇虔, ?~1460) 목ᄉ(濟州牧使, 세종 25년 1443년 도임)는 골총
　　(돌보지 않는 폐총)을 다 수리허였단 말입니다. "다 수리ᄒ라!"고 ᄒ고, 당 오백
　　(堂五百) 절(사찰) 오백은 다 뿌수와 버리고. 구비1 안용인, 남 74세: 207쪽

-은 ᄒ다: "뭐, 아무 날 가자곤(가자고+은, 가려고+은) ᄒ지." 구비3 김재현, 남
　　85세: 106쪽

-은/는(란) 사름: 오찰방(吳察訪, 각주 180 참고)이란 사름은, 찰방이란 것도 아주
　　… 큰 베슬(벼슬) 일름(이름)인데… 구비3 김재현, 남 85세: 34쪽

-은0 -은?: '저 늙은이 어디 간 무슨 도채빌(도깨비를) 미치나 광절(狂疾)해연
　　오랏젠'. 경(그렇게) 해연(해서) 해 가난(가니까, 불평을 늘어놓아 가니까), "아
　　니, 아니 비면은(베면은, 수확하면은) 나안티(나한테) 다 [몽둥이를] 맞나(맞는

다, '맞+느+아)!"고, 몽뎅이(몽둥이) ø 「거딱거딱!」(의태어, 까딱까딱 흔들거
리다) ㅎ멍. 구비3 김재현, 남 85세: 276쪽

-은가 씨름을 ㅎ는디: 씨름판이 고 대각(大脚, 힘 장사)이 거름(거의) 독판(단독
씨름판)을 몰아오는디, 그때 고 대각 누이가 간가(갔는가, 갔는지 몰라도) 씨름
을 ㅎ는디(하는데) 오뉘(오누이) 씨름인 즉, 하, 지(자기) 오라방(오라비) 고
대각 ø[을] 누이가 그만 잡아 눅져(눕혀) 부리난(버리니까), 상급(상금 지급)을
고 대각 누이가 타 버리고0. 구비3 김택효, 남 85세: 384쪽

-은가 ø 푸댄0[은가 보다라고]: "이레(이쪽으로) 옵서!" ㅎ난, 그저 그 트멍(틈,
틈새, 수풀 틈새)으로 어디로 가는 딘가푸댄0(데인가 보다라고 해서) 가니까…
구비3 김재현, 남 85세: 62쪽

-은가 부댄(→ 으카부다, 을가봐): 누이 배일(밸) 때는 아방(아버지)가 아들인가부
댄(아들인가 보다고) 쇠(소) 열두 마리를 잡아 먹엿는디, 난(낳아서) 보난(보니
까) 딸이라. 구비3 김택효, 남 85세: 381쪽

-은가 푸다(는가 싶다): 저 할으방(노인) 미신(무슨) 광(광질) 들럿인가푸댄(들렸
는가 싶다고) ㅎ나네(하니까), 「다행히 먹을 거 낫구나(잘 보존해서 생겨났구
나)」 지꺼지단(기뻐지다가, 기뻐하다가, '깃거지다'로 소급됨) 보난(보니까),
또 먹지 말랜(말라고) ㅎ니(하니까) 어떤 [일인가?] 구비3 김재현, 남 85세:
277쪽

-은가 푸다: 이건 뭐 처음은 그 사름덜(사람들) … 잘못 생각해연(하여서) 햇인가푸
댄(하고 있는가 싶어서)… 구비3 김재현, 남 85세: 310~311쪽

-은가 푸댄(은가 보다고): 다시 조식을 배니(배니까, 배자) 쇠를 아홉 머리(마리)
잡아 멕엿입주. 겨난(그러니까) 이번도 여즌가프댄(여자 아기인가 보다고)0
남자랏이민(남자 아기였으면) 열 혼 머리쯤 잡아 멕이나 홀 건디.… 버금 나니
(아이를 낳으니) 아덜(아들)이라. 구비 김재현, 남 85세: 172쪽

-은가 푸댄(은가 싶다고): "야, 이거 귀신을 몰라지고(모르고서, 모르+아+지+
고) 사름인가푸댄(사람인가 싶다고) 둘완(따라서) 댕겨겻구나(다녔었구나, 다
녀졌구나, 댕기+어+지+엇+구나)!" 구비3 김재현, 남 85세: 317쪽

-은가 푸댄: 소셉이가(소서행장이) [상대방이] 산신인 줄 모른 거주게(것이지+화
용 첨사 '게'), [소서행장이 상황을 잘] 몰라. 완전혼 사름인가푸댄(사람인가
싶다고, 사람인가 봐서) 둘완(따라, 뒤쫓아) 댕기단(다니다가) 얼먹은(골탕먹
은, '얼똥싸다, 얼치다'의 변이형도 있음) 거주게(것이지+화용 첨사 '게'). 구비
3 김재현, 남 85세: 337쪽

-은다ø 말이어: 그런 남방애(나무 방아)를 큼직흔 것 요구흔다ø 말이어. 해 달라고 흐니까 산방산(서귀포시 안덕면 해안에 솟은 기생화산)에 올란 남방엘 흐나 맨들앗어. 구비3 김재현, 남 85세: 33~34쪽

-은디 [상상할 수 없이]: "어떤 놈이 시방 물코(물꼬)를 막앖이니(막고 있느냐)?" 웅성거리멍 흐난(웅성거리면서 하니까, 웅성대니까) [고씨 대각(大脚, 힘 장사)이 웅성거리는 젊은이들을] 잡안(잡았어). 심(힘)이 어떻사(어떻게야) 쎄엾인디(센지, 세는지) [괭이 날을 구부려 수갑 채우듯이 젊은이 손목을 감아 버렸다] 구비3 김택효, 남 85세: 382쪽

-은디 -는지 모르주마는 → 산디 -았는지: [벙어리가] 아시날(전날, 아우+날)부터게(화용 첨사 '게') 말이 그만 「확!」(의태어, 순식간에) 터젼, 뭐, 구늉으로사(마음속 깊이 감춘 흉계로야, 窮凶으로야) 버버흐단(벙어리처럼 버버거리단) 것산디(것이야인지), 천연적으로야(태어나면서부터야) 되엇는지 모르주마는(모르지마는), 깨끗흔 사름(사람)이 되어 분(버린) 거주게(것이지+화용 첨사 '게'). 구비3 김재현, 남 85세: 331쪽

-은디 말앗인디: 어디 외가칩인가(외가에인가) 맫겨 뒨(맡겨 두고서) 간(갔어). 돌아오랏인디 말앗인디… [모르겠다]. 구비3 김재현, 남 85세: 280쪽

-은디 몰라, -은지 -은지 [몰라]: 문간디(文哥인데) 영쩨는(영이라는 글자는) 뭔(무슨) 영쩬디 몰라. 신령(神靈) 령쩬지(靈字인지) 영화(榮華) 영쩬지(榮字인지). 구비3 김재현, 남 85세: 235쪽

-은디 알 수 없구: 이 어른(고씨 당장으로 불리는 사람이)ø 밴(고깃배는) 어디사(어디야) 간(가서) 데껴 불엿인디(던져 버렸는지) 알 수 없구. 구비3 정원선, 남 90세: 397쪽

-은디 알 수 없구0: 이 어른 밴(배는) 어디사(어디야) 간(가서) 데껴 불엿인디 알 수 없구. 구비3 김재현, 남 85세: 397쪽

-은디 알도 못흐다: "…기영 저영 그 부모도 엇고, 무스 거 흔 거, 불쌍허여 베여서, 거 누구 놈의 아이산디(아이인지, 아이+사[야]+은지) 알도 못흐고 흔디, 이제 길루다가(기르다가) 상당히 영리허여서 그런 죽을 따윌(땅에를) 가도 살는가 모르겟다고, 이제 이 아이나 평양 감사를 시켜서 보내어 보십서!" 구비2 양형회, 남 56세: 37쪽

-은디 -앙사 햇인디 [모르겠다]: 내(나의) 강정(서귀포시 강정동) 외갑쥐(外家입죠+화용 첨사 '이'). 외간디(외가인데) 소문 들으니까, 한씨가 엇댄 말도 잇어마씀(있어+말씀입니다). 어디 잇단, 어디 일본사(일본에야) 가 불엇인디

(버렸는지) 어떵사(어떻게야) 햇인디(했는지) … [잘 모르겠다는 말이 줄어듦].
구비3 김재현, 남 85세: 156쪽

-은디 -은디 [간에 상관없이] 알다: 이 이가 무슨 춤(참) 귀신사(귀신이야) 들렷인
디, 즈기(자기)가 즈기 냥(樣)으로(자기대로 스스로) 알앗인디, 아난(아니까)
[대책을 미리 잘 세워 성공했다] 그거주게(그것이지+화용 첨사 '게'). 구비3
김재현, 남 85세: 279쪽

-은디 -은디 [간에] 모르는디: 아, 보물이엔 ᄒ난(보물이라고 하니까) 황금 덩어리
산디(덩어리야인지) 뭣산디(무엇이야인지) 모르는디, [그 보물을 이여송 장군
에게] "드려라!" 햇거든. 구비3 김재현, 남 85세: 347쪽

-은디 -은디 모르는디: 아, 보물이엔 ᄒ난 황금 덩어리산디(덩어리이야인지), 뭣
산디(무엇이야인지) 모르는디, [이 보물을 명나라 이여송 장군에게] 「드려라!」
햇거든. 구비3 김재현, 남 85세: 347쪽

-은디 -은디 모르다: 그 직손(직계 자손)은 월평(서귀포시 월평동) 간(가서) 살단
(살다가) 그 어디 일본ø 가네(가서) 원, 죽엇인디(죽었는지) 살앗인디(살았는
지) 모르는디(모르겠는데), 월평 간(가서) 살앗주(살았지). 구비3 김재현, 남
85세: 279쪽

-은디 -은디 모른다, -는지 -는지 모르주: 이제도 죽엇인디(죽었는지) 살앗인디
(살았는지) 모른다, 그 부인네는 [그렇게 자기 남편의 생사 여부를 알 수 없었
다] … 그 이여도라는 섬이 어디 있는 것을 알아지민 거 합격인디(설화 자격으
로 합당한데), 섬이 있는지 없는지 모르주(모르지).… 무슨 어디 섬을 이여도라
고 햇는지 모르주. 구비3 김재현, 남 85세: 233쪽

-은디 -은디 -은디 몰라요: ᄒ디(그런데) [장기의 임금 알이 있는 궁 자리에서]
윈 ᄐ리 궁(장기에서 정중앙에 있던 임금 알을 왼쪽 방향의 세 가지 길[원의
각도에서 225°, 270°, 315°]로 이동하는 일)이라 ᄒ니, 요디사(요 곳에야) 간(갔
다는) 말산디(말인지, 말이야인지), 요디사 간 말산디, 요디사 간 말산디, 그것
ᄁ장은(그것까지는) 몰라요. 구비3 김재현, 남 85세: 333쪽

-은디(것산디) -는지(엇는지) 모르주마는: 아시날(전날, '아우+날')부터게(부터
+화용 첨사 '게') 말이 그만 「확!」(의태어) 터젼뭐(터져서+화용 첨사 '뭐'),
구늉(이득을 보려고 꾸미는 잔꾀, '궁흉[窮凶], 군흉, 군늉'의 변이가 있음)으로
사 「버버!」(의성어, 말소리를 제대로 내지 못함, '어버버, 버버버, 버버직직'의
변이형이 있음) ᄒ단(하다가) 것산디(것이야인지) 천연적으로야 되엇는지 모
르주마는(모르지마는), 깨끗ᄒ(장애가 없이 정상적인) 사름(사람)이 되어 분

(버린) 거주게(것이지+화용 첨사 '게'). 구비3 김재현, 남 85세: 331쪽

-은디(산디) 뭣산디 모르다: 아, 보물이엔 ᄒ난(보물이라고 하니까) 황금 덩어리산
디(덩어리야인지, 덩어리+사+이+은지) 뭣산디(무엇인지, 무엇+사+이+
은지) 모르는디, [이항복이 선물로 이여송 장군에게] "드려라!" 햇거든. 구비3
김재현, 남 85세: 347쪽

-은디(ᄒ엿인디) [모르다]: 그때 조방장(지역 군영 책임자)이 좀 패라와서(광패[狂
悖]해서, '패+랍+아서') 군졸들에게 못 견디게사(견디게+야) ᄒ엿인디 [모르
되, 추정하되], 「이 조방장을 어떻게 ᄒ민(하면) 면직시키고 [새로운] 조방장이
오도록 홀꼬(할까)?」 생각을 ᄒ는디, 마침 「[조방장 자신의 집에다] 잠대(쟁기)
를 앚여 가랜(가져 가라고)」 ᄒ니, "너 변인태야, 성안(제주성 성내)ø 내 집ø
알겟느냐?" "예, 압니다!" 구비3 양원교, 남 72세: 407쪽

-은디: 원(원체) 알아져도 몰르켄(모르겠다고) 햇앗인디(했었는지). 알도 못햇주
게(못했지+화용 첨사 '게'). 멧(몇) 해 전이(전에) ᄒ 번 가네(가서) 조반이나
얻어먹고 곡석(곡식) 바꽌(바꿔서) 오난(오니까). 구비3 김재현, 남 85세: 245쪽

-은지 말는지 → 을는지 말는지: [도로 배를 옮겨 주도록 요청하러] "가기야 가지
만, 그 어른ø 들을는지 말는지. 경(그렇게) ᄒ젠 ᄒ민(하려고 하면) 느네가(너
희들이) ᄒ 놈이 ᄆ른(마른) 고기(물고기) 몇 뭇(묶음)씩 모두우고(모으고), 매
(잘못을 인정하여 매질을 하도록)ø ᄒ나씩 걸머지곡 ᄒ영 나하고 가야, 그
당신안테(당사자인 고씨 당장한테) 가서 거시길(거시기를) 빌어 보지!" 구비3
정원선, 남 90세: 397쪽

-은지 모르지마는: 그거야뭐(그것이야+화용 첨사 '뭐') 언젠지(언제인지) 모르주
마는, 아마 젊은 때 들은 게주(것이지). 구비3 김재현, 남 85세: 349쪽

-은지 없는지 모르다: 집이(집에) 각시(부인)가 잇다ø ᄒ더구만. 부모도 잇는지
없는지 몰라도. 구비3 김재현, 남 85세: 311쪽

-은지 -은지 → 앗든(았든지) -앗든 [간에]: ᄒ 바퀴 순례(순시)ᄒ다가 서귀포에
오면, 그 뜨거운 철에 오랏든 추운 절(절기)에 오랏든 꼭 정방 폭포를 구경ᄒ는
데… 구비3 김재현, 남 85세: 407쪽

-은지 -은지 → 앗는지 말앗는지 모르되: 그 사름(사람)이 우리 대포(서귀포시 대
포동)서 죽엇는지 말앗는지 모르되, 셍명(성명)이 웅열이고, 그 사름 누이 되는
이가 대포 살단(살다가) 그이네도 다 죽어 불고(버리고). 구비3 김재현, 남 85
세: 271쪽

-은지 -은지 모르는디: ᄒ고(그리고) 모물(메밀)을 ᄀ려(낫으로 갈겨 베어, 'ᄀ리

다, 갈기다'의 변이형태도 잇음) 불엿다는(버렸다는) 것은 과이(과연 또는 가위
[可謂]를 의미할 듯함) 회수(서귀포시 회수동) 사름(사람)인지, 하원(서귀포시
하원동) 사름인지 모르는디(모르겠는데), 비교적 회수 사름이라곤 볼 수도 잇
는디(있는데), 셍명(성명)이 누겐지(누구인지) 모르고0. 구비3 김재현, 남 85세:
280쪽
-은지 -은지 모르는디: ᄒ고(그리고) 모물(메밀)을 ᄀ려(낫으로 갈겨, 잘라) 불엿
다(버렸다)는 것은 과이('果히', 과연) 회수(서귀포시 회수동) 사름(사람)인지
하원(서귀포시 하원동) 사름인지 모르는디, 비교적 회수 사름이라곤 볼 수도
잇는디, 셍명(성명)이 누겐지(누구인지) 모르고. 구비3 김재현, 남 85세: 280쪽
-은지 -은지 모르되 듣긴 들엇습니다: 그디서 말해 주는 사름(사람)이 진짜 잘사
(잘+이야) 말해 준 건지 만지 모르되, 그자 대개 속담으로 듣긴 들엇습니다.
구비3 김재현, 남 85세: 71쪽
-은지 -은지 모르주: 그 사름(사람)이 뭐 구신(귀신)인지 사름인지 모르주(모르
지). 구비3 김재현, 남 85세: 348쪽
-은지 -은지 몰라도: ᄒ루기(하루는, 'ᄒ로기, 흔 번 제' 등의 변이형이 잇음) 이
분네가 말ᄒ는 거 보난, 천(千, 성씨) 뭣이엔(이름이 무엇이라고) ᄀ른(말하는)
거 ᄀ튼디(같은데), 긴지 만지(그런지 안 그런지, '기다, 말다'를 대립시킴) 몰라
도, 우리가 그 춤(참) 고담적(古談的)으로 전설적으로 들어도, 소목수가 지첨수
(地籤師, 지리 도참 전문가) 제자라. 구비3 김재현, 남 85세: 226쪽
-은지 -은지 ᄒ라→ 던지 말던지 ᄒ라: 쏠(쌀) 석 섬 ø 예산(계산, 예상)은 해영
음식을 해영 갈 거난(것이니까) 「망쳣다(망했다)!」 아니 ᄒ키엔(할 것이라고)
말도 못 훌 거고, 이젠 "알아서 ᄒ든지 말든지 ᄒ라!" 구비3 정원선, 남 90세:
398쪽
-은지 -은지 ᄒ라→ 든지 -든지 ᄒ라: "… 이 사름(사람)을 끌어 가지고 마당
바깥디까지 나가서 죽이든지 살리든지 ᄒ라!" 집성 양기빈, 남 75세: 861쪽
-은지 -은지 ᄒ라→ 든지 말든지 ᄒ라: "…「아니 ᄒ키엔」(아니 할 것이라고) 말도
못 훌 거고, 이제 알아서 ᄒ든지 말든지 ᄒ라!" 구비3 정원선, 남 90세: 398쪽
-은지 -은지 ᄒ라→ 죽이든지 살리든지 ᄒ라: "쓰개(뭇밭길질, 모둠치기)를 줄
테이면, 이 사름(사람)을 끌어 가지고 마당 바깟데까지(바깥에까지) 나가서,
죽이든지 살리든지 ᄒ라!" 집성 양기빈, 남 75세: 861쪽
-은지(는지) 모르다: 더 좋은 들로(데로) 또 환생(還生) 허여질런지 모르니까. 구비
1 안용인, 남 74세: 140쪽

-은지(던지) 말던지 ᄒ라: 아매도(아마도) ᄊᆞᆯ 석 섬 예산(미리 계산)은 해영(하여서, 하고서) 음식을 해영(하여서) 갈 거난(거니까), 「난 아니 ᄒ키엔(할 것이라고)」 말도 못 ᄒᆞᆯ 거고0. 이젠(이제는 곤란한 상황에 대한 반응으로) "알아서 ᄒᆞ든지 말든지 ᄒ라!" 구비3 정원선, 남 90세: 398쪽

-은지(앗는지)뭐 어떵했는지 모르다: [큰 낚시를 만들고서] "바다에 던졋더니 뭣이(무엇이) 괴기사(물고기야) 물엇는지뭐, 어떵했는지 모르되, 움직거리긴 ᄒ되 내 혼자 [끌어당기지] 못ᄒᆞ니까니, 와서 동(動, 움직여)해 달라!" 구비3 김재현, 남 85세: 299쪽

-은지, -은디 모르다: 뒬(뒤를, 똥을) 보레사(보려야, 누려야) 들아(달려) 오는 건지, 뭔 뭐 알앙사(알고서야, 도둑이 돼지를 키우는 측간에 숨었음을 알고 있어서야) 들아 오랎인디 모르는지, 아 [돼지 주인이 측간으로] 들아 오라(달려와) 가니까, 더 곱을(숨을) 디가 엇단(없다는) 말이거든. 구비3 김재현, 남 85세: 268쪽

-은지, -은디 모르다: 뭘(무엇을) 보레사(보러, 보려야) 들아오는(달려오는) 건지, 뭔 뭐 알앙사(알아, 알고야) 들아오랎인디 모르는디, 들아오라(달려와) 가니까 더 곱을(숨을) 디가(데가, 곳이) 엇단(없단) 말이거든. 구비3 김재현, 남 85세: 268쪽

-은지도 몰라요 -은지도 모르고: 그건 어느 ᄆᆞ을(마을)인지도 몰라요. 그 사름(사람) 셍명(성명)이 뭐인지도 모르고. 구비3 김재현, 남 85세: 318쪽

-을 성싶다: 바둑을 두는디 꼭 질 성싶어. ᄄᆞᆷ이 팔팔(뻘뻘) 나는디, 내종(乃終) 끄트머리에 바둑은 ᄒᆞᆫ 점 잘못 두민 삼백육십점이 죽고 살고 ᄒᆞ는 거 아닙니까게! 구비1 안용인, 남 74세: 187쪽

-을가 봐(을까 봐서): "너 나중에 남의 발질(발길질)이나 맞을가 봐(맞을까 봐서), [미리 거만한 마음을 꺾어 놓고자] 너영(너와) 씨름 ᄒᆞᆫ 건(것은, 사람은) 나여(나야)!" "경이나 흡주(그렇게나 합지요, 나를 이길 사람이 전혀 없었는데, 누나가 나와 대적하였다면 그렇게 이겼겠지요)." 구비3 김택효, 남 85세: 384쪽

-을까 ᄒᆞ디, ᄒᆞᆯ 수 엇고0: 이건 불미왕(대장간, 풀무+방)에도 갈까 ᄒᆞ디(구부러 버린 괭이 날을 다시 펴려면 대장간에 가서야만 가능하지 그렇지 않으면), ᄒᆞᆯ 수 엇고0. 구비3 김택효, 남 85세: 383쪽

-을까 ø 해서: [각주 176의 이은성 좌수가 제주 목사의 물음에 대답하기를] "성주님(星州님), 옛날 탐라 시대의 최고 실권자)이 놀랠까 해서, 기자(그저) [제 눈을] 곰고(감고서) 댕깁니다." 구비3 김재현, 남 85세: 47쪽

-을까 부댄(→ 을가봐) -곡 ᄒ젠: 내중에 남의 발질(발길질)이나 맞일까부댄(맞을
까 싶다고, 맞을까 보다고), 역불(일부러, 役+부러) 저놈이(저놈의) 기십(氣習,
행습)을 좀 죽이곡 ᄒ젠(꺾으려고, 죽이려고), ᄒ 번은 씨름을 흔댄 ᄒ니, 고
대각(大脚, 힘 장사) 누이가 남자 의복을 ᄒ고, 남자치룩(처럼) ᄒ영(하여서,
차려서) 춤(참), 씨름을 ᄒ다 ᄒ니, 씨름 ᄒ는 디 갓주. 구비3 김택효, 남 85세:
384쪽

-을랴고0: 중국의(중국에) 건너오랑, 이젠 큰 배 빌곡 허여 가지고 이묘(移墓)를
허여 올랴고. 구비1 안용인, 남 74세: 130쪽

-을랴곤 ᄒ다: 원초(원체, 원래) 경(그렇게) 잘 될랴곤(되려고) ᄒ니까 운이 경(그
렇게) 통햇는지 모르주마는, 그 초기에 거기 가서 집을 짓고 산(묏자리)을 쓰고
ᄒ는 사름(사람)이 그 성의가 얌전홈으로써 잘 됏다ø 이게주(이것이지). 구비3
김재현, 남 85세: 261쪽

-으랴고 ᄒ면은: 그때ᄭ지도 비가 오랴고 ᄒ면은 백사슴이 나오라 가지고, 그
거시기 오라 가지고 … 백록담의 오라 가지고 ᄭᆡᆨ ᄭᆡᆨ ᄭᆡᆨ ᄭᆡᆨ 울어 낫다고. 구비1
안용인, 남 74세: 190쪽

-을랴고 허엾이니: 스실(事實)이 약하약하(若何若何) 허여서 ᄒ 번 머리를 금을랴
고 허엾이니, 어떤 나쁜 몸이 넘어가다가 뒤으로 허여 분 것이 포태(胞胎)가
되어 가지고 널 낫는디, 너를 데려다가 킵는 판이라고. 구비1 안용인, 남 74세:
124쪽

-을랴고 ᄒ는디: 아들을 폴랴고 ᄒ는디, 동생놈이 술 먹으민 대광질(大狂疾, 광질
놀다, 미치광이 놀음하다) 판국이라. 판국이니, 이제는 잔칫날은 이제는 걸(동
생을) 외방(外方)을 내보내 불고, 다른 사름을 우시(圍繞, 결혼식 상객)를 보내
게 되엇댄 말이우다. 구비1 안용인, 남 74세: 197쪽

-을랴고 ᄒ면은: 그래 가지고 씰(실)을 맨들랴고(만들려고) ᄒ면은 삼(麻)을 ᄉᆞᆱ아
요(삶아요). ᄉᆞᆱ아서 그 웃꺼플덜(윗껍질들)을 훑어 불면은(버리면은) 씰(실, 실
오라기)이 나타나는 거주(것이지). 그래서 베(삼베, 옷감)를 ᄍᆞᆨ고(짜고) ᄒ는
건데, 아 그ᄭ지장(그까지) 맨들아(만들어) 낫다고. 구비3 김재현, 남 85세: 297쪽

-을랴고 허여가 가지고: 나가게 되는디 ᄇᆞ름이 역풍(逆風)이 되어가 가지고 멧
둘 동안을 나갈 수가 엇어마씀. 나갈 수가 없으니, 그것은 당 오백 절 오백을
부수와 노니까, 당 구신(鬼神) 절 구신덜이 복수를 홀랴고 허여가 가지고, 못
나게ᄭ름 햇어. 구비1 안용인, 남 74세: 207쪽

-을랴고 허엿단 말이어: 겨니 저 (남제주군 쪽) 사름들은 걸엉만(걸어서만) 올랴고

허엿단 말이어. 북군(북제주군 쪽)에서는 물 타 앚언(타 갖고서, 타고서) 물로 탄 막 중간 숫지(미상, ?死地, ?사잇땅) 들리단 물에서 느련 걸언 가니, 지경(地境)을 많이 먹어 불엇주(차지해 버렸지), 북군에서 남군보단. 구비1 안용인, 남 74세: 183쪽

-을랴고 갓는데: 어느 무을(마을)에 가서 일을 흘랴고(물물교환을 하려고) 갓는데, 가서 밤을 자게 되니까 주인을 정흐는디 어떤 과수(寡守, 과부) 집이(집에) 주인을 햇어요. 구비3 김재현, 남 85세: 237쪽

-을랴고 흐여: 기영 흐니, 떨어지문(동행한 짐꾼과 거리가 벌어지면) 앞데레 가곡. (짐꾼이) 앞의 가문(앞으로 가면) (도둑들이 자기들끼리만 의논하고자) 뒤터레 가곡 흐멍, 이 놈(도둑놈)덜이 (자기들끼리만) 의논을 흘랴고 흐여. 구비2 양구협, 남 71세: 633쪽

-을랴고 가다: 경(그렇게) 흔 때에 임씨가 미녕(무명)을 멧(몇) 필 지고 …홍로(서귀포시 동홍동과 서홍동)를 넘어가서, 저 동더레(동쪽으로) 나갓어. 어느 무을(마을)에 가서 일을 흘랴고(물물교환을 하려고) 갓는데, 가서 밤을 자게 되니까 주인을 정흐는디 어떤 과수(寡守, 과부) 집이(집에) 주인을 햇어요. 구비3 김재현, 남 85세: 237쪽

-을랴고 올라가니: 부모 되는 이는 점점 겁이 나서 아방(아버지)이 [자기 아들을] 잡을랴고 산방산에 올라가니, [아들은] 남신(나막신) 신은 냥(樣, 신은 채 그대로) 아래로 뛰어. 구비3 김택효, 남 85세: 375쪽

-을랴고 이렇게 흐다: 어느 기회를 보아 가지고서 (이임하는 제주목사를) 죽일랴고 이렇게 흐되, 원체(워낙) 이인(異人)이 되니까, 얼른 잡아주이지 못흐고 있는 쯤(즈음)에, 이젠 골총(돌보지 않는 폐총) 구신(鬼神)덜이 나오라 가지고, "아무 날 아무 시랑 대기(待機)헤영 있다가 배(돛단 배) 띄우십서!"고. 겨니 딱 대기헤여 있단, 그날은 그날 저녁은 당(當到)흐니 브름이 간(間)흐게 남풍이 불거든. 구비1 안용인, 남 74세: 208쪽

-을랴고 칼 간다: "그러니 그 꼴을 봐서 살 수가 없으니, 그 꼴을 보기 전의 우리가 셋부꾸(切服, 일본어 할복자살)허여 불랴고 칼을 フ노라."고 애비 아들이. 구비1 안용인, 남 74세: 161쪽

-을랴고 흐는곤 허영: 뭘 흘랴고 흐는곤 허영, 도낄 글았댄 말입니다. 구비1 안용인, 남 74세: 210쪽

-을랴고 흐다: "글쎄, 기영 아니 흐여도(그렇지 않아도) 궁금해서 흔 번 촞아 볼랴고 흐는디, 마침 자네가 오랏구나!" 구비2 양구협, 남 71세: 649쪽

-을랴고 ᄒ다: 귀경(구경)이나 흔 번 허여 보자고 머리를 씩 들런 볼랴고 ᄒ니, 선녀(仙女) ᄒ나가 발견허여 불엇어. 「인간 사름이 우리 모욕(沐浴)ᄒ는 걸 본다」고 허여 가지고 와작착! 이제는 옷 입어 가지고 옥황(玉皇)에다 올라갓어. … "우리 모욕ᄒ는 걸 인간 사름이 머리 들러 가지고 볼라고 ᄒ기 때문에 겁이 난 올라왔습니다!" 구비1 안용인, 남 74세: 189~190쪽

-을랴고 ᄒ다: 멜(멸치) 코(그물코)가 나갈랴고 ᄒ니 불덩어리(도깨비불)가 나와 가지고 그 개코지(개곳) 잔 딜(잔 데에를) 탐방탐방 탐방탐방(텀벙텀벙) 막 ᄒ멍, 이놈의 고기가 못 나갓어. 구비 1 안용인, 남 74세: 170쪽

-을랴고 하다: 박문수(朴文秀) 박어ᄉ가 그디를 월장(越墻)허여서 넘어 들어가 가지고, 이젠 파수(把守)를 살 판읎주, 정보를 수집홀랴고 허여 가지고. 구비1 안용인, 남 74세: 159쪽

-을랴고 하다: "말을 바른 대로 이얘기허여 보라!"고 ᄒ니, "그게 아니고, 천가(千哥)의 집의서 우리 메누리 도독질허여다가 내일은 뻬여갈랴고 ᄒ는 날이라."고. 구비1 안용인, 남 74세: 161쪽

-을랴고 ᄒ다(-려고 하다): "망불에 괴기(고기) 굴랴고 홉니다." 구비1 안용인, 남 74세: 133쪽

-을랴고 ᄒ다: 내가 속히 갈랴고 ᄒ니, 대답홀 여가(餘暇)가 없다. 구비1 안용인, 남 74세: 157쪽

-을랴곤 ᄒ다: 소셉이(소서행장) 청장이(가등청정) 그 장군 둘이 임진왜란을 일롤랴곤(일으키려고) ᄒ면서 미리 [정탐하고자 조선 땅에] 오랏어(왔어). 구비3 김재현, 남 85세: 325쪽

-을랴곤 ᄒ다: 원초(원체, 원래) 경(그렇게) 잘 될랴곤(되려고) ᄒ니까 운이 경(그렇게) 통햇는지 모르주마는, 그 초기에 거기 가서 집을 짓고 산(묏자리)을 쓰고 ᄒ는 사름(사람)이 그 성의가 얌전홈으로써 잘 됐다ø 이게주(이것이지). 구비3 김재현, 남 85세: 261쪽

-을카 부댄: 「주켜(줄 거야), 주켜」 ᄒ단(하다가) 속여 불카 부댄(속여 버릴까 보다라고 여겨서), 엄살이주게(엄살이지+화용 첨사 '게'). 구비3 김재현, 남 85세: 93쪽

-을카 부댄: "홈마(하마터면) 형님 굴은(말한) 말ø 잊어 불커라라(버릴 것이더라, 버리겠더구나, '을 것+이라+이라'). 「손님이랑(손님일랑) 내 집더레(형님 집 쪽으로) 보내라」 흔 말ø 잊어 불(버릴) 뻔햇다." 그때부터 아시(아우)가 안 거주게(것이지+화용 첨사 '게'). 잊어 불카 부댄(버릴까 싶다고) 손가락 섭은

게로구나(것이로구나)! 구비3 김재현, 남 85세: 329쪽

-음으로: 옛날 바지가 부리(⁷⁷바지통의 부품이, '부레기, 부루기'의 변이형태일 듯
함) 이만이(이만큼) 「벌락벌락!」(의태어, 펄렁펄렁) ᄒ주게(하지+화용 첨사
'게'). 거(그것) 단장ᄒ게(단정하게, 펄럭거리지 않게) 맨듦으로(만들기 위하여)
독(무릎팍) 다님(대님)을 묶으는 거주(것이지). 구비3 김재현, 남 85세: 220쪽

-음을 ᄒ민: 그놈덜(들) 앙겨 놈(엉겨 놓음)을 ᄒ민 죽임ᄭ장은 몰라도, … 수정(숫
자)이 하니까니(많으니까) 얼먹을(혼줄이 날) 게다(것이다). 구비3 김재현, 남
85세: 174쪽

-음을 ᄒ민: 남자도 숙성ᄒ 사름(사람)은 이십 세ᄀ리(20세쯤) 되어 감을 ᄒ민
수염이 돋고, 여ᄌ는 이제와 ᄀ이(같이) 수염 ø 아니 돋읍니다게(돋습니다+화
용 첨사 '게') 구비3 김재현, 남 85세: 174쪽

-읍서 이거라: "땅(묏자리)을 ᄒ 자리 ᄀ리챠(가르쳐) 줍서!" 이거라(이것이어).
구비3 김재현, 남 85세, 229쪽

-읍서고0: "가서 손지(손자)를 촟아올 터이니까니 손질 돌아오게 잘 빔서!"고.
"촟아올 수 잇느냐?" "아, 거 분멩(分明) 촟아옵니다." 구비2 양구협, 남 71세:
643쪽

-읍센[읍서+이라는] 말이주0: 당(신당)이 잇는디, 그 밑에 오니까 그 부하덜이
… "하마ᄒ읍센(하십시오라고)" ᄒ 건, "딋께(가마) 아래 ᄂ립센(내리십시오라
고)" 말이주. 구비3 김재현, 남 85세: 103쪽

-읍주 영 ᄀ다: "아, 잇이난(있으니까) [묏자리 찾는 산도를] 그린 겝주(것입죠)."
영 ᄀ라(말해) 불엇이민(버렸으면) 좋을 건디(것인데), 저 아니 그, 「잇이난(있
으니까) 그럿수댄(그렸습니다고)」 ᄒ 겁주게(것입죠+화용 첨사 '게'). 구비3
김재현, 남 85세: 185쪽

-이라고 (하는): 저, 과거(科擧)짜리덜은 옥관절(玉貫子, 玉貫節)이라고 (하는) 구슬
을 둘더라(달더라고) 허여. 구비2 양형회, 남 56세: 27쪽

-이야 알앗일 거라게: 뭐 드기 무슨, 신랑이 오란(와서) 산 차례야(서 있는 줄이야,
선 줄이야) 알앗일(알았을) 거라게?(것이라?+화용 첨사 '게') 구비2 양형회,
남 56세: 30쪽

-이엔 ᄒ: 정훈디(鄭訓導)엔 ᄒ 사름이 잇엇고, 오찰방(吳察訪, 각주 180의 오영관)
이엔 ᄒ 사름이 잇엇는디, 그게 아마도 정훈디엔 ᄒ 사름ᄒ고0. 구비3 김재현,
남 85세: 27쪽

-인 말이다(은 말): 뒷날을 구산 나가는 판이랜 말이우다. 구비1 안용인, 남 74세:

126쪽

-인 말이다(은 말): 생피가 중천해서 쫙 쏘은댄 말입니다. 구비1 안용인, 남 74세: 127쪽

-인 말이다(은 말): 아주 층암절벽 우의 돌 트망에 가 ᄀ르친댄 말이라. 구비1 안용인, 남 74세: 127쪽

-인 말이다(은 말): 판석(板石) 일르니, 청룡 두 쌍이 '퐁'ᄒ게 늘아올라간댄 말입니다. 구비1 안용인, 남 74세: 127쪽

-인 말이어(은 말): 속히 가고 싶으되(싶되) 걷지 못ᄒ니, 쇠 몰앙 가는디, 매는 혼자뱃긔 두드려맞질 못흔댄 말이어. 구비1 안용인, 남 74세: 136쪽

-인 말이어: 쇠(소)만 들구(자꾸) ᄒ로 ᄒ 머리씩 멕이니, ᄒ 반년 멕이니, 쇠가 다 없어져 간댄 말이어, 허허허. 구비1 안용인, 남 74세: 151쪽

-인 말이우다(은 말) 그 ᄉ이엔 영장(營葬, 棺) 빼어 가지곤 ᄂ롯배에 '톡' 실런 '턱' 앉앗댄 말이우다. 구비1 안용인, 남 74세: 128쪽

-인 말이우다(은 말): "흔 번 죽은 (아버지) 얼굴이라도 대면(對面)시겨 뒁, 탕, 떠납서!" ᄒ여도, "훗날 만날 때 잇일 거라!"고 허연, 배는 똑 떠나 불었댄 말이우다. 구비1 안용인, 남 74세: 129쪽

-인 말이우다(은 말): 그 땐 물 뱃긔(밖에) 엇어댄 말이우다. 구비1 안용인, 남 74세: 132쪽

-인 말이우다(은 말): 날이 어둑었댄 말이우다. 날이 어둑으니 어디 낭 그늘에 가 가지고, 구비1 안용인, 남 74세: 132쪽

-인 말이우다(은 말): 말을 못 ᄒ고 몸이 누추허여 노니, 인간 사름이 상대를 아니 허여 준댄 말이우다. 구비1 안용인, 남 74세: 135쪽

-인 말이우다(은 말): 속이 ᄒ쓸 풀어지댄 말이우다. 구비1 안용인, 남 74세: 139쪽

-인 말이우다(은 말): 신선으로 탁 벤장(變裝)을 시겨 불었댄 말이우다. 구비1 안용인, 남 74세: 139쪽

-인 말이우다(은 말): 위협을 줘가 가지고 멀리 곱아 두서 "윽!, 윽!, 그끅!" ᄒ는 소리를 흔댄 말이우다. 구비1 안용인, 남 74세: 132쪽

-인 말이우다(은 말): 죽었댄 말이우다, 죽어 부니, 이젠 또 저승을 들어갔다. 구비1 안용인, 남 74세: 136쪽

-인 말이우다(은 말): 홀긋 줌덜을 자난, 끝엔 보니, 이런, 문이 올아젓이니, 보니, 아바질 잃어 불었다, 영장(營葬, 棺) 누게 빼연 둘아나 불었댄 말이우다. 구비1 안용인, 남 74세: 128쪽

-인 말이우다: 아들이 ᄒ나가 있는디, 걸 애지중지(愛之重之)허여서 안안 이렇게 앚지나까, 아바지 쉬염을 아이가 훑아 불었댄 말이우다. 구비1 안용인, 남 74세: 147쪽

-인 말이우다: 예, 한로산으로 내려오라 가지고 그디 앚안 보니 지형(墓地用 地形)이 좌정(坐定)홀 지형이 못되댄 말이우다. 구비1 안용인, 남 74세: 150쪽

-인 말이우다: ᄒ 나라에서 장군 ᄒ나 쇠 ᄒ 머리씩 멕이는 건 문제 아니랜 말이우다. 구비1 안용인, 남 74세: 149쪽

-인 말입니다(은 말): 그 사름덜은 망 직ᄒ는 사름이 만ᄒ댄 말입니다. '큰일 났다'고, 다 헐어젼(흩어져서) 도망허여 불었댄 말이우다. 구비1 안용인, 남 74세: 134쪽

-인 말입니다(은 말): ᄌ기가 숨켜논 디니, 얼른 가 촛앗댄 말입니다. 구비1 안용인, 남 74세: 123쪽

-인 말입니다(은 말): ᄌ식덜도 아방(묘소)을 잘 써 노니까, 고관대작을 헤여가 가지고 중국에 ᄉ신으로 출입ᄒ게 되었댄 말입니다. 구비1 안용인, 남 74세: 129쪽

-인 말입니다(은 말): 휘망ᄒ나, ᄂ룻배에 영장(營葬, 棺)은 실르고 '똑' 타 앚안 있댄 말입니다. 구비1 안용인, 남 74세: 128쪽.

-인 말입니다(은 말): ᄒ니, 비를 피ᄒ고 ᄇ름을 피ᄒ젠, 이젠 비석을 의지허여 가 가지고 '톡' 앚이니, 「조만능지묘」라 ᄒ 글이 새겨 있댄 말입니다. 구비1 안용인, 남 74세: 129쪽

-인 ᄒ다: "이게 약소(略少)ᄒ 제찬(祭饌)이지마는, 조꼼 응감(應感)ᄒ십센 허연, 짊어젼 왔습니다." ᄒ난, 구비1 안용인, 남 74세: 169쪽

-인 ᄒ연 -안 -아 불언0: 그런디 그 아이덜도 「게문(그러면) 그 배남(배나무)에 올라 보자!」고, ᄆ딱덜(모두들) 배남에 올라갔단, 도독이옌 ᄒ연 심어간(붙잡아가서) 옥(獄) 속에 넣어 불언. 구비2 양구협, 남 71세: 623쪽

-인/젠 (목표, 의도): "건 뭘 ᄒ젠 들런 사니(산니: '사+은+니' 동음 탈락, 섰니)?" 구비1 안용인, 남 74세: 133쪽

-인0: 아주 생사름(산 사람) 모양으로 ᄒ다고 홉네다. (옆에서 듣던 친구인 현원봉 씨) 아이, 생사름 모양으로 ᄒ댄. 구비1 안용인, 남 74세: 173쪽

-인0: 엿날은 일흔만 되민 고려장 허여 낫젠. 구비1 김순여, 여 57세: 195쪽

-인0: 천인(賤人) 아니우꽈젠. 천인잇주. 구비1 안용인, 남 74세: 132쪽

-인가?: ᄒ연 뒷날은 일 ᄒ레(하러) 간다 해네(하여서), ᄆᄉᆫ 쒜갈레죽(쇠가래,

쇠삽)인가 무슨, 무슨 … 구비3 김재현, 남 85세: 28쪽

-인디 -인디 모르주마는 -이나 -이나 여기도 있다:

-인지 만지 모르다: 원, 그 사름(사람)인지 만지(아닌지, 말+은지) 모르고, 먼저 (앞서의) 도적놈인지 만지 몰른(모르는) 사름(사람)이 와서 그렇게 했다 말이어. 구비3 김재현, 남 85세: 242쪽

-잉 하다: "일로부떠는 바당에 던지랭 허여도 던지곡, 형님 말대로 홀 테니, 또 흔 자리만 フ르쳐 주십서!" 구비1 안용인, 남 74세: 127쪽

-잉 ᄒ다: 「김녕」(제주시 김녕리) 오니, 요 「궤내기」옝 흔 디를 가 가지고, 땅 파 가지고, 홰, 불 싸는 홰, 홰를 붙젼, 죄안 앚전 묻어 불엇어. 그것이 도깨비 되어 가지고 해 지기 전의 나타나 가지고 막 돌아댕긴댄 말이어. 구비1 안용인, 남 74세: 176쪽

-잉 ᄒ다: 만수무강(萬壽無疆)허여줍셍 ᄒ는 뜻으로 시를 지어 받지는디, "너 시나 흔 쉬 지영 올라오라 가지고 「술 흔 잔 달라」고 ᄒ라!"고 ᄒ니까, 구비1 안용인, 남 74세: 138쪽

-잉0 -인 허연게양 -인 홉데다: 근 일흔만 나 가민, 고려장 흔 시대 셔 낫젱. (제주시 구좌읍) 김녕도 허여 낫젠 허연게양? [조사자의 확인 질문에] 예, 고려 장을 허여 낫젠 홉데다. 구비1 김순여, 여 57세: 196쪽

-자(자고) ᄒ다: 「거 세상원[세상에+화용 첨사 '원'] 여기서도 맨들어 보지 못흔 음식이고 먹어 보도 못흔 음식을 ᄒ니까, 이 양반이 아마 그, 춤(참) 나를 죄를 주자 ᄒ는가?」해서 조마조마ᄒ엿다ø 말이우다(말입니다). 구비3 김재현, 남 85세: 127쪽

-자ø니[계기, 배경, 이유] -어?: 그때 뭐, [곡식을] 사자ø니 돈이 잇어? 빌어당 먹음뱁의는(빌어다 먹는 일밖에는) 갈 디가 없다ø 해서 왓거든0. 구비3 김재현, 남 85세: 58쪽

-자고 말이어: 호종단(胡宗旦, 12세기 고려 예종 때 귀화하여 좌정언 등을 지낸 중국 복건성 사람)이가 홍로를 오라 가지고 물혈(솟아 나오는 샘물 구멍)을 떠 보자고 말이어[한의학에서 '혈 자리를 뜨다, 뜸을 뜨다'라는 관용구를 확장하여 쓰고 있는데, 막힌 구멍을 뚫어 통하게 만들다는 뜻과는 정반대로, 살아 솟아오르는 구멍을 누르고 막아 버리거나 끊어 버린다는 반대의 속뜻으로 쓰고 있음]. 오란(와서) 보니, 물혈이 없어, 물이 없어! 구비3 김재현, 남 85세: 186쪽

-자고 -앗어: 아, 돗(돼지)을 걸려다(줄로 걸려서 훔쳐다가) 먹어(잡아먹어) 보자

고, 이제 돗통(인분 먹는 돼지를 키우는 측간)에 갔어. 채 돗(돼지)을 걸리지

못한 무렵에, 돗(돼지)은 어디 집 쏙읍(속)엔가 잇이니까, 아 주인네가 뒤 보레

(똥 누러) 들아(달려) 오는 거라. 구비3 김재현, 남 85세: 267쪽

-자고[의도, 목적: -젠]: 닷줄(배의 닻줄)로다 「딱!」(의태어, 잘, 단단히) 그 절박

(結縛)을 햇다고, 해 가지고(그래 가지고) 정(등에 지고서) 가자고. 구비3 김재

현, 남 85세: 210쪽

-자곤 ø: 상제(喪制) 삼 형제가 가서 영장(營葬)ㅎ자곤 ø(해서) 개광(開壙)홀 께

(것이) 아니여?(아니겠어?) 구비3 김재현, 남 85세: 230쪽

-자곤 ø: 새가 늘아가다서(날아가다가) 곡식 밧(밭)을 봐 지니까, 곡식 줏어(주워)

먹자곤 ø(=해서) 앉는 형치라(形態이다). 구비3 김재현, 남 85세: 227쪽

-자곤 -어서 -는 접주: 그렇게 ㅎ자곤(하고자, 하려고) 욕심을 내어서 [여우가]

사름(사람)을 홀류는(홀리우는) 접주(것입지요). 구비3 김재현, 남 85세: 72쪽

-자곤 ㅎ는고?: 「웅매(雄馬, 수말) 뭉그레기(작고 마른 것, '뭉글+아기')ø 그거

뭐, 가그네(가서) 뭐, 물방애(말을 부려서 찧는 연자 방아)나 져(찧어) 먹고

뭐, 저까짓 거(저런 작은 말을) 뭘 ㅎ자곤(하려고) ㅎ는고?」구비3 김재현, 남

85세: 258쪽

-자곤 ㅎ니까: 그 사름(사람)이 장래 [운명이 부자가] 되자곤(되려고) ㅎ니까, 흔

번도 궐(闕, 빠뜨림) 아니 해 봐 가지고, 꼭 제수(祭需)를 봉가근(주워서, 얻어서,

'봉그다+아그네') 져(짊어져) 가지고 간다고0. 구비3 김재현, 남 85세: 257쪽

-자곤 ㅎ다: "뭐, 아무 날 가자곤(가자고+은, 가려고+은) ㅎ지." 구비3 김재현,

남 85세: 106쪽

-자곤 ㅎ다: 통완인(퉁완이는, 화자는 청나라 시조 누르하치를 가리킨다고 설명

함) 죽어서 관ᄌ(관)를 짜자곤 ㅎ니, 그 체격에 맞인 남(나무)이 없어 가지고,

대상 악양루(중국 호남성 동정호 악양루) 대들보를 뜯어다서(뜯어다가) 햇다

곤(했다고 해). 악양루는 옛날 참 큰 다락인디. 구비3 김재현, 남 85세: 141쪽

-저 ㅎ영 -으민 -젱 ㅎ당 보민 -았어: 아, 「저 멀리 저디 가 보저」 생각ㅎ영 걸어가

가민, 두 자국(발자국)만 놓젱 ㅎ당 보민, 멧 자국사 가지는지 볼써 가젓어.

이상ㅎ다! 구비2 양구협, 남 71세: 658쪽

-젠 [중간 부연 설명] -기로 ㅎ니 -지 못ㅎ게시리: 뒷날은 역부러(일부러) 흔 번

[여우가 나오는지] 보젠, 거 잘 출련(옷을 잘 갖춰 입고서) 간, 어드움에(어둠

무렵에) 다시 [관가에서 퇴청하여 자신의 집으로] 떠나기로 ㅎ니, 아 그 사름덜

이(사람들이, 관청의 부하들이) 또 떠나지 못ㅎ게시리0 [막았다]. 구비3 김재

현, 남 85세: 48쪽

-젠 간 보니 -난 말이어?: 보재기(갯일이나 어업으로 사는 사람, '浦作+이')들ø 뒷날 아즉(아침) 출련(차리고서, 어로할 준비를 갖춰서) 바르(바다, 바닷일) 카젠(가고자, 가려고) 간(포구에 가서) 보니, 「아, 배가 잇난」 말이어?(있느냐는 말이야?) 배가 그만 엇이난, 아무것도 아니라(고기 잡으러 갈 수가 없어). 구비3 정원선, 남 90세: 396쪽

-젠 ᄀ져 오다: "왜 그 옷을 ᄀ지고(가지고) 나가느냐?" "아바지 입히젠 ᄀ져 오랏수다!" 구비2 양구협, 남 71세: 651쪽

-젠 들어가다 [목적] -잉 ᄒ젠 ᄒ였자 -앗어: ᄒ 번은 그 서당엘 놀레 가서 글 익는(읽는) 걸 보젠 들어가니, 선생도 안테레 들어오랭 ᄒ젠 ᄒ였자, 제ᄌ덜 ᄆ소왓어(무서웠어). 제ᄌ덜이 또 「쌍놈의 ᄌ석」 ᄒ여 놓고 ᄒ문, 대답홀 ᄌ를(겨를이) 읎고, 그래서 이젠 내붙었는디. 구비2 양구협, 남71세: 168쪽

-젠 -젠0: 어머니가 (아들보고) "어디 간 왔느냐?"고. 상당히 지드렷젠, 이만저만 아니ᄒ엿젠 (말하였어). 구비2 양구협, 남 71세: 664쪽

-젠 주 해연 온 사ᄅᆷ이거든: 청장인(가등청정이는) 무신(무슨) 꾀를 해여도 유 버버리(벙어리)안티만(한테만) 가젠 주(위주, 주목적) 해연 온 사ᄅᆷ(사람)이거든. 구비3 김재현, 남 85세: 329쪽

-젠 햆저 -젠 햆저: "아니, 이제 곧 죽젠 햆저(죽자고 하고 있지), 죽젠 햆저." 이녁 냥으로(자기대로 스스로) 죽으켄 해 가난게(죽겠다고 해 가니까+화용 첨사 '게'). 구비3 김재현, 남 85세: 145쪽

-젠 ᄒ는 말이주: 오히려 태학관 선비들은 다 상주가 되난(되니까, 되는 셈이니까), 오히려 무안을 당햇젠 ᄒ는 말이주. 구비3 양원교, 남 72세: 412쪽

-젠 ᄒ다: [다 베어 둔 밭벼들을 모두 다 등짐으로] 막 져서 일어사젠(일어서자고, 일어서려고) ᄒ니까닌(하니까) [부대각이 몰래 짐 뒤로 가서 짐을 지려는 사람의] 등을 「쑥!」(의태어, 깊이 들어가게) 강(가서) 「쑥!」 누울렷거든(눌렀거든). 구비3 김재현, 남 85세: 210쪽

-젠 ᄒ다: 겨니 그 목ᄉ(牧使)가 제주를 떠나 가지고 고향(경북 영천)을 가젠 ᄒ니, 대풍(大風)이 불어서 못 가게 늘(항상) ᄒ니깐, 그때에 그 어느 구신(鬼神)이 「아, 그 목ᄉ가 오라 가지고 절(사찰) 오백 당(신당) 오백 다 부수와 불고, 제주 목ᄉ로 오라서」 영천 목ᄉ. 구비1 임정숙, 남 86세: 192쪽

-젠 ᄒ다: 뭐 가시어멍ᄁ지(丈母까지) 조사ᄒ젠 ᄒ 건 아이라(아니란) 말이어, 하하하하! 구비2 양형회, 남 56세: 34쪽

-젠 ᄒ다: 아들덜은 전부 이제 혼례(婚禮)를 시켜 둬야 뚤을 풀게(팔게, 시집 보내게) 되었는디, 그렁저렁 ᄒ다 보니 그만 그 아들덜 풀젠 ᄒ니 새각시(新婦)를 구(求)허여 ᄉ줄(四柱를) 보니 뭐 ᄒ니 허엿어. 나빵(사주가 나빠서, 안 맞아서) 다시 구ᄒ곡 ᄒ는 게 막넹이(막내)는 늦어질 건 ᄉ실입주. 구비2 양형회, 남 56세: 35쪽

-젠 ᄒ다: 우리 지방 부근에서 양식을 어디 구해 보젠(보자고) ᄒ되(하되) 구홀 디가 엇고(없고), 소문 들으니 선생네가 거, 산디(밭벼, 山稻)를 큰 밧디(밭에, 밭+디[곳]+에) 갈앗다(갈았다) ø ᄒ길래(하기에), 그자(그저) 무조껀(무조건) 와서 내가 져(주인의 허락도 없이 등짐으로 짊어 져) 갓습니다(갔습니다). 구비 3 김재현, 남 85세: 213쪽

-젠 ᄒ다: ᄒ 번에 열녀가 그 뚤이영(딸이랑) 하님이영(여종이랑) 아방이영(아버지랑) 삼효(三孝)가 낫젠 ᄒ주0. 구비3 김승두, 남 73세: 118쪽

-젠 ᄒ다[의도, 목적: -자고]: 믄딱(모두 다) 해연[이미 밭벼들을 베어 둔 것을 모두 다 그러모아서], 이제 그놈[그것]을 짊어서 지젠(등에 지려고) ᄒ는 모냥(모양)이어. 게연(그렇게 해서) ᄌ세(자세히) 슬펴보니까, 그래어서(그래서) 정(등에 지고서) 가젠 ᄒ니, 이제는 조용 조용이(조용히) 갓다말이어(갔다말이야). 구비3 김재현, 남 85세: 210쪽

-젠 ᄒ다[의도]: "이제 호미(낫) 해영(하여서, 갖고서) 미시 거(무슨 것) ø ᄒ젠 햇수꽈(하려고 합니까, 하고자 하고 있습니까)?" 구비3 김재현, 남 85세: 274쪽

-젠 ᄒ다[추측]: "…욕심으로 어디 화전(火田)에 가네(가서) 출사(꼴이야, 꼴을) 아마 비젠(베고자, 베려고) 햇구나(하는구나, 하고 있구나)!" 구비3 김재현, 남 85세: 275쪽

-젠 ᄒ민: 경흔디(그런데) 김초시(무과에 입격한 김씨)가말이우다(화용 첨사 '말입니다'), 그 활을 쏘나 씨름을 ᄒ나 ᄒ젠 ᄒ민(하고자 하면) ᄉ또(사또) 앞의(앞에) 강(가서) ᄒ는 법입주. 존전에 맨발에 가지 못ᄒ는디, 김초시는 맨발에 가. 구비3 김재현, 남 85세: 178쪽

-젠 ᄒ연 보니: 이제는 배(돛배) 타 가지고 가는디, 뻴파진(전남 진도 碧波津)ᄭ지 막 들어가다가, 당(堂) 구신(鬼神)덜이 좇아간 전복(顚覆)ᄒ젠 허연 보니, 볼써 상륙하여 불엇댄 말이우다. 상륙ᄒ니 복수를 못 ᄒ여 가지고서 그 신(神)덜은 다 돌아오라 불엇다고. 허허허허. 구비1 안용인, 남 74세: 208쪽

-젠 ᄒ주, -젠 ᄒ니: 그 막산일(막산이를) 잡아죽여 버렷젠 ᄒ주. 질루젠(키우고자) ᄒ니 양식 없이 다 당(충당)ᄒ지 못ᄒ고0. 구비3 김택효, 남 85세: 380쪽

-젠(고자 하여): 나라에서 경(그렇게) 홀목(손목)을 잡아놓니, 늠(남)을 뵈우젠(보여 주자고) 비단 험벅(헝겊)으로 이걸(이것을, 나랏님이 잡았던 손목을) 감은 후젠(後＋적에는) 어인(御印)을 짝어 붙엇어, 죽기 생전, 이거 늠ø(남들이) 잡지 못ㅎ게. 구비3 김승두, 남 73세: 118쪽

-젠?(젠 ㅎ였어?): "게민(그러면) 어떵ㅎ젠(어떻게 하려고)?" 구비3 김재현, 남 85세: 29쪽

-젠0: ㅎ니, 비를 피ㅎ고 브름을 피ㅎ젠 (ㅎ여서), 이젠 비석을 의지허여 가 가지고 '톡' 앚이니(까), 「조만능지묘」라 ㅎ 글이 새겨 있댄 말입니다. 구비1 안용인, 남 74세: 129쪽

-젠ø ㅎ여: 고종달(胡宗旦, 12세기 고려 예종 때 귀화하여 좌정언 등을 지낸 중국 복건성 사람)이가 오라네(와서) 물혈(水穴, 샘물이 솟아 나는 구멍) 끄차 불엇젠(끊어 버렸다고) ㅎ여. 구비3 김재현, 남 85세: 182쪽

-젠사 ㅎ지산디 [모르겠다]: 이제 고고리(이삭)가 나올 무렵에 그만 하느님이 그 사름(사람)만 살리젠사(살리자고야, 살리고자야) ㅎ지(했는지)산디(이야＋인지), 풍우 대작해연 [먼저 다 패인 곡식들을] 잡아 뜨려(때려) 부니까니(버리니까), 조뿐 아니라 콩이나 픗(팥)이나 무슨 모믈(메밀)이나 아무 것도 엇어(없어), 브름(바람, 거센 바람)에 믄(모두 다) 잡아 후려 부난(잡아 갈겨 버리니까). 구비3 김재현, 남 85세: 358쪽

-젱 소문 낫이니 -더니만 -더라 ㅎ여: 이제 죽엇젱 소문 낫이니(났으니), 기영 ㅎ엿더니만(골탕 먹이려고 어려운 물음을 보내었더니만) 또 안(알고 있는) 사름이 잇는 모양이니, 황정승 대신이 조선에 또 잇다고, 죽어도 또 (다른 유능한 신하가) 잇다고, 겁을 내고 ㅎ더라 ㅎ여. 구비2 양구협, 남 71세: 668쪽

-젱 ㅎ다: 기엔(그래서, '기영 ㅎ연'의 개인 말투) 메틀(며칠) 잇는디, 하, 그 사름이 웃어(없어) 놓니 뭐 이얘기 홀 수 잇나?, 먹젱 ㅎ니 먹을 수 가 잇나? 무신(무슨) 생각도 안ㅎ고 그자 멍ㅎ니 앚앗어(앉았어). 구비2 양구협, 남 71세: 663쪽

-젱 ㅎ다: 이 할망 일혼 다섯이난, 이 삼춘 일혼 다숫이난, 고려장 ㅎ젱 ㅎ민 오죽 애둘를(애닮을) 것가! 구비1 김순여, 여 57세: 196쪽

-젱 ㅎ다: ㅎ를은 물어 봤더니, 부지런히 오젱 ㅎ는디, 어떤 여즈가 나타나서, 아니, "집이 왕 놀다 가라!"고 해서, ㅎ연 놀당 가는디, 입에서 구슬을 내어 놓아서 자기 입엣 걸 해서 "물어 보라!"고도 ㅎ고 이리저리 씨름ㅎ다가 사라지문 그냥 옵니댕 ㅎ연. 구비2 양구협, 남 71세: 614쪽

-젱 ㅎ엿던 모양이지: 중국에서 옛날 조선이란 우리나랄 조금 옅봐서(얕봐서),

뭐이든지 어례운 걸 걸루젱(시험하자고, 변이형태로 '걸룹다') ᄒ엿던 모양이
지. 구비2 양구협, 남 71세: 666쪽

-주0: 게난(그러니까) 갓주(갔지). 간(가서) 인사로 "무사(왜, 무슨일로) 오랜 흅데
가?(오라고 하였습니까?)" 구비3 김재현, 남 85세: 43쪽

-지 못하다 -도 못하다: 「거 세상원[세상에+화용 첨사 '원'] 여기서도 맨들아
보지 못흔 음식이고 먹어 보도 못흔 음식을 ᄒ니까, 이 양반이 아마 그, 춤(참)
나를 죄를 주자 ᄒ는가?」해서 조마조마ᄒ엿다ø 말이우다(말입니다). 구비3
김재현, 남 85세: 127쪽

-지 못ᄒ다: 아, 돗(돼지)을 걸려다 먹어(잡아먹어) 보자고, 이제 돗통(인분 먹는
돼지를 키우는 측간)에 갓어. 채 돗(돼지)을 걸리지 못흔 무렵에, 돗(돼지)은
어디 집 쏙읍(속)엔가 잇이니까(있으니까), 아 주인네가 뒤 보레(똥 누러) 들아
(달려) 오는 거라. 구비3 김재현, 남 85세: 267쪽

-지 -은다고 ᄒ여: 양반이민(이면) 양반의 집이(집에) 결혼ᄒ지('ᄒ주'가 아님),
쌍놈의 집인(집엔) 안 흔다고 ᄒ여. 구비3 김재현, 남 85세: 257쪽

-지도(ø도) 아니ᄒ고: [바닷고기를] 춤(참) ᄏ게(타게, 검게 타도록) 구워서 그스
렁(그으름) 궅은(같은) 것도 좀 털어라도 불주마는(버리주마는) 털어 불ø도
(털어 버리지도) 아니ᄒ고 그자(그저) 꺼멍흔 냥(거므스름한 양, 거므스름한
모습 그대로) 그냥 반찬으로 갓단(갖다가) [밥상에 놓았어] 구비3 김재현, 남
85세: 132쪽

-질 못해요: 천ᄌ(天子) 임금광(임금과) 흔 방 안넨(안에는) 절대 앚질(앉지를)
못해요, 대신덜토(대신들도). 구비3 김재현, 남 85세: 342쪽

2. 참고문헌[199]

강근보(1972), "제주도 방언 '잇다' 활용고", 제주대학교『논문집』제4집.

강근보(1975), "제주도 방언 어휘고(2): 곡용에서의 {-마씀}을 중심으로",『국문학보』제7집, 제주대학교 국어국문과.

강근보(1977a), "속격 {-네}의 연구: 제주도 방언의 {-네}를 중심으로", 제주대학교『논문집』제8집.

강근보(1977b), "제주도 방언의 접미사 연구: 특히 {-드레}를 중심으로", 제주대학교『논문집』제9집.

강근보(1978), "제주도 방언의 곡용에 대하여", 제주대학교『논문집』제10집.

강정희(1987), "제주 방언의 명사류 어미의 한 종류 '-(이)랑'에 대하여",『한남어문학』제13집, 한남대학교 국어국문과.

강정희(1988),『제주 방언 연구』, 한남대학교 출판부.

강정희(1994), "방언 분화에 의한 형태 분화: 제주 방언의 '이랑'과 문헌어의 '으란'을 중심으로",『이화 어문논집』제13집, 이화여자대학교 국어국문과.

강정희(2005),『제주 방언 형태 변화 연구』, 역락.

강정희(2008), "제주 방언 동명사 구문의 문법화 연구",『어문연구』제57집, 한국어문교육연구회.

---

199) 본문의 논의 속에 필자가 인용하는 논저들의 출처를 모두 다 적어 놓았으므로, 모든 논저들을 따로 참고문헌에 모아 놓지는 않았음을 밝힌다.

고동호(1991), "제주 방언의 구개음화와 이중모음의 변화", 『언어학』 제13호, 대한언어학회.

고동호(1995), "제주 방언의 움라우트 연구", 『언어학』 제17호, 대한언어학회.

고동호 외 6인(2014), 『제주방언 연구의 어제와 내일』, 제주발전연구원.

고동호 외 4인(2015), 『제줏말의 이해』, 제주발전연구원.

고영근(2004, 2007 보정판), 『한국어의 시제·서법·동작상』, 태학사.

고영근(2010 제3판), 『표준 중세국어 문법론』, 집문당.

고영근·구본관(2008), 『우리말 문법론』, 집문당.

고영진(1984), "제주 방언의 인용문 연구", 연세대학교 석사논문.

고영진(1991), "제주도 방언의 회상법 형태와 관련된 몇 가지 문제: 회상법의 형태소 정립을 위하여", 『갈음 김석득 교수 회갑기념 논문집, 국어의 이해와 인식』, 한국문화사.

고영진(2002), "제주도 방언의 상대높임법의 형태론", 『한글』 제256호, 한글학회.

고영진(2003), "제주도 방언의 의문법의 형태론: 이른바 'ᄒ라체'를 중심으로", 『한글』 제262호.

고영진(2007), "제주도 방언의 형용사에 나타나는 두 가지 '현재 시제'에 대하여", 『한글』 제275호, 한글학회.

고영진(2008), "제주도 방언의 형태론적 상 범주의 체계화를 위하여", 『한글』 제280호, 한글학회.

고재환(2002, 2013 개정증보판), 『제주 속담 사전』, 민속원.

고재환(2011), 『제주어 개론(상·하)』, 보고사.

고재환 외 5인(2014), 『제주어 표기법 해설』, 제주발전연구원.

고창운(1995), 『서술씨끝의 문법과 의미』, 박이정.

김경훈(1998), "시제·상·서법의 상관관계에 대한 일고찰: 제주 방언 시상 형태를 중심으로", 『개신어문연구』 제15집, 충북대학교 국어국문과.

김광웅(2001), 『제주 지역어의 음운론』, 제주대학교 출판부.

김수태(2005), "'-느-'와 종결 어미의 융합", 『우리말 연구』 제16호, 우리말학회.

김영주 외 7인(1997), 『언어학 이론과 한국어 의미·통사 구조 습득 I』, 민음사.

김완진(2000), 『향가와 고려가요』, 서울대학교 출판부.

김완진(1970), "문접속의 '와'와 구접속의 '와'", 『어학 연구』 제6권 2호, 서울대학교 어학연구소.

김완진(1975), "음운론적 유인에 의한 형태소 증가에 대하여", 『국어학』 제3호, 국어학회.

김지은(1998), 『우리말 양태용언 구문 연구』, 한국문화사.

김지홍(1982), "제주 방언의 동사구 보문 연구", 한국학중앙연구원 한국학대학원 석사논문.

김지홍(1992a), "국어 부사형어미 구문과 논항구조에 대한 연구", 서강대학교 박사논문.

김지홍(1992b), "{-겠-}에 대응하는 {-으크-}에 대하여: 특히 분석 오류의 시정과 분포 확립을 중심으로 하여", 『현용준 박사 화갑기념 제주도 언어 민속 논총』, 제주문화.

김지홍(2001), "제주 방언 대우법 연구의 몇 가지 문제", 『백록어문』 제17호, 제주대학교 국어교육과.

김지홍(2010a), 『국어 통사·의미론의 몇 측면: 논항구조 접근』, 경진출판.

김지홍(2010b), 『언어의 심층과 언어교육』, 경진출판.

김지홍(2013), "언문지의 텍스트 분석", 『진단학보』 제118호, 진단학회.

김지홍(2014a), 『제주 방언의 통사 기술과 설명: 기본구문의 기능범주 분석』, 경진출판.

김지홍(2014b), "제주 방언 통사 연구에서의 현황과 과제", 고동호 외(2014)의 178~314쪽(총 136쪽 분량)에 실림.

김지홍(2014c), 『제주어 표기법 해설』의 총20개 항 중에서 제11항·제13항·제16항·제17항 2와 3·제20항이며, 제주발전연구원 간행 고재환 외 5인(2014)에 실림.

김지홍(2015), 『언어 산출 과정에 대한 학제적 접근』, 경진출판.

김지홍(2016), "제주 방언의 선어말어미와 종결 어미 체계", 『한글』 제313호, 한글학회, 109~171쪽.

김지홍(2017), "Non-canonical Ending Systems in Jeju Korean", 『방언학』제26호, 방언학회, 229~260쪽.

김지홍(2019), "제주 방언의 인용 구문과 매개변항", 『한글』제326호, 한글학회, 745~792쪽.

김홍식(1979), "제주도 방언 '가쟁이'어고", 제주대학교 『논문집』제11집.

김홍식(1982), "제주도 방언의 '낭'어고", 제주대학교 『논문집』제14집.

김홍식(1983), "제주도 방언의 접미사 고: 인칭 접미사를 중심으로", 『탐라문화』제2집, 제주대학교 탐라문화연구소.

김홍수(1989), 『현대국어 심리동사 구문 연구』, 탑출판사.

남기심(1996), 『국어 문법의 탐구 I: 국어 통사론의 문제』, 태학사.

남기심·고영근(1985, 2011 개정 제3판), 『표준 국어 문법론』, 탑출판사.

남길임(2004), 『현대 국어 '이다' 구문 연구』, 한국문화사.

문숙영(1998), "제주도 방언의 시상 형태에 대한 연구", 서울대학교 석사논문.

문숙영(2004), "제주 방언의 현재시제 형태소에 대하여", 『형태론』제6권 2호, 박이정.

문숙영(2005), "한국어 시제 범주 연구", 서울대학교 박사논문.

문숙영(2006), "제주 방언의 '-엄시-'의 범주와 관련된 몇 문제", 『형태론』제8권 2호, 박이정.

문순덕(2002), "제주 방언 보조조사의 담화 기능", 『영주 어문』제4집, 제주대학교 국어국문과.

문순덕(2003a), 『제주 방언 문법 연구』, 세림.

문순덕(2003b), "제주 방언 반말체 첨사의 담화 기능", 『영주 어문』제5집, 제주대학교 국어국문과.

문순덕(2005a), "제주 방언의 간투 표현", 『한글』제269호, 한글학회.

문순덕(2005b), "제주 방언 높임말 첨사의 담화 기능: '마씀, 양, 예'를 중심으로", 『언어 연구』제20권 3호, 한국현대언어학회.

민현식(1999, 2011 수정 4판), 『국어 정서법 연구』, 태학사.

박용후(1960, 철필 등사본), 『제주 방언 연구』, 동원사.

박재연(2006), 『한국어 양태 어미 연구』, 태학사.

박철우(2003), 『한국어 정보구조에서의 화제와 초점』, 역락.

서태룡(1988), 『국어 활용어미의 형태와 의미』, 탑출판사.

성낙수(1984), 『제주도 방언의 풀이씨의 이음법 연구』, 정음사.

성낙수(1992), 『제주도 방언의 통사론적 연구』, 계명문화사.

송상조(2007), 『제주말 큰사전』, 한국문화사.

송상조(2011), 『제주말에서 때가림소 '-ㅇ, -ㄴ'과 씨끝들의 호응』, 한국문화사.

송철의(1993), "준말에 대한 형태·음운론적 고찰", 『동양학』 제23집, 단국대학
    교 동양학연구소.

신선경(2002), 『'있다'의 어휘 의미와 통사』, 태학사.

안명철(1990), "국어의 융합 현상", 『국어국문학』 제103호, 국어국문학회.

안병희(1978), 『15세기 국어의 활용어간에 대한 형태론적 연구』, 탑출판사.

안병희·이광호(1990), 『중세국어 문법론』, 학연사.

양용준(2004), "제주 방언의 상과 화행에 대한 고찰", 『언어학 연구』 제9권
    1호, 한국언어연구학회.

양정석(2002), 『시상성과 논항 연결: 시상성 가설 비판을 통한 연결이론의
    수립』, 태학사.

양정석(2005, 2010 개정판), 『한국어 통사 구조론』, 한국문화사.

양창용(2009), "제주 방언 '양'에 대한 통사·담화론적 고찰", 『한국 언어문학』
    제69집, 한국언어문학회.

엄정호(2005), 『국어의 보문과 보문자』, 태학사.

우창현(1998), "제주 방언의 상 연구", 서강대학교 박사논문.

우창현(2001), "제주 방언 선어말 어미 '-엇-'에 대하여", 『순천향 어문논집』
    제7집, 순천향대학교 국어국문과.

우창현(2003), 『상 해석의 이론과 실제: 제주 방언을 중심으로』, 한국문화사.

우창현(2004), "제주 방언 '-아시-'의 문법화와 문법 의미", 『한국어학』 제24호,
    한국어학회.

우창현(2008), "제주 방언 선어말 어미 의미 해석 문제: '-암시-, -아시-'를

　　　중심으로", 『민족문화 논총』 제40집, 영남대학교 민족문화연구소.

유현경·한정한·김광희·임동훈·김용하·박진호·이정훈(2011), 『한국어 통사
　　　론의 현상과 이론』, 태학사.

윤석민(2000), 『현대 국어의 문장 종결법 연구』, 집문당.

이강식(1989), "제주도 방언의 존대의문법 고찰", 『청람어문학』 제2권 1호,
　　　한국교원대 국어교육과.

이기갑(2008), "양상(Modality)의 유형론", 김원필 외 18인, 『언어 유형론: 시제
　　　와 상, 양상, 조동사, 수동태』, 월인.

이기문(1972), 『개정판 국어사 개설』, 민중서관.

이기석(2004), "제주 방언의 등위 접속사 '광'의 분석", 『언어학 연구』 제9권
　　　1호, 한국언어연구학회.

이남덕(1982), "제주 방언의 동사 종결 어미 변화에 나타난 시상체계에 대하
　　　여", 『논총』 제40집, 이화여자대학교 한국문화연구원.

이병근(1979), 『음운현상에 있어서의 제약』, 탑출판사.

이숭녕(1957, 1978 재간), 『제주도 방언의 형태론적 연구』, 탑출판사.

이숭녕(1981 개정판), 『중세 국어 문법: 15세기어를 주로 하여』, 을유문화사.

이익섭(2003), 『국어 부사절의 성립』, 태학사.

이익섭(2005), 『한국어 문법』, 서울대학교 출판부.

이익환·이민행(2005), 『심리동사의 의미론: 영어, 한국어와 독일어의 대조연
　　　구』, 역락.

이정복(2008, 2011 개정증보판), 『한국어 경어법, 힘과 거리의 미학』, 소통.

이주행(1986), "의존명사의 의미 분석", 『임동권 박사 송수기념 논문집』, 중앙
　　　대학교 국어국문과.

이지양(1998), 『국어의 융합 현상』, 태학사.

이현진(2003), "언어 습득과 언어 발달", 조명한 외, 『언어 심리학』, 학지사.

이효상(2006), "제주 방언의 '-엄시='에 대하여: 상 표지인가, 시제 표지인가?",
　　　『형태론』 제8권 1호, 박이정.

임홍빈(1979), "용언의 어근 분리 현상에 대하여", 『언어』 제4권 2호, 한국언어

학회.

임홍빈(1981), "사이시옷 문제의 해결을 위하여", 『국어학』 제10호, 국어학회.

임홍빈(1982), "기술보다는 설명을 중시하는 형태론의 기능 정립을 위하여", 『한국학보』 제26집; 임홍빈(1998), 『국어 문법의 심층 2: 명사구와 조사구의 문법』, 태학사에 재수록됨.

임홍빈(1984), "청자 대우법 상의 '해' 체와 '해라' 체", 『소당 천시권박사 화갑기념 국어학 논총』, 경북대학교 국어교육과; 임홍빈(1998), 『국어 문법의 심층 1: 문장 범주와 굴절』, 태학사에 재수록됨.

임홍빈(2005), 『우리말에 대한 성찰 1』, 태학사.

임홍빈(2007), 『한국어의 주제와 통사 분석: 주제 개념의 새로운 전개』, 서울대학교 출판부.

임홍빈·이홍식 외(2002), 『한국어 구문 분석 방법론』, 한국문화사.

정성여(2013), "제주방언의 '-ㄴ다'와 관련된 어말형식들의 대립에 대하여", 『방언학』 제17호, 한국방언학회.

정승철(1985), "제주도 방언의 의문법 어미에 대한 일고찰", 『관악어문연구』 제10집, 서울대학교 국어국문과.

정승철(1995), 『제주도 방언의 통시 음운론』, 태학사.

정승철(1997a), "제주도 방언 어미의 형태음소론: 인용어미를 중심으로", 『애산 학보』 제20호, 애산학회.

정승철(1997b), "제주 방언의 특징", 『한국 어문』 제4호, 한국정신문화연구원 한국어문연구실.

정승철(1998a), "제주 방언의 특징에 대하여", 『새국어생활』 제8권 제4호, 국립국어원.

정승철(1998b), "제주 방언", 『이익섭 선생 회갑 기념 논총: 문법 연구와 자료』, 태학사.

정승철(2000), "제주 방언의 음운론", 『탐라문화』 제21호, 제주대학교 탐라문화연구소.

정영진(1983), "제주 방언의 종결 어미 연구: 동사의 종결 어미를 중심으로",

　　　　『동악 어문논집』 제18호, 동국대학교 국어국문과.

정찬섭(1989), "시각 정보처리 계산 모형", 이정모 외, 『인지과학: 마음·언어·계
　　　　산』, 민음사.

정호완(1987), 『후기 중세어 의존명사 연구』, 학문사.

제주대학교 박물관 엮음(1995), 『제주어 사전』, 제주도.

제주문화예술재단 엮음(2009 개정증보판), 『제주어 사전』, 제주특별자치도.

조명한 외 11인(2003), 『언어 심리학』, 학지사.

조숙환 외 7인(2000), 『인간은 언어를 어떻게 습득하는가: 언어의 의미, 통사구
　　　　조, 습득에 관한 연구』, 아카넷.

조태린(2014), "제주어와 제주방언, 이름의 정치언어학", 『제주방언 연구의
　　　　현황과 과제, 그리고 표기법 해설』 학술발표회 논문집(31~51쪽), 제주발
　　　　전연구원.

최명옥(1996), 『국어 음운론과 자료』, 태학사.

최명옥(2002), "과거시제 어미의 형성과 변화", 『진단학보』 제94집, 진단학회.

최현배(1929, 1975 제5개정판), 『우리 말본』, 정음사.

한길(2004), 『현대 우리말의 마침씨끝 연구』, 역락.

한영균(1984), "제주방언 동명사 어미의 통사구조", 『국어학』 제13집, 국어학회.

허웅(1975), 『우리 옛말본: 15세기 국어 형태론』, 샘문화사.

허웅(1982), "한국말 때매김법의 걸어온 발자취", 『한글』 제178호, 한글학회.

허웅(1989), 『16세기 우리 옛말본』, 샘문화사.

허경행(2010), 『한국어 복합 종결 어미』, 박문사.

현용준(1956), "제주 방언에서의 'ㅇ'고", 『국문학보』 제1호, 제주대학교 국어국
　　　　문과.

현평효(1974), "제주도 방언의 정동사 어미 연구", 동국대학교 박사논문; 현평
　　　　효(1985) 재수록.

현평효(1985), 『제주도 방언 연구: 논고편』, 이우출판사.

현평효·김홍식·강근보(1974), "제주도 방언 활용어미에 대한 연구", 제주대학
　　　　교 『논문집』 제6집.

홍윤표(1994), 『근대 국어 연구 1』, 태학사.

홍재성 외(1997), 『현대 한국어 동사 구문 사전(기초편)』, 두산동아.

홍종림(1987), "제주 방언의 아스펙트 형태에 대하여", 『국어국문학』 제98호, 국어국문학회.

홍종림(1991a), "제주 방언의 양태와 상범주 연구", 성균관대학교 박사논문.

홍종림(1991b), "제주 방언의 상체계 검토", 『국어학의 새로운 인식과 전개』, 민음사.

홍종림(1994), "제주방언 평서법 어미에 대한 고찰 (1)", 『선청어문』 제22집, 서울대학교 국어교육과.

홍종림(1995), "제주방언의 상대 존대 형태에 대하여: 사라진 '-ᄋ/으이-'의 자취를 찾아서", 『기곡 강신항박사 정년퇴임기념: 국어국문학 논총』, 태학사.

홍종림(1999), "현대 국어의 의문법 체계 고찰(1): 제주 방언을 중심으로", 청주교육대학교 『논문집』 제36집.

홍종림(2001), "제주 방언 연결어미 '-n', '-ŋ'에 대하여", 『국어학』 제38집, 국어학회.

Alexiadou, A., E. Anagnostopulou, and M. Everaert eds.(2004), *The Unaccusativity Puzzle: Explorations of the Syntax-Lexicon Interface*, Oxford University Press.

Bartlett, F.(1932, 1995 킨취 교수의 서문을 추가하여 재판이 나옴), *Remembering: A Study in Experimental and Social Psychology*, Cambridge University Press.

Baddeley, A.(1986), *Working Memory*, Oxford University Press.

Baddeley, A.(2007), *Working Memory, Thought and Action*, Oxford University Press.

Bowerman, M. and P. Brown eds.(2008), *Cross-linguistic Perspectives on Argument Structure*, Lawrence Erlbaum.

Brown, P. and S. Levinson(1978, 1987 확장판), *Politeness: Some Universals in Language Usage*, Cambridge University Press.

Chafe, W. and J. Nichols(1986), *Evidentiality: The Linguistic Coding of Epistemology*, Ablex Publishing Corp.

Clark, H.(1999; 김지홍 뒤침, 2009), 『언어사용 밑바닥에 깔린 원리』, 경진출판.

Damasio, A.(1994; 김린 뒤침, 1999), 『데카르트의 오류』, 중앙문화사.

Davidson, D.(1980; 배식한 뒤침, 2012), 『행위와 사건』, 한길사.

Du Bois, J., L. Kumpf, and W. Ashby eds.(2003), *Preferred Argument Structure: Grammar as Architecture for Function*, John Benjamins.

Fairclough, N.(2001; 김지홍 뒤침, 2011), 『언어와 권력』, 경진출판.

Fairclough, N.(2003; 김지홍 뒤침, 2012), 『담화 분석 방법: 사회 조사연구를 위한 텍스트 분석』, 경진출판.

Fairclough, N.(1980; 김지홍 뒤침, 2017), 『담화와 사회 변화』, 경진출판.

Frege, G.(1879; 전응주 뒤침, 2015), 『개념 표기』, EJ북스.

Frege, G.(1884; 박준용·최원배 뒤침, 2003), 『산수의 기초』, 아카넷.

Frege, G.(1893; 김보현 뒤침, 2007), 『산수의 근본 법칙 I』, 울산대학교 출판부.

Goffman, E.(1967; 진수미 뒤침, 2013), 『상호작용 의례: 대면 행동에 관한 에세이』, 아카넷.

Grice, H. P.(1989), *Studies in the Way of Words*, Harvard University Press.

Hale, K. and J. Keyser(2002), *Prolegomenon to a Theory of Argument Structure*, MIT Press.

Hardman, D. and L. Macchi eds.(2003), *Thinking: Psychological Perspectives on Reasoning, Judgment, and Decision Making*, John Willey & Sons.

Ingram, J. C. L.(2007; 이승복·이희란 뒤침, 2010), 『신경 언어학: 언어처리와 언어장애의 신경과학적 이해』, 시그마프레스.

Jackendoff, R.(1990; 고석주·양정석 뒤침, 1999), 『의미 구조론』, 한신문화사.

Jackendoff, R.(2002; 김종복·박정운·이예식 뒤침, 2005), 『언어의 본질: 통사·의미·인지구조를 중심으로』, 박이정.

Jackendoff, R.(2012), *A User's Guide to Thought and Meaning*, Oxford University Press.

Kahneman, D.(2011; 이진원 뒤침, 2012), 『생각에 관한 생각: 우리의 행동을 지배하는 생각의 반란』, 김영사.

Kahneman, D., P. Slovic and A. Tversky(1982; 이영애 뒤침, 2001), 『불확실한 상황에서의 판단: 추단법과 편향』, 아카넷.

Kintsch, W.(1998; 김지홍·문선모 뒤침, 2010), 『이해: 인지 패러다임 I~II』(한국 연구재단 학술명저 번역총서 서양편 292~293), 나남.

Kratzer, A.(1988), "Stage-level predicates and Individual-level predicates", Carlson and Pelletier eds.(1995), *The Generic Book*, Chicago University Press.

Levelt, W.(1989; 김지홍 뒤침, 2008), 『말하기: 그 의도에서 조음까지 1, 2』(한국 연구재단 학술명저 번역총서 서양편 292~293), 나남.

Levin, B. and M. Rappaport-Hovav(1995), *Unaccusativity: At the Syntax-Lexical Semantics Interface*, MIT Press.

Levin, B. and M. Rappaport-Hovav(2005), *Argument Realization*, Cambridge University Press.

Levin, B. and M. Rapporport Hovav(1999), "Two Structures for Compositionally Derived Events", *SALT* 9, Cornell Linguistics Circle Publications, Cornell University.

MaCarthy, M.(1998; 김지홍 뒤침, 2010), 『입말, 그리고 담화 중심의 언어교육』, 경진출판.

Pinker, S.(1997; 김한영 뒤침, 2007), 『마음은 어떻게 작동하는가: 과학이 발견한 인간 마음의 작동 원리와 진화심리학의 관점』, 동녘사이언스.

Pinker, S.(1999; 김한영 뒤침, 2009), 『단어와 규칙』, 사이언스북스.

Poppe, N.(1954; 유원수 뒤침, 1992), 『몽골 문어 문법』, 민음사.

Poppe, N.(1960), *Buriat Grammar*, Indiana University(Uralic & Altaic Series vol. 2).

Ramstedt, G.(1952; 김동소 뒤침, 1985), 『알타이어 형태론 개설』, 민음사.

Rapparport-Hovav, M., E. Doron, and I. Sichel eds.(2010), *Lexical Structure, Syntax, and Event Structure*, Oxford University Press.

Rapporport Hovav, M. and B. Levin(1998), "Building verb meanings", in M. Butt and W. Geuder eds., *The Projections of Arguments: Lexical and Compositional Factors*, CSLI Publications at Stanford University.

Rapporport Hovav, M., E. Doron, and I. Sichel eds.(2010), *Lexical Semantics, Syntax, and Event Structure*, Oxford University Press.

Russell, B.(1903, 1937 개정판), *The Principles of Mathematics*, W. W. Norton and Co..

Skribnik, E.(2003), "Buryat", J. Jahhunen ed., *The Mongolic Languages*, Routledge.

Tarski, A.(1956, 1983 개정판), *Logic, Semantics, Meta-mathematics*, Hackett Pub..

3. 찾아보기

비록 몇 권 되지도 않지만, 이 책은 필자가 출간해 본 것 중에서 가장 분량이 많이 나간다. 그렇지만 마지막 교정지를 보내면서, 필자는 두려운 마음이 앞설 뿐이다. 이런 느낌이 필자로 하여금 이 책의 「머릿글」을 쓰기보다는, 차라리 책의 꼬리에다 몇 마디 느낌만 적도록 만든다. 이 책에서는 필자가 60년 넘게 모어로 써 온 제주 방언을 놓고서 접속 구문과 내포 구문을 다루고 있다. 몇 년 전에 이 방언에 대한 「기본 구문」을 책자로 낸 일이 있었기 때문에, 거기에 짝을 맞추어 그 이름을 「복합 구문」이라고 달았을 뿐이다.

이 방언의 복합 구문은, 1982년 심악 이숭녕 선생의 지도를 받으면서 처음 썼던 석사학위 논문의 주제이다. 이제 정년을 앞두고서 동일한 영역을 놓고 거의 40년 간격으로 책자를 출간한다. 동일한 모어 직관을 가지고, 동일한 자료를 다루었지만, 필자의 석사 논문과 이 책자의 차이는 양적으로도 질적으로도 많이 다르다. 1982년 당시에도 필자는 더 이상 머리를 굴릴 수 없을 만큼 최선을 다했다고 스스로 느낀 적이 있었다. 그렇지만 이 책의 범위와 깊이를 평면적으로 비교하기 어려울 만큼 그 논의 내용이 판연히 다르다.

그렇다면 동일한 소재들을 다루면서, 또 다른 제3의 시각을 갖춘 연구자들에 의해서는 겹쳐 읽기의 범위 및 읽어 내는 힘의 크기가 크게 달라질 것임을 스스로 인정하지 않을 수 없다. 언어를 다루는 분야는 하루 이틀 새 온전히 그 핵심을 터득할 수 있는 게 아니다. 우둔한 필자의 걸음으로는 사십 년을 넘게 전념해도 한참 모자라는 일이다. 마지막 교정을 끝내고서 글을 쓰고 있는 내 자신을 멀리서 내가 내려다보고 있다. 이제 한편으로 더 이상 머리를 굴릴 수 없을 만큼 최선을 다했다고 느끼지만, 다른 한편으로 두려운 마음이 앞서는 까닭인 것이다.

필자가 1988년 경상대학교에 겨우 자리를 얻은 뒤 아무런 소득도 없이 33년이 무심히 흘러가 버렸다. 공부도 졸가리 없이 모자랄 뿐만 아니라, 스스로 내성해 보는 식견도 마음에 차지 않는다. 그렇지만 어디에서인가는 매듭을 지어야 한다. 내 자신이 무엇을 생각하며 살아가는지를 속 깊이 되돌아보는 일을 더 이상 끌 수 없는 것이다. 솔직히 말하여, 필자에게는 늘 이전에 지녔던 생각과 식견이 잘못되었음을 느끼는 일이 지속적으로 반복되어 왔다. 이런 회한은 필자가 인류 지성사의 문제들을 공부하면서 조금 누그러들었다. 누구든 변함없이 던져야 할 일련의 물음들을 마주하는 일이 중요한 것이다.

다행히 경상대학교에서 뜻을 나눴던 동료(정년한 이들, 원로로 있는 이들)를 만나서 그런 흐름을 찾는 일이 조금은 덜 외로웠었다. 그렇더라도 턱없이 모자람을 느끼는 것은, 기본적으로 인문학이 이 세상을 버리기 전까지 언제나 철저히 자기 자신과의 싸움일 수밖에 없기 때문이다. 곧 정년을 하면, 현대 지성사에서 언어와 관련된 흐름을 차분히 공부하면서, 다른 한편으로 북경대 교수들이 표점을 찍은 「13경 주소」를 다른 일에 쫓기지 않은 채 통독해 보려고 한다. 내가 30대 초반에 13경 주소의 축쇄본을 사 놓았을 때에는, 이 세상에 아무도 난삽하기 그지없는 그런 책을 통독할 사람이 있을 거라고 생각해 보지 못했었다. 표점본을 보면서, 사람의 일은 사람이 아는 법임을 새삼 깨닫는다.

40년 뒤에 동일한 주제를 놓고서 책을 쓰고 있으나, 상황이 그 당시와는 아주 다르다. 현재 이 방언을 놓고 마치 다른 언어인 양 왜곡하는 일이 드물지 않기 때문이다. 개인적으로 한 때 이 방언을 다루는 일을 접었었다. 그렇지만 최근 이 방언이 마치 외국어인 양 호도되는 주장을 보면서, 이 방언을 모어로 하는 처지에 더 이상 모른 척할 수 없다는 생각이 들었다. 또한 이전의 연구들을 살펴보면, 이 방언의 언어 사실을 전체적으로 있는 그대로 받아들이기보다는, 이 방언의 특수한 경우들만 과대 포장하면서 이 방언의 언어 사실들을 왜곡해 왔음도 지나칠 수 없었다.

필자가 이 책을 써 나가는 동안에 처음에서부터 끝까지 매달린 일은 「문법 형태소의 분석과 확정」에 대한 물음이었다. 그런 만큼 이전의 연구들에서는 기본적으로 언어 형식에 대한 체계적 시각을 철두철미하게 적용해 보지 못했었던 듯하다. 비록 1백 년의 연구사라고 말하지만, 여전히 문법 형태소 확정 단계에서는 왕초보 수준에 머물고 있을 따름이다. 엉뚱해 보이지만, 이런 일은 동시에 15세기에 새 글자가 탄생하기 이전의 한국어 모습을 더듬는 일과 직접 연결되어 있음을 절실히 느낀다.

접속 구문의 일부 영역에서는 공통어 형식을 쓸 뿐만 아니라, 시상과 양태가 깃들어 있는 고유한 형식도 아울러 쓰고 있다. 다른 영역에서는 공통어와 차이가 거의 없다. 내포 구문에서도 일부 작은 영역만을 제외한다면('-은 말#ㅎ다 vs. -고 말ㅎ다'), 거의 다 공통어의 형식을 그대로 쓰고 있다. 그렇기 때문에 이 방언은 다른 방언과 같이 다양한 모습으로 살아 있는 한국어의 실제 방언인 것이다. 이런 엄연한 언어 사실을 왜곡하면서 어떻게 「제주어」라는 해괴한 낱말을 쓸 수 있었을까?

　이제 글자로 찍혀 나가면, 더 이상 필자가 간여할 몫이 없어진다. 필자의 모자란 시각이 이 방언이나 한국어를 다루는 다른 연구자들의 눈을 버리는 일만은 제발 하지 않기를 바랄 뿐이다. 일정에 따라 저술 과제 출간이 올해 안에 이뤄져야 하므로, 또 한 번 쫓기듯이 이 책의 마무리 작업을 끝내어야 했다. 설혹 더 넉넉한 시간이 있다 한들, 필자에게는 쥐어짤 생각이 한 톨도 남아 있지 않을 것 같다. 심악 선생의 내리깐 굵은 색깔의 목소리가 귓가 뒤에서 채근하시는 듯하다. 그간 음으로 양으로 필자를 도와 주신 주위의 모든 분들께 감사드리면서 몇 년 간의 여정에 작은 매듭을 짓는다.

코로나와 전쟁의 한 복판에서
이농 후인이 삼가 적다

※ 최근 일본 동지사 대학 고영진 교수와 통화하면서 '제주어'란 낱말이 본디 일본인 소창진평에 의해서 쓰였었는데, 조선어와 일본어를 하나로 묶기 위한 인위적 목표(내선 일체의 이념)를 구현하기 위해 매개 언어로서 제줏말, 대마도 말, 유구 말 따위를 상정했었으나 실패했다고 알려주었다. 이를 깨우쳐 주어서 깊이 감사드린다. 그렇다면 이를 따르는 '일부' 제주 사람들이 소위 내선 일체를 맹종하는지는 잘 알 수 없으나, 의도치 않게 우리를 노예로 보려던 일본 제국주의 노선을 그대로 따르는 셈이다. 제주 방언 연구자들의 깊은 성찰이 촉구된다. 제주특별자치도의 조례에 쓰인 식민지 용어를 한시바삐 고쳐야 한다!

지은이 김지홍

　제주대학교 국어교육과를 졸업하고, 현재 경상대학교(경상국립대학교) 국어교육과에 재직중임. 그간 40여 권의 저역서 중에서 9권의 책★이 대한민국학술원 및 문화체육관광부의 우수학술도서로 선정됨. 한국연구재단의 서양편 명저번역 2종☆을 출간했고, 한문 번역서로서 국사편찬위원회에서 간행된 것 이외에 몇 권이 있음. 「언어와 현대사상」에 관심을 갖고서 뤄쓸, 무어, 카아냅, 그롸이스, 타아스키, 콰인, 참스키, 췌이프 등의 업적을 중심으로 하여 번역하려고 하며, 북경대 표점본 『13경 주소』를 통독하는 일도 현안임.

[저서]
★김지홍(2010) 『국어 통사·의미론의 몇 측면: 논항구조 접근』(경진출판)
★김지홍(2010) 『언어의 심층과 언어교육』(경진출판)
★김지홍(2014) 『제주 방언의 통사 기술과 설명: 기본구문의 기능범주 분석』(경진출판)
★김지홍(2015) 『언어 산출 과정에 대한 학제적 접근』(경진출판)
김지홍(2020) 『제주 방언의 복합 구문: 접속문과 내포문 1~2』(경진출판)

[언어와 현대사상]
★무어(1953; 김지홍 뒤침, 2019) 『철학에서 중요한 몇 가지 문제』(경진출판)
참스키(2000) 『언어 및 정신 연구에서 탐구할 만한 몇 가지 새로운 지평』(번역중)

[심리학(언어의 산출 및 이해), 그리고 담화 분석]

☆르펠트(1989; 김지홍 뒤침, 2008) 『말하기 그 의도에서 조음까지 1~2』(나남)

☆킨취(1998; 김지홍·문선모 뒤침, 2011) 『이해: 인지 패러다임 1~2』(나남)

★클락(2003; 김지홍 뒤침, 2009) 『언어 사용 밑바닥에 깔린 원리』(경진출판)

★머카씨(1998; 김지홍 뒤침, 2010) 『입말, 그리고 담화 중심의 언어 교육』(경진출판)

★페어클럽(2001; 김지홍 뒤침, 2011) 『언어와 권력』(경진출판)

페어클럽(2003; 김지홍 뒤침, 2012) 『담화 분석 방법: 사회 조사연구를 위한 텍스트 분석』(경진출판)

페어클럽(1980; 김지홍 뒤침, 2017) 『담화와 사회 변화』(경진출판)

★위도슨(2004; 김지홍 뒤침, 2018) 『텍스트, 상황 맥락, 숨겨진 의도』(경진출판)

[언어교육 평가 및 현장조사 연구]

윌리스(1998; 김지홍 뒤침, 2000) 『언어 교육현장 조사 연구 방법』(나라말)

루오마(2001; 김지홍 뒤침, 2011) 『말하기 평가』(글로벌콘텐츠)

벅(2001; 김지홍 뒤침, 2013) 『듣기 평가』(글로벌콘텐츠)

앤더슨·브롸운·쉴콕·율(1984; 김지홍·서종훈 뒤침, 2014) 『모국어 말하기 교육』(글로벌콘텐츠)

브롸운·율(1984; 김지홍·서종훈 뒤침, 2014) 『영어 말하기 교육』(글로벌콘텐츠)

올더슨(2001; 김지홍 뒤침, 2015) 『읽기 평가 1~2』(글로벌콘텐츠)

[한문 번역]

유희(1824; 김지홍 뒤침, 2008) 『언문지』(지만지, 지식을만드는지식)

최부(1489; 김지홍 뒤침, 2009) 『최부 표해록』(지만지)

장한철(1771; 김지홍 뒤침, 2009) 『표해록』(지만지)

노상추(1746~1829; 김지홍 외 4인 뒤침, 2017) 『국역 노상추 일기 1, 2, 3』(국사편찬위원회)

※ 옛날 새김 '뒤칠 번(飜)'을 살려 '뒤치다, 뒤침'을 썼음. 구체적인 물건을 옮기거나 집을 옮기는 일(이사, 옮김)은 추상적 언어들 사이의 번역에 걸맞는 낱말이 아님!

주소 (52828) 경상남도 진주시 진주대로 501, 경상대학교 국어교육과

이메일 jhongkim@gnu.ac.kr

전화번호 055) 772-2153 또는 010-2201-6865